기초생체역학

Fundamentals of Biomechanics

Equilibrium, Motion, and Deformation

4th Edition

First published in English under the title
Fundamentals of Biomechanics; Equilibrium, Motion, and Deformation
by Nihat Özkaya, Dawn Leger, David Goldsheyder and Margareta Nordin, edition: 4

Fundamentals of Biomechanics

Equilibrium, Motion, and Deformation

4th Edition

Nihat Özkaya • Dawn Leger • David Goldsheyder • Margareta Nordin

기초생체역학

김영호 • 김윤혁 • 김한성 • 이성재 • 정재철 • 탁계래 옮김

Springer

TEXT BOOKS 텍스트북스

역자 소개

김영호 연세대학교 의공학부 younghokim@yonsei.ac.kr

김윤혁 경희대학교 기계공학과 yoonhkim@khu.ac.kr

김한성 연세대학교 의공학부 hanskim@yonsei.ac.kr

이성재 인제대학교 의공학부 biomech100@gmail.com

정재철 특허청 화학생명기술심사국 의료기술심사과 jeong.jaecheol30@gmail.com

탁계래 건국대학교 바이오메디컬공학과 grtack@kku.ac.kr

기초생체역학, 4판

Fundamentals of Biomechanics: Equilibrium, Motion, and Deformation, 4th Edition

발행일 2022년 3월 5일

저자 Nihat Özkaya, Dawn Leger, David Goldsheyder, Margareta Nordin

역자 김영호, 김윤혁, 김한성, 이성재, 정재철, 탁계래

발행인 이한성 **발행처** (주)텍스트북스 **주소** 서울시 영등포구 양평로30길 14 세종앤까뮤스퀘어 1109호

전화 02-702-5725~6 **팩스** 02-702-5727 **웹사이트** www.textbooks.co.kr

등록번호 제2020-000334호

ISBN 979-11-91679-09-0 93530

정가 35,000원

일러두기

생체역학은 다양한 전문가 집단에서 활용하는 학문이다. 정형외과 의사, 신경외과 의사, 재활의학 전문의, 류마티스 전문의, 물리치료사, 작업치료사, 접골사, 척추 지압사, 운동 트레이너 등이 필요로 하는 기초과학이다. 의료 및 구급 전문가들은 대체로 수학이나 물리학에 대한 배경이 약하다. 생체역학은 이들이 엄격한 수학적 접근 없이도 역학의 개념을 배울 수 있도록 다소 비수학적인 방식으로 제시되어야 한다.

반면에, 많은 공학자들은 생체역학이 중요한 역할을 하는 분야에서 일한다. 인간공학, 생체역학, 보철학 연구 · 개발에 종사하는 공학자들은 생체역학에 대한 확고한 지식을 갖추어야 한다. 그들은 엄격한 수학적 접근을 통해 생체역학을 배울 수 있는 능력이 있다. 과거의 공학 분야 교재에서는 생물역학의 생물학적 측면을 다루고 있지 않았다.

「기초생체역학(제4판)」은 생물학적 측면을 강조하면서 엄격한 수학적 관점을 통해 생체역학에 접근한다. 이 교재는 생체역학을 연구하는 공학자들과 기존의 수학 연구를 통해 인체에 적용되는 공학에 대해 더 깊은 이해를 원하는 의학 전문가들에게 매우 유용할 것이다.

지난 수십 년 동안 생체역학 분야에 상당한 진전이 있었다. 임상의, 연구자 및 실무자들이 근골격계 질환을 예방하고, 관련 장애가 발생할 때 이를 감소시키기 위한 환자 관리 방식의 개선을 위한 연구에 있어서, 생체역학의 개념, 원리, 평가 방법 및 도구에 대한 확실한 지식과 이해는 필수적인 구성요소이다.

이 교재는 뉴욕대학교 관절질환 정형외과 연구소의 임상 과정과 뉴욕대학교 예술과학대학원의 인간공학 및 생체역학 프로그램의 강의 과정의 합작으로 만들어졌다. 이 교재의 저자들은 임상 과정에서 다양한 배경의 전문가들에게 생체역학을 가르친 독특한 경험을 가지고 있다. 이 교재에는 다년간의 강의, 재활 치료, 그리고 실무와 연구 경험이 반영되어 있다.

「기초생체역학」은 세 가지 언어(그리스어, 일본어, 이탈리아어)로 번역되어 생체역학적 지식 발전을 위한 많은 논의가 이루어지도록 기여하고 있다.

의학박사 빅터 프랭클(은퇴)
뉴욕대학교 정형외과
뉴욕

저자 머리말

생체역학은 문제를 예방하거나 환자 치료를 개선하는 방법을 개발할 수 있도록 근골격계를 더 잘 이해하는 것을 목표로 하는 흥미롭고 매혹적인 전문 분야이다. 생체역학은 공학자, 물리학자, 컴퓨터과학자, 생물학자, 재료과학자가 함께 협력하여 의사, 스포츠과학자, 인간공학자, 물리치료사 및 기타 많은 전문가를 지원하는 학제 간 분야가 되었다.

「기초생체역학」에서는 정역학, 그리고 운동학 및 운동역학을 포함한 동역학에 관한 역학의 기초를 요약하고 있다. 또한 벡터와 모멘트를 여러 가지 간단한 예제들과 함께 소개하는데, 이러한 예제들은 다양한 상황이나 운동 중에 뼈와 관절에 가해지는 하중을 정량적으로 결정하거나 추정하는 데 필수적이다. 관절과 뼈는 대부분 관련 인대와 근육에 의해 안정화되기 때문에 이러한 계산에도 복잡한 해부학에 대한 지식이 필요하다. 또한 풀이가 가능한 방정식을 개발하는 데 사용할 수 있는 자유물체도의 매개변수를 줄이기 위해 종종 복잡한 시나리오를 단순화할 수 있는 창의력도 필요하다. 이 교재에서는 팔꿈치, 어깨, 척추, 목, 요추, 엉덩이와 무릎, 발목 관절에 대한 개념과 예를 자세히 설명하고 있다. 그러나 대체로 복잡한 근육의 힘은 알 수 없고, 매우 단순화되는 경우가 있기 때문에, 계산 결과는 사용 가능한 생체 내 연구를 통해 검증되어야 한다.

이 교재에서는 구조물의 파손을 유발할 수 있는 응력과 변형률 관계에 대해서도 설명한다. 경조직과 연조직의 기계적 성질의 차이도 제시한다. 생체역학의 장점은 역학을 생물학적 조직에 적용하여 치유 또는 퇴행 과정을 설명할 수 있다는 점이다. 이 지식은 세포 수준에서 조직에 일어나는 일을 더 잘 이해하고 구조의 리모델링 과정을 설명하는 데 중요하다. 생물학적 응용에 대해 더 깊이 접근하기 위해서는 몇몇 챕터의 마지막에 추천하고 있는 다른 교재들도 참고하기 바란다. 이 교재는 표기법이나 정의, 단위가 명확하지 않을 때 참고 자료로 활용될 수도 있다.

이 교재에는 각 장마다 많은 예제를 통해 개념을 연습하는 데 도움이 되는 연습문제와 상세한 풀이가 포함되어 있어, 학생들뿐만 아니라 생체역학을 가르치는 교수들에게도 추천할 만하다. 역학을 다루는 일반 공학자나 물리학자들이 물리치료사 등에게 생체역학을 가르쳐 달라는 요청을 받는 경우에도 강의 준비를 위한 귀중한 자료가 될 것이다.

의학박사 한스-요아킴 빌케
정형외과 연구 및 생체역학 연구소
울름외상연구센터
울름대학병원
독일 울름

역자 머리말

기초생체역학(제2판)의 번역서가 출간된 지 17년 만에 기초생체역학(제4판)이 새로 발간되었다.

기초생체역학(제4판)에서는 내용의 논리적 전개를 위해 일부 순서를 변경하였다. 제2판의 제6장에서 제9장을 제12장에서 제15장으로, 제10장에서 제15장을 제6장에서 제11장으로 옮겼다. 또한 본문의 일부 내용을 수정하고, 예제 및 연습문제 들을 다수 추가하였다.

새 번역서에서는 번역서 제2판 전반에 걸쳐 통일되지 않았던 용어들을 일원화하고, 본문 내용의 오류들을 바로잡았다. 또한 원서에 있는 오류 사항들을 정정하여 반영하였다. 관련 사이트는 다음과 같다. https://link.springer.com/chapter/10.1007%2F978-3-319-44738-4_16

의학용어는 독자의 이해도를 높이기 위해 가급적 우리말 의학용어와 옛 의학용어를 함께 기재하였다. 이를 위해 「근육뼈대계통: 손으로 근육, 뼈 기타 조직의 위치를 찾기 위한 안내서(Andrew Biel 저, 채윤원 역, 범문에듀케이션(2021.3.2.) 제6판」를 주로 활용하였으며, 「의학검색엔진(Korean Medical Library Engine, KMLE; www.klme.co.kr)」을 부수적으로 활용하였다. 물리학 용어는 물리학회의 「물리학용어집(www.kps.or.kr/content/voca/search.php」을 참고하였다.

새 번역서가 발간될 수 있도록 관리해주신 텍스트북스 출판사, 번역을 제안하신 강찬일 이사, 그리고 의학용어를 면밀히 검토해 준 대전대학교 한의예과 정성원 군에게 고마움을 전한다.

새 번역서가 관련 전공자들의 학습과 연구에 도움이 되길 바란다.

2022. 2.

역자 일동

차례

Chapter 02 힘 벡터 19

Chapter 03 모멘트와 토크 벡터 37

Chapter 04 정역학: 평형 시스템 67

Chapter 09 각운동학 233

Chapter 10 각운동역학 267

Chapter 11 충격량과 운동량 291

Chapter 12 기초 변형체역학 319

Chapter 13 응력과 변형률 327

Chapter 14 다축 변형과 응력 해석 363

Chapter 15 생체조직의 역학적 성질 415

CHAPTER

01

서론

Introduction

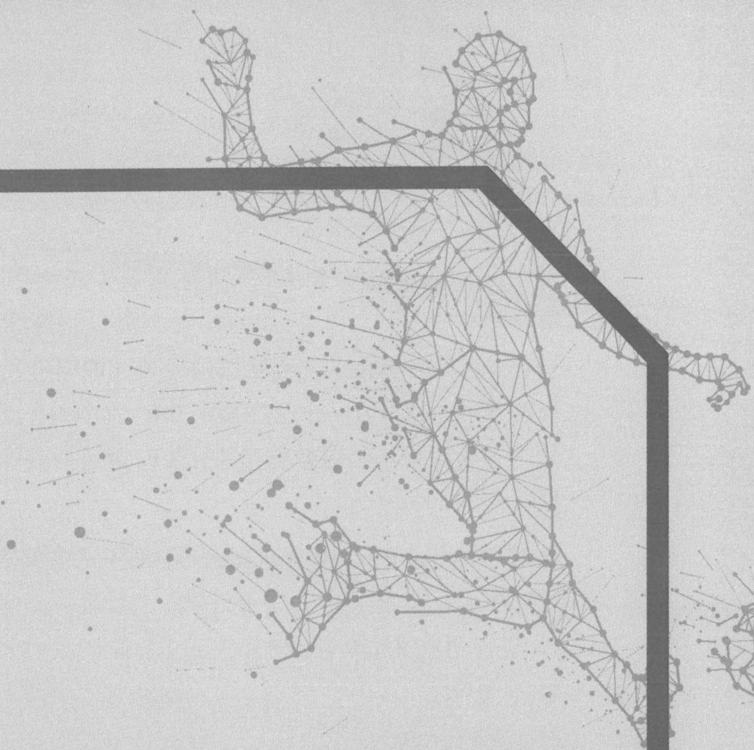

1.1 역학

역학(mechanics)은 힘이라고 하는 역학적 교란에 의해 작용된 물체의 움직임 및 변형과 관련된 물리학의 한 분야이다. 역학은 아르키메데스 시대(287~212 B.C)로 거슬러 올라가는 모든 자연과학 중에서 가장 오래된 학문이다. 갈릴레오(1564~1642)와 뉴턴(1642~1727)은 이 분야에서 가장 큰 기여를 했다. 갈릴레오는 동역학에서 최초로 기본적인 분석과 실험을 수행하였고, 뉴턴은 운동 및 중력의 법칙을 공식으로 나타냈다.

공업역학(engineering mechanics) 또는 **응용역학**(applied mechanics)은 역학의 원리를 응용한 학문이다. 응용역학은 역학적 시스템의 해석과 설계에 관련된 학문이다. 넓은 범위에서의 응용역학은 표 1.1에서 보는 바와 같이 세 가지 주요 부분으로 나눌 수 있다.

일반적으로 재료(material)는 고체와 유체로 분류된다. 고체 재료는 강체와 변형체로 분류된다. 강체(rigid body)는 변형될 수 없는 물체이다. 실제로, 모든 물체나 재료는 외력에 의해 어느 정도 변형된다. 어떤 경우에는 변형되는 양이 매우 적어서 해석에 영향을 주지 않는다. 그런 경우에는 물체를 강체로 간주하여 비교적 간단한 계산으로 해석하는 것이 바람직하다.

정역학(statics)은 정지되어 있거나 일정한 속도로 움직이는 강체에 대한 힘을 연구하는 학문이다. **동역학**(dynamics)은 움직이는 물체를 다룬다. **운동학**(kinematics)은 움직임의 원인이 되는 힘을 고려하지 않고, 움직임의 기하학적 측면과 시간에 따른 측면을 다루는 동역학의 한 분야이다. 운동학을 기반으로 하는 **운동역학**(kinetics)은 해

표 1.1 • 응용역학의 분류

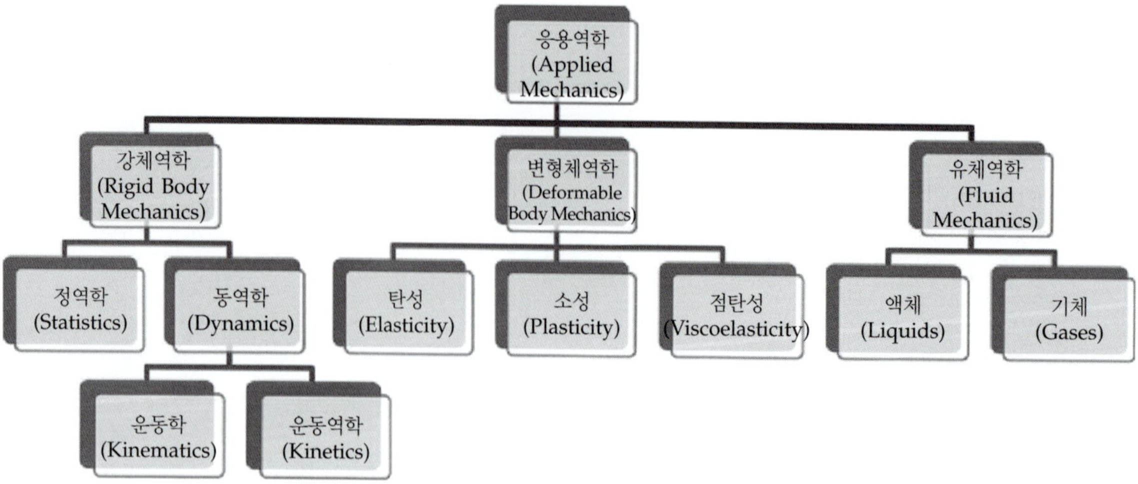

석 시 힘과 질량의 영향을 포함한다.

정역학과 동역학은 주로 변형(형상 변화)을 무시할 수 있는 강체에 대한 힘의 외적 효과를 다루는 학문이다. 반면에, **변형체역학**(mechanics of deformable bodies)은 변형체에 외부에서 가해지는 하중과 변형체의 내적 효과와의 상관관계를 다룬다. 이러한 분야의 응용역학에서는 물체를 강체로 가정하지 않고, 재료 본래의 특성을 고려한다. 변형체의 역학은 재료의 원자 및 분자 구조를 다루는 재료과학 분야와 밀접하게 관련되어 있다. 변형체역학의 원리는 구조물과 기계요소 설계 시 중요하게 활용된다. 일반적으로 변형체역학의 해석은 강체역학의 해석보다 더 복잡하다.

변형체역학은 물체의 변형과 관련되어 있다. **변형체역학**(deformable body mechanics)은 탄성, 소성 및 탄소성 재료 역학으로 나누어진다. **탄성체**(elastic body)는 외부로부터의 힘으로 인해 변형을 일으켜도 힘을 제거하면 그 변형이 완전히 회복되는 물체이다. 이러한 특성은 스프링이나 고무 밴드를 통해 쉽게 볼 수 있다. 만약 스프링을 서서히 늘이고(변형) 난 후 풀어주면(힘 제거), 본래(변형되지 않은 상태)의 크기와 모양으로 회복된다. 반면에, **소성체**(plastic body)는 변형된 상태가 영구적으로 유지(회복 불능)되는 물체를 말한다. 이러한 특성도 스프링에서 관찰할 수 있다. 스프링을 큰 힘으로 늘였다가 풀어주면, 스프링은 다시 회복되겠지만, 원래의 길이보다 늘어나 있을 수 있다. 이 늘어난 길이는 소성 변형의 정도를 설명한다. 작용하는 힘의 정도와 지속 시간에 따라, 스프링의 경우처럼 재료는 탄성이나 탄소성(elastoplastic) 거동을 보일 수 있다.

점탄성을 설명하기 위해서는 먼저 **유체**(fluid)를 정의해야 한다. 일반적으로 재료는 고체나 유체로 분류된다. 고체에 외력이 가해지면, 고체는 일정 한계까지 변형된다. 계속해서 같은 힘을 가하더라도 고체가 지속적으로 변형되지는 않는다. 반면, 계속해서 힘을 받는 유체는 지속적으로 변형(유동)이 일어난다. 점도(viscosity)는 유동의 저항을 정량적으로 측정한 유체의 고유한 성질이다. 본질적으로 유체와 고체의 성질 모두를 가진 재료들이 있다. **점탄성**(viscoelastic)은 이러한 재료의 역학적 성질을 언급하는 데 사용된다. 많은 생체재료는 점탄성 성질을 보인다.

응용역학의 세 번째 부분은 **유체역학**(fluid mechanics)이다. 유체역학에는 **액체역학**(mechanics of liquids)과 **기체역학**(mechanics of gases)이 포함된다.

응용역학의 다양한 분야들을 구별하는 것은 쉽지 않다. 예를 들어, 점탄성은 유체역학과 고체역학의 원리를 동시에 활용한다.

1.2 생체역학

일반적으로 **생체역학**(biomechanics)은 고전역학을 다양한 생물학적 문제에 적용하는 것과 관련이 있다. 생체역학은 공업역학 분야와 생물학 및 생리학 분야를 결합시킨 학문이다. 기본적으로, 생체역학은 인체와 관련이 있다. 생체역학에서 역학의 원리는 생물학과 의학에서 사용되는 장비와 시스템의 개념, 설계, 개발 및 해석에 적용된다. 본질적으로, 생체역학은 동작 중이거나 정지해 있는 인체에 역학적 원리를 적용하는 것과 관련된 다원적 과학이다.

생체역학은 비교적 젊고 역동적인 분야이지만, 그 역사는 레오나르도 다빈치(1452~1519)가 자신의 생물학적 연구에서 역학의 중요성을 언급했던 15세기까지 거슬러 올라간다. 생물학, 의학, 기초과학 및 공학 분야의 연구자들이 기여한 결과, 생체역학의 학제 간 영역은 지난 50년 동안 꾸준히 성장해 왔다.

생체역학 분야의 발달은 정상 및 병리적 상황, 신경근 제어역학, 미세혈관의 혈류역학, 폐의 기류역학, 성장 및 형태역학을 포함한 많은 부분에 대한 이해를 증진시켜 주었다. 이는 의료 진단과 치료 절차의 발전에 기여했다. 또한 의료기기, 장치 및 기구, 장애인을 위한 보조 장치, 인공 대체품 및 임플란트를 설계하고 제조하는 수단을 제공하였고, 직장과 운동경기에서 인간의 성능을 향상시키는 수단을 제시해오고 있다.

생체역학의 다른 측면은 응용역학의 다른 개념과 방법을 활용한다. 예를 들면, 정역학의 원리는 근골격계에서 다양한 관절과 근육에 관여하는 힘의 크기와 성질을 결정하는 데 쓰인다. 동역학의 원리는 움직임을 설명하는 데 이용되며, 운동역학에 많은 응용 분야가 있다. 변형체역학의 원리는 생물학적 재료와 시스템에 대한 구성방정식을 산출해서 서로 다른 상태에 있는 변형체의 기능적 행위를 평가하는 데 사용된다. 유체역학의 원리는 순환계에서 혈액의 흐름과 폐에서 기류를 조사하는 데 사용된다.

이 교재에서는 생체역학의 원리와 그 응용에 대해 보여주고자 한다. 이를 위해 기본도구와 원리를 먼저 소개한다. 그 다음으로, 이러한 원리들에 관한 체계적이고 포괄적인 응용을 위해 많은 예제들을 다뤄 볼 것이다. 이 예제들은 정역학, 동역학, 변형체역학(즉, 고체역학)의 응용에 초점이 맞춰져 있다.

유체역학과 이에 대한 생체역학에서의 적용에 대해서도 일부 보여줄 것이다.

1.3 기본 개념

공업역학은 길이, 시간, 질량을 기본 개념으로 하는 뉴턴 역학을 기반으로 한다. 이들은 서로 독립적이므로 절대적인 개념이다. **길이**(length)는 크기를 양적으로 표현하는 개념이다. **시간**(time)은 사건의 흐름을 배열하기 위한 개념이다. **질량**(mass)은 모든 재료의 속성이고 관성의 정량적 척도이다. **관성**(inertia)은 물체의 움직임 변화에 대한 저항을 말한다. 관성은 신체의 정지 상태나 일정한 움직임을 유지하는 능력으로도 정의할 수 있다.

역학에서 다른 중요한 개념들은 절대적이지 않으며, 기본 개념으로부터 유도해 낼 수 있다. 여기에는 힘, 모멘트 또는 토크, 속도, 가속도, 일, 에너지, 일률, 충격량, 운동량, 응력, 변형률이 포함된다. **힘**(force)은 역학적 외란(disturbance)이나 하중과 같은 다양한 방식으로 정의할 수 있다. 힘은 한 물체가 다른 물체에 작용하는 것이다. 물체에 작용하는 힘은 그 물체를 움직이거나 변형시킨다. **모멘트**(moment)나 **토크**(torque)는 물체에 작용하는 힘의 회전, 굽힘, 비틀림 동작의 정량적인 척도이다. **속도**(velocity)는 시간당 위치의 변화로 정의된다. 반면, 시간당 속도 증가율은 **가속도**(acceleration)이다. 이러한 개념들에 대한 자세한 내용은 다음 장에서 다룰 것이다.

1.4 뉴턴 법칙

역학의 전반적인 영역은 몇 가지 기본 법칙에 기초를 두고 있다. 이 중에서 아이작 뉴턴이 도입한 역학의 법칙은 정역학과 동역학 해석의 기초를 형성한다.

뉴턴 제1 법칙(Newton's first law)은 물체에 가해지는 **알짜힘**(net force)이 0이면, 정지해 있는 물체는 계속 정지된 상태로 있으며, 운동 중인 물체는 같은 속도로 직선으로 움직인다고 설명한다. 이 법칙에서 특별히 주의 깊게 살펴봐야 할 주요 단어가 있다. '정지(rest)'라는 단어는 움직임이 없다는 말이다. 예를 들어, 책상 위에 책이 놓여있는 상태를 정지해 있다고 한다. '알짜힘'을 완전하게 설명하기 위해서는 벡터 대수를 도입해야 한다(제2장). 알짜힘은 물체에 작용하는 모든 힘의 합이라고 간단히 말할 수 있다. 물체에 작용하는 알짜힘이 0이라고 해서 물체에 작용하는 힘이 반드시 없다는 의미는 아니다. 예를 들어, 물체가 강체라고 가정할 때, 물체에 같은 크기의 힘이 서로 반대 방향에서 작용하면, 물체에 대한 두 힘의 작용 효과는 0이 된다. 물체가 정지해 있거나, 일정한 속도로 직선 운동을 하고 있다면 이를 평형(equilibrium)상태라고 한다. 그러므로 제1 법칙은 물체에 작용하는 알짜힘이 0이면, 그 물체는 평형상태에 있다는 것을 말한다.

뉴턴 제2 법칙(Newton's second law)에 의하면, 물체에 알짜힘이 가해지면 힘의 방향으로 가속되고, 이때 가속도의 크기는 알짜힘의 크기에 정비례한다. 제2 법칙에서 주목해야 할 단어는 '크기'와 '방향'이고, 이는 제2장의 벡터 대수 부분에서 자세하게 언급될 것이다.

뉴턴 제3 법칙(Newton's third law)에 의하면, 모든 작용에는 항상 같은 반작용이 있고, 상호작용하는 물체 사이에서 작용과 반작용의 힘은 크기가 같고, 방향은 반대이며, 동일 작용선상에 있다. 이 법칙은 사람이 물체를 밀면, 반대로 그 물체는 사람을 민다는 것으로 단순화시킬 수 있다. 이 법칙은 커다란 시스템을 구성하는 요소들의 **자유물체도**(free body diagrams)를 구성하는 데 중요하게 적용된다. 자유물체도에서 구조물을 구성하는 요소 하나하나는 등가 하중으로 대신한다.

뉴턴의 법칙은 다음 장에서 자세히 설명할 것이고, 교재 전반에 걸쳐 광범위하게 활용될 것이다.

1.5 차원 해석

'차원(dimension)'이라는 용어는 역학에서 다양한 용도로 사용된다. 예를 들어, 1차원, 2차원, 3차원 환경과 같이 공간을 설명할 때 쓰인다. 또한 차원은 수량의 특징을 표시하는 데에도 사용된다. 모든 측정 가능한 수량은 그와 관련된 **차원**(dimension)과 **단위**(unit)가 있다. 차원은 수량에 대한 일반적 묘사인 반면, 단위는 단위계(1.6절 참조)와 관련되어 있다. 거리는 미터나 피트로 측정되며, 이를 '길이'라고 한다. 사건의 흐름은 특정 사건이 시작되었다가 종료된 시점으로 초, 분, 시 또는 일 단위 등으로 측정될 수 있다. 따라서 그것의 차원은 '시간'이다. '차원'에는 두 종류가 있다. 1차원(primary dimension) 또는 기본 차원(basic dimension)은 둘 다 역학의 기본 개념과 관련되어 있다. 본문에서는 1차원에서의 길이, 시간, 질량을 각각 L, T, M으로 명시할 것이다. 물리량의 차원은 대괄호를 사용하여 표시할 것이다. 기본 차원은 다음과 같다.

$$[\text{길이}] = L$$
$$[\text{시간}] = T$$
$$[\text{질량}] = M$$

2차원(secondary dimensions)은 기본 개념에서 파생된 종속적 개념과 관련되어 있다. 예를 들어, 사각형의 면적은 너비와 길이의 곱으로 계산할 수 있으며, 이들은 모두 길이의 차원을 갖는다. 그러므로 면적의 차원은 다음과 같다.

$$[\text{면적}] = [\text{길이}][\text{길이}] = LL = L^2$$

정의에 따르면, 속도는 단위 시간당 상대 위치의 변화를 나타내는 비율이다. 상대 위치의 변화는 길이 단위로 측정된다. 따라서 속도의 차원은 다음과 같다.

$$[\text{속도}] = \frac{[\text{위치}]}{[\text{시간}]} = \frac{L}{T}$$

2차원 수량들은 특정한 자연법칙의 결과로 만들어진다. 만일 물리량의 정의를 알면, 그 수량이 차원을 기본 차원으로 환산하여 쉽게 결정할 수 있다. 만일 물리량의 차원을 알고 있다면, 다른 단위계의 해당 수량에 대한 단위들도 쉽게 결정할 수 있다. 게다가 많은 물리량과 연관된 방정식의 유효성은 방정식이나 공식을 이루는 각 항의 차원을 분석함으로써 검증할 수 있다. 이와 관련하여, **동차성 법칙**(law of dimensional homogeneity)은 이러한 관계의 공식화에 제한을 가한다. 이 법칙을 설명하기 위해 다음의 방정식을 살펴보자.

$$Z = aX + bY + c$$

이 식을 차원이 같도록, 즉 동차적으로 만들기 위해서는 모든 항이 같은 단위로 표시되어야 한다. 즉, Z가 길이 차원이라면, 각각의 aX, bY 및 c는 모두 길이 차원이어야 한다. 또한, 양 변 사이에서 수학적 등가는 모든 단위계에서 유지되어야 한다.

1.6 단위계

세계는 지역마다 서로 다른 단위계를 채택해왔다. 예를 들어, 영국단위계인 중력계 또는 피트-파운드-초 시스템, 가우스(절대미터법)단위계인 센티미터-그램-초 시스템(cgs), 미터 중력 단위계인 미터-킬로그램-초(mks) 시스템 등이 있다. 세계적으로 표준화된 측정 단위가 없기 때문에 종종 혼란을 초래하게 된다.

1960년, 측정 단위를 둘러싼 혼란을 바로잡기 위해 국제도량형총회가 개최되었다. 미터법을 기반으로, 프랑스어 Le Système International d'Unités를 채택했으며, 약자로 SI라 한다. 영어로는 International System of Units라 하고, 한국어로는 **국제단위계**라 한다. 오늘날, 대부분의 나라에서 현대화된 미터법을 사용하거나, 이를 채택하기 위해 노력하고 있다. 국제단위계에서 길이, 시간, 질량의 단위는 각각 미터(m), 초(s), 킬로그램(kg)이다.

이러한 기본 개념의 측정 단위에 대한 세 가지 다른 단위계가 표 1.2에 있다. 이 교재에서는 국제단위계를 사용한다. 다른 단위들은 정보 제공의 차원에서만 사용할 것이다.

일단 기본 개념을 위한 측정 단위가 선정되면, 파생된 개념의 측정 단위는 기본 수량과 파생 수량 사이의 차원 관계만 알면 쉽게 결정할 수 있다. 이때 길이, 질량, 시간의 차원적 표시를 적절한 단위로 변경해야 한다. 예를 들어, 힘의 차원은 ML/T^2이다. 그러므로 국제단위계에 따라 힘의 단위는 kg m/s^2 또는 뉴턴(N)이다. 마찬가지로 영국단위계로 힘의 단위는 lb ft/s^{2}이고, 절대미터법이나 가우스단위계(cgs)는 g cm/s^{2}이나 dyne(dyn)이다. 표 1.3에 파생 수량과 그 단위의 차원을 국제단위계로 나타내었다.

표 1.2 • 역학의 기본량 단위

계(System)	길이	질량	시간
국제단위계(SI)	미터(m)	킬로그램(kg)	초(s)
가우스단위계(cgs)	센티미터(cm)	그램(m)	초(s)
영국단위계(British)	피트(ft)	슬러그(slug)	초(s)

표 1.3 국제단위계(SI)의 파생량 차원 및 단위

양	차원	SI 단위	고유명
면적	L^2	m^2	
부피	L^3	m^3	
속도	L/T	m/s	
가속도	L/T^2	$\mathrm{m/s^2}$	
힘	$M \cdot L/T^2$	$\mathrm{kg\ m/s^2}$	뉴턴(N)
압력 및 응력	$M/L \cdot T^2$	$\mathrm{N/m^2}$	파스칼(Pa)
모멘트(토크)	$M \cdot L^2/T^2$	Nm	
일 및 에너지	$M \cdot L^2/T^2$	Nm	줄(J)
일률	$M \cdot L^2/T^3$	J/s	와트(W)

SI 단위계에서 질량의 단위는 '킬로그램'이다. 예를 들어 60 kg의 물체를 생각해보자. SI 단위계에서 이 물체의 무게는 (60 kg) × (9.8 $\mathrm{m/s^2}$) = 588 N이며, 여기서 9.8 $\mathrm{m/s^2}$은 중력가속도이다.

역학의 기본 개념 및 파생 개념과 관련된 기본 단위 및 보조 단위 외에도, 평면각 및 온도와 같은 **추가 단위**(supplementary units)가 있다. 각도의 일반적인 척도는 도(°)이다. 360도는 1회전(rev) 또는 2π 라디안(rad)과 같고, 여기서 π = 3.1416이다. 온도의 SI 단위는 켈빈(K)이다. 그러나 일반적으로는 섭씨(°C)를 더 많이 사용한다. 영국단위계에서 온도는 화씨(°F)를 쓴다.

대부분의 경우, 숫자는 올바른 단위와 함께 표시된 경우에만 의미가 있다. 계산 시, 이상적인 방법은 방정식의 풀이 전반에 걸쳐 숫자와 올바른 단위를 함께 나타내는 것이다. 이러한 접근 방식은 개념적 오류를 인식하는 데 도움이 되며, 계산된 수량의 단위를 별도로 결정할 필요가 없다. 단위 사용에 있어서 또 하나의 중요한 측면은 일관성이다. 계산하는 동안 모든 수량에 대해 동일한 시스템을 적용해야만 한다.

1.7 단위 변환

국제단위계는 십진법을 기초로 하는 미터법의 개정판이다. 표 1.4에는 SI 단위계의 거듭제곱수와 그에 상응하는 접두어가 나열되어 있다.

표 1.5는 영국단위계와 절대미터법으로 표현된 수량을 SI의 해당 단위로 변환하는 데 필요한 요소들을 나타내었다.

표 1.4 • SI 단위계 거듭제곱 인자 및 접두어

거듭제곱 인자	SI 접두어	SI 기호
$1{,}000{,}000{,}000 = 10^9$	기가(Giga)	G
$1{,}000{,}000 = 10^6$	메가(Mega)	M
$1000 = 10^3$	킬로(Kilo)	k
$100 = 10^2$	헥토(Hector)	h
$10 = 10$	데카(Deka)	da
$.1 = 10^{-1}$	데시(Deci)	d
$.01 = 10^{-2}$	센티(Centi)	c
$.001 = 10^{-3}$	밀리(Milli)	m
$.000{,}001 = 10^{-6}$	마이크로(Micro)	μ
$.000{,}000{,}001 = 10^{-9}$	나노(Nano)	n
$.000{,}000{,}000{,}001 = 10^{-12}$	피코(Pico)	p

표 1.5 • 단위 환산

길이 (length)	1 센티미터(cm) = 0.01 미터(m) = 0.3937 인치(in) 1 인치(in) = 2.54 cm = 0.0254 m 1 피트(ft) = 30.48 cm = 0.3048 m 1 m = 3.28 ft = 39.37 in 1 야드(yd) = 0.9144 m = 3 ft 1 마일(mile) = 1609 m = 1.609 킬로미터(km) = 5280 ft 1 km = 0.6214 마일
시간 (time)	1 분(min) = 60 초(s) 1 시간(h) = 60 분 = 3600 초 1 일(d) = 24 시간 = 1440 분 = 86400 초
면적 (area)	1 cm^2 = 0.155 in^2 1 in^2 = 6.452 cm^2 1 m^2 = 10.763 ft^2 1 ft^2 = 0.0929 m^2
질량 (mass)	1 파운드매스(lbm) = 0.4536 킬로그램(kg) 1 kg = 2.2 lbm = 0.0685 슬러그 1 슬러그(slug) = 14.59 kg = 32.098 lbm
힘 (force)	1 킬로그램 힘(kgf) = 9.807 뉴턴(N) 1 파운드 힘(lbf) = 4.448 N 1 N = 0.2248 lbf 1 다인(dyn) = 10^{-5} N 1 N = 10^5 dyn
압력 & 응력 (pressure & stress)	1 kg/ms^2 = 1 N/m^2 = 1 파스칼(Pa) 1 lbf/in^2(psi) = 6895 Pa 1 lbf/ft^2(psf) = 592966 Pa 1 dyn/cm^2 = 0.1 Pa

(계속)

표 1.5 • 단위 환산 (*계속*)

모멘트(토크) [moment (torque)]	1 Nm = 10^7 dyn cm = 0.7376 lbf ft 1 dyn/cm = 10^{-7} Nm 1 lbf ft = 1.356 Nm
일 & 에너지 (work & energy)	1 Nm = 1 Joule (J) = 10^7 erg 1 J = 0.7376 lbf ft 1 lbf ft = 1.356 J
일률 (power)	1 kg m^2/s^3 = 1 J/S = 1 와트(W) 1 마력(hp) = 550 lbf ft/s = 746 W 1 lbf ft/s = 1.356 W 1 W = 0.737 lbf ft/s
평면각 (plane angle)	1 도(°) = π/180 라디안(rad) 1 회전(rev) = 360° 1 rev = 2π rad = 6.283 rad 1 rad = 57.297° 1° = 0.0175 rad
온도 (temperature)	°C = 273.2 K °C = 5/9 (−32°F) °F = 9/5 (+32°C)

1.8 수학

생체역학을 응용하려면 수학적 지식이 필요하다. 여기에는 간단한 기하학, 직각 삼각형의 성질, 기본 대수, 미분, 적분 등이 포함된다. 이 교재의 마지막 장 다음에 나오는 부록에는 이 교재에서 다루는 계산에 필요한 수학 도구들을 요약하여 수록했다. 지금 이 도구들을 살펴보고, 이후에 그러한 개념이 필요할 때 재검토하는 것이 유용할 것이다. 다음 장에서부터 본문에서 필요한 수학을 복습하고, 관련된 부록을 알려줄 것이다.

문제들을 공식화함에 있어서, 그리스 문자와 라틴 문자가 사용된다. 그리스 문자는 각도를 언급할 때 주로 사용되며, 표 1.6에 기술하였다.

표 1.6 • 그리스 문자

알파(alpha)	A	α	**요타(iota)**	I	ι	**로(rho)**	P	ρ
베타(beta)	B	β	**카파(kappa)**	K	k	**시그마(sigma)**	Σ	σ
감마(gamma)	Γ	γ	**람다(lambda)**	Λ	λ	**타우(tau)**	T	τ
델타(delta)	Δ	δ	**뮤(mu)**	M	μ	**입실론(upsilon)**	Y	υ
엡실론(epsilon)	E	ε	**뉴(nu)**	N	ν	**파이(phi)**	Φ	υ
제타(zeta)	Z	ζ	**크시(xi)**	Ξ	ξ	**카이(chi)**	X	χ
에타(eta)	H	η	**오미크론(omicron)**	O	o	**프사이(psi)**	Ψ	ψ
세타(theta)	Θ	θ	**파이(pi)**	Π	π	**오메가(omega)**	Ω	ω

1.9 스칼라와 벡터

역학에는 두 종류의 수량이 있다. 질량, 온도, 일, 에너지 같은 스칼라(scalar)양은 크기만 가진다. 힘, 속도, 가속도와 같은 벡터(vector)양은 크기와 방향을 둘 다 갖는다. 스칼라양과 달리 벡터양은 벡터 대수 법칙에 따라 더해진다. 벡터 대수는 제2장에서 자세히 다룰 것이다.

1.10 모델링과 근사화

분석적인 해답을 얻기 위해서는 복잡한 시스템과 문제들을 단순화하기 위한 정확한 가정을 세울 필요가 있다. 완전한 모델은 시스템을 구성하는 모든 부분의 영향을 포함한다. 그러나 모델이 세밀해질수록 문제의 공식과 풀이가 더 어려워진다. 해석을 위해 모든 세밀한 정보를 포함하는 것은 항상 가능하지 않을 뿐더러, 어떤 경우에는 필요하지 않을 수도 있다. 예를 들어 대부분의 인간 활동에 있어서, 한 번에 하나 이상의 근육군이 활성화된다. 만약 어떤 특별한 활동을 하는 동안에 관절과 근육을 포함하는 힘을 해석해야 한다면 가장 좋은 접근법은 가장 많이 활성화되는 근육군을 예측하고, 나머지 그룹들은 무시하는 모델을 설정하는 것이다. 다음 장에서 설명하겠지만 뼈는 변형체이다. 만약 관련된 힘이 상대적으로 작으면, 뼈는 강체로 간주할 수 있다. 이러한 접근법은 문제의 복잡성을 줄여준다.

일반적으로 가장 단순한 기본 모델로 시작하는 것이 최선의 방법이다. 모델은 단순한 모델로부터 얻은 경험과 결과를 토대로 점차 확장될 수 있다. 기본 원칙은 결과에서 요구되는 정확성을 만족하는 단순모델을 만드는 것이다. 연구자는 이러한 방식으로 다루고자 하는 현상을 해석하고, 만족스럽게 보여줄 수 있을 만큼 충분히 간단한 모델을 만들 수 있다. 더 많이 배울수록 더욱 자세한 해석이 가능하다.

1.11 일반적 절차

생체역학에서 문제를 해결하는 일반적인 방법은 다음과 같다.

1. 관심있는 계(system)를 선택한다.
2. 계의 특징을 가정한다.
3. 적절한 근사치를 만들어 계를 단순화하고, 중요한 가정을 명확히 설명한다.
4. 인체 부위와 기본 역학 요소 사이의 유사점을 기술한다.
5. 계의 역학적 모델을 만든다.
6. 문제를 공식화하기 위해 역학의 원리를 적용시킨다.

7. 미지수에 대해 문제를 푼다.
8. 결과를 실제 계의 거동과 비교한다. 여기에는 시험과 실험이 포함될 수 있다.
9. 만약 만족스러운 결과가 나오지 않았을 경우, 다른 가정과 새로운 모델을 만들어 3단계부터 7단계를 반복한다.

1.12 본문의 범위

생체역학 과목은 다른 학문 분야뿐만 아니라 다양한 공학 분야에서 온 다른 배경과 준비 수준을 가진 학생들에게 매우 다양한 교육과정을 가르친다. 이 교재는 주로 미적분학, 물리학, 공학 역학적인 배경 지식이 부족한 대학원 과정의 의료 전문가에게 교육 및 학습 도구를 제공하기 위해 만들어졌다. 의공학, 생체역학, 생체공학 과정의 대학생에게도 유용한 참고서가 될 것이다.

본문은 세 부분으로 나뉜다. 첫 번째 부분(제1~5장; 부록 A, B)에서는 힘과 모멘트 벡터를 포함한 역학의 기본 개념에 대해 소개할 것이다. 이러한 개념에 대한 완전한 정의가 가능하도록 수학적 도구들(기하학, 대수, 벡터 대수)을 제공하고, '정적 평형' 상태의 시스템을 해석하는 절차를 설명할 것이다. 이 절차를 적용하여 인체의 근골격계의 다양한 근육과 관절에 관련된 간단한 역학적 시스템과 힘을 해석할 것이다. 이 교재의 첫 번째 부분에서는 두 번째나 세 번째 부분을 들어가기 전에 미리 알아두어야 하는 내용을 담았다.

본문의 두 번째 부분(제6~11장)은 '동적' 해석에 관한 내용이다. 두 번째 부분에는 위치 벡터, 속도 벡터, 가속도 벡터, 일, 에너지, 일률, 충격량, 운동량의 개념이 소개되어 있다. 또한 병진 및 회전 운동을 수행하는 시스템의 동력학적 해석 및 운동학적 해석 기술이 제공된다. 이러한 기술은 다양한 스포츠 활동을 하는 인간의 동작을 해석하는 데 적용된다.

본문의 마지막 부분(제12~15장)은 다양한 하중 조건에서 재료의 '변형' 특성을 분석하는 기법을 제공한다. 이를 위해 응력과 변형률의 개념을 정의한다. 응력-변형률 선도를 기반으로 재료를 분류한다. 탄성, 소성, 점탄성의 개념도 소개한다. 비틀림, 굽힘, 피로, 내구성 및 재료 강도에 영향을 미치는 요인과 같은 주제도 다룬다. 본 교재는 주로 정형외과적 생체역학의 응용에 중점을 두어 소개한다.

1.13 표기법

본문을 준비하는 동안 표기법의 사용에 특별한 주의를 기울였다. 중요한 용어를 정의하거나 설명할 때는 볼드체를 사용하였다[예를 들어, **힘**(force)은 하중이나 역학적 외란으로 정의된다]. 수량을 나타내는 기호에는 이탤릭체를 썼다(예를 들어, 질량의 경우 *m*). 단위는 이탤릭체로 표기하지 않았다(예를 들어, 킬로그램의 경우 kg). 밑줄이 그어진 글자는 벡터양을 뜻한다(예를 들어, 힘 벡터의 경우 $\underline{F}$). 별표(*)로 표시된 절 및 하위 절은 선택사항으로 간주된다. 즉, 별표 표시가 된 부분은 생략하고 읽어도 본문의 흐름이 끊기지 않는다.

참고자료, 추천도서 및 기타 자료[1]

I. 추천도서

Adams, M.A., Bogduk, N., Burton, K., Dolan, P., 2012. The Biomechanics of Back Pain. 3rd Edition. London, Churchill Livingstone.

Arus, E., 2012. Biomechanics of Human Motion: Applications in the Martial Arts. Bosa Roca, CRC Press Inc.

Benzel, E.C., 2015. Biomechanics of Spine Stabilization. New York, Thieme Medical Publishers Inc.

Bartlett, R., 2014. Introduction to Sports Biomechanics: Analyzing Human Movement Patterns. 3rd Edition. London, Routledge International Handbooks.

Bartlett, R., Bussey, M., 2012. Sports Biomechanics: Reducing Injury Risk and Improving Sports Performance. 2nd Edition. London, Routledge International Handbooks.

Blazevich, A.J., 2010. Sports Biomechanics. The Basics: Optimizing Human Performance. 2nd Ed. A & C Black Publishers Ltd.

Crowe, S.A., Visentin, P., Gongbing Shan., 2014. Biomechanics of Bi-Directional Bicycle Pedaling. Aachen, Shaker Verlag GmbH.

Doblare, M., Merodio, J., Ma Goicolea Ruigomez, J., 2015. Biomechanics. Ramsey, EOLSS Publishers Co Ltd.

Doyle, B., Miller, K., Wittek, A., Nielsen, P.M.F., 2014. Computational Biomechanics for Medicine: Fundamental Science and Patient-Specific Applications. New York, Springer-Verlag New York Inc.

Doyle, B., Miller, K., Wittek, A., Nielsen, P.M.F., 2015. Computational Biomechanics for Medicine: New Approaches and New Applications. Cham, Springer-International-Publishing-AG.

Ethier, R.C., Simmons, C.A., 2012. Introductory Biomechanics: From Cells to Organisms. Cambridge, Cambridge University Press.

Flanagan, S.P., 2013. Biomechanics: A Case-based Approach. Sudbury, Jones and

[1] 이 교재는 자체적으로 교육 및 학습 도구로 이용하기에 충분하다고 생각한다. 이 교재를 준비하면서 많은 출처의 정보들을 활용했고, 일부는 아래에 열거되어 있다. 하지만 열거된 자료들을 홍보하거나, 그 자료들이 본 주제와 관련하여 이용할 수 있는 유일한 자료라는 것은 아니다. 생체역학 분야는 매우 빠르게 성장하고 있다. 동료 검토 연구 논문들을 발표하는 과학 학술지를 포함하여 생체역학의 정보를 쉽게 이용할 수 있는 많은 출처들이 있다.

Bartlett Publishers, Inc.

Fleisig, G.S., Young-Hoo Kwon, 2013. The Biomechanics of Batting, Swinging, and Hitting. London, Routledge International Handbooks.

Freivalds, A., 2014. Biomechanics of the Upper Limbs: Mechanics, Modeling and Musculoskeletal Injuries. 2nd Edition. Bosa Roca, CRC Press Inc.

Gerhard Silber, G., Then, C., 2013. Preventive Biomechanics. Berlin, Springer-Verlag Berlin and Heidelberg GmbH & Co. K.

Hall, S.J., 2014. Basic Biomechanics. London, McGraw Hill Higher Education.

Hamill, J., Knutzen, K.M., Derrick, T.D., 2014. Biomechanical Basis of Human Movement. Philadelphia, Lippincott Williams and Wilkins.

Holzapfel, G.A., Kuhl, E., 2013. Computer Models in Biomechanics. Dordrecht, Springer.

Huston, R.L., 2013. Fundamentals of Biomechanics. Bosa Roca, CRC Press Inc.

Huttner, B., 2013. Biomechanical Analysis Methods for Substitute Voice Production. Aachen, Shaker Verlag GmbH.

Kerr, A., 2010. Introductory Biomechanics. Elsevier Health Sciences, UK.

Kieser, J., Taylor, M., Carr, D., 2012. Forensic Biomechanics. New York, John Wiley & Sons Inc.

Knudson, D.V., 2012. Fundamentals of Biomechanics. 2nd Edition. New York, Springer-Verlag New York Inc.

LeVeau, B.F., 2010. Biomechanics of Human Motion: Basics and Beyond for the Health Professions. Thorofare, NJ. SLACK Incorporated.

Luo Qi, 2015. Biomechanics and Sports Engineering. Bosa Roca, CRC Press Inc.

II. 생체역학 및 생명공학 관련 고급 주제

Devasahayam, S.R., 2013. Signals and Systems in Biomedical Engineering: Signal Processing and Physiological Systems Modeling. 3rd Edition. Springer.

Jiyuan Tu, Kiao Inthavong, Kelvin Kian Loong Wong, 2015. Computational Hemodynamics: Theory, Modelling and Applications. Springer.

Johnson, M., Ethier, C.R., 2013. Problems for Biomedical Fluid Mechanics and Transport Phenomena. Cambridge University Press.

Kenedi, R., 2013. Advances in Biomedical Engineering. Academic Press.

King, M.R., Mody, N.A., 2010. Numerical and Statistical Methods for Bioengineering: Applications in MATLAB. Cambridge University Press.

Miftahof, M.R.N., Hong Gil Nam, 2010. Mathematical Foundations and Biomechanics of the Digestive System. Cambridge University Press.

Miftahof, M.R.N., Kamm, R.D, 2011. Cytoskeletal Mechanics. Models and Measurements in Cell Mechanics. Cambridge University Press (Texts in Biomedical Engineering).

Northrop, R.B., 2010. Signals and Systems Analysis in Biomedical Engineering. 2nd Edition. CRC Press.

Pruitt, L.A., Chakravartula, A.M., 2011. Mechanics of Biomaterials. Fundamental Principles for Implant Design. Cambridge University Press (Texts in Biomedical Engineering).

Saha, P.K., Maulik, U., Basu, S., 2014. Advanced Computational Approaches to Biomedical Engineering. Springer Berlin Heidelberg.

Saltzman, M.W., 2015. Biomedical Engineering: Bridging Medicine and Technology. 2nd Edition. Cambridge University Press (Texts in Biomedical Engineering).

Suvranu De, S., Guilak, F., Mofrad, M.R.K., 2009. Computational Modeling in Biomechanics. Springer.

Williams, D., 2014. Essential Biomaterials Science. Cambridge University Press (Texts in Biomedical Engineering).

III. 물리학 및 공업역학 관련 서적

Bhattacharya, D.K., Bhaskaran, A., 2010. Engineering Physics. Oxford University Press.

Chin-Teh Sun Zhihe Jin, 2011. Fracture Mechanics. Academic Press.

Harrison, H., Nettleton, T., 2012. Principles of Engineering Mechanics. 2nd Edition. Elsevier.

Gross, D., Hauger, W., Schr€oder, J., Wall, W.A., Rajapakse, N., 2013. Engineering Mechanics: Statics. Springer.

Hibbeler, R. C., 2012. Engineering Mechanics: Dynamics. 13th Edition. Prentice Hall.

Jain, S.D., 2010. Engineering Physics. Universities Press.

Khare, P., Swarup, A., 2009. Engineering Physics: Fundamentals & Modern Applications. Jones & Bartlett Learning.

Knight, R.D., 2012. Physics for Scientists and Engineers: Modern Physics Plus Mastering Physics. 3rd Edition. Addison-Wesley.

Kumar, K.I., 2011. Engineering Mechanics. McGraw-Hill Education (India) Pvt Limited.

Morrison, J., 2009. Modern Physics for Scientists and Engineers. Academic Press.

Plesha, M., Gray, G., Costanzo, F., 2012. Engineering Mechanics: Statics. McGraw-Hill.

Shankar, R., 2014. Fundamentals of Physics: Mechanics, Relativity, and Thermodynamics. Yale University Press.

Verma, N.K., 2013. Physics for Engineers. PHI Learning Pvt. Ltd.

IV. 변형체역학, 재료역학 및 재료의 내성 관련 서적

Beer, F. Jr., Johnston, R.E., DeWolf, J., Mazurek, D., 2014. Mechanics of Materials. McGraw-Hill Science.

Farag, M.M., 2013. Resistance of Materials: Materials and Process Selection for Engineering Design, 3rd Edition. Bosa Roca, CRC Press Inc.

Franc¸ois, D., Pineau, A., Zaoui, A., 2013. Mechanical Behavior of Materials: Fracture Mechanics and Damage. Springer.

Ghavami, P., 2015. Mechanics of Materials: An Introduction to Engineering Technology. Springer.

Martin, B.R., Burr, D.B., Sharkey, N.A., 2010. Skeletal Tissue Mechanics. New York, Springer-Verlag New York Inc.

Philpot, T.A., 2012. Mechanics of Materials: An Integrated Learning System, 3rd Edition. Hoboken, Wiley.

Pruitt, L.A., Chakravartula, A.M., 2012. Mechanics of Biomaterials: Fundamental Principles for Implant Design. Cambridge, Cambridge University Press.

Riley, W.F., 2006. Mechanics of Materials. John Wiley and Sons.

Rubenstein, D., Yin Wei., Frame, M., 2011. Biofluid Mechanics: An Introduction to Fluid Mechanics, Macrocirculation, and Microcirculation. San Diego, Academic Press Inc.

V. 생체역학협회

Bulgarian Society of Biomechanics: http://www.imbm.bas.bg/biomechanics/index.php/societies

Czech Society of Biomechanics: http://www.csbiomech.cz/index.php/en/

Danish Society of Biomechanics: http://www.danskbiomekaniskselskab.dk/

European Society of Biomechanics: http://esbiomech.org/

French Society of Biomechanics: http://www.biomecanique.org/

Hellenic Society of Biomechanics: http://www.elembio.gr/index.php/el/

International Society of Biomechanics: https://isbweb.org/

International Society of Biomechanics in Sports: http://www.isbs.org/

Polish Society of Biomechanics: http://www.biomechanics.pl/

Portuguese Society of Biomechanics: http://www.spbiomecanica.com/

The British Association of Sport and Exercise Sciences: http://www.bases.org.uk/

VI. 생체역학 학술지

Applied Bionics and Biomechanics: http://www.hindawi.com/journals/abb/

Clinical Biomechanics: http://www.clinbiomech.com/

International Journal of Experimental and Computational Biomechanics: http://

www.journal-data.com/journal/international-journal-of-experimental-andcomputational-biomechanics.html

Journal of Biomechanics: http://www.jbiomech.com/

Journal of Applied Biomechanics: http://journals.humankinetics.com/about-jab

Journal of Biomechanical Engineering: http://biomechanical.asmedigitalcollection. asme.org/journal.aspx

Journal of Biomechanical Science and Engineering: http://jbse.org/

Journal of Dental Biomechanics: http://www.journal-data.com/journal/journalof-dental-biomechanics.html

Sports Biomechanics: http://www.isbs.org/journal.html

VII. 미국의 생체역학 관련 대학원 과정[2]

Boston University. Department of Biomedical Engineering: http://www.bu.edu/dbin/bme/

University of California Berkeley. Department of Bioengineering: http://bioegrad.berkeley.edu/

Carnegie Mellon. Department of Biomedical Engineering: http://www.bme.cmu. edu/

Columbia University. Department of Biomedical Engineering: http://www.bme.columbia.edu/index.html

Cornell University. Department of Biomedical Engineering: http://www.bme.cornell.edu/

Duke University. Biomedical Engineering: http://www.bme.duke.edu/grads/

Harvard University. School of Public Health. Occupational Biomechanics and Ergonomics Laboratory: http://www.hsph.harvard.edu/ergonomics/

Johns Hopkins University. The Whitaker Institute. Department of Biomedical Engineering: http://www.bme.jhu.edu/

University of Michigan. Center for Ergonomics: http://www.engin.umich.edu/dept/ioe/C4E/

MIT. Center for Biomedical Engineering: http://web.mit.edu/afs/athena.mit.edu/org/c/cbe/www/

University of North Carolina at Chapel Hill. Biomedical Engineering: http://www.bme.unc.edu/academics/grad.html

New Jersey Institute of Technology. Department of Biomedical Engineering: http://biomedical.njit.edu/index.php

New York University. Graduate School of Arts and Science. Environmental

---

[2] 미국의 생체공학 관련 대학원 과정 전체 목록은 미국 생체역학학회 웹사이트인 http://www.asbweb.org/에서 확인할 수 있다.

Health Sciences-Ergonomics and Biomechanics Program: http://oioc.med.nyu.edu/education/masters-program

Ohio State University. Department of Biomedical Engineering: http://www.bme. ohio-state.edu/bmeweb3/

Stanford University. Department of Bioengineering: http://bioengineering. stanford.edu/education/ms.html

Syracuse University. Department of Biomedical Engineering: http://www.lcs.syr. edu/academic/biochem_engineering/index.aspx

Yale University. Department of Biomedical Engineering: http://www.eng.yale.edu/content/DPBiomedicalEngineering.asp

CHAPTER

02

힘 벡터

Force Vector

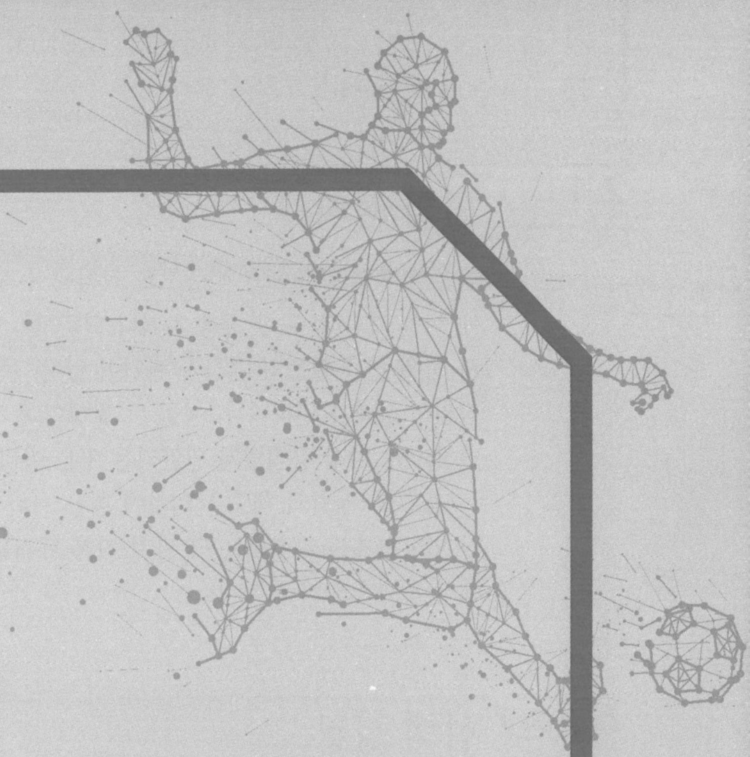

2.1 힘의 정의

힘은 역학적 교란 또는 하중으로 정의될 수 있다. 물체를 당기거나 밀 때, 당신은 물체에 힘을 가한다. 또한 공을 차거나 던질 때, 당신은 공에 힘을 가한다. 이 모든 경우에서 힘은 근육 활동의 결과와 관련이 있다. 물체에 힘을 가하면, 물체가 변형되거나 움직임의 상태가 변하거나, 이들 두 현상이 동시에 발생할 수도 있다. 힘이 움직임을 유발하지만, 항상 움직임과 연관되는 것은 아니다. 예를 들어, 한 사람이 의자에 앉아 있는 경우 그 사람의 체중은 의자에 힘을 가하지만, 의자는 움직임이 없다. 힘과 움직임 사이의 관계를 지배하는 몇 가지 기본 규칙들이 있다. 이 법칙들에 대해서는 다음 장에서 자세하게 다룰 것이다.

2.2 힘의 성질

힘은 벡터양이다. 힘과 관련된 문제를 해석하려면 벡터 대수학의 원리(부록 B 참조)를 적용해야 한다. 힘을 완전히 표현하기 위해서는 크기와 방향을 표시하여야 한다. 그림 2.1에서 보는 바와 같이, 힘 벡터는 화살표로 나타낼 수 있다. 화살표의 방향은 힘 벡터의 작용선, 화살촉은 힘이 작용하는 작용 방향과 감각, 그리고 화살표의 시작점은 힘 벡터의 작용점을 나타낸다. 하나의 도면에 둘 이상의 힘 벡터를 표시해야 하는 경우, 각 화살표의 길이는 벡터의 크기에 비례해야 한다.

다른 벡터양과 마찬가지로 도식 및 삼각법을 이용하여 힘을 더할 수 있다. 예를 들어, 그림 2.2에 나타낸 무릎 일부분 그림에서는 넙다리네갈래근(quadriceps femoris muscle, 대퇴사두근)($\underline{F}_Q$)과 무릎힘줄(patellar tendon, 슬개건)($\underline{F}_P$)에 의해 무릎뼈(patella, 슬개골)에 가해진 힘을 보여주고 있다. 넙다리네갈래근과 무릎힘줄에 의해 무릎뼈에 가해지는 **합력**(resultant force) $\underline{F}_R$은 다음과 같이 결정할 수 있다.

$$\underline{F}_R = \underline{F}_Q + \underline{F}_P \tag{2.1}$$

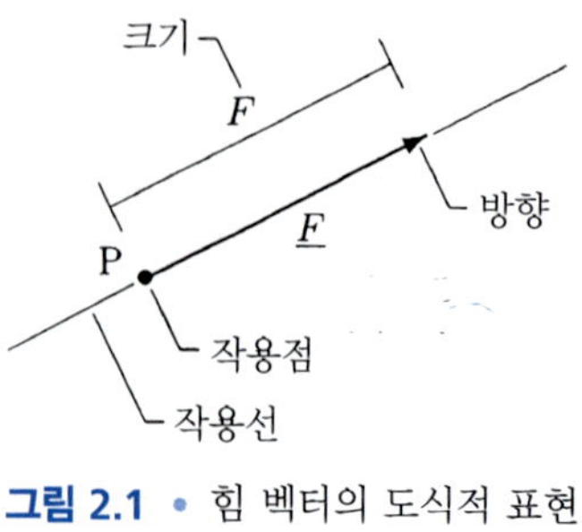

그림 2.1 • 힘 벡터의 도식적 표현

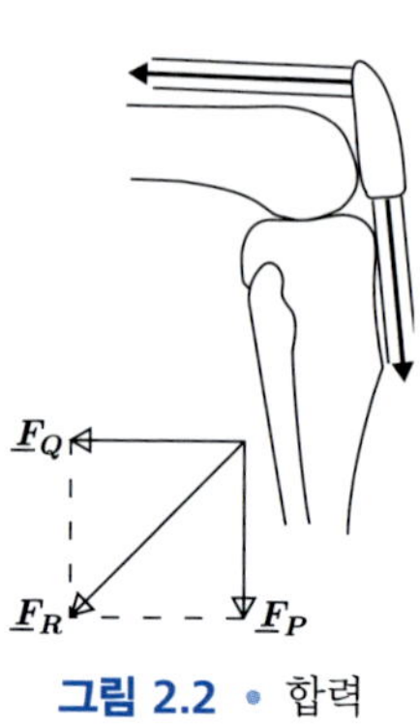

그림 2.2 • 합력

합력 F_R의 크기는 피타고라스 정리를 사용하여 아래와 같이 구할 수 있다.

$$F_R = \sqrt{F_Q{}^2 + F_P{}^2} \tag{2.2}$$

2.3 힘의 차원과 단위

정의에 따라, 힘은 질량과 가속도의 곱이다. 가속도는 시간에 대한 속도의 변화율이고, 속도는 시간에 대한 상대적 위치의 변화율이다. 위치의 변화는 길이 단위로 측정된다. 그러므로 속도는 길이를 시간으로 나눈 차원을 갖고, 가속도는 속도를 시간으로 나눈 차원을 가지며, 힘은 질량과 가속도의 곱의 차원을 갖는다.

$$[\text{속도}] = \frac{[\text{위치}]}{[\text{시간}]} = \frac{L}{T}$$

$$[\text{가속도}] = \frac{[\text{속도}]}{[\text{시간}]} = \frac{L/T}{T} = \frac{L}{T^2}$$

$$[\text{힘}] = [\text{질량}] \times [\text{가속도}] = \frac{ML}{T^2}$$

다른 단위계의 힘의 단위를 표 2.1에 나타내었다.

표 2.1 • 힘의 단위(1 N=10^5 dyn, 1 N=0.225 lb)

단위계	힘의 단위	고유 명칭
국제단위계(SI)	Kilogram-meter/second^2	뉴턴(Newton, N)
가우스단위계(c–g–s)	Gram-centimeter/second^2	다인(dyne, dyn)
영국단위계(British)	Slug-foot/second^2	파운드(pound, lb)

2.4 힘 시스템

단일 물체에 작용하는 둘 이상의 힘은 **힘 시스템**(power system)을 형성한다. 힘 시스템을 구성하는 힘은 다양한 방식으로 구분된다. 힘은 물체에 가해진 영향이나 방향에 따라 구분된다.

2.5 외력과 내력

힘은 넓게 **외력**(external force, 외부 힘)과 **내력**(internal force, 내부 힘)으로 분류할 수 있다. 대부분의 알려진 힘들은 외력이다. 예를 들면 사람이 차를 밀거나, 못을 박거나, 의자에 앉거나, 축구공을 차거나 또는 농구공으로 슛을 할 때, 사람은 차, 못, 의자, 축구공, 농구공에 외력을 가한다. 이와 반대로 내력은 물체가 외부에서 작용한 힘을 받을 때, 물체를 유지시켜주는 힘이다. 예를 들어, 줄을 양쪽 끝에서 잡아당길 때 줄이 반드시 끊어지는 것은 아니다. 고무줄을 잡아당기면 끊어지지 않고 어느 정도까지 늘어난다. 외부에서 힘이 가해진 상태에서 모든 재료를 함께 유지하는 것은 재료 내에 발생된 내력이다. 인체 전체를 고려할 때, 근육의 수축에 의해 발생한 힘도 내력이다. 내력의 중요성과 세부 내용은 추후 다른 장에서 '응력'의 의미를 소개할 때 학습하게 될 것이다.

2.6 수직력과 접선력

역학에서 '법선(normal)'이라는 용어는 수직을 의미한다. 표면에 작용하는 힘이 표면에 수직 방향으로 작용되고 있다면, 이를 **수직력**(normal force, 법선력)이라고 한다(그림 2.3). 예를 들어, 평평한 책상 위에 놓여 있는 책은 책상에 수직력이 작용하는데, 그 크기는 책의 무게와 같다(그림 2.3).

접선력(tangential force)은 표면에 대해 평행한 방향으로 표면에 가해지는 힘이다. 마찰력은 접선력의 좋은 예이다. 그림 2.4와 같이 블록을 밀거나 당기면, 블록의 밑면과 바닥 사이에 마찰력을 발생시킨다. 마찰력의 작용선은 항상 접촉면과 평행하다.

2.7 인장력과 압축력

물체에 작용하는 **인장력**(tensile force)은 물체를 펴거나 늘어나게 하는 경향이 있는 반면, **압축력**(compressive force)은 가해진 힘의 방향으로 물체를 수축하게 하는 경

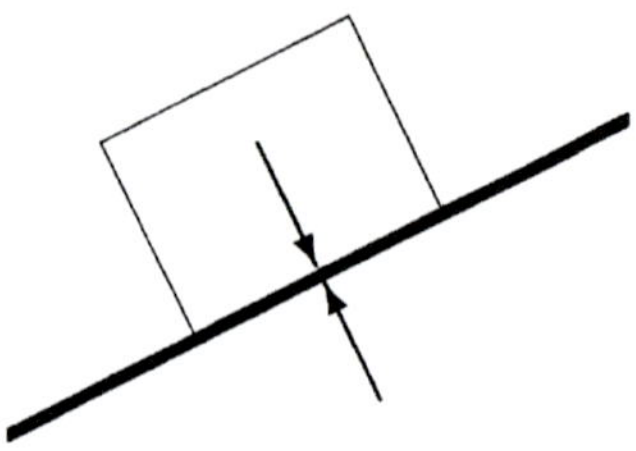

그림 2.3 • 접촉면에 수직인 힘

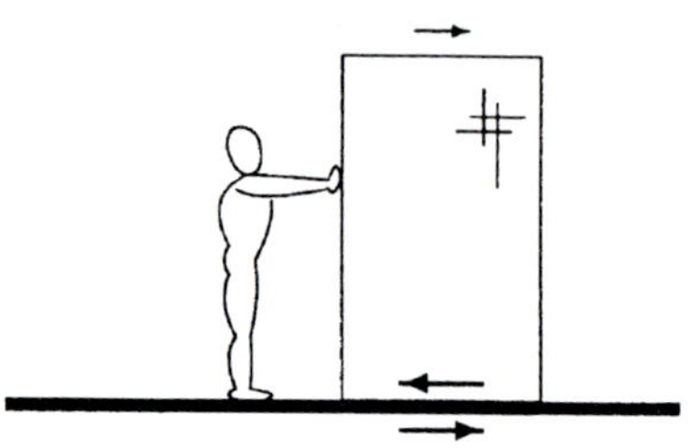

그림 2.4 • 마찰력은 접선에 따라 작용하는 힘이다.

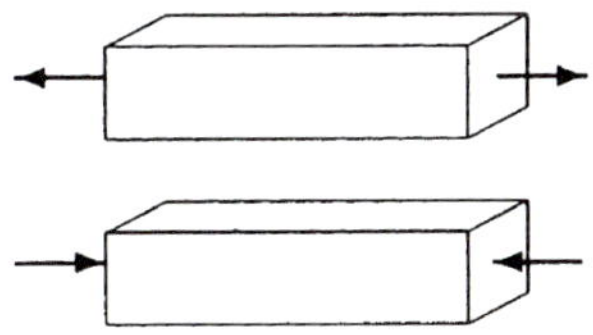

그림 2.5 • (a) 인장력, (b) 압축력

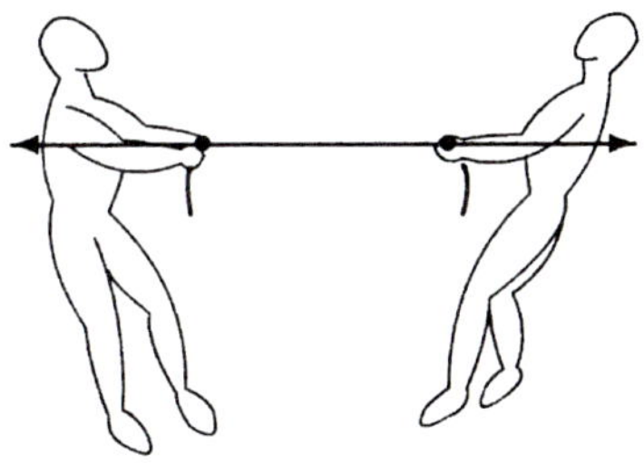

그림 2.6 • 동일 직선상의 힘

향이 있다(그림 2.5). 예를 들어, 고무줄에 인장력을 가하면 고무줄이 늘어난다. 팽창된 풍선을 찌르면 풍선에 압축력이 발생한다. 어떤 물질의 경우에는 인장력만 가할 수 있다. 예를 들면 끈, 밧줄, 선 등은 압축력을 가할 수 없다. 압축력을 가하면 이들 재료의 모양은 완전히 뒤틀어진다. 이와 마찬가지로, 근육은 수축하여 근육에 붙어 있는 뼈들을 서로 당기는 인장력을 일으킨다. 근육은 압축력을 생성하거나 밀어내기를 할 수 없다.

2.8 동일 평면상의 힘

모든 힘이 2차원 면(평면)상에 작용하고 있는 힘 시스템을 **동일 평면상**(coplanar)의 힘 시스템이라고 한다. 동일 평면 시스템을 형성하는 힘은 최대 두 개의 0이 아닌 성분을 갖는다. 그러므로 직각좌표계에서 동일 평면상의 힘 시스템은 힘의 x 및 y 성분을 고려하여 분석할 수 있다.

2.9 동일 직선상의 힘

모든 힘이 공통의 작용선상에 있는 힘 시스템을 **동일 직선상**(collinear)의 힘 시스템이라고 한다. 예를 들어, 줄다리기 시합에서 줄에 작용하는 힘은 동일 직선상의 힘 시스템이다(그림 2.6).

2.10 공점력

힘의 작용선들이 공통 교점을 갖는 경우, 힘 시스템은 **공점력**(concurrent force)이라고 한다. 공점력은 그림 2.7에서 보듯이 다양한 견인 장치에서 볼 수 있다. 추의 무게로 인해 밧줄이 당겨지고 도르래와 다리에 힘이 가해진다. 다리에 가해진 힘으로 인해 다리가 정확한 위치에 고정된다.

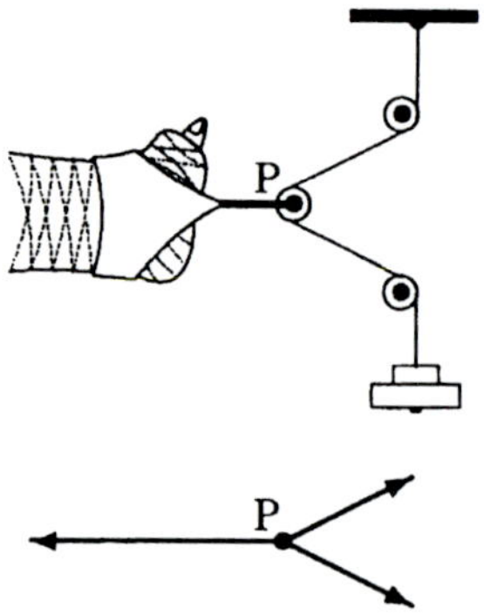

그림 2.7 • 한 점에 모이는 힘(공점력)

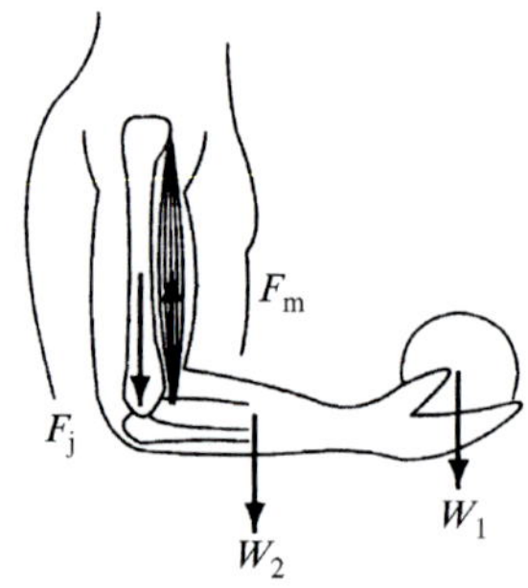

그림 2.8 • 평행력

2.11 평행력

힘의 작용선들이 서로 평행하면 이들 힘은 **평행력**(parallel force)계를 형성한다. 그림 2.8에서는 물체를 들고 있는 인체의 팔이 직각으로 굽어 있을 경우에 형성되는 평행력 시스템의 일례를 보여주고 있다. 아래팔에 작용하는 힘은 물체의 무게 W_1, 팔 자체의 무게 W_2, 두갈래근의 장력 F_M, 팔꿈치의 관절 반력 F_j이다. 이 힘들은 서로 평행하고, 따라서 평행력 시스템을 형성한다.

2.12 중력과 무게

지구가 물체에 가하는 힘을 **중력**(gravitational force) 또는 물체의 **무게**(weight)라고 한다. 물체의 무게의 크기는 물체의 질량에 중력가속도의 크기를 곱한 값과 같다. 즉, $w = m \cdot g$이며, 여기서 w는 물체의 무게, m은 물체의 질량, 그리고 g는 중력가속도이다. 표 2.2는 서로 다른 단위계에서 중력가속도 크기를 나타내고 있다. 이 값들은 지구 표면에서만 유효하다. 중력가속도의 크기는 고도에 따라 약간 다를 수 있다. 본 교재에서는 중력가속도 g를 상수로 가정한다.

질량과 무게의 용어는 종종 서로 혼동된다. 질량은 물질의 속성이며, 무게는 물체의 질량에 작용하는 중력이다. 지구에서나 달에서나 물체의 질량은 같다. 그러나 달의 중

표 2.2 • 지구에서의 중력가속도

단위계	중력가속도
국제단위계(SI)	9.81 m/s^2
가우스단위계(c-g-s)	981 cm/s^2
영국단위계(British)	32.2 ft/s^2

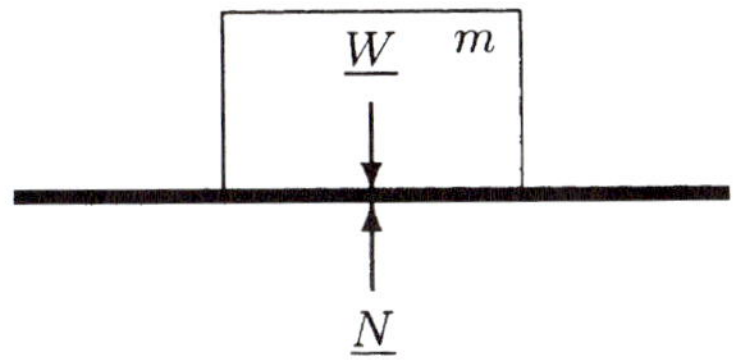

그림 2.9 • 정지한 물체에 작용하는 알짜힘은 0이다.

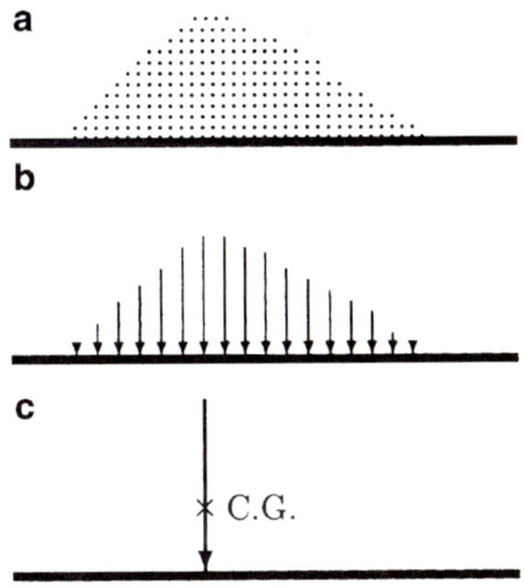

그림 2.10 • (a) 모래더미, (b) 지면에 대한 분포 하중, (c) 등가력

력가속도는 지구의 1/6이므로, 물체의 무게는 달에 비해 지구에서 6배 무겁다. 그러므로 지구에서 10 kg 질량은 약 98 N의 무게이지만, 달에서는 약 17 N이다.

힘과 마찬가지로, 가속도는 벡터양이다. 중력가속도와 중력벡터의 방향은 항상 지구의 중심을 향하거나 항상 수직 아래 방향으로 향해 있다. 중력은 항상 물체에 작용한다. 높은 곳에서 물체를 떨어뜨리면 중력은 물체를 아래로 잡아당긴다.

물체가 지면에 놓여 있을 때도 중력은 사라지지 않는다. 물체가 정지 상태 또는 정적 평형상태에 있다는 것은 물체에 작용하는 알짜힘이 0임을 의미한다(그림 2.9).

2.13 분산력 시스템과 압력

그림 2.10a와 같이 평평한 수평면에 모래더미를 쌓았다고 생각해보자. 모래는 표면에 힘이나 하중을 가하고, 이 하중은 모래 아래 영역에 분산되어 있다. 하중은 이 영역에서 균일하게 분산되어 있지 않다. 모래더미 아래의 가장자리는 중앙 영역에 비해 하중을 덜 받고 있다(그림 2.10b). 편의상 모래에 의한 분산력(distributed force)은 **등가력**(equivalent force) 또는 **집중하중**(concentrated load)이라고 하는 단일 힘으로 나타낼 수 있다. 등가력의 크기는 모래의 총 무게와 같다(그림 2.10c). 이 힘의 작용선은 **무게중심**(center of gravity)이라고 불리는 한 점을 지난다. 어떤 경우에는 모래더미의 총 무게가 하중의 무게중심에 집중되어 있다고 가정할 수 있다. 그림 2.11과 같이 직육면체 블록이 수평면에 힘을 가하는 균일한 분포 하중의 경우, 무게중심은 하중의 기하학적 중심과 일치한다. 불균일하게 분포된 하중의 경우에는 실험을 통해 무게중심이 결정될 수 있다(제4장 참조).

무게중심은 지구 중력과 관련이 있다. 중력 효과와 무관한 **질량중심**(center of mass)이라는 또 다른 개념이 있다. 뉴욕 엠파이어스테이트 빌딩과 같은 커다란 물체나 구조

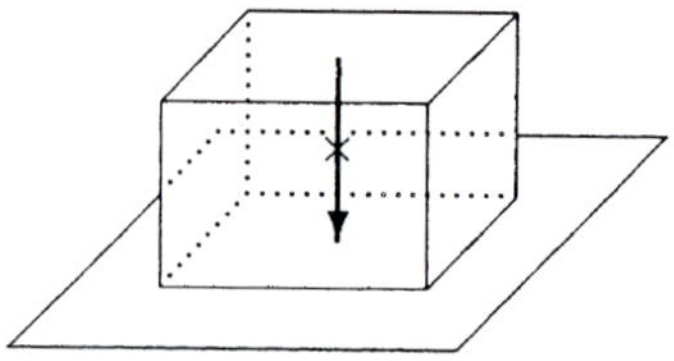

그림 2.11 • 직육면체 블록

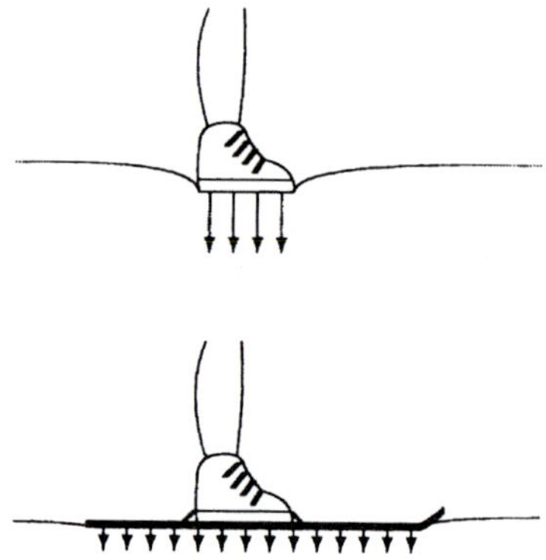

그림 2.12 • 스키부츠가 눈에 가하는 힘의 세기(압력)는 스키가 눈에 가하는 힘의 세기보다 크다.

에서는 중력가속도의 크기가 높이에 따라 다르기 때문에 무게중심과 질량중심은 다를 수 있다. 상대적으로 작은 물체나 일반적인 생체역학 문제에서는 이러한 차이를 무시할 수 있다.

분산력계와 관련된 또 다른 중요한 개념은 분포 하중의 정도를 측정하는 **압력**(pressure)이다. 정의에 따라, **평균 압력**(average pressure)은 힘이 표면에 수직 방향으로 작용되는 표면적으로 모든 힘을 나눈 값이다. 이를 **하중 강도**(load intensity)라고도 한다. 예를 들어, 그림 2.11에서 직육면체 블록의 아래 표면적이 A이고 총 무게가 W이면 수평면 위에 블록이 가하는 압력 p의 크기는 다음과 같이 계산할 수 있다.

$$p = \frac{W}{A} \tag{2.3}$$

압력의 차원은 힘의 차원(ML/T^2)을 면적의 차원(L^2)으로 나눈 값이다.

$$[\text{압력}] = \frac{[\text{힘}]}{[\text{면적}]} = \frac{M \cdot L/T^2}{L^2} = \frac{M}{LT^2}$$

다른 단위계에서 압력의 단위를 표 2.3에 나타내었다.

압력의 개념에 숨겨진 원리에는 많은 응용 분야가 있다. 힘이 가해지는 부분의 면적이 클수록 압력의 크기는 작아진다. 부드러운 눈 위의 부츠를 신은 사람과 스키를 신

표 2.3 • 압력의 단위

단위계	압력 단위	명칭
국제단위계(SI)	kg/ms^2 또는 N/m^2	파스칼(Pascal, Pa)
가우스단위계(c–g–s)	$g/cm\ s^2$ 또는 dyn/cm^2	
영국단위계(British)	lb/ft^2 또는 lb/in^2	psf 또는 psi

은 사람을 관찰해보면, 부츠를 신은 사람이 스키를 신은 사람보다 더 깊이 눈에 파묻히는 것을 쉽게 알 수 있다. 이것은 단순히 부츠를 신은 사람의 무게가 눈 위에서 더 작은 영역에 분포되어 있으므로, 눈의 단위면적당 더 큰 힘이 가해지기 때문이다(그림 2.12). 날카로운 물체에 의한 감각과 통증이 뭉툭한 물체에 의한 것보다 더 심하다는 것은 분명하다.

절단된 팔다리에 맞는 보철물이나 잇몸과 악골 구조에 적합한 의치 세트는 부적절하게 장착된 임플란트나 보철물을 사용하는 것보다 느낌이나 기능면에서 훨씬 좋을 것이다. 이를 위해서 가능한 한 넓은 면적에 힘이 분산되도록 한다.

2.14 마찰력

마찰력(frictional force)은 한 표면이 다른 표면에 대해 미끄러지거나 미끄러지려는 경향이 있을 때 접촉해 있는 두 표면에서 발생한다. 물체가 거친 표면 위에서 움직이거나 유체(물과 같은 점성 매질) 속에서 움직일 때, 주위와 물체의 상호 작용으로 인해 움직임에 저항이 있다. 적용 분야에 따라 마찰이 필요한 경우도 있지만, 마찰을 최소로 줄여야 할 경우도 있다. 예를 들어, 마찰력이 없으면 걷기를 시작할 수 없다. 자동차, 자전거 그리고 휠체어 브레이크는 마찰의 원리를 이용한 것이다. 반대로 마찰은 접촉면 사이에 열을 발생시킬 수 있다. 과열로 인해 예상치 않게 기계 부품이 빨리 파손되거나 마찰로 인해 마모가 일어날 수도 있다.

마찰력에 영향을 미치는 여러 요인들이 있다. 마찰은 두 미끄러지는 표면의 특성에 영향을 받는다. 예를 들어, 다른 모든 조건이 동일한 경우, 두 금속 사이의 마찰력과 두 나무 사이의 마찰력은 다르다. 마찰은 강하게 상호작용하는 재료에서 더 크게 발생한다. 마찰은 표면 품질과 표면 마감에 영향을 받는다. 좋은 표면 마감으로 마찰력을 줄일 수 있다. 마찰력은 총 접촉 표면적에는 영향이 없다.

그림 2.13에서와 같이 블록이 바닥에 놓여 있다고 생각해보자. 블록은 바닥에 무게 $\underline{W}$ 만큼의 힘을 가하고 있다. 그 대가로, 바닥은 블록에 수직력 $\underline{N}$을 가하고 있으며, 두 힘의 크기는 서로 같다($N = W$). 이번에는 블록이 오른쪽으로 움직이도록 수평력 $\underline{F}$를 가한 경우를 생각해보자. 이 힘은 블록과 바닥 사이의 마찰력 $\underline{f}$가 발생하게 한다. 블록이 정지해 있는 한(정적 평형), 마찰력의 크기 f는 수평력의 크기 F와 같다. 이러한 마찰력을 **정지마찰**(static friction)이라고 한다.

만약 힘을 증가시키면, 블록은 결국 미끄러지거나 미끄러지기 시작할 것이다. 블록이 미끄러지려고 할 때(미끄럼 현상이 일어나기 바로 직전), 정지마찰력의 크기는 최대(f_{max})가 된다. 가해지는 힘의 크기가 f_{max}를 초과하면, 블록은 오른쪽으로 움직이게 된다. 블록이 움직일 때, 접촉면에서 움직임을 방해하는 저항을 **운동마찰**(kinetic friction) 또는 **동적마찰**(dynamic friction) $\underline{f}_k$라고 부른다. 일반적으로 운동마찰력의

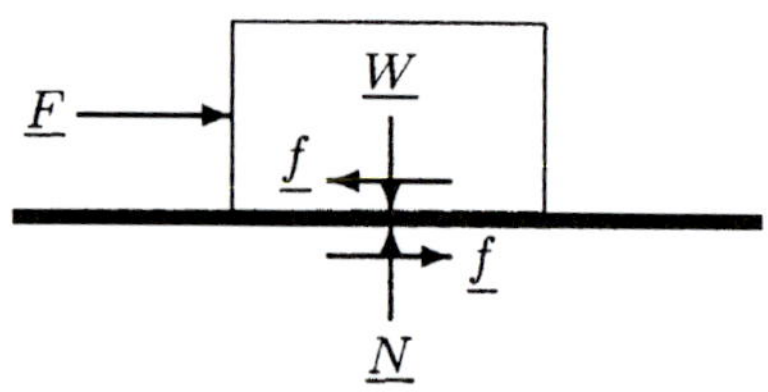

그림 2.13 • 마찰은 한 표면이 다른 표면 위로 미끄러지거나 미끄러지려는 경향이 있을 때 발생한다.

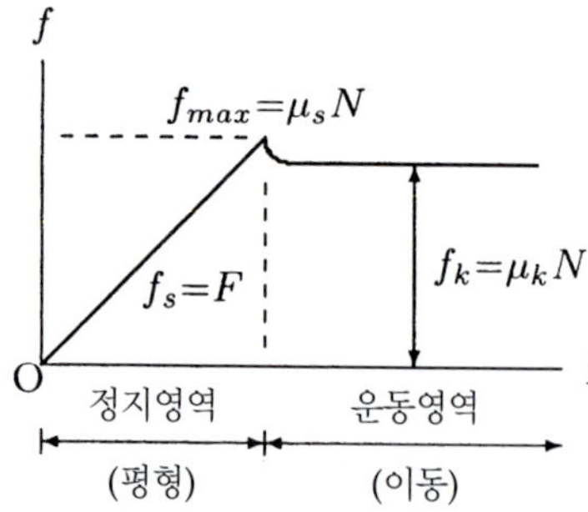

그림 2.14 • 가한 힘의 함수로서 마찰력의 변화

크기는 최대정지마찰력보다 작으며($f_k < f_{max}$), 가한 힘의 크기보다 작다($f_k < F$). 가한 힘과 운동마찰의 크기의 차이로 인해 블록이 오른쪽으로 가속하게 된다.

정지마찰과 운동마찰의 크기는 접촉하는 표면에 작용하는 수직력($\underline{N}$, 그림 2.13)과 정비례한다는 것이 실험으로 확인되었다. 비례상수는 일반적으로 μ(뮤, mu)라고 나타내며, **마찰계수**(coefficient of friction)라고 한다. 마찰계수는 재료 특성, 표면 마감 품질, 그리고 접촉면의 조건과 같은 인자에 영향을 받는다. 마찰계수는 또한 물체가 정지해 있는지 움직이는지에 따라서도 영향을 받는다. 정지 상태나 운동 상태의 마찰력을 구별하기 위해서 두 가지 다른 마찰계수를 사용한다.

정지마찰계수(coefficient of static friction, μ_s)는 정지마찰과 관계있고, **운동마찰계수**(coefficient of kinetic friction, μ_k)는 운동마찰과 관계가 있다. 블록이 움직이려고 할 때 정지마찰력의 크기는 $f_s = \mu_s N = f_{max}$이며, 최대 마찰력보다 작은 크기의 힘을 가하면 $f_s < \mu_s N$이고, 이때 정지마찰력의 크기는 가한 힘의 크기와 같다($f_s = F$). 운동마찰과 수직력은 다음과 같은 관계식으로 나타낼 수 있다.

$$F_k = \mu_k N \tag{2.4}$$

접촉면에 평행한(접선) 방향으로 가한 힘에 대한 마찰계수의 편차들은 그림 2.14에 나타나있다. 주어진 한 쌍의 재료에 있어서, 운동마찰계수는 일반적으로 정지마찰계수보다 작다. 운동마찰계수는 보통의 속력에서 거의 일정하다. 속력을 더 높이면, 마찰에 의해 열이 발생하므로 μ_k는 감소할 것이다. 몇 가지 마찰계수에 대한 값을 표 2.4에 나타내었다. 표 2.4의 마찰계수는 평균 범위이며, 정지마찰계수와 운동마찰계수 사이의 차이를 구분하지 않았음에 유의하라.

마찰력은 항상 접촉면에 접선방향으로 작용한다. 접촉하는 두 물체 중 하나가 움직인다면, 물체에 작용하는 마찰력의 방향은 물체의 이동방향과 반대방향이다. 예를 들어, 그림 2.13에서 블록에 힘을 가하면 블록은 오른쪽으로 움직이려고 한다. 블록에 작용하는 마찰력의 방향은 왼쪽이고, 블록의 움직임을 정지시키려고 한다. 마찰력은 두 면이 접촉해야만 발생하므로, 항상 짝으로 일어난다. 그러므로 그림 2.13에서 바닥에도

표 2.4 • 마찰계수

접촉면	마찰계수
목재 대 목재	0.25~0.50
금속 대 금속	0.30~0.80
플라스틱 대 플라스틱	0.10~0.30
플라스틱 대 금속	0.10~0.20
콘크리트 대 고무	0.60~0.70
타일 대 고무	0.20~0.40
목재 대 고무	0.70~0.75
금속 대 뼈	0.10~0.20
연골 대 연골	0.001~0.002

마찰력이 작용한다. 바닥에 작용하는 마찰력의 크기는 블록에 작용하는 마찰력의 크기와 같다. 그러나 바닥에 작용하는 마찰력의 방향은 오른쪽이다.

미끄러지는 면 사이에 재료를 추가하면 마찰과 마모의 영향을 줄일 수 있다. 이러한 재료를 **윤활제**(lubricant)라고 부르며, 이는 고체 또는 액체일 수 있다. 윤활제는 움직이는 부품 사이의 직접적인 마찰을 감소시켜 마찰의 영향과 마모를 줄일 수 있다. 신체의 경우, 가동관절(팔꿈치, 엉덩이, 무릎관절 등)은 **윤활액**(synovial fluid)으로 미끄럽게 된다. 활액은 마찰의 영향을 줄여주는 점성물질로서, 관절 표면 사이의 직접적인 접촉을 제한함으로써 관절 표면의 마모나 찢어짐을 줄여주며, 관절 표면을 덮고 있는 연골에 영양을 공급한다. 가동관절이 매우 큰 하중 조건을 받고 있지만, 연골 표면은 정상적인 일상 조건에서 거의 마모되지 않는다. 상대적인 운동을 하는 두 고체 표면 사이에 윤활제와 같은 유체를 도입하면, 마찰 효과를 평가하는 방법을 달리 검토해야한다는 점을 유념해야 한다. 예를 들어, 점성 매질이 존재할 때 마찰력은 수직력(압력)의 함수일뿐만 아니라 움직이는 부품들의 상대속도에 따라 달라진다. 서로 다른 하중 및 운동 조건에 따라 가동관절에 미치는 마찰의 영향을 설명하기 위하여 많은 윤활 방식이 정의되었다. 이와 같은 윤활 방식에는 유체역학(hydrodynamic) 윤활, 경계(boundary) 윤활, 탄성유체역학(elastohydrodynamic) 윤활, 압착막(squeeze-film) 윤활, 습윤(weeping) 윤활, 그리고 원조 윤활(boosted lubrication)이 있다.

2.15 연습문제

문제 2.1 그림 2.15와 같이 두 사람이 블록을 옮기려고 한다. 두 사람은 각각 200 N의 동일한 크기의 힘을 가한다고 가정하자. 한 사람은 북쪽으로 밀고, 다른 한 사람은 동쪽으로 밀 때, 두 사람이 블록에 가한 알짜힘(net force)의 방향과 크기를 구하라.

정답: 283 N, 북동쪽

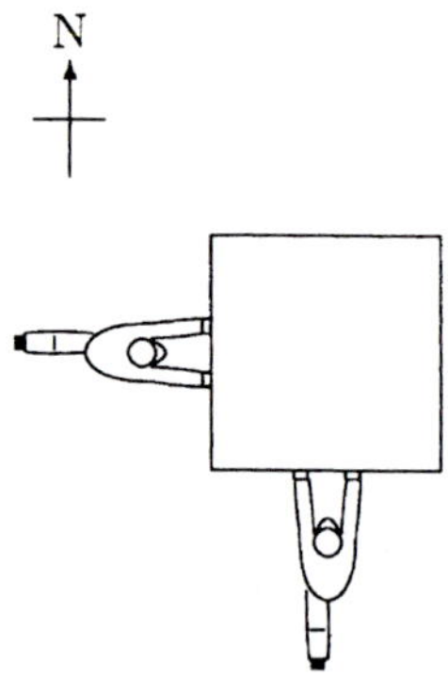

그림 2.15 • 문제 2.1

문제 2.2 그림 2.16과 같이 두 사람이 블록을 옮기려고 한다. 두 사람은 200 N의 동일한 크기 힘을 가한다고 가정하자. 한 사람은 북동쪽으로 밀고 있고 다른 한 사람은 같은 방향으로 당기고 있다. 두 사람이 블록에 가한 알짜힘의 방향과 크기를 구하라.

정답: 400 N, 북동쪽

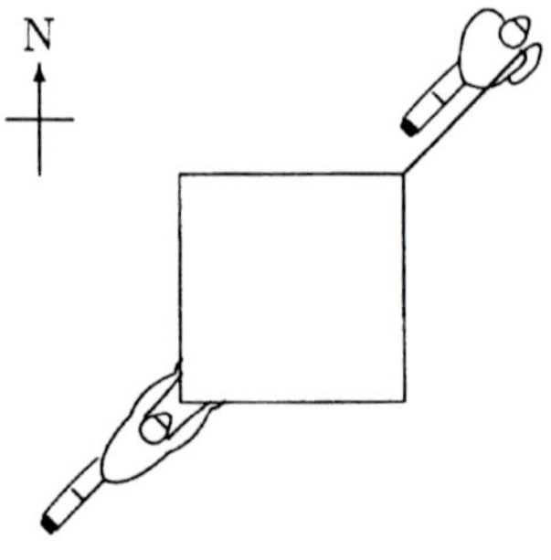

그림 2.16 • 문제 2.2

문제 2.3 그림 2.17에서 보는 바와 같이, 두 힘 $\underline{F}_1$과 $\underline{F}_2$가 있다. 두 힘이 xy 평면에서 물체에 힘을 가한다고 가정하자. 첫째 힘은 $F_1 = 15$ N의 크기로 양(+)의 x축과 $\alpha = 30°$ 방향으로 작용하고, 두 번째 힘은 $F_2 = 10$ N의 크기로 음(−)의 x축과 $\beta = 45°$로 작용한다.

(a) x와 y 방향으로 $\underline{F}_1$과 $\underline{F}_2$의 스칼라 성분을 계산하라.
(b) $\underline{F}_1$과 $\underline{F}_2$를 성분으로 표현하라.
(c) 합력 벡터 $\underline{F}_R$을 구하라.
(d) 합력 벡터의 크기를 계산하라.

(e) $\underline{F}_R$과 양의 y축이 이루는 각 θ를 계산하라.

정답:

(a) $\underline{F}_{1x} = 13.0$ N, $\underline{F}_{1y} = 7.5$ N, $\underline{F}_{2x} = -7.1$ N, $\underline{F}_{2y} = 7.1$ N
(b) $\underline{F}_1 = 13.0_{\underline{i}} + 7.5_{\underline{j}}$, $\underline{F}_2 = -7.1_{\underline{i}} + 7.1_{\underline{j}}$
(c) $\underline{F}_R = 5.9_{\underline{i}} + 14.6_{\underline{j}}$
(d) $\underline{F}_R = 15.7$ N
(e) $\theta = 22°$

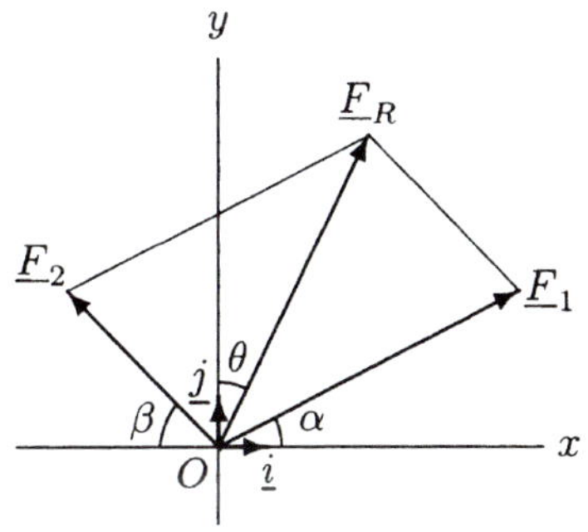

그림 2.17 • 문제 2.3

문제 2.4 그림 2.18에 표시된 힘이 있다. $\underline{F}_R$은 양(+)의 x축과 $\theta = 27°$의 각도를 이루는 합력 벡터이다. 합력의 크기 $F_R = 21.4$ N이다. 또한, $F_{1x} = 26$ N, $F_{1y} = 25$ N은 힘 $\underline{F}_1$의 스칼라 성분을 나타낸다.

(a) 힘 $\underline{F}_1$의 크기를 계산하라.
(b) 힘 $\underline{F}_1$이 양의 x축과 이루는 각도 α를 계산하라.
(c) 힘 $\underline{F}_2$의 크기를 계산하라.
(d) 힘 $\underline{F}_2$가 수평과 이루는 각도 β를 계산하라.

정답: (a) $\underline{F}_1 = 36.1$ N; (b) $\alpha = 43.9°$; (c) $\underline{F}_2 = 16.8$ N; (d) $\beta = 65.7°$

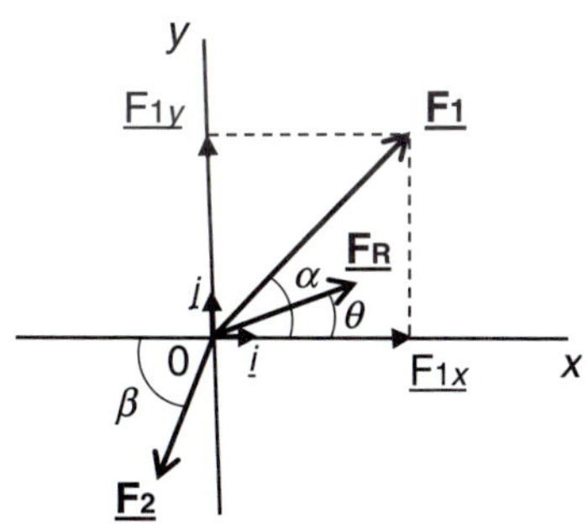

그림 2.18 • 문제 2.4

문제 2.5 그림 2.19에 표시된 $\underline{F}_1$, $\underline{F}_2$, $\underline{F}_3$, $\underline{F}_4$의 네 가지 힘이 존재한다. 이들 힘이 xy 평면의 물체에 가해진다고 가정하자. 첫 번째, 두 번째, 세 번째 힘은 각각 $F_1 = 32$ N, $F_2 = 45$ N, $F_3 = 50$ N의 크기를 가지며, 양의 x축과 각도 $\alpha = 35°$, $\beta = 32°$, $\gamma = 50°$를 이룬다. 힘 $\underline{F}_4$의 크기는 $F_4 = 55$ N이며, 그 작용선은 음의 x축과 각도 = 65°를 이룬다.

(a) 합력 벡터 $\underline{F}_R$의 스칼라 성분을 계산하라.
(b) 합력의 크기 F_R을 계산하라.
(c) 합력 벡터 $\underline{F}_R$이 수평과 이루는 각도 τ를 계산하라.

정답: (a) $\underline{F}_{Rx} = 73.3$ N, $F_{Ry} = 93.5$ N; (b) $F_R = 118.8$ N; (c) $\tau = 51.9°$

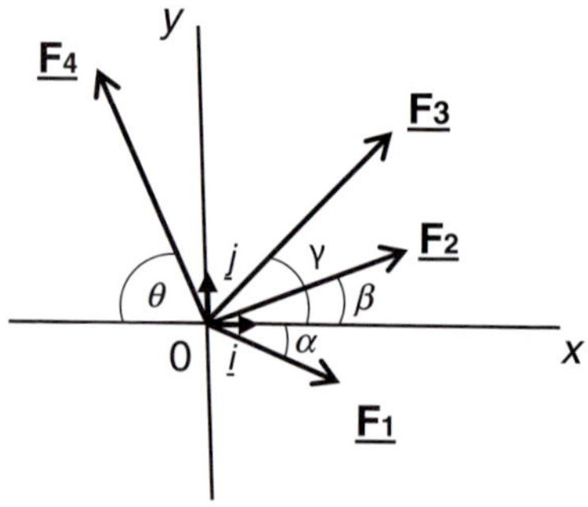

그림 2.19 • 문제 2.5

문제 2.6 그림 2.20과 같이, 2 kg, 20 cm × 30 cm의 책이 탁자 위에 놓여 있다. 책이 탁자에 가하는 평균 압력을 계산하라.

정답: 327 Pa

그림 2.20 • 문제 2.6

문제 2.7 그림 2.21과 같이, 나무 깔판 위에 놓인 50 kg 원통이 있다. 원통에 의해 깔판에 가해지는 압력은 260 Pa이다. 원통의 반지름은 얼마인가?

정답: $r = 0.77$ m

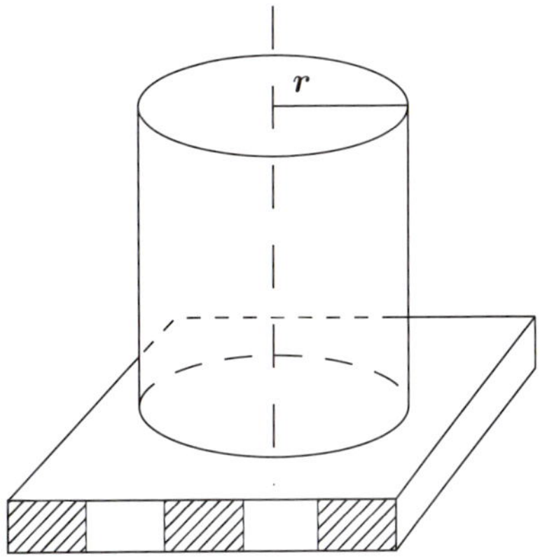

그림 2.21 • 문제 2.7

문제 2.8 그림 2.22에서 제시된 바와 같이, 각각 10 kg의 동일한 블록 세 개가 탁자 위에 쌓여 있다. 블록의 아래쪽 면적은 40 cm × 50 cm이다. 블록에 의해 탁자에 가해지는 평균 압력을 계산하라.

정답: $P = 1470\ \text{Pa}$

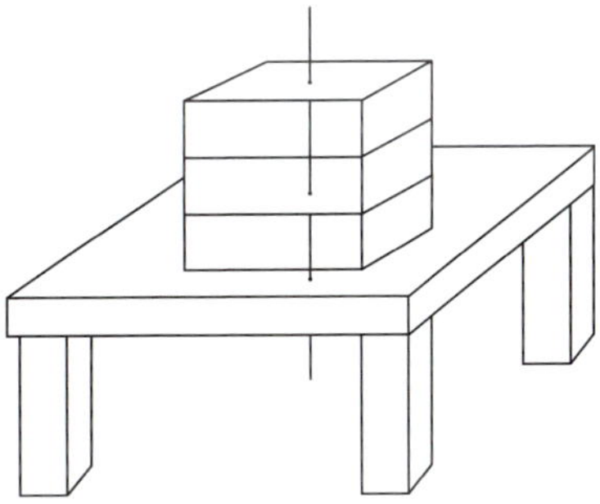

그림 2.22 • 문제 2.8

문제 2.9 그림 2.23에 제시된 바와 같이, 바닥이 정사각형인 피라미드 위에 35 kg의 구가 장착된 구조물이 있다. 피라미드의 무게는 $W = 650\ \text{N}$이고, 피라미드 밑면의 한 변의 길이는 $a = 0.7\ \text{m}$이다. 구조물에 의해 가해지는 바닥의 평균 압력을 계산하라.

정답: $P = 2026.5\ \text{Pa}$

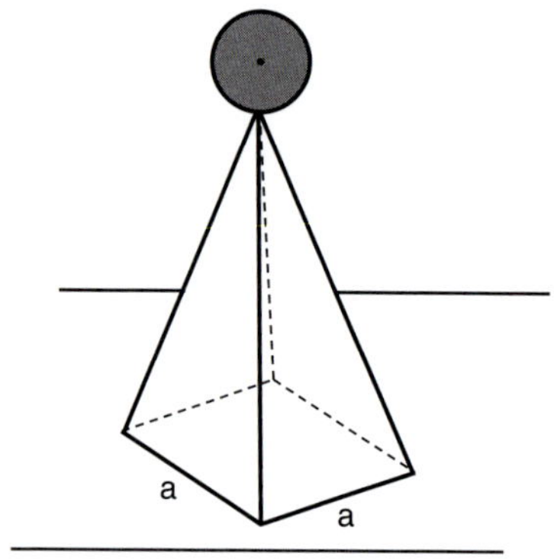

그림 2.23 • 문제 2.9

문제 2.10 그림 2.24와 같이, 무게 400 N의 블록이 수평면에 놓여 있다. 블록과 수평면 사이의 정지마찰계수는 0.3이다. 블록을 오른쪽으로 움직이게 하는 데 필요한 최소한의 수평 힘은 얼마인가?

정답: 120 N보다 약간 크다.

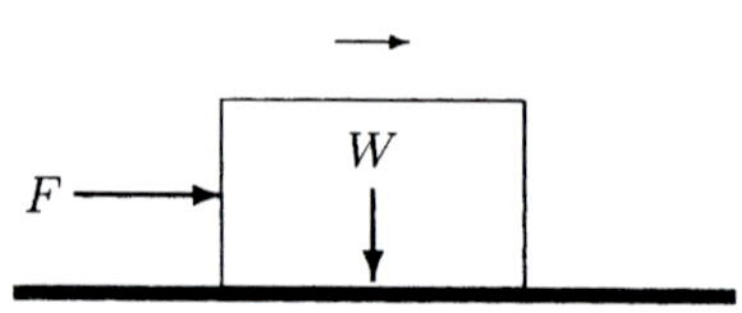

그림 2.24 • 문제 2.10, 2.11 및 2.12

문제 2.11 그림 2.24에서 보는 바와 같이, 외력 $F = 280$ N의 결과로 바닥 위를 오른쪽으로 이동하는 블록이 있다. 블록과 바닥 사이의 운동마찰계수가 0.35라고 가정하면, 블록의 질량(m)은 얼마인가?

정답: $m = 81.6$ kg

문제 2.12 그림 2.24에서 보는 바와 같이, 블록에 가해진 수평 힘 $F = 62.5$ N의 결과로 바닥 위를 오른쪽으로 이동하는 블록이 있다. 블록과 바닥 사이의 마찰계수가 0.25일 때, 블록의 무게는 얼마인가?

정답: $W = 250$ N

문제 2.13 그림 2.25에서 보는 바와 같이, 어떤 사람이 74 N의 수평 힘을 가하여 50 kg 서류철 보관함을 타일로 덮인 바닥 위에서 밀고 있다. 서류철 보관함과 바닥 사이의 마찰계수는 얼마인가?

정답: $\mu = 0.15$

그림 2.25 • 문제 2.13 및 2.14

문제 2.14 그림 2.25에서 보는 바와 같이, 나무 바닥 위로 서류철 보관함을 밀고 있는 사람이 있다. 서류철 보관함 내부의 선반 위에는 다양한 폴더, 사무용품, 부속품과 같은 물품들이 있다. 물품들이 적재된 서류철 보관함의 총 무게는 $W = 900$ N이며, 서류철 보관함 자체의 무게는 $W_1 = 500$ N이다. 또한 서류철 보관함과 바닥 사이의 정지마찰계수는 $\mu = 0.4$이다.

(a) 적재된 서류철 보관함을 바닥 위로 이동시키기 위해 사용자가 가해야 하는 수평 힘의 크기는 얼마인가?
(b) 빈 서류철 보관함을 바닥 위로 이동시키기 위해 사람이 가해야 하는 수평 힘의 크기는 얼마인가?
(c) 적재된 서류철 보관함을 이동시키기 위해 가해야 하는 힘은 빈 서류철 보관함의 경우보다 얼마만큼 차이가 있는가?

정답:

(a) 360 N 약간 초과
(b) 200 N 약간 초과
(c) 80 % 증가

문제 2.15 그림 2.26과 같이 무게가 W인 블록이 있다. 중력에 의해 블록은 수평면과 θ 각도의 경사면을 미끄러져 내려가고 있다. 블록과 비탈 사이의 운동마찰계수는 μ_k이다. 이때, 블록과 경사면 사이의 마찰력의 크기가 $f = \mu_k W \cos\theta$임을 보여라.

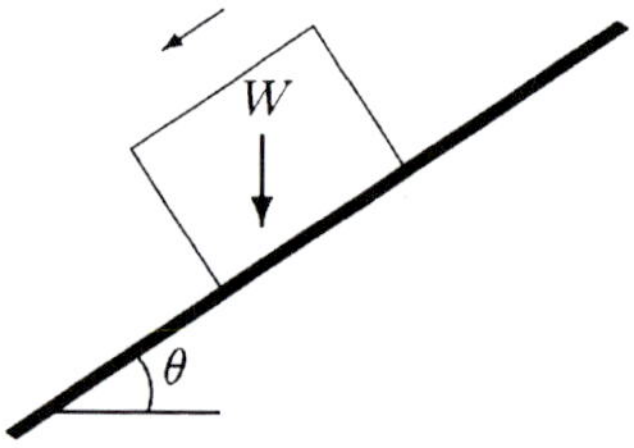

그림 2.26 • 문제 2.15

문제 2.16 그림 2.27과 같이, 사람이 경사에 평행한 힘을 가하여 500 N 무게의 블록을 경사면 위로 밀려고 한다. 블록과 경사 사이의 마찰계수가 0.4이고, 경사가 수평과 각도 $\theta = 25°$를 이룰 때, 블록에 작용하는 마찰력의 크기를 계산하라.

정답: $f = 181.3$ N

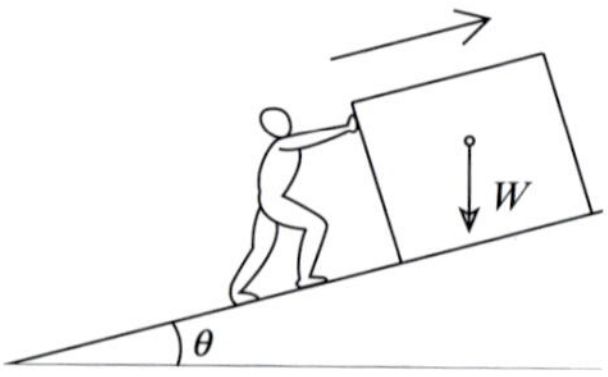

그림 2.27 • 문제 2.16

문제 2.17 그림 2.28은 접촉면 사이의 정지마찰계수를 구하는 간단한 실험 방법을 보여준다. 이 방법은 블록을 수평 판에 올려놓은 다음, 블록이 움직이기 시작할 때까지 천천히 판을 기울이고, 블록이 움직이는 순간 수평면과 판 사이의 각도를 측정하는 방식이다. 이러한 임계각(θ_c)을 휴지각(angle of repose)이라고 한다. 블록은 움직이기 직전에 정적 평형상태에 있다. 힘의 평형을 활용하여, 움직이기 직전의 정지마찰계수가 $\mu = \tan \theta_c$임을 증명하라.

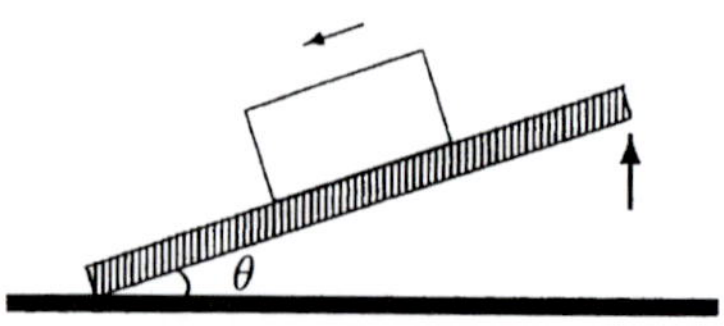

그림 2.28 • 문제 2.17

CHAPTER

03

모멘트와 토크 벡터

Moment and Torque Vectors

3.1 모멘트와 토크 벡터의 정의

물체에 작용한 힘은 그 물체를 이동, 회전 및/또는 변형시킬 수 있다. 물체에 힘을 가했을 때, 힘이 물체에 미치는 영향은 힘이 어떻게 가해지고 그 힘을 받는 물체가 어떻게 지지되고 있는지에 따라 결정된다. 예를 들어, 열려 있는 문을 당기면 문은 문틀에 경첩으로 지지된 가장자리를 중심으로 회전할 것이다(그림 3.1). 문이 회전하는 원인은 경첩을 통과하는 축에 대하여 가해진 힘에 의해 형성된 토크(torque)이다. 사람이 다이빙 보드의 끝에 서면, 보드는 구부러진다(그림 3.2). 보드가 구부러지는 것은 보드의 고정된 끝부분에 대한 체중의 모멘트(moment)이다.

일반적으로 **모멘트**(moment)는 굽힘 효과와 관련이 있는 반면, **토크**(torque)는 회전이나 뒤틀림과 연관이 있다. 그러나 모멘트와 토크의 수학적인 정의는 동일하다. 따라서 모멘트를 이용하는 것만으로도 모멘트와 토크 벡터의 일반적인 특성을 이해하는데 충분하다.

3.2 모멘트의 크기

한 점에 대한 힘의 모멘트 크기는 힘의 크기에 그 점과 힘의 작용선 사이의 최단 거리의 길이를 곱한 것과 같다. 이 최단 거리의 길이를 **지렛대 팔**(lever arm) 또는 **모멘트 팔**(moment arm)이라고 한다. 한 사람이 밧줄로 연결된 운동기구의 손잡이를 잡고 있다고 가정하자(그림 3.3). 밧줄은 도르래를 감싸고 있으며, 밧줄의 끝에는 무게 추가 매달려 있다. 무게 추의 무게는 밧줄을 잡아당기고, 이로 인해 밧줄에는 인장력 $\underline{F}$가 형성된다. 이 힘은 손잡이를 통해 사람의 손에 전달된다. 팔꿈치관절인 O 지점에서 힘 $\underline{F}$에 의한 모멘트의 크기를 결정해야 한다고 가정하자. O 지점과 힘의 작용선 사이의 최단 거리를 결정하기 위해, 힘 $\underline{F}$의 작용선을 연장하고, O 지점으로부터 하나의 선을 연장하여 $\underline{F}$의 작용선과 직각으로 만나도록 한다. 이때 두 선의 교차점을 R이라 하면, O와 R 사이의 길이 d는 레버 팔이 되고, O 지점에 대한 힘 $\underline{F}$의 모멘트 $\underline{M}$의 크기

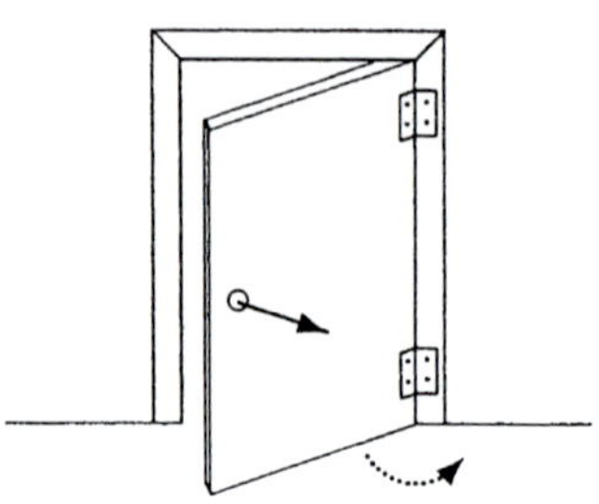

그림 3.1 • 회전효과

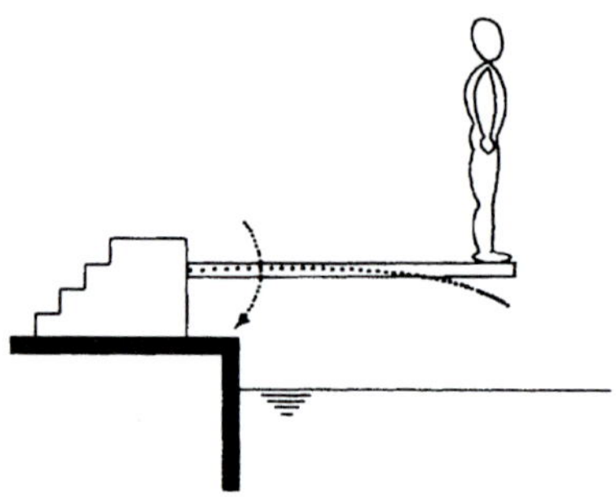

그림 3.2 • 굽힘효과

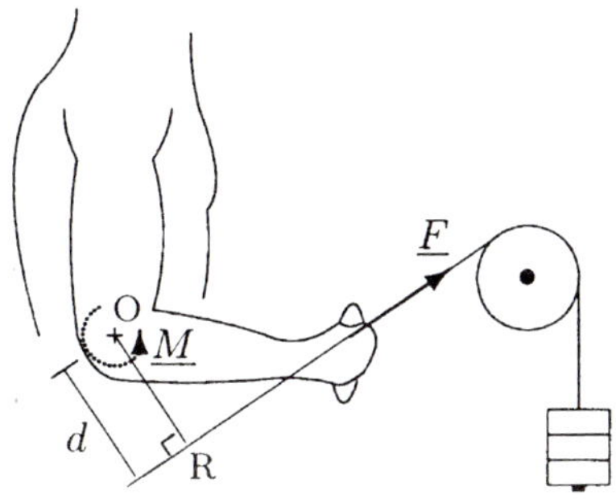

그림 3.3 • 한 점에서의 힘 모멘트

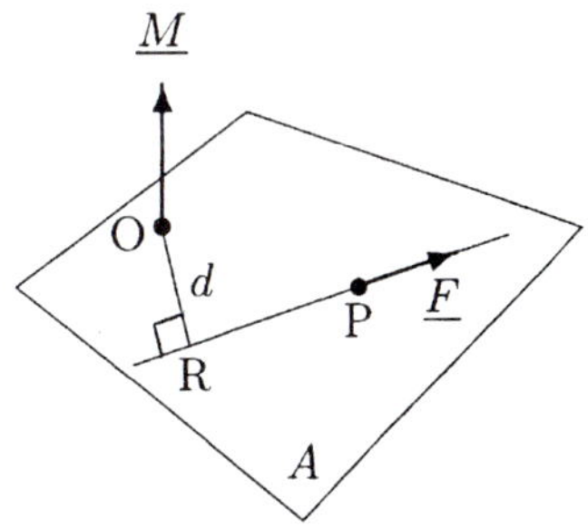

그림 3.4 • 모멘트 벡터의 방향

는 식 (3.1)과 같다.

$$M = dF \tag{3.1}$$

3.3 모멘트의 방향

한 점에 대한 힘의 모멘트는 그 점과 힘이 놓인 평면에 수직 방향으로 작용한다. 예를 들어, 그림 3.4에서 점 O와 힘 $\underline{F}$의 작용선은 평면 A상에 있다. 점 O에 대한 힘 $\underline{F}$의 모멘트 $\underline{M}$의 작용선은 평면 A에 수직이다. 작용선을 따라 모멘트 벡터의 방향과 감각은 **오른손 법칙**(right-hand rule)을 사용하여 결정할 수 있다. 그림 3.5와 같이, 가해진 힘이 점 O를 중심으로 물체를 회전시키려는 방향으로 오른손의 손가락을 감을 때, 엄지손가락은 모멘트 벡터의 방향을 가리킨다. 보다 구체적으로 오른손 엄지손가락을 나머지 손가락에 대하여 직각으로 손을 편 상태에서, 손가락의 끝을 힘이 가해지는 방향으로 배치하고, 모멘트가 결정될 지점이 손바닥을 향하도록 손을 배치한다. 그러면 엄지손가락 끝은 모멘트 벡터의 방향을 가리킨다.

힘의 작용선과 모멘트 벡터의 방향은 렌치와 오른나사를 이용해서 설명할 수도 있다

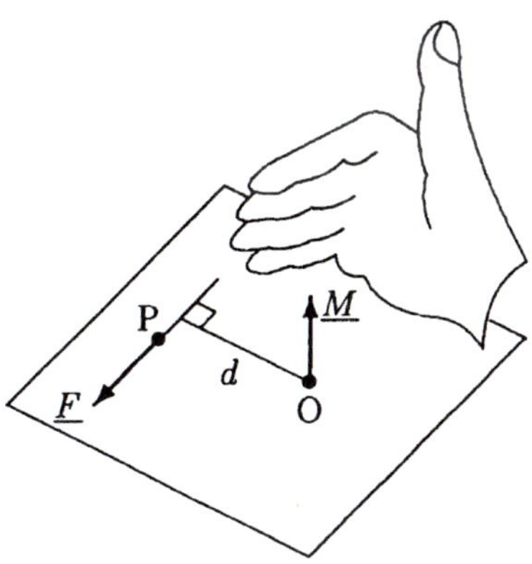

그림 3.5 • 오른손 법칙

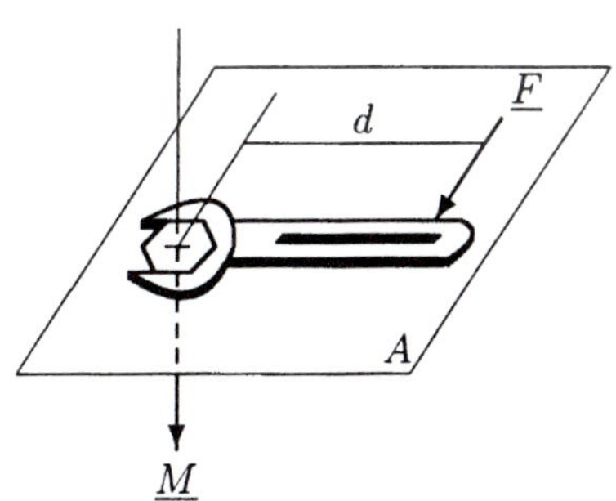

그림 3.6 • 렌치와 나사

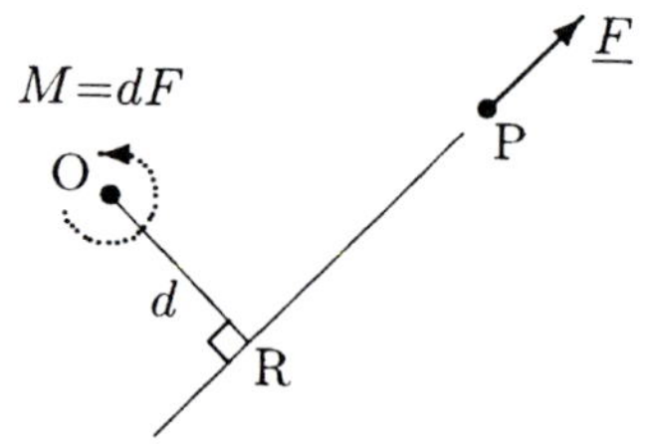

그림 3.7 • 힘 $\underline{F}$에 의하여 점 O에 작용하는 모멘트의 크기와 방향

(그림 3.6). 렌치에 힘이 가해지면, 렌치의 회전으로 인해 토크가 발생한다. 이때, 토크의 작용선은 나사의 중심선과 일치한다. 토크로 인해 나사는 판으로부터 나오거나 판으로 들어갈 수 있다. 그림 3.6에서 시계 방향으로 힘이 가해지면, 토크의 방향은 판의 안쪽으로 향할 것이고, 나사는 판 쪽으로 조여 들어갈 것이다. 만약 힘이 반시계 방향으로 가해지면, 토크의 방향은 판의 바깥쪽으로 향할 것이고, 나사는 판으로부터 풀려 나올 것이다.

그림 3.7과 같이, 점 O와 힘 $\underline{F}$가 책의 면에 있으면, 모멘트 $\underline{M}$의 작용선은 책에 수직 방향이다. 책의 면을 점 O에서 핀으로 고정시키면, 힘 $\underline{F}$는 반시계 방향으로 책을 회전할 것이다. 오른손 법칙을 사용하면, 이때의 모멘트는 책의 면에서 멀어지는 방향에 해당된다. 동일 평면상의 힘 시스템에서 모멘트 방향을 알아보기 위해서는 특정 모멘트에 대해서 시계 방향(clockwise, cw)인지, 반시계 방향(counterclockwise, ccw)인지를 언급하는 것이 매우 효과적이다.

3.4 모멘트의 차원 및 단위

정의에 의하면, 모멘트는 가해진 힘과 모멘트 팔 길이의 곱과 같다. 그러므로 모멘트의 차원은 힘의 차원(ML/T^2)과 길이의 차원(L)을 곱한 것과 같다.

$$[\text{모멘트}] = [\text{힘}] \times [\text{모멘트 팔}] = \frac{ML}{T^2}L = \frac{ML^2}{T^2}$$

다른 계의 모멘트 단위는 표 3.1과 같다.

표 3.1 • 모멘트 및 토크의 단위[a]

단위계	모멘트 및 토크의 단위
국제단위계(SI)	Newton-meter(Nm)
가우스단위계(c-g-s)	dyne-centimeter(dyn cm)
영국단위계(British)	pound-foot(lb ft)

[a] 1 lb ft = 1.3573 Nm; 1 Nm = 1 × 10^7 dyn cm; 1 Nm = 0.738 lb ft

3.5 모멘트 벡터에 대한 유의점

• 힘의 모멘트는 그림 3.8에서 보는 바와 같이 힘 벡터가 작용선을 따라 미끄러져가는 동작 동안 일정하다. 그림에서 보여주는 모든 경우에 대하여, 점 O에 대한 P_1, P_2 및 P_3에서 힘 모멘트 F는 다음과 같다.

$$M = dF \text{ (ccw)}$$

여기서, 길이 d는 항상 점 O와 힘 $\underline{F}$의 작용선 사이의 최단 거리를 나타낸다. 그림 3.8에 도시된 세 가지 경우 모두에 대하여, 힘은 반시계 방향의 모멘트를 생성한다.

• 그림 3.9에 있는 힘 $\underline{F}_1$과 $\underline{F}_2$는 동일한 작용선상에 있으며 크기는 같고($F_1 = F_2 = F$), 방향은 반대이다. 이때 점 O에 형성되는 힘 $\underline{F}_1$에 의한 모멘트 $\underline{M}_1$과 힘 $\underline{F}_2$에 의한 모멘트 $\underline{M}_2$는 크기는 같으나($M_1 = M_2 = M = dF$), 방향은 반대가 된다($\underline{M}_1 = -\underline{M}_2$).

• 가해진 힘에 의한 모멘트의 크기는 모멘트 팔의 길이가 길어질수록 증가한다. 다시 말하면, 힘 벡터의 작용선으로부터 모멘트가 계산되는 지점의 거리가 증가할수록 이에 상응되는 모멘트 벡터의 크기도 증가한다.

• 힘의 작용선 위에 놓여 있는 한 점에 대한 힘의 모멘트는 0이다. 왜냐하면 모멘트 팔의 길이가 0이기 때문이다(그림 3.10).

• 물체가 힘을 받으면 그 물체는 한 점에 대해 한 방향으로 회전 또는 굽힘을 유발하고, 같은 평면상의 다른 점에 대해 반대 방향으로 회전 또는 굽힘을 유발하는 경향이 있다.

• 적절한 방향을 따라 구성 요소로 힘을 분해하는 원리는 모멘트를 간단히 계산하는

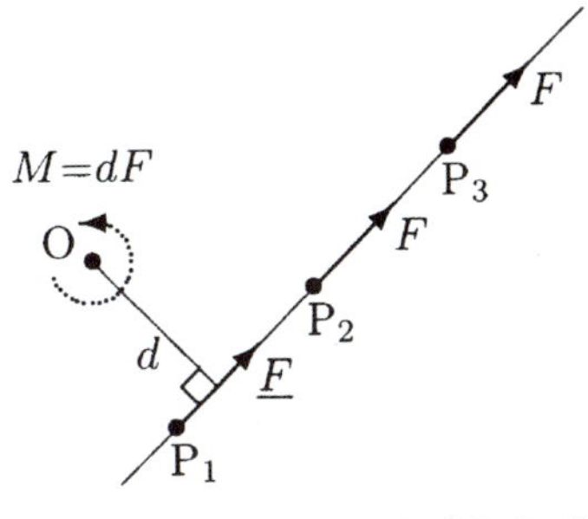

그림 3.8 • 모멘트는 힘의 작용선 위에 존재하는 모든 점에 대해서 일정하다.

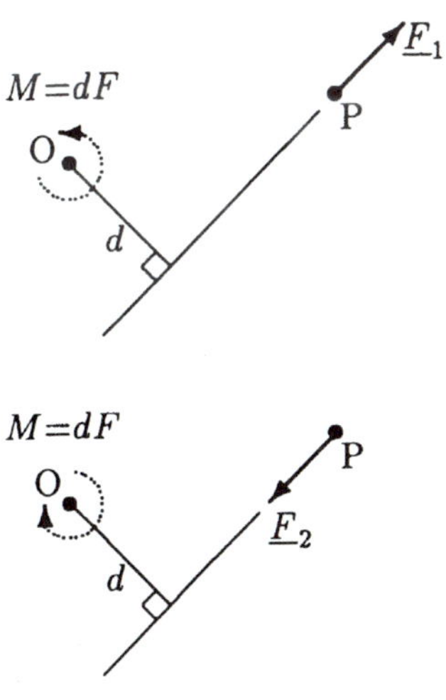

그림 3.9 • 반대 방향의 모멘트

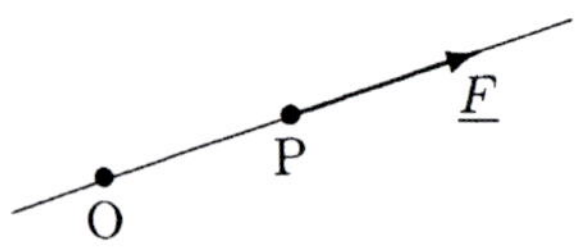

그림 3.10 • 점 O에 대한 힘 $\underline{F}$의 모멘트는 0이다.

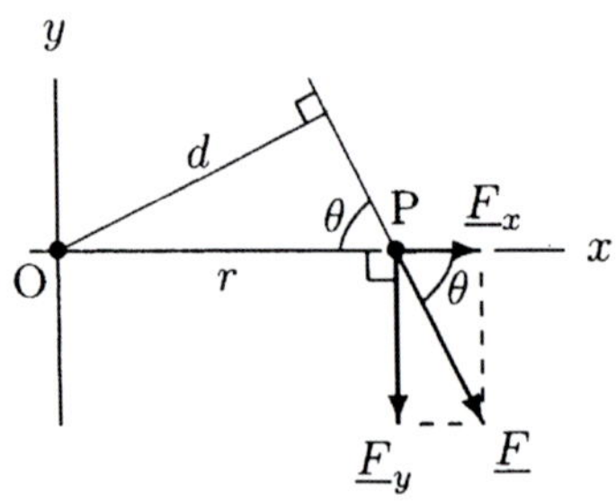

그림 3.11 • 힘 $\underline{F}$의 성분

데 활용될 수 있다. 예를 들어 그림 3.11에서 보는 바와 같이, 가해진 힘 $\underline{F}$를 x, y 방향에 따라 $\underline{F}_x$와 $\underline{F}_y$의 성분으로 분해할 수 있고, 이때의 각 성분은 다음과 같이 표현할 수 있다.

$$F_x = F\cos\theta$$

$$F_y = F\sin\theta$$

• 점 O가 $\underline{F}_x$의 작용선 위에 놓여 있기 때문에 점 O에 대한 $\underline{F}_x$의 모멘트 팔은 0이 된다. 따라서 점 O에 대한 $\underline{F}_x$의 모멘트는 0이다. 한편 r은 점 O에 대한 힘 $\underline{F}_y$의 모멘트 팔의 길이이다. 그러므로 점 O에 대한 힘 $\underline{F}_y$의 모멘트는 다음과 같다.

$$M = r\underline{F}_y = rF\sin\theta \quad \text{(cw)}$$

이때 $d = r\sin\theta$이므로, 이는 또한 점 O에서 합력 벡터 $\underline{F}$에 의해 발생하는 모멘트 dF이기도 한다.

3.6 합성 모멘트

물체에 둘 이상의 힘이 가해졌을 때, 알짜 모멘트(net moment) 또는 합성 모멘트(resultant moment)는 모든 힘에 의한 각 모멘트들의 벡터 합으로 계산할 수 있다. 예를 들어, 그림 3.12와 같이 동일 평면상의 세 힘 시스템(coplanar three-force system)이 존재한다고 가정하자. d_1, d_2, d_3은 점 O에 대한 힘 $\underline{F}_1$, $\underline{F}_2$, $\underline{F}_3$의 모멘트 팔이라 하자. 이 힘에 의해 점 O에서는 $\underline{M}_1$, $\underline{M}_2$, $\underline{M}_3$의 모멘트가 형성되고, 이 모멘트는 다음과 같은 방식으로 계산할 수 있다.

$$M_1 = d_1F_1 \quad \text{(cw)}$$

$$M_2 = d_2F_2 \quad \text{(cw)}$$

$$M_3 = d_3F_3 \quad \text{(cw)}$$

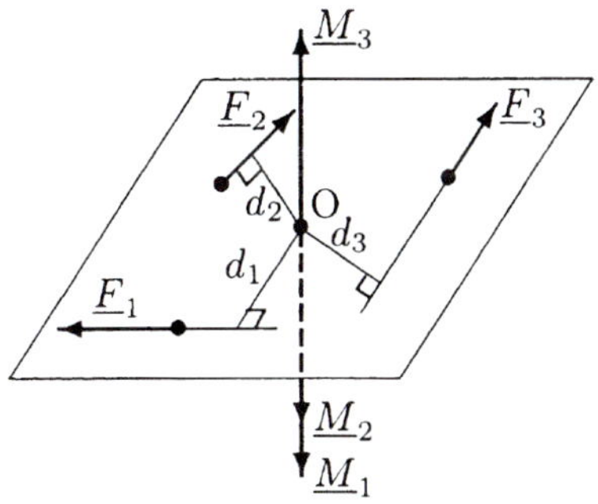

그림 3.12 • 알짜 모멘트

점 O에서 힘 $\underline{F}_1$, $\underline{F}_2$, $\underline{F}_3$에 의해 생성된 알짜 모멘트 $\underline{M}_{net}$은 동일한 점에 대한 모든 힘들에 의한 각 모멘트들의 벡터 합과 같다.

$$\underline{M}_{net} = \underline{M}_1 + \underline{M}_2 + \underline{M}_3 \tag{3.2}$$

동일 평면상의 힘 시스템에서 알짜 모멘트의 크기와 방향을 결정하기 위한 실제적인 방법은 다음에 언급할 것이다. 그림 3.12에 제시된 그림을 살펴보면, 각 모멘트들은 시계 방향 또는 반시계 방향으로 형성되어 있다. 따라서 각 모멘트들의 합인 합성 모멘트 역시 시계 방향 또는 반시계 방향으로 형성될 것이다. 먼저 합성 모멘트의 방향을 가정하라.

예를 들어, 합성 모멘트 벡터의 방향이 시계 방향이라고 가정하면, 시계 방향 모멘트 $\underline{M}_1$과 $\underline{M}_2$는 양의 값이 되고, 반시계 방향 모멘트 $\underline{M}_3$은 음의 값이 된다. 이로부터 알짜 모멘트의 크기는 양의 값을 지닌 모멘트의 합과 음의 값을 지닌 모멘트의 차를 통해 손쉽게 결정할 수 있다.

$$\underline{M}_{net} = \underline{M}_1 + \underline{M}_2 - \underline{M}_3 \tag{3.3}$$

M_1, M_2, M_3의 값에 따라 알짜 모멘트의 값은 양수, 음수, 또는 영(0)이 될 것이다. 만약 계산한 결과가 양의 값이 되면, 이때의 값은 실제 알짜 모멘트의 크기가 되고, 알짜 모멘트의 방향은 처음에 가정한 방향이 유효하다(이 경우, 시계 방향). 만약 연산한 결과가 음의 값이 되면, 합성 모멘트의 방향은 처음에 가정했던 방향이 잘못되었지만 쉽게 수정할 수 있다. 만약 가정한 방향이 시계 방향이었다면, 음의 값은 합성 모멘트의 방향이 반시계 방향임을 나타낸다(벡터양의 크기는 스칼라양으로, 이 값은 항상 양수임을 주의하자). 일단 알짜 모멘트의 올바른 방향이 결정되고 나면, 계산된 값의 앞에 있는 음의 부호를 제거할 수 있다. 세 번째로 식 (3.3)에 의해 계산된 값이 0이 되는 경우가 있다. 만약 알짜 모멘트가 0이 되면, 물체는 **회전 평형**(rotational equilibrium) 상태에 있다고 말할 수 있다. 이 경우에 대해서는 다음 장에서 자세히 다룰 것이다.

예제 3.1 그림 3.13은 수영장에서 다이빙을 하려는 사람을 보여준다. 다이빙 보드는 수평 방향으로 균일한 두께를 가지며, O 지점에서 지면에 고정되어 있고, 질량은 120 kg, 길이(l)는 4 m이다. 사람의 질량은 90 kg이며, 보드의 고정되지 않은 끝부분인 B 지점에 서 있다. A 지점은 보드의 무게중심(center of gravity)이다. A 지점은 O와 B 지점으로부터 같은 거리에 있다.

이때 O 지점에서 사람과 보드의 무게에 의해 형성되는 각각의 모멘트를 구하라. O 지점에 대한 알짜 모멘트를 계산하라.

풀이: 사람의 질량을 m_1, 다이빙 보드의 질량을 m_2, W_1과 W_2를 각각의 무게라 하자. 사람과 다이빙 보드의 질량이 주어졌기 때문에 W_1과 W_2를 계산할 수 있다.

$$W_1 = m_1 g = (90\text{ kg})(9.8\,\text{m/s}^2) = 882\text{ N}$$
$$W_2 = m_2 g = (120\,\text{kg})(9.8\,\text{m/s}^2) = 1176\text{ N}$$

사람은 B 지점에서 있으므로, 보드의 B 지점은 사람의 무게 $\underline{W}_1$만큼 힘을 받게 된다. 다이빙 보드의 질량은 보드의 전체 길이에 걸쳐 분산력 시스템(distributed force system)을 형성한다. 이러한 분산력 시스템의 합은 보드의 무게 $\underline{W}_2$와 같다. 실용적인 목적과 보드의 두께가 균일하기 때문에, 보드의 무게는 보드의 무게중심인 A 지점에 집중적으로 작용하는 힘이라고 가정할 수 있다.

그림 3.14에서 보는 바와 같이, 무게 $\underline{W}_1$ 및 $\underline{W}_2$는 수직 아래로 향하는 방향, 즉 중력 가속도 방향으로 작용한다. 이때 다이빙 보드는 수평 방향으로 놓여 있다. 따라서 점 O와 B 사이의 거리(l)는 $\underline{W}_1$의 모멘트 팔의 길이가 되고, 점 O와 A 사이의 길이($l/2$)는 $\underline{W}_2$의 모멘트 팔의 길이가 된다. 그러므로 점 O에서 $\underline{W}_1$, $\underline{W}_2$에 의해 발생되는 모멘트 $\underline{M}_1$, $\underline{M}_2$는 다음과 같다.

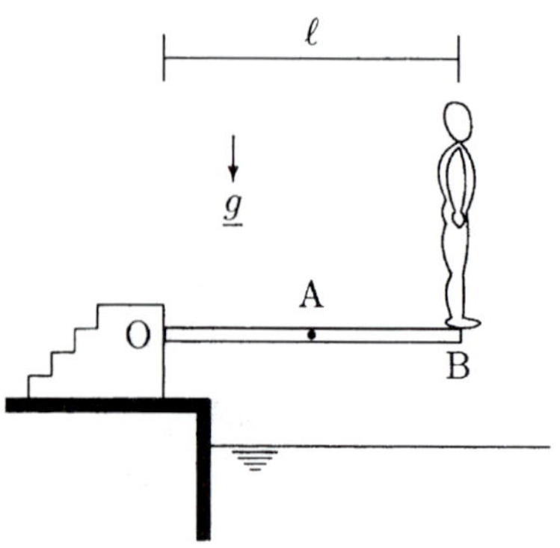

그림 3.13 • 한 사람이 다이빙하려고 준비하고 있다.

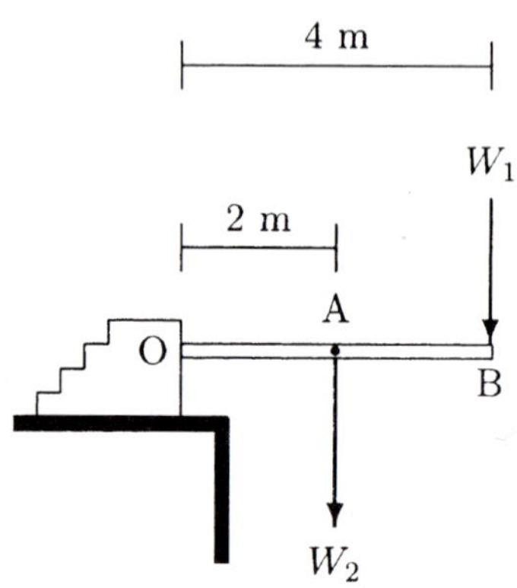

그림 3.14 • 다이빙 보드에 작용하는 힘

$$M_1 = l\,W_1 = (4\,\text{m})(882\ \text{N}) = 3528\,\text{Nm} \quad (\text{cw})$$
$$M_2 = \frac{l}{2}W_2 = (2\,\text{m})(1176\ \text{N}) = 2352\,\text{Nm} \quad (\text{cw})$$

두 모멘트 모두 시계 방향이므로, 알짜 모멘트 역시 시계 방향으로 형성된다. 점 O에서의 알짜 모멘트의 크기는 다음과 같다.

$$M_{\text{net}} = M_1 + M_2 = 5880\,\text{Nm} \quad (\text{cw})$$

예제 3.2 그림 3.15a는 운동선수가 넙다리네갈래근(quadricep muscles, 대퇴사두근)의 근육을 강화시키기 위해 앉은 자세로 중량 부츠(weight boot)를 신고 종아리의 굽힘(flexion)/폄(extension) 운동을 하는 그림이다. 운동선수의 종아리 무게는 $W_1 = 50$ N이고, 부츠 무게는 $W_2 = 100$ N이다. 종아리의 무게중심(A)은 무릎관절 O 지점으로부터 a = 20 cm의 거리에 있고, 중량 부츠의 무게중심(B)은 무릎관절 O 지점으로부터 $b = 50$ cm의 거리에 있다.

종아리를 수평으로 폈을 때(1 지점), 종아리가 수평에 대하여 30°(2 지점), 60°(3 지점), 90°(4 지점)의 각도에 위치할 때, 각 경우에 대한 무릎관절에 대해 발생되는 알짜 모멘트를 구하라(그림 3.15b).

풀이: 1 지점에서 종아리는 수평 방향으로 완전히 펴져 있으므로, 다리의 장축은 $\underline{W}_1$과

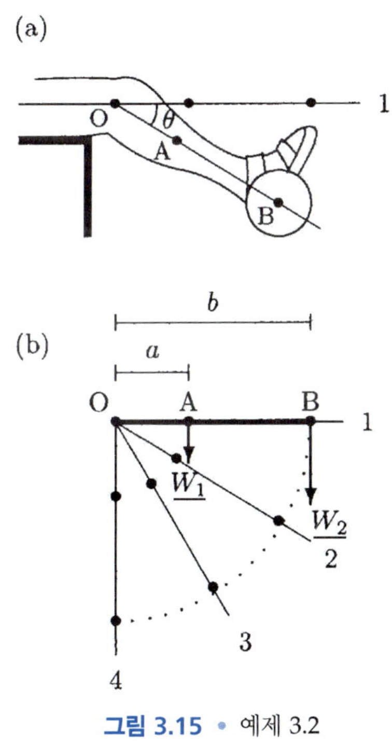

그림 3.15 • 예제 3.2

$\underline{W}_2$의 작용선에 대해 수직 방향이 된다. 그러므로 a와 b는 각각 $\underline{W}_1$과 $\underline{W}_2$의 모멘트 팔의 길이가 된다. $\underline{W}_1$과 $\underline{W}_2$는 둘 다 무릎관절에서 시계 방향의 모멘트를 형성한다. 종아리가 1 지점에 놓여 있을 때 무릎관절에서 알짜 모멘트 $\underline{M}_O$는 다음과 같다.

$$\begin{aligned} M_O &= aW_1 + bW_2 \\ &= (0.20)(50) + (0.50)(100) \\ &= 60\,\text{Nm} \quad (\text{cw}) \end{aligned}$$

그림 3.16은 종아리가 수평에 대해 θ만큼의 각을 이루고 있을 때, 종아리에 작용하는 외력과 모멘트 팔(d_1과 d_2)을 나타낸 그림이다. 이때, d_1과 d_2는 각각 아래와 같다.

$$\begin{aligned} d_1 &= a\cos\theta \\ d_2 &= b\cos\theta \end{aligned}$$

따라서 점 O에서 알짜 모멘트는 아래와 같다.

$$\begin{aligned} M_O &= d_1W_1 + d_2W_2 \\ &= a\cos\theta\, W_1 + b\cos\theta\, W_2 \\ &= (aW_1 + bW_2)\cos\theta \end{aligned}$$

괄호 안의 항은 이전의 풀이 과정을 통해 60 Nm임을 알 수 있다. 따라서 다음과 같이 정리할 수 있다.

$$M_O = 60\cos\theta$$

$$\begin{aligned} &1\text{ 지점:}\quad \theta = 0^\circ \quad M_O = 60\,\text{Nm} \quad (\text{cw}) \\ &2\text{ 지점:}\quad \theta = 30^\circ \quad M_O = 52\,\text{Nm} \quad (\text{cw}) \\ &3\text{ 지점:}\quad \theta = 60^\circ \quad M_O = 30\,\text{Nm} \quad (\text{cw}) \\ &4\text{ 지점:}\quad \theta = 90^\circ \quad M_O = 0 \quad (\text{cw}) \end{aligned}$$

그림 3.17은 무릎관절에서 생성된 모멘트를 각도 θ의 함수로 나타낸 것이다.

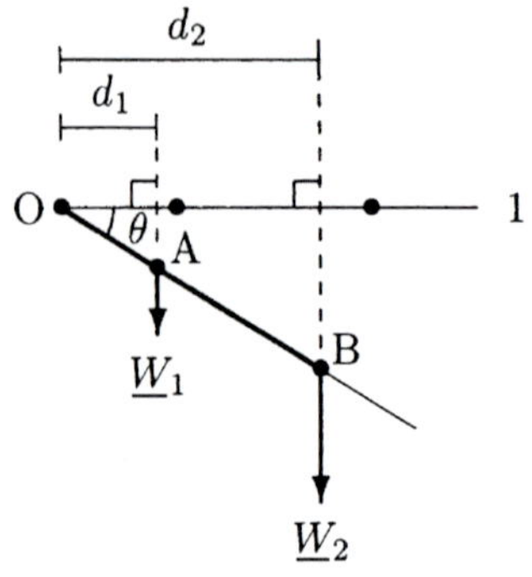

그림 3.16 • 종아리가 수평과 각도 θ를 이룰 때 힘과 모멘트 팔

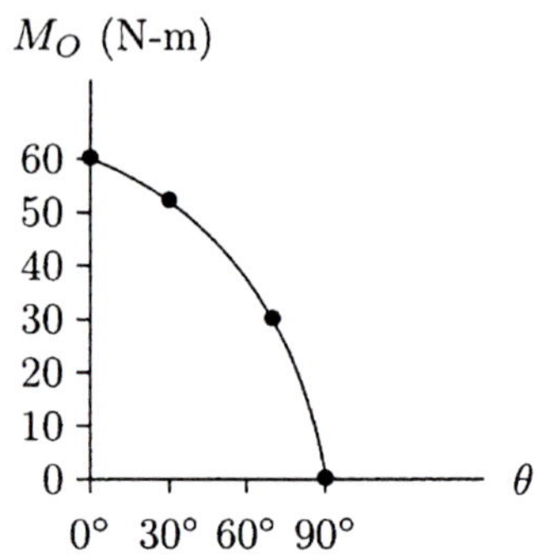

그림 3.17 • 각도 θ에 따른 모멘트의 변화

예제 3.3 그림 3.18a는 운동선수가 어깨 근육 강화를 위해 팔을 곧게 편 상태로 바벨을 올렸다 내렸다 하는 그림이다. 수직에 대해 각도 θ일 때 팔의 위치를 그림 3.18b에 단순하게 도시하였다. O 지점은 어깨관절을 의미하고, A 지점은 한 팔의 무게중심을 나타내고 있으며, B 지점은 바벨의 중심선과 직선 OA의 연장선 사이의 교차점을 나타내고 있다. O와 A 지점 사이의 거리는 $a = 24$ cm이고, O와 B 지점 사이의 거리는 $b = 60$ cm이다. 각 팔의 무게는 $W_1 = 50$ N이고, 바벨 전체의 무게는 $W_2 = 300$ N이다.

팔이 수직과 이루는 각도 θ의 함수로 어깨관절의 무게 $\underline{W}_1$과 $\underline{W}_2$에 의해 발생하는 알짜 모멘트를 구하라. 그리고 $\theta = 0°, 15°, 30°, 45°, 60°$일 때 모멘트를 계산하라.

풀이: $\underline{W}_1$과 $\underline{W}_2$에 의해 발생하는 어깨관절에서의 모멘트를 계산하기 위해 O 지점을 기준으로 측정한 힘 $\underline{W}_1$과 $\underline{W}_2$의 모멘트 팔 d_1, d_2를 구해야 한다. 문제의 기하학적 구조(그림 3.18b)로부터 모멘트 팔의 길이는 아래와 같다.

$$d_1 = a\sin\theta$$
$$d_2 = b\sin\theta$$

운동선수는 운동 시 두 팔을 모두 이용하기 때문에, 바벨의 무게는 각 팔에 균등하게 분담하는 것으로 가정할 수 있다. 또한 어깨관절을 기준으로 팔과 바벨의 무게는 팔을 반시계 방향으로 회전시키려는 힘이 작용한다는 점을 주의하자. O 지점에서 힘 $\underline{W}_1$ 및 $\underline{W}_2$에 의한 모멘트 $\underline{M}_1$과 $\underline{M}_2$는 아래와 같다.

$$\underline{M}_1 = d_1 W_1 = aW_1 \sin\theta = (0.24)(50)\sin\theta = 12\sin\theta$$
$$\underline{M}_2 = d_2\frac{W_2}{2} = b\frac{W_2}{2}\sin\theta = (0.60)\left(\frac{300}{2}\right)\sin\theta = 90\sin\theta$$

두 모멘트 모두 반시계 방향이므로 알짜 모멘트 역시 반시계 방향으로 형성된다. 따라

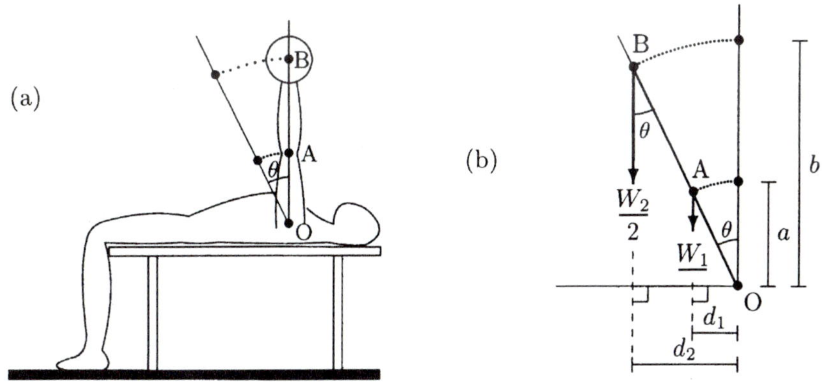

그림 3.18 • 어깨 근육 강화운동(a) 및 팔에 관한 단순 모델(b)

서 어깨관절에 생성되는 알짜 모멘트 $\underline{M}_O$는 아래와 같다.

$$M_O = M_1 + M_2 = 12 \sin\theta + 90 \sin\theta = 102 \sin\theta \text{ Nm} \quad \text{(ccw)}$$

$\theta = 0°, 15°, 30°, 45°, 60°$일 때, O 지점에서의 모멘트 크기를 구하기 위해서는 위의 식에 사인 값을 대입하고 연산을 하면 된다. 그 결과는 표 3.2에 제시한 바와 같다.

표 3.2 • 어깨관절에 대한 모멘트(예제 3.3)

θ	SIN θ	M_O (NM)
0°	0.000	0.0
15°	0.259	26.4
30°	0.500	51.0
45°	0.707	72.1
60°	0.866	88.3

예제 3.4 그림 3.19와 같은 엉덩관절(hip joint, 고관절) 보철물을 생각해보자. 보철물의 기하학적 매개변수는 $l_1 = 50$ mm, $l_2 = 100$ mm, $\theta_1 = 45°$, $\theta_2 = 90°$이다. 균일하게 두 발로 서 있을 때, 환자의 체중에 의해 넙다리뼈머리(femoral head, 대퇴골두)에는 $F = 400$ N의 관절 반력(joint reaction force)이 작용한다고 가정한다. 보다 자세한 설명을 위해 그림 3.20과 같이 하중이 가해지는 부분을 세 개의 다른 직선으로 표현하였다.

보이는 모든 경우에 대하여 보철물의 B와 C 지점에 대해 생성되는 모멘트를 구하라.

풀이: 그림 3.20에 나타난 각 경우에 있어서 관절 반력의 작용선이 다르므로, 모멘트 팔의 길이가 서로 달라진다.

그림 3.20a의 모식도에서 B 와 C 지점에서 힘 F의 모멘트 팔은 서로 같음을 알 수 있다.

$$d_1 = l_1 \cos\theta_1 = (50)(\cos 45°) = 35 \text{ mm}$$

따라서 B와 C 지점에 생성되는 모멘트는 아래와 같다.

$$M_B = M_C = d_1 F = (0.035)(400) = 14 \text{ Nm} \quad \text{(cw)}$$

그림 3.20b의 경우, B 지점은 관절 반력의 작용선상에 있다. 따라서 B 지점에 대한 모멘트 팔은 0이며, 아래와 같이 쓸 수 있다.

$$M_B = 0$$

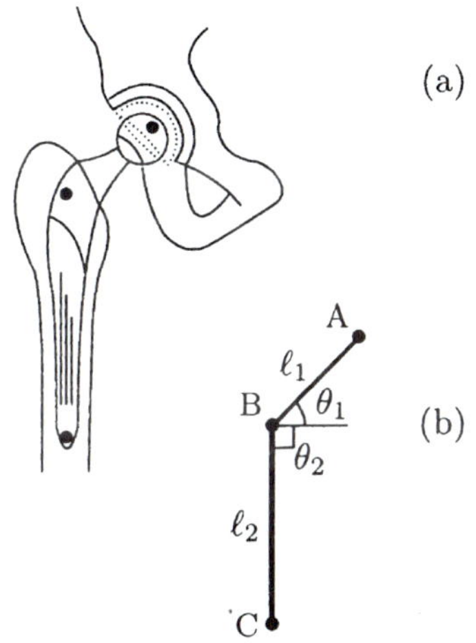

그림 3.19 • 인공고관절

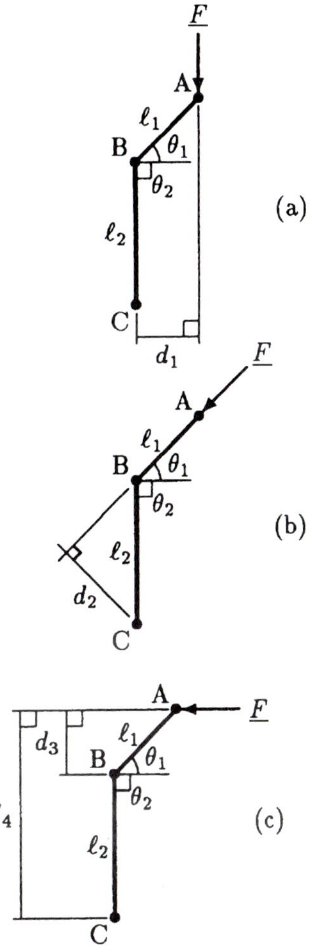

그림 3.20 • 예제 3.4

같은 경우에서 C 지점의 모멘트 팔의 길이와 모멘트는 아래와 같다.

$$d_2 = l_2 \cos\theta_1 = (100)(\cos 45°) = 71 \text{ mm}$$
$$M_C = d_1 F = (0.071)(400) = 28 \text{ Nm} \quad (\text{ccw})$$

그림 3.20c의 경우, B와 C 지점의 모멘트 팔은 아래와 같다.

$$d_3 = l_1 \sin\theta_1 = (50)(\sin 45°) = 35 \text{ mm}$$
$$d_4 = d_3 + l_2 = (35) + (100) = 135 \text{ mm}$$

따라서 B와 C 지점에 생성된 모멘트는 아래와 같다.

$$M_B = d_3 F = (0.035)(400) = 14 \text{ Nm} \quad (\text{ccw})$$
$$M_C = d_4 F = (0.135)(400) = 54 \text{ Nm} \quad (\text{ccw})$$

3.7 우력과 우력 모멘트

힘의 특별한 배치에 의해 나타나는 중요한 특성 중의 하나를 **우력**(couple)이라 하며, 이는 크기가 같고 방향이 반대인 평행한 두 힘에 의해 형성된다. 강체에서 우력은 회전 효과만을 발생시킨다. 우력에 의한 회전 효과는 **우력 모멘트**(couple-moment)로 정량화할 수 있다.

그림 3.21에서 보는 바와 같이, A와 B 지점에 가해지는 힘을 가정하자. B 지점에 힘이 가해졌을 때 A 지점에서의 알짜 모멘트는 $M = dF$(cw)가 된다. A에 힘이 가해졌을 때 B 지점에서의 알짜 모멘트 또한 $M = dF$(cw)가 된다. 한 점 C를 생각해보자. C와 B 지점 사이의 거리가 b이므로, C와 A 지점 사이의 거리는 $d-b$가 된다. C 지점에 대한 알짜 모멘트는 모멘트 팔 $d-b$ 및 b인 A와 B 지점에 가해진 힘에 대한 시계 방향 모멘트의 합과 같다. 따라서 다음과 같이 쓸 수 있다.

$$M = (d - b)F + bF = dF \quad \text{(cw)}$$

점 D를 생각해보자. B와 D 사이의 거리는 각각 A와 B 지점에 가해진 힘 F의 모멘트 사이의 차이와 같다.

$$M_{\mathrm{D}} = (a + d)F - aF = dF + aF - aF = dF$$

우력은 공간 내 모든 점에서 같은 모멘트를 가진다는 점은 더 증명할 필요 없이 결론 내릴 수 있다. 만약 F가 우력을 형성하는 힘의 크기이고, d가 힘의 작용선 사이의 수직 거리를 나타낸다면, 우력 모멘트의 크기는 아래와 같이 나타낼 수 있다.

$$M = dF \tag{3.4}$$

우력 모멘트의 방향은 오른손 법칙에 따라 결정할 수 있다.

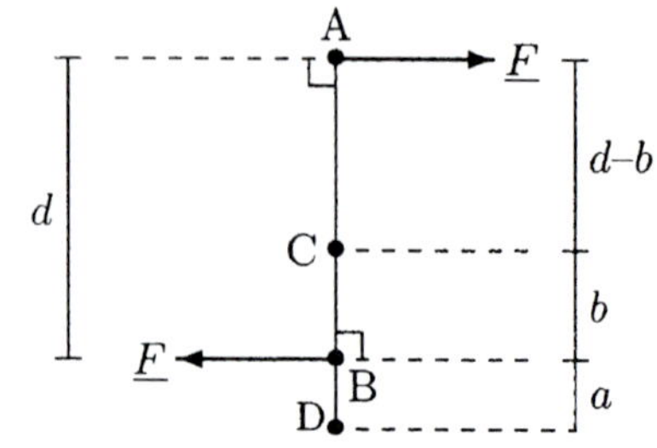

그림 3.21 • 우력

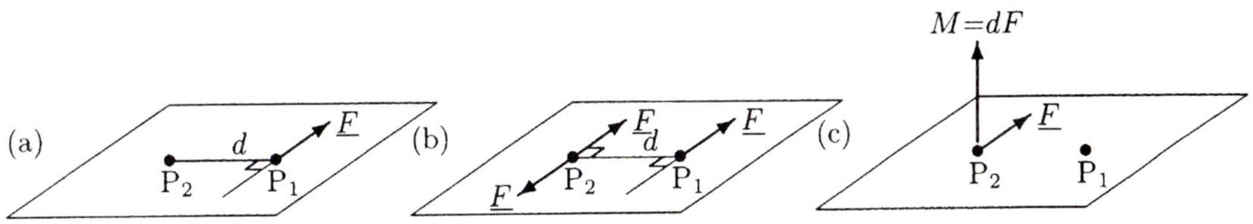

그림 3.22 • 점 P_1에서 P_2로 힘의 병진이동

3.8 힘의 병진이동

힘이 같은 크기를 갖고 동일 작용선 위에 있으면서 방향이 반대일 경우, 강체에 가해지는 한 쌍의 힘에 의한 전체 영향은 0이다. 이를 염두에 두고, 그림 3.22a의 점 P_1에 크기가 F인 힘이 가해지고 있는 경우를 생각해보자. 그림 3.22b에 예시된 바와 같이, 이 힘은 크기는 같고(F), 방향이 반대인, 동일 작용선상에 존재하는 한 쌍의 힘을 점 P_2에 배치하여 점 P_2로 병진이동 시킬 수 있다. 점 P_1에서의 원래의 힘(original force)과 원래의 힘과 반대 방향으로 작용하는 점 P_2에서의 힘이 우력을 형성함을 주목하자. 이 우력은 크기가 $M = dF$인 반시계 방향의 모멘트를 형성한다. 여기서 점 d는 점 P_1과 P_2에서 힘의 작용선 사이의 최단 거리이다. 따라서 그림 3.22c에 나타낸 바와 같이 우력은 우력 모멘트로 대체될 수 있다.

원래의 힘이 강체에 가해진다면, 그림 3.22a에 도시한 하나의 힘 시스템과 그림 3.22b에 도시한 세 힘 시스템, 그림 3.22c에 도시한 하나의 힘과 하나의 우력 모멘트 시스템은 역학적으로 등가가 된다.

3.9 모멘트의 벡터 외적

우리는 한 점에 대한 힘의 모멘트를 구하기 위해 스칼라 방법을 적용하고 있다. 스칼라 방법은 한 점과 힘의 작용선 사이의 수직 거리를 이용하여 계산한 방법으로, 비교적 간단한 동일 평면상의 힘 시스템을 손쉽게 분석할 수 있다. 보다 복잡한 문제의 해석을 위해서는 추가적인 수학적 도구들을 이용하여 단순화할 수 있다.

두 벡터에 대한 **벡터 외적**[vector (cross) product] 개념은 부록 B에 소개되어 있으며, 여기서 자세히 살펴볼 것이다. 그림 3.23와 같은 벡터 $\underline{A}$와 $\underline{B}$를 생각해보자. 벡터 $\underline{A}$와 $\underline{B}$의 외적은 아래와 같이 제3의 벡터 $\underline{C}$와 같다.

$$\underline{C} = \underline{A} \times \underline{B} \tag{3.5}$$

벡터 외적 $\underline{C}$는 다음과 같은 특성을 가진다.

• $\underline{C}$의 크기는 벡터 $\underline{A}$의 크기, 벡터 $\underline{B}$의 크기 및 $\sin\theta$의 곱과 같다. 이때 θ는 $\underline{A}$와 $\underline{B}$ 사이의 예각의 크기이다.

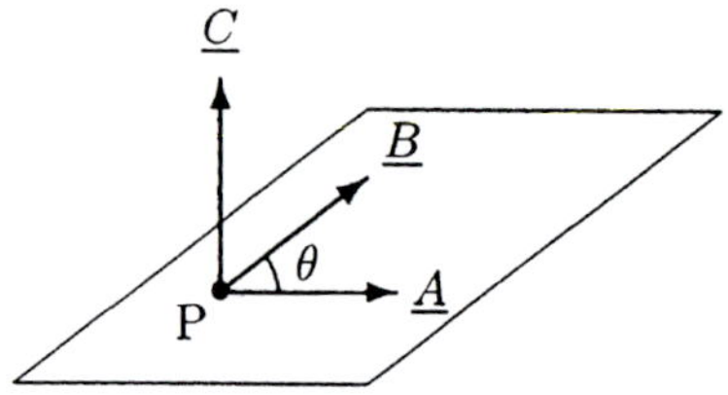

그림 3.23 • $\underline{C}$는 $\underline{A}$와 $\underline{B}$의 벡터 외적이다.

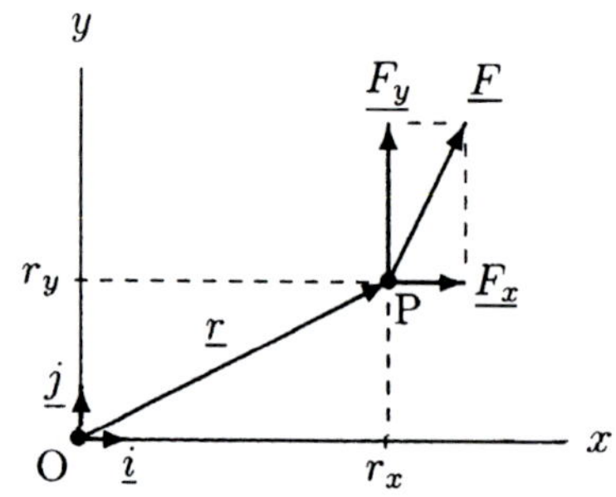

그림 3.24 • 점 O에 대한 모멘트는 $\underline{M} = \underline{r} \times \underline{F}$이다.

$$C = AB\sin\theta \tag{3.6}$$

- $\underline{C}$의 작용선은 벡터 $\underline{A}$와 $\underline{B}$에 의해 형성되는 평면에 수직이다.
- $\underline{C}$의 방향과 특성은 오른손 법칙에 따른다.

벡터 외적의 원리는 힘의 모멘트를 결정하는 데 적용할 수 있다. 한 점에서의 힘의 모멘트는 위치 벡터와 힘 벡터의 외적으로 정의된다. 임의의 점 O에 대한 점 P의 **위치 벡터**(position vector)는 점 O에서 점 P까지 화살표를 그려서 정의할 수 있다. 그림 3.24는 벡터 외적으로 표현되는 모멘트의 정의에 대한 이해를 돕기 위한 것이다. 힘 $\underline{F}$는 xy 평면에서 점 P에 작용하고 있다. 이때 힘 $\underline{F}$는 힘이 작용하는 x, y의 방향에 따라 성분 F_x와 F_y로 표현할 수 있다.

$$\underline{F} = F_x\underline{i} + F_y\underline{j} \tag{3.7}$$

점 O에 대한 점 P의 위치 벡터 $\underline{r}$은 다음과 같이 성분으로 표현할 수 있다.

$$\underline{r} = r_x\underline{i} + r_y\underline{j} \tag{3.8}$$

위치 벡터의 성분 r_x와 r_y는 점 O로부터 측정된 점 P의 x, y 좌표이다.

점 O에 대한 힘 $\underline{F}$의 모멘트는 아래와 같이 위치 벡터 $\underline{r}$과 힘 벡터 $\underline{F}$의 외적과 같다.

$$\underline{M} = \underline{r} \times \underline{F} \tag{3.9}$$

식 (3.7)과 (3.8)을 식 (3.9)에 대입하면 다음과 같이 정리할 수 있다.

$$\begin{aligned}\underline{M} &= \left(r_x\underline{i} + r_y\underline{j}\right) \times \left(F_x\underline{i} + F_y\underline{j}\right)\\ &= r_xF_x\left(\underline{i}\times\underline{i}\right) + r_yF_y\left(\underline{i}\times\underline{j}\right)\\ &\quad + r_yF_x\left(\underline{j}\times\underline{i}\right) + r_yF_y\left(\underline{j}\times\underline{j}\right)\end{aligned} \tag{3.10}$$

단위 벡터가 자신과 이루는 각은 0이고, sin 0°=0이므로, $\underline{i} \times \underline{j} = \underline{j} \times \underline{j} = 0$이다. 한편, 양의 x축과 양의 y축 사이의 각은 90°이므로 $\underline{i} \times \underline{j} = \underline{k}$이다(sin 90° = 1). 반면에, $\underline{j} \times \underline{i} = -\underline{k}$이다. 마지막 두 경우를 살펴보면, 외적은 양의 z(시계 방향 또는 책에

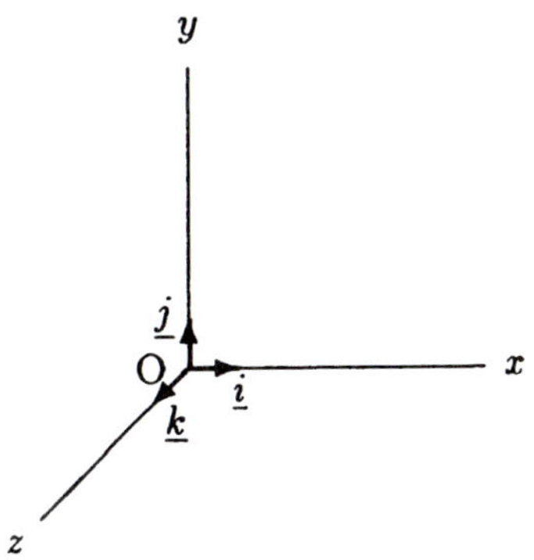

그림 3.25 • 오른손 법칙은 직각좌표계 방향에도 역시 적용된다.

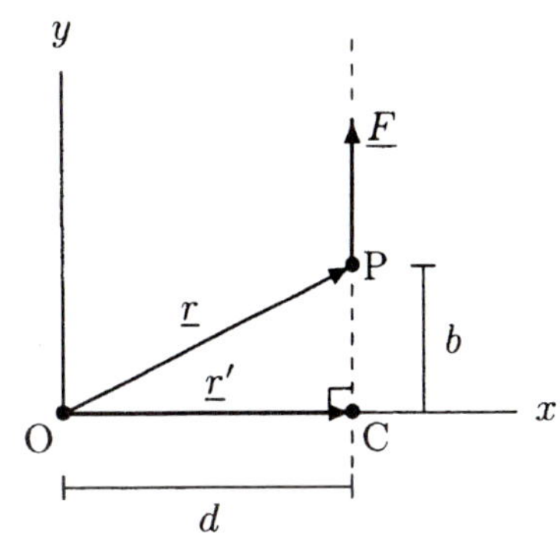

그림 3.26 • $M = dF\ (ccw)$

서 나오는 방향), 음의 z(반시계 방향 또는 책으로 들어가는 방향) 둘 중 하나의 방향을 가진다. z와 단위 벡터 $\underline{k}$는 xy 평면에 대하여 수직인 방향을 가리킨다(그림 3.25). 식 (3.10)은 다음과 같이 단순화할 수 있다.

$$M = (r_x F_y - r_y F_x)\underline{k} \tag{3.11}$$

위치 벡터와 힘 벡터의 벡터 외적인 모멘트의 정의가 모멘트를 구하기 위해 사용하는 스칼라 방법과 일치한다는 것을 보이기 위해, 그림 3.26의 간단한 경우를 생각해보자. 힘 벡터 $\underline{F}$는 양의 y 방향으로 작용하고 힘의 작용선은 점 O에서 d 만큼 거리에 위치한다. 스칼라 방법을 적용하면, 점 O에 대한 모멘트는 다음과 같다.

$$M = dF\ (\text{ccw}) \tag{3.12}$$

힘 벡터는 양의 y 방향으로 작용하므로, 아래와 같이 나타낼 수 있다.

$$\underline{F} = F\underline{j} \tag{3.13}$$

만약 b가 힘의 작용점의 y 좌표라면, 점 P의 위치 벡터는 아래와 같다.

$$\underline{r} = d\underline{i} + b\underline{j} \tag{3.14}$$

따라서 점 O에 대한 $\underline{F}$의 모멘트는 아래와 같다.

$$\begin{aligned} \underline{M} &= \underline{r} \times \underline{F} \\ &= \left(d\underline{i} + b\underline{j}\right) \times \left(F\underline{j}\right) \\ &= dF\left(\underline{i} \times \underline{j}\right) + bF\left(\underline{j} \times \underline{j}\right) \\ &= dF\underline{k} \end{aligned} \tag{3.15}$$

식 (3.12)와 (3.15)는 같은 정보를 서로 다른 방식으로 표현하고 있다. 한편, 점 P의 y 좌표(b)는 이 풀이 과정에는 나타나 있지 않다. 이것은 힘의 작용선에 존재하는 임의의 점의 위치 벡터와 힘 그 자체의 벡터 외적인 모멘트의 정의와 일치한다. 그림 3.26에서 만약 C가 힘 $\underline{F}$의 작용선과 x축의 교차점이라면, 점 O에 대한 점 C의 위치 벡터 r'은 아래와 같이 나타낼 수 있다.

$$\underline{r}' = d\underline{i} \tag{3.16}$$

따라서 점 O에 대한 $\underline{F}$의 모멘트를 다른 방법으로 표현하면 다음과 같다.

$$\begin{aligned} \underline{M} &= \underline{r}'\underline{F} \\ &= (d\underline{i}) \times \left(F\underline{j}\right) \\ &= dF\underline{k} \end{aligned} \tag{3.17}$$

xy 평면에서 동일 평면상의 힘 시스템으로 구성된 2차원 문제에 대해서도 합성 모멘트 벡터는 오직 하나의 성분으로 이루어진다. 합성 모멘트 벡터는 xy 평면에 대해 수직인 방향으로 형성되고, z 방향에 따라 양의 값 또는 음의 값으로 작용한다.

동일 평면상의 힘 시스템을 연구하기 위해 본 교재에서 기술한 벡터 외적 개념을 이용한 방법은 3차원을 분석하기 위한 방법으로도 쉽게 확장할 수 있다. 일반적으로 점 O에 대하여 힘 벡터 $\underline{F}$와 $\underline{F}$의 작용선상에서 한 점의 위치 벡터 $\underline{r}$은 세 개의 성분으로 구성되어 있다. 이를 직각좌표계로 표현하면 다음과 같다.

$$\underline{F} = F_x\underline{i} + F_y\underline{j} + F_z\underline{k} \tag{3.18}$$

$$\underline{r} = r_x\underline{i} + r_y\underline{j} + r_z\underline{k} \tag{3.19}$$

점 O에 대한 $\underline{F}$의 모멘트는 다음과 같이 구할 수 있다.

$$\begin{aligned} \underline{M} &= \underline{r} \times \underline{F} \\ &= \left(r_x\underline{i} + r_y\underline{j} + r_z\underline{k}\right) \times \left(F_x\underline{i} + F_y\underline{j} + F_z\underline{k}\right) \\ &= (r_yF_z - r_zF_y)\underline{i} + (r_zF_x - r_xF_z)\underline{j} \\ &\quad + (r_xF_y - r_yF_x)\underline{k} \end{aligned} \tag{3.20}$$

모멘트 벡터는 x, y, z 방향을 따라 각각의 성분으로 표현할 수 있다.

$$\underline{M} = M_x\underline{i} + M_y\underline{j} + M_z\underline{k} \tag{3.21}$$

식 (3.20)과 (3.21)의 비교를 통해 다음과 같은 결론을 내릴 수 있다.

$$\begin{aligned} M_x &= r_yF_z - r_zF_y \\ M_y &= r_zF_x - r_xF_z \\ M_z &= r_xF_y - r_yF_x \end{aligned} \tag{3.22}$$

다음의 예제들은 이 장의 마지막 세 절에서 다룬 분석에 대한 구체적인 적용 예이다.

예제 3.5 그림 3.27a는 한 사람이 운동기구를 이용하고 있는 모습을 나타내고 있다. 그림 3.27b에서 'L' 형상의 보(beam)는 사람의 왼팔을 표현한 것이다. A와 B 지점은 각각 어깨와 팔꿈치 관절을 나타내고 있다. 사람에 견주어 보면, 위팔(upper arm, 상완, AB)은 왼쪽(x 방향)을, 아래팔(lower arm, 전완, BC)은 앞쪽(z 방향)을 향해 뻗어 있다. 이때 사람은 추가 매달린 밧줄에 연결된 손잡이를 잡고 있다. 추는 C 지점에서 위쪽(y 방향)으로 크기 F인 힘을 팔에 가한다. 위팔과 아래팔의 길이는 각각 $a = 25$ cm, $b = 30$ cm이고, 가해진 힘의 크기는 $F = 200$ N이다.

이때 힘 F가 어떻게 어깨관절 A로 병진이동할 수 있는지 설명하고, $\underline{F}$에 의해 위팔과 아래팔에 발생하는 모멘트의 크기와 방향을 구하라.

풀이 1: 스칼라 방법

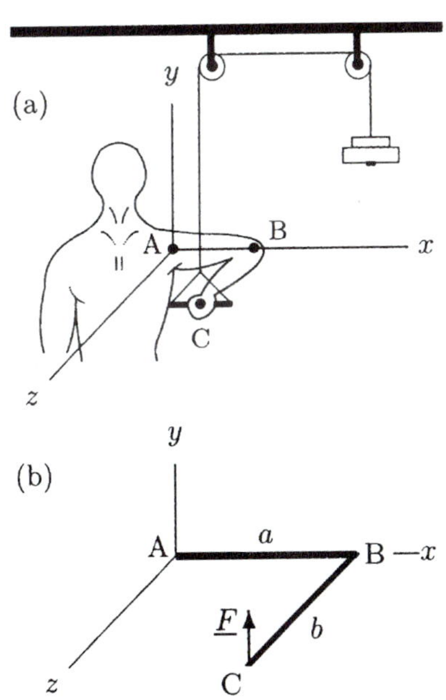

그림 3.27 • 예제 3.5

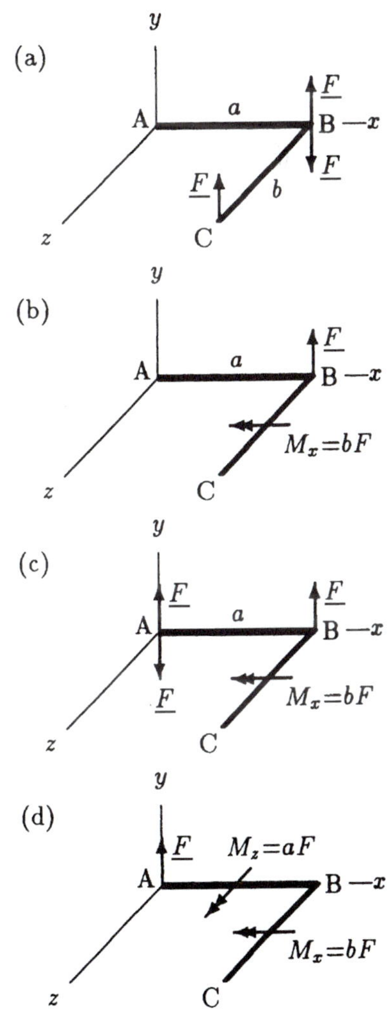

그림 3.28 • 스칼라 방법

위팔(BC)과 아래팔(AB)에서 생성되는 모멘트를 찾기 위한 스칼라 방법은 그림 3.28과 같이 표현할 수 있고, 이 방법에서는 우력과 우력 모멘트 개념을 이용한다. 첫 번째 단계로 B 지점에서 크기는 같고(F) 방향이 반대인 한 쌍의 힘을 배치한다. 두 힘 모두 C 지점에서의 원래 힘에 평행하게 놓여 있다(그림 3.28a). C 지점에서 위로 향하는 힘과 B 지점에서 아래로 향하는 힘은 우력을 형성한다. 그러므로 이들은 우력 모멘트로 대체할 수 있다(그림 3.28b의 겹화살표). 우력 모멘트의 크기는 bF이다. 오른손 법칙을 적용하면 우력 모멘트는 음의 x 방향으로 작용함을 알 수 있다. 우력 모멘트의 크기를 M_x라고 하면, 아래와 같이 쓸 수 있다.

$$M_x = bF \ (-x \text{ 방향})$$

다음 단계로 어깨관절의 위치인 A 지점에 또 다른 한 쌍의 힘을 위치시킨다(그림 3.28c). 이번에는 B 지점에서 위로 향하는 힘과 A 지점에서 아래로 향하는 힘은 우력을 형성하고, 이들도 우력 모멘트로 대체할 수 있다(그림 3.28d). 우력 모멘트의 크기는 aF이고, 방향은 xy 평면에 수직 방향, 즉 양의 z 방향으로 작용한다. 이 모멘트의 크기를 M_z라 하면, 아래와 같이 쓸 수 있다.

$$M_z = bF \ (+\text{z 방향})$$

우력 모멘트의 크기를 구하기 위해 a, b, F의 값을 위의 수식에 대입하면, 아래와 같이 구할 수 있다.

$$M_x = (0.30)(200) = 60 \text{ Nm}$$
$$M_z = (0.25)(200) = 50 \text{ Nm}$$

C 지점에 가해진 힘의 영향으로 팔꿈치관절에서 사람은 위로 향하는 크기 F의 힘과 yz 평면상에서 아래팔을 회전시키려는 크기 M_x의 모멘트를 느낀다. 어깨관절에서는 위로 향하는 크기 F의 힘과 크기가 M_x이고 yz 평면상에서 위팔을 비틀려고 하는 토크, 그리고 xy 평면상에서 위팔의 회전 또는 굽힘을 일으키려는 모멘트 M_z를 느낀다. 만약 이 사람이 팔을 이 자세로 유지하려면, 가해진 힘과 모멘트의 효과를 상쇄시키기에 충분한 근육의 힘을 형성해야 한다.

풀이 2: 벡터 외적 방법

위치 벡터와 힘 벡터의 외적에 의한 모멘트의 정의는 더 쉽게 적용할 수 있다. A 지점(어깨관절이 있는 위치)에 대한 C 지점(힘이 가해지는 위치)의 위치 벡터와 그림 3.29에 표시된 힘 벡터는 다음과 같이 표현될 수 있다.

$$\underline{r} = a\underline{i} + b\underline{k}$$
$$\underline{F} = F\underline{j}$$

$\underline{r}$과 $\underline{F}$의 외적을 통해, 다음과 같이 A 지점에 대한 힘 $\underline{F}$의 모멘트를 얻을 수 있다.

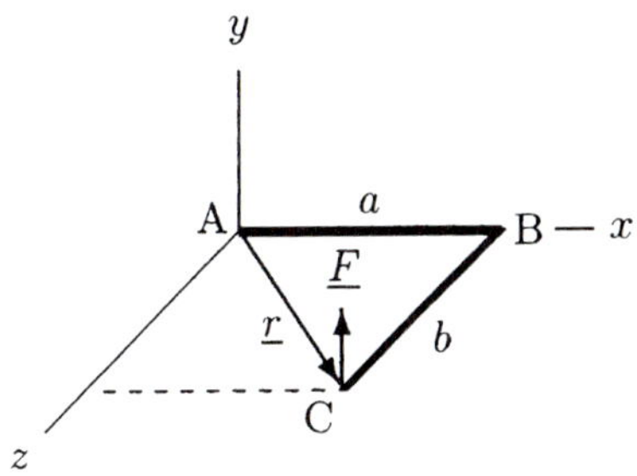

그림 3.29 • 벡터 외적 방법(예제 3.5)

$$\begin{aligned}\underline{M} &= \underline{r} \times \underline{F}\\ &= (a\underline{i} + b\underline{k}) \times (F\underline{j})\\ &= aF(\underline{i} \times \underline{j}) + bF(\underline{k} \times \underline{j})\\ &= aF\underline{k} - bF\underline{i}\\ &= (0.25)(200)\underline{k} - (0.30)(200)\underline{i}\\ &= 50\underline{k} - 60\underline{i}\end{aligned}$$

$60\underline{i}$ 앞에 있는 음의 부호는 모멘트 벡터의 x 성분이 음의 x 방향으로 작용되고 있음을 의미한다. 한편 단위 벡터 $\underline{j}$와 관련된 성분은 없으므로, 모멘트 벡터의 y 성분은 0이라는 것을 의미한다. 따라서 A 지점에 대한 모멘트는 아래와 같은 성분을 갖는다.

$$M_x = 60 \text{ Nm } (-x \text{ 방향})$$
$$M_y = 0$$
$$M_z = 50 \text{ Nm } (+z \text{ 방향})$$

이 결과는 스칼라 방법을 사용하여 구한 결과와 일치한다.

3.10 연습문제

문제 3.1 그림 3.6에서 보는 바와 같이, 작업자가 렌치를 사용하여 오른나사를 조이기 위해 힘 $\underline{F}$를 가한다고 가정하자. 가해진 힘의 결과로 나사는 금속판 속으로 들어가고 있다. 나사에 권장되는 토크는 $M_{rec} = 80$ Nm이다. 렌치 손잡이의 길이는 $d = 25$ cm이다.

(a) 작업을 완료하기 위해 필요한 힘의 크기를 계산하라.

(b) 필요한 힘을 50%만큼 줄이려면 어떤 작업이 필요할까?

정답: (a) $F = 320$ N; (b) 렌치 손잡이 길이를 늘림($d = 50$ cm)

문제 3.2 그림 3.13에서 보는 바와 같이, 88 kg 질량의 다이빙 선수가 B 지점의 수평 다이빙 보드의 자유단에 서서 점프를 준비하고 있다고 가정하자. 다이빙 보드는 두께가 균일하고 질량이 56 kg이며, O 지점에서 지면에 설치되어 있다. A 지점은 다이빙 보드의 무게중심을 나타내며, A 지점에서 O 지점과 B 지점까지의 거리는 같다.

다이빙 선수와 다이빙 보드의 무게에 의해 O 지점에 생성된 알짜 모멘트가 M_O = 3,979 Nm인 경우, 다이빙 보드의 길이(l)를 계산하라.

정답: $l = 3.5$ m

문제 3.3 그림 3.13은 균일한 다이빙 보드(B 지점)의 자유단에 서서 물속으로 다이빙할 준비를 하고 있는 다이빙 선수의 모습을 보여주고 있다. 다이빙 보드는 O 지점에서 지면에 설치되어 있으며, 질량은 110 kg, 길이는 $l = 3.0$ m이다. A 지점에서 O 지점과 B 지점까지의 거리는 같다. O 지점에 대한 알짜 모멘트가 M_{net} = 3760 Nm인 경우, 다이빙 선수의 무게를 계산하라.

정답: $W = 714.3$ N

문제 3.4 그림 3.30에서 보는 바와 같이, 두 명의 다이빙 선수가 순차적으로 수영장에 뛰어들 준비를 하고 있다고 가정하자. 일정한 두께의 수평 다이빙 보드는 O 지점에서 지면에 장착되어 있으며, 질량은 130 kg이고, 길이는 $l = 4$ m이다. 첫 번째 다이빙 선수는 질량이 86 kg이고, 다이빙 보드의 자유단인 B 지점에 서 있다. 두 번째 다이빙 선수는 질량이 82 kg이며, 보드의 무게중심인 A 지점에 서 있다. 또한, A 지점에서 O 지점과 B 지점까지의 거리는 같다.

두 명의 다이빙 선수와 보드의 무게에 의해 O 지점에 대해 생성된 모멘트 및 O 지점에 대한 알짜 모멘트를 계산하라.

정답: M_1 = 3,371.2 Nm; M_2 = 1,607.2 Nm; M_b = 2,548 Nm;
M_{net} = 7,526.4 Nm

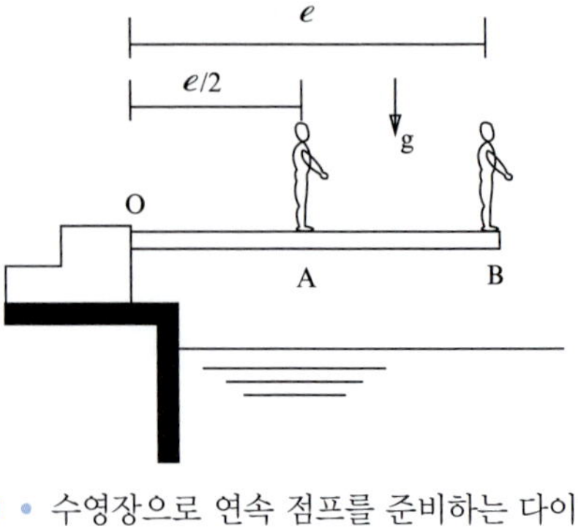

그림 3.30 • 수영장으로 연속 점프를 준비하는 다이빙 선수들

문제 3.5 한 사람이 운동기구의 밧줄에 연결된 손잡이를 잡고 있다(그림 3.31). 이 밧줄은 도르래를 거쳐 무게 추에 연결되어 있다. 무게 추로 인해 밧줄이 당겨져서 밧줄에 인장력 $\underline{F}$가 생성된다. 이 힘은 손잡이를 통해 손으로 전달된다. 이 힘은 수평과 θ의 각도로 B 지점에서 손에 가해진다. A 지점은 아래팔의 무게중심을 나타내고, O 지점은 팔꿈치관절의 회전 중심을 나타낸다. O, A, B 지점과 힘 $\underline{F}$는 모두 같은 평면상에 놓여 있다고 가정하자.

O와 A 지점 사이의 수평거리는 $a = 15$ cm, O와 B 지점 사이의 수평거리는 $b = 35$ cm, 아래팔의 전체 무게는 $W = 20$ N, 가해진 힘의 크기는 $F = 50$ N, 각도는 $\theta = 30°$라 할 때, $\underline{F}$와 $\underline{W}$에 의해 O 지점에 생성된 알짜 모멘트를 구하라.

정답: $M_O = 5.75$ Nm (ccw)

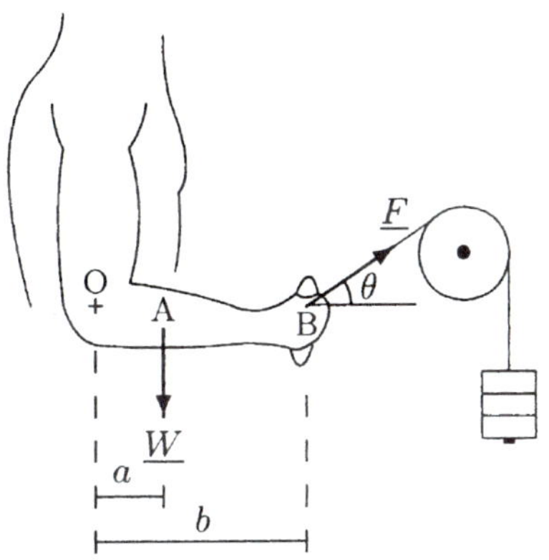

그림 3.31 • 문제 3.5 및 3.7

문제 3.6 그림 3.15a에서 보는 바와 같이, 중량 부츠(weight boots)를 신고 앉은 자세에서 종아리 운동을 하는 사람이 있다. 부츠의 무게는 $W_2 = 65$ N이다. 또한 O 지점의 무릎관절에서 측정했을 때, 종아리 무게중심(A 지점)은 $a = 23$ cm 거리에 위치하며, 중량 부츠의 무게중심(B 지점)은 O 지점에서 $b = 55$ cm 거리에 위치한다. 무릎관절에 대한 알짜 모멘트가 $M_{net} = 34$ Nm인 경우, 다리가 수평에 대해 각도 $\theta = 45°$가 될 때, 사람의 종아리 무게(W_1)를 계산하라.

정답: $W_1 = 53.8$ N

문제 3.7 그림 3.31의 도르래 기반 기구를 사용하여 팔 운동을 하는 사람이 있다. 그는 밧줄에 연결된 손잡이를 잡고 있다. 이 밧줄은 도르래를 거쳐 무게 추에 연결되어 있다. A 지점은 아래팔의 무게중심을 나타내고, O 지점은 손잡이가 밧줄에 부착된

지점을 나타낸다. 아래팔의 무게는 $W = 23$ N이다. O와 A 지점, 그리고 O와 B 지점 사이의 수평거리는 각각 $a = 16$ cm, $b = 39$ cm이다. 또한 모든 지점과 아래팔에 가해지는 힘이 동일한 평면 표면에 있다고 가정한다. O 지점에 대한 알짜 모멘트가 $M_{net} = 6.3$ Nm이고, 손잡이에 부착된 밧줄이 수평을 기준으로 각도 $\theta = 17°$일 때, 무게 추의 질량을 계산하라.

정답: $m = 8.9$ kg

문제 3.8 그림 3.32는 재활 및 운동선수 훈련을 위한 뒤넙다리근(hamstring, 슬괵근) 강화 훈련 시스템의 개략도이다. 환자 또는 운동선수는 앉은 자세로 무게 추에 연결된 원통형 패드를 통하여 전달되는 저항에 대항하여 종아리를 구부린다. 그림과 같은 자세에서, 종아리는 수평 방향과 θ의 각도를 형성한다. O 지점은 무릎관절을 의미하고, A 지점은 종아리의 무게중심, W는 종아리의 총 무게, F는 종아리의 장축에 수직 방향으로 패드에 의해 종아리에 가해진 힘의 크기, a는 O와 A 지점 사이의 거리, b는 O 지점과 종아리의 장축을 따라 측정된 $\underline{F}$의 작용선 사이의 거리이다.

(a) $\underline{W}$와 $\underline{F}$에 의해 O 지점에서 발생하는 알짜 모멘트에 관한 식을 구하라.

(b) $a = 20$ cm, $b = 40$ cm, $\theta = 30°$, $W = 60$ N, $F = 200$ N일 경우, O 지점에서의 알짜 모멘트를 계산하라.

정답: (a) $M_O = bF - aW \cos\theta$; (b) $M_O = 69.6$ Nm (ccw)

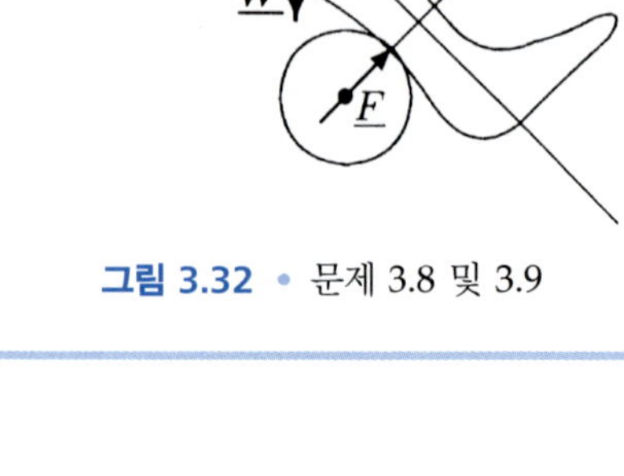

그림 3.32 • 문제 3.8 및 3.9

문제 3.9 그림 3.32에서 보는 바와 같이, 선수가 특수 훈련 시스템을 사용하여 뒤넙다리근(hamstring, 슬괵근)을 강화하기 위하여 앉은 자세에서 종아리 운동을 수행하고 있다. 훈련 시스템은 다리를 구부리는 동안 하중에 부착된 원통형 패드를 통해 다리에 설정 저항(set resistance)을 제공한다. O 지점은 무릎관절을 나타내고, A 지점

은 종아리의 무게중심, W는 종아리의 무게, θ는 종아리의 장축이 수평과 이루는 각도를 의미하며, M_O는 다리에 가해지는 힘에 의해 O 지점에 대한 알짜 모멘트이다.

(a) $a = 0.23$ m, $b = 0.45$ m, $\theta = 45°$, $W = 65$ N, $M_O = 86.14$ Nm일 경우, 설정 저항의 크기(F)를 구하라.

(b) 종아리의 동일한 위치에 대하여, 설정 저항이 10 N 증가할 때 O 지점에 대한 알짜 모멘트를 계산하라.

정답: (a) $F = 215$ N; (b) $M_O = 90.64$ Nm

문제 3.10 그림 3.33에서 보는 바와 같이, 선수가 두갈래근(biceps muscle, 이두근)을 강화하기 위해 아래팔의 굽힘/폄 운동을 하고 있다. 선수는 손에 $W_1 = 150$ N의 무게 추를 들고 있으며, 그의 아래팔의 무게는 $W_2 = 20$ N이다. O 지점의 팔꿈치관절에서 측정했을 때, 아래팔의 무게중심(A 지점)은 $a = 7.5$ cm, 손에 들고 있는 무게 추의 무게중심은 $b = 32$ cm 거리에 있다.

아래팔을 수평으로 펼 때, 그리고 아래팔의 장축이 수평과 각각 각도 $f = 30°$ 및 $f = 60°$를 이룰 때, 팔꿈치관절에 대해 생성된 알짜 모멘트를 구하라.

정답: $M_{net}(f = 0°) = 49.5$ Nm; $M_{net}(f = 300°) = 42.9$ Nm;
$M_{net}(f = 60°) = 24.8$ Nm

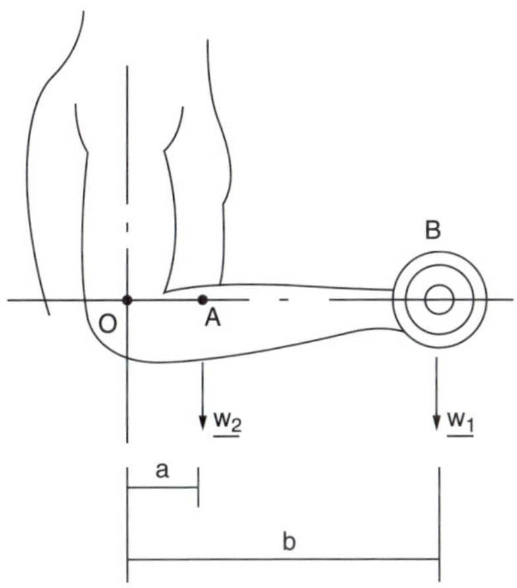

그림 3.33 • 아래팔 운동을 하는 선수

문제 3.11 그림 3.34는 재료의 강도를 시험하기 위해 설계된 작업대 실험을 나타낸 그림이다. 이 경우, 골절된 넙다리뼈머리(femoral head, 대퇴골두)를 안정화시키기 위해 사용되는 돌기사이능선 나사못(intertrochanteric nail)은 나사못의 말단 팔

(BC)이 수직으로 정렬하도록 작업대에 단단하게 고정되었다. 나사못의 인접 팔(AB)은 길이가 a이고, BC와 θ의 각도를 이룬다.

그림 3.34와 같이 나사못에 $\underline{F}_1$(수평력, 오른쪽 방향), $\underline{F}_2$(AB와 일직선, A를 향하는 방향), $\underline{F}_3$(수직 아래 방향) 힘을 가하는 세 가지 실험을 수행하였다. 세 힘에 의해 B에 생성되는 모멘트를 힘의 크기와 기하학적 매개변수 a 및 θ에 관하여 식으로 나타내라.

정답: $M_1 = aF_1 \sin\theta$ (cw); $M_2 = 0$; $M_3 = aF_3 \cos\theta$ (ccw)

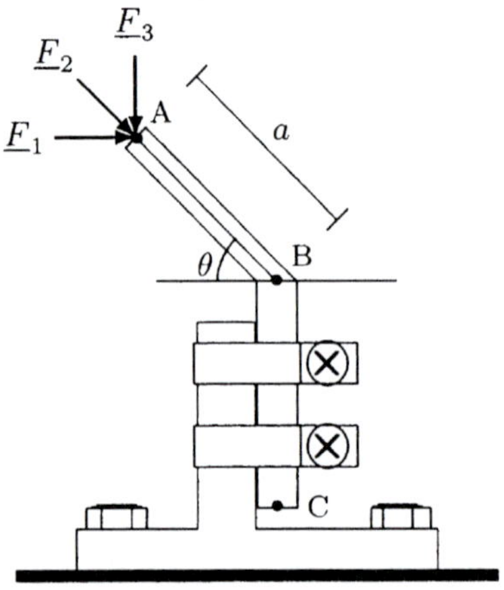

그림 3.34 • 작업대 시험

문제 3.12 그림 3.35는 공학의 기본 역학요소인 외팔보(cantilever beam)라는 구조물을 단순화하여 도시하고 있다. 외팔보의 한쪽은 고정단이고, 반대쪽은 자유단이다. 그림 3.35에서 보의 고정단과 자유단을 각각 A와 C 지점으로 나타낸다. B 지점은 보의 무게중심이다.

그림에서 보의 무게는 $W = 100$ N이고, 길이는 $l = 1$ m라고 가정하자. 힘의 크기 $F = 150$ N이 수평선과 $\theta = 45°$의 각도로 자유단에 작용한다.

보의 고정단에서 발생하는 알짜 모멘트의 크기와 방향을 구하라.

정답: $M_A = 56$ Nm (ccw)

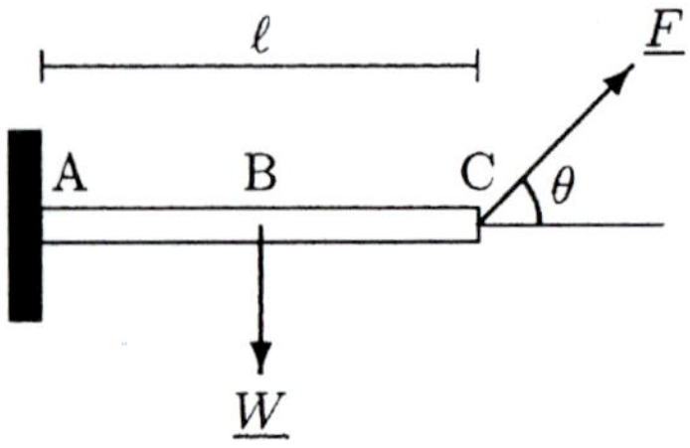

그림 3.35 • 외팔보

문제 3.13 그림 3.36에서 보는 바와 같이, 9 kg 질량의 외팔보가 있다. 보는 A 지점에서 벽에 고정되고 B 지점은 보의 자유단을 나타낸다. 보의 길이는 $l = 4$ m이고, C 지점은 보의 무게중심이다. $W_1 = 50$ N의 무게추가 B 지점과 D 지점 사이의 거리가 $l_1 = 35$ cm가 되도록 보의 자유단에 부착된다. 보를 제자리에 유지하기 위해서 보의 자유단에 크기 $F = 180$ N의 힘이 가해진다. 힘의 작용선은 수평으로부터 각도 $\beta = 35°$를 이룬다.

A 지점에 대해 생성된 알짜 모멘트의 크기와 방향을 구하라.

정답: $M_{net} = 54.1$ Nm (ccw)

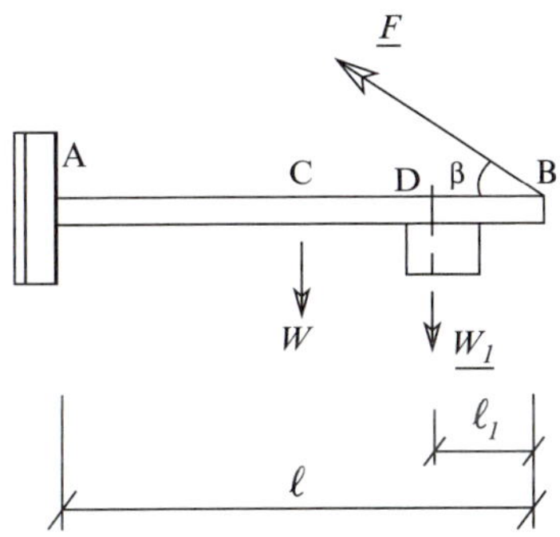

그림 3.36 • 한쪽 끝에 하중 $\underline{W}_1$이 부착된 외팔보

문제 3.14 그림 3.37에서 보는 바와 같이, 밧줄로 연결된 세 개의 동일한 공 모양 전기 설비가 자유단 쪽에서 서로 같은 간격($a = b$)으로 배치되어 있는 외팔보 구조물이 있다($a = b$). 보는 A 지점에서 벽에 고정되어 있다. B 지점은 보의 자유단을 나타내며, 첫 번째 전기 설비가 보에 부착된 지점이기도 하다. D 및 E는 두 번째 및 세 번째 전구가 보에 부착된 지점이다. C 지점은 보의 무게중심을 나타내며, C 지점에서 A 지점과 B 지점까지의 거리는 같다. 보의 무게는 $W = 150$ N이고, 전등의 무게는 $W_1 = W_2 = W_3 = 49$ N이다. 또한, D 지점에서 보에 $F = 230$ N의 힘을 가하여, 수평과 각도 θ를 이루는 힘의 작용선으로 보를 제 위치에 유지하고 있다.

(a) $a = b = 0.5$ m, $\theta = 45°$이고, A 지점에 대한 알짜 모멘트가 $M_{net} = 267.2$ Nm인 경우, 보의 길이(l)를 구하라.

(b) 보의 길이가 50 cm 증가하는 경우, A 지점에 대한 알짜 모멘트를 계산하라.

(c) 힘 $\underline{F}$의 크기가 30 N 감소하는 경우, 보의 길이가 $l = 3.0$ m일 때, A 지점에 대한 알짜 모멘트를 계산하라.

(d) 보의 장축에 수직 방향으로 힘 $\underline{F}$가 가해지는 경우, 보의 길이가 $l = 3.0$ m일 때, A 지점에 대한 알짜 모멘트를 계산하라.

정답: (a) $l = 3.0$ m; (b) $M_{net} = 296.9$ Nm; (c) $M_{net} = 309.7$ Nm; (d) $M_{net} = 132.5$ Nm

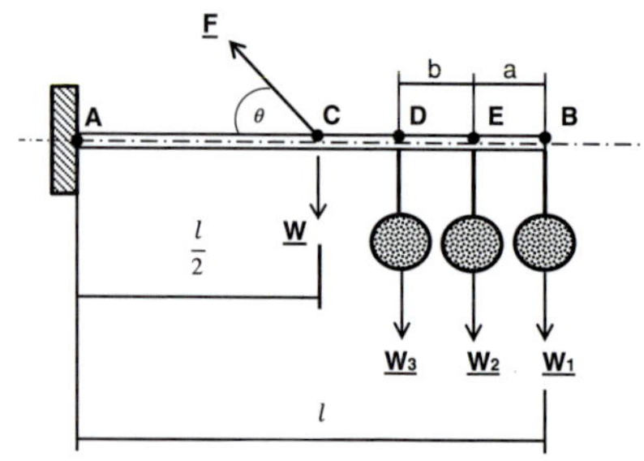

그림 3.37 • 문제 3.14

문제 3.15 그림 3.38에는 L 형상의 보를 나타내고 있다. 보는 A 지점에서 벽에 고정되어 있고, 팔 AB는 z 방향으로 뻗어 있으며, 팔 BC는 x 방향으로 뻗어 있다. 힘 $\underline{F}$는 보의 자유단에서 z 방향으로 가해진다.

만약 팔 AB와 BC의 길이가 각각 a와 b이고, 가해진 힘의 크기가 F라고 가정하면, A 지점에 상대적인 C 지점의 위치 벡터는 $\underline{r} = b\underline{i} + a\underline{k}$, 힘 벡터는 $\underline{F} = F\underline{k}$와 같이 표현할 수 있다. 이때 $\underline{i}, \underline{j}, \underline{k}$는 각각 양의 x, y, z 방향을 나타내는 단위 벡터이다.

(a) 위치와 힘 벡터의 외적을 이용하여, 힘 $\underline{F}$에 의해 A 지점에서 발생하는 모멘트를 a, b, F에 관하여 표현하라.

(b) $a = b = 30$ cm이고 $F = 20$ N일 경우, 힘 $\underline{F}$에 의해 A 지점에서 발생하는 모멘트의 크기를 계산하여라.

정답: (a) $\underline{M}_A = -bF\underline{j}$; (b) $\underline{M}_A = 6$ Nm

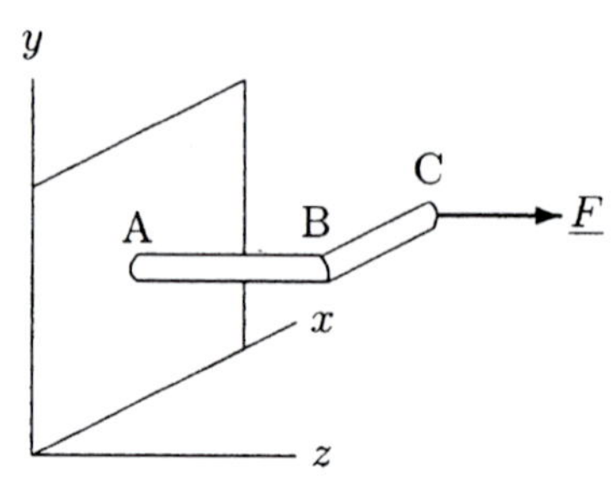

그림 3.38 • 문제 3.15

문제 3.16 그림 3.39에서 보는 바와 같이, 특수 렌치를 사용하여 나사를 조이는 작업자가 있다. 렌치의 장축에 대해 생성되는 우력 모멘트는 $M_c = 100$ Nm이고, 렌치의 손잡이와 장축 사이의 거리는 $r = 25$ cm이다.

작업자가 렌치의 손잡이에 가하는 힘을 구하라.

정답: $F = 200$ N

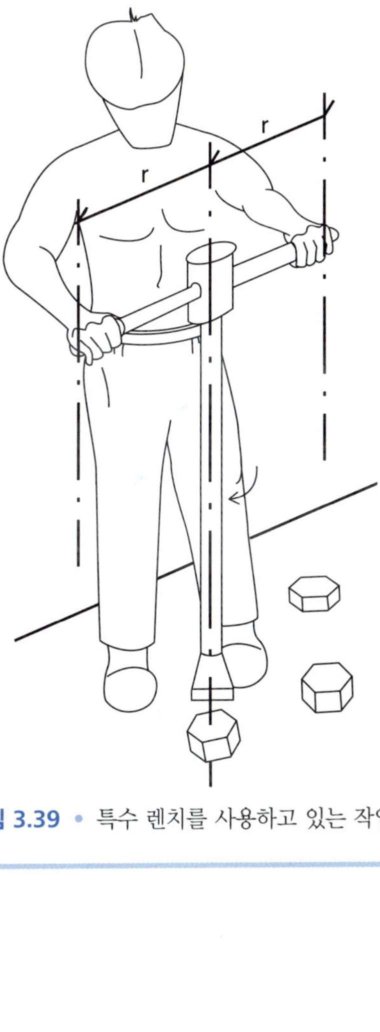

그림 3.39 • 특수 렌치를 사용하고 있는 작업자

CHAPTER

04

정역학: 평형 시스템

Statics: Systems in Equilibrium

4.1 개요

정역학(statics)은 평형상태에 있는 강체의 해석에 관한 응용역학 분야의 한 영역이다. 역학에서 평형(equilibrium)이란 물체가 정지 상태에 있거나 일정한 속도로 움직이는 것을 의미한다. 강체(rigid body)는 외부에서 가해진 힘에 의해 변형이 일어나지 않는다고 가정한 물체이다. 강체는 실제로는 존재하지 않으며, 근사적 개념이다. 일부 응용에서, 변형의 정도가 매우 적어서 물체의 변형 특성을 고려하는 것이 해석에 영향을 거의 미치지 않을 경우에는 물체를 강체로 취급될 수 있다.

정역학 분야는 평형상태에서 강체에 관한 해석을 다루는 것이지만, 물체의 변형 특성과 강도 해석 역시 정역학을 바탕으로 한다. 이 장에서는 정역학의 원리들을 소개하고 비교적 단순한 시스템에 이러한 원리들을 적용해본다. 제5장에서는 인체의 주요 관절들과 그 주변의 힘을 분석하기 위한 정역학 원리의 적용 사례를 소개한다.

4.2 뉴턴 역학 법칙

역학의 전체적인 구조는 아이작 뉴턴 경에 의해 체계화된 몇 가지 기본 법칙을 기반으로 한다. **뉴턴 제1 법칙**(Newton's first law)인 관성의 법칙은 외부에서 0이 아닌 합력이 작용하지 않는 한, 원래부터 정지 상태에 있는 물건은 정지 상태를 유지하고, 일직선을 따라 일정한 속도로 움직이고 있는 물체는 그러한 움직임을 유지한다는 것을 말한다. 뉴턴 제1 법칙은 제2 법칙과 함께 고려되어야 한다.

뉴턴 제2 법칙(Newton's second law)인 가속도의 법칙은 물체에 작용하는 알짜힘(net force) 또는 합력(resultant force)이 0이 아니면, 물체는 합력의 방향으로 가속될 것이라고 말한다. 또한, 물체의 가속도의 크기는 물체에 작용하는 알짜힘의 크기에 정비례하고, 물체의 무게에 반비례할 것이다. 뉴턴 제2 법칙은 다음과 같이 표현할 수 있다.

$$\underline{F} = m\,\underline{a} \tag{4.1}$$

이것은 **운동방정식**(equation of motion)으로도 알려져 있다. 식 (4.1)에서 $\underline{F}$는 물체에 작용하는 알짜힘 또는 합력(모든 힘들의 벡터 합)이고, m은 물체의 질량, $\underline{a}$는 물체의 가속도이다. 힘과 가속도는 모두 벡터양인 반면에, 질량은 스칼라양이다. 질량은 물체의 관성에 대한 정량적 기준이다. **관성**(inertia)이란 정지 상태를 유지하거나 직선을 따라 일정한 움직임을 유지하려는 물체의 경향으로 정의된다. 관성은 물체의 움직임에 대한 저항으로도 정의될 수 있다. 물체의 관성이 클수록 정지 상태에서 움직이기 시작하거나, 움직임을 변화시키거나, 움직임의 방향을 변화시키는 것이 더 어려워진다.

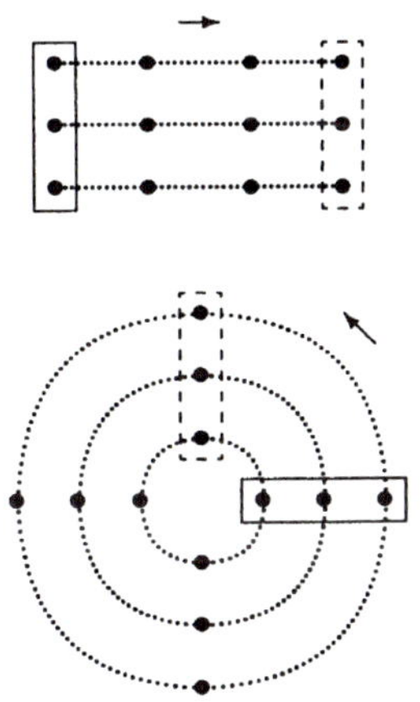

그림 4.1 • (a) 선형운동, (b) 각운동

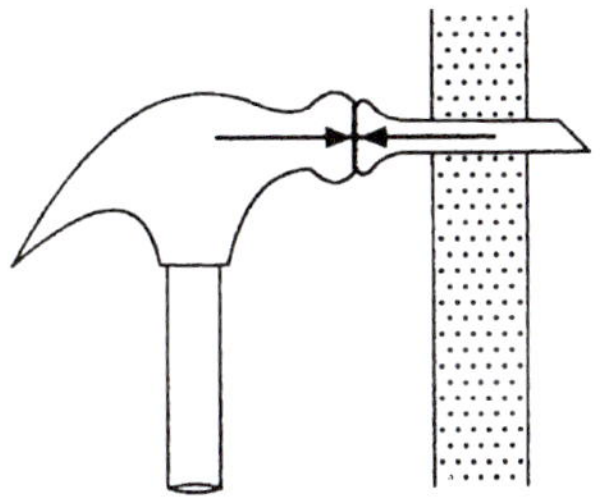

그림 4.2 • 망치질

식 (4.1)은 직선 경로를 따라 움직이는 병진 또는 선형운동 분석에 유효하다. 그림 4.1a와 같이, **선형운동**(linear motion)은 물체의 모든 부분이 같은 방향으로 동일 시간 동안 같은 거리만큼 움직일 때 일어난다. 선형운동의 전형적인 예는 엘리베이터의 수직 이동이다.

식 (4.1)은 뉴턴 제2 법칙을 공식화하는 한 가지 방식일 뿐이다. 뉴턴 제2 법칙은 각운동이나 회전운동을 분석하기 위해 아래와 같이 표현할 수도 있다.

$$\underline{M} = I\,\underline{\alpha} \tag{4.2}$$

식 (4.2)에서 $\underline{M}$은 물체에 가해지는 알짜 모멘트(net moment) 또는 알짜 토크(net torque)이다. I는 물체의 **질량 관성모멘트**(mass moment of inertia)이고, α는 **각가속도**(angular acceleration)이다. 그림 4.1b에서 보는 바와 같이, **각운동**(angular motion)은 물체의 모든 부분이 동일한 시간 동안 동일한 각도로 움직이는 원형의 궤도에서 움직일 때 일어난다. 이러한 개념들은 동역학 분석을 다루는 뒷장에서 자세하게 논의할 것이다.

뉴턴 제3 법칙인 작용−반작용의 법칙은 힘에 관해서는 양면성이 있다는 사실에 근거한다. 물체에 가해지는 힘은 항상 다른 하나의 물체에 의해서 가해진다. 작업자가 수레를 밀 때, 아이가 마차를 당길 때, 그리고 망치로 못을 박을 때 힘은 한 물체에 의해서 다른 물체에 가해진다. 뉴턴 제3 법칙에 의하면, 두 물체가 접촉되어 있고 물체 1이 물체 2에 힘을 가하고 있다면, 물체 2는 같은 크기를 갖지만 반대 방향으로 물체 1에 힘을 가하며, 두 힘은 동일한 작용선을 따라 작용한다.

예를 들어, 망치로 못을 박는 것을 생각해보자(그림 4.2). 망치가 못에 힘을 가함으로써 못이 벽에 박힌다. 그러나 못이 다시 망치에 힘을 가함으로 인해 망치는 못에 충돌 후 멈추게 된다.

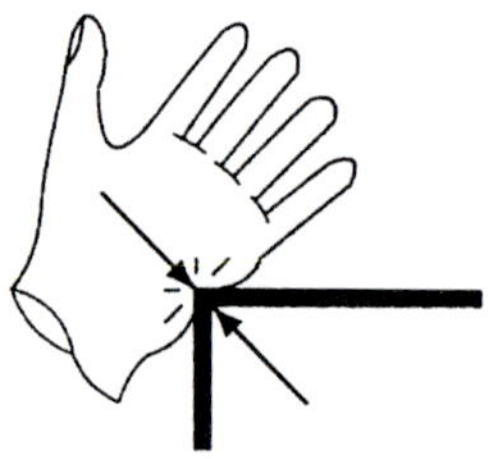

그림 4.3 • 더 힘껏 밀수록 더 힘껏 밀린다.

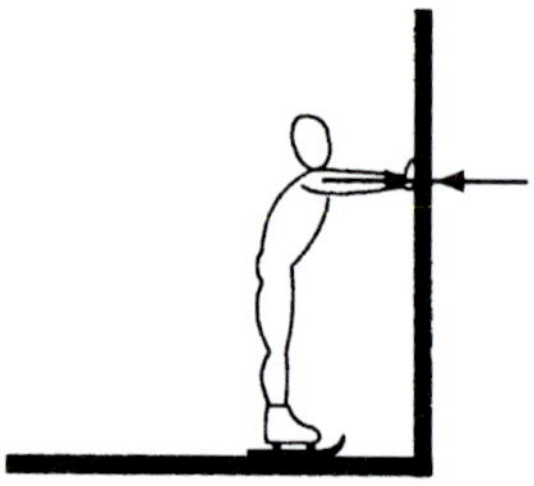

그림 4.4 • 스케이트 타는 사람

손으로 책상의 모서리를 누르면, 손의 모양 변화를 볼 수 있고, 책상에 의해서 손에 힘이 전달되는 것을 느낄 수 있다(그림 4.3). 더 힘껏 책상 모서리를 누를수록, 책상도 더 힘껏 손을 뒤로 밀어낼 것이다.

뉴턴 제3 법칙을 이해하는 데 도움이 되는 가장 좋은 예는 벽을 밀어 스케이트를 타는 사람일 것이다(그림 4.4). 벽을 밀면 스케이트 타는 사람은 뒤쪽으로 움직일 수 있다. 스케이트 타는 사람의 움직임을 일으키는 원인은 스케이트 타는 사람에게 다시 가해진 벽에 의한 힘이다.

뉴턴 제3 법칙은 "모든 움직임에는 크기가 같고 방향이 반대인 반작용이 존재한다."라고 요약할 수 있다. 이 법칙은 다수의 상호작용하는 물체가 있는 역학 및 생체역학에서 복잡한 문제를 해석하는 데 특히 유용하다.

4.3 평형 조건

식 (4.1)과 (4.2)에 표현된 뉴턴 제2 법칙에 따르면, 물체에 작용하는 알짜힘(net force) 또는 알짜 모멘트(net moment)가 0이 아니라면, 병진 또는 회전운동을 하는 물체는 선가속도 또는 각가속도를 가질 것이다. 따라서 알짜힘 또는 알짜 모멘트가 0이면, 물체의 가속도(선가속도 또는 각가속도)와 속도(선속도 또는 각속도)는 상수이거나 0이다. 가속도가 0일 때, 물체는 **평형**(equilibrium)이라고 일컫는다. 또한 속도가 0이라면, 물체는 **정적 평형**(static equilibrium) 또는 **정지 상태**(rest)에 있다.

따라서 물체가 평형을 이루기 위해서는 두 가지 조건이 충족되어야 한다. 만약 물체에 작용하는 알짜힘(모든 힘들의 벡터 합)이 0이면, 그 물체는 **병진 평형**(translational equilibrium)이라 하고 아래와 같이 표현할 수 있다.

$$\sum \underline{F} = 0 \tag{4.3}$$

물체에 작용하는 알짜 모멘트(모든 모멘트의 벡터 합)가 0이면, 그 물체는 **회전 평형**(rotational equilibrium)이라 하고 다음과 같이 표현할 수 있다.

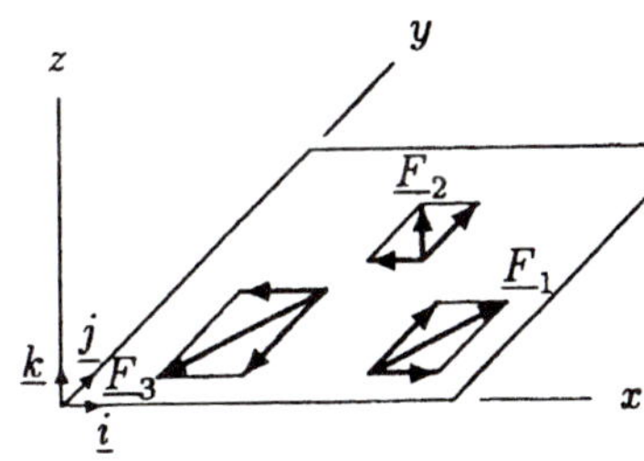

그림 4.5 • *xy* 평면에서의 동일 평면 힘 시스템

$$\sum \underline{M} = 0 \tag{4.4}$$

하나의 물체에 많은 힘들이 작용하는 경우를 살펴보자. 예를 들어, 그림 4.5에서 동일 평면 힘 시스템을 생각해보자. 세 힘이 *xy* 평면에서 한 물체에 작용하고 있다고 가정한다. 이 힘들은 *x*와 *y* 방향을 따라 각 성분들로 표현할 수 있다.

$$\begin{aligned} \underline{F}_1 &= F_{1x}\underline{i} + F_{1y}\underline{j} \\ \underline{F}_2 &= -F_{2x}\underline{i} + F_{2y}\underline{j} \\ \underline{F}_3 &= -F_{3x}\underline{i} + F_{3y}\underline{j} \end{aligned} \tag{4.5}$$

식 (4.5)에서 F_{1x}, F_{2x}, F_{3x}는 $\underline{F}_1$, $\underline{F}_2$, $\underline{F}_3$의 *x* 방향 스칼라 성분이고, F_{1y}, F_{2y}, F_{3y}는 *y* 방향 스칼라 성분이다. 그리고 $\underline{i}$와 $\underline{j}$는 양의 *x*와 *y* 방향을 나타내는 단위 벡터이다. 이 식들을 식 (4.3)에 대입하면, 모든 힘들의 *x*와 *y* 성분은 아래 식과 같이 군으로 정리할 수 있다.

$$\sum \underline{F} = (F_{1x} - F_{2x} - F_{3x})\underline{i} + (F_{1y} + F_{2y} - F_{3x})\underline{j} = 0$$

이러한 평형상태를 유지하려면 각 군은 아래의 식과 같이 개별적으로 0이 되어야 한다.

$$\begin{aligned} F_{1x} - F_{2x} - F_{3x} &= 0 \\ F_{1y} + F_{2y} - F_{3y} &= 0 \end{aligned} \tag{4.6}$$

즉, 물체가 병진 평형상태가 되기 위해서는 *x*와 *y* 방향으로 작용하는 알짜힘이 0이 되어야 한다. 3차원 힘 시스템의 경우, *z* 방향의 알짜힘도 0이 되어야 한다. 이러한 결과들은 아래의 식으로 요약될 수 있다.

$$\begin{aligned} \sum F_x &= 0 \\ \sum F_y &= 0 \\ \sum F_z &= 0 \end{aligned} \tag{4.7}$$

주의. 식 (4.7)에 주어진 평형조건은 스칼라 형태이며 정확하게 다루어져야 한다. 예를 들어, *x* 방향으로 병진 평형상태를 적용하는 동안 양의 *x* 방향으로 작용하는 힘들은

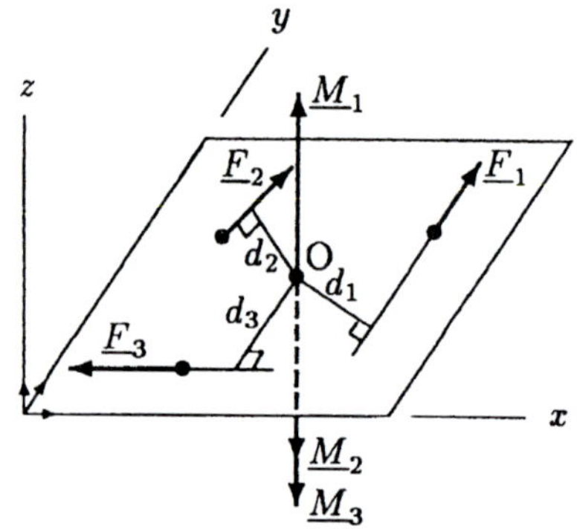

그림 4.6 • 동일 평면 힘에 의한 모멘트

반드시 함께 더해져야 하고, 음의 x 방향으로 작용하는 힘들은 빼주어야 한다.

앞에서 설명했듯이, 물체가 평형을 유지하기 위해서는 물체가 병진 평형이면서 회전 평형이어야 한다. 물체가 회전 평형상태에 있으려면, 모든 위치에 대한 알짜 모멘트가 0이어야만 한다. 그림 4.6에 나와 있는 동일평면 힘 시스템을 생각해보자. 이러한 힘들이 xy 평면에서 물체에 작용한다고 가정한다. d_1, d_2, d_3을 점 O에 대한 힘 F_1, F_2, F_3의 모멘트 팔이라 하면, 점 O에 대한 이러한 힘에 의해서 발생하는 모멘트는 아래와 같다.

$$\begin{aligned} \underline{M}_1 &= d_1F_1\,\underline{k} \\ \underline{M}_2 &= -d_2F_2\,\underline{k} \\ \underline{M}_3 &= -d_3F_3\,\underline{k} \end{aligned} \tag{4.8}$$

식 (4.8)에서 $\underline{k}$는 양의 z 방향을 나타내는 단위 벡터이다. 모멘트 $\underline{M}_1$은 양의 z 방향으로 작용하고 반면에 모멘트 $\underline{M}_2$와 $\underline{M}_3$은 음의 z 방향으로 작용한다. 식 (4.8)을 회전 평형 조건을 표현하는 식 (4.4)에 대입하면, 다음을 얻을 수 있다.

$$\sum \underline{M} = \underline{M}_1 + \underline{M}_2 + \underline{M}_3 = (d_1F_1 - d_2\,F_2 - d_3F_3)k = 0$$

평형을 유지하기 위해서는 아래와 같아야 한다.

$$d_1F_1 - d_2F_2 - d_3F_3 = 0 \tag{4.9}$$

즉, 이 경우에 z 방향의 합성 모멘트는 0이 되어야 한다. 동일 평면 시스템이 아닌 3차원 힘 시스템에서도 x 및 y 방향의 모멘트를 가질 수 있다. 회전 평형 조건은 또한 x와 y 방향에서 알짜 모멘트가 0이 되어야 한다.

3차원 시스템에서는 다음과 같다.

$$\begin{aligned} \sum M_x &= 0 \\ \sum M_y &= 0 \\ \sum M_z &= 0 \end{aligned} \tag{4.10}$$

주의. 식 (4.10)에 주어진 회전 평형 조건 역시 스칼라 형태이고 정확하게 다루어져야 한다. 예를 들어, z 방향으로 회전 평형조건을 적용하는 동안 양의 z 방향으로 작용하는 모멘트는 더해져야 하고, 음의 z 방향으로 작용하는 모멘트는 빼주어야 한다.

그림 4.6의 동일평면 힘 시스템에서 모멘트는 아래와 같이 다른 방식으로 표현할 수 있다.

$$\begin{aligned} M_1 &= d_1F_1 \quad (\text{ccw}) \\ M_2 &= d_2F_2 \quad (\text{cw}) \\ M_3 &= d_3F_3 \quad (\text{cw}) \end{aligned} \tag{4.11}$$

다시 말해서 xy 평면에 관해서 모멘트는 시계 방향이거나 반시계 방향이다. 시계 방향이나 반시계 방향 중 어느 것을 양의 방향으로 선택하느냐에 따라서 어떤 모멘트들은 양이 되고 다른 모멘트들은 음이 된다. 반시계 방향의 모멘트를 양수로 선택하면, 점 O에 대한 회전 평형은 다시 식 (4.9)를 얻게 된다.

$$d_1F_1 - d_2F_2 - d_3F_3 = 0$$

4.4 자유물체도

자유물체도(free-body diagrams)는 시스템의 각 부분들에 작용하는 힘과 모멘트를 구별하고, 정역학 공식들을 올바로 사용할 수 있도록 돕기 위해 작성된다. 이를 위해서 시스템을 구성하는 부분들을 주변과 격리하고, 주변의 영향들은 그에 상응하는 힘과 모멘트로 대체한다. 자유물체도에서는 이미 알고 있거나 모르는 힘과 모멘트가 모두 표현된다. 만약 힘의 크기나 방향을 모른다면, 힘은 미지수이다. 이미 알고 있는 힘에 대해서는 정확한 방향을 나타내고, 힘의 방향이 알려져 있지 않으면 그것을 예측해본다. 우리의 예측이 올바르거나 그렇지 않을 수 있다. 그러나 힘의 올바른 방향은 정동적 해석의 결과로 알 수 있다.

예를 들어, 사람이 수평면에서 서류철 보관함을 오른쪽으로 밀려고 한다고 생각해보자(그림 4.7). 이 시스템은 사람, 서류철 보관함, 바닥을 나타내는 수평면의 세 부분이 있다. 그림 4.8은 이 부분들의 자유물체도이다. F는 사람에 의해서 오른쪽으로 서류철 보관함을 움직이기 위해서 서류철 보관함에 가해지는 수평력의 크기이다. 작용력과 반작용력은 같은 크기를 가져야 하기 때문에, F는 서류철 보관함에 의해서 사람에 가해지는 힘의 크기와 같다. 작용과 반작용은 반대 방향이고 동일한 작용선이어야 하기 때문에, 서류철 보관함이 사람에게 가한 힘은 사람을 왼쪽으로 밀려고 한다. $\underline{W}_1$과 $\underline{W}_2$는 서류철 보관함과 사람의 무게이고, 항상 수직 아래 방향을 향하고 있다. N_1과 N_2는 각각 서류철 보관함과 사람에 의해서 수평면에 가해지는 수직력의 크기이다. 이는 또한 수평면에 의해서 서류철 보관함과 사람에 가해지는 힘의 크기이다. f_1과 f_2는 서류

그림 4.7 • 서류철 보관함을 밀고 있는 사람

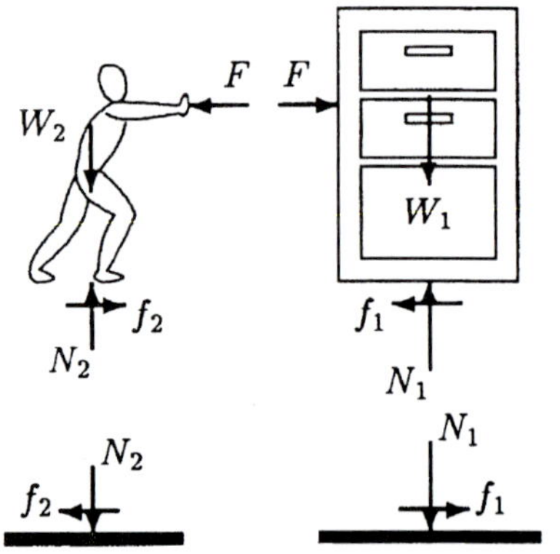

그림 4.8 • 자유물체도

철 보관함과 사람이 수평면과 접촉하는 면에 평행한 수평 방향으로 작용하는 마찰력 f_1과 f_2의 크기이다. 서류철 보관함은 오른쪽으로 움직이려는 경향이 있기 때문에, f_1은 서류철 보관함에 왼쪽으로 작용한다. 사람은 왼쪽으로 움직이려는 경향이 있기 때문에 f_2는 오른쪽으로 작용하고, 사람이 서류철 보관함을 밀기 위해서 가하는 구동력이다.

대체로 시스템을 형성하는 개별 부분들의 일부에 대한 자유물체도를 고려하는 것만으로도 충분하다. 그림 4.7과 4.8에 있어서, 서류철 보관함의 자유물체도는 추가 해석을 수행하기에 충분한 세부 정보를 제공한다.

4.5 평형 시스템의 해석 절차

평형상태의 강체에 작용하는 힘과 모멘트들을 해석하기 위한 일반적인 절차는 아래와 같다.

- 분석할 시스템에 대한 단순하고 깔끔한 선도를 그린다.
- 시스템을 구성하는 부분들의 자유물체도를 그린다. 자유물체도에 알거나 모르는 힘과 모멘트를 모두 표현한다. 알고 있는 힘과 모멘트의 정확한 방향을 표시한다. 만약 힘이나 모멘트의 방향을 모르면, 정확한 방향을 예측하여 자유물체도에 표시하고 해석하는 동안에 변경하지 않도록 한다. 모르는 힘이나 모멘트의 정확한 방향은 풀이에서 나타날 것이다. 예를 들어, 풀이에서 모르는 힘에 대한 양의 값을 갖는 결과는 방향을 정확히 가정했다는 것을 가리킨다. 반면에 음의 값은 힘의 방향이 가정과 반대임을 가리킨다. 이런 경우, 풀이에서 힘의 크기를 양의 값으로 만들고, 적절한 힘의 단위를 표시하고, 정확한 방향을 확인해야 한다.
- 적절한 좌표축을 선택한다. 직각좌표계(x, y, z)를 사용하는 경우에는 단일 시스템 내의 서로 다른 자유물체도에 대해 좌표축을 다르게 지정할 수 있다. 좌표축의 올바른

방향은 해석을 단순화하는 데 도움이 될 수 있다. 모든 힘과 모멘트를 각각의 성분으로 분해하고, 이들 성분에 관해서 힘과 모멘트를 표현한다.

• 각 자유물체도에서 병진 및 회전 평형조건을 적용한다. 3차원 문제의 경우, 이용 가능한 방정식의 수는 아래와 같이 6(세 개의 병진과 세 개의 회전)이다.

$$\sum F_x = 0 \quad \sum M_x = 0$$
$$\sum F_y = 0 \quad \sum M_y = 0$$
$$\sum F_z = 0 \quad \sum M_z = 0$$

xy 평면의 2차원 힘 시스템의 경우, 이용 가능한 방정식의 수는 3(두 개의 병진과 한 개의 회전 그리고 다른 세 개는 저절로 충족된다)이다.

$$\sum F_x = 0$$
$$\sum F_y = 0$$
$$\sum M_z = 0$$

• 미지수들을 구하기 위해 이들 방정식을 동시에 푼다. 풀이에서 힘과 모멘트의 정확한 방향과 단위를 표시한다.

4.6 평형방정식에 관한 주의사항

• 위에 주어진 평형방정식은 '스칼라' 형태이며, 이 방정식은 관련된 힘과 모멘트의 방향을 설명하지 못한다. 따라서 x 방향으로 병진 평형조건이 적용되는 동안에 만약 힘이 양의 x 방향으로 작용한다면 힘은 양의 값이 되고, 음의 x 방향으로 작용한다면 힘은 음의 값이 된다. 이 법칙을 모든 방향에 적용하고, 모멘트에 대해서도 적용하라.

• 회전 평형 조건을 적용하는 동안 동일평면 힘 시스템의 경우, 모든 모멘트를 계산할 수 있는 적절한 지점을 선정하라. 이 지점의 선정은 임의적이지만 바르게 선정하면 계산을 단순화하는 데 도움이 된다.

• 일부 문제의 경우, 사용 가능한 평형조건의 전부를 사용하지 않아도 된다. 예를 들어, 만약 x 방향의 힘이 없다면 x 방향의 병진 평형조건은 저절로 충족된다.

• 회전 평형조건을 2회 이상 적용하는 것이 더 편리할 때가 있다. 예를 들어, xy 평면의 동일 평면 힘 시스템에서 z 방향의 회전 평형조건은 다른 두 지점에 대한 힘의 모멘트를 고려하여 두 번 적용될 수 있다. 이러한 경우에 사용될 수 있는 세 번째 독립적인 방정식은 x 또는 y 방향의 병진 평형조건이다. 회전 평형조건은 단일 문제에서 세 번 적용될 수도 있다. 그러나 모멘트를 계산하는 세 지점 모두가 직선상에 놓이지 말아야 한다.

그림 4.9 • 동일선상의 두 힘 시스템

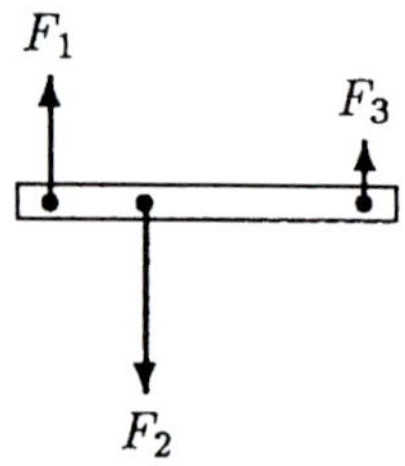

그림 4.10 • 평행한 세 힘 시스템

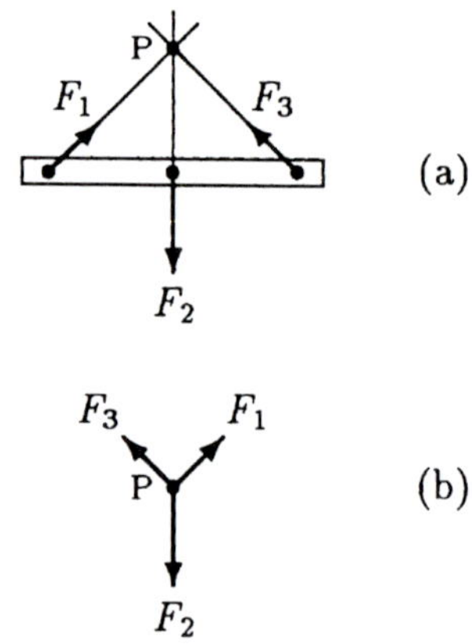

그림 4.11 • 세 개의 힘이 작용하는 공점력 시스템

- **두 힘 시스템**(two-force systems): 만약 물체에 작용하는 힘이 둘뿐이고, 힘이 동일선상에서 같은 크기를 가지며 서로 반대 방향으로 작용하면, 물체는 평형을 이룬다(그림 4.9).

- **세 힘 시스템**(three-force systems): 만약 물체에 작용하는 힘이 세 개뿐이고, 물체가 평형이라면, 힘은 반드시 평행력 또는 공점력 시스템을 형성해야 한다. 또한 각각의 경우에 힘은 동일 평면 힘 시스템을 형성한다. 평행인 세 개의 힘 시스템은 그림 4.10에 설명되어 있다. 만약 세 힘들 중 두 힘이 서로 평행이면, 세 번째 힘은 다른 두 힘과 평행하다고 쉽게 가정하고, 알려지지 않은 힘의 작용선을 쉽게 설정할 수 있다.

세 힘이 작용하는 공점력 시스템은 그림 4.11에 나와 있다. 이 경우에 힘의 작용선들은 공통된 교차점을 가진다. 만약 물체에 작용하는 세 힘 중에 두 힘의 작용선이 알려져 있고, 이들이 서로 평행하지 않으며, 물체가 평형 상태에 있으면 처음 두 힘의 작용선이 서로 만날 때까지 연장한다. 그리고 알려지지 않은 힘의 작용점과 교차점을 서로 연결한 직선을 그리면 세 힘의 작용선을 결정할 수 있다. 이렇게 얻어진 직선은 알려지지 않은 힘의 작용선이 된다. 공점력 시스템을 해석하기 위해서, 시스템을 형성하는 힘은 작용선들을 따라 교차점으로 병진할 수 있다(그림 4.11b). 그런 다음, 힘은 두 수직 방향 성분으로 분해될 수 있으며, 병진 평형조건을 사용하여 알려지지 않은 힘을 결정할 수 있다. 이러한 경우, 회전 평형조건은 저절로 충족된다.

- **정적 결정 시스템**(statically determinate system, 정정계)과 **정적 부결정 시스템**(statically indeterminate systems, 부정정계): 정역학의 2차원 문제에 있어서 사용 가능한 평형방정식의 개수는 3이다. 따라서 평형방정식을 적용하여 결정할 수 있는 최대 미지수(힘 또는 모멘트)의 개수는 3으로 제한된다. 2차원 문제에서 미지수가 3 이하이면, 그 문제는 **정적 결정**(statically determinate) 문제이다. 만약 미지수가 3을 넘으면, 문제는 **정적 부결정**(statically indeterminate) 문제이다. 이는 정역학적 정보가 그 문제를 완전히 풀기 위해 충분하지 않고 추가 정보가 필요하다는 것을 의미

한다. 일반적으로 추가 정보는 시스템을 구성하는 부분의 재료 특성과 성질로부터 비롯된다. 3차원 문제에서는 여섯 개의 평형방정식이 있기 때문에, 결정할 수 있는 최대 미지수는 여섯 개로 제한된다.

4.7 구속과 반력

힘을 분류하는 한 가지 방법에는 능동적 작용(active)인지 반작용(reactive)인지로 구분하는 방법이 있다. 능동적인 힘에는 외부에서 작용하는 하중과 중력이 포함된다. 한편, 물체에 작용하는 구속력과 구속 모멘트는 **반력**(reaction force)에 해당된다. 일반적으로 반력은 미지수이며, 평형방정식을 적용하여 결정해야 한다.

반력과 반모멘트는 지면, 롤러와 쐐기 같은 지지 요소, 또는 밧줄, 피벗 및 경첩과 같은 연결 요소에 의해서 발생한다.

표 4.1은 여러 종류의 지지 및 연결 요소에 대한 일반적인 특성을 요약한 것으로, 이는 자유물체도를 작성하여 특정 문제를 푸는 데 유용하게 이용될 수 있다.

표 4.1 • 일반적인 지지대, 연결부, 연결 요소 및 그들의 특성

지지대 또는 관절의 유형	도식적 표현 예	자유물체도를 위한 표현	생체역학 예제	미지수
유연한 부재 (밧줄, 로프)	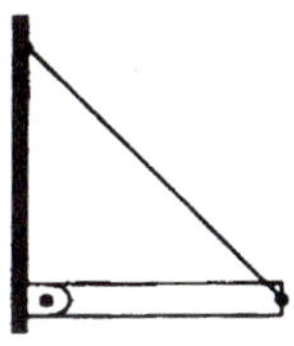	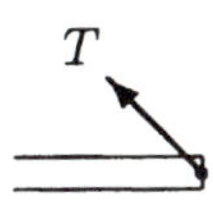	근육, 인대 	밧줄 또는 근육 장력의 크기
두 개의 힘 부재	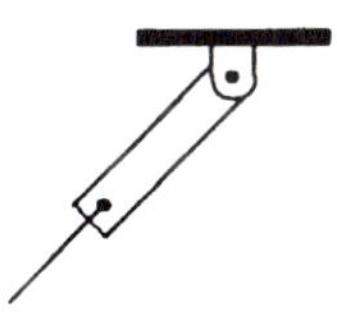	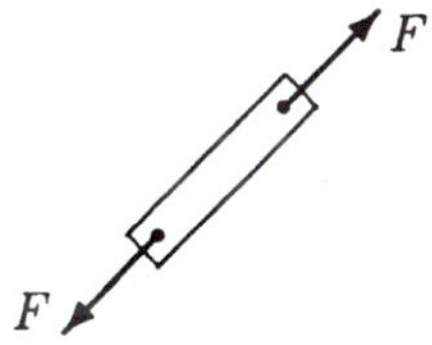	근육 	힘의 크기
롤러와 다른 단순 지지대 (무마찰)	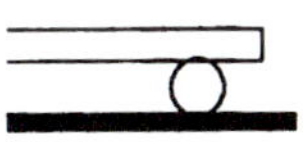	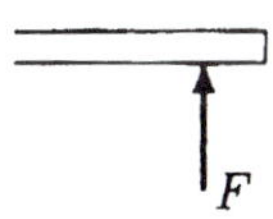	뼈와 뼈의 접촉 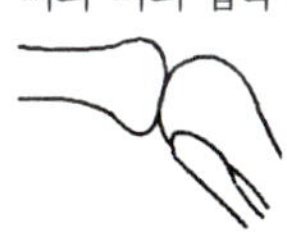	힘의 크기
경첩 또는 핀 연결	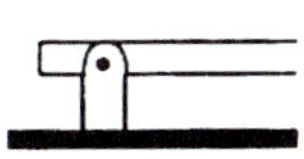	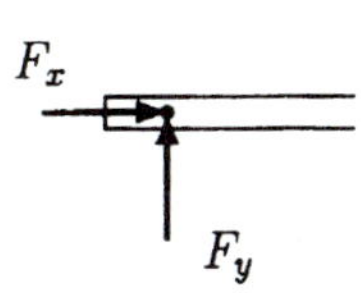	팔꿈치관절 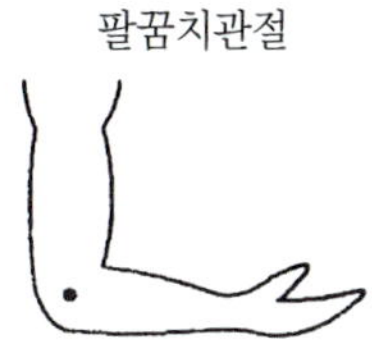	힘(힘 성분)의 크기와 방향

(계속)

표 4.1 • 일반적인 지지대, 연결부, 연결 요소 및 그들의 특성 (*계속*)

지지대 또는 관절의 유형	도식적 표현 예	자유물체도를 위한 표현	생체역학 예제	미지수
볼과 소켓	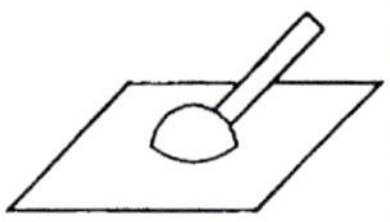	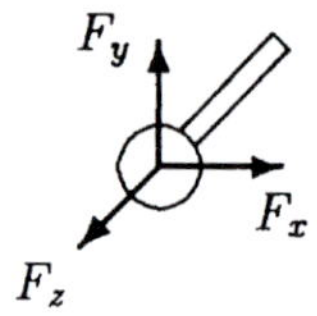	엉덩관절 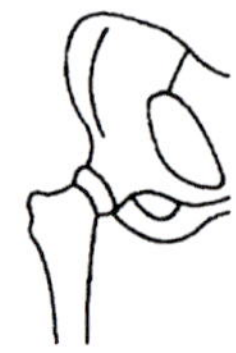	힘의 크기와 방향
고정, 접합, 또는 붙박이	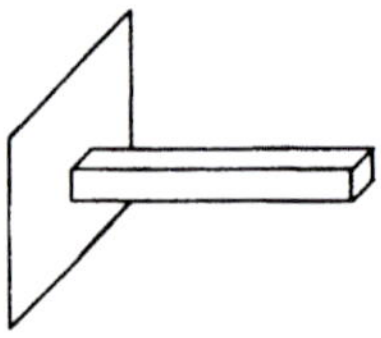	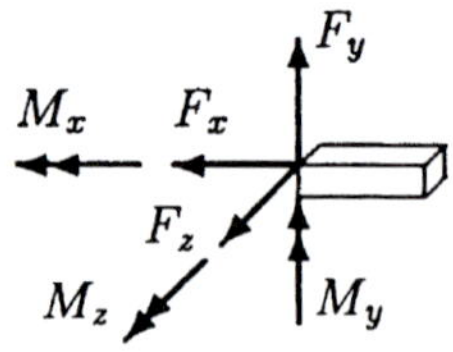	두개골 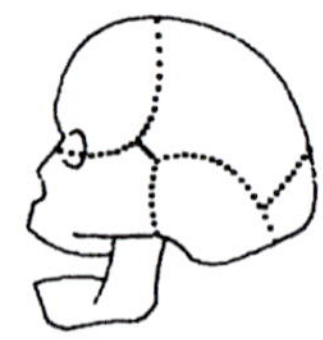	힘과 모멘트의 크기와 방향

4.8 단순 지지 구조

역학 시스템은 다양한 방식으로 연결된 많은 요소들로 구성되어 있다. '보(beam)'는 역학에서 기본 구성을 형성하는 중요 요소이다. 다른 구조적 요소에 연결되거나 롤러, 쐐기, 경첩, 핀 연결, 피벗 또는 밧줄 등으로 지면에 연결된 보는 역학 시스템을 형성한다. 먼저 평형방정식을 사용하는 방법을 보여주는 비교적 간단한 예제를 분석해보자.

예제 4.1 그림 4.12에 도시한 바와 같이, 마찰이 없는 쐐기 및 롤러 지지대에 놓여 있는 균일한 수평 보 위에 서 있는 한 사람을 생각해보자. 여기서 A 지점과 B 지점은 각

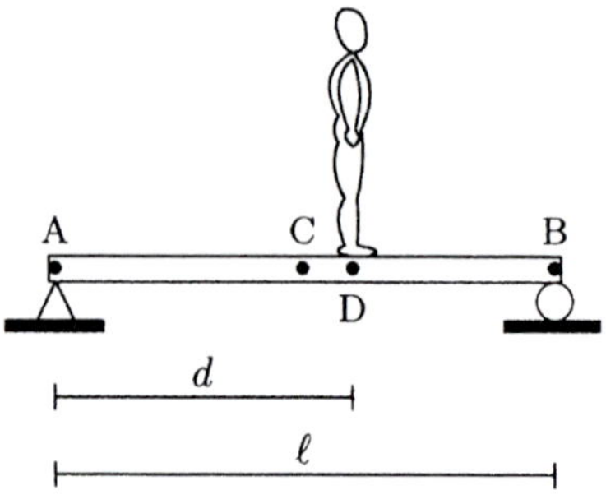

그림 4.12 • 예제 4.1

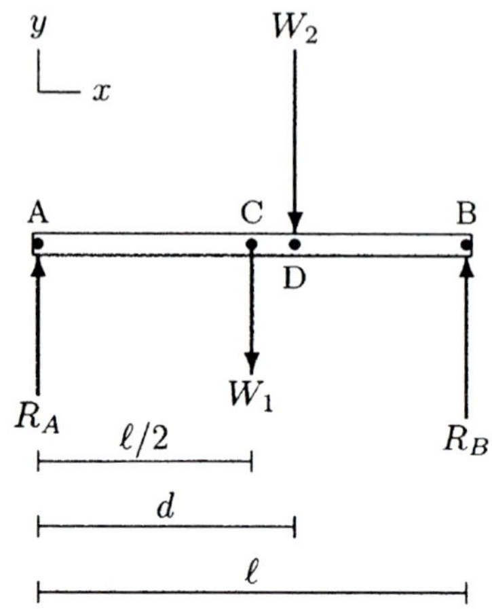

그림 4.13 • 보의 자유물체도

각 쐐기 및 롤러 지지대가 보와 접촉하고 있는 지점이고, C 지점은 보의 무게중심, D 지점은 이 사람의 무게중심 바로 아래에 있는 보의 한 지점을 나타낸다. 보의 길이(A 지점과 B 지점 사이의 거리)는 $l = 5$ m, A 지점과 D 지점 사이의 거리는 $d = 3$ m, 보의 무게는 $W_1 = 900$ N, 사람의 질량은 $m = 60$ kg이라고 가정한다.

이때 A지점과 B 지점에서 보에 나타나는 반력을 계산하라.

풀이: 보의 자유물체도는 그림 4.13과 같다. 보에 작용하는 힘은 보의 무게 $\underline{W}_1$과 사람의 무게 $\underline{W}_2$이다. 보의 무게는 A와 B로부터 같은 거리에 있는 보의 무게중심에 가해지는 집중하중으로 가정한다. 보의 무게의 크기는 $W_1 = 900$ N이다. 사람의 질량은 $m = 60$ kg이다. 따라서 사람의 무게는 $W_2 = mg = 60 \times 9.8 = 588$ N이 된다.

또한, 보에는 쐐기와 롤러 보에 의한 반력 $\underline{R}_A$와 $\underline{R}_B$가 작용하고 있다. 이 힘은 마찰이 없는 쐐기와 롤러 지지대로부터 수평 보에 수직 방향으로만 작용한다. 또한, 이들 힘의 방향은 보에서부터 벗어나는 방향이 아닌 보를 향하는 방향으로 형성된다. 이를 통해 반력의 방향을 파악할 수 있다. 그러나 아직 이 힘의 크기는 알 수 없다. 여기서 보에 작용하는 여러 힘들은 평행 힘 시스템을 형성한다는 사실을 주지하자.

두 미지수 $\underline{R}_A$, $\underline{R}_B$가 있다. 이 문제를 해결하기 위해서는 A 지점 또는 B 지점에서의 회전 평형조건과 함께 수직 평형조건을 이용하는 방법 또는 A 지점과 B 지점에서의 회전 평형조건을 이용하는 방법 중 하나를 선택하여 적용할 수 있다. 여기서 우리는 후자의 방법을 통해 문제를 해결하기로 하고, 수직 방향의 평형조건을 고려하여 결과를 검토하기로 한다. 여기서 수평 방향에 대해서는 가해지는 힘이 없기 때문에 수평 방향에 대한 평형상태는 저절로 충족된다.

A 지점에서 보의 회전 평형을 생각해보자. A 지점에 대하여 반력 $\underline{R}_A$에 의한 모멘트 팔의 길이는 0이고, $\underline{W}_1$의 모멘트 팔은 $l/2$, $\underline{W}_2$의 모멘트 팔은 d, 그리고 반력 $\underline{R}_B$의 모멘트 팔은 l의 길이를 갖게 된다. 시계 방향 모멘트를 양(+)으로 가정하면, $\underline{W}_1$과 $\underline{W}_2$에 의한 모멘트는 양의 값이 되고, 반면에 $\underline{R}_B$에 의한 모멘트는 음의 값이 된다. 따라서 A 지점에서 보의 회전 평형은 아래와 같다.

$$\sum M_A = 0: \quad \frac{l}{2} W_1 + dW_2 - lR_B = 0$$

$$R_B = \frac{1}{l}\left(\frac{l}{2} W_1 + dW_2\right)$$

$$R_B = \frac{1}{5}\left(\frac{5}{2} 900 + 3 \times 588\right) = 802.8\,\text{N}\ (\uparrow)$$

이제 B 지점에서의 보의 회전 평형을 생각해보자. B 지점에 대하여 RB에 의한 모멘트 팔의 길이는 0이 되고, $\underline{W}_2$의 모멘트 팔은 $l - d$, $\underline{W}_1$의 모멘트 팔은 $l/2$, 그리고 RA의 모멘트 팔은 l의 길이를 갖게 된다. 시계 방향 모멘트를 양(+)으로 가정하면, $\underline{W}_1$과

$\underline{W}_2$로 인한 모멘트는 음의 값이 되는 반면 $\underline{R}_A$로 인한 모멘트는 양의 값이 된다. 따라서 B 지점에서의 보의 회전 평형은 아래와 같다.

$$\sum M_B = 0 = lR_A - \frac{1}{2}W_1 - (1-d)W_2 = 0$$

$$R_A = \frac{1}{l}\left(\frac{l}{2}W_1 + (l-d)W_2\right)$$

$$R_A = \frac{1}{5}\left(\frac{5}{2}900 + (5-3)588\right) = 685.2\ \text{N}\ (\uparrow)$$

참고

- 풀이에서 괄호 안의 화살표는 힘의 방향을 나타낸다.
- 수직 방향에서 보의 평형을 생각해 봄으로써 위의 결과를 확인할 수 있다.

$$\sum F_y = 0: \quad R_A - W_1 - W_2 + R_B \stackrel{?}{=} 0$$

$$685.2 - 900 - 588 + 802.8 = 0\surd$$

- 사용된 지지대의 유형으로 인해, 이 예제에서 분석된 보는 한계점이 존재한다. 마찰이 없는 쐐기, 칼끝, 지레의 받침점 또는 롤러 등은 접촉면에 대해서 수직(법선) 방향만 지지한다. 이러한 보의 경우에는 접촉면에 대한 접선 방향으로는 반력을 줄 수 없다. 따라서 만약 보에 장축(x축)을 따라 가해지는 능동적인 힘이 있다면, 이러한 지지대는 보의 수평 방향의 평형을 유지를 위해 필요한 반력을 제공할 수 없다.

예제 4.2 그림 4.14에는 균일하고 수평으로 놓여 있는 보가 A 지점에서 바닥면과 경첩으로 연결되어 있다. 경첩 연결부에 대한 보의 반시계 방향 회전을 구속하기 위해 마찰력이 없는 롤러가 D 지점에서 보와 천장 사이에 배치되어 있다. B 지점에서 힘은 수평선에 대해 $\beta = 60°$의 방향으로 B 지점에 작용한다. 이때 가해지는 힘의 크기는 P

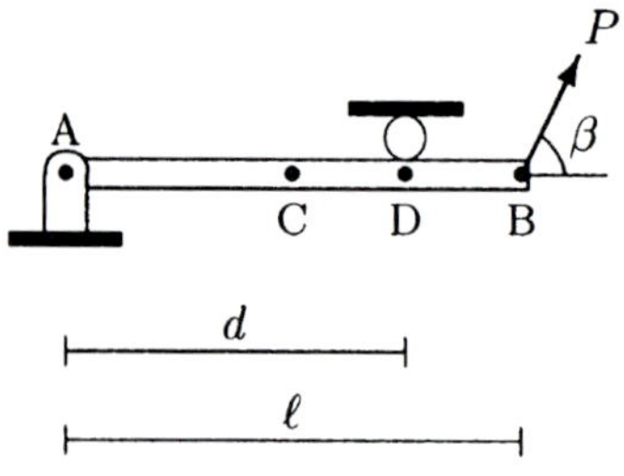

그림 4.14 • 예제 4.2

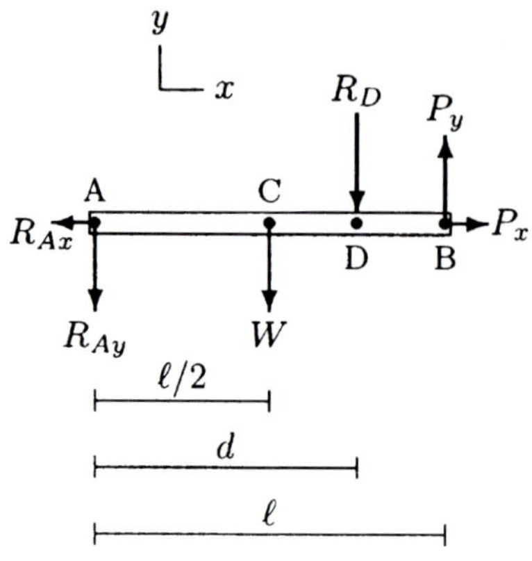

그림 4.15 • 보의 자유물체도

= 1000 N이다. C 지점은 보의 무게중심이다. A와 B 지점 사이의 거리는 l = 4 m이고, A와 D 지점 사이의 거리는 d = 3 m이다. 보의 무게는 W = 800 N이다.

A와 D 지점에서 보에 대한 반력을 계산하라.

풀이: 그림 4.15는 주어진 가정에 따른 보의 자유물체도이다. 수평과 수직 방향은 각각 x축과 y축으로 정의한다. A 지점의 경첩 연결부로 인해 x와 y 두 방향에 대한 보의 병진운동이 제한된다. 따라서 A 지점에서 반력 $\underline{R}_A$가 존재한다. 그러나 아직 반력의 크기 및 방향은 알 수 없다(두 개의 미지수). 그림 4.15와 같이, A 지점에서 반력은 두 가지의 미지수(크기와 방향)를 가진 단일 합력 대신에, 반력의 구성 성분 R_{Ax}와 R_{Ay}(여전히 두 미지수)로 표현할 수 있다.

D 지점의 마찰이 없는 롤러는 '정지' 기능을 한다. 이는 보의 반시계 방향 회전을 막는 역할을 한다. 가해진 힘 $\underline{P}$의 영향으로 인해 보는 롤러를 압축하고, 롤러는 다시 보에 힘 $\underline{R}_D$의 반력을 가한다. 이 힘은 보에 수직 방향, 즉 아래로 향하는 힘을 가하게 된다. 이 힘의 크기 R_D 또한 미지수이다. 보의 무게는 W = 800 N이며, 보의 무게중심에 작용한다고 가정한다. P_x와 P_y는 가해진 힘에 대한 x와 y 방향의 스칼라 성분으로서, 아래와 같이 계산된다.

$$P_x = P\cos\beta = (1000)(\cos 60) = 500\,\text{N}$$
$$P_y = P\sin\beta = (1000)(\sin 60) = 866\,\text{N}$$

미지수가 세 개($\underline{R}_{Ax}$, $\underline{R}_{Ay}$, R_D)이므로 이 문제를 풀기 위해서는 세 개의 방정식이 필요하다. x 방향에 대해 평형 상태를 가정하면 아래와 같다.

$$\sum F_x = 0: \quad -\underline{R}_{Ax} + P_x = 0$$
$$\underline{R}_{Ax} = P_x = 500\,\text{N}\ (\leftarrow)$$

다음으로 A 지점에서 보의 회전 평형을 생각해보자. A 지점에 대하여 $\underline{R}_{Ax}$와 $\underline{R}_{Ay}$에 대한 모멘트 팔의 길이는 0이다. 또한 P_x에 대한 모멘트 팔의 길이도 작용선이 A 지점을 지나가기 때문에 0이 된다. 반면에 $\underline{W}$에 대한 모멘트 팔의 길이는 $l/2$, R_D에 대한 모멘트 팔은 d, P_y에 대한 모멘트 팔은 l의 길이가 된다. 시계 방향 모멘트를 양으로 가정하면 아래와 같다.

$$\sum M_A = 0: \quad \frac{l}{2}W + d\,R_D - l\,P_y = 0$$
$$R_D = \frac{1}{d}\left(l\,P_y - \frac{l}{2}W\right)$$
$$R_D = \frac{1}{3}\left(4 \times 866 - \frac{4}{2}800\right) = 621\,\text{N}\ (\downarrow)$$

이제 y 방향에 대한 보의 병진 평형을 살펴보면, 다음과 같이 쓸 수 있다.

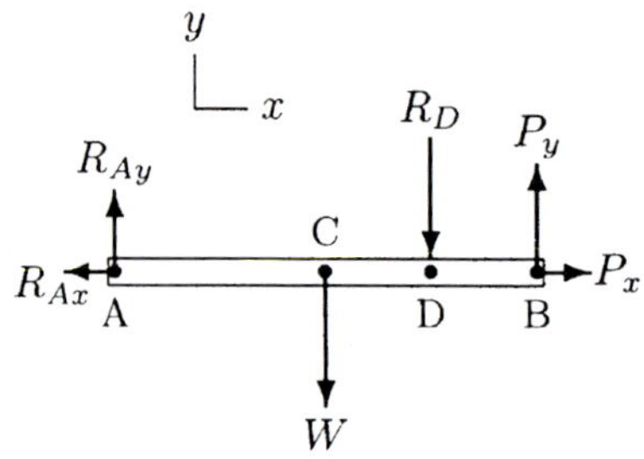

그림 4.16 • 수정된 보의 자유물체도

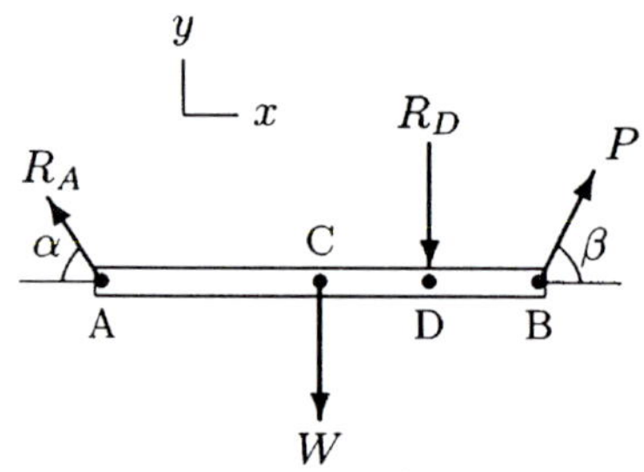

그림 4.17 • 보에 작용하는 합력

$$\sum F_y = 0: \quad -R_{\mathrm{A}y} - W - R_{\mathrm{D}} + P_y = 0$$
$$R_{\mathrm{A}y} = P_y - W - R_{\mathrm{D}}$$
$$R_{\mathrm{A}y} = 866 - 800 - 621 = 555 \text{ N } (\downarrow)$$

여기서 $\underline{R}_{\mathrm{A}y}$는 음의 값이다. 그러나 $\underline{R}_{\mathrm{A}y}$는 스칼라양이며, 스칼라양은 음의 값을 가질 수 없기 때문에 이 값은 옳지 않다. 음의 부호는 보의 자유물체도를 표현할 때 A 지점에서의 수직 방향에 대한 반력을 가정함에 있어서 가정한 방향(아래 방향)이 잘못되었음을 의미한다. 정확한 방향으로 수정하면 아래와 같다.

$$R_{\mathrm{A}y} = 555 \text{N } (\uparrow)$$

보의 수정된 자유물체도는 그림 4.16과 같이 나타낼 수 있다. A 지점에서 반력의 성분을 이미 계산하였으므로, A 지점에서 합성 반력의 크기와 방향을 결정할 수 있다. $\underline{R}_{\mathrm{A}}$의 크기는 다음과 같다.

$$R_{\mathrm{A}} = \sqrt{(R_{\mathrm{A}x})^2 + (R_{\mathrm{A}y})^2} = 747 \text{ N}$$

만약 α는 $\underline{R}_{\mathrm{A}}$가 수평과 이루는 각이라면, 다음과 같이 계산할 수 있다.

$$\alpha = \tan^{-1}\left(\frac{R_{\mathrm{A}y}}{R_{\mathrm{A}x}}\right) = \tan^{-1}\left(\frac{555}{500}\right) = 50°$$

합력을 보여주는 수정된 보의 자유물체도가 그림 4.17에 도시되어 있다.

예제 4.3 그림 4.18에서 보는 바와 같이, 균일한 수평 보가 A 지점에서 벽에 경첩으로 연결되고, B 지점에서 보에 부착된 밧줄에 의해 지지되고 있다. 다른 쪽 끝에서, 밧줄은 수평과 $\beta = 53°$의 각을 이루면서 벽에 부착되어 있다. C 지점은 A 및 B 지점으로부터의 같은 거리에 위치한 보의 무게중심을 나타낸다. 보의 무게중심인 C 지점 바로 위에 무게가 $W_2 = 400$ N인 하중이 놓여 있다. 보의 길이가 $l = 4$ m이고 보의 무게는 $W_1 = 600$ N일 때, 밧줄에서의 장력 T와 A 지점에서 보의 반력을 계산하라.

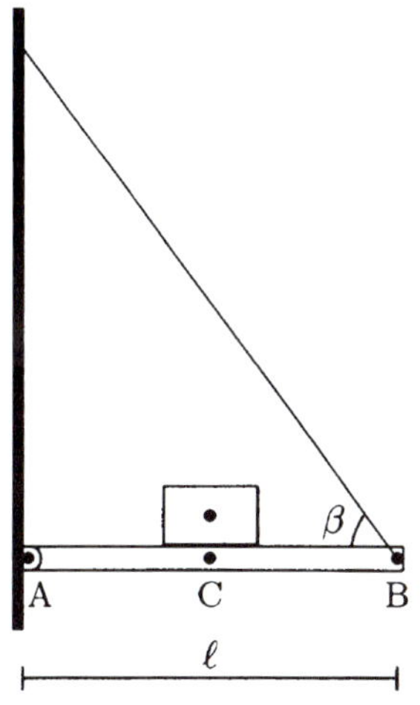

그림 4.18 • 예제 4.3

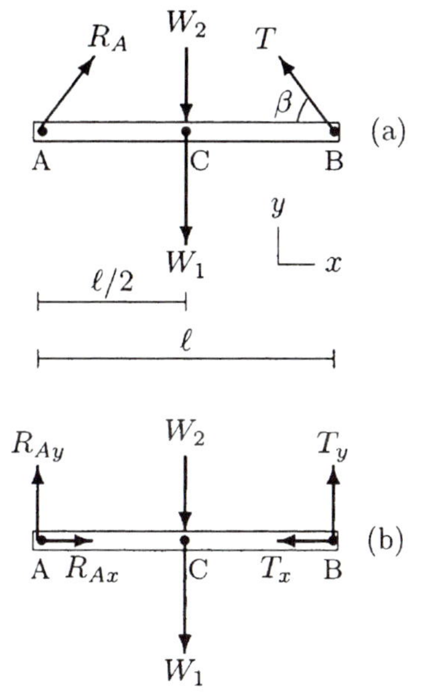

그림 4.19 • 보에 작용하는 힘

풀이: 그림 4.19는 보의 자유물체도이다. 수평과 수직 방향은 각각 x와 y축이다. A 지점에 위치한 경첩 연결부는 x와 y 두 방향에서 보의 병진운동을 구속한다. 그림 4.19b에서 A 지점에서의 반력 $\underline{R}_A$는 $\underline{R}_{Ax}$와 $\underline{R}_{Ay}$(두 개의 미지수) 성분으로 나타낼 수 있다. 보의 무게와 하중으로 인해, 밧줄은 당겨져서 장력 $\underline{T}$가 발생한다. 이 힘은 수평과 각도 β를 이루는 밧줄의 길이 방향을 따라 한 방향으로 밧줄에 의해 보에 가해진다. 다시 말해서 $\underline{T}$의 방향은 알고 있지만, 그 크기는 모른다(또 다른 미지수). 그림 4.19b에서 밧줄에 의해 보에 가해지는 힘은 T_x와 T_y의 스칼라 성분으로 표현된다.

우리는 세 개의 미지수 R_{Ax}, R_{Ay}, T를 가지고 있다. 우선 A 지점에 대한 보의 회전 평형을 생각해보자. A와 관련하여 모멘트를 생성하는 세 가지 힘이 있다. 이 세 힘은 각각 $l/2$, $l/2$, l의 모멘트 팔을 가진 $\underline{W}_1$, $\underline{W}_2$, $\underline{T}_y$이다. 시계 방향 모멘트를 양으로 가정하면 아래와 같다.

$$\sum M_A = 0: \quad \frac{l}{2}W_1 + \frac{l}{2}W_2 - l\,T_y = 0$$

$$T_y = \frac{1}{2}(W_1 + W_2)$$

$$T_y = \frac{1}{2}(600 + 400) = 500\ (\uparrow)$$

T_y는 수평과 각 $\beta = 53°$를 이루는 $\underline{T}$의 수직 성분이다. 따라서 다음과 같이 계산할 수 있다.

$$T = \frac{T_y}{\sin\beta} = \frac{500}{\sin 53^\circ} = 626.1\,\text{N}$$

밧줄에 의해서 보에 가해지는 장력의 x 성분은 아래와 같다.

$$T_x = T\ \cos\beta = 626.1\ \cos 53^\circ = 376.8\,\text{N}\ (\leftarrow)$$

다음으로, x 방향에 대한 보의 병진 평형을 고려하면 다음과 같다.

$$\sum F_x = 0: \quad R_{Ax} - T_x = 0$$
$$R_{Ax} = T_x = 376.8\,\text{N}\ (\rightarrow)$$

마지막으로, y 방향에 대한 보의 병진 평형은 아래와 같이 표현된다.

$$\sum F_y = 0: \quad R_{Ay} - W_1 - W_2 + T_y = 0$$
$$R_{Ay} = W_1 + W_2 - T_y$$
$$R_{Ay} = 600 + 400 - 500 = 500\,\text{N}\ (\uparrow)$$

이제 A 지점에서 반력의 스칼라 성분을 구했으므로, 그 크기를 계산하면 다음과 같다.

$$R_A = \sqrt{(R_{Ax})^2 + (R_{Ay})^2} = 626.1\,\text{N}$$

만약 α가 $\underline{R}_A$가 수평과 이루는 각이라면, 다음과 같이 계산할 수 있다.

$$\alpha = \tan^{-1}\left(\frac{R_{Ay}}{R_{Ax}}\right) = \tan^{-1}\left(\frac{500}{376.8}\right) = 53^\circ$$

참고

- 보의 무게와 보에 가해지는 하중은 공통의 작용선을 가진다. 그림 4.20a에서 보는 바와 같다. 그 영향은 보의 무게중심에 작용하는 단일 무게 $W = W_1 + W_2 = 1000$

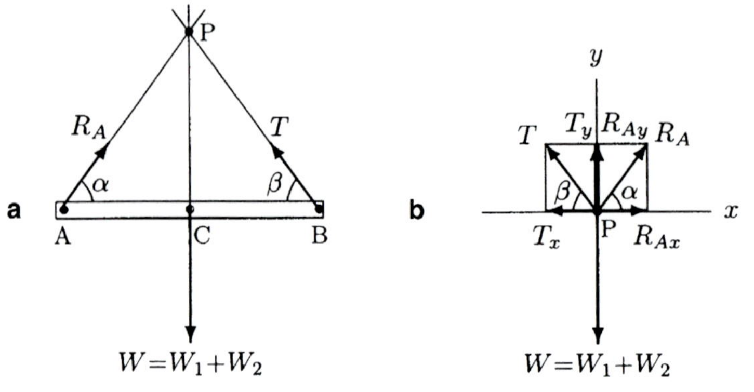

그림 4.20 • 공점력 시스템

N로 합성되어 표현될 수 있다. $\underline{W}$ 이외에도 보에 가해지는 $\underline{R}_A$와 $\underline{T}$가 있다. 다시 말해서 세 힘 시스템이다. 이 힘들은 평행 힘 시스템을 형성하지 않기 때문에 동일한 점에서 작용해야 한다. 따라서 힘들의 작용선은 반드시 P라는 한 점에서 만나야 한다. 그림 4.20b와 같이 모든 힘을 점 P로 이동시키고, 그들의 성분으로 나타내면 x와 y 방향에서 아래와 같은 평형을 관찰할 수 있다.

$$x \text{ 방향: } R_{Ax} = T_x$$

$$y \text{ 방향: } R_{Ay} + T_y = W$$

• $\underline{R}_A$와 $\underline{T}$는 크기가 같고 각각 수평과 53°를 이루는데, 이는 보의 무게중심을 통과하는 xy 평면에 수직인 평면에 대해 좌우 대칭이기 때문이다.

4.9 밧줄−도르래 시스템과 견인 장치

밧줄−도르래 장치는 일반적으로 물건을 들어올리기 위해 사용되며, 환자의 재활에 쓰이는 견인 장치의 설계에 적용된다. 예를 들어, 그림 4.21에는 한 사람이 밧줄−도르래 시스템을 사용하여 하중을 들어올리고 있다. 바닥에서 하중을 들어올려 평형 상태로 유지하고 있다고 가정하자. 밧줄은 천장에 부착된 케이스에 들어 있는 도르래를 감싸고 있다. 그림 4.22는 도르래와 하중의 자유물체도를 나타낸다. r은 도르래의 반지름, 점 O는 도르래의 중심선(축 또는 샤프트)상의 한 점이다. 사람이 밧줄로 하중을 들어올리면, 도르래를 수용하는 케이스를 통해 천장에 전달되는 힘이 도르래에 가해진다. 반작용으로, 천장은 도르래와 도르래를 수용하는 케이스를 연결하는 축을 통해 다시 도르래에 힘을 가한다. 다시 말해서 도르래에 반력 $\underline{R}$이 존재한다. 그림 4.22에서 점 O에서 작용하는 반력은 스칼라 성분 R_x와 R_y로 표현된다.

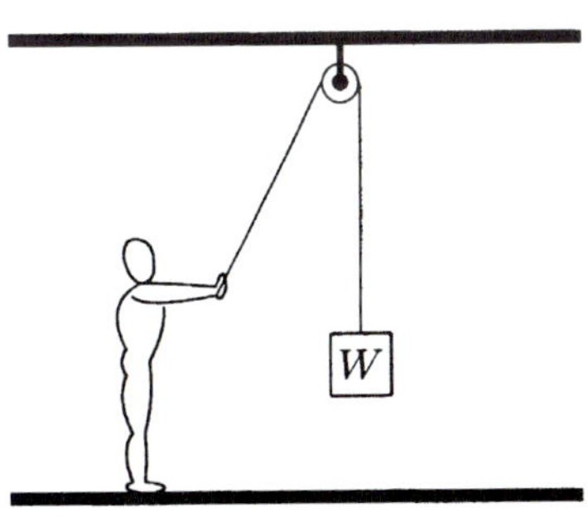

그림 4.21 • 밧줄−도르래 장치

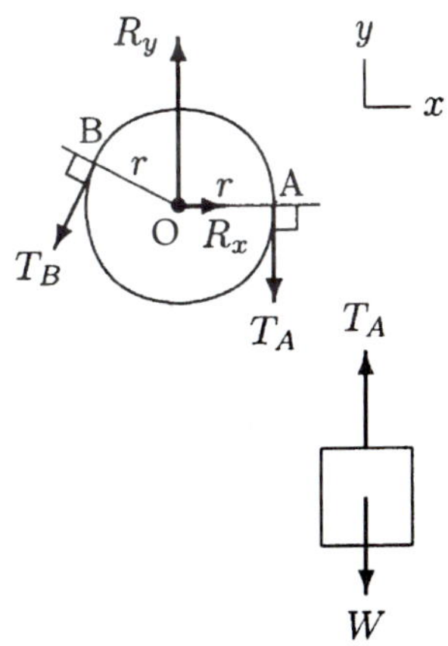

그림 4.22 • 도르래와 하중

밧줄은 도르래의 A 지점과 B 지점 사이를 감싸고 있다. 만약 밧줄과 도르래 사이에 작용하는 마찰의 영향을 무시하면, 밧줄에 작용하는 장력의 크기 T는 밧줄 어디에서나 일정하다. 이를 증명하기 위해 밧줄에 발생하는 장력의 크기가 일정하지 않다고 가정해보자. T_A와 T_B는 각각 A와 B 지점에서 밧줄에 의해 도르래에 가해지는 장력의 크기이다. 밧줄이 도르래를 감싸는 방식과 상관없이, 밧줄은 처음과 마지막 접촉 지점에서 도르래의 원주에 접한다. 점 O에서 A와 B 지점으로 직선을 그리면 이 직선은 밧줄과 직각으로 만나게 된다. 따라서 점 O에서 측정할 때 밧줄이 도르래에 가하는 힘의 모멘트 팔은 도르래의 반지름과 항상 같다. 이제 점 O에 대한 도르래의 회전 평형을 생각해보면 아래와 같이 표현할 수 있다.

$$\sum M_O = 0: \quad rT_B - rT_A = 0$$
$$T_B = T_A$$

따라서 밧줄에 작용하는 장력 T는 도르래 양쪽에서 같은 값을 가진다. 그림 4.21과 그림 4.22의 경우, 하중이 수직 방향으로 평형을 이루기 위해서는 밧줄에 작용하는 장력은 들어올릴 하중의 무게 W와 같아야 한다.

천장에 의해서 도르래에 가해지는 R_x와 R_y는 점 O에 대한 어떠한 모멘트도 생성하지 않는다는 점에 주의하라. 필요한 경우, 이러한 힘들은 도르래의 수평 및 수직 평형을 고려함으로써 결정될 수 있다.

그림 4.23과 4.24는 간단한 견인장치의 예를 보여준다. 이러한 장치는 치료 목적으로 신체 일부를 특정 위치에 고정시키기 위해 설계되었다. 효과적인 견인장치를 개발하기 위해서는 힘의 방향과 크기 측면에서 힘을 신체 부위에 적절하게 전달할 수 있도록 설계되어야 한다. 밧줄과 도르래의 배열을 달리 하면, 힘의 크기와 방향을 다르게 전달할 수 있다. 예를 들어, 그림 4.23의 견인력은 추의 무게와 같은 크기의 수평 힘을 다리에 가한다. 반면, 그림 4.24의 견인력은 추의 무게보다 두 배 크기의 수평 힘을 다리에 가한다.

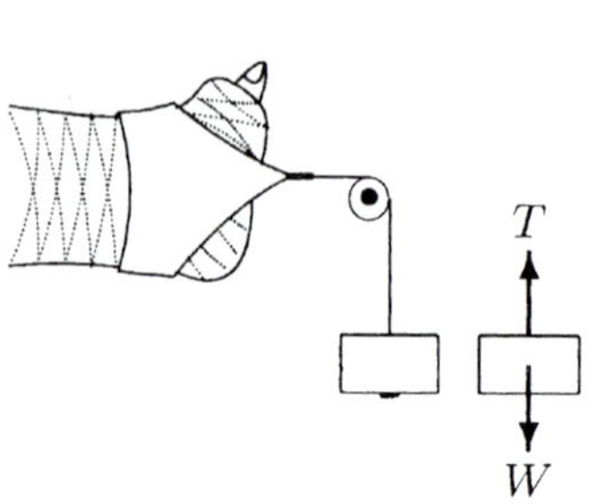

그림 4.23 • 1-도르래 견인

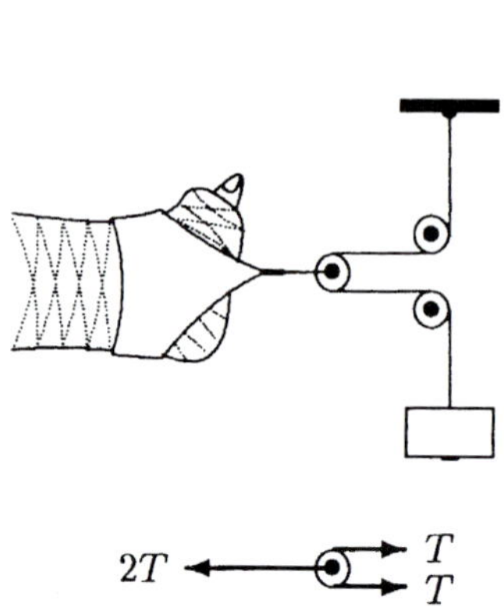

그림 4.24 • 3-도르래 견인

예제 4.4 그림 4.25에 있는 세 가지 다른 밧줄-도르래 장치를 이용하여 무게 W의 블록을 일정 높이로 들어올린다. 각각의 장치에 대하여 밧줄을 잡고 있는 사람에게 가해지는 힘을 구하라.

풀이: 그림 4.25의 각 시스템을 분석하기 위해 필요한 자유물체도를 그림 4.26에 나타내었다. 그림 4.25a의 시스템의 분석을 위해 필요한 것은 블록의 자유물체도뿐이다(그림 4.26a). 블록이 수직 방향으로 평형을 이루기 위해 밧줄의 장력은 $T_1 = W$이어야 한다. 따라서 블록의 무게와 같은 크기의 힘이 밧줄을 붙잡고 있는 사람에게 가해진다.

그림 4.25b의 시스템을 분석하기 위해 블록에 가장 가까운 도르래의 자유물체도를 분석해야 한다(그림 4.26b). 도르래가 수직 방향으로 평형을 이루기 위해서 밧줄의 장력은 $T_2 = W/2$이어야 한다. T_2는 두 개의 도르래 주위를 감싸고 사람이 붙잡고 있는 밧줄의 장력이다. 따라서 블록 무게의 절반에 해당하는 힘이 밧줄을 붙잡고 있는 사람에게 가해진다.

그림 4.25c의 시스템을 분석하기 위해 블록에 가장 가까운 도르래의 자유물체도를 다시 검토해야 한다(그림 4.26c). 도르래가 수직 방향으로 평형을 이루기 위해서 밧줄의 장력은 $T_3 = W/3$이어야 한다. T_3은 세 개의 도르래 주위를 감싸고 사람이 잡고 있는 밧줄의 장력이다. 따라서 블록 무게의 1/3과 같은 크기의 힘이 밧줄을 붙잡고 있는 사람에게 가해진다.

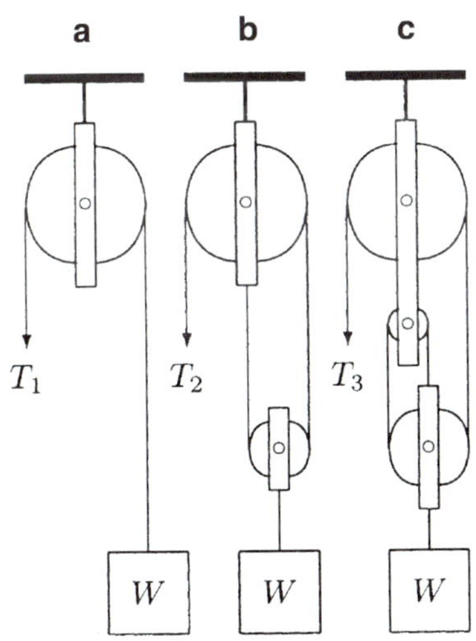

그림 4.25 • 예제 4.4

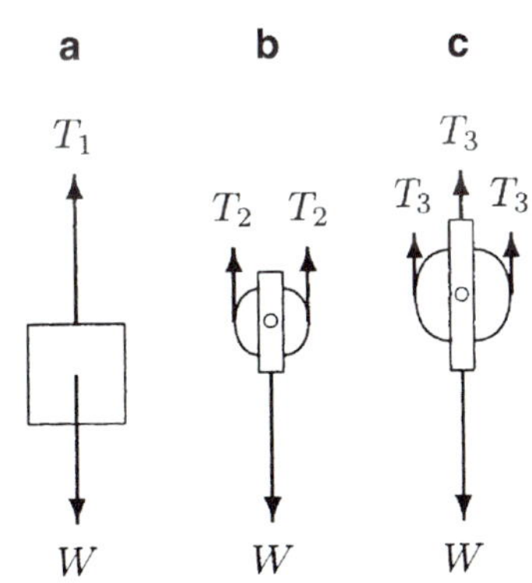

그림 4.26 • 자유물체도

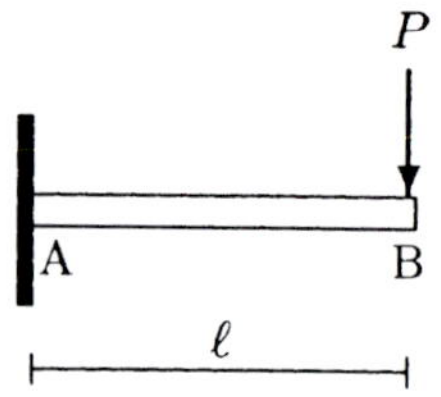

그림 4.27 • 외팔보

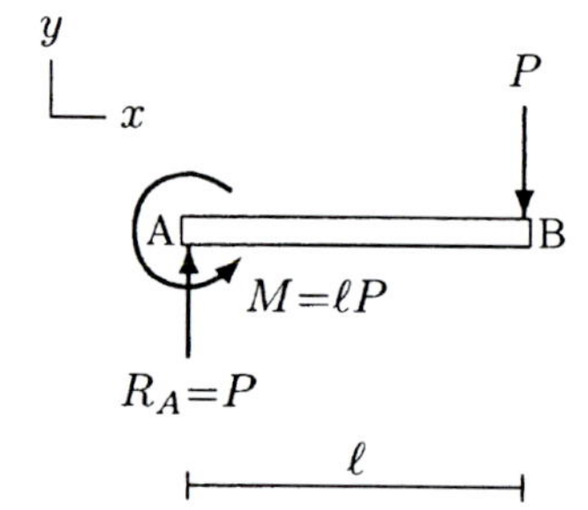

그림 4.28 • 외팔보의 자유물체도

4.10 고정구조물

그림 4.27에는 한쪽 끝이 벽에 내장되거나 용접되어 있는 보가 있는데, 이를 **외팔보**(cantilever beam)라고 한다. 외팔보는 외부에서 작용하는 힘과 모멘트를 견딜 수 있다. 그림 4.27의 보는 A 지점에서 벽에 고정되어 있고, 자유단 B에 크기가 P인 힘이 아래쪽으로 작용하고 있다. 보의 길이는 l이다. 단순하게 하기 위해 보의 무게는 무시하자. 그림 4.28은 보의 자유물체도를 보여준다. 보를 벽에 고정시키는 대신 A 지점에서 벽에 경첩으로 연결되어 있다고 가정하면, 보는 B 지점에 가해진 외력의 영향으로 시계 방향으로 회전할 것이다. 보가 회전하지 않는다는 사실은 회전 평형상태임을 나타낸다. 이러한 회전 평형은 보의 고정단에서 생성된 반모멘트 때문에 나타난다. 그림 4.28에서와 같이, 크기가 M인 반시계 방향 모멘트는 A 지점에서 이러한 반모멘트를 나타낸다. 또한, 가해진 힘은 보를 아래 방향으로 이동시키려고 한다. 그러나 보는 움직이지 않고 있다. 이는 A 지점에서의 반력이 가해진 힘과 균형을 유지하기 위해 위로 작용하고 있음을 의미한다. 힘 $\underline{R}_A$는 A 지점에서의 반력을 나타낸다. 보가 평형상태에 있기 때문에, 반력을 결정하기 위해서 평형상태를 이용할 수 있다. 예를 들어, y 방향에 대한 보의 병진 평형을 생각해보면 다음과 같다.

$$\sum F_y = 0: \quad R_A - P = 0$$
$$R_A = P$$

이제 A 지점에 대한 보의 회전 평형을 고려하고 반시계 방향의 모멘트를 양(+)으로 가정하자. 그러면 아래와 같이 표현할 수 있다.

$$\sum M_A = 0: \quad M - l\,P = 0$$
$$M = l\,P$$

크기가 M인 반모멘트는 보를 따라 모든 부분에서 작용하는 '자유 벡터'임을 주목하라.

예제 4.5 그림 4.29의 균일한 수평 보를 생각해보자. 보는 A 지점에 고정되어 있고 힘은 수평과 $\beta = 30°$ 각도로 B에 작용한다. 가해진 힘의 크기는 $P = 100$ N이다. C 지점은 보의 무게중심이다. 보의 무게는 $W = 50$ N이고, 길이는 $l = 2$ m이다.

보의 고정단에 생성되는 반력을 구하라.

풀이: 그림 4.30은 자유물체도를 보여준다. 수평과 수직 방향은 각각 x축과 y축을 가리킨다. P_x와 P_y는 가해진 힘 $\underline{P}$의 스칼라 성분이다. $\underline{P}$의 크기와 방향을 알고 있기 때문에 P_x와 P_y를 아래와 같이 바로 계산할 수 있다.

$$P_x = P\ \cos\beta = 100\ \cos 60° = 50.0\,\text{N}\ (+x)$$
$$P_y = P\ \sin\beta = 100\ \sin 60° = 86.6\ \text{N}\ (+y)$$

그림 4.30에 나타난 A 지점에서의 반력 $\underline{R}_A$는 스칼라 성분 R_{Ax}와 R_{Ax}로 표현할 수 있다. $\underline{R}_A$의 크기와 방향 모두 미지수이다(미지수는 두 개). 또한, A 지점에서 크기 M인 반모멘트가 xy 평면에 수직으로 작용한다.

이 문제에서는 세 개의 미지수 $\underline{R}_{Ax}$, $\underline{R}_{Ay}$, M이 있다. 문제를 풀기 위해 세 가지 평형 조건을 적용해야 한다. 먼저 x 방향에서 보가 병진 평형이라고 가정하면, 아래와 같이 나타낼 수 있다.

$$\sum F_x = 0: \quad -R_{Ax} + P_x = 0$$
$$R_{Ax} = P_x = 50\,\text{N}\ (-x)$$

다음으로 y 방향에서 보가 병진 평형이라고 가정하면, 아래와 같이 나타낼 수 있다.

$$\sum F_y = 0: \quad -R_{Ay} - W + P_y = 0$$
$$R_{Ay} = P_y - W$$
$$R_{Ay} = 86.6 - 50 = 36.6\,\text{N}\ (-y)$$

반력 $\underline{R}_A$ 성분의 크기와 방향이 결정되면, 다음과 같이 A 지점에서 반력의 크기와 방향을 결정할 수 있다.

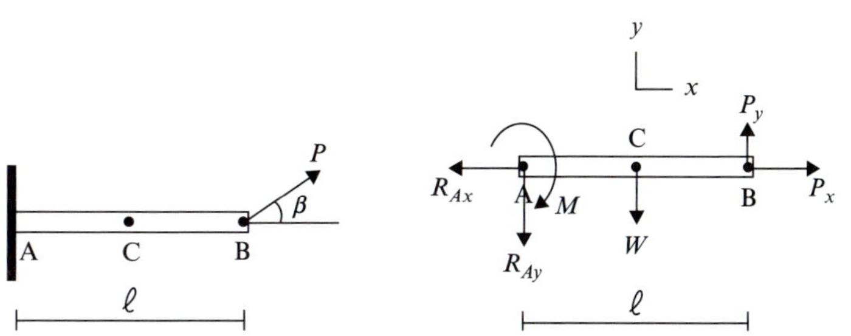

그림 4.29 • 예제 4.5   **그림 4.30** • 보의 자유물체도

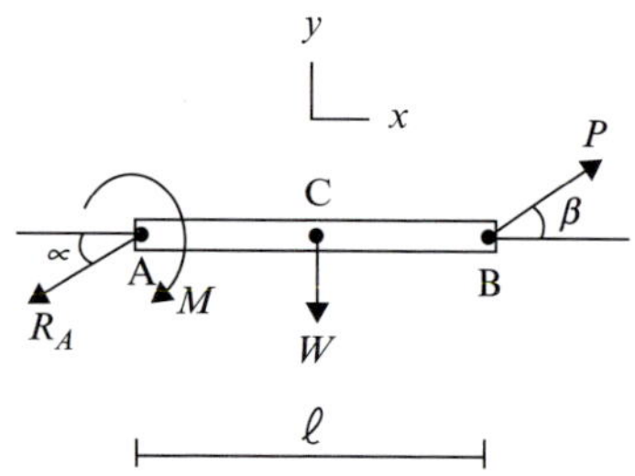

그림 4.31 • 보에 작용하는 힘과 모멘트

$$R_A^2 = R_{Ax}^2 + R_{Ay}^2$$
$$R_A = \sqrt{R_{Ax}^2 + R_{Ay}^2}$$
$$R_A = \sqrt{50^2 + 36.6^2} = 62\,\text{N}$$

마지막으로, A 지점에 대한 보의 회전 평형을 고려하자. 시계 반대 방향의 모멘트를 양(+)이라고 가정하면 다음과 같다.

$$\sum M_A = 0: \quad M + W \cdot \frac{l}{2} - P_y \cdot l = 0$$
$$M = P_y \cdot l - W \cdot \frac{l}{2}$$
$$M = 86.6 \cdot 2 - 50 \cdot \frac{2}{2} = 123.2\ \text{Nm (cw)}$$

A 지점에서 반력의 크기와 반모멘트의 크기 및 방향을 결정하였으므로, 반력 $\underline{R}_A$의 작용선이 수평으로부터 이루어지는 각도가 α라면, 다음과 같이 반력 $\underline{R}_A$의 방향을 결정할 수 있다.

$$\tan\alpha = \frac{R_{Ay}}{R_{Ax}}$$
$$\alpha = \arctan\left(\frac{R_{Ay}}{R_{Ax}}\right) = 36.2°$$

보의 최종 자유물체도는 그림 4.31에 나타나 있다.

예제 4.6 그림 4.32에 도시한 L 형상의 보를 생각해보자. 보는 A 지점의 벽에 고정되어 있다. 팔 AB는 양의 z 방향으로, 팔 BC는 음의 x 방향으로 향하고 있다. 힘 $\underline{P}$는 B 지점에서 음의 y 방향으로 가해진다. 팔 AB와 BC의 길이는 각각 $a = 20$ cm, $b = 30$ cm이고, 가해진 힘의 크기는 $P = 120$ N이다.

보의 무게는 가해진 힘의 크기에 비해 무시할 만큼 작다고 가정할 때, 보의 고정단에서의 반력을 계산하라.

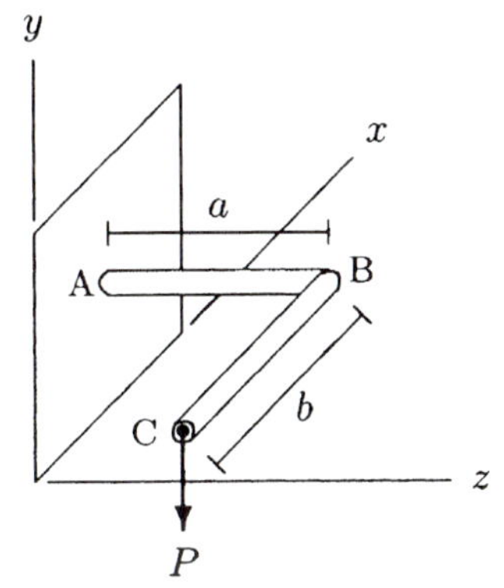

그림 4.32 • 예제 4.6

이 문제는 3차원 문제이며, 분석을 위해 두 가지 방법을 사용할 것이다. 첫 번째 방법에서는 앞 장에서 소개한 우력 및 우력 모멘트의 개념을 활용하고, 두 번째 방법에서는 힘과 모멘트의 벡터 속성을 이용할 것이다.

풀이 A: 스칼라 방법

그림 4.33은 이 문제를 풀기 위한 스칼라 방법을 보여주고 있다. 이 방법은 C 지점에서 A 지점으로 가해진 병진 이동을 포함하고 있다. 먼저, <u>P</u>를 C 지점에서 B 지점으로 이동시키기 위해서, 크기(P)가 같고 새로운 힘의 공통 작용선이 C 지점에서 본래 힘의 작용선과 평행한 반대 방향으로 작용하는 B 지점에 한 쌍의 힘을 준다. C 지점에서

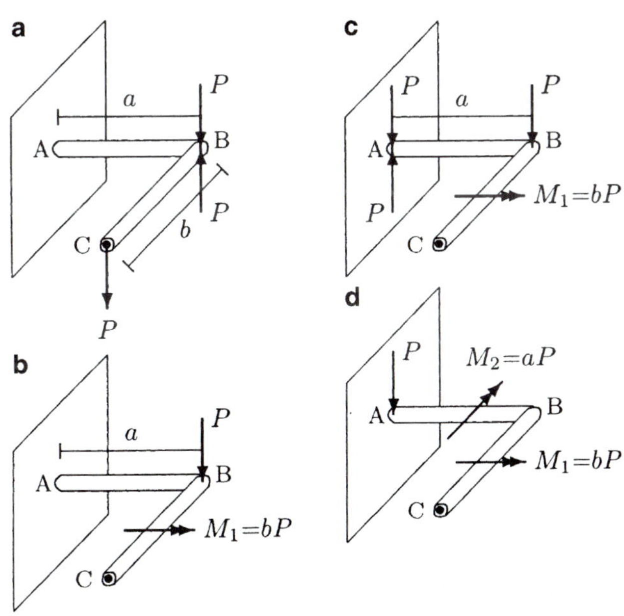

그림 4.33 • 스칼라 방법

아래로 작용하는 힘과 B 지점에서 위로 작용하는 힘은 우력을 형성한다. 따라서 그림 4.33b에서는 이 힘을 이중 화살표로 표시된 우력 모멘트로 대체할 수 있다. 우력 모멘트의 크기는 $M_1 = bP$이다. 오른손 법칙에 따라, 우력 모멘트는 양의 z 방향으로 작용한다. 따라서 아래와 같이 계산할 수 있다.

$$M_1 = bP = (0.30)(120) = 36\,\text{Nm}\ (+z)$$

그림 4.33c와 같이 B 지점에서 A 지점으로 힘을 이동시키기 위해서는, A 지점에서 크기는 같고 방향이 반대로 작용하는 또 다른 한 쌍의 힘이 있어야 한다. 이번에는 B 지점에서 아래로 작용하는 힘과 A 지점에서 위로 작용하는 힘이 우력을 형성하고, 이는 다시 우력 모멘트로 대체할 수 있다(그림 4.33d). 우력 모멘트의 크기는 $M_2 = aP$로 나타낼 수 있고, 이는 양의 x 방향으로 작용한다. 따라서 아래와 같이 계산할 수 있다.

$$M_2 = aP = (0.20)(120) = 24\,\text{Nm}\ (+x)$$

그림 4.34는 보의 자유물체도이다. P는 C 지점에서 가해진 힘의 크기이고, M_1과 M_2는 우력 모멘트의 크기이다. R_{Ax}, R_{Ay}, R_{Az}는 A 지점에서의 반력의 스칼라 성분이고, M_{Ax}, M_{Ay}, M_{Az}는 A 지점에서의 반모멘트의 스칼라 성분이다. x 방향에서 보의 병진 평형을 위해서는 아래와 같은 조건을 충족해야 한다.

$$\sum F_x = 0: \qquad R_{Ax} = 0$$

y 방향에서 보의 병진 평형을 위해서는 아래와 같은 조건을 충족해야 한다.

$$\sum F_y = 0: \qquad R_{Ay} = P = 120\ \text{N}\ (+y)$$

z 방향에서 보의 병진 평형을 위해서는 아래와 같은 조건을 충족해야 한다.

$$\sum F_z = 0: \qquad R_{Az} = 0$$

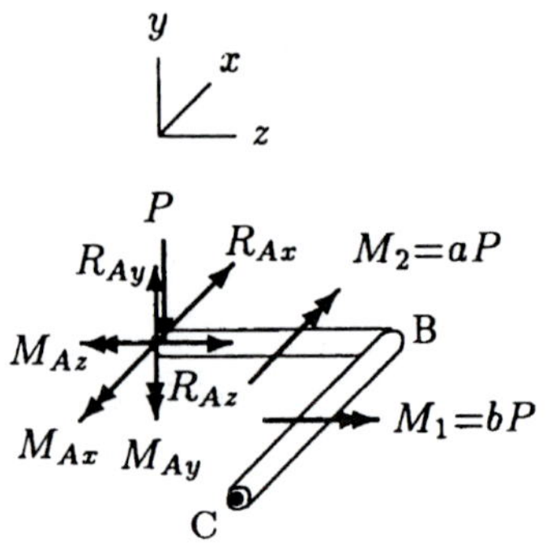

그림 4.34 • 보의 자유물체도

그러므로 A 지점에서 보에 대한 0이 아닌 반력 성분은 하나만 존재하고, 이는 양의 y 방향으로 작용한다. 이제 x 방향에서 보의 회전 평형 조건을 고려해 보면 아래와 같이 쓸 수 있다.

$$\sum M_x = 0: \qquad M_{Ax} = M_2 = 24\ \text{Nm}\ (-x)$$

y 방향에서 보의 회전 평형을 위해서는 아래와 같은 조건을 충족해야 한다.

$$\sum M_y = 0: \qquad M_{Ay} = 0$$

마지막으로, z 방향에서 보의 회전 평형을 위해서는 아래와 같은 조건을 충족해야 한다.

$$\sum M_z = 0: \qquad M_{Az} = M_1 = 36\,\text{Nm}\ (-z)$$

그러므로 A 지점에서 반모멘트는 x, z 방향으로 두 개의 0이 아닌 성분을 갖는다. 이제 A 지점에 대한 반력의 성분과 반모멘트를 결정하였으므로, A 지점에서의 합력과 합성 모멘트의 크기는 아래와 같이 계산할 수 있다.

$$R_A = \sqrt{R_{Ax^2} + R_{Ay^2} + R_{Az^2}} = R_{Ay} = 120\,\text{N}$$
$$M_A = \sqrt{M_{Ax^2} + M_{Ay^2} + M_{Az^2}} = 43.3\,\text{Nm}$$

풀이 B: 벡터 방법

같은 문제에 대한 두 번째 풀이 방법은 관련된 매개변수의 벡터 속성을 이용하는 것이다. 예를 들어, C 지점에 가해진 힘과 A 지점에 대한 C 지점의 위치 벡터는 다음과 같이 표현할 수 있다(그림 4.35).

$$\underline{P} = -P\underline{j} = -120\underline{j}$$
$$\underline{r} = -b\underline{i} + a\underline{k} = -0.30\underline{i} + 0.20\underline{k}$$

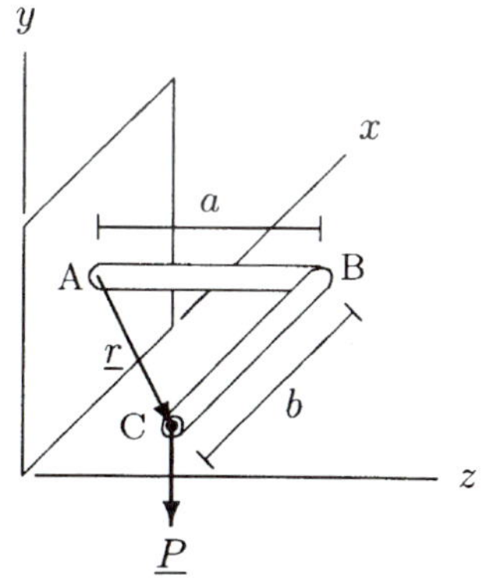

그림 4.35 • 벡터 방법

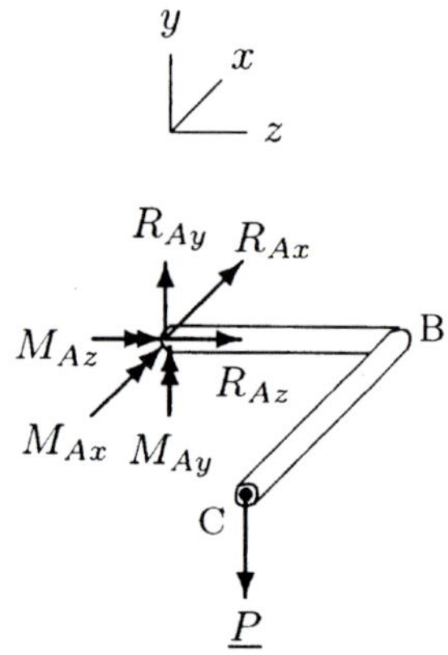

그림 4.36 • 보의 자유물체도

여기서 $\underline{i}$, $\underline{j}$, $\underline{k}$는 각각 x, y, z 방향을 나타내는 단위 벡터이다. 그림 4.36은 보의 자유물체도를 보여준다. 여기서 반력과 반모멘트는 다음과 같이 스칼라 성분으로 나타낼 수 있다.

$$\underline{R}_{\mathrm{A}} = R_{\mathrm{A}x}\underline{i} + R_{\mathrm{A}y}\underline{j} + R_{\mathrm{A}z}\underline{k}$$
$$\underline{M}_{\mathrm{A}} = M_{\mathrm{A}x}\underline{i} + M_{\mathrm{A}y}\underline{j} + M_{\mathrm{A}z}\underline{k}$$

첫째, 보의 병진 평형을 고려하면 다음과 같다.

$$\sum \underline{F} = 0: \quad \underline{R}_{\mathrm{A}} + \underline{P} = 0$$
$$\left(R_{\mathrm{A}x}\underline{i} + R_{\mathrm{A}y}\underline{j} + R_{\mathrm{A}z}\underline{k}\right) + \left(-120\underline{j}\right) = 0$$
$$R_{\mathrm{A}x}\underline{i} + (R_{\mathrm{A}y} - 120)\underline{j} + R_{\mathrm{A}z}\underline{k} = 0$$

이러한 평형을 유지하기 위해서는 아래와 같은 식을 충족해야 한다.

$$R_{\mathrm{A}x} = 0$$
$$R_{\mathrm{A}y} = 120\ \mathrm{N}\ (+y)$$
$$R_{\mathrm{A}z} = 0$$

앞 장에서 논의한 바와 같이, 정의에 따라 모멘트는 위치 벡터와 힘 벡터의 외적이다. 그러므로 C 지점에 가해진 힘 $\underline{P}$에 의해 A 지점에 대한 모멘트 $\underline{M}_{\mathrm{C}}$는 아래와 같이 계산된다.

$$\underline{M}_{\mathrm{C}} = \underline{r} \times \underline{P}$$
$$= (-0.30\underline{i} + 0.20\underline{k}) \times \left(-120\underline{j}\right)$$
$$= (-0.30)(-120)\left(\underline{i} + \underline{j}\right) + (0.20)(-120)\left(\underline{k} \times \underline{j}\right)$$
$$= 36\underline{k} + 24\underline{i}$$

이제 A 지점에 대한 보의 회전 평형을 고려하면 다음과 같다.

$$\begin{aligned}\sum \underline{M} = 0 \quad &= \underline{M}_{\mathrm{A}} + \underline{M}_{\mathrm{C}} = 0 \\ &= \left(M_{\mathrm{A}x}\underline{i} + M_{\mathrm{A}y}\underline{j} + M_{\mathrm{A}z}\underline{k}\right) + (36\underline{k} + 24\underline{i}) = 0 \\ &= (M_{\mathrm{A}x} + 24)\underline{i} + M_{\mathrm{A}y}\underline{j} + (M_{\mathrm{A}z} + 36)\underline{k} = 0\end{aligned}$$

이러한 평형을 유지하기 위해서는 아래와 같은 식을 충족해야 한다.

$$\begin{aligned}M_{\mathrm{A}x} &= 24\,\mathrm{Nm}\ (-x) \\ M_{\mathrm{A}y} &= 0 \\ M_{\mathrm{A}z} &= 36\ \mathrm{Nm}\ (-z)\end{aligned}$$

이 결과는 스칼라 분석 방법에서 얻은 값과 일치한다.

참고

- 우리는 이 예제를 두 가지 방법으로 분석하였다. 이들 방법 중에서 스칼라 방법이 덜 엄격한 수학적 조작을 필요로 한다는 점은 분명하다. 그러나 이 방법에는 한계가 있다. 예를 들면, 본 예제에서 C 지점에 가해진 힘은 0이 아닌 하나의 성분만을 갖는다. 만약 C 지점에서 y뿐만이 아니라 x와 z 방향으로도 0이 아닌 힘 성분을 갖는다면 어떻게 될까? 스칼라 방식을 적용하려면 한 번에 가해진 힘의 한 성분만을 고려하는 단계적 방법을 적용해야 한다. 즉, 한 성분에 대한 문제를 풀고 나서, 나머지 성분의 힘에 대해서도 반복하여 계산한 세 값을 중첩하여 최종 답을 구한다. 이 방식은 확실히 많은 시간이 소요된다. 반면에, 이러한 문제를 해석하기 위한 벡터 방법은 매우 간단하다. 작용하는 힘 벡터를 $\underline{P} = P_x\underline{i} + P_y\underline{j} + P_z\underline{k}$로 재정의하고, 위에 기술한 바와 같은 방식으로 푼다.
- 이 예제에서 보의 무게는 C 지점에 가해진 힘에 비해 무시할 정도로 작다고 명시되어 있다. 만약 보의 무게를 무시할 수 없는 수준이면 어떻게 되겠는가? 그림 4.37에서

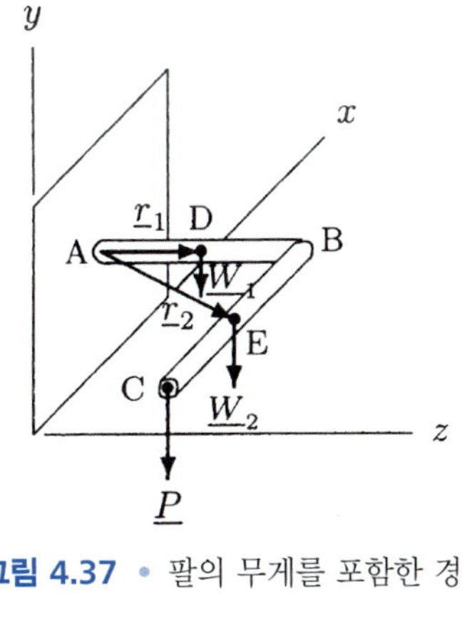

그림 4.37 • 팔의 무게를 포함한 경우

와 같이, 무게중심(D 지점과 E 지점)과 함께 보의 팔 AB와 BC의 무게 W_1과 W_2를 알고 있다고 가정하자. 또한 D는 팔 AB의 중간에 위치하고, E는 팔 BC의 중간에 위치한다고 가정하자. 우리는 이미 $\underline{R}$A와 $\underline{P}$의 벡터 표현에 대해 알아보았다. $\underline{W}_1$과 $\underline{W}_2$의 벡터 표현은 다음과 같다.

$$\underline{W}_1 = -W_1\underline{j}$$
$$\underline{W}_2 = -W_2\underline{j}$$

A 지점에 대한 D 지점과 E 지점의 위치 벡터는 다음과 같다.

$$\underline{r}_1 = \frac{a}{2}\underline{k}$$
$$\underline{r}_2 = -\frac{b}{2}\underline{i} + a\underline{k}$$

따라서 A 지점에 대해 $\underline{W}_1$과 $\underline{W}_2$로 인한 모멘트는 다음과 같다.

$$\underline{M}_{\mathrm{D}} = \underline{r}_1 \times \underline{W}_1 = \frac{aW_1}{2}\underline{i}$$
$$\underline{M}_{\mathrm{E}} = \underline{r}_2 \times \underline{W}_2 = aW_2\,\underline{i} + \frac{b\,W_2}{2}\underline{k}$$

보의 병진 평형은 다음과 같이 계산할 수 있다.

$$R_{\mathrm{A}x} = 0$$
$$R_{\mathrm{A}y} = W_1 + W_2 + P$$
$$R_{\mathrm{A}z} = 0$$

보의 회전 평형은 다음과 같이 계산할 수 있다.

$$M_{\mathrm{A}x} = -\frac{a\,W_1}{2} - a\,W_2 - a\,P$$
$$M_{\mathrm{A}y} = 0$$
$$M_{\mathrm{A}z} = -\frac{b\,W_2}{2} - b\,P$$

• 이 예제와 앞 장의 어깨 예제(예제 3.5) 사이의 유사성에 주목하기를 바란다.

4.11 마찰 시스템

마찰력은 제2장에서 자세히 논의되었다. 여기에서는 마찰력이 중요한 역할을 하는 문제를 분석해 볼 것이다.

예제 4.7 그림 4.38은 한 사람이 경사면에 평행한 힘을 가하여 경사면 위로 블록을 밀어 올리려 하고 있다. 블록의 무게는 W, 블록과 경사면 사이의 최대 마찰계수는 μ, 수평과 경사면이 이루는 각도는 θ이다.

블록이 마찰과 중력의 영향을 극복하고 움직이기 시작하도록 사람이 가해야 하는 최소 힘의 크기 P를 W, μ, θ에 관해서 유도하라.

풀이: 만약 사람이 블록의 상단에 더 가깝게 힘을 가하여 블록을 밀고 있다면, 바닥 오른쪽 모서리를 중심으로 기울어질 수 있다(시계 방향으로 회전). 여기서는 그러한 효과는 고려하지 않고 블록의 바닥면은 지면에 완전히 접촉된다고 가정한다.

그림 4.39는 블록의 자유물체도를 보여준다. x, y는 경사면에 각각 수평 및 수직 방향에 해당한다. P는 사람이 양의 x 방향으로 블록에 가하는 힘의 크기, f는 경사면이 음의 x 방향으로 블록에 가하는 마찰력, N은 경사면이 양의 y 방향으로 블록에 가하는 수직력, W는 수직 아래로 작용하는 블록의 무게이다. 블록의 무게는 아래와 같이 물체의 기하학적 배치로부터 결정할 수 있는 x와 y 방향의 성분을 가진다(부록 A의 그림 A.3 참고).

$$W_x = W\sin\theta$$
$$W_y = W\cos\theta$$

블록의 움직이는 방향이 양의 x 방향이기 때문에, 블록에 작용하는 마찰력은 블록의 움직임을 멈추게 하는 음의 x 방향으로 작용한다. 마찰력의 크기 f는 블록이 경사면에 수직으로 작용하는 힘의 크기 N에 정비례하고, 마찰계수 μ는 비례상수이다. 따라서 f, N, μ는 다음과 같은 관계가 성립된다.

$$f = \mu N \qquad \text{(i)}$$

이 예제에서 미지수는 P와 N이다. 우리는 f와 N의 관계식을 알고 있기 때문에, N을 알면 f도 알 수 있다. 풀이를 위해 먼저 y 방향에서 블록의 평형을 고려하면 다음과 같다.

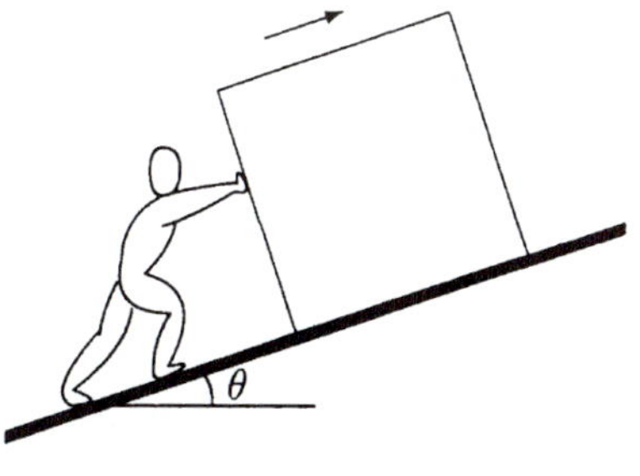

그림 4.38 • 예제 4.7

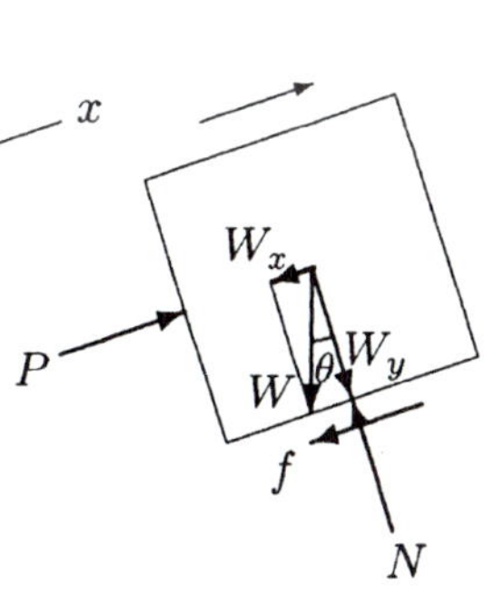

그림 4.39 • 블록의 자유물체도

$$\sum F_y = 0: \quad N - W_y = 0 \qquad \text{(ii)}$$
$$N = W_y = W\cos\theta$$

일단 N이 결정되면 다음과 같은 식을 얻을 수 있다.

$$f = \mu \cdot N = \mu \cdot W \cdot \cos\theta$$

우리는 마찰과 중력의 영향을 극복하고 블록이 움직이기 시작할 때 가해지는 최소 힘을 구해야 한다. 움직임이 시작되기 직전은 평형상태이다. 따라서 x 방향에서의 평형 조건을 아래와 같이 적용할 수 있다.

$$\sum F_x = 0: \quad P - f - W_x = 0$$
$$P = f + W_x$$

$W_x = W\sin\theta$와 함께 식 (i)과 (ii)를 식 (iii)에 대입하면, 다음과 같은 식을 얻을 수 있다.

$$P = \mu W\cos\theta + W\sin\theta$$

이 식은 P를 W, μ, θ에 대하여 나타낸 일반식이다. 이 식은 평평한 수평면인 $\theta = 0°$를 포함하여 90° 미만에서 임의의 θ에 대해서 유효하다(그림 4.40). $\theta = 0°$일 때, $\sin 0° = 0$이고 $\cos 0° = 1$이다. 그러므로 이 블록이 수평면에서 움직이기 위한 힘은 다음과 같다.

$$P = f = \mu W$$

수치적 예를 보기 위해서, $W = 1000$ N, $\mu = 0.3$, $\theta = 15°$라고 가정하면 아래와 같은 결과를 얻을 수 있다.

$$P = (0.3)(1000)(\cos 15) + (1000)(\sin 15) = 548.6 \text{ N}$$

그러므로 1000 N의 블록을 마찰계수 0.3인 15°의 경사면에서 움직이게 하기 위해서는 경사와 평행한 방향으로 548.6 N보다 약간 더 큰 힘을 가해야 한다.

같은 마찰계수를 갖는 수평면에서 이 블록을 움직이려면 수평으로 다음과 같은 힘을 가해야 한다.

그림 4.40 • 수평면 위의 블록 밀기

$$P = (0.3)(1000) = 300\ \text{N}$$

수평면을 기준으로 15° 기울어진 경사면에서 블록을 움직이려면 약 83% 더 큰 힘을 적용해야 하고, 다음과 같이 계산할 수 있다.

$$\frac{548.6 - 300}{300} \times 100 = 82.9$$

4.12 무게중심 결정

제2장에서 논의한 바와 같이, 모든 물체는 중력에 의해 무한한 수의 입자들로 구성되어 **분산력 시스템**(distributed force system)을 형성한다고 생각할 수 있다. 이 힘들의 합이나 개별 입자들의 무게의 합은 그 물체의 전체 무게와 같고, 이는 물체의 **무게중심**(center of gravity)에서 집중하중으로 작용한다. 무게중심과 관련된 개념으로 **질량중심**(center of mass)이 있는데, 이는 물체의 전체 질량이 집중되는 것으로 가정한 한 점을 의미한다. 일반적으로 한 물체의 질량중심과 무게중심은 서로 다르다. 이는 물체의 크기가 커서 각 부분들마다 중력가속도의 크기가 다른 경우에 고려해야 할 수도 있다. 본 내용에서는 한 물체의 질량중심과 무게중심이 같은 점으로 간주한다. 무게중심을 통과하는 수직선을 가리키는 데 사용되는 **중력선**(gravity line)의 개념도 있다.

물체의 무게중심을 통과하는 수직면으로 물체를 두 부분으로 자른다면, 이때 잘려진 각 부분의 무게는 서로 같다. 그러므로 물체는 무게중심 바로 아래 또는 무게중심선을 지나는 쐐기에서 균형을 맞출 수 있다. 만약 한 물체가 기하학적으로 명확히 정의되는 대칭이며 균일한 조성으로 이루어져 있으면, 그 물체의 무게중심은 기하학적 중심에 위치하게 된다. 불규칙적인 형상을 가진 물체의 무게중심을 찾기 위해서는 다음과 같은 몇 가지 방법이 있다. 하나의 방법은 물체를 '매달기' 방법을 이용하는 것이다. 설명을 위해 그림 4.41과 같은 한 장의 종이를 생각해보자. 이 종이의 무게중심은 C 지점

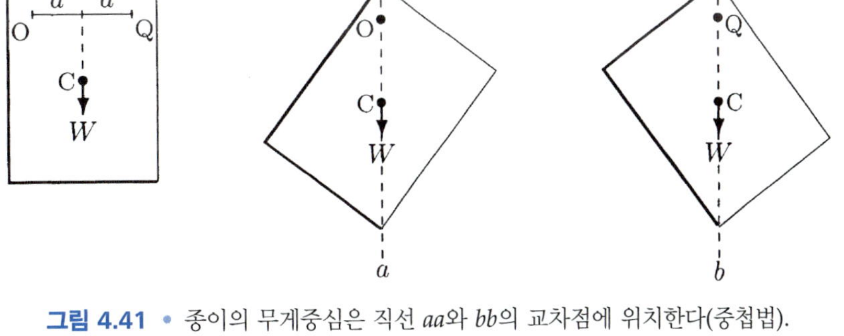

그림 4.41 • 종이의 무게중심은 직선 aa와 bb의 교차점에 위치한다(중첩법).

에 위치한다. 종이 위에 O와 Q라는 임의의 두 지점을 가정하자. 여기서 O 지점을 핀으로 벽에 고정시키면, 종이의 무게중심이 O 지점의 오른쪽에 위치하기 때문에 O 지점에서 시계 방향으로 크기가 0이 아닌 알짜 모멘트가 종이에 작용한다. 만약 종이를 놓으면, O 지점에서는 종이의 무게 *W*에 의한 모멘트로 인해, 종이는 먼저 시계 방향으로 회전하고, 이후 진동이 일어나며, 마지막으로는 C 지점이 O 지점을 통과하는 수직선 *aa*(중력선)를 따라 놓인다(그림 4.41b). 이 위치에서는 O 지점에 대한 *W*의 모멘트 팔의 길이가 0이기 때문에, O 지점에서의 알짜 모멘트는 0이다. 다음으로 종이의 Q 지점을 고정시키면, 종이는 반시계 방향으로 회전을 하고 나서, C 지점이 Q 지점의 바로 아래 위치에서 또는 Q 지점을 통과하는 수직선 *bb* 선상의 위치에서 정지한다(그림 4.41c). 이때 선 *aa*와 *bb*가 교차하는 지점이 바로 이 종이의 무게중심인 C 지점이 된다.

여기서 이 종이는 두께를 무시할 정도의 평면체이기 때문에 두 지점에서 종이를 매달아서 무게중심을 결정하기에 충분하다고 가정한다. 3차원 물체의 경우, 물체는 다른 두 평면에서 세 지점에 매달려 있어야 한다.

무게중심을 찾는 또 다른 방법은 물체를 쐐기 위에 두고 '균형 잡기'를 하는 것이다. 그림 4.42에서 보는 바와 같이, 사람의 무게중심을 결정하기 위해서는 먼저 쐐기 위에 판을 두고 균형을 맞춘 다음, 판 위에 사람을 반듯이 눕힌다. 판이 다시 균형을 이룰 때까지 판에서 사람의 위치를 조절한다(그림 4.42a). 판과 쐐기의 접촉점과 사람의 발

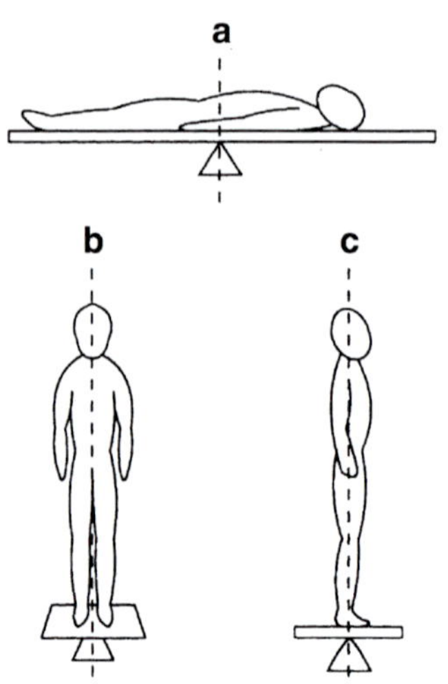

그림 4.42 • 균형법

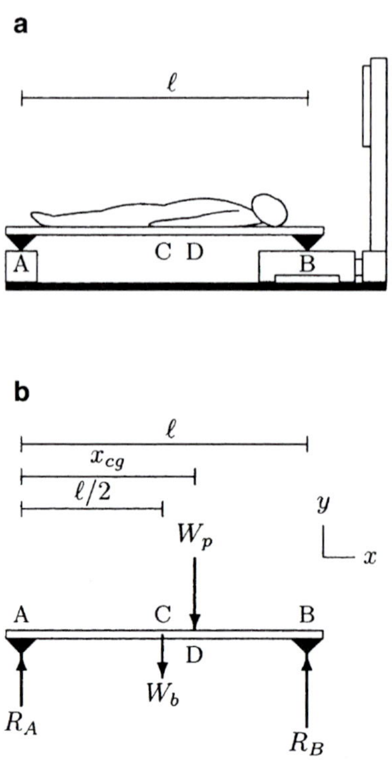

그림 4.43 • 반력판 방법

사이의 수평거리는 사람의 무게중심의 높이가 된다.

판과 쐐기가 접촉하는 점을 지나는 평면을 기준으로 사람을 상부와 하부로 구분하자. 사람의 무게중심은 평면 위의 어딘가에 위치하고 있다. 사람과 같은 3차원 물체의 무게중심은 세 개의 좌표를 가진다. 그러므로 정확한 무게중심을 구하기 위해서는 서로 다른 두 평면에 대하여 위에서 언급한 방법을 반복해야 한다. 이를 위해 그림 **4.42b**와 **4.42c**와 같은 두 개의 평면을 더 설정하여 사람의 앞뒤 방향(anteroposterior) 균형을 생각해보자. 이들 세 평면의 교차점은 사람의 무게중심에 해당된다.

물체의 무게중심을 찾는 세 번째 방법은 두 개의 쐐기를 바닥면에 고정시킨 '반력 판(reaction board)'을 이용하는 방법이다(그림 **4.43**). 판의 무게 W_B와 쐐기 사이의 거리 l은 알고 있다고 가정한다. 판의 수평을 유지하면서 두 쐐기 중에 하나인 (A)는 평평한 바닥에 두고, 나머지 쐐기인 (B)는 저울 위에 놓아둔다. 사람의 무게중심의 위치는 판 위에 사람을 눕히고 저울에 표시된 무게를 기록하여 결정할 수 있다. 여기서 저울에 표시된 무게는 B 지점에서 판에 작용하는 반력의 크기 R_B이다. 그림 **4.43b**는 판에 대한 자유물체도를 나타내고 있다. R_A는 A 지점에서의 반력 크기이고 W_P는 사전에 측정한 사람의 몸무게이다. 판의 무게 W_B는 A와 B 지점 사이에서 같은 거리에 있는 판의 기하학적 중심(C 지점)에 작용한다. D 지점은 사람의 무게중심 바로 아래에 있는 판의 위치이다. 미지수인 A와 D 지점 사이의 거리는 x_{cg}를 나타내며, 이 값은 A 지점에 대한 판의 회전 평형으로부터 결정할 수 있다. 시계 방향 모멘트를 양으로 가정하면 다음과 같은 식이 성립한다.

$$\sum M_A = 0: \quad \frac{l}{2} W_b + x_{cg} W_p - l R_B = 0$$

이 방정식을 x_{cg}에 대해 풀면 아래와 같다.

$$x_{cg} = \frac{l}{W_p}\left(R_B - \frac{W_b}{2}\right)$$

만약 사람의 발이 A 지점의 쐐기 바로 위에 위치하고 있다면, x_{cg}는 바닥으로부터 측정된 사람의 무게중심 높이를 나타낼 것이다.

우리는 시스템 전체의 무게중심을 알기 위해서, 사전에 무게중심을 알고 있는 개별 부분들로 구성된 시스템을 다루어야 할 때가 종종 있다. 이것은 무게중심의 정의를 이용함으로써 손쉽게 얻을 수 있다. 그림 **4.44**와 같이 무게가 W_1, W_2, W_3인 세 개의 구가 막대로 연결된 시스템을 가정해보자. 이때 막대의 무게는 무시할 수 있다고 가정한다. 구의 무게중심의 x 좌표는 각각 x_1, x_2, x_3라 하자. 구 각각의 무게에 의한 점 O에서의 알짜 모멘트는 다음과 같다.

$$M_O = x_1 W_1 + x_2 W_2 + x_3 W_3$$

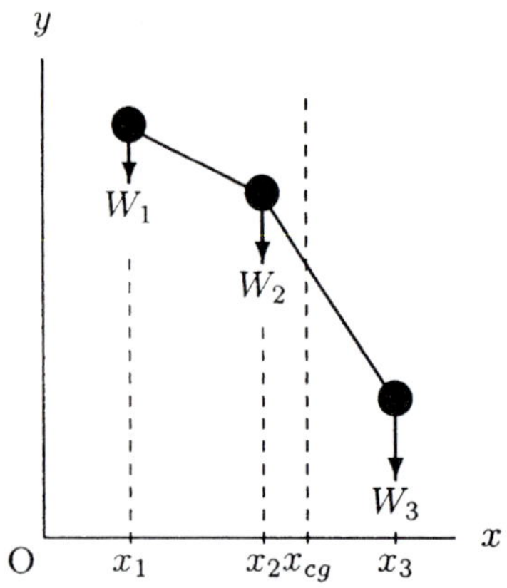

그림 4.44 • X_{cg}는 무게중심의 x성분이다.

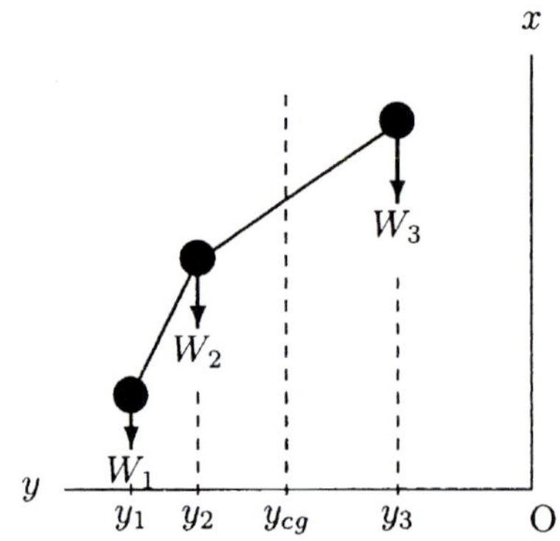

그림 4.45 • Y_{cg}는 무게중심의 y성분이다.

이 시스템의 전체 무게는 $W_1 + W_2 + W_3$이고, 시스템 전체의 무게중심에 작용한다고 가정한다. 만약 x_{cg}를 전체 시스템의 무게중심의 x 좌표라고 하면, 시스템 전체 무게에 의한 점 O에서의 모멘트는 다음과 같다.

$$M_O = x_{cg} \ (W_1 + W_2 + W_3)$$

마지막 두 식에서 M_O를 소거하여 식을 풀면 다음과 같다.

$$x_{cg} = \frac{x_1 W_1 + x_2 W_2 + x_3 W_3}{W_1 + W_2 + W_3}$$

이 결과는 n개의 부분으로 구성된 임의의 시스템에 대하여 다음과 같이 일반화할 수 있다.

$$x_{cg} = \frac{\sum_{i=1}^{n} x_i W_i}{\sum_{i=1}^{n} W_i} \tag{4.12}$$

식 (4.12)는 시스템의 무게중심에 대한 x 좌표만을 제공한다. 정확한 무게중심을 결정하기 위해서는 무게중심의 y 좌표를 구해야 한다. 이를 위해 그림 4.45와 같이, 전체 시스템을 일정한 각도(가급적 90°)로 회전시켜야 한다. 만약 구의 무게중심의 y 좌표가 y_1, y_2, y_3라면, 시스템 전체에 대한 무게중심의 y 좌표는 다음과 같다.

$$y_{cg} = \frac{y_1 W_1 + y_2 W_2 + y_3 W_3}{W_1 + W_2 + W_3}$$

n개의 부분으로 구성된 임의의 시스템에 대하여 다음과 같은 식을 얻을 수 있다.

$$y_{cg} = \frac{\sum_{i=1}^{n} y W_i}{\sum_{i=1}^{n} W_i} \tag{4.13}$$

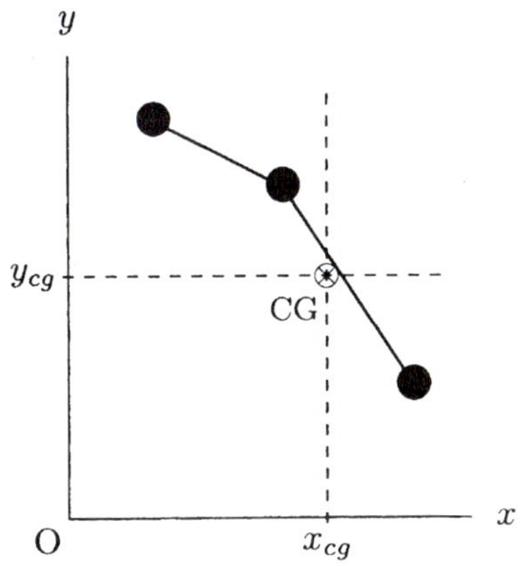

그림 4.46 • X는 시스템의 무게중심이다.

그림 4.46에서 전체 시스템의 무게중심은 x_{cg}와 y_{cg}를 지나는 수직선이 교차하는 지점에 위치한다.

예제 4.8 그림 4.47과 같이, 직각으로 구부리고 있는 다리를 생각해보자. 엉덩관절과 무릎관절 사이의 다리(넙다리, upper leg, 대퇴), 무릎관절과 발목관절 사이의 다리(종아리), 그리고 발의 무게중심 좌표를 바닥과 엉덩관절을 기준으로 측정하여 표 4.2에 나타내었다. 사람의 전체 무게 W에 대한 다리 각 부분의 무게도 표 4.2에 백분율로 제시하였다.

다리 전체의 무게중심 위치를 구하라.

풀이: 다리 전체의 무게중심의 좌표(x_{cg}, y_{cg})는 식 (4.12)와 식 (4.13)을 이용하여 구할 수 있다. 식 (4.12)를 적용하면 다음과 같다.

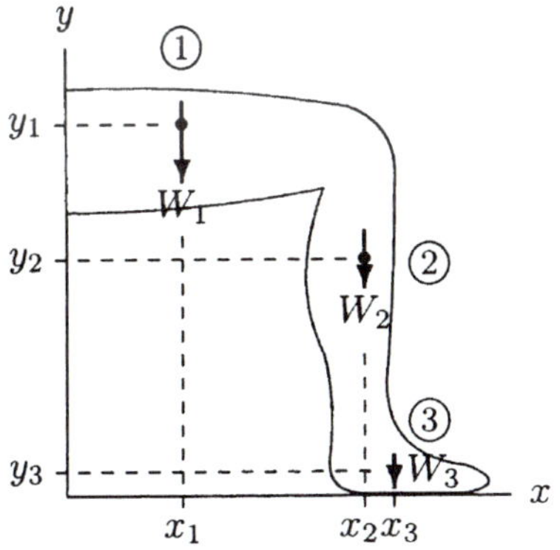

그림 4.47 • 굽힌 다리의 무게중심 위치

표 4.2 • 예제 4.8

PART	X(CM)	Y(CM)	% W
1	17.3	51.3	10.6
2	42.5	32.8	4.6
3	45.0	3.3	1.7

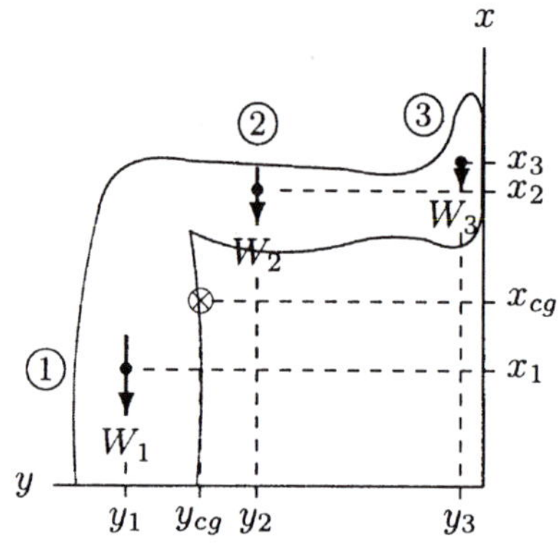

그림 4.48 • X는 다리의 무게중심이다.

$$x_{cg} = \frac{x_1 W_1 + x_2 W_2 + x_3 W_3}{W_1 + W_2 + W_3}$$

$$x_{cg} = \frac{(17.3)(0.106W) + (42.5)(0.046W) + (45)(0.017W)}{0.106W + 0.046W + 0.017W}$$

$$x_{cg} = 26.9 \text{ cm}$$

다리 무게중심의 y 좌표를 구하기 위해 그림 4.48과 같이 다리를 90° 회전시키고, 식 (4.13)을 적용하면 아래와 같다.

$$y_{cg} = \frac{y_1 W_1 + y_2 W_2 + y_3 W_3}{W_1 + W_2 + W_3}$$

$$y_{cg} = \frac{(51.3)(0.106W) + (32.8)(0.046W) + (3.3)(0.017W)}{0.106W + 0.046W + 0.017W}$$

$$y_{cg} = 41.4 \text{ cm}$$

따라서 직각으로 구부러진 다리 전체의 무게중심은 엉덩관절로부터 수평 방향으로 26.9 cm의 위치에 존재하고, 바닥으로부터 41.4 cm의 높이에 존재한다.

참고

• 사람이 상체를 똑바로 세우고 서 있는 동안 사람의 무게중심은 두 번째 엉치뼈(sacral vertebra, 천추) 앞 골반(pelvis) 내에 놓이게 된다. 만약 직각좌표계의 기준점이 사람의 무게중심에 놓이게 되면, xy 평면은 **이마면**(frontal plane, 전두면), **관상면**(coronal plane) 또는 **세로면**(longitudinal plane, 종단면)이 되고, yz 평면은 시상면(sagittal plane), 그리고 xz 평면은 **수평면**(horizontal plane) 또는 **가로면**(transverse plane, 횡단면)이 된다. 관상면은 인체를 앞부분과 뒷부분으로 나누고, 시상면은 인체를 오른쪽 부분과 왼쪽 부분으로 나누며, 가로면은 인체를 위 부분과 아래 부분으로 나눈다.

• 몸 전체에 대한 무게중심은 각 사람의 구조적 특성에 따라 다양하게 나타난다. 주어진 한 사람에 있어서도 특정 신체 활동을 하는 동안 팔다리의 상대적인 배치 변화에 따라 무게중심의 위치는 바뀔 수 있다. 팔과 다리의 무게중심의 위치 또한 다양하게 변할 수 있다. 예를 들어, 무릎을 구부리면 다리의 무게중심은 뒤로 이동한다. 팔꿈치를 구부리면 팔 전체의 무게중심은 앞쪽으로 이동한다. 이로부터 무릎을 구부리면 다리의 무게중심을 엉덩관절 바로 아래로 가져와서 다리가 앞으로 이동하려고 한다는 것을 알 수 있다. 또한, 팔꿈치를 구부리면 팔은 무게중심을 어깨관절 아래로 가져와 뒤로 이동하려는 경향이 있다.

4.13 연습문제

문제 4.1 그림 4.12에서 보는 바와 같이, 마찰이 없는 쐐기 및 롤러 지지대 위에 놓여 있는 균일한 수평 보에 사람이 서 있다. A와 B는 각각 보와 쐐기 및 롤러 지지대가 접촉하고 있는 두 지점이다. C 지점은 보의 무게중심이며, C 지점으로부터 A 지점과 B 지점까지의 거리는 같다. D 지점은 사람의 무게중심 바로 아래에 있는 보의 위치이다.

보와 사람의 몸무게로 인해 A와 B 지점에서 보에 반력이 있다. 사람의 몸무게는 $W = 625$ N이고, A 지점과 B 지점에서의 반력은 각각 $R_A = 579.4$ N, $R_B = 735.6$ N이다.

(a) 보의 중량(W)을 구하라.

(b) 보의 길이(l)를 구하라.

정답: (a) $W = 690$ N; (b) $l = 4$ m

문제 4.2 그림 4.49에 도시된 바와 같이, 80 kg의 사람이 수영장으로 다이빙을 하려고 한다. 다이빙 보드는 균일한 수평 보 형태이고, 보는 A 지점에서 지면과 경첩으로 연결되어 있으며, D 지점에서 마찰이 없는 롤러로 지지되고 있다. B 지점은 사람의 무게중심 바로 아래 위치한 보드상의 한 점이다. A와 B 지점 사이의 거리는 $l = 6$ m이고, A와 D 지점 사이의 거리는 $d = 2$ m이다. (롤러 지지대는 보드의 왼쪽으로부터 1/3, 오른쪽으로부터 2/3 지점에 위치하고 있다. 따라서 힘을 분석할 때, 이 보드는 D 지점에서 연결된 서로 다른 무게의 두 보드로 구성되었다고 가정할 수 있다.)

다이빙 보드의 전체 무게가 1500 N일 때, A 지점과 D 지점에서 보의 반력을 계산하라.

정답: $R_A = 2318$ N (↓); $R_D = 4602$ N (↑)

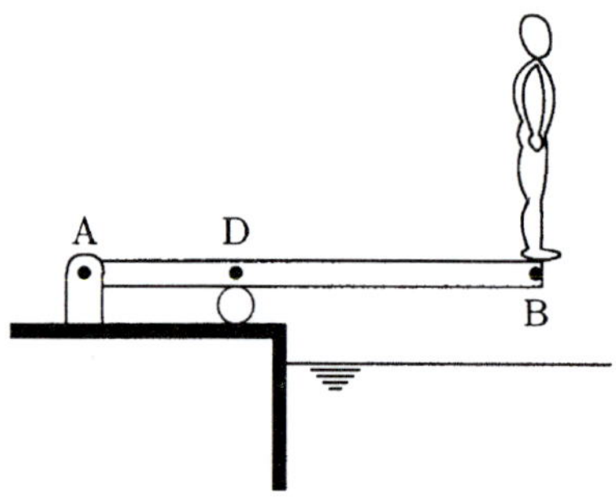

그림 4.49 • 문제 4.2

문제 4.3 그림 4.50은 A 지점에서 지면과 경첩으로 연결되어 있고, D 지점에서 마찰력이 없는 롤러에 지지되어 있는 균일한 수평 보를 보여주고 있다. A와 B 지점 사이의 거리는 $l = 4$ m이고, A와 D 지점 사이의 거리는 $d = 3$ m이다. B 지점에 작용하는 힘은 수평면에 대해 $\beta = 60°$의 각도를 이루고 있다. 작용되는 힘의 크기는 $P =$ 1,000 N이고, 보의 전체 무게는 $W = 400$ N이다. 보의 3/4은 롤러 지지대의 왼쪽에, 1/4은 오른쪽에 있다. A와 D 지점에서 보에 작용하는 반력의 x, y 성분을 계산하라.

정답: $R_D = 1421$ N (↑); $R_{Ax} = 500$ N (←); $R_{Ay} = 155$ N (↓)

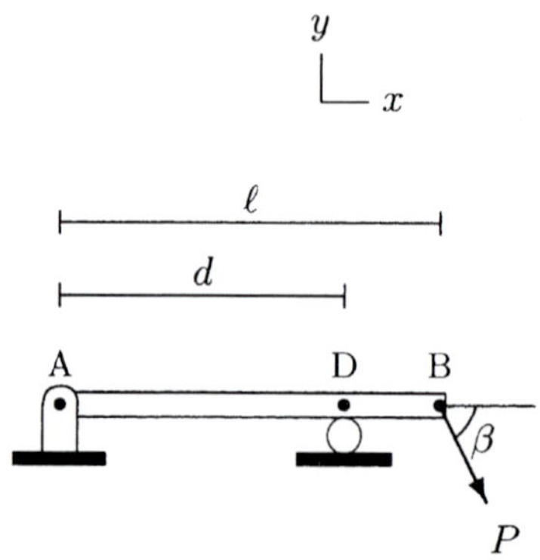

그림 4.50 • 문제 4.3

문제 4.4 그림 4.51에 제시된 바와 같이, 균일한 수평 보가 A 지점에서 벽과 경첩으로 연결되어 있고, C 지점에서 밧줄에 의해 지지되고 있다. C 지점은 보의 무게중심을 나타낸다. 한편, 벽에 연결된 밧줄은 수평면과 $\theta = 68°$의 각도를 이루고 있다. 보의 길이는 $l = 4$ m이고, 보의 무게는 $W = 400$ N일 때, 밧줄의 장력 T와 A 지점에서 보의 반력 성분을 계산하라.

정답: $T = 431$ N; $R_{Ax} = 162$ N (→); $R_{Ay} = 0$

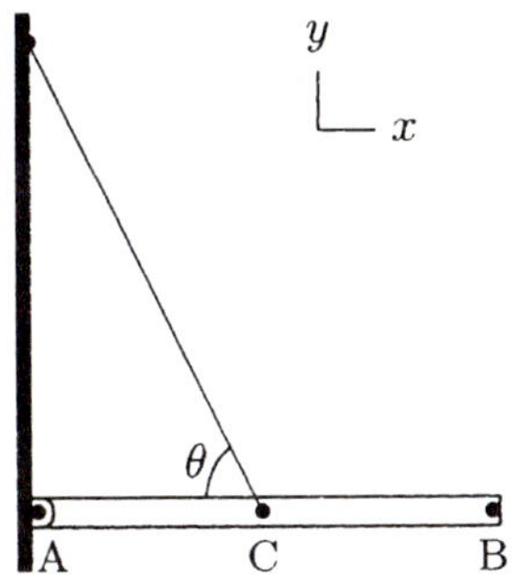

그림 4.51 • 문제 4.4

문제 4.5 그림 4.52에 제시된 구조를 생각해보자. 구조물은 A 지점에서 벽에 경첩으로 연결된 수평 보와 B 지점, D 지점 및 E 지점에서 보에 부착된 세 개의 동일한 전기 설비를 포함하고 있다. 또한, 전기 설비들의 설치 지점 사이의 거리는 서로 같다(BD = DE = $a = b$ = 35 cm). C 지점은 보의 무게중심을 나타내며, C 지점에서 A와 B 지점까지의 거리는 같다. 보의 무게는 W = 230 N이고, 각 전기 설비의 무게는 $W_1 = W_2 = W_3$ = 45 N이다. 또한, 밧줄은 수평으로부터 $\alpha = 45°$로 B 지점에서 보에 부착되어 있다. 또 다른 쪽 끝에는 보를 제자리에 유지할 수 있도록 밧줄이 벽에 부착되어 있다. 보의 길이는 l = 2.5 m이다.

(a) 밧줄의 장력(T)을 구하라.

(b) A 지점에서 반력의 크기(R_A)를 구하라.

(c) 밧줄이 수평과 $\alpha = 65°$를 이룰 때, 밧줄의 장력(T_1)을 구하라.

(d) 밧줄이 수평과 $\alpha = 65°$를 이룰 때, A 지점에서 반력의 크기 변화를 구하라.

정답: (a) T = 326.4 N; (b) R_A = 267 N; (c) T_1 = 254.5 M; (d) 35.5% 감소

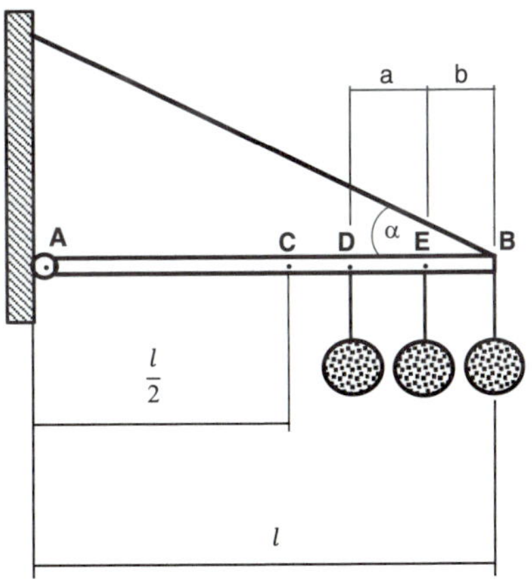

그림 4.52 • 문제 4.5

문제 4.6 그림 4.53에 도시된 두 개의 다른 밧줄-도르래 장치를 이용하여 무게 W의 블록을 일정 높이로 올리려고 한다. 각 시스템에서 밧줄을 잡고 있는 사람에게 가해지는 힘의 크기가 얼마인지 계산하라.

정답: $T_1 = W/2; T_2 = W/4$

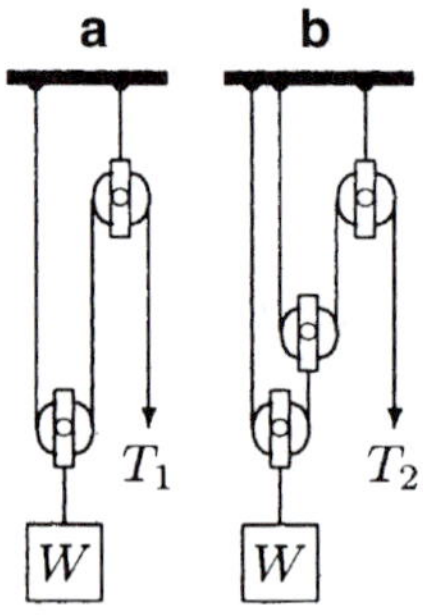

그림 4.53 • 문제 4.6 및 4.7

문제 4.7 그림 4.53b와 같은 밧줄-도르래 배열을 사용하여 블록을 일정 높이까지 올리려고 한다. 사람이 밧줄에 가하는 힘이 $T = 65$ N일 때, 블록의 하중을 구하라.

정답: $m = 26.5$ kg

문제 4.8 그림 4.54와 같이, 밧줄 연결 장치를 사용하여 질량 $m = 50$ kg의 블록을 지면에서 일정 높이로 들어올리고 있다. 리프팅 작업을 수행하는 작업자가 밧줄에 가하는 힘 T의 크기를 구하라.

정답: $T = 163.3$ N

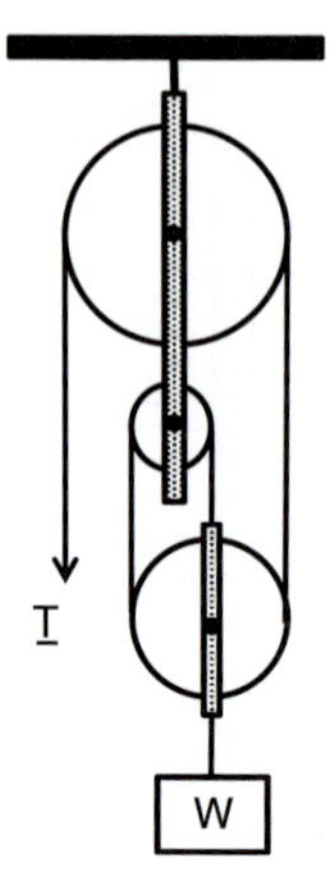

그림 4.54 • 문제 4.8

문제 4.9 그림 4.55에 도시된 분담 러셀 견인장치(split Russel traction device)와 다리의 역학적 모델을 생각해보자. 다리는 두 개의 밧줄을 통해 다리에 연결된 두 개의 추에 의해 그림과 같은 위치에 고정되어 있다. 다리와 깁스의 전체 무게는 $W = 300$ N이다. l은 밧줄이 다리에 연결된 A 지점과 B 지점 사이의 수평거리이다. C 지점은 깁스를 한 다리의 무게중심으로서, A 지점으로부터 측정할 때 거리 l의 2/3지점에 위치한다. 밧줄 2는 수평면과 $\beta = 45°$의 각도를 이루고 있다.

그림과 같은 상태에서 다리가 평형을 이루고 있다고 할 때, 밧줄의 장력 T_1과 T_2, 무게 W_1, W_2 및 밧줄 1이 수평면과 이루는 각도 α를 구하라.

정답: $T_1 = W_1 = 223.6$ N; $T_2 = W_2 = 282.8$ N; $\alpha = 26.6°$

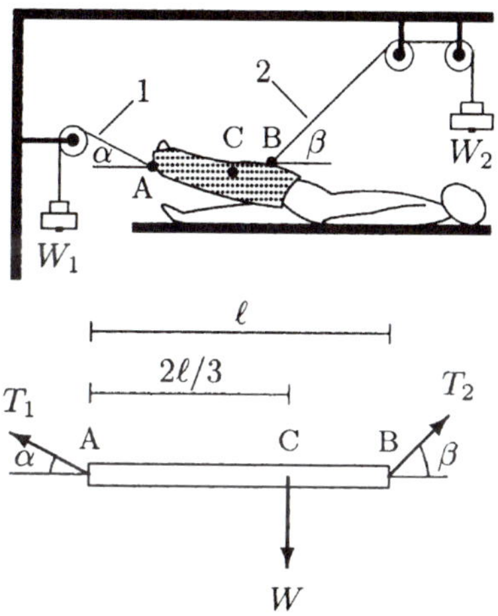

그림 4.55 • 문제 4.9

문제 4.10 그림 4.56과 같은 균일한 수평 외팔보가 있다. 이 보는 A 지점에서 고정되어 있고, 수평과 $\beta = 63°$의 각도를 이우는 힘이 B 지점에 가해진다. 이때 보에 가해진 힘의 크기는 $P = 80$ N이다. C 지점은 보의 무게중심이고, 보의 무게는 $W = 40$ N이며, 길이는 $l = 2$ m이다.

보의 고정단에 형성되는 반력을 구하라.

정답: $R_{Ax} = 36.3$ N ($+x$); $R_{Ay} = 111.3$ N ($+y$); $M_A = 182.6$ Nm (ccw)

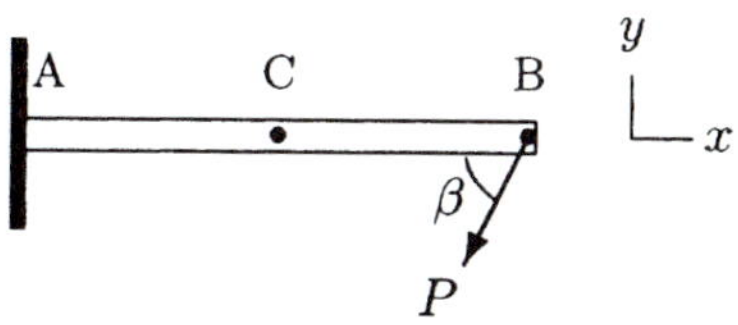

그림 4.56 • 문제 4.10

문제 4.11 그림 4.57과 같이 L 형상의 보가 있다. 보는 A 지점에서 벽면에 용접되어 있고, 보의 팔 AB는 양의 z 방향으로, 팔 BC는 음의 y 방향으로 뻗어 있다. 보의 자유단(C 지점)에 힘 $\underline{P}$가 양의 x 방향으로 작용한다. 팔 AB와 BC의 길이는 각각 a와 b이고, 힘의 크기는 P이다.

보의 무게가 무시할 수 있을 만큼 작다고 가정할 때, 보의 고정단에 형성되는 반력을 a, b, P에 대하여 표현하라.

정답: 0이 아닌 힘과 모멘트 성분: $R_{Ax} = P\ (-x)$ $M_{Ay} = aP\ (-y)$ $M_{Az} = bP\ (-z)$

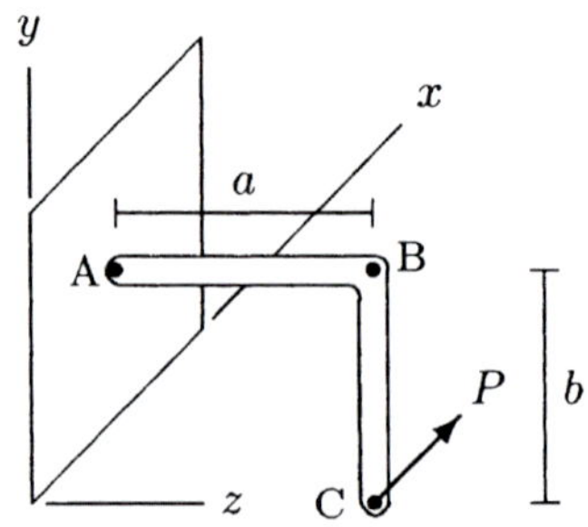

그림 4.57 • 문제 4.11 및 4.12

문제 4.12 그림 4.57의 L 형상의 보를 다시 생각해보자. 이번에는 가해진 힘 $\underline{P}$가 $\underline{P} = P_x\underline{i} + P_y\underline{j}$와 같이 양의 x 성분과 양의 z 성분을 갖는다고 가정하자.

이때 보의 고정단에 형성되는 반력을 a, b, P_x 그리고 P_y로 표현하라.

정답: $R_{Ay} = P_y\ (-y)$ $R_{Az} = 0$ $M_{Ax} = aP_y\ (+x)$
$M_{Ax} = b\,P_z\ (+y)$ $M_{Ay} = a\,P_x\ (-y)$ $M_{Az} = b\,P_x\ (-z)$

문제 4.13 그림 4.58은 밧줄을 이용하여 수평면 위에 놓인 블록을 당기고 있는 사람을 나타내고 있다. 이 밧줄은 수평면과 θ의 각도를 이루고 있다. 만약 블록의 무게가 W이고, 블록의 바닥면과 수평면 사이의 최대 마찰계수를 μ라 하면, 이때 마찰력과 중력의 영향을 극복하고 블록을 움직이기 위해서 사람이 가해야 하는 최소한의 힘의 크기 P는 다음과 같음을 증명하라.

$$P = \frac{\mu W}{\cos\theta + \mu\sin\theta}$$

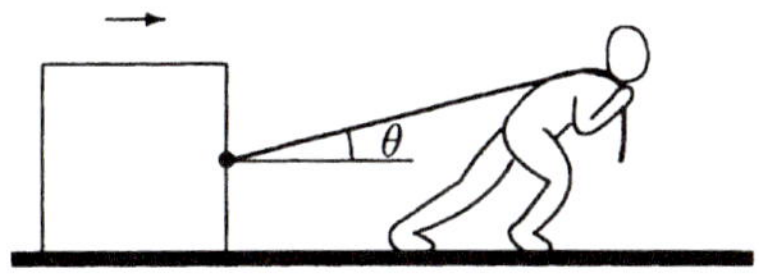

그림 4.58 • 문제 4.13 및 4.14

문제 4.14 그림 4.58에서 보는 바와 같이, 밧줄을 사용하여 수평면의 블록을 당기려는 사람을 가정하자. 이 밧줄은 수평과 $\theta = 15°$의 각도를 이룬다. 블록의 질량이 $m = 50$ kg이고 작업자가 가하는 힘이 $P = 156$ N일 때, 블록과 표면 사이의 마찰계수를 구하라.

정답: $\mu = 0.34$

문제 4.15 그림 4.59는 비탈면에서 수평 방향의 힘을 가하여 블록을 밀어 올리고 있는 사람을 보여주고 있다. 블록의 무게는 W, 블록과 비탈면 사이의 최대 마찰계수는 μ이며, 비탈면은 수평과 θ의 각을 이루고 있다.

마찰과 중력의 영향을 극복하기 위해(블록을 움직이기 위해) 사람이 가해야 하는 최소한의 힘의 크기 P를 W, μ, θ에 대하여 표현하라.

정답: $P = \dfrac{\sin\theta + \mu\cos\theta}{\cos\theta - \mu\sin\theta} W$

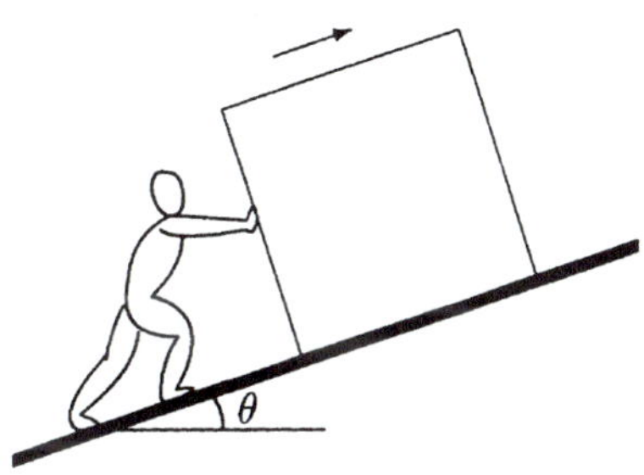

그림 4.59 • 문제 4.15 및 4.16

문제 4.16 그림 4.59에서 보는 바와 같이, 수평 방향의 힘을 가하여 경사진 표면을 따라 블록을 위로 밀어 올리는 사람이 있다. 경사는 수평과 각도 $\theta = 35°$를 이루고, 블록과 경사 사이의 마찰계수는 $\mu = 0.36$이다. 블록을 경사면 위로 밀어 올리기 위해 사람이 가하는 힘은 $P = 99.8$ N이다.

(a) 블록의 중량(W)을 구하라.

(b) 경사가 수평과 $\theta = 25°$를 이룰 때, 사람이 블록에 가하는 힘의 크기 변화를 구하라.

정답: (a) $W = 70$ N; (b) 30.8% 감소

문제 4.17 그림 4.60과 같이, 수평 보가 A 지점의 벽에 경첩으로 연결되어 있다. 보의 길이는 $l = 2$ m이고 무게는 $W = 150$ N이다. C 지점은 보의 무게중심이며, 양쪽 끝에서 같은 거리에 있다. 밧줄은 B 지점에서 보에 연결되어 수평과 $\alpha = 50°$를 이루고 있으며, 밧줄의 다른 쪽 끝은 벽에 부착되어 있다. 무게 $W_1 = 50$ N의 하중이 보의 중력선이 C 지점을 통과하도록 배치되어 있다. 동일한 무게 $W_2 = 50$ N의 다른 하중이 B 지점에서 보에 부착되어 있다.

밧줄에 인가되는 장력 T와 A 지점에서의 반력을 구하라.

정답: $T = 196$ N; $R_A = 161$ N

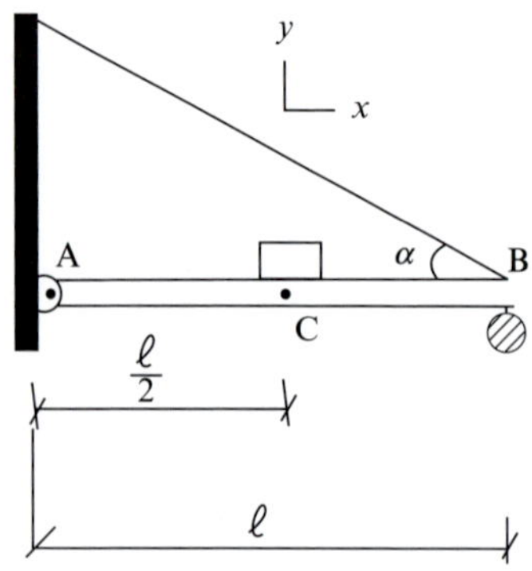

그림 4.60 • 문제 4.17

문제 4.18 그림 4.61과 같이, A 지점에서 지면에서 경첩으로 연결된 수평 보를 생각해보자. 보의 길이는 $l = 4.5$ m이고, 무게는 $W = 650$ N이다. C 지점은 보의 무게중심을 나타내며, C 지점에서 A 지점 및 보의 자유단(B 지점)과의 거리는 같다. 힘 $P = 850$ N이 B 지점에 가해져 수평과 $\alpha = 45°$의 각도를 이룬다. 또한, 무게 $W_1 = 125$ N의 하중이 보의 자유단에 위치하고 있다. B 지점과 하중의 중력선 사이의 거리는 $l_1 = 0.3$ m이다. D 지점에서 마찰 없는 롤러를 조정하여 보의 반시계 방향 회전을 제한한다. A 지점과 D 지점 사이의 거리는 $l_2 = 3$ m이다.

A 지점과 D 지점에서 보의 반력을 계산하라.

정답: $R_A = 729$ N; $R_D = 239$ N

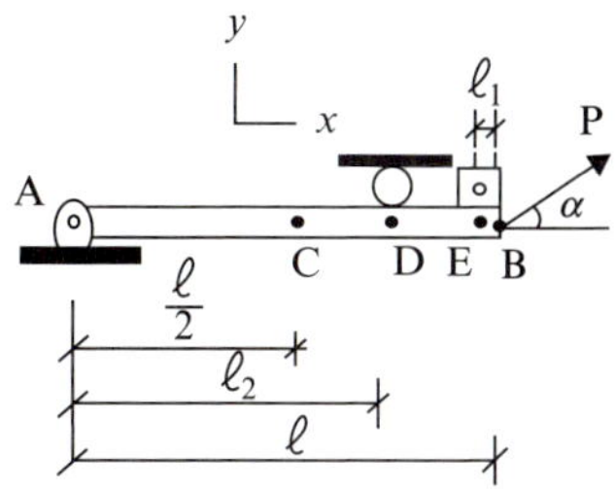

그림 4.61 • 문제 4.18

문제 4.19 그림 4.62에서 보는 바와 같이, 수영장으로 연속 점프를 준비하는 두 명의 다이빙 선수가 있다. 다이빙 선수들은 각각 B 지점과 C 지점의 균일한 수평 다이빙 보드에 서 있다. 다이빙 보드는 A 지점에서 지면에 경첩으로 연결되고, D 지점에서 마찰이 없는 롤러로 지지된다. 다이빙 보드의 길이는 $l = 4$ m이고, 무게는 $W = 500$ N이다. A 지점과 D 지점 사이의 거리는 $l_2 = 1.3$ m이다. 보드의 무게중심(E 지점)은 A 지점과 B 지점으로부터 동일한 거리에 있다. B 지점과 C 지점에 서 있는 다이빙 선수의 무게는 각각 $W_1 = 680$ N, $W_2 = 710$ N이며, 다이빙 선수 사이의 거리는 $l_1 = 1.5$ m이다.

A 지점과 D 지점에서 다이빙 보드의 반력을 구하라.

정답: $R_A = 2337\,\text{N}$ (↓)
$R_D = 4227\,\text{N}$ (↑)

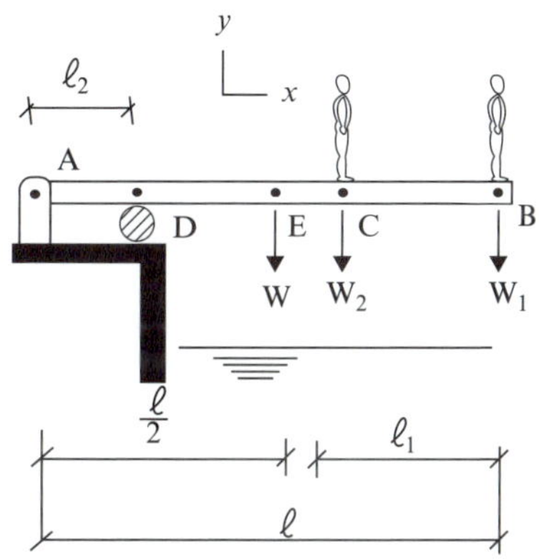

그림 4.62 • 문제 4.19

문제 4.20 그림 4.63에서 보는 바와 같이, A 지점에서 벽에 고정된 균일한 수평 보를 생각해보자. 힘 $F = 135$ N이 수평과 $\alpha = 65$의 각도를 이루면서 보의 자유단(B 지점)에 가해진다. 보의 길이는 $l = 3$ m이고, 무게는 $W = 150$ N이다. C 지점은 보의 무게중심이며, A 지점과 B 지점까지의 거리는 같다. 무게가 $W_1 = W_2 = 80$ N인 두 상자는 각각 A 및 B 지점과 상자들의 중력선 사이의 거리가 $l_1 = l_2 = 0.75$ m인 위치에 놓여 있다.

보의 고정단에서 반력을 구하라.

정답: $R_A = 196$ N; $M = 98$ Nm

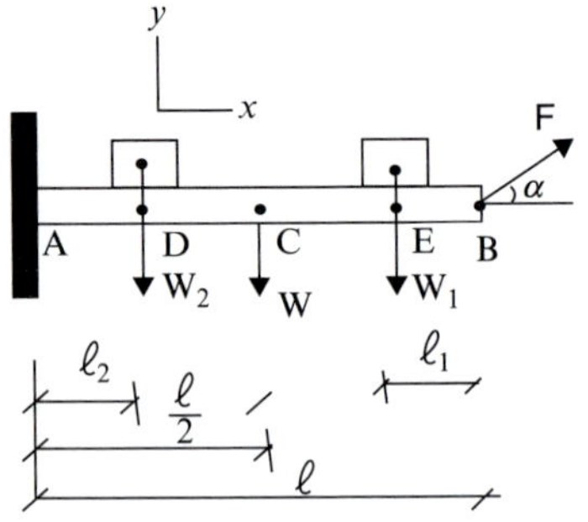

그림 4.63 • 문제 4.20

문제 4.21 그림 4.64에서 보는 바와 같이, 도르래의 밧줄이 수평과 각도 $\alpha = 35°$를 이루도록 환자의 다리에 설치된 간단한 견인 장치를 생각해보자. 다리에 깁스를 했고, 깁스와 침대 사이의 마찰계수는 $\mu = 0.45$이다. 다리의 무게는 $W = 180$ N이다.

밧줄의 장력을 구하라.

정답: $T = 75$ N

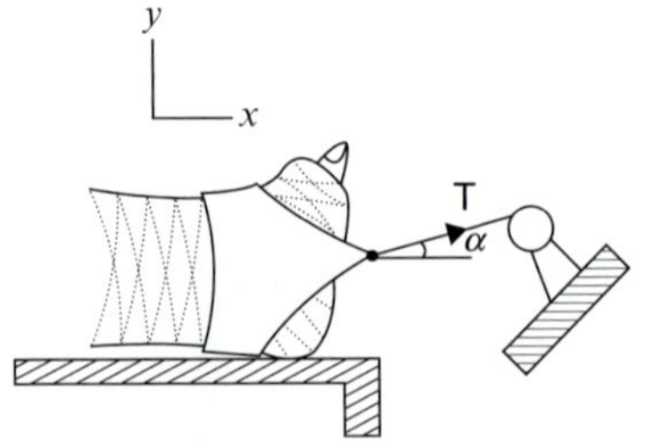

그림 4.64 • 문제 4.21

문제 4.22 그림 4.24에서 보는 바와 같이, 수평 방향 힘을 환자의 다리에 전달하기 위해 사용되는 간단한 3중 도르래 견인 시스템을 생각해보자. 다리에는 깁스를 했다. 밧줄은 도르래에 감겨서 한쪽 끝은 천장에 부착되어 있고, 다른 쪽 끝은 무게 추에 부착되어 있다. 무게 추의 무게는 $W = 12$ N이다.

다리에 작용하는 수평 힘의 크기를 구하라.

정답: $F = 24$ N

CHAPTER

05

정역학의 생체역학 적용

Applications of Statics to Biomechanics

5.1 관절

인체는 자세를 유지할 수 있다는 점에서는 단단하지만, 자세를 바꾸고 움직일 수 있다는 점에서는 유연하다고 할 수 있다. 인체의 유연성은 주로 골격계의 **관절**(joint 또는 articulation) 때문이다. 관절의 주요 기능은 근골격계에 이동성을 제공하는 것이다. 관절은 이동성 이외에도 어느 정도의 안정성을 제공해야 한다. 관절마다 서로 다른 기능이 있기 때문에 이동성과 안정성의 정도가 다르다. 어떤 관절은 주로 최적의 이동성을 제공하기 위해 구성되어 있다. 예를 들어, 어깨관절[절구관절(ball-and-socket joint, 구상관절)]의 구조는 팔이 세 평면 모두에서 움직일 수 있게 한다(3축 운동). 그렇지만 관절의 이동성이 뛰어나면 안정성이 감소되어, 탈구와 같은 부상의 위험이 증가하게 된다. 반면에 팔꿈치관절은 주로 한 평면에서의 운동(단축운동)을 제공하지만, 보다 안정적이고 어깨관절과 같은 부상의 위험이 덜한 편이다. 안정성이 가장 중요한 경우에는 관절을 구성하는 뼈 사이의 상대적인 운동을 불가능하게 함으로써 안정성을 확보할 수 있다. 두개골 뼈의 접촉면이 이와 같은 관절의 대표적인 사례이다.

인간 골격계의 관절은 구조 및 기능에 따라 분류할 수 있다. 두개골과 같은 **못움직관절**(synarthrodial joint, 부동관절)은 두 개의 단단히 고정된 뼈로 이루어져 있어 상대적인 움직임이 전혀 없다. 척추 사이의 **좀움직관절**(amphiarthrodial joint, 불전동관절)은 약간의 상대적인 운동이 가능하고, 뼈와 뼈의 직접적인 접촉을 막기 위해 존재하는 매개 물질(연골 또는 인대 조직)을 가진 것이 특징이다. 세 번째로 역학적으로 가장 중요한 관절은 **움직관절**(diarthrodial joint, 가동관절)이다. 가동관절은 다양한 각도의 상대적인 움직임을 허용하며, **관절강**(articular cavity), **관절낭인대**(capsular ligament), **윤활막**(synovial membrane), **윤활액**(synovial fluid)으로 구성되어 있다(그림 5.1). 관절강은 관절을 이루는 뼈 사이의 공간이다. 관절낭인대는 관절을 이루는 뼈를 붙잡아주는 역할을 한다. 윤활막은 윤활유 역할을 하는 윤활액을 둘러싸고 있는 관절낭인대의 내부 층이다. 윤활액은 마찰을 줄이고, 관절 표면 사이의 직접적인

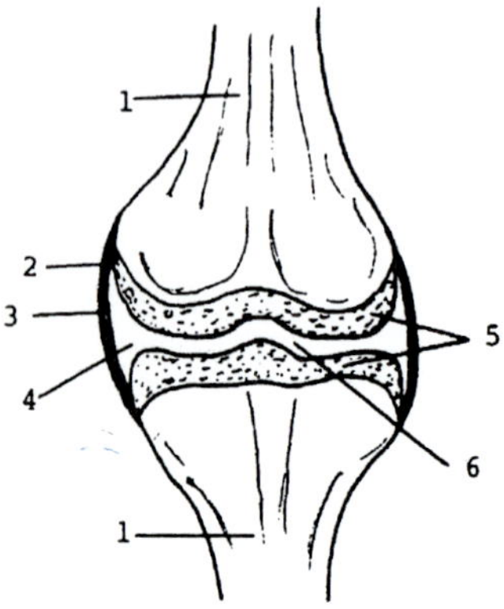

그림 5.1 • 움직관절: (1) 뼈, (2) 관절낭인대, (3) 윤활막, (4) 윤활액, (5) 관절연골, (6) 관절강

접촉을 제한하여 관절 표면의 마모와 균열을 줄이고, 표면을 감싸는 관절연골에 영양을 공급하는 기능을 하는 점성물질이다. 반면에 **관절연골**(articular cartilage)은 관절에 하중 분포를 증가시키고 충격을 흡수하는 내마모성 표면을 제공하도록 설계된 특수 조직이다. 가동관절은 활강(gliding; 예를 들어, 척추 후관절), 경첩(hinge; 발꿈치 및 발목), 중쇠(pivot; 근위 요척골), 융기(condyloid; 손목), 안장(saddle; 엄지의 손목손허리뼈), 절구관절(ball-and-socket; 어깨, 엉덩이)로 추가로 분류할 수 있다.

가동관절에 대한 움직임의 특성과 관절의 안정성은 관절 표면의 상호 결합 방식, 관절낭의 성질, 관절 주변 인대의 구조와 길이, 그리고 관절을 가로지르는 근육의 수와 방향 등과 같은 여러 요인에 의해 좌우된다.

5.2 골격근

일반적으로 인체에는 600개 이상의 근육이 있으며, 이들 근육은 전체 체중의 약 45퍼센트를 차지한다.

근육에는 **심장근**(cardiac muscle, 심근), **민무늬근**(smooth muscle, 평활근), **뼈대근**(skeletal muscle, 골격근)의 세 가지 유형이 있다. 심장근은 혈액 순환을 위해 혈액을 펌프질하는 심장에서 발견되는 수축성 조직이다. 민무늬근은 위, 장관, 혈관벽에서 발견된다. 골격근은 신체의 뼈와 연결되어 있으며, 수축되면 신체 분절이 움직인다.

신체 분절의 움직임은 화학에너지를 역학적인 일로 변환하는 골격근에 의해 생성된 힘의 결과이다. 골격근의 구조 단위는 근섬유(muscle fiber)이며, 근섬유는 근원섬유(myofibrils)로 구성되어 있다. 근원섬유는 가는근육미세섬유(actin filament)와 굵은근육미세섬유(myosin filament)로 이루어져 있다. 근육은 점탄성 거동을 나타낸다. 즉, 고체와 유체의 재료 특성을 모두 가지고 있다. 근육은 수축과 이완하는 동안 원래의 크기와 모양으로 회복할 수 있다는 점에서 탄성이 있으며, 움직임에 대한 내부 저항이 있다는 점에서 점성이 있다.

골격근은 널힘줄(aponeurosis, 건막)이나 힘줄(tendon, 건)과 같은 연조직을 통해, 분절 상호 간의 상대적인 움직임을 제어하도록 적어도 두 개의 다른 뼈에 부착된다. 근섬유가 신경자극에 의해 수축되면 근육은 부착된 뼈를 잡아당기는 역할을 하게 된다. 수축은 근조직의 독특한 능력이라고 할 수 있다. 공업역학에서 **수축**(contraction)은 압축력하에서 길이가 줄어드는 것을 의미한다. 근육역학에서 수축은 근육 길이의 증가 또는 감소의 결과로 발생하거나, 길이의 변화가 없이도 일어날 수 있다. 게다가 근육 수축의 결과는 항상 장력이다. 근육은 잡아당기는 데에만 힘을 쓸 수 있다. 근육은 밀치는 데에는 힘을 쓸 수 없다.

근육의 수축에는 여러 유형이 있다. **동심성 수축**(concentric contraction)은 근육의 길이가 감소함에 따라 동시에 발생하고(예: 아래팔을 굽히는 동안의 두갈래근), **정적 수축**(static contraction)은 근육의 길이가 일정한 상태에서 발생하고(예: 아래팔을 굽힌 후 아무런 움직임이 없을 때의 두갈래근), **편심성 수축**(eccentric contraction)은 근육의 길이가 늘어나면서 발생한다(예: 아래팔을 펼 때의 두갈래근). 근육은 길이가 줄어드는 경우에만 움직임을 일으킬 수 있다(동심성 수축). 특정 활동을 하는 동안 근육의 길이가 늘어나면, 근육의 수축으로 인해 발생한 장력이 해당 근육과 관련된 신체 분절의 움직임을 제어하려고 할 것이다(편심성 수축). 근육이 수축하지만 분절의 움직임이 없을 경우에는 근육의 장력은 중력과 같은 외력의 영향과 균형을 이룬다[등척성 수축(isometric contraction)].

골격근은 특정 활동을 하는 동안 수행되는 기능에 따라 이름 지어질 수도 있다. 예를 들어, 근육이 자체적으로 수축하는 과정에서 움직임이 유발되는 경우, **주동근**(agonist)이라고 한다. 주동근은 특정한 움직임을 발생시키는 주요 근육이다. **맞버팀근**(antagonistic muscle, 길항근)은 다른 근육의 작용에 대항한다. **협력근**(synergic muscle)은 주동근의 관절 운동을 돕는 근육이다.

5.3 기본 고려사항

이 장에서는 인체와 인체의 각 분절들의 다양한 체위에 따른 근육과 관절들과 관련된 힘을 분석하기 위해 정역학의 원리를 활용하고자 한다. 우리의 기본 목적은 다음과 같은 질문에 대한 답을 얻는 것이다. 즉, 머리를 특정 자세로 유지하려면 목폄근(neck extensor muscle, 경부신근)이 머리에 어떤 인장력을 가해야 할까? 사람이 구부릴 때, 5번째 허리뼈(lumbar vertebra, 요추골)의 척추기립근(erector spinae)에 가해지는 힘은 얼마인가? 외부에서 가해지는 힘이나 분절 배열의 변화에 따라 팔꿈치, 무릎, 발목 관절에 가해지는 압박은 어떻게 변할까? 손에 든 하중의 변화에 따라 넙다리뼈머리(femoral head, 대퇴골두)에 가해지는 힘은 어떻게 변할까? 다양한 운동 조건에서 근육이나 관절에는 어떠한 힘이 필요한가?

신체에 관여하는 힘은 내력(내부 힘)과 외력(외부에서 가해진 힘)으로 분류할 수 있다. 내력은 근육, 인대, 힘줄 및 관절과 연관이 있다. 외력은 신체 또는 신체의 일부분에 가해지는 중력의 영향, 운동할 때 역학적으로 가해지는 힘, 보철이나 기구와 같은 것에 의한 힘 등을 들 수 있다. 일반적으로 근골격계의 정역학 문제에서 미지수는 관절 반력(joint reaction force)과 근력(muscle tension)이다. 관절에 관한 역학적 해석을 위해서는 적절한 근육의 접합위치, 신체 분절의 중량이나 질량, 신체 분절의 무게 중심, 그리고 관절의 해부학적 회전축을 알고 있어야 한다.

5.4 기본 가정과 한계

사람의 다양한 자세를 유지하는 데 필요한 근력을 정확히 해석하는 것은 인체 내 근육의 복잡한 배열과 제한된 정보로 인해 어렵다. 일반적으로 하나의 주어진 관절을 중심으로 한 인체 분절의 상대적인 움직임은 둘 이상의 근육군에 의해 제어된다. 이러한 생체역학적 문제를 정역학적 문제로 한정하여 평형방정식을 적용하기 위해서는 관절을 제어하는 주요 근육군만을 고려할 수 있다. 관절의 하중 지지 메커니즘에 관여하는 다른 근육군들은 무시하고 문제를 해석해야 한다. 다만, 이러한 근육들의 영향은 관절에 대한 상대적 위치와 근육의 단면적을 고려하여 어림할 수도 있다. 또한 근전도(electromyography, EMG) 신호 측정과 같은 일부 실험을 통해 근육의 위상 활동을 알면, 다른 근육군에서의 장력을 추정할 수 있다.

정역학의 원리를 인체 관절역학의 해석에 응용하기 위해서는 다음과 같은 가정과 한계를 채택할 것이다.

- 관절의 해부학적 회전축을 알고 있다.
- 근육의 연결지점을 알고 있다.
- 근력의 작용선을 알고 있다.
- 인체 각 부위의 무게와 무게중심을 알고 있다.
- 관절의 마찰을 무시할 수 있다.
- 동역학적 측면은 무시한다.
- 2차원 문제만을 고려한다.

이러한 해석을 위해서는 해석할 분절에 대한 인체측정 자료가 필요하다. 이를 위해, 신체 분절들의 평균 무게, 길이, 무게중심을 포함한 인체 측정 정보가 나열된 표가 있다. 필요한 인체측정정보는 Chaffin, Andersson 및 Martin(1999), 그리고 Winter(2004)를 참고하기 바란다.

위와 같은 가정은 결국 생체역학의 매우 이상화된 기초 문제만을 분석하고자 한다는 것이다. 얻어진 결과와 경험을 바탕으로 추가적인 요소들을 고려함으로써 이들 모델들을 확장할 수 있다. 그렇지만 더 많은 요소들을 고려하게 되면 문제는 훨씬 더 복잡해진다.

다음 절부터는 정역학의 원리를 이용하여 신체의 주요 관절과 그 주변에 관련된 힘을 분석하고자 한다. 먼저 각 관절 및 관련 근육들의 간단한 기능적 해부학 정보를 제공하고, 특정한 생체역학 문제를 제시할 것이다. 관절에 관한 상세한 해부학 정보를 보기 원하면 Nordin 및 Frankel(2011), Thompson(1989)을 참고하기 바란다. 다음으로 근육, 뼈, 인체 관절과 역학적인 요소인 밧줄, 보, 기계 관절과의 유사성을 제공함으로써 생물학적 시스템의 역학적 모델을 구성하는 데 도움을 줄 것이다. 마지막으로 4.5절에 제시한 개략적인 순서를 이용하여 만들어진 역학적 모델을 해석할 것이다. 정역학의 원리를 생체역학에 응용하는 추가적인 사례들을 보려면 LeVeau(2010)를 참고하기 바란다.

5.5 팔꿈치관절 역학

팔꿈치관절은 세 개의 분리된 관절로 이루어져 있다(그림 5.2). **위팔자관절**(humeroulnar joint, 완척관절)은 먼쪽위팔뼈(distal humerus, 원위상완골)의 실패 모양의 도르래(trochlea, 활차)와 몸쪽자뼈(proximal ulna, 근위척골)의 오목한 도르래오목(trochlear fossa, 활차와) 사이의 관절로 구성된 경첩관절(hinge joint, 접번관절)이다. 위팔자관절의 구조는 단축 회전만을 가능하게 하며, 이로 인해 팔꿈치가 굽힘(flexion, 굴곡)[아래팔(forearm, 전완)이 위팔(upper arm, 상완) 쪽으로 가까워지는 움직임]과 폄(extension, 신전)(아래팔이 위팔로부터 멀어지는 움직임) 운동만 할 수 있다. **위팔노관절**(humeroradial joint, 상완요관절)은 먼쪽위팔뼈작은머리(capitulum of distal humerus, 말단상완골소두)와 노뼈(radius, 요골)의 머리 부분으로 구성된 경첩관절이다. **몸쪽노자관절**(proximal radioulnar joint, 근위요척골관절)은 노뼈의 머리 부분과 몸쪽자뼈의 노패임(radial notch, 요골절흔)으로 구성된 중쇠관절(pivot joint, 차축관절)이다. 이 관절은 노뼈와 자뼈가 다른 뼈에 대하여 세로축을 중심으로 상대적인 회전을 일으키도록 하여 엎침(pronation, 회내)(손바닥을 위

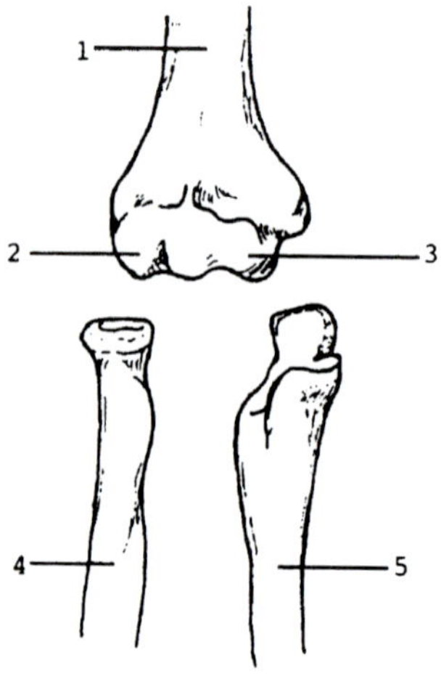

그림 5.2 • 팔꿈치 뼈: (1) 위팔뼈, (2) 작은머리, (3) 도르래, (4) 노뼈, (5) 자뼈

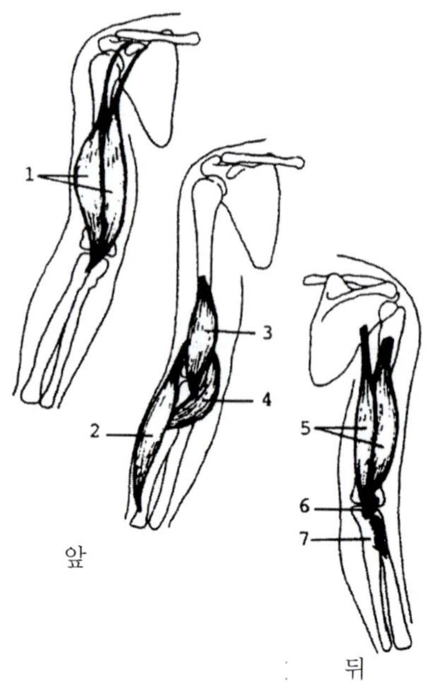

그림 5.3 • 팔꿈치 근육: (1) 두갈래근, (2) 위팔노근, (3) 위팔근, (4), 원엎침근, (5) 위팔세갈래근, (6) 팔꿈치근, (6) 뒤침근

쪽에서 아래쪽으로 향하게 이동하는 동안 경험하는 움직임) 운동과 뒤침(supination, 회외)(손바닥을 아래쪽에서 위쪽으로 향하게 이동하는 동안 경험하는 움직임) 운동을 하게 한다.

그림 5.3은 팔꿈치관절의 운동을 조절하는 근육을 보여주고 있다. 위팔두갈래근(biceps brachii muscle, 상완이두근)은 팔꿈치관절의 가장 강력한 굽힘근(flexor, 굴근)이다. 이 근육은 특히 팔꿈치관절이 뒤침 위치에 있을 때 강력하다. 위팔두갈래근은 먼쪽에서는 노뼈거친면(the tuberosity of the radius)에, 몸쪽에서는 부리돌기(coracoid process, 오훼돌기)의 윗부분과 관절오목(glenoid fossa, 관절와)의 위쪽 가장자리에 붙어 있다. 또 다른 중요한 굽힘근으로는 위팔근(brachialis muscle, 상완근)이 있다. 위팔근은 아래팔의 방향과는 상관없이 팔꿈치 굽힘을 생성할 수 있다. 위팔근은 팔꿈치의 가장 강한 굽힘근육이다. 이 근육은 위팔뼈의 앞부분과 자뼈의 부리돌기에 붙어 있다. 그것은 반지름에 삽입되지 않기 때문에, 엎침이나 뒤침에 참여할 수 없다. 팔꿈치의 폄운동을 조절하는 가장 중요한 근육은 위팔세갈래근(triceps brachii muscle, 상완삼두근)이다. 이 근육은 어깨뼈 관절오목(glenoid cavity)의 밑머리 부분, 위팔뼈 뒷면 윗부분의 중간 지점, 위팔뼈의 뒷면 아래 2/3 지점, 그리고 자뼈의 팔꿈치머리돌기(olecranon process)에 연결되어 있다. 아래팔(forearm, 하박, 전완)의 엎침과 뒤침 운동은 일반적으로 원엎침근(pronator teres muscle, 원회내근)과 뒤침근(supinator muscle, 회외근)에 의해 수행된다. 원엎침근은 위팔뼈의 안쪽관절융기(inner condyloid ridge) 부분, 노뼈의 안쪽, 노뼈의 아랫면의 중간 1/3 지점과 연결되어 있다. 손뒤침근은 위팔뼈의 바깥쪽관절융기부분, 자뼈 근처, 노뼈의 위 1/3 지점의 바깥면에 연결되어 있다. 팔꿈치의 일반적인 부상에는 골절(fracture)과 탈구(dislocation)가 있다. 골절은 주로 위팔뼈의 위관절융기(epicondyle, 상과)와 자뼈의 팔꿈치머리돌기에서 발생한다. 또 다른 종류의 팔꿈치 부상은 팔꿈치의 과도한 남용과 관련이 있는데, 이는 반복적인 동작에 의해 손상된 팔꿈치 힘줄의 염증 과정에 기인한다. 여기에는 테니스팔꿉증(tennis elbow)과 골퍼 엘보우 증후군 등이 있다.

예제 5.1 그림 5.4의 팔을 생각해보자. 팔꿈치는 직각으로 굽혀져 있으며 손에 물건을 들고 있다. 아래팔에 가해지는 힘은 그림 5.5a에 나타나 있고, 아래팔의 자유물체도는 그림 5.5b와 같은 역학적 모델로 주어져 있다. 이 모델은 두갈래근이 주요 근육이며 장력의 작용선(당김선)은 두갈래근에 수직이라고 가정한다.

O 지점은 팔꿈치관절의 회전축이며, 고정되어 있다고 가정한다. A 지점은 두갈래근이 노뼈에 붙어 있는 위치이며, B 지점은 아래팔의 무게중심이고, C 지점은 손에 들고 있는 물체의 무게중심이 아래 방향으로 가해지는 점이다. O 지점으로부터 A, B, C 지점까지의 거리는 각각 a, b, c이다. W_O는 손에 들고 있는 물건의 무게이며, W는 아

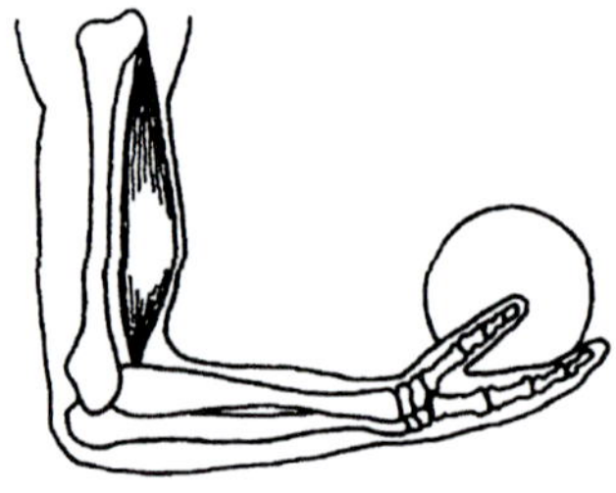

그림 5.4 • 예제 5.1

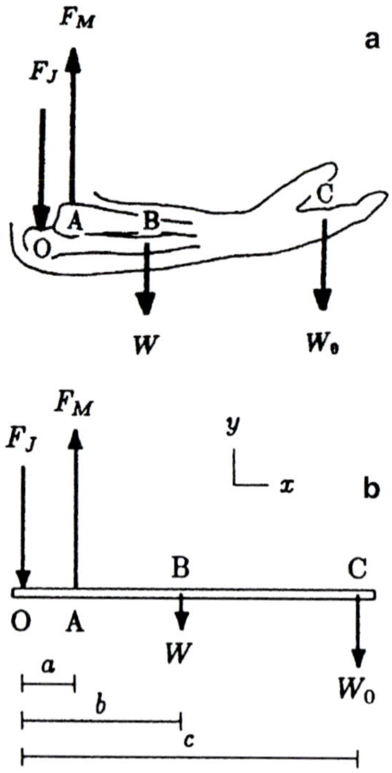

그림 5.5 • 아래팔에 작용하는 힘

래팔의 무게이다. F_M은 노뼈에서 두갈래근에 가해지는 반력의 크기이고, F_J는 팔꿈치관절에서의 반력의 크기이다. 근력의 작용선이 수직이라고 가정하였다는 것을 염두에 두고, 중력도 역시 수직 방향이다. 그러므로 아래팔의 평형을 위해서는 관절 반력의 작용선도 역시 수직이어야 한다(평행력 시스템).

이 예제는 근육의 장력과 팔꿈치관절에서의 반력의 크기를 구하는 것이다.

풀이: 이 예제는 평행력 시스템이다. 미지수는 근력의 크기 F_M과 팔꿈치관절에서의 반력의 크기 F_J이다. 팔꿈치관절에서의 아래팔의 회전평형을 고려하고, 시계방향을 양(+)이라고 가정하면 다음의 식을 얻을 수 있다.

$$\sum M_O = 0$$

각 성분을 대입하면 아래와 같다.

$$cWo + bW - aF_M = 0$$

이 식을 F_M에 대하여 정리하면 다음과 같다.

$$F_M = \frac{1}{a}(bW + cW_O) \tag{i}$$

y 방향으로 아래팔의 병진평형에 대하여 다음과 같은 식으로 나타낼 수 있다.

$$\sum F_y = 0$$

각 성분을 대입하면 다음과 같다.

$$-F_J + F_M - W - W_O = 0$$

이 식을 F_J에 대하여 정리하면 다음과 같다.

$$F_J = F_M - W - W_O \tag{ii}$$

주어진 기하학적 매개변수 a, b, c와 무게 W_O 및 W를 이용하여, 식 (i)과 (ii)를 풀면, 근력과 반력을 구할 수 있다. 예를 들어, $a = 4$ cm, $b = 15$ cm, $c = 35$ cm, $W = 20$ N, $W_O = 80$ N이면, 식 (i)과 (ii)로부터 다음과 같이 얻을 수 있다.

$$F_M = \frac{1}{0.04}[(0.15)(20) + (0.35)(80)] = 775\,\text{N} \quad (+y)$$

$$F_J = 775 - 20 - 80 = 675\ \text{N} \quad (-y)$$

참고

• 위의 결과는 두갈래근에 의해 가해지는 힘이 예제에서의 팔의 위치에서 들고 있는 물체의 무게보다 약 10배 더 크다는 것을 나타낸다. 팔꿈치관절의 축과 관련하여, 근력의 지렛대 팔(lever arm) 길이 a는 손에 들고 있는 하중의 지렛대 팔 길이 c보다 훨씬 작다는 것을 알 수 있다. 지렛대 팔이 작을수록 팔꿈치관절에 대한 하중의 시계 방향 회전 효과의 균형을 유지하는 데 필요한 근육 장력이 커진다. 그러므로 물건을 들 때, 팔꿈치관절에 근육이 너무 가까이 붙어 있는 것이 불리하다. 하지만 근육이 관절에 가까울수록, 팔꿈치의 굽힘−폄 동작의 범위가 더 커지고, 아래팔의 끝부분(손)이 위팔이나 어깨 방향으로 더 빨리 도달할 수 있다.

• 근력의 작용선과 근력이 가해지는 뼈의 장축이 이루는 각도는 근력의 효율성을 결정짓는 매우 중요한 요소이다. 아래팔이 직각으로 굽혀질 때 근육의 장력은 팔꿈치관절을 중심으로 아래팔에 회전효과만 주게 된다. 이는 근력의 작용선이 아래팔의 세로축과 직각을 이루기 때문이다. 아래팔이 다른 굽힘 위치에 있는 경우, 근력은 회전성분뿐만 아니라 병진(안정화 또는 이동) 성분을 가질 수 있다.

그림 5.6a에서 보는 바와 같은 연결 시스템(linkage system)이 위팔에 대한 아래팔의 상대적인 위치를 보여준다고 가정해보자. n은 아래팔의 장축과 수직(법선) 방향을 나타내고, t는 접선 방향이다. 근력의 작용선이 위팔뼈(humerus, 상완골)의 장축과 평행하게 유지된다고 가정하면, $\underline{F}_M$은 $\underline{F}_{Mn}$과 $\underline{F}_{Mt}$의 직교성분으로 나눌 수 있다. 이 경우 $\underline{F}_{Mn}$은 주 기능이 팔꿈치관절을 중심으로 아래팔을 회전하려는 것이기 때문에 근력의 **회전**(rotational) 성분이다. 근력의 접선성분인 $\underline{F}_{Mt}$는 팔꿈치관절을 압축하려고 하기 때문에 근력의 안정화 성분(stabilizing component)이라고 부른다. 당김 각도

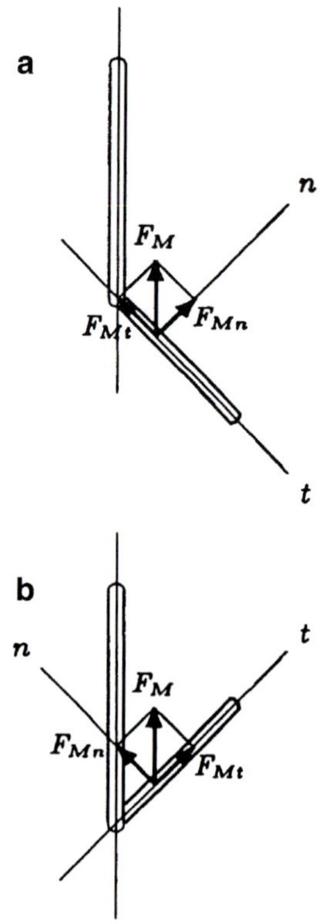

그림 5.6 • 근력의 회전성분(F_{Mn})과 안정 또는 미끄러짐 성분(F_{Mt})

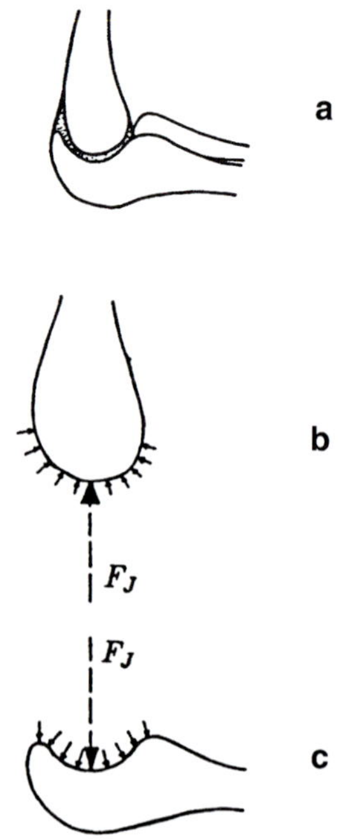

그림 5.7 • 팔꿈치관절 반력

가 90°에 접근할수록 회전성분의 크기는 점점 증가한다. 반면에, 안정 성분은 점점 감소하여 팔꿈치관절을 압축하는 데 소비되는 에너지는 점점 작아진다. 그림 5.6b에서 아래팔의 장축과 위팔이 이루는 각도가 90°보다 작아지면, F_{Mt}의 안정화 역할은 **이동**(sliding) 또는 **탈구**(dislocating)시키는 역할로 바뀌게 된다.

• 팔꿈치는 가동관절(윤활관절)이다. 인대성 관절낭(ligamentous capsule)은 윤활액(synovial fluid)으로 가득 찬 관절강을 둘러싸고 있다. 윤활액은 진한 점성물질이다. 주된 기능은 관절면을 미끄럽게 하여 하나의 관절면이 다른 면 위로 미끄러질 때 발생하는 마찰력을 줄여주는 역할을 한다. 또한 윤활액은 관절연골에 영양을 공급한다. 유체의 일반적인 성질은 유체가 접촉하는 표면에 분산되는 압력(단위 면적당 힘)을 가한다는 점이다. 유체의 압력은 항상 면에 압축 효과를 주도록 접촉면에 수직인 방향으로 작용한다. 그림 5.7에서 보여주는 것처럼, 유체의 압력을 나타내는 작은 벡터들은 수평과 수직 성분을 가지고 있다. 우리는 팔꿈치에 작용하는 반력은 자뼈에 수직 아래 방향으로 작용하는 것으로 정했다. 이것은 벡터의 수평 성분들은 상쇄(즉, 절반은 왼쪽 방향, 나머지 절반은 오른쪽 방향)되지만, 수직 성분은 합쳐져서(자뼈에서 거의 대부분 아래 방향을 향한다) 합력 F_J를 형성한다는 것을 의미한다(그림 5.7c의 점선 화살표). 그러므로 관절 반력 F_J는 윤활액을 통하여 가해지는 분산력 시스템(압

력)의 합력에 해당한다.

• 본 예제에서 가장 중요한 단순화는 두갈래근이 아래팔의 굽혀진 구조를 유지하는 단일 근육군이라고 가정한 것이다. 이렇게 가정한 이유는 고려 대상 시스템을 정적결정(statically determinate) 시스템으로 축소하기 위한 것이다. 실제로는 두갈래근 이외에 위팔근과 위팔노근(brachioradialis muscle, 상완요골근)도 중요한 팔꿈치 굽힘근이다.

그림 5.8a에서의 팔 굽힘 상태를 생각해보자. 아래팔의 자유물체도는 그림 5.8b에 제시되어 있다. F_{M1}, F_{M2}, F_{M3}은 각각 두갈래근, 위팔근, 위팔노근에 의해 아래팔에 가해지는 힘의 크기이다. A_1, A_2, A_3은 각 근육의 아래팔 부착점이다. θ_1, θ_2, θ_3은 각 근육이 아래팔의 장축과 이루는 각도이다. 두 미지수(F_M, F_J)로 이루어진 단일 근육 시스템과 비교할 때, 세 근육 시스템의 분석은 상당히 복잡하다. 우선, 이 시스템은 더 이상 단순한 평행력 시스템이 아니다. 우리가 근육의 부착위치(A_1, A_2, A_3), 당김 각도(θ_1, θ_2, θ_3), 그리고 팔꿈치관절에서 측정한 모멘트 팔의 길이(a_1, a_2, a_3)를 안다고 가정하더라도, 여전히 다섯 개(F_{M1}, F_{M2}, F_{M3}, F_J, β)의 미지수가 남아 있다. 정역학으로부터 알 수 있는 총 수식은 다음의 세 가지이다.

$$\sum M_O = 0: \quad a_1F_{M1} + a_2F_{M2} + a_3F_{M3} = bW + cW_O \tag{iii}$$

$$\sum F_x = 0: \quad F_{Jx} = F_{M1x} + F_{M2x} + F_{M3x} \tag{iv}$$

$$\sum F_y = 0: \quad F_{Jy} = F_{M1y} + F_{M2y} + F_{M3y} - W - W_O \tag{v}$$

일단 근력이 결정되면, 식 (iv)와 (v)를 이용하여 관절 반력 $\underline{F}_J$의 성분을 계산할 수 있다. 근력과 관계된 식은 세 개의 미지수를 가진 식 (iii) 하나뿐이다. 즉, 정적 부결정(statically indeterminate) 시스템 문제이다. 유일한 풀이를 구하기 위해서는 F_{M1}, F_{M2}, F_{M3}과 관련된 추가 정보가 필요하다.

이와 같은 문제를 해결하기 위한 몇 가지 방법이 있다. 여러 다른 근육군 간의 근력 분포를 추정하는 기준으로는 (1) 근육의 단면적 이용, (2) 근육 신호에 대한 근전도

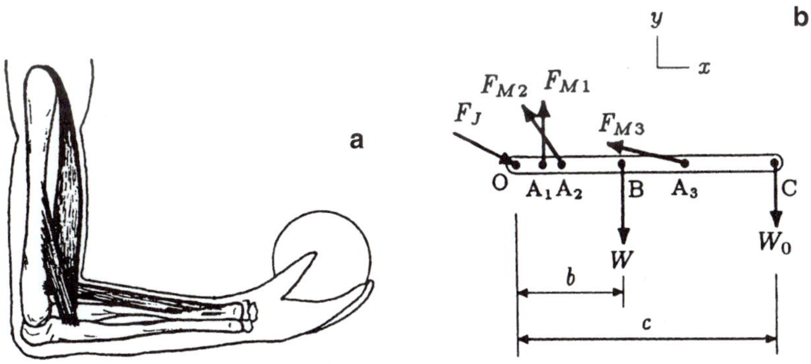

그림 5.8 • 세 가지 근육 시스템

(EMG) 측정 이용, (3) 특정 최적화 기법 이용과 같은 세 가지 방법이 있다. 각 근육은 단면적에 비례하여 힘을 받는 것으로 가정할 수 있다. 만약 S_1, S_2, S_3이 두갈래근(biceps, 이두근), 위팔근(brachialis muscle, 상완근), 위팔노근(brachioradialis muscle, 상완요골근)의 단면적이라면, 다음과 같은 방식으로 근력을 표현하여 이 기준을 적용할 수 있다.

$$F_{M2} = k_{21} F_{M1} \quad \text{with} \quad k_{21} = \frac{S_2}{S_1} \tag{vi}$$

$$F_{M3} = k_{31} F_{M1} \text{ with } k_{31} = \frac{S_3}{S_1} \tag{vii}$$

만약 상수 k_{21}, k_{31}을 알면, 식 (vi), (vii)를 식 (iii)에 대입하여 다음과 같이 F_{M1}을 구할 수 있다.

$$F_{M1} = \frac{bW + cW_O}{a_1 + a_2k_{21} + a_3k_{31}}$$

F_{M1}을 식 (vi)와 (vii)에 대입하면, 위팔근과 위팔노근에 가해지는 근력의 크기를 구할 수 있다. k_{21}과 k_{31}의 값은 근전도 신호의 진폭으로부터 추정할 수 있다. 정적부정 문제는 일부 최적화 기법을 사용하여 해결할 수도 있다. 만약 특정 작업(정적 또는 동적)을 가장 효율적인 방식으로 수행하는 것이 목적이라면, 신체의 근육은 가해지는 힘, 관절에서의 모멘트(동적일 경우), 및/또는 근육에 의해 수행된 일을 최소화하도록 작용해야 한다. 문제는 어떻게 다양한 근육들 사이에서 힘의 분포가 최대 효율을 얻을 수 있도록 작동할 것인가 하는 것이다. 이러한 개념과 관련 참고문헌은 5.11절에서 간략히 논의될 것이다.

5.6 어깨관절 역학

그림 5.9와 5.10에서는 어깨 복합체의 뼈 구조와 근육을 보여주고 있다. 어깨는 모든 팔운동(upper extremity movement)의 토대를 형성한다. 어깨의 복합체 구조는 어깨관절과 어깨팔이음뼈[shoulder 역학적 모델, 견(갑)대]의 두 가지로 나눌 수 있다.

오목위팔관절(glenohumeral articulation, 관절와상완관절)로도 알려져 있는 어깨관절은 반구형 위팔뼈머리(humeral head, 상완골두)와 어깨뼈의 얕은 오목관절(shallowly concave glenoid fossa)로 구성된 구와관절이다. 오목관절의 얕은 구조는 오목관절의 관절면에서 위팔뼈머리가 자유로운 움직임을 하는 데 매우 중요한 역할을 한다. 시상면에서 굽힘(위팔뼈를 앞쪽으로 움직임; 앞 위쪽 움직임) 및 폄(굽힘으로부터 복귀), 관상면에서 벌림(위팔뼈의 측면으로 수평 위쪽 움직임) 및 모음(벌림으로부터 복귀), 그리고 가로면에서 바깥회전(위팔뼈가 장축을 중심으로 바깥쪽으로 움

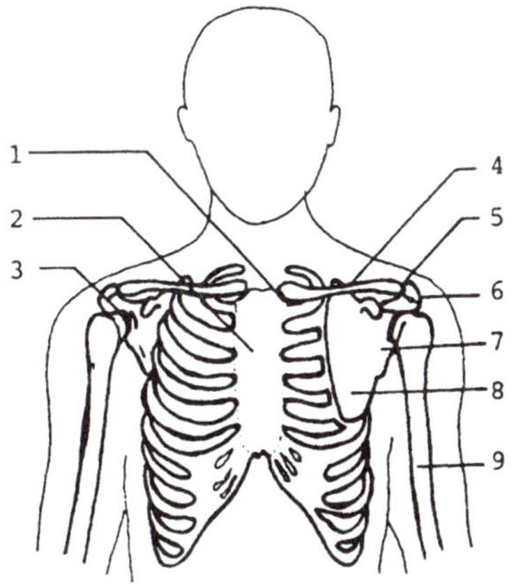

그림 5.9 • 어깨: (1) 복장빗장관절, (2) 복장뼈, (3) 오목위팔관절, (4) 빗장뼈, (5) 봉우리빗장관절, (6) 봉우리돌기, (7) 관절오목, (8) 어깨뼈, (9) 위팔뼈

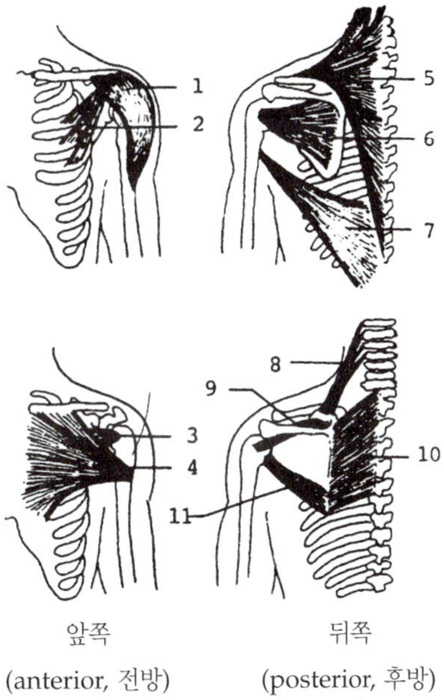

그림 5.10 • 어깨 근육: (1) 어깨세모근, (2) 작은가슴근, (3) 어깨밑근, (4) 큰가슴근, (5) 등세모근, (6) 가시아래근 및 작은원근, (7) 넓은등근, (8) 어깨올림근, (9) 가시위근, (10) 마름근, (11) 큰원근

직임) 및 안쪽 회전(바깥회전으로부터 복귀)과 같은 움직임이 가능하다. 이와 같은 어깨 관절의 관절면 구조는 불안정성과 탈구와 같은 부상에 취약하게 만들기도 한다. 어깨관절은 위팔어깨관절과 부리위팔인대(coracohumeral ligament, 오훼상완인대), 그리고 관절을 가로지르는 근육에 의하여 안정성을 얻게 된다. 어깨관절을 구성하는 중요한 근육으로는 어깨세모근(deltoideus, 삼각근), 가시위근(supraspinatus, 극상근), 큰가슴근(pectoralis major, 대흉근), 부리위팔근(coracobrachialis, 오훼완근), 넓은등근(latissimus dorsi, 광배근), 큰원근(teres major, 대원근), 작은원근(teres minor, 소원근), 가시아래근(infraspinatus, 극하근), 어깨밑근(subscapularis, 견갑하근)이 있다.

어깨팔이음구조는 빗장뼈(clavicle, collarbone, 쇄골)와 어깨뼈(scapula, 견갑골)로 구성되어 있다. **봉우리빗장관절**(acromioclavicular joint, 견쇄관절)은 먼쪽빗장뼈(distal clavicle, 원위쇄골)와 어깨뼈의 몸쪽봉우리(proximal acromion, 근위견봉)로 구성된 작은 윤활관절(synovial articulation)이다. 부리빗장인대(coracoclavicular ligament, 부리쇄골인대)는 이 관절을 더욱 안정감이 있고 강하게 하는 데 도움을 준다. **복장빗장관절**(sternoclavicular joint, 흉쇄관절)은 복장뼈자루(manubrium of sternum)와 몸쪽빗장뼈(proximal clavicle, 근위쇄골) 사이에 있는 관절이다. 이 관절을 강하게 해주는 인대는 갈비빗장인대(costoclavicular ligament, 늑쇄골인대)이다. 봉우리빗장관절과 복장빗장관절은 **반달연골**(menisci, 반월상연골)이라고 불리는 많은 뼈 사이에 끼어 있는 다층 연골을 가지고 있다.

어깨뼈(scapula, 견갑골)는 다음과 같은 네 쌍의 움직임으로 이루어져 있다. 즉, 올림(elevation, 이마면에서의 어깨뼈의 움직임)와 내림(depression, 올림의 복귀), 위쪽 돌림(upward rotation)(관절오목을 위쪽으로 회전시키고 어깨뼈의 아래 안쪽 경계를 척추로부터 멀어지게 회전)과 아래쪽 돌림(download rotation)(위쪽 회전의 복귀), 내밈(protraction)(빗장뼈 말단부를 앞으로 움직임)과 뒤당김(retraction)(내밈의 복귀), 앞쪽 돌림(forward rotation)과 뒤쪽 돌림(backward rotation)(빗장뼈 축을 중심으로 어깨뼈의 회전)으로 구성된다. 이와 같은 움직임을 제어하고 조율하는 주요 근육들에는 등세모근(trapezius, 승모근), 어깨올림근(levator scapulae, 견갑거근), 마름모근(rhomboid, 능형근), 작은가슴근(pectoralis minor, 소흉근), 앞톱니근(serratus anterior, 전거근), 빗장밑근(subclavius muscle, 쇄골하근)이 있다.

예제 5.2 아령 운동으로 어깨 근육을 강화시키는 사람을 생각해보자. 그림 5.11에는 팔을 수평으로 완전히 벌린 왼팔의 위치를 보여준다. 팔의 자유물체도는 그림 5.12에 역학적 모델과 함께 제시되어 있다. 또한 그림 5.12에서 팔에 작용하는 힘은 수평 성분과 수직 성분으로 나누어진다. O 지점은 어깨관절의 회전축이며, A 지점은 어깨세모근이 위팔뼈에 부착된 위치이며, C 지점은 아령의 무게중심이다. W는 팔의 무게, W_O는 아령의 무게, F_M은 어깨세모근의 장력의 크기, F_J는 어깨에서 관절 반력의 크기이다. 어깨세모근력의 합력은 수평과 각도 θ를 이룬다. O 지점에서 A, B, C 지점까지의 거리는 각각 a, b, c이다.

그림과 같은 위치에서 팔을 유지하기 위해 어깨세모근이 가하는 힘의 크기 F_M을 구하

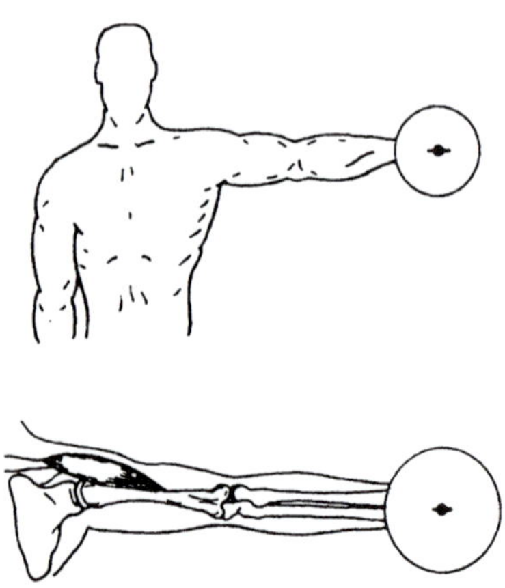

그림 5.11 • 수평으로 벌린 팔

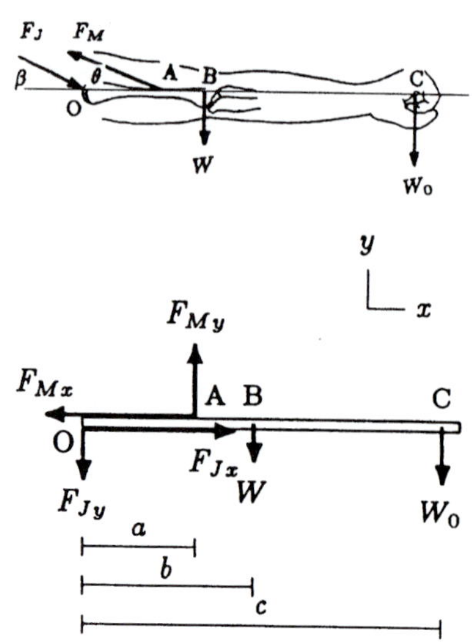

그림 5.12 • 팔에 작용하는 힘과 역학적 모델

라. 또한, 어깨관절에서 반력의 크기와 방향을 지정된 매개변수들에 관하여 구하라.

풀이: xy 좌표상에서 근력과 관절 반력은 두 성분으로 이루어져 있으며, 팔과 아령의 무게는 음(−)의 y 방향으로 작용한다. 근력의 성분은 다음과 같다.

$$F_{Mx} = F_M \cos\theta \quad (-x) \tag{i}$$

$$F_{My} = F_M \sin\theta \quad (+y) \tag{ii}$$

관절 반력의 성분은 다음과 같다.

$$F_{Jx} = F_J \cos\beta \quad (+x) \tag{iii}$$

$$F_{Jy} = F_J \sin\beta \quad (-y) \tag{iv}$$

β는 관절 반력이 수평과 이루는 각도이다. 근육이 팔에 가하는 힘의 작용선과 (θ에 관하여) 방향은 알고 있다. 그러나 근력의 크기 F_M, 관절 반력의 크기 F_J 및 각도 β는 미지수이다. 총 세 개의 미지수 F_M, F_J, β (또는 F_M, F_{Jx}, F_{Jy})가 있다. 이러한 2차원 문제를 해결하기 위해서는 세 개의 평형방정식을 모두 사용하여야 한다.

먼저, O 지점에서 어깨관절에 대한 팔의 회전평형을 생각해보자. 작용선이 O 지점을 통과하기 때문에 관절 반력은 O 지점에 대해 토크를 생성하지 않는다. 작용선도 O 지점을 통과한다고 가정하면, O 지점에 대해 생성된 모멘트에 대한 근력의 수평 성분의 영향을 무시할 수 있다. 이 가정은 본 예제를 풀기 위한 꼭 필요한 가정은 아니라는 점에 유의하라. 모멘트 팔 길이(즉, O와 A 지점 사이의 수직 거리)를 알면, O 지점에 대해 F_{Mx}에 의해 생성된 토크를 쉽게 통합할 수 있다. 이러한 사항을 고려해보면 O 지점에 대한 모멘트 생성 힘은 세 가지뿐이다. 팔의 회전평형을 위하여 O 지점에 대한 알짜 모멘트는 0이 되어야 한다. 반시계 방향의 모멘트를 양(+)이라고 하면, 다음과 같은 식을 얻을 수 있다.

$$\begin{aligned} \sum M_O = 0: \quad aF_{My} - bW - cW_O &= 0 \\ F_{My} &= \frac{1}{a}(bW + cW_O) \end{aligned} \tag{v}$$

주어진 a, b, c, W, W_O에 대하여, 식 (v)를 이용하여 어깨세모근에 의해 가해지는 수직성분을 계산할 수 있다. 이제 식 (ii)를 이용하여 아래와 같이 근육이 가하는 전체 힘을 계산할 수 있다.

$$F_M = \frac{F_{My}}{\sin\theta} \tag{vi}$$

F_M을 알면, 식 (i)을 이용하여 근육 장력의 수평 성분을 계산할 수 있다.

$$F_{Mx} = F_M \cos\theta \tag{vii}$$

관절 반력의 성분은 팔의 병진평형을 수평 및 수직 성분으로 분할하여 다음의 식으로 나타낼 수 있다.

$$\sum F_x = 0,\ \text{즉}\ F_{Jx} - F_{Mx} = 0,\quad \text{따라서}\ F_{Jx} = F_{Mx} \tag{viii}$$

$$\sum F_y = 0,\ \text{즉}\ -F_{Jy} + F_{My} - W - W_O = 0,\quad \text{따라서}\ F_{Jy} = F_{My} - W - W_O \tag{ix}$$

관절 반력의 직사각형 성분들을 알면, 힘 자체의 크기와 작용선이 수평과 이루는 각도를 다음과 같이 계산할 수 있다.

$$F_J = \sqrt{(F_{Jx})^2 + (F_{Jy})^2} \tag{x}$$

$$\beta = \tan^{-1}\left(\frac{F_{Jy}}{F_{Jx}}\right) \tag{xi}$$

$a = 15$ cm, $b = 30$ cm, $c = 60$ cm, $\theta = 15°$, $W = 40$ N, $W_O = 60$ N이면 다음과 같이 값을 구할 수 있다.

$$\begin{aligned} F_{My} &= \frac{1}{0.15}[(0.30)(40) + (0.60)(60)] \\ &= 320\,\text{N} \quad (+y) \end{aligned}$$

$$F_M = \frac{320}{\sin\ 15°} = 1236\,\text{N}$$

$$F_{Mx} = (1236)(\cos 15°) = 1194\,\text{N} \quad (-x)$$

$$F_{Jx} = 1194\,\text{N} \quad (+x)$$

$$F_{Jy} = 320 - 40 - 60 = 220\ \text{N} \quad (-y)$$

$$F_J = \sqrt{(1194)^2 + (220)^2} = 1214\,\text{N}$$

$$\beta = \tan^{-1}\left(\frac{220}{1194}\right) = 10°$$

참고

• F_{Mx}는 어깨세모근의 안정화 성분이며, F_{My}는 회전 성분이다. F_{Mx}는 F_{My}보다 4배 정도 더 크다. 안정화 성분이 크다는 것은 팔의 수평 위치가 안정적이지 않으며, 근육을 안정화시키기 위해서 높은 수평 힘을 가해야 함을 나타낸다.

• 인간의 어깨는 부상에 매우 취약하다. 가장 흔한 부상은 어깨관절의 탈구와 위팔뼈 골절이다. 오목위팔관절(glenohumeral joint, 관절와상완관절)의 구멍(socket)이 얕기 때문에 위팔뼈의 머리는 관절오목(glenoid fossa, 관절와)의 관절면에 대하여 비교적 자유롭게 회전할 수 있다. 하지만 이러한 자유로운 움직임은 관절의 안정성 저하로부터 얻어지는 것이다. 위팔뼈머리(humeral head, 상완골두)는 어깨의 근육 및 인

대 구조의 강약 및 신체 활동에 따라 다양한 형태로 탈구된다. 위팔뼈 골절은 또 다른 흔한 부상이다. 위팔뼈는 잘 보호되지 않는 구조로 인해 부상의 위험이 높다.

- 어깨관절에 대한 팔의 평균 운동범위는 굽힘-폄 운동에서는 230°이고, 벌림(abduction, 외전)-모음(adduction, 내전) 및 외향-내향 회전운동에서는 170°이다.

5.7 척추관절 역학

인간의 척추(spinal column)는 근골격계 중에서 가장 복잡하다. 척추의 주요 기능은 척수(spinal cord)를 보호하고, 머리, 목, 상체를 지지하며, 머리와 상체로부터 골반으로 하중을 전달하고, 다양한 형태의 움직임을 가능하게 하는 것이다. 척추는 목(cervical), 가슴(thoracic), 허리(lumbar), 엉치(sacral), 꼬리(coccygeal) 부분으로 구성되어 있다. 척추의 목과 가슴 부분은 몸통을 이루고, 엉치와 꼬리 부분은 골반과 결합되어 다리이음뼈(pelvic girdle, 하지대)의 일부로 분류된다.

등골뼈(vertebral column, 척추)는 24개의 매우 복잡한 척추뼈[vertebrae, (척)추골]로 이루어져 있다(그림 5.13). 척추뼈 사이의 관절은 좀움직관절(amphidarthrodial joint, 불전동관절)이다. 섬유연골원반(fibrocartilaginous disc)는 각 쌍의 척추뼈 사이에 끼워져 있다. 이 척추원반(intervertebral disc, 추간판)의 주요 기능은 위 분절로부터 전달되는 하중을 견디고, 충격을 흡수하는 역할을 하며, 뼈와 뼈의 직접적인

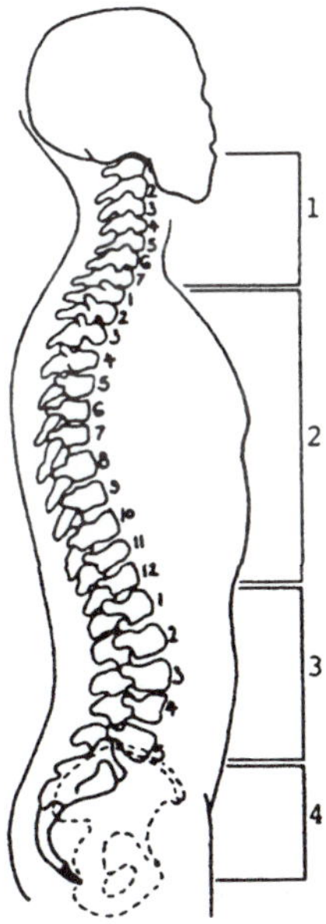

그림 5.13 • 척추: (1) 목뼈(경추), (2) 등뼈(흉추), (3) 허리뼈(요추), (4) 엉치뼈(천골)

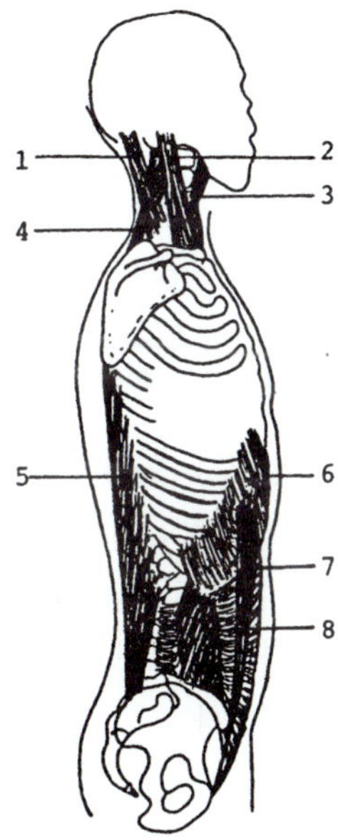

그림 5.14 • 목과 척추의 근육: (1) 널판근, (2) 목빗근, (3) 목뿔근, (4) 어깨올림근, (5) 척추세움근, (6) 빗근, (7) 배곧은근, (8) 배가로근

접촉을 방지하고, 척추뼈 구조 사이의 직접적 접촉을 방지함으로써 충격력의 영향을 줄이는 역할을 수행한다. 인접한 척추뼈와 각 척추뼈 사이의 관절은 세 평면에서의 움직임을 허용함으로써 전체 척추를 마치 하나의 절구관절(ball-and-socket joint)처럼 기능하게 한다. 척추의 구조는 굽힘−폄, 옆 굽힘, 그리고 회전과 같은 다양한 움직임을 가능하게 한다.

특히 중요한 두 개의 척추 관절은 머리(두개골의 뒤통수뼈)와 첫 번째 목뼈인 고리뼈(atlas, 환추), 그리고 고리뼈와 두 번째 척추뼈인 중쇠뼈(axis, 축)가 있는 관절이다. **고리뒤통수관절**(atlanto-occipital joint, 환추후두관절)은 첫 번째 목뼈(cervical vertebrae, 경추)와 머리의 뒤통수뼈(occipital bone, 후두골) 사이의 연결부이다. 이곳은 머리가 시상면(sagittal plane)과 이마면(frontal plane)으로 운동하는 것을 가능하게 하는 이중 융기관절(condyloid joint, 과관절)이다. **고리중쇠관절**(atlantoaxial joint, 환축추관절)은 고리뼈와 머리의 치아돌기(odontoid process, 치상돌기) 사이의 연결부이다. 이것은 머리를 가로면(transverse plane)으로 회전하는 것을 가능하게 하는 중쇠관절(pivot joint, 차축관절)이다. 머리와 목의 운동을 관장하고, 제어하는 근육군은 척추앞근(prevertebral, 추전근)(앞), 목뿔근(hyoid, 설골근)(앞), 목빗근(sternocleidomastoid, 흉쇄유돌근)(앞−옆), 목갈비근(scalenus, 사각근)(옆), 어깨올림근(levator scapulae)(옆), 뒤통수밑근육(suboccipitals, 후두하근)(뒤), 널판근(spleni, 판상근)(뒤)이다.

척추(spine)의 안정성은 척추원반과 그 주위를 감싸고 있는 연골 및 근육으로부터 얻어진다(그림 5.14). 척추원반과 연골은 내적 안정성을, 근육은 외적 안정성을 제공한다. 척추의 근육은 쌍으로 존재한다. 척추의 앞 부분에는 배곧은근(rectus abdominis, 복직근), 배바깥빗근(external obliques, 외복사근), 배속빗근(internal obliques, 내복사근)과 같은 복부근을 포함하고 있다. 이들 근육은 상체를 굽힐 때 힘을 제공하고, 내부 장기들이 일정한 위치에 있도록 도와준다. 뒤쪽 몸통근육은 척추세움근(erector spinae muscle, 척추기립근), 목반가시근(semispinalis muscle, 경반극근), 뒤척수근(posterior spinal muscle, 후척수근)과 같이 세 가지 근육군으로 이루어져 있다. 척추의 뒷부분에 위치한 이들 근육의 주요 기능은 몸통의 폄 운동을 제공한다. 이들 근육은 또한 중력에 대항하여 척추를 지지한다. 허리네모근(quadratus lummborum muscle, 요방형근)은 몸통을 옆으로 굽힐 때 중요하다. 이 근육은 허리척추와 골반이 안정하게 한다. 몸통의 옆굽힘은 배근육(abdominal muscle, 복근)과 뒤근육에 의하여 이루어진다. 몸통의 회전운동은 앞뒤근육이 동시에 작용하여 제어한다.

척추는 여러 가지 부상의 위험에 노출되어 있다. 가장 심각한 부상은 체액에 잠겨 뼈 구조물에 의해 보호받고 있는 척수(spinal cord)와 관련된 것이다. 다른 심각한 부상으로는 척추골절(fractured vertebrae)과 탈출척추원반(herniated disc, 추간판탈출증)이 있다. 요통(low back pain)은 척추 아래 부분의 손상 때문이다.

예제 5.3 머리와 목의 위치가 그림 5.15와 같은 경우를 생각해보자. 머리에 가해지는 모든 힘은 그림에 나타나 있다. 머리의 무게는 $W = 50$ N이고 무게중심은 C 지점이다. F_M은 A 지점에서 두개골에 가해지는 목폄근(neck extensor muscle, 경추신전근)의 합력의 크기이다. 고리뒤통수관절(atlanto-occipital joint, 환추후두관절) 중심은 B 지점이다. 이와 같이 머리가 구부러진 상태에서 목폄근의 작용선이 수평과 이루는 각도는 $\theta = 30°$이고, 관절 반력의 작용선이 이루는 각도는 $\beta = 60°$로 추정된다.

머리를 지지하기 위해 목폄근에 가해지는 장력은 얼마인가? 고리뒤통수관절의 첫 번째 목뼈에 가해지는 압축력은 얼마인가?

풀이: 이 예제는 근력의 크기 F_M과 관절 반력의 크기 F_J가 미지수인 세 힘 시스템 문제이다. 문제의 기하학적인 구조가 상대적으로 복잡하므로, 물체가 평형 상태에 있으려면 물체에 작용하는 힘 시스템이 공점(concurrent)이거나 평행(parallel)해야 하는 조건을 활용하는 것이 편리하다. 이 문제의 경우 평행력 시스템은 아니라는 것은 확실하다. 그러므로 이 문제는 공점력 시스템이다. 공점력 시스템이란 모든 힘의 작용선이 공통된 교점을 가진 경우이다.

그림 5.15는 머리에 작용하는 세 힘의 작용선이 모두 점 O에서 만나도록 연정된 것을 보여준다. 그림 5.16에서는 두개골에 작용하는 힘 W, F_M, F_J가 점 O로 변환되고, 점 O는 xy 좌표축의 원점으로 선택한다. x, y 방향으로 근력 및 관절 반력의 직사각 성분은 다음과 같다.

$$F_{Mx} = F_M \cos\theta \tag{i}$$

$$F_{My} = F_M \sin\theta \tag{ii}$$

$$F_{Jx} = F_J \cos\beta \tag{iii}$$

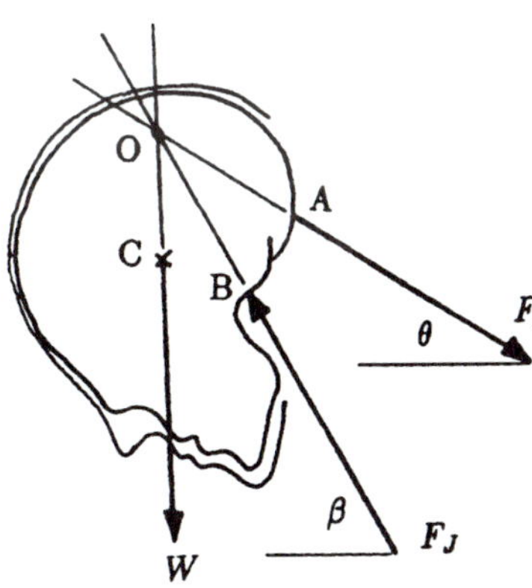

그림 5.15 • 두개골에 작용하는 힘이 이룬 공점력 시스템

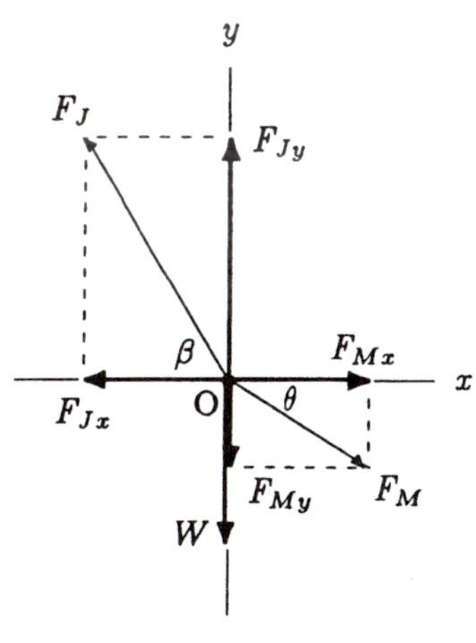

그림 5.16 • 머리에 작용하는 힘의 성분

$$F_{\mathrm{J}y} = F_{\mathrm{J}} \sin\beta \tag{iv}$$

x, y 방향으로 병진 평형조건으로부터 다음 식을 얻을 수 있다.

$$\sum F_x = 0, \text{ 즉 } -F_{\mathrm{J}x} + F_{\mathrm{M}x} = 0, \text{ 따라서 } F_{\mathrm{J}x} = F_{\mathrm{M}x} \tag{v}$$

$$\sum F_y = 0, \text{ 즉 } -W - F_{\mathrm{M}y} + F_{\mathrm{J}y} = 0, \text{ 따라서 } F_{\mathrm{J}y} = W + F_{\mathrm{M}y} \tag{vi}$$

식 (i) 및 (iii)을 식 (v)에 대입하면 아래와 같다.

$$F_{\mathrm{J}} \cos\beta = F_{\mathrm{M}} \cos\theta \tag{vii}$$

식 (ii) 및 (iv)를 식 (vi)에 대입하면 아래와 같다.

$$F_{\mathrm{J}} \sin\beta = W + F_{\mathrm{M}} \sin\theta \tag{viii}$$

식 (vii)을 식 (viii)에 대입하면 아래와 같다.

$$\frac{F_{\mathrm{M}} \cdot \cos\theta}{\cos\beta} \cdot \sin\beta = W + F_{\mathrm{M}} \sin\theta,$$

$$F_{\mathrm{M}} \cdot \cos\theta \tan\beta = W + F_{\mathrm{M}} \sin\theta, \text{ then} \tag{ix}$$

$$\tan\beta = \frac{W + F_{\mathrm{M}} \sin\theta}{F_{\mathrm{M}} \cos\theta}$$

식 (ix)를 이용하여 아래와 같이 미지의 근력 F_{M}을 구할 수 있다.

$$F_{\mathrm{M}} \cos\theta \tan\beta = W + F_{\mathrm{M}} \sin\theta$$

$$F_{\mathrm{M}}(\cos\theta \tan\beta - \sin\theta) = W$$

$$F_{\mathrm{M}} = \frac{W}{\cos\theta \tan\beta - \sin\theta} \tag{x}$$

식 (x)은 근육의 장력을 머리의 무게 W와 근육의 작용선 및 관절 반력이 수평과 이루는 각도 θ 및 β의 함수로 나타낸다. W, θ, β의 수치를 대입하면 다음의 값을 얻을 수 있다.

$$F_{\mathrm{M}} = \frac{50}{(\cos\ 30°)(\tan\ 60°) - (\sin\ 30°)} = 50 \text{ N}$$

식 (i)과 (ii)로부터 아래와 같이 얻을 수 있다.

$$F_{\mathrm{M}x} = (50)(\cos\ 30°) = 43 \text{ N} \quad (+x)$$

$$F_{\mathrm{M}y} = (50)(\sin\ 30°) = 25 \text{ N} \quad (-y)$$

식 (v)와 (vi)로부터 아래와 같이 얻을 수 있다.

$$F_{\mathrm{J}x} = 43 \text{ N} \quad (-x)$$

$$F_{\mathrm{J}y} = 50 + 25 = 75 \text{ N} \quad (+y)$$

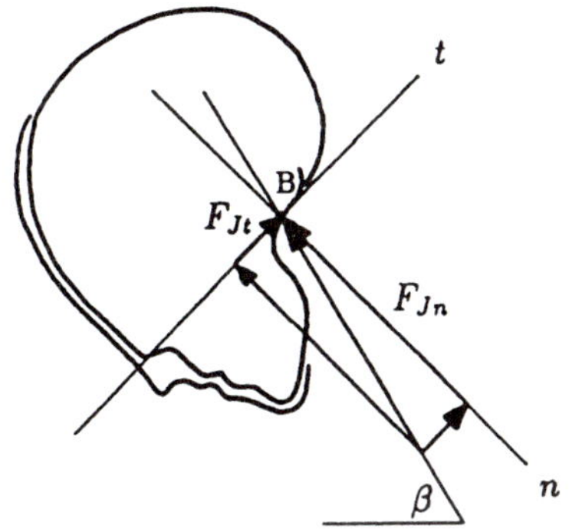

그림 5.17 • 관절 반력의 수직 및 전단 성분

관절 반력의 합력은 식 (iii) 또는 식 (iv)로부터 구할 수 있다. 식 (iii)을 이용하면 아래와 같다.

$$F_J = \frac{F_{Jx}}{\cos\beta} = \frac{43}{\cos\ 60°} = 86\ \text{N}$$

참고

• 문제의 머리 위치에서 머리를 지지하기 위해서는 목폄근에 50 N의 힘이 가해져야 한다. 환고리뒤통수관절에서 발생한 반력은 약 86 N이다.

• 관절 반력은 그림 5.17에서 보는 바와 같이, 두 개의 직사각 성분으로 분리할 수 있다. F_{Jn}은 관절면을 압축하는 $\underline{F_J}$의 법선 성분의 크기이며, F_{Jt}는 관절면에 전단 효과를 일으키는 접선 성분의 크기이다. 목에서의 근육 및 인대의 힘은 이러한 전단 효과에 균형을 맞추도록 작용한다.

예제 5.4 그림 5.18에서 보는 바와 같이, 몸을 앞으로 구부려 무게 W_O를 들어올리는 역도 선수를 생각해보자. 선수의 상체는 직립(수직) 위치를 기준으로 각도 θ만큼 구부려져 있다.

운동선수의 하체에 작용하는 힘은 5번째 허리뼈를 고려하여 그림 5.19에 나타나 있다. 하체(골반 및 다리)의 역학적 모델은 기하학적 매개변수들과 함께 그림 5.20에 나타나 있다. W는 선수의 체중이며, W_1은 골반을 포함한 다리의 무게이며, $W + W_O$는 C 지점에서 발을 통해 운동선수에게 작용하는 총 지면반력이다. F_M은 상체를 지지하는 척추세움근의 합력의 크기이며, F_J는 5번째 허리뼈와 엉치뼈의 결합부(O 지점)에서 발생하는 압축력의 크기이다. 골반을 포함한 다리의 무게중심은 B 지점에 위치한다. O 지점을 기준으로 근력, 하체 무게, 그리고 지면반력의 지렛대 팔 길이는 각각 a, b, c이다.

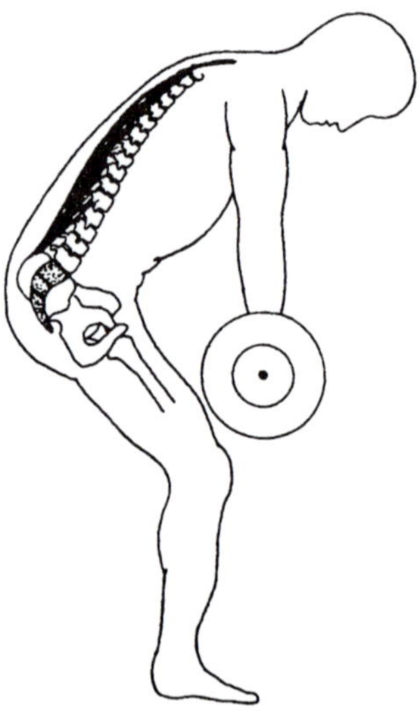

그림 5.18 • 역도 선수

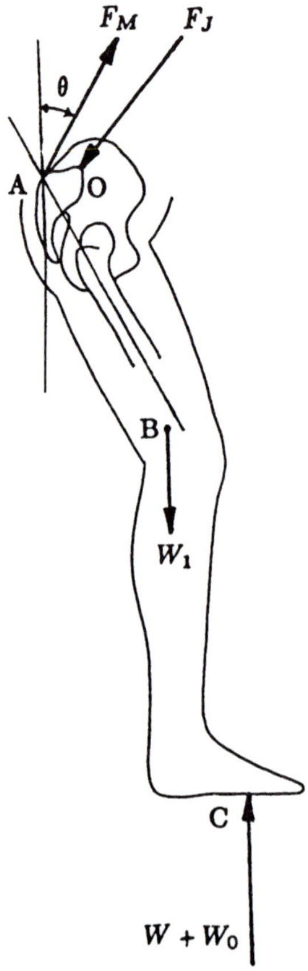

그림 5.19 • 운동선수의 하체에 작용하는 힘

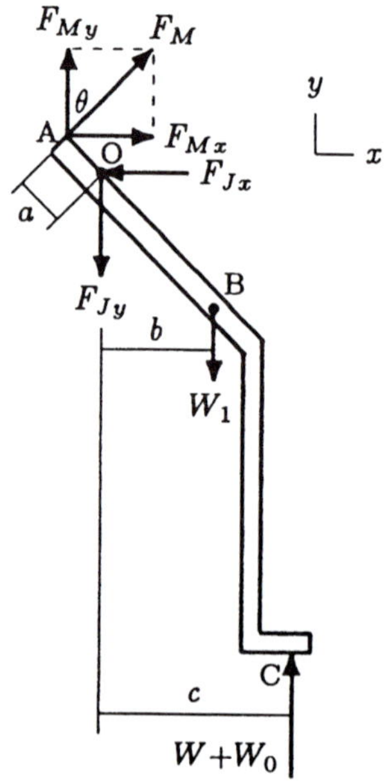

그림 5.20 • 자유물체도

척추세움근에 의해 가해지는 합력의 당김선은 상체와 평행(즉, 수직과 각도 θ를 이룬다)하다고 가정할 때, F_M 및 F_J를 a, b, c, θ, W_O, W_1 및 W에 관하여 계산하라.

풀이: 이 문제에서 미지수는 F_M, F_{Jx}, F_{Jy} 세 개이다. 근력의 지렛대 팔 길이, 지면반력, 그리고 골반을 포함한 다리의 중력은 O 지점으로부터 측정된 값이다. 그러므로 척추세움근에 의한 합력의 크기 F_M을 구하기 위해 O 지점에서의 회전 평형조건을 적용할 수 있다. 시계 방향의 모멘트를 양(+)으로 하면 아래와 같다.

$$\sum M_o = 0 : \quad aF_M + bW_1 - c(W + W_0) = 0$$

이 식을 F_M에 대하여 정리하면 다음을 얻을 수 있다.

$$F_M = \frac{c(W + W_0) - bW_1}{a} \qquad \text{(i)}$$

a, b, c, W_O, W_1, W의 주어진 값에 대해 식 (i)을 이용하면 근력에 관한 합력의 크기

를 구할 수 있다. 일단 F_M이 결정되면, x 및 y 방향의 성분은 다음 식을 사용하여 계산할 수 있다.

$$F_{Mx} = F_M \sin\theta \tag{ii}$$

$$F_{My} = F_M \cos\theta \tag{iii}$$

엉치뼈(sacrum, 천골)에서 발생된 반력의 수평 및 수직 성분은 x 및 y 방향에서 운동선수의 하체의 병진 평형조건을 활용하여 결정할 수 있다.

$$\sum F_x = 0,\ \text{즉}\ F_{Mx} - F_{Jx} = 0,\ \ \text{따라서}\ F_{Jx} = F_{Mx} \tag{iv}$$

$$\sum F_y = 0,\ \text{즉}\ F_{My} - F_{Jy} - W_1 + (W + W_0) = 0,\quad \text{따라서}\ F_{Jy} = F_{My} + W + W_0 - W_1 \tag{v}$$

한 순간에 선수가 상체를 기울여 수직과 $\theta = 45°$가 되고, 지렛대 팔 길이는 선수의 키 h에 관하여 측정되며, 무게는 선수의 체중 W에 관하여 주어져 $a = 0.02h$, $b = 0.08h$, $c = 0.12h$, $W_O = W$, $W_1 = 0.4\ W$인 것으로 가정한다.

식 (i)에 이들 값을 대입하면 아래와 같이 계산된다.

$$F_M = \frac{(0.12h)(W + W) - (0.08h)(0.4W)}{0.02h} = 10.4\ W$$

식 (ii) 및 (iii)으로부터 아래와 같이 계산된다.

$$F_{Mx} = (10.4\ W)(\sin 45°) = 7.4W$$

$$F_{My} = (10.4\ W)(\cos 45°) = 7.4W$$

식 (iv) 및 (v)로부터 아래와 같이 계산된다.

$$F_{Jx} = 7.4\ W$$

$$F_{Jy} = 7.4\ W + W + W - 0.4W = 9.0\ W$$

그러므로 엉치뼈에 가해지는 합력의 크기는 아래와 같다.

$$F_J = \sqrt{(F_{Jx})^2 + (F_{Jy})^2} = 11.7\ W$$

참고

• 여기에서 얻은 결과는 매우 중요하다. 운동선수가 45°로 몸을 기울여 자신의 체중과 같은 무게를 들어올리는 동안, 척추세움근에는 체중의 10배보다 큰 힘이 가해지며, 5번째 허리뼈와 엉치뼈의 융합점에 가해진 힘은 체중의 약 12배이다.

5.8 엉덩이관절 역학

넙다리뼈머리(femoral head, 대퇴골두)와 골반의 절구(acetabulum, 관골구) 사이의 관절은 가동관절(diarthrodial joint)이다(그림 5.21). 엉덩관절(hip joint, 고관절)의 안정성은 상대적으로 강성인 구상관절 형태와 인대, 그리고 이를 가로지르는 크고 강한 근육들에 의하여 얻어진다. 넙다리뼈머리는 절구의 깊은 구멍(socket)에 꼭 맞게 되어 있다.

엉덩관절의 인대와 테두리(labrum, 순)(섬유연골의 평평한 테두리)는 넙다리뼈머리가 움직일 때 절구 내 넙다리뼈머리를 지지하고 유지하는 기능을 한다.

엉덩관절의 구조는 매우 안정적이고 가동성이 뛰어나서 걷기, 앉기, 웅크림과 같은 활동에 필요한 넓은 가동 범위를 가능하게 한다. 넙다리뼈는 엉덩관절을 중심으로 굽힘과 폄, 벌림과 모음, 그리고 내향 회전과 외향 회전을 한다. 어떤 경우에는 이러한 움직임의 범위가 인대, 근육 및/또는 엉덩이의 뼈의 구조에 의해 제한된다. 넙다리뼈머리의 관절면과 절구에는 유리연골(hyaline cartilage, 초자연골)이 늘어서 있다. 엉덩이의 장애는 관절연골에 변형된 힘 분포를 일으켜 퇴행성관절염(degenerative arthritis)을 유발할 수 있다.

골반은 엉덩뼈(ilium, 장골), 궁둥뼈(ischium, 좌골), 두덩뼈(pubis bone, 치골), 엉치뼈(sacrum, 천골)로 이루어져 있다. 출생 및 성장하는 동안 골반뼈들은 별개로 되어 있으나, 성인의 경우에는 골반뼈가 융합되어 움직일 수 없는 못움직임관절(synarthrodial joint, 부동관절)을 형성한다. 골반은 척추와 두 넙다리뼈 사이에 위치해 있기 때문에 상대적으로 덜 안정적이다. 골반의 움직임은 주로 척추나 넙다리뼈의 움직임을 촉진하기 위한 목적으로 발생한다. 골반을 움직이는 것이 주 목적인 근육은 없다. 골반의 움직임은 엉덩이와 몸통의 근육에 의하여 이루어진다.

엉덩관절근육은 주요 작용에 기초하여 여러 그룹으로 나눌 수 있다(그림 5.22). 허리근(psoas, 요근), 엉덩근(iliacus, 장골근), 넙다리곧은근(rectus femoris, 대퇴직

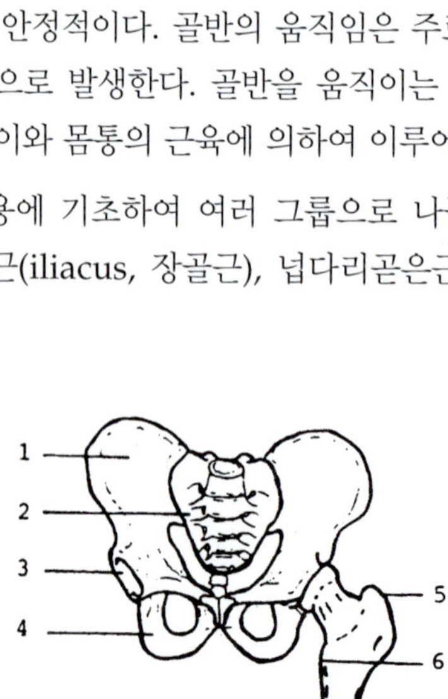

그림 5.21 • 골반과 볼기뼈(관골): (1) 엉덩뼈(장골), (2) 엉치뼈(천골), (3) 절구(관골구), (4) 궁둥뼈(좌골), (5) 큰돌기(대전자), (6) 작은돌기(소전자), (7) 넙다리뼈(대퇴골)

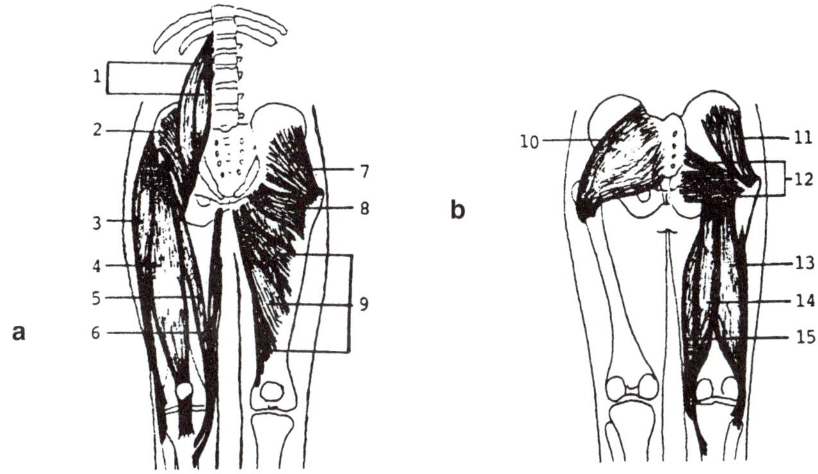

그림 5.22 • 엉덩이 근육의 (a) 앞, (b) 뒤: (1) 허리근, (2) 엉덩근, (3) 넙다리근막긴장근, (4) 넙다리곧은근, (5) 넙다리빗근, (6) 두덩정강근, (7) 작은볼기근, (8) 두덩근, (9) 모음근육, (10) 큰볼기근, (11) 중간볼기근, (12) 가쪽돌림근육, (13) 넙다리두갈래근, (14) 반힘줄근, (15) 반막근

근), 두덩근(pectineus, 치골근), 넙다리근막긴장근(tensor fasciae latae, 대퇴근막장근)은 주요 엉덩이 굽힘근육이다. 이 근육들은 달리기나 발로 차기와 같은 활동을 수행하는 데에도 이용된다. 큰볼기근(gluteus maximus, 대둔근)과 뒤넙다리근(hamstring, 슬괵근)은 엉덩이 폄근육이다. 뒤넙다리근은 넙다리두갈래근(biceps femoris, 대퇴이두근), 반힘줄근(semitendinosus, 반건양근), 반막근(semimembranosus, 반막양근)으로 구성되어 있다. 뒤넙다리근은 무릎 굽힘근의 기능도 한다. 중간볼기근(gluteus medius, 중둔근)과 작은볼기근(gluteus minimus, 소둔근)은 넙다리뼈의 안쪽 회전(inward rotation)을 제공하는 엉덩관절벌림근(abductor, 외전근, 외향근)이다. 중간볼기근은 또한 관상면에서 골반을 안정화시키는 주요 근육군이다. 긴모음근(adductor longus, 장내전근), 짧은모음근(adductor brevis, 단내전근), 큰모음근(adductor magnus, 대내전근), 두덩정강근(gracilis, 박근)은 엉덩이 모음근들이다. 또한 넙다리뼈의 바깥 회전(outer rotation)을 제공하는 작고 깊이 위치한 근육인 바깥 회전근(outward rotator, 외향 회전근)들도 있다.

엉덩이 근육에서 발생하는 부상은 주로 타박상과 골반 주위에서 발생하는 근육강직이다.

예제 5.5 걷고 달리는 동안 우리는 전체 체중을 한쪽 다리에 가하는 순간이 있다(그림 5.23의 오른쪽 다리). 전체 체중을 지지하는 다리에 작용하는 힘이 그림 5.24에 나타나 있다. F_M은 엉덩관절벌림근(hip abductor muscle)에 가해지는 합력의 크기이며, F_J는 골반이 넙다리뼈에 가하는 관절 반력의 크기이다. W_1은 다리의 무게, W는 지면이 다리에 가하는 수직 힘으로 작용된 전체 체중이다. 합성 근력의 작용선과 수평

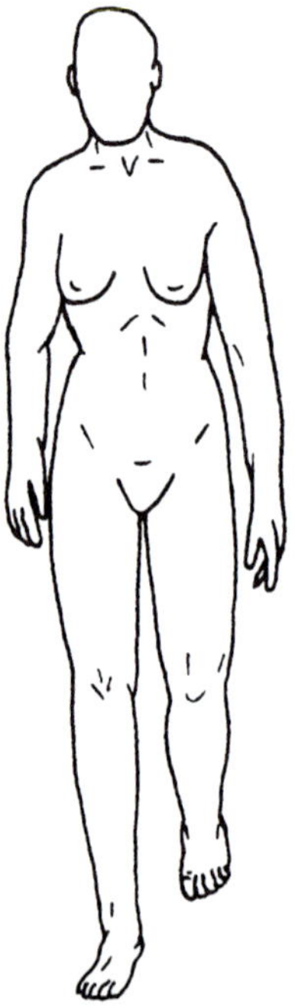

그림 5.23 • 한쪽 다리로 서기

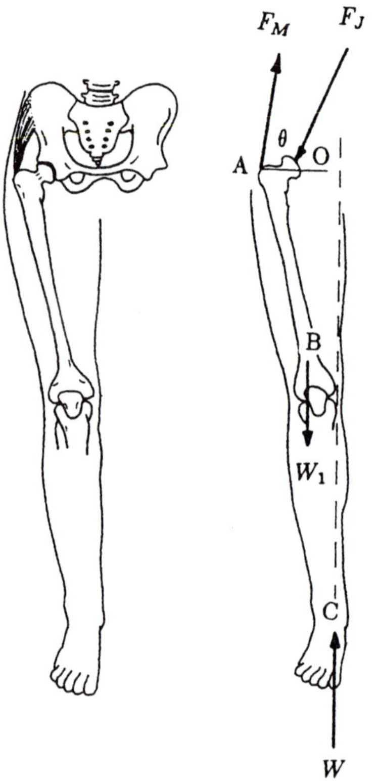

그림 5.24 • 몸의 총 체중을 지지하는 오른쪽 다리에 작용하는 힘

사이의 각도는 θ로 표시된다.

그림 5.25는 다리와 다리에 작용하는 힘의 직각 성분, 그리고 문제의 기하학적 구조를 정의하는 데 필요한 매개변수에 관한 역학적 모델을 보여준다. O 지점은 엉덩관절의 순간적인 회전축이며, A 지점은 엉덩관절벌림근이 넙다리뼈에 부착되어 있는 지점이다. B 지점은 다리의 무게중심이며, C 지점은 지면반력이 발에 작용하는 지점이다. A 지점과 O, B, C 지점 사이의 거리는 각각 a, b, c이며, α는 수평에 대한 넙다리뼈목(femoral neck, 대퇴경)의 경사각이고, β는 넙다리뼈몸통(femoral shaft, 대퇴골골간)의 장축이 수평과 이루는 각도이다. 그러므로 $\alpha + \beta$는 넙다리뼈의 총 목–몸통(neck-to-shaft) 각도와 거의 일치한다.

그림과 같은 위치에서 다리와 엉덩이를 지지하기 위해 엉덩관절벌림근에 의해 가해지는 힘과 엉덩이에서 관절 반력을 구하라.

풀이 1: 다리의 자유물체도 활용

문제를 해결하기 위하여 사람의 전체 체중을 지지하는 오른쪽 다리의 자유물체도를 이용할 수 있다. 그림 5.25a에서 근력과 관절 반력은 x, y 방향 성분으로 나타내었다.

합성 근력의 작용선은 수평과 θ의 각도를 이룬다. 그러므로 다음과 같이 나타낼 수 있다.

$$F_{Mx} = F_M \cos\theta \quad \text{(i)}$$

$$F_{My} = F_M \sin\theta \quad \text{(ii)}$$

각도 θ가 주어져 있으므로, 근력의 계산을 위해 필요한 미지수는 단지 그 크기인 F_M이다. 관절 반력의 경우 크기와 방향 둘 다 모르는 상태이다. 점 O에 위치한 엉덩관절의 축에 대하여, 그림 5.25b에서 a_x는 근력의 수직 성분인 F_{My}의 모멘트 팔이며, a_y는 F_{Mx}의 모멘트 팔이다. 마찬가지로 $(b_x - a_x)$는 W_1에 대한 모멘트 팔이며, $(c_x - a_x)$는 지면이 다리에 가하는 힘 W에 대한 모멘트 팔이다.

문제의 기하학적 특성으로부터 아래와 같이 정리할 수 있다.

$$a_x = a\cos\alpha \quad \text{(iii)}$$

$$a_y = a\sin\alpha \quad \text{(iv)}$$

$$b_x = b\cos\beta \quad \text{(v)}$$

$$c_x = c\cos\beta \quad \text{(vi)}$$

이로써 관련된 모든 힘의 수평 및 수직 성분과 O 지점에 관한 모멘트 팔을 정의하였다. 따라서 O 지점에서 다리의 회전 평형조건을 이용하여 A 지점에 가해지는 합성 근

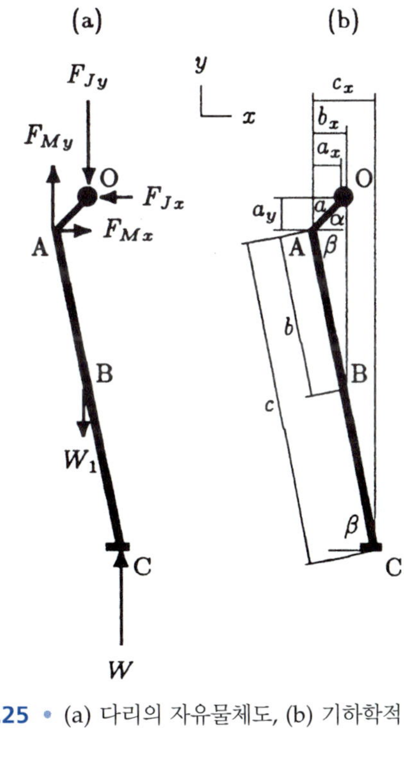

그림 5.25 • (a) 다리의 자유물체도, (b) 기하학적 매개변수

력의 크기를 구할 수 있다. 시계 방향의 모멘트를 양(+)으로 가정하면 아래와 같이 나타낼 수 있다.

$$\sum M_O = 0: \ a_x F_{My} - a_y F_{Mx} - (c_x - a_x)W + (b_x - a_x)W_1 = 0$$

식 (i)에서 (vi)를 위의 식에 대입하면 아래와 같다.

$$(a\cos\alpha)(F_M \sin\theta) - (a \ \sin\alpha)(F_M \ \cos\theta)$$
$$-(c\cos\beta - \ a\cos\alpha)W + (b\cos\beta - a\cos\alpha)W_1 = 0$$

위의 식을 근력에 대하여 풀면 다음과 같다.

$$F_M = \frac{(c\,W - bW_1)\cos\beta - a(W - W_1)\cos\alpha}{a(\cos\alpha\sin\theta - \ \sin\alpha\cos\theta)} \qquad \text{(vii)}$$

식 (vii)의 분모는 a sin($\theta-\alpha$)로 단순화할 수 있다. 관절 반력 성분을 구하기 위해서 다리의 수평 및 수직 평형조건을 이용하면 아래와 같다.

$$\sum F_x = 0: \quad F_{Jx} = \ F_{Mx} = \ F_M \cos\theta \qquad \text{(viii)}$$

$$\sum F_y = 0: \quad F_{Jy} = \ F_{My} + \ W - W_1$$
$$F_{Jy} = \ F_M \sin\theta + W - W_1 \qquad \text{(ix)}$$

그러므로 엉덩관절에 가해지는 합력은 아래와 같다.

$$F_J = \sqrt{(F_{Jx})^2 + (F_{Jy})^2} \qquad \text{(x)}$$

문제의 기하학적 매개변수들과 다리의 무게는 다음과 같이 사람의 키 h와 전체 체중 W에 관해 측정된다고 가정한다. 즉, $a = 0.05h$, $b = 0.20h$, c $= 0.52h$, $\alpha = 45°$, $\beta = 80°$, $\theta = 70°$, $W_1 = 0.17\ W$이다. 이를 이용하여 문제의 풀이를 구하면, 근력은 $F_M = 2.6\ W$, 관절 반력은 $F_J = 3.4\ W$, 관절 반력이 이루는 수평과의 각도는 $\varphi = \tan^{-1}(F_{Jy}/F_{Jx}) = 74.8°$이다.

풀이 2: 상체의 자유물체도 활용

동일한 문제를 풀기 위해서 다른 접근법을 이용해보자. 이번에는 오른쪽 다리의 자유물체도 대신에 왼발을 포함한 상체의 자유물체도를 이용해보도록 한다. 상체에 작용하는 힘은 그림 5.26과 5.27에 나타나 있다. F_M은 D 지점에서 골반에 작용하는 엉덩관절벌림근에 의해 가해지는 합력의 크기이다. θ는 합성 근력의 작용선이 수평과 이루는 각도이다.

F_J는 넙다리뼈머리가 E점에서 엉덩관절에 가하는 반력의 크기이다. $W_2 = W - W_1$(전체 체중−오른쪽 다리 무게)는 G 지점에 집중된 힘으로서 작용하는 상체와 왼

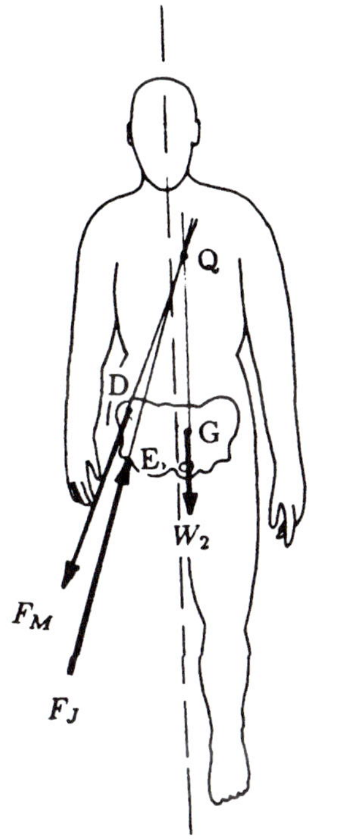

그림 5.26 • 한 발(오른발)로 서 있는 동안 골반에 작용하는 힘

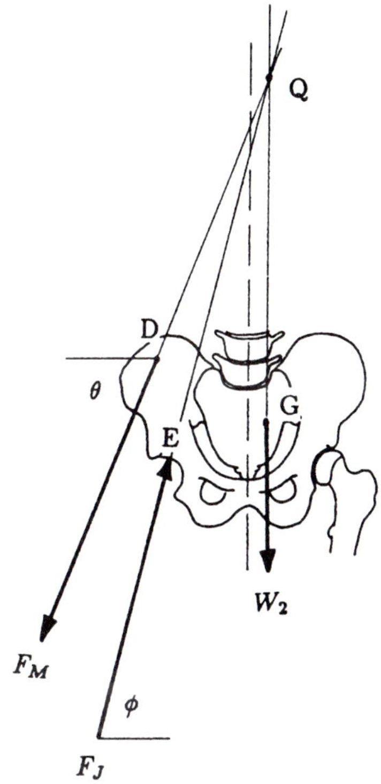

그림 5.27 • 포함된 힘은 공점력 시스템을 형성한다.

쪽 다리의 무게이다. G 지점은 전체 체중의 무게중심이 아니라는 점에 유의하라. 오른쪽 다리는 자유물체도에 포함되지 않기 때문에 인체의 왼쪽 부분이 오른쪽 부분보다 무겁고, G 지점은 원래의 무게중심(그림 5.27에서 수직 방향으로 그어진 파선을 따르는 한 점)보다 왼쪽에 위치하게 된다. G 지점의 위치는 4.12절에서 주어진 방법으로 결정할 수 있다.

고려 중인 신체를 구성하는 분절들의 개별 무게들을 결합함으로써, 문제를 세 힘 시스템으로 축소한다. 힘이 가해지는 기하학적인 형태로 미루어 볼 때, 이 문제는 평행력 시스템이 아니라는 것을 알 수 있다. 따라서 신체의 평형을 위해서 공점력 시스템(concurrent force system)을 형성해야만 한다. 이것은 힘의 작용선들이 반드시 공통 교점(그림 5.27의 Q 지점)을 가져야 함을 의미한다. 이 공통 교점은 $\underline{W}_2$와 $\underline{F}_M$의 작용선을 연장하여 얻을 수 있다. Q 지점과 E 지점을 지나는 직선은 관절 반력 F_J의 작용선을 나타낸다. $\underline{F}_J$가 수평과 이루는 각도 φ는 문제의 기하학적 구조로부터 측정할 수 있다. $\underline{F}_J$의 방향은 특정한 기하학적 고려를 통해 결정되기 때문에 미지수는 한 개로 줄어든다. 그림 5.28에서 보는 바와 같이, 미지수인 근력의 크기 F_M과 관절 반력의 크기 F_J는 이제 W_2, F_M, F_J를 Q 지점으로 이동시켜 수평 성분(x)과 수직 성분(y)으로 나누면 간단히 결정할 수 있다.

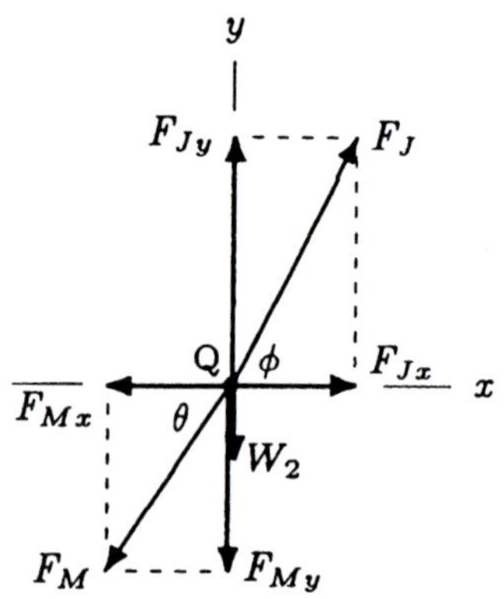

그림 5.28 • 힘의 성분 분석

$$
\begin{aligned}
F_{Mx} &= F_M \cos\theta \\
F_{My} &= F_M \sin\theta \\
F_{Jx} &= F_J \cos\varphi \\
F_{Jy} &= F_J \sin\varphi
\end{aligned} \tag{xi}
$$

x 및 y 방향의 병진 평형조건을 이용하면 아래와 같이 쓸 수 있다.

$$
\begin{aligned}
&\sum F_x = 0,\ \text{즉}\ -F_{Mx} + F_{Jx} = 0,\ \text{따라서}\ F_{Jx} = F_{Mx} \\
&\sum F_y = 0,\ \text{즉}\ F_{Jy} - W_2 - F_{My} = 0,\ \text{따라서}\ F_{Jy} = F_{My} + W_2
\end{aligned}
$$

식 (xi)를 고려하면 아래와 같다.

$$F_J \cos\varphi = F_M \cos\theta \tag{xii}$$

$$F_J \sin\varphi = F_M \sin\theta + W_2 \tag{xiii}$$

식 (xii)로부터 아래의 식을 얻을 수 있다.

$$F_J = \frac{F_M \cos\theta}{\cos\varphi}$$

이 식을 식 (xiii)에 대입하면 다음과 같은 식을 얻는다.

$$\frac{F_M \cos\theta}{\cos\varphi} \sin\varphi = F_M \sin\theta + W_2$$

이를 다시 정리하면 다음과 같다.

$$\frac{F_M \cos\theta}{\cos\varphi} \sin\varphi - F_M \sin\theta = W_2$$

$$F_M \left(\frac{\cos\theta \sin\varphi - \sin\theta \cos\varphi}{\cos\varphi} \right) = W_2$$

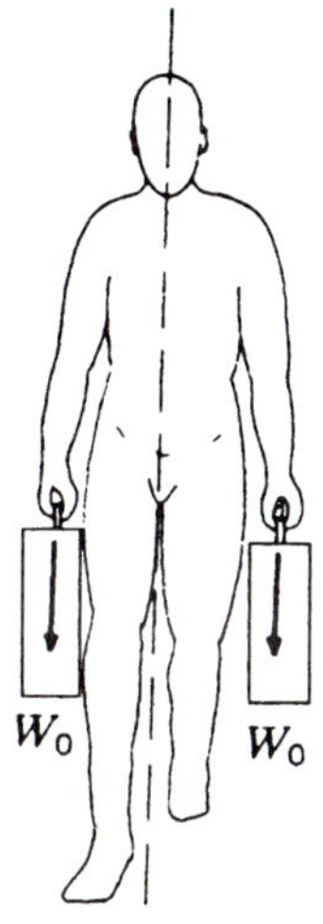

그림 5.29 • 양손에 하중을 운반하는 사람

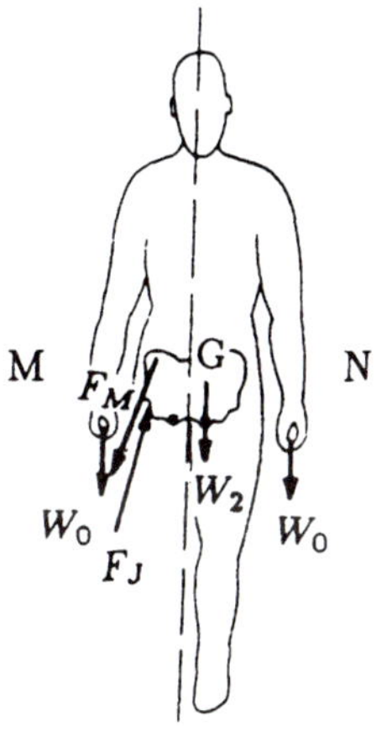

그림 5.30 • 상체에 작용하는 힘

이 식을 정리하면, 최종적으로 아래와 같은 식을 얻을 수 있다.

$$F_M = \frac{\cos\varphi W_2}{\sin(\varphi - \theta)}$$

$$F_J = \frac{\cos\theta W_2}{\sin(\varphi - \theta)}$$

예를 들어 $\theta = 70°$, $\varphi = 74.8°$, $W_2 = 0.83\ W$ (W는 사람의 체중)이면, 위 식으로부터 $F_M = 2.6\ W$, $F_J = 3.4\ W$를 얻을 수 있다.

한발 서기 자세(그림 5.29)로 양손에 각각 W_0의 하중을 들고 있는 경우, 근력과 엉덩관절 반력은 어떻게 변할까?

그림 5.30에서는 양손에 각각 W_0의 하중을 들고 있는 동안 상체의 자유물체도를 보여준다. 분석할 시스템은 왼쪽 다리를 포함한 상체와 양손에 들고 있는 하중으로 이루어져 있다. 여분의 하중에 대한 회전 및 병진(하향) 효과 모두의 균형을 맞추기 위하여 엉덩관절벌림근은 추가적인 힘이 가하고 엉덩관절에 더 큰 압축력이 생성될 것이다.

이 경우, 힘은 다섯 가지가 있다. 상체에 대한 중력(W_2)과 양손에 들고 있는 질량에 대한 중력(W_0)은 평행력 시스템(parallel force system)을 형성한다. 이 평행력을 단일 합력으로 대체할 수 있다면, 힘은 세 가지로 줄일 수 있으며, 앞에서 푼 방법(풀이 2)과 동일한 기술을 적용하여 문제를 해결할 수 있다. 이를 위해 그림 5.31에 제시된 힘 시스템을 생각해보자. M과 N 지점은 오른손과 왼손에 각각 가해지는 힘(W_0)에 해당한다. G 지점은 왼발을 포함한 상체의 무게중심이다. 수직 파선은 관상면에서 사람의 대칭축(중간선)을 나타내며, G 지점은 이 축의 왼쪽에 위치한다. M과 G 지점 사이의 거리 l_1은 N과 G 지점 사이의 거리 l_2보다 길다. l_1, l_2, W_2, W_0이 주어지면, 새로운

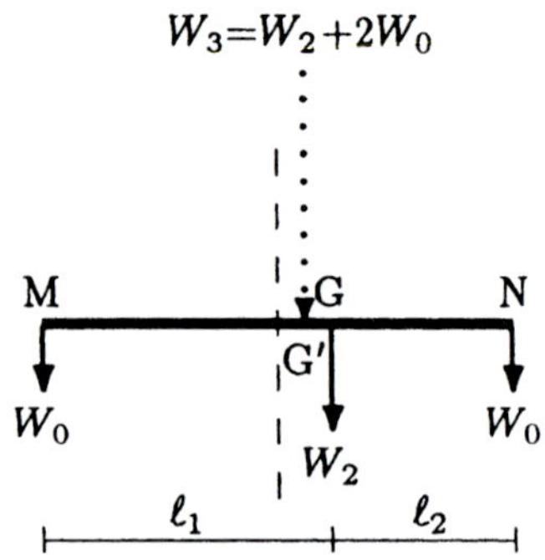

그림 5.31 • W_3은 세 힘 시스템의 합력이다.

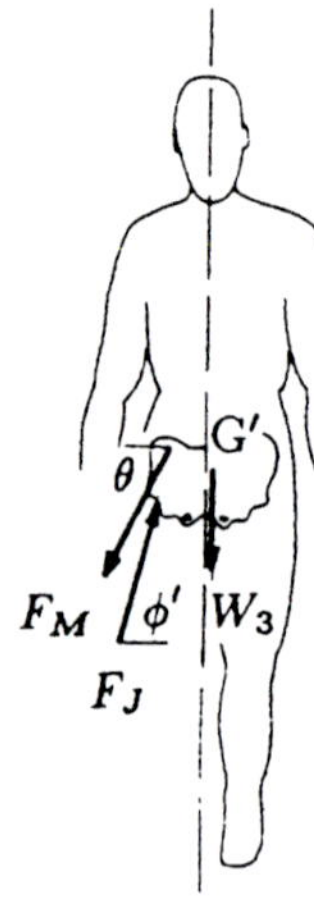

그림 5.32 • 세 힘 공점력 시스템

무게중심(G′ 지점)은 각 부분의 무게중심이 알려진 시스템에서 전체의 무게중심을 찾는 방법을 이용하여 구할 수 있다(5.14절 참조). 직감적으로 G′는 대칭축과 G 사이 어딘가에 위치할 것이다. 다시 말하면, G′는 오른쪽 엉덩관절에 더 가깝기 때문에, 오른쪽 엉덩관절로부터 측정된 전체 체중의 모멘트 팔의 길이는 손을 물건을 들고 있지 않는 경우보다 짧을 것이다. 반면에, 중력에 의한 합력의 크기는 $W_3 = W_2 + 2W_0$이며 모멘트 팔 길이가 짧아짐으로써 얻은 이득을 과잉 보상할 것이다.

왼쪽 다리와 양손에 든 하중을 포함한 상체의 새로운 무게중심이 결정되면, 식 (xi)과 (xii)는 엉덩관절벌림근이 가하는 합력과 엉덩관절에서 생성된 반력을 구할 수 있다.

$$F_M = \frac{\cos\varphi'(W_2 + 2W_0)}{\cos\theta\sin\varphi' - \sin\theta\cos\varphi'}$$

$$F_J = \frac{\cos\theta(W_2 + 2W_0)}{\cos\theta\sin\varphi' - \sin\theta\cos\varphi'}$$

여기서 식 (xi)과 (xii)는 상체의 무게 W_2를 새로운 총 무게 $W_3 = W_2 + 2W_0$로 바꾸고, 관절 반력의 작용선이 수평과 이루는 각도 φ를 새로운 각도 φ'로 바꾸어 수정한다(그림 5.32). 무게중심이 G에서 G′로 오른쪽을 향해 이동했기 때문에 φ'가 φ보다 약간 크다. 또한, 근력의 작용선이 수평과 이루는 각도 θ는 변함이 없는 것으로 가정한다.

오른쪽 한발 서기 자세(그림 5.33)로 왼손에 W_0의 하중을 들고 있으면 어떻게 될까?

지금 우리가 분석하려는 시스템이 상체, 왼쪽 다리, 그리고 손에 있는 하중으로 구성되어 있다고 가정하면, 왼손에 들고 있는 추가 하중 W_0는 무게중심을 G에서 G″로 사람의 왼쪽으로 이동한다. 결과적으로 오른쪽 엉덩관절에서 측정한 총 중력 $W_4 = W_2 + W_0$의 지렛대 팔 길이가 길어지게 될 것이다(그림 5.34). 이는 결국 W_4의 시계방향

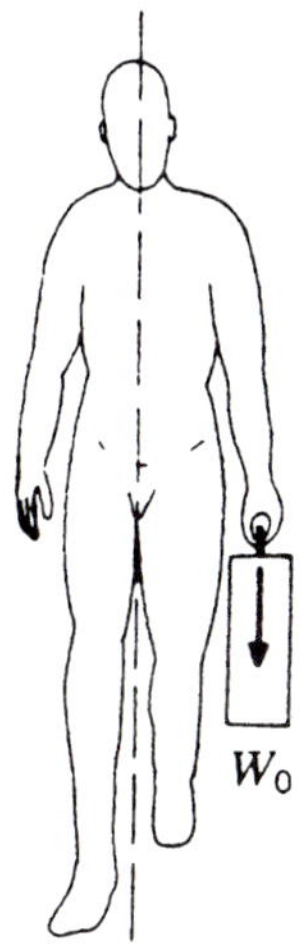

그림 5.33 • 한 손에 하중을 운반하는 사람

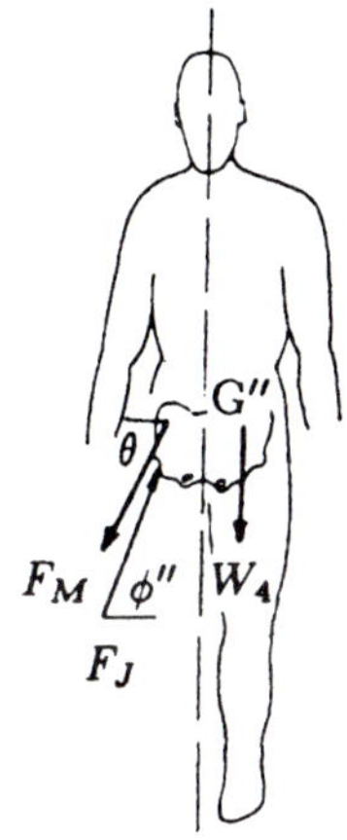

그림 5.34 • 상체에 작용하는 힘

회전 효과를 상쇄하고 오른쪽 엉덩관절에서 압축력을 증가시키기 위해 더 큰 엉덩관절벌림근의 힘을 필요로 하게 된다.

분석된 시스템의 기하학적 구조로부터 무게중심이 G에서 G″로 사람의 왼쪽으로 이동하는 것은 관절 반력의 작용선이 수평과 이루는 각도가 φ에서 φ''로 감소한다는 것을 관찰할 수 있다. 그림 5.34의 새로운 구성의 자유물체도에 대하여, 다시 식 (xi)과 (xii)를 이용하면, 아래와 같이 오른쪽 엉덩이(하중을 들고 있는 쪽의 반대)에서 생성된 엉덩관절벌림근의 힘과 관절 반력을 계산할 수 있다.

$$F_{\mathrm{M}} = \frac{\cos\varphi''(W_2 + W_0)}{\cos\theta\sin\varphi'' - \sin\theta\cos\varphi''}$$

$$F_{\mathrm{J}} = \frac{\cos\theta(W_2 + W_0)}{\cos\theta\sin\varphi'' - \sin\theta\cos\varphi''}$$

참고

• 체중이 양발에 균등하게 지지되면 넙다리뼈 위 무게의 절반이 각 엉덩관절에 가해진다. 달리거나 걷는 동안 인체의 전체 질량은 순간적으로 하나의 관절에 의하여 지지되는데, 그러한 경우의 몇 가지 사례를 분석해보았다.

• 위의 분석은 엉덩관절에서 필요로 하는 지지력은 하중이 양쪽으로 분산될 때 하중을 전달하는 데 필요한 힘에 비하여 인체의 반대쪽으로 하중이 전달될 때 더 커진다는 것을 나타낸다. 양손을 사용하고 인체의 중간선에 가깝게 짐을 드는 것은 필요한 근골격계의 힘을 줄이는 데 효과적이다.

• 사람들은 물건을 한 손으로 옮기는 동안 반대편으로 몸을 기울이는 경향이 있다. 이렇게 하면 상체와 손에 든 하중의 무게중심을 인체의 중간선에 더 가깝게 하여, 엉덩

관절의 말단에서 하중까지 측정된 중력에 의한 합력의 모멘트 팔 길이가 줄어든다.

- 엉덩관절벌림근이 약하거나 엉덩관절에 통증이 있는 사람은 일반적으로 약한 쪽으로 몸을 기울여 걷는데 이를 외향보행(abductor gait)이라 한다. 몸통을 영향을 받는 엉덩이 방향으로 기울이면 인체의 무게중심이 엉덩관절에 더 가깝게 이동하고, 결과적으로 엉덩관절의 모멘트 팔 길이를 줄임으로써 엉덩관절에 대한 인체 모멘트의 회전효과를 줄이게 된다. 이것은 다시 골반을 안정화시키는 데 필요한 엉덩관절벌림근에 의해 가해지는 힘의 크기를 감소시킨다.
- 외향보행은 약한 엉덩이와 같은 쪽의 손에 지팡이를 들고 걷는 것과 비교해 볼 때 약한 엉덩이의 반대편 손에 지팡이를 들고 걸을 때 더 쉽게 교정할 수 있다.

5.9 무릎관절 역학

무릎은 인체에서 가장 큰 관절이자, 변형된 경첩 관절이다. 무릎은 시상면에서 다리의 굽힘과 폄 작용 이외에, 약간의 안쪽 및 바깥쪽 회전이 가능하다. 무릎관절은 큰 하중을 견딜 수 있도록 설계되어 있다. 무릎은 인간의 운동을 담당하는 연결 시스템(linkage system)의 필수 구성 요소이다. 무릎은 부상에 매우 취약하다.

무릎은 **정강넙다리관절**(tibiofemoral joint, 경대퇴관절)과 **무릎넙다리관절**(patellofemoral joint, 슬대퇴관절)로 구성된 두 개의 관절 구조이다(그림 5.35). 정강넙다리관절은 넙다리뼈의 안쪽관절융기(medial condyle, 내측과) 및 가쪽관절융기(lateral condyle, 외측과)와 정강뼈(tibia) 사이에 별개의 두 관절로 이루어져 있다.

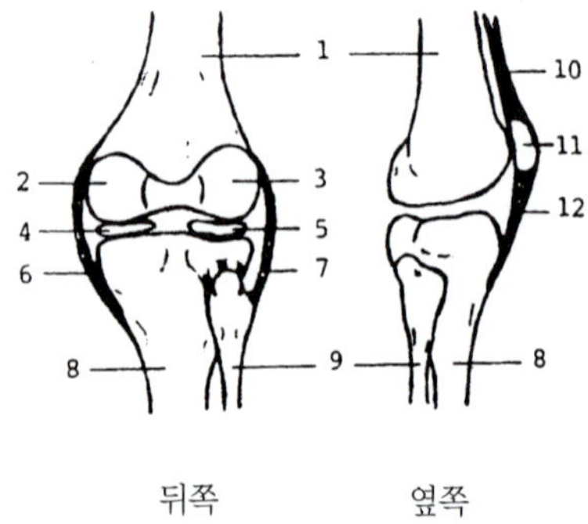

그림 5.35 • 무릎: (1) 넙다리뼈, (2) 안쪽관절융기, (3) 가쪽관절융기, (4) 안쪽반달연골, (5) 가쪽반달연골, (6) 정강쪽 곁인대, (7) 종아리쪽 곁인대, (8) 정강뼈, (9) 종아리뼈, (10) 넙다리네갈래근힘줄, (11) 무릎뼈, (12) 무릎인대

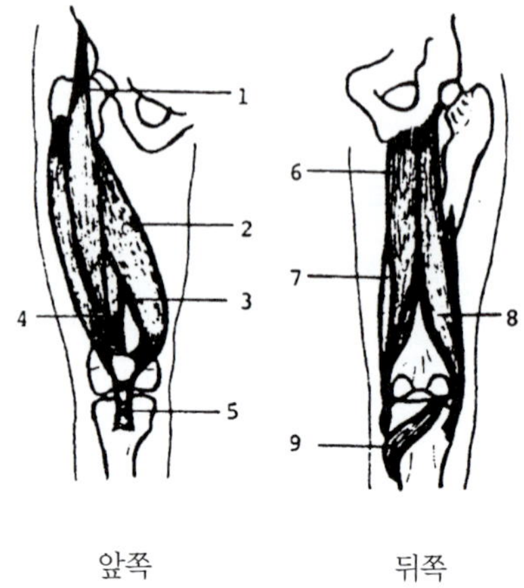

그림 5.36 • 무릎의 근육: (1) 넙다리곧은근, (2) 안쪽넓은근, (3) 중간넓은근, (4) 가쪽넓은근, (5) 무릎 인대, (6) 반힘줄근, (7) 반막근, (8) 넙다리두갈래근, (9) 장딴지근

이들 관절은 **반달연골**(menisci, 반월상연골)이라 불리는 연골층에 의해 분리된다. 안쪽 및 가쪽 반달연골은 넙다리뼈와 정강뼈의 직접적 접촉을 방지하며 충격을 흡수하는 역할을 한다. 무릎넙다리관절은 무릎뼈(patella, 슬개골)와 대퇴관절융기(femoral condyle)의 앞쪽 끝 사이의 관절이다. 무릎뼈는 넙다리네갈래근 힘줄(quadriceps tendon, 대퇴사두근건)과 무릎인대(patellar ligament, 슬개인대)에 의해 제자리에 유지되는 떠 있는(floating) 뼈이다. 무릎뼈는 충격과 관련된 부상으로부터 무릎을 보호하고 무릎힘줄(patellar tendon, 슬개건)을 통해 넙다리네갈래근 힘줄이 정강뼈를 잡아당기는 역할을 도와준다. 무릎의 안정성은 복잡한 연골구조와 반달연골, 그리고 관절을 가로지르는 근육에 의하여 이루어진다. 대부분의 무릎 부상은 무릎 안쪽에서 발생하는 연골 및 인대 손상과 관련된 것이다.

무릎을 가로지르는 근육은 무릎을 보호하고, 운동을 하는 동안 내부 힘을 제공하고, 움직임을 제어하는 역할을 한다. 무릎은 주로 넙다리네갈래근(quadriceps, 대퇴사두근)과 뒤넙다리근(hamstring, 슬괵근)에 의하여 제어된다(그림 5.36). 넙다리네갈래근은 넙다리곧은근(rectus femoris, 대퇴직근), 안쪽넓은근(vastus medialis, 내측광근), 중간넓은근(vastus intermedius, 중간광근), 가쪽넓은근(vastus lateralis, 외측광근)으로 구성된다. 넙다리곧은근은 앞아래엉덩뼈가시(anterior-inferior iliac spine)에 붙어 있고, 그 주된 역할은 엉덩이의 굽힘과 무릎의 폄운동이다. 가쪽, 중간, 안쪽 넓은근육은 무릎뼈를 통하여 넙다리뼈와 정강뼈(tibia, 경골)를 연결시키며 모두 무릎 굽힘근육이다. 넙다리두갈래근(biceps femoris, 대퇴이두근), 반힘줄근(semitendinosus, 반건양근), 반막근(semimembranosus, 반막양근)으로 구성된 넙다리근육은 엉덩이의 굽힘과 무릎의 폄, 정강뼈의 안쪽 및 바깥쪽 회전운동과 관련이 있다. 반힘줄근과 반막근은 골반뼈에 인접하여 붙어 있고 정강뼈의 말단부에 붙어 있다. 넙다리두갈래근은 골반뼈와 넙다리뼈에 인접하여 붙어 있고 정강뼈와 종아리뼈(fibula, 비골)의 말단부에 붙어 있다. 넙다리뼈와 정강뼈에 붙어 있는 오금근(popliteus muscle, 슬와근)도 있다. 이 근육의 주된 기능은 무릎 굽힘이다. 무릎의 다른 근육으로는 넙다리빗근(sartorius, 봉공근), 두덩정강근(gracilis, 박근), 장딴지근(gastrocnemius, 비복근), 장딴지빗근(plantaris, 족척근)이 있다.

예제 5.6 그림 5.37에서 보는 바와 같이, 넙다리네갈래근(quadriceps muscle, 대퇴사두근)을 강화시키기 위하여 중량 부츠를 신고 앉은 자세에서 다리의 굽힘/폄 운동을 하는 사람을 생각해보자.

종아리에 작용하는 힘과 다리에 대한 간단한 역학적 모델은 그림 5.38에 나타나 있다. W_1은 종아리의 무게이고, W_0는 신발의 무게, F_M은 무릎힘줄(patellar tendon, 슬개건)을 통하여 정강뼈(tibia, 경골)의 넙다리네갈래근에 의해 가해지는 인장력의 크기이며, F_J는 정강뼈고원(tibial plateau)에서 넙다리뼈(femur, 대퇴골)에 의한 정강넙

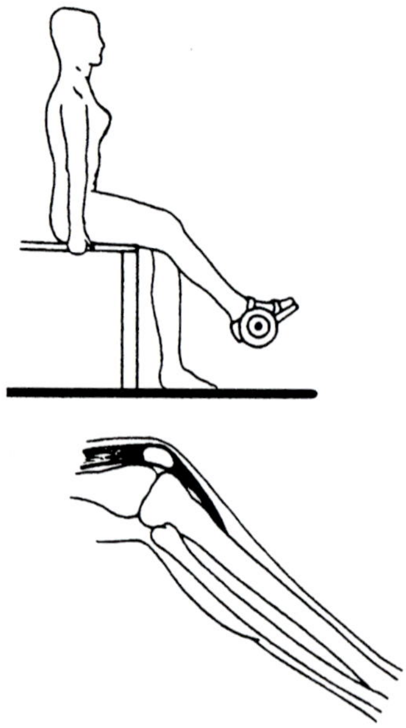

그림 5.37 • 무릎관절 주위의 근육운동

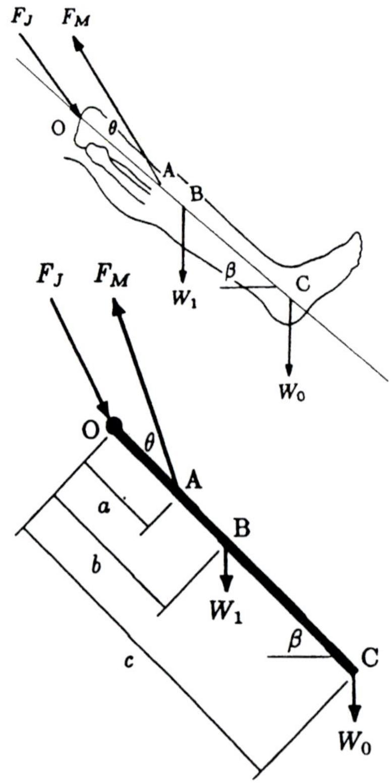

그림 5.38 • 종아리에 작용하는 힘

다리관절(tibiofemoral joint, 경대퇴관절) 반력의 크기이다. 정강넙다리관절의 중심은 O 지점에 있고, 무릎힘줄은 A 지점에서 정강뼈에 부착되어 있다. 종아리의 무게중심은 B 지점에 있고, 중량 부츠의 무게중심은 C 지점에 있다. O 지점과 A, B, C 지점 사이의 거리는 각각 a, b, c이다. 그림과 같은 종아리의 위치에서 정강뼈의 장축이 수평과 이루는 각도는 β이고, 넙다리네갈래근의 힘의 작용선이 정강뼈의 장축과 이루는 각도는 θ이다. O, A, B, C 지점이 일직선상에 놓여 있다고 가정할 때, F_M과 F_J를 a, b, c, θ, β, W_1, W_0에 관하여 나타내라.

풀이: O 지점에 위치한 무릎관절에서 측정한 다리에 작용하는 힘의 수평 성분(x) 및 수직 성분(y)과 지렛대 팔은 그림 5.39에 나와 있다. 근력의 성분은 다음과 같다.

$$F_{Mx} = F_M \cos(\theta + \beta) \tag{i}$$

$$F_{My} = F_M \sin(\theta + \beta) \tag{ii}$$

세 개의 미지수 F_M, F_{Jx}, F_{Jy}가 있다. 2차원(평면) 문제의 풀이를 구하기 위해서는 세 가지 평형조건을 만족해야 한다. 반시계 방향의 모멘트를 양(+)으로 가정하고, O 지점에 대한 종아리의 회전평형을 고려하면 다음과 같다.

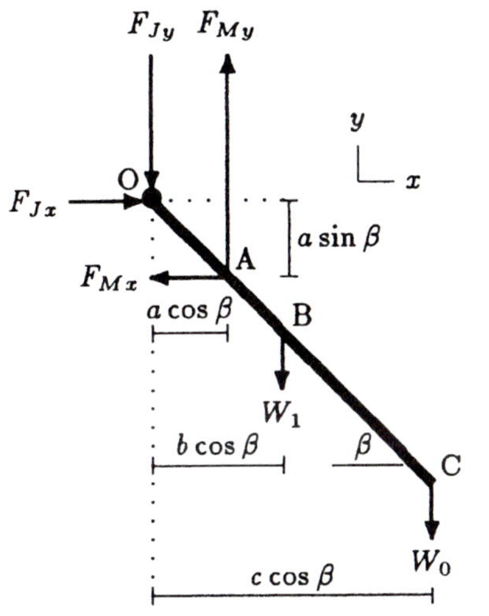

그림 5.39 • 힘의 성분과 지렛대 팔

$$\sum M_O = 0: \quad (a\cos\beta)F_{My} - (a\sin\beta)F_{Mx} \\ -(b\cos\beta)W_1 - (c\cos\beta)W_0 = 0$$

위 식을 식 (i) 및 (ii)에 대입하여 정리하면, F_M은 다음과 같이 정리된다.

$$F_M = \frac{(bW_1 + cW_0)\cos\beta}{a[\cos\beta\sin(\theta+\beta) - \sin\beta\cos(\theta+\beta)]} \tag{iii}$$

이 식에 $[\cos\beta\sin(\theta+\beta) - \sin\beta\cos(\theta+\beta)] = \sin\theta$을 적용하면, 아래와 같이 간략히 정리할 수 있다.

$$F_M = \frac{(bW_1 + cW_0)\ \cos\beta}{a\ \sin\theta}$$

식 (iii)은 수평과 β의 각도를 이루도록 종아리를 앞으로 뻗을 때 다리를 지지하기 위하여 넙다리네갈래근에 의해 가해져야 하는 힘의 크기를 나타낸다. 일단 F_M이 결정되면, 무릎관절에서 발생하는 반력의 수평 및 수직 성분은 x 및 y 방향으로 종아리의 병진평형을 고려하여 아래와 같이 값을 구할 수 있다.

$$\sum F_x = 0: \quad F_{Jx} = F_{Mx} = F_M\cos(\theta+\beta)$$

$$\sum F_y = 0: \quad F_{Jy} = F_{My} - W_0 - W_1 \\ F_{Jy} = F_M\sin(\theta+\beta) - W_0 - W_1$$

무릎관절에서 정강뼈고원에 가해지는 총 압축력의 크기는 다음과 같다.

$$F_J = \sqrt{(F_{Jx})^2 + (F_{Jy})^2} \tag{iv}$$

$$\varphi = \arctan\left(\frac{F_{Jy}}{F_{Jx}}\right)$$

관련된 기하학적 매개변수와 무게가 $a = 12$ cm, $b = 22$ cm, $c = 50$ cm, $W_1 = 150$ N, $W_0 = 100$ N, $\theta = 15°$, $\beta = 45°$와 같이 주어진다고 가정하면, 식 (iii) 및 (iv)로부터 다음과 같이 F_M, F_J 및 φ을 구할 수 있다.

$$F_M = 1956 \text{ N}, F_J = 1744 \text{ N}, \varphi \cong 56°$$

참고

• 넙다리네갈래근이 무릎힘줄을 통해 정강뼈에 가하는 힘 $\underline{F}_M$은 정강뼈의 장축에 대해 접선 및 법선인 두 가지 성분으로 나타낼 수 있다(그림 5.40). 근력의 법선성분 $\underline{F}_{Mn}$의 주요 기능은 무릎관절을 중심으로 정강뼈를 회전시키는 것이며, 접선성분 $\underline{F}_{Mt}$는 종아리를 정강뼈의 장축과 동일선상으로 병진운동시켜 정강넙다리관절의 관절면에 압축력을 가한다. $\underline{F}_M$의 법선성분은 각도 θ의 사인(sine) 함수이기 때문에 무릎힘줄과 정강뼈의 장축 사이의 각도가 클수록 근육운동의 회전효과가 더 크다는 것을 나타낸다. 이것은 결국 θ가 클수록 무릎관절을 압축하는 데 낭비되는 근력이 적고, 근육 장력의 더 많은 부분이 무릎관절을 중심으로 종아리를 회전시키는 데 사용된다는 것을 의미한다.

• 무릎뼈의 가장 중요한 생체역학적 기능 중 하나는 넙다리네갈래근과 무릎힘줄(patellar tendon, 슬개건)을 앞쪽으로 이동하게 하여, 각도 θ를 증가시킴으로써 무릎관절의 회전중심에 대하여 무릎폄근의 지렛대 팔을 길게 하는 것이다(그림 5.41a). 무릎뼈를 외과적 수술로 제거하면, 무릎힘줄을 무릎관절의 회전중심으로 좀 더 가깝게 하여(그림 5.41b), 근육의 지렛대 팔길이를 감소시키는 원인이 된다($d_2 < d_1$). 상대적으

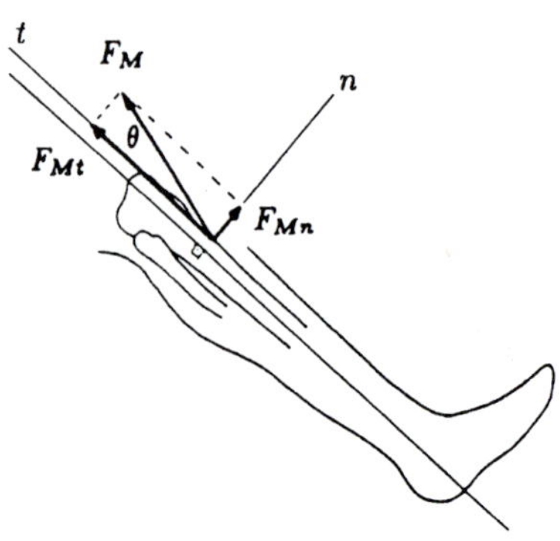

그림 5.40 • $\underline{F}_M$의 접선성분과 법선성분

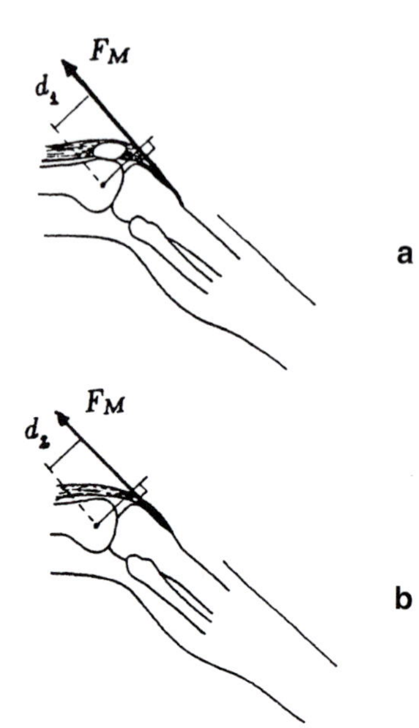

그림 5.41 • 무릎뼈는 지렛대 팔 길이를 증가시킨다.

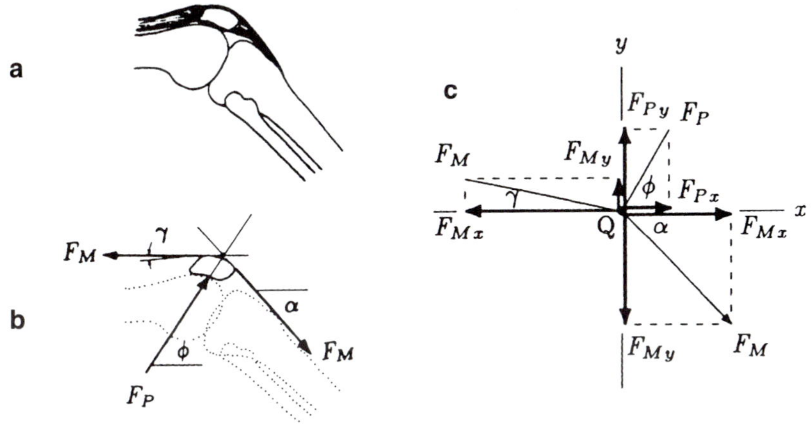

그림 5.42 • 무릎뼈에 작용하는 힘에 관한 정적 분석

로 긴 지렛대 팔의 장점을 상실한 넙다리네갈래근은 무릎관절을 중심으로 종아리를 회전시키기 위해 일반적인 상태보다 더 많은 힘을 가해야 한다.

• 사람의 무릎은 정강넙다리관절과 무릎넙다리관절의 두 가지 관절 구조로 이루어져 있다. 넙다리네갈래근이 무릎뼈를 지나고, 무릎뼈와 근육은 도르래-밧줄의 배열을 형성하고 있는 점을 주목하자. 근육의 장력이 클수록 무릎뼈가 무릎넙다리관절에 가해지는 압축력(압력)이 커진다.

위에서 종아리의 자유물체도를 고려하여 정강넙다리관절 주변과 관련된 힘에 관하여 분석해보았다. 무릎힘줄에서의 장력을 결정하고, 장력이 넙다리네갈래근 전체에 걸쳐 일정하다고 가정하면, 무릎뼈의 자유물체도를 고려하여 무릎넙다리관절에 가해지는 압축력을 계산할 수 있다(그림 5.42a). F_M은 무릎힘줄과 넙다리네갈래근 힘줄에 작용하는 일정한 인장력의 크기이다. F_P는 무릎넙다리관절에 작용하는 힘의 크기이며, α는 무릎힘줄과 수평 사이의 각도이고, γ는 넙다리네갈래 힘줄과 수평 사이의 각도이며, φ는 관절에서 압축반력의 작용선이 수평과 이루는 미지의 각도이다(그림 5.42b). 이 문제는 세 힘 시스템이며, 무릎뼈의 평형을 위해서는 공점력(concurrent) 시스템이어야 한다.

우선, 무릎힘줄의 힘의 작용선과 넙다리네갈래근 힘줄의 힘의 작용선을 연장하여 교점 Q를 찾을 수 있다. Q 지점과 F_P의 작용점을 연결하는 선은 F_P의 작용선에 해당한다. 그런 다음, 이 힘들을 Q 지점으로 변환하여(그림 5.42c), 평형방정식을 적용할 수 있다. x 및 y 방향에서 무릎뼈의 평형 조건에 대하여 다음과 같이 나타낼 수 있다.

$$\sum F_x = 0: \quad F_P \cos\varphi = F_M(\cos\gamma - \cos\alpha) \tag{v}$$

$$\sum F_y = 0: \quad F_P \sin\varphi = F_M(\sin\alpha - \sin\gamma) \tag{vi}$$

이 식들은 무릎넙다리관절에서 넙다리뼈가 무릎뼈에 가하는 압축력의 크기 F_P와 각도

φ를 동시에 풀 수 있다.

식 (v)로부터, F_P는 아래와 같다.

$$F_P = \frac{F_M(\cos\gamma - \cos\gamma)}{\cos\varphi}$$

식 (vi)을 적용하면 다음과 같다.

$$F_P = \frac{F_M(\sin\gamma - \sin\gamma)}{\sin\varphi}, \text{즉}$$

$$\frac{F_M(\cos\gamma - \cos\gamma)}{\cos\varphi} = \frac{F_M(\sin\gamma - \sin\gamma)}{\sin\varphi}, \text{그러면}$$

$$\sin\varphi(\cos\gamma - \cos\gamma) = \cos\varphi(\sin\gamma - \sin\gamma),$$

$$\tan\varphi = \frac{\sin\gamma - \sin\gamma}{\cos\gamma - \cos\gamma} \text{ 그리고}$$

$$\varphi = \tan^{-1}\left(\frac{\sin\gamma - \sin\gamma}{\cos\gamma - \cos\gamma}\right)$$

이 된다.

일단 각도 φ가 결정되면, 무릎넙다리관절에 가해진 힘의 크기 F_P도 아래와 같이 구할 수 있다.

$$F_P = F_M\left(\frac{\cos\gamma - \cos\gamma}{\cos\varphi}\right)$$

5.10 발목관절 역학

발목은 정강뼈(tibia, 경골), 종아리뼈(fibula, 비골), 목말뼈(talus, 거골)의 세 가지 뼈의 결합으로 이루어져 있다(그림 5.43). 다리의 다른 주요 관절과 같이, 발목은 하중의 지지와 운동학적 기능을 담당한다. 발목관절은 안정성을 위해 인대와 근육의 구속이 필요한 무릎관절에 비하여 본질적으로 더 안정적이다.

발목관절 복합체는 **정강목말관절**(tibiotalar joint, 경골거관절), 종아리목말관절(fibulotalar joint, 비골거관절), 먼쪽정강종아리관절(distal tibiofibular joint, 원위경비관절)로 이루어져 있다. 발목(정강목말)관절은 목말뼈도르래(troclea of talus, 거골활차)의 볼록면과 정강뼈의 오목면 사이의 경첩관절(hinge 또는 ginglymus-type articulation, 접번관절)이다. 발목관절은 경첩관절이기 때문에, 발목은 시상면에서 굽힘과 폄[뒤굽힘(dorsiflexion)–바깥쪽굽힘(plantar flexion)] 운동만 가능하다. 또 다른 발의 움직임으로는 역전(inversion)과 뒤집힘(eversion), 안쪽 및 바깥쪽 회

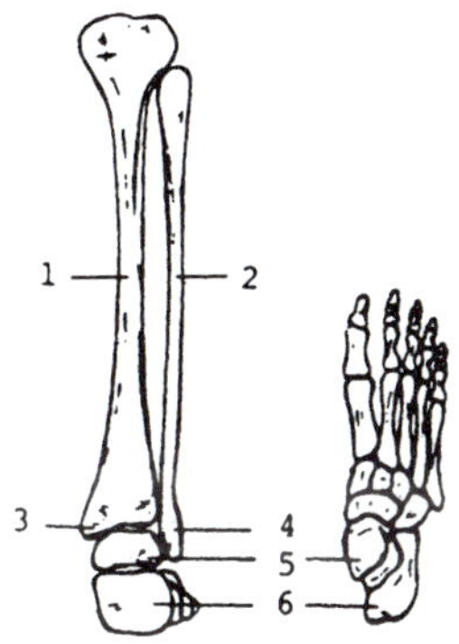

그림 5.43 • 발목과 발: (1) 정강뼈(경골), (2) 종아리뼈(비골), (3) 안쪽복사뼈(내과), (4) 가쪽복사뼈(외과), (5) 목말뼈(거골), (6) 발꿈치뼈(종골)

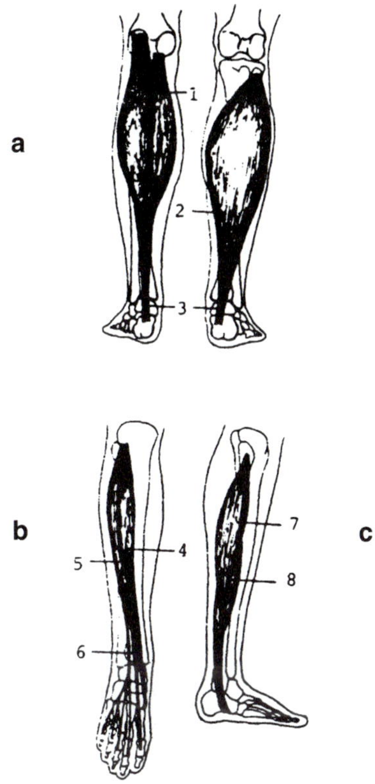

그림 5.44 • 발목 근육: (a) 뒤쪽, (b) 앞쪽, (c) 가쪽, (1) 장딴지근(비복근), (2) 가자미근, (3) 발꿈치힘줄(종골건), (4) 앞정강근, (5) 긴발가락폄근, (6) 긴엄지폄근, (7) 긴종아리근, (8) 짧은종아리근

전, 엎침(pronation)과 뒤침(supination)이 있다. 이러한 움직임은 목말뼈(talus, 거골)와 발꿈치뼈(calcaneus, 종골) 사이의 목말밑관절(subtalar joint, 거골하관절)과 가로발목뼈관절(transverse tarsal joint, 횡족근관절), 목말발배관절(talonavicular joint, 거주상관절) 및 발꿈치입방관절(calcaneocuboid joint, 종입방관절)과 같은 발 관절에서 발생한다.

발목 격자(ankle mortise)는 세 관절의 형태와 관절을 가로지르는 인대 및 근육에 의해 유지된다. 발목관절의 완전성은 안쪽(세모)과 가쪽 곁인대(collateral ligament, 측부인대) 시스템, 그리고 뼈사이인대(interosseous ligament, 골간인대)에 의하여 향상된다. 발목을 가로지르는 많은 근육군이 있다. 가장 중요한 발목 발바닥굽힘근들은 장딴지근(gastrocnemius muscle, 비복근)과 가자미근(soleus muscle)이다(그림 5.44). 장딴지근과 가자미근은 모두 다리의 뒤쪽 구획에 위치해 있으며, 발꿈치힘줄[Achilles(calcaneal) tendon, 아킬레스건, 종골건]을 통해 발꿈치뼈의 뒤쪽 표면에 부착되어 있다. 장딴지근은 무릎과 발목관절을 가로지르며 양쪽에서 기능을 한다. 무릎에서는 무릎 굽힘(flexion) 작용을 돕고, 발목에서는 주요 발바닥굽힘근(main plantar flexor)이다. 발바닥폄근(plantar extensors 또는 dorsiflexors)은 뒤쪽 근육(posterior muscle, 후근)이다. 엎침과 뒤침, 안쪽 및 바깥쪽 회전운동을 제공하는 주된 근육으로는 앞쪽 근육(anterior muscle, 전근)과 가쪽 근육(lateral muscle, 측근)도 있다. 앞쪽 근육으로는 앞정강근(tibialis anterior, 전경골근), 긴발가락폄근(extensor digitorum longus, 장지신근), 긴엄지폄근(extensor hallucis longus, 장족무지신근), 셋째종아리근(peroneus tertius, 제3비골근)이 있고, 가쪽 근육으로는 긴종아리근(peroneus longus, 장비골근), 짧은종아리근(peroneus brevis, 단비골근)이 있다. 가쪽 근육의 일차적인 기능은 움직이고 바닥을 굽히는 기능을 하는 것이다.

발목관절은 해부학적인 구조가 조금만 변해도 좋지 않은 결과를 초래한다. 발목을 심하게 삐게 되면 운동학적인 또는 구조적인 구속을 상실하게 되어 발목의 안정성에 영향을 미치게 되며, 발목관절의 표면 배열이 손상될 수 있다. 가장 흔한 발목 부상인 내번염좌(inversion sprain)는 발이 발바닥 안쪽을 향하여 뒤집힌 상태에서 발목에 과도하게 체중이 실리는 경우에 발생한다.

예제 5.7 한 발 발끝으로 서 있는 사람을 생각해보자. 이 순간 동안 발에 발생하는 힘은 그림 5.45에 나타나 있다. W는 지면반력으로써 발에 가해지는 체중이며, F_M은 장딴지근(gastrocnemius muscle, 비복근)과 가자미근(soleus muscle)이 아킬레스건을 통하여 발꿈치뼈(calcaneus, 종골)에 가하는 장력의 크기이며, F_J는 정강뼈(tibia, 경골)가 목말뼈(talus, 거골)의 둥근 지붕 부분에 가하는 발목관절 반력의 크기이다. 발의 무게는 체중에 비하여 작으므로 무시한다. 아킬레스건은 발꿈치뼈의 A 지점에 붙어 있고, 발목관절중심은 B 지점이며, 지면반력은 발의 C 지점에 가해진다. 이 발의

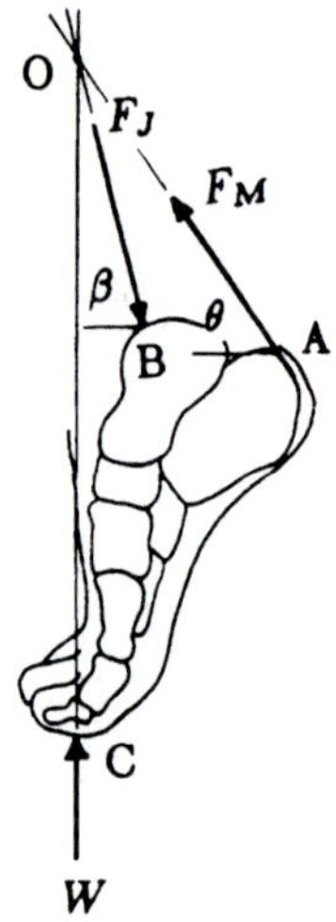

그림 5.45 • 공점력 시스템을 형성하는 발에 작용하는 힘

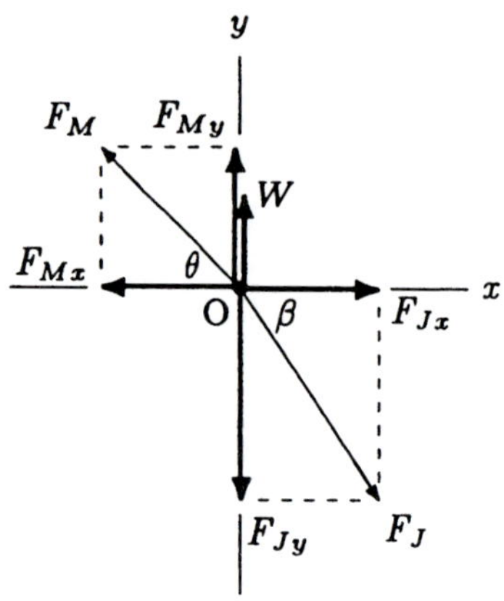

그림 5.46 • 발에 작용하는 힘의 성분

위치에 대하여, 아킬레스건에서 장력의 작용선은 수평과 각도 θ를 이루며, 발목관절 반력의 작용선은 수평과 β의 각도를 이룬다고 추정된다.

A, B, C의 상대적인 위치를 안다고 가정할 때, 아킬레스건의 장력과 발목관절 반력의 크기를 나타내는 식을 구하라.

풀이: 이 예제는 근력 F_M, 관절 반력 F_J, 그리고 지면반력 W로 구성된 세 힘 시스템 문제이다. 문제의 기하학적 구조로 미루어 볼 때, 제시된 발의 위치에 대하여 발에 작용하는 힘들은 평행력 시스템을 형성하지 않는다는 점이 명확하다. 그러므로 이 힘 시스템은 공점력 시스템이어야 한다. 이들 세 힘의 공통교점(그림 5.45의 O 지점)은 W와 F_M의 작용선을 연장하면 얻을 수 있다. O 지점과 B 지점을 동시에 통과하는 직선은 관절반력의 작용선을 나타낸다. 문제에서 설명한 바와 같이 A, B, C 지점의 상대 위치를 알면, 관절 반력의 작용선의 각도(β)를 측정할 수 있다.

일단 관절 반력의 작용선이 그래프로부터 결정되면, 관련된 모든 세 힘을 공통교점 O(그림 5.46)로 변환시킴으로써 관절 반력과 근력의 크기를 계산할 수 있다. 두 미지수 F_M 및 F_J는 수평(x) 및 수직(y) 방향의 병진 평형조건을 적용하여 계산할 수 있다. 이를 위해서는 먼저 관절 반력과 근력을 아래와 같이 직각 성분으로 분해해야 한다.

$$F_{Mx} = F_M \cos\theta$$

$$F_{My} = F_M \sin\theta$$

$$F_{Jx} = F_J \cos\beta$$

$$F_{Jy} = F_J \sin\beta$$

수평 및 수직 방향에서 발의 병진 평형조건으로부터, 아래와 같이 쓸 수 있다.

$$\sum F_x = 0: \quad F_{Jx} = F_{Mx}, \text{즉 } F_J \cos\beta = F_M \cos\theta$$

$$\sum F_y = 0: \quad F_{Jy} = F_{My} + W, \text{즉 } F_J \sin\beta = F_M \sin\theta + W$$

위의 식들을 풀면 다음과 같다.

$$F_M = \frac{W\cos\beta}{\cos\theta\sin\beta - \sin\theta\cos\beta}, \text{ 정리하면 } F_M = \frac{W\cos\beta}{\sin(\beta-\theta)}$$

$$F_J = \frac{W\cos\theta}{\cos\theta\sin\beta - \sin\theta\cos\beta}, \text{ 정리하면 } F_J = \frac{W\cos\theta}{\sin(\beta-\theta)}$$

예를 들어, $\theta = 45°$이고 $\beta = 60°$로 가정하면 아래와 같다.

$$F_M = 1.93\,W \qquad F_J = 2.73\,W$$

5.11 연습문제

문제 5.1 위팔(upper arm, 상완)에 대해 팔꿈치를 직각으로 구부린 채 물체를 손에 들고 있는 사람을 생각해보자(그림 5.4). 아래팔(forearm, 전완, 하박)에 작용하는 힘과 이러한 시스템의 역학적 모델은 그림 5.5a, b에 나타나 있다. 이 시스템에서는 두갈래근이 주요 굽힘근(flexor, 굴근)이고, 근육의 작용선이 아래팔의 장축과 직각을 이룬다고 가정한다. O 지점은 팔꿈치관절의 회전축, A 지점은 두갈래근이 노뼈(radius, 요골)에 부착되어 있는 지점, B 지점은 아래팔의 무게중심, 그리고 C 지점은 손에 들고 있는 물체의 무게중심을 나타낸다. 또한, 팔꿈치관절의 회전축(O 지점)과 A, B, C 지점 사이의 거리는 각각 $a = 4.5$ cm, $b = 16.5$ cm, $c = 37$ cm이다. 아래팔의 총무게는 $W = 83$ N이고, 근력의 크기는 $F_M = 780$ N이다.

(a) 손에 들고 있는 물체의 무게(W_0)를 계산하라.
(b) 팔꿈치관절에서 반력의 크기(F_J)를 계산하라.
(c) 손에 들고 있는 물체의 무게가 5 N 증가할 때, 근력의 크기(F_{M1})와 관절 반력의 크기(F_{J1})를 계산하라.

정답: (a) $W_0 = 57.8$ N; (b) $F_J = 639.2$ N; (c) $F_{M1} = 820$ N, $F_{J1} = 674.2$ N

문제 5.2 덤벨을 사용하여 어깨 운동을 하는 사람을 생각해보자(그림 5.11). 팔에 작용하는 힘과 시스템의 역학적 모델은 그림 5.12에 나와 있다. 이 시스템에서 사람의 팔은 수평으로 완전히 뻗어 있다고 가정한다. O 지점은 어깨관절의 회전축을 나타내고, A 지점은 위팔뼈(humerus, 상완골)에 어깨세모근(deltoid muscle, 삼각근)에 부착되어 있는 지점, B 지점은 팔 전체의 무게중심, C 지점은 덤벨의 무게중심을 나타낸다. 어깨관절의 회전축(O 지점)과 A, B, C 지점 사이의 거리는 각각 $a = 17$ cm, $b = 33$ cm, $c = 63$ cm이다. 덤벨의 무게는 $W_0 = 64$ N이며, 이 팔의 위치에서 근력의 크기는 $F_M = 1051$ N으로 추정된다. 근육의 작용선(F_M)과 관절 반력(F_J)은 각각 수평으로부터 $\theta = 18°$, $\beta = 12°$이다.

(a) 어깨관절에서 반력의 크기(F_J)를 구하라.
(b) 팔의 총 중량(W)을 구하라.
(c) 덤벨 중량이 5 N 증가할 때, 근력의 크기(F_{M1})와 관절 반력의 크기(F_{J1})를 구하라.

정답: (a) $F_J = 1021.9$ N; (b) $W = 47.3$ N; (c) $F_{M1} = 1136.5$ N, $F_{J1} = 1105$ N

문제 5.3 그림 5.15에 표시된 머리와 목의 위치 및 머리에 가해지는 힘을 생각해보자. 이러한 평형 조건에서 관련된 힘들은 공점력계(concurrent force system)를 형성한다고 가정한다. C 지점은 머리의 무게중심, A 지점은 목폄근(neck extensor muscle, 경추신전근)에 의해 머리에 가해지는 힘(F_M)의 작용점, B 지점은 고리뒤통수관절(atlanto-occipital joint, 환추후두관절)의 회전 중심이다. 머리의 이 위치에서 목폄근에 의해 가해지는 합력의 크기는 $F_M = 57$ N으로 추정되며, 근력의 작용선과 관절 반력의 작용선은 각각 수평에 대해 $\theta = 36°$, $\beta = 63°$의 각도를 이룬다. 머리에 작용하는 중력의 크기를 구하라.

정답: $W = 47$ N

문제 5.4 바벨을 들어 올리려는 역도 선수를 생각해보자. 선수의 하체에 작용하는 힘과 시스템의 역학적 모델은 각각 그림 5.19와 5.20에 나타나 있다. O 지점은 엉치뼈(sacrum, 천골)와 5번째 허리뼈(lumbar vertebra, 요추골)에 의해 형성된 관절의 회전 중심을 나타낸다. A 지점은 등 근육에 의해 가해지는 힘의 작용점, B 지점은 하체의 무게중심, C 지점은 지면 반력의 작용점이다. O 지점에 대해 등 근육 힘, 하체의 중력, 그리고 관절 회전 중심과의 지면 반력의 작용선 사이의 최단 거리는 각각 $a = 3.6$ cm, $b = 14.6$ cm, $c = 22$ cm이다. 이 위치에서 역도 선수의 등 근육에 의해 가해지는 힘은 $F_M = 6856$ N이며, 이 힘의 작용선은 수직과 각도 $\theta = 43°$를 이루는 것으로 추정된다. 바벨의 무게는 $W_0 = 637$ N이고, 하체에 작용하는 중력의 크기는 $W_1 = 333$ N인 경우, 다음을 구하라.

(a) 선수의 체중(W)을 구하라.
(b) 관절에 작용하는 반력의 크기(F_J)를 구하라.
(c) 관절 반력의 작용선이 수평과 이루는 각도 α를 구하라.

정답: (a) $W = 705.9$ N; (b) $F_J = 7625.8$ N; (c) $\alpha = 52°$

문제 5.5 걷거나 달릴 때 순간적으로 체중을 한쪽 다리에 싣는 사람을 생각해보자. 다리에 작용하는 힘과 시스템의 역학적 모델은 각각 그림 5.24와 5.25에 나타나 있다. O 지점은 엉덩관절의 회전중심을 나타낸다. A 지점은 넙다리뼈에 엉덩관절벌림근(hip abductor muscles)이 부착된 지점, B 지점은 다리의 무게중심, C 지점은 지면 반력이 가해지는 지점이다. A 지점과 O, B, C 지점 사이의 거리는 각각 $a = 8.6$ cm, $b = 34.3$ cm, $c = 89.4$ cm이다. 넙다리뼈목(femoral neck, 대퇴경)과 넙다리뼈몸통(femoral shaft, 대퇴골골간)의 장축이 수평과 이루는 각도는 각각 $\alpha = 43°$ 및 $\beta = 79°$를 이룬다. 또한, 이러한 한쪽 다리 서기 자세의 경우, 엉덩관절벌림근에 의해 가해지는 힘의 크기는 $F_M = 2062.6$ N이며, 그 작용선은 수평과 $\beta = 69°$의 각도를 형성하는 것으로 추정된다. 다리에 작용하는 중력의 크기가 $W_1 = 125$ N인 경우, 다

음을 구하라.

(a) 사람의 총 체중(W)을 구하라.
(b) 엉덩관절에 작용하는 반력의 크기(F_J)를 구하라.
(c) 관절 반력의 작용선이 수평과 이루는 각도 γ를 구하라.

정답: (a) $W = 729.7$ N; (b) $F_J = 2636.1$ N; (c) $\gamma = 73.7°$

문제 5.6 중량 부츠를 신고 앉은 자세에서 다리 굽힘/폄 운동을 하는 사람을 생각해보자. 다리에 작용하는 힘과 시스템의 역학적 모델은 그림 5.38에 나타나 있다. O 지점은 정강넙다리관절(tibiofemoral joint, 경대퇴관절)의 회전 중심을 나타낸다. A 지점은 무릎힘줄(patellar tendon, 슬개건)이 정강뼈(tibia, 경골)에 부착된 지점이고, B 지점은 종아리의 무게중심이며, C 지점은 중량 부츠의 무게중심이다. 이 시스템에서 O, A, B 및 C 지점은 모두 일직선을 따라 놓여 있다고 가정한다. O 지점과 A, B, C 지점 사이의 거리는 각각 $a = 13$ cm, $b = 23.5$ cm, $c = 53$ cm로 측정된다. 이러한 다리 위치에서, 정강뼈의 장축은 수평과 각도 $\beta = 47°$를 이루고, 넙다리네갈래근의 작용선은 정강뼈의 장축과 각도 $\theta = 17°$를 이룬다. 또한, 이 다리 위치에서 넙다리네갈래근에 의해 가해지는 힘은 $F_M = 1.940$ N으로 추정된다. 종아리의 무게가 $W_1 = 163$ N일 경우, 다음을 구하라

(a) 중량 부츠의 중량(W_0)을 구하라.
(b) 정강넙다리관절의 반력의 크기(F_J)를 구하라.
(c) 관절 반력이 수평과 이루는 작용선의 각도 φ를 구하라.

정답: (a) $W_0 = 98.4$ N; (b) $F_J = 1707.5$ N; (c) $\varphi = 60.2°$

문제 5.7 한 발의 발끝으로 서 있는 사람을 생각해보자. 이 위치에서 발에 작용하는 힘은 그림 5.45에 나타나 있다. A 지점은 아킬레스건의 부착 지점으로, 장딴지근(gastrocnemius muscle, 비복근)과 가자미근(soleus muscle)은 아킬레스건을 통해서 발꿈치뼈(calcaneus, 종골)에 힘이 가해진다. B 지점은 발목관절의 중심을 나타내고, C 지점은 지면 반력의 작용점이다. 이 시스템의 경우, 발의 무게는 사람의 전체 몸무게와 비교할 때 상대적으로 작기 때문에 무시할 수 있다고 가정한다. 이 발의 위치에서 아킬레스건의 인장력 및 발목관절의 반력(F_J)의 작용선은 각각 수평과 $\theta = 49°$ 및 $\beta = 65°$의 각도를 이루는 것으로 추정된다. 또한, 이 발의 위치에서 장딴지근과 가자미근에 의해 발꿈치뼈에 가해지는 힘의 크기는 $F_M = 1275.4$ N으로 추정된다.

(a) 사람의 전체 몸무게(W)를 구하라.
(b) 발목관절의 반력의 크기(F_J)를 구하라.

정답: (a) $W = 831.8$ N; (b) $F_J = 1980.3$ N

참고자료

Chaffin, D.B., Andersson, G.B.J., & Martin, B.J. 1999. Occupational Biomechanics (3rd ed.). New York: John Wiley & Sons.

LeVeau, B.F., 2010. Biomechanics of Human Motion: Basics and Beyond for the Health Professions. Thorofare, NJ. SLACK Incorporated.

Nordin, M., & Frankel, V.H (Eds.). 2011. Basic Biomechanics of the Musculoskeletal System (4th ed.). Philadelphia, PA: Lippincott Williams & Wilkins.

Thompson, CW, 1989, Manual of Structural Kinesiology, 11th Ed. St. Louis, MO: Times-Mirror/Mosby.

Winter, D.A. 2004. Biomechanics and Motor Control of Human Movement (3rd ed.). New York: John Wiley & Sons.

CHAPTER

06

동역학 개론

Introduction to Dynamics

6.1 동역학

동역학(dynamics)은 움직이는 물체에 관한 학문이다. 역학은 움직임을 묘사하고 움직임의 원인을 설명하는 데 관련된다. 역학의 일반적인 범위는 크게 운동학과 운동역학으로 나눌 수 있다. 이들 두 분야는 선형, 각, 그리고 일반적인 신체의 운동을 묘사하고 설명하기 위해서 더 나눌 수 있다. 역학의 기본 개념에는 공간(상대적인 위치나 변위), 시간, 질량, 그리고 힘이 있다. 다른 중요한 개념으로는 속도, 가속도, 토크, 모멘트, 일, 에너지, 일률, 충격량, 운동량 등이 있다.

이 장에서는 동역학의 기본 용어와 개념에 대한 대략적인 정의를 소개한다. 움직이는 물체의 운동학적 · 운동역학적 특성에 대해서는 다음 장에서 다룰 것이다.

6.2 운동학과 운동역학

운동학(kinematics) 분야는 움직임을 일으키는 힘에 상관없이 움직임의 기하학적 · 시간 의존적 측면에 대한 설명과 관련되어 있다. 운동학적인 분석은 변위, 속도 및 가속도 벡터 사이의 관계에 기초를 두고 있다. 이러한 관계는 미분 및 적분 방정식의 형태로 나타난다.

운동역학(kinetics) 분야는 운동학에 기초를 두고 있으며, 움직임을 일으키는 힘과 토크의 영향을 분석에 반영한다. 동적 해석은 다양한 수학적인 형태를 취할 수 있는 뉴턴의 운동 제2 법칙을 활용한다. 운동역학 문제를 해결하는 데는 다양한 방법들이 있다. 이러한 접근 방법들은 운동방정식, 일과 에너지 방법, 충격량 및 운동량 방법을 기반으로 한다. 상황에 따라 또는 해결책을 얻기 위해 요구되는 조건에 따라 접근 방법들을 선택해야 한다. 예를 들면, 운동방정식은 가속도 분석을 요구하는 문제에 이용된다. 속도의 변화와 관련된 힘 분석을 요구하는 문제의 경우에는 에너지 방법이 적절하다. 충격이나 충돌이 일어날 때 발생하는 힘과 관련된 문제일 경우에는 운동량 방법이 적용된다.

또한, 인간의 움직임 특성, 관절 및 근육의 힘, 그리고 인간의 움직임을 연구하는 데 있어서 중요한 다른 요소들의 연구와 관련된 **신체운동학**(kinesiology) 분야가 있다. '신체운동학'은 역학적 용어가 아닌 의학용어이다. 이 용어는 인간의 움직임에 관한 생체역학을 다룰 때 주로 사용된다.

6.3 선형, 각 및 일반운동

운동학과 운동역학을 체계적으로 연구하려면, 움직임이 병진, 회전 또는 일반운동인

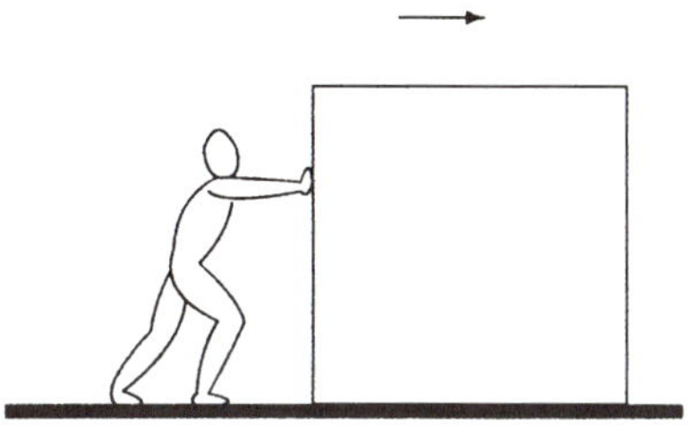

그림 6.1 • 외부에서 가해진 힘을 받는 물체

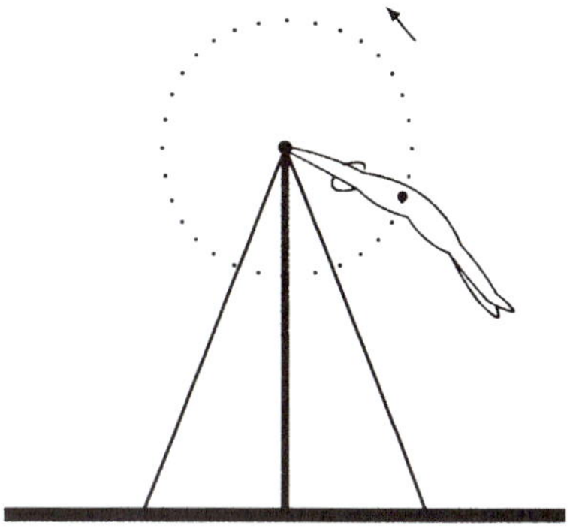

그림 6.2 • 단면법

지에 따라서 나누는 것이 일반적이다. 만약 신체의 모든 부위가 동일한 시간 및 동일한 방향으로 동일한 거리를 움직인다면, **병진운동**(translational motion) 또는 **선형운동**(linear motion)이 일어난다. 예를 들어 블록이 수평면에서 밀리는 경우, 블록은 병진운동만 겪는다(그림 6.1). 병진운동의 또 다른 전형적인 예로는, 하나의 축을 따라 이동하는 엘리베이터의 수직 운동이 있다. 그러나 선형운동이 직선을 따르는 운동을 의미하는 것은 아니다. 하나의 주어진 시간 간격에서 물체는 한 방향으로 움직이고, 다른 시간 간격 동안에는 다른 방향으로 움직일 수도 있다.

회전운동(rotational motion) 또는 **각운동**(angular motion)은 물체가 모든 부분이 동시에 같은 각도로 같은 방향을 따라 움직이는 원형 경로로 움직일 때 일어난다. 각운동은 운동 평면에 수직으로 놓여있는 **회전축**(axis of rotation)이라고 하는 중심선을 기준으로 일어난다. 큰 원운동을 하는 체조 선수를 예로 들면, 체조 선수의 무게중심은 운동의 회전축인 봉의 중심선을 기준으로 회전운동을 하게 된다(그림 6.2).

세 번째 종류의 운동은 물체가 병진운동과 회전운동을 동시에 겪을 때 발생하는 **일반운동**(general motion)이다. 단순 병진운동이나 단순 회전운동과 비교했을 때 병진운동과 회전운동이 복합적으로 일어나기 때문에 분석하기에 더 복잡하다. 그림 6.3에서 보는 것과 같이, 다이빙 선수의 예를 일반운동으로 볼 수 있다. 대부분의 인간의 신체 분절운동이 일반운동 형태이다. 예를 들면, 걷는 동안에 일어나는 하지의 병진 및 회전 운동이 있다.

병진운동을 다루는 운동학의 한 분야를 **선형운동학**(linear kinematics)이라 하면, 회전운동을 다루는 분야를 **각운동학**(angular kinematics)이라 한다. 이와 비슷하게 운동역학 분야는 **선형운동역학**(linear kinetics)과 **각운동역학**(angular kinetics)으로 나누어져 있다.

선형운동은 가해진 힘의 직접적인 결과이다. 물체의 선형운동은 그 물체에 작용하는 알짜힘(net force)의 방향으로 일어난다. 반면에, 각운동은 토크라고 하는 가해진 힘의 회전 효과 때문에 일어난다. 선형운동과 각운동을 분석하기 위해서 정의된 선형량

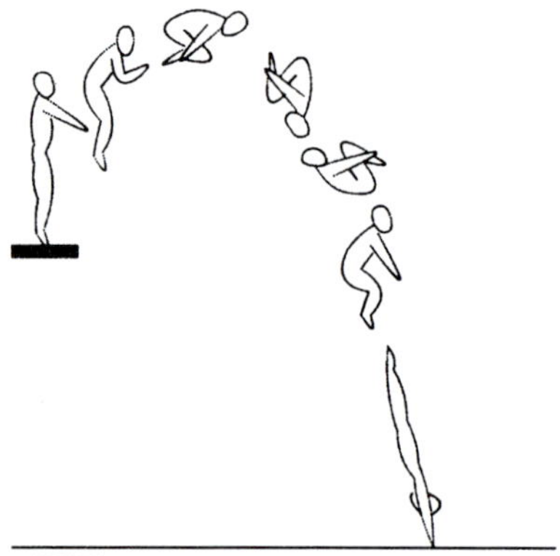

그림 6.3 • 내력과 모멘트

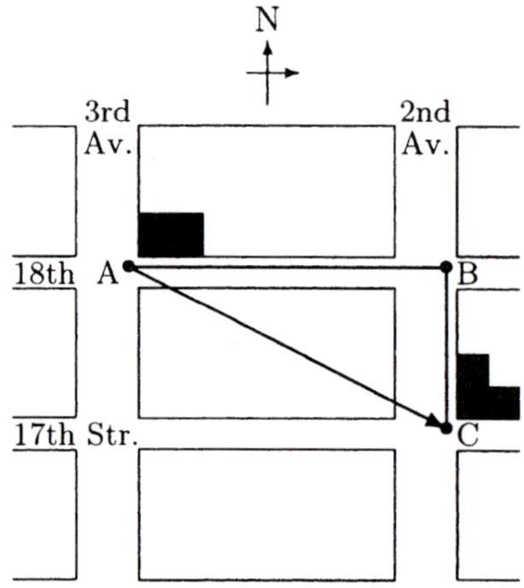

그림 6.4 • 거리와 변위

과 회전량이 있다. 예를 들면, 선형 및 각변위, 선형 및 각속도, 선형 및 각가속도 등이다. 그러나 선형량과 회전량은 서로 독립적이지 않다는 것이 중요하다. 다시 말해서, 만약에 회전량이 알려져 있다면 선형량도 알 수 있으며, 그 반대의 경우도 마찬가지이다.

6.4 거리와 변위

역학에 있어서, **거리**(distance)는 한 지점에서 다른 지점으로 움직이는 동안 전체적으로 움직인 길이를 의미하며, **변위**(displacement)는 관련된 방향 표시와 함께 두 지점을 연결한 직선 길이를 의미한다. 거리는 단지 크기만을 가진 스칼라양이며, 변위는 방향과 크기를 모두 가진 벡터이다.

거리와 변위의 차이를 이해하기 위해서, 뉴욕시에 있는 18th Str., 3rd Av. 모퉁이에 위치한 아파트에 살고 있는 한 사람이 17th Str., 2nd Av. 코너에 위치한 빌딩에 일하러 가고 있는 경우를 생각해보자. 그림 6.4에서 A 지점은 18th Str., 3rd Av.를 의미하며, B 지점은 18th Str., 2nd Av., C 지점은 17th Str., 2nd Av.를 의미한다. 매일 아침 이 사람은 A 지점에서 B 지점이 있는 동쪽으로, 그리고 B 지점에서 C 지점이 있는 남쪽으로 걷는다. A 지점과 B 지점 사이의 거리는 100 m, B 지점과 C 지점 사이의 거리는 50 m라고 가정하자. 따라서 이 사람이 매일 아침 걷는 전체 거리는 150 m이며, 반면에 그 사람이 남동쪽으로 움직인 변위는 A 지점과 C 지점을 연결하는 직선의 길이, 즉 $\sqrt{(100)^2 + (50)^2} = 112$ m와 같다.

6.5 속력과 속도

일반 언어에서는 속력과 속도를 혼용해서 사용되지만, 역학에서는 서로 다른 뜻을 가지고 있어 명확히 구별해서 사용해야 한다. **속도**(velocity)는 시간 변화에 따른 위치의 변화의 비율로 정의된다. 속도는 크기와 방향을 모두 갖는 벡터양이다. **속력**(speed)은 속도 벡터의 크기와 동일한 스칼라양이다.

6.6 가속도

가속도(acceleration)는 시간 변화에 따른 속도 변화의 비율로 정의되며, 벡터양이다. 일반적으로 '가속도'라는 용어는 속력이 시간에 따라 증가하는 상황을 설명하기 위해서 더 많이 이용되며, '**감속도**(deceleration)'라는 용어는 시간에 따라 속력이 감소하는 것을 설명하기 위해서 이용되지만, 가속도와 감속도의 수학적인 정의는 같다.

6.7 관성과 운동량

관성(inertia)은 물체가 움직임을 그대로 유지하려고 하는 경향이다. 물체가 더 큰 관성을 가질수록, 정지 상태에서 물체를 움직이게 하는 것이 어렵고, 운동 상태를 변화시키기도 어렵다. 물체의 질량이 클수록 관성이 더 크다. 예를 들면, 트럭은 승용차에 비해 질량이 크기 때문에 관성이 더 크다. 트럭과 승용차가 같은 속도로 주행하는 경우, 승용차에 비해 트럭을 멈추게 하는 것이 항상 더 어렵다.

관성과 같이, **운동량**(momentum)은 기존 운동 상태의 변화를 억제하려는 경향이며, 질량과 속도의 곱으로 정의된다. 움직이는 물체만이 운동량을 가진다. 반면에, 모든 물체는 정지해 있거나 움직이거나 상관없이 관성을 가진다. 질량이 같은 두 물체의 경우, 속도가 빠른 물체의 운동량이 더 크다. 같은 속도로 움직이는 두 물체의 경우, 질량이 큰 물체가 운동량이 더 크다.

6.8 자유도

자유도(degree of freedom)는 공간에서 물체가 움직일 수 있는 가능성을 나타내는 표현이다. 공처럼 완전히 구속되지 않은 물체는 여섯 개의 자유물체도를 가진다(세 개의 서로 수직인 축을 따라 병진운동하는 것과 관련된 세 개, 그리고 같은 축을 따라 회전운동하는 것과 관련된 세 개). 인간의 엉덩관절은 하지가 하나의 축에 대하여 회전하고, 두 평면에서 각운동을 할 수 있기 때문에 자유도는 3이다. 반면에 팔꿈치와 아래팔 시스템에서는 아래팔이 하나의 축에 대하여 회전하고, 하나의 평면에서 각운동을 할 수 있기 때문에 자유도는 2이다.

6.9 입자의 개념

역학에서 '**입자**(particle)'라는 용어는 다소 가상적인 개념이다. 입자는 고려 대상인 물체의 크기와 모양을 무시하고, 물체를 그 물체 전체 질량과 동일한 질량을 갖고 물체의 무게중심에 위치해 있는 하나의 입자라고 가정한다. 일부 문제에서는 조사 대상인 물체의 모양이 그 물체 움직임의 특정 측면에 대한 논의와 관련이 없을 수도 있다. 물체가 병진운동만 하고 있을 경우에 특히 그러하다. 예를 들어, 휠체어를 미는 사람에게 중요한 요소는 휠체어의 크기나 형태가 아닌 총 질량이다. 따라서 비교적 간단한 분석을 위해서 휠체어를 하나의 질량을 갖는 입자로 취급할 수 있다. 물체가 회전운동을 하는 경우에는 물체의 크기와 모양이 중요할 수도 있다.

6.10 기준틀과 좌표계

물체의 운동을 정확히 묘사하기 위해서는 **기준틀**(reference frame)을 정해야 한다. 세 개의 서로 수직 방향으로 구성된 **직각좌표계**(rectangular coordinate system) 또는 **데카르트좌표계**(Cartesian coordinate system)는 선형운동을 설명하기에 가장 적합한 기준틀이다. 직각좌표계의 축은 대체로 x, y, z로 표시한다. 2차원 문제의 경우, z축을 제거하여 축의 수를 두 개로 줄일 수 있다(그림 6.5).

흔히 이용되는 또 다른 기준틀에는 각운동을 해석하는 데 적합한 **극좌표계**(polar coordinate system)가 있다. 그림 6.5에서 보는 바와 같이, P 지점에서 극좌표는 r과 θ로 정의된다. r은 좌표의 원점 O에서 P 지점까지의 거리이고, θ는 선분 OP가 수평과 이루는 각도이다.

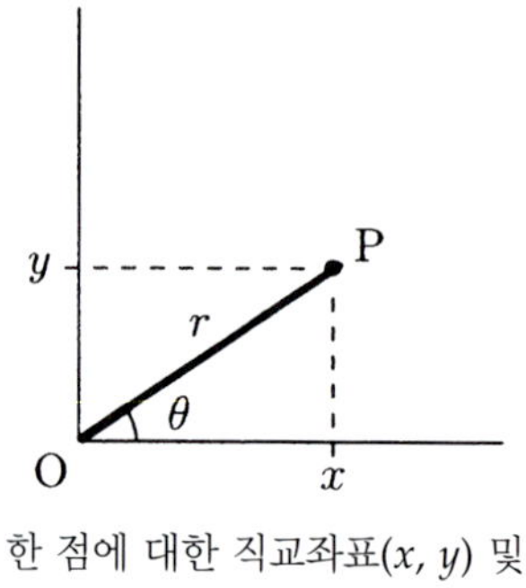

그림 6.5 • 한 점에 대한 직교좌표(x, y) 및 극좌표(r, θ)

6.11 동역학적 해석을 위한 전제 조건

동역학적 해석을 위한 전제 조건은 벡터 대수학과 미적분학이다. 벡터 대수학은 부록 B에 자세히 설명되어 있고, 미적분학의 원리는 미적법의 기초를 형성하는 일반적인 함수의 정의 및 특성과 함께 부록 C에 수록되어 있다. 다음 장으로 넘어가기 전에 부록 B와 C를 검토하기 바란다. 또한 동역학적 해석에 있어서 중요한 점은 제2장과 제3장에서 다룬 힘과 토크 벡터의 특성이다. 제4장과 제5장에서 다룬 정적 해석은 동적 해석에서 가속도가 0인 특별한 경우로 생각하면 된다.

6.12 이후 다룰 주제

제6에서 제11장까지는 이 교재의 두 번째 부분으로, 동적 시스템의 해석을 다룬다. 제7장에서는 변위, 속도, 그리고 가속도 벡터의 수학적 정의를 도입하고, 선형량 사이에 운동학적 관계의 정의 및 단축과 2축 운동 해석을 다루며, 도입된 개념을 스포츠 생체역학 문제에 적용한다. 제8장에서는 선형운동역학을 다룬다. 운동방정식, 일과 에너지 방법을 이용해서 동역학과 관련된 문제들을 해결하는 방법을 알아본다. 각운동학과 각운동역학은 각각 제9장 및 제10장에서 다루고, 도입된 개념과 방법 등을 생체역학 문제를 푸는 데 적용한다. 충격량, 운동량, 충돌과 같은 주제는 제11장에서 다룬다.

CHAPTER

07

선형운동학

Linear Kinematics

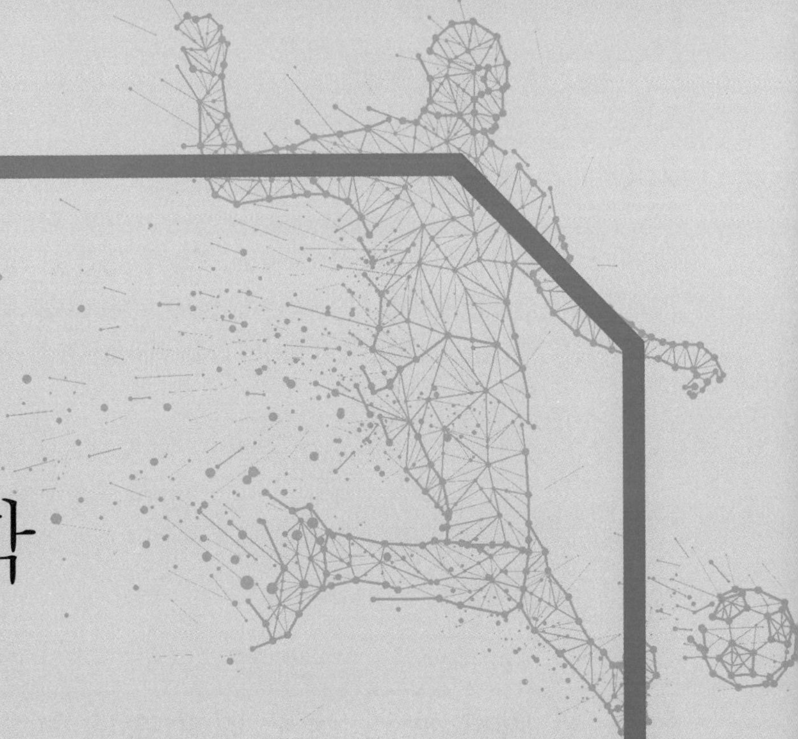

7.1 단축운동

단축운동(uniaxial motion, 1축 운동)은 한 방향으로만 일어나는 운동으로, 가장 단순한 형태의 선형 또는 병진운동이다. 고속도로의 직선 구간을 달리는 자동차, 상하 운동을 하는 엘리베이터 또는 100 m 직선 구간을 달리는 선수 등이 단축운동의 예이다.

운동학적 해석은 위치, 속도 및 가속도 벡터들 사이의 상호 관계를 이용한다. 단축운동을 해석하기 위해서는 운동이 일어나는 방향을 x 방향으로 설정하고, 운동학적 매개변수들을 정의한 후 위치, 속도 및 가속도를 스칼라양인 것처럼 해석하는 것이 대체로 실용적이다.

7.2 위치, 변위, 속도 및 가속도

그림 7.1의 자동차를 생각해보자. 자동차는 초기에 ⓪ 지점에 정지해 있는 것으로 가정한다. 시간 t_0에 자동차는 수평의 직선 경로를 따라 오른쪽으로 출발한다. 시간 t_1에 자동차는 ① 지점에, 시간 t_2에 ② 지점에 위치한다. ⓪, ① 및 ②는 각각 다른 시간에서의 자동차의 **위치**(position)이며, ⓪ 지점은 자동차의 **최초 위치**(initial position)이다. 그리고 자동차가 출발하는 순간 $t_0 = 0$부터 시간을 측정하기 시작한다.

각각 다른 시간에 자동차의 위치는 공간의 한 지점을 기준으로 측정되어야 한다. 초기 자동차 위치를 기준으로 x를 수평거리라고 하자. 만약 x_0이 초기 자동차의 위치를 나타낸다면, 이때 $x_1 = 0$이다. 만약 ①과 ②가 ⓪으로부터 각각 x_1, x_2만큼 떨어진 거리라면 x_1, x_2는 각각 t_1, t_2 시간일 때 자동차의 상대적인 위치를 나타낸다. 자동차의 상대적인 위치는 시간이 지남에 따라 변하기 때문에 x는 시간 t에 대한 함수이며, $x = f(t)$로 표현할 수 있다. 두 시간 t_1과 t_2 간격에서 자동차의 위치 변화는 $\Delta x = x_2 - x_1$이며, Δ(delta, 델타)는 변화를 의미한다. 위치의 변화는 $\Delta t = t_2 - t_1$ 시간 동안 자동차의 변위를 나타낸다.

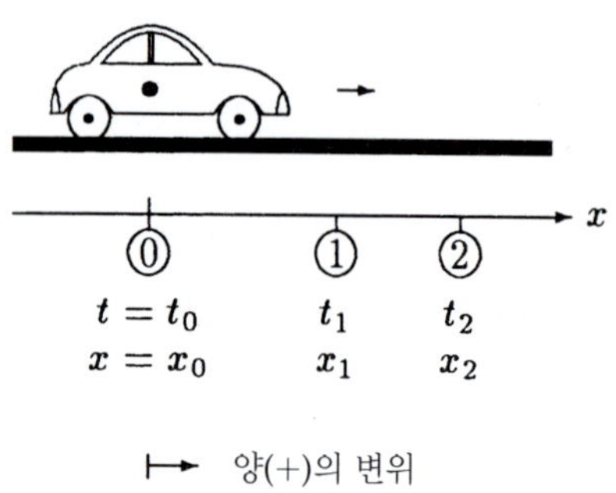

그림 7.1 • 자동차는 시간 t_0, t_1 및 t_2일 때 각각 위치 0, 1 및 2에 위치한다.

단축 수평 운동 동안, 자동차는 x축의 원점 ⓞ의 오른쪽이나 왼쪽에 위치할 수 있다. 양의 x축이 오른쪽을 향하여 있다고 가정했을 때 자동차가 ⓞ의 오른쪽에 있으면 자동차의 위치는 양(+)이며, ⓞ의 왼쪽에 있으면 음(−)이다. 마찬가지로, 자동차가 오른쪽을 향해 움직인다면 자동차의 변위는 양(+)이며, 왼쪽을 향해 움직인다면 음(−)을 나타낸다.

속도(velocity)는 시간의 변화에 대한 상대적인 위치 변화의 비율로 정의된다. 만약 x 방향으로 움직이는 물체의 위치가 시간의 함수로 알려져 있다면, 이때 물체의 순간 속도 v는 아래와 같이 t에 관한 x의 도함수로 결정될 수 있다.

$$v = \frac{dx}{dt} \tag{7.1}$$

일정 시간 간격에서 물체의 평균속도 $\overline{v}$는 물체의 위치 변화(변위)와 위치가 변하는 데 걸리는 시간의 비율로 결정될 수 있다. 예를 들면, 그림 7.1에서 t_1과 t_2 시간 간격 사이에 자동차의 평균속도는 아래 식과 같다.

$$\overline{v} = \frac{\Delta x}{\Delta t} = \frac{x_2 - x_1}{t_2 - t_1} \tag{7.2}$$

식 (7.2)에서 속도 v 위의 '줄(bar)'은 평균을 나타내며, x_1과 x_2는 t_1과 t_2 시간에서의 자동차의 위치를 나타낸다.

속도는 벡터양이고, 음이나 양의 값을 이용하여 운동의 방향을 나타낸다. 만약 물체가 원점으로부터 양의 x 방향으로 움직인다면 속도는 양의 값을 가지며, 원점으로부터 음의 x 방향으로 움직인다면 속도는 음의 값을 가진다. 속도 벡터의 크기를 **속력**(speed)이라 하며, 속력은 항상 양의 값을 가진다.

물체의 **순간 속도**(instantaneous velocity)는 특정 동작 중에 달라질 수 있다. 즉, 속도는 시간의 함수, 즉 $v = f(t)$이다. 가속도는 시간의 변화에 대한 속도 변화 비율로 정의된다. 만약에 물체의 속도가 시간의 함수로 알려져 있다면, **순간 가속도**(instantaneous acceleration) a는 t에 대한 v의 도함수로 결정될 수 있다.

$$a = \frac{dv}{dt} \tag{7.3}$$

일반적으로 움직이는 물체의 가속도는 시간에 따라 달라질 수 있다. 따라서 가속도는 시간의 함수, 즉 $a = a(t)$이다.

평균 가속도(average acceleration) $\bar{a}$는 속도 변화와 그 변화하는 동안 경과된 시간의 비율를 나타낸다. 예를 들어, 그림 7.2에서와 같이 시간 t_1과 t_2에 자동차의 순간속도가 각각 v_1과 v_2이면, 이때 t_1과 t_2의 시간 간격에서 자동차의 평균 가속도는 다음과 같이 계산될 수 있다.

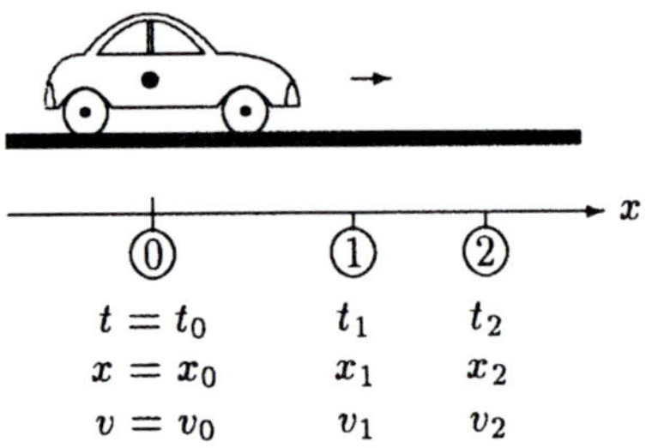

그림 7.2 • v_0은 초기 속도이고, v_1과 v_2는 각각 시간 t_1과 t_2일 때 자동차의 속도이다.

$$\bar{a} = \frac{\Delta v}{\Delta t} = \frac{v_2 - v_1}{t_2 - t_1} \tag{7.4}$$

가속도는 벡터값이며, 음이나 양을 가진다. 양의 가속도는 물체가 속력을 항상 높이는 것을 의미하지는 않으며, 음의 가속도 역시 물체가 속력을 항상 낮추는 것을 내포하지는 않는다. 임의의 순간에 속도와 가속도가 모두 양의 값이거나 음의 값이면, 물체는 속력을 높이거나 낮추는 것을 의미한다. x 방향의 단축운동에 있어서, 만약 속도와 가속도가 모두 양의 값이면, 물체는 양의 x 방향으로 속력이 증가하고 있음을 의미한다. 만약 속도와 가속도가 모두 음의 값이면, 물체는 음의 x 방향으로 속력을 높이면서 이동하고 있다. 이와 반대로 만약에 속도와 가속도가 반대의 부호이면, 물체는 속력을 줄이고 있음을 의미한다. 예를 들어 x 방향의 단축운동에서 속도가 양의 값이고 가속도는 음의 값이라면, 물체는 양의 x 방향을 움직이면서 속력을 줄이고 있다. 속도는 음의 값이고 가속도는 양의 값이라면, 물체는 음의 x 방향으로 속도를 줄이면서 이동하고 있다. 마지막으로 가속도가 0이라면, 그 물체는 일정한 속도를 가짐을 의미한다. 일어날 수 있는 모든 경우가 표 7.1에 요약되어 있다.

가속도는 속도의 도함수이며, 속도는 위치의 도함수이다. 따라서 가속도와 위치를 직접적으로 연관시키는 방법이 있어야 한다. 이 관계식은 식 (7.1)을 식 (7.3)으로 치환하여 얻을 수 있다.

$$v = \frac{dx}{dt} = \dot{x}$$

표 7.1 • 가속, 감속 및 등속 조건

	V	*A*
속도의 증가, 가속	+ −	+ −
속도의 감소, 감속	+ −	− +
일정한 속도, 등속	±	0

$$a = \frac{dv}{dt} = \frac{d}{dt}\left(\frac{dx}{dt}\right) = \frac{d^2x}{dt^2} = \ddot{x}$$

위의 방정식 안에서 x 위의 '점(dot, 도트)'은 시간에 관한 미분을 가리킨다. 하나의 점은 시간에 관한 일차 도함수를 의미하고, 두 개의 점은 이차 도함수를 의미한다.

7.3 차원과 단위

상대적인 위치는 길이의 단위로 측정된다. 정의에 따르면 변위는 위치의 변화와 같고, 속도는 상대적인 위치 변화의 시간 비율이며, 가속도는 속도 변화의 시간 비율이다. 그러므로 상대적인 위치와 변위는 길이의 차원을 갖고, 속도는 길이를 시간으로 나눈 차원이며, 가속도는 속도를 시간으로 나눈 차원이다.

$$[\text{위치}] = L$$

$$[\text{변위}] = L$$

$$[\text{속도}] = \frac{[\text{변위}]}{[\text{시간}]} = \frac{[\text{DISPLACEMENT}]}{[\text{TIME}]} = \frac{L}{T}$$

$$[\text{가속도}] = \frac{[\text{속도}]}{[\text{시간}]} = \frac{[\text{VELOCITY}]}{[\text{TIME}]} = \frac{L/T}{T} = \frac{L}{T^2}$$

이러한 차원을 기초로 하여, 단위계에 따라 변위, 속도 및 가속도의 단위를 결정할 수 있다. 이러한 단위에 관한 사례가 표 7.2에 정리되어 있다.

7.4 측정량 및 파생량

시간에 따른 위치, 속도 및 가속도를 실제로 측정하는 것은 가능하다. 이들 셋 중에서 임의의 하나를 알면, 미분이나 적분 또는 도식법이나 수치계산법을 이용하여 다른 두 가지 값을 결정할 수 있다. 만약 물체가 x 방향으로 단축운동하는 동안 위치를 측정하여 기록한다면, 그 위치는 시간의 함수 $x = f(t)$로 표현할 수 있다. 물체의 위치를 나타내는 함수를 얻으면, 시간에 따른 물체의 속도와 가속도는 다음 식으로부터 계산할

표 7.2 • 변위, 속도 및 가속도의 단위

단위계	변위	속도	가속도
국제단위계(SI)	meter(m)	m/s	m/s^2
가우스단위계(c-g-s)	centimeter(cm)	cm/s	cm/s^2
영국단위계(British)	foot(ft)	ft/s	ft/s^2

수 있다.

$$v = \frac{dx}{dt} \tag{7.5}$$

$$a = \frac{dv}{dt} = \frac{d^2x}{dt^2} \tag{7.6}$$

만약에 물체가 x 방향으로 단축운동을 하면, 시간의 함수 $v = f(t)$로 측정하여 표현할 수 있다. 이때 처음의 위치와 물체의 순간 가속도에 관련된 물체의 위치는 아래 식을 이용하여 산출할 수 있다.

$$x = x_0 + \int_{t_0}^{t} v\, dt \tag{7.7}$$

$$a = \frac{dv}{dt} \tag{7.8}$$

식 (7.7)에서 적분의 하한 t_0은 최초 측정 시간을 나타내며, 상한은 임의의 시간 t에 해당한다. x_0는 시간 t_0에서 물체의 위치를 나타낸다. 일반적으로 t_0는 0으로 간주할 수 있다. 이것은 물체의 움직임이 시작된 순간을 기준으로 모든 시간 측정이 이루어짐을 의미한다. 또한, 모든 위치 측정이 물체의 최초 위치를 기준으로 이루어진다면, $x_0 =$ 0이다.

만약 물체의 가속도를 측정하고 시간의 함수 $a = f(t)$로 표현한다면, 초기 속도와 최초 위치에 상대적인 물체의 순간 속도와 위치는 아래 식을 이용하여 계산할 수 있다.

$$v = v_0 + \int_{t_0}^{t} a\, dt \tag{7.9}$$

$$x = x_0 + \int_{t_0}^{t} v\, dt \tag{7.10}$$

식 (7.9)와 (7.10)에서 x_0와 v_0는 시간 t_0에 물체의 최초 위치와 초기 속도에 해당한다. 이들 방정식은 움직이는 물체의 최초 위치와 초기 속도에 관한 상대적인 위치 및 속도의 변화를 나타낸다. 그러나 이들 방정식은 임의의 모든 시간에 대한 물체의 위치와 속도에 관하여 유효하다.

예를 들어 x_1과 v_1이 시간 t_1에서 물체의 위치와 속도를 나타낸다면, 식 (7.9)와 (7.10)은 아래와 같이 나타낼 수도 있다.

$$v = v_1 + \int_{t_1}^{t} a\, dt$$

$$x = x_1 + \int_{t_1}^{t} v \, \mathrm{d}t$$

7.5 일정한 가속도를 가진 단축운동

단축운동의 일반적인 유형은 가속도가 일정할 때 발생한다. 만약 시간 $t_0 = 0$에서 a_0는 물체의 일정한 가속도를 나타내고, v_0은 초기 속도이며, x_0는 최초 위치라면, 식 (7.9)와 (7.10)으로부터 아래의 식을 얻을 수 있다.

$$v = v_1 + a_0 t \tag{7.11}$$

$$\begin{aligned} x &= x_0 + \int_{t_0}^{t} (v_0 + a_0 t) \mathrm{d}t \\ &= x_0 + \int_{t_0}^{t} v_0 \, \mathrm{d}t + \int_{t_0}^{t} a_0 t \, \mathrm{d}t \\ &= x_0 + v_0 t + \frac{1}{2} a_0 t^2 \end{aligned}$$

$$x = x_0 + v_0 t + \frac{1}{2} a_0 t^2 \tag{7.12}$$

x 방향으로 단축운동을 하는 물체의 주어진 최초 위치, 초기 속도 및 일정한 가속도에 있어서 식 (7.11)과 (7.12)는 초기 속도와 최초 위치에 상대적인 시간의 함수이므로 시간에 따른 물체의 속도와 위치를 구할 수 있다. 식 (7.11)과 (7.12)는 임의의 다른 시간과 위치를 기준으로 표현할 수 있다는 것에 주목하라. 예를 들어 x_1과 v_1이 시간 t_1에서 물체의 알려진 위치와 속도를 나타내는 경우, 아래와 같이 쓸 수 있다.

$$v = v_1 + a_0 (t - t_1)$$

$$x = x_1 + v_1 (t - t_1) + \frac{1}{2} a_0 (t - t_1)^2$$

그림 7.3은 일정한 가속도 a_0로 움직이는 물체에 관한 가속도 대 시간 그래프를 보여준다. 식 (7.11)에 따르면, 속도는 시간에 대한 선형 함수이다. 그림 7.4에서 보는 바와 같이, 속도 대 시간 그래프는 일정한 크기의 가속도와 같은 일정한 기울기를 가지는 직선이다. 이것은 함수의 기울기가 그 함수의 도함수와 같고, 시간에 대한 속도의 도함수는 가속도와 같다는 사실과 일치한다. 식 (7.12)에서, 변위는 시간의 이차함수로 표현된다. 그림 7.5에서 보는 바와 같이, 이 함수의 그래프는 포물선이다. 주어진 시간에 이 함수의 기울기는 그 시점에 물체의 속도와 같다.

일정한 가속도를 갖는 단축운동의 경우, a_0에 관하여 식 (7.11)을 풀고, 식 (7.12)에 a_0을 치환하면 다음과 같은 관계식을 얻을 수 있다.

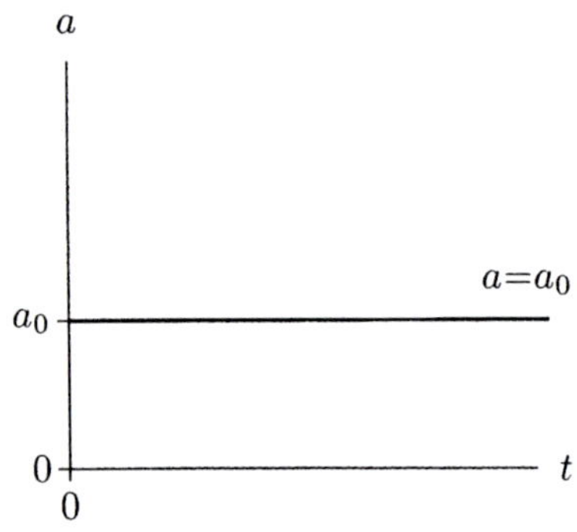

그림 7.3 • 일정한 가속도

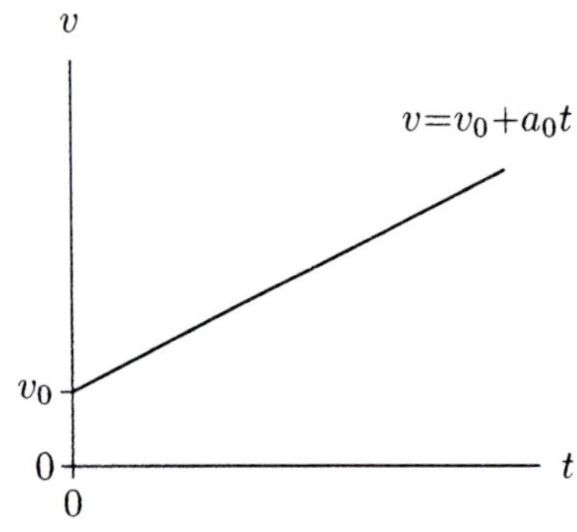

그림 7.4 • 가속도가 일정할 때, 속도는 시간에 대한 선형함수이다.

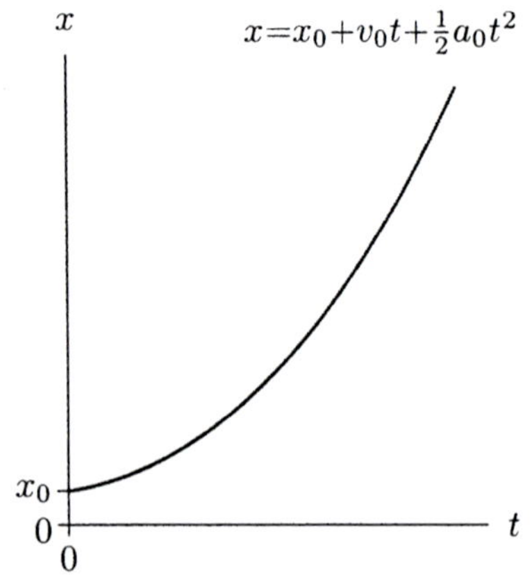

그림 7.5 • 가속도가 일정할 때, 위치 변화는 시간에 대한 2차함수이다.

$$x = x_0 + \frac{1}{2}(v + v_0)t \tag{7.13}$$

마찬가지로 속도, 변위 및 가속도 사이의 관계식은 식 (7.11)을 t에 관해서 풀고, 식 (7.12)에 t를 치환하여 아래와 같이 유도할 수 있다.

$$v^2 = {v_0}^2 + 2a_0(x - x_0) \tag{7.14}$$

주의. 식 (7.11)에서 식 (7.14)까지는 가속도가 일정한 경우에만 유효하다. 또한, 포함된 매개변수의 방향을 정확히 다루어야 한다. 예를 들어, 가속도의 방향이 양의 x 방향에 반대인 경우에는 가속도 앞의 '양'의 기호를 '음'의 기호로 바꿔야 한다.

7.6 단축운동의 예제

다음의 예제들은 운동방정식 (7.5)~(7.10)을 실생활에서 응용할 수 있는 사례들을 보여준다.

예제 7.1 그림 7.6의 단거리 선수는 100 m를 10초에 달렸다. 열 명의 관찰자가 각 10 m 거리에서 스톱워치를 이용하여 선수가 각 10 m씩 도달할 때마다 시간을 기록하였다. 수집된 데이터는 그림 7.6에서와 같이 시간에 따른 위치 그래프로 나타내고 있다. 이 데이터는 아래의 함수로 나타낼 수 있다.

$$x = 0.46\, t^{7/3}$$

여기서 위치 변화 x는 미터, 시간 t는 초로 측정된다.

선수의 속도와 가속도를 시간의 함수로 구하고, 달리기를 시작한 5초 후에 순간 속도와 가속도를 구하라.

풀이: 선수의 위치를 나타내는 함수를 알고 있으므로, 속도를 구하기 위해서 시간에 대하여 한 번 미분하여 1차 도함수를 얻고, 가속도를 구하기 위해서 시간에 대하여 두 번 미분하여 2차 도함수를 얻을 수 있다.

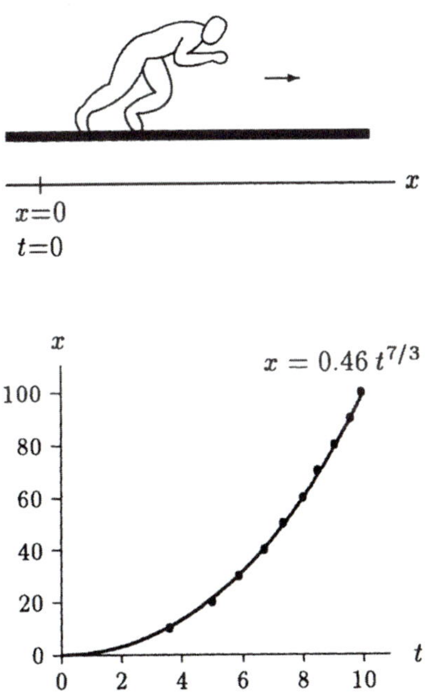

그림 7.6 • 초(s)로 측정된 시간 t에 따른 미터로 측정된 상대적 위치 x

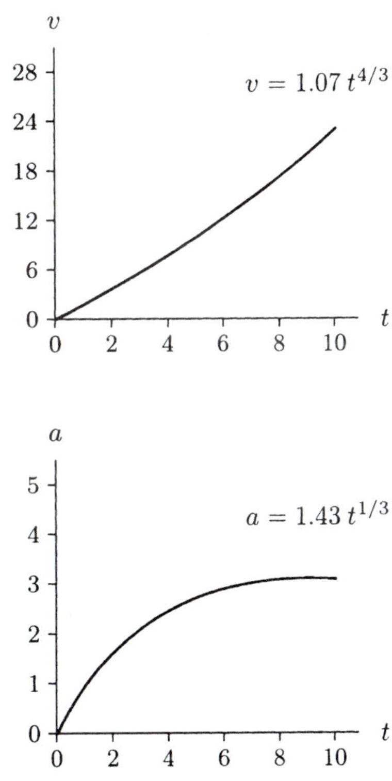

그림 7.7 • 단거리 선수의 시간에 따른 속력 v(m/s)와 가속도 a(m/s^2)

$$v = \frac{dx}{dt} = \frac{d}{dt}\left(0.46t^{7/3}\right) = 1.07t^{4/3}$$

$$a = \frac{dv}{dt} = \frac{d}{dt}\left(1.07t^{4/3}\right) = 1.43t^{1/3}$$

이 함수의 그래프는 그림 7.7에 제시되어 있다.

달리기를 시작한 5초 후 속도 및 가속도는 위 식에서 $t = 5$ s를 대입하여 계산한다. 산출된 값은 아래와 같다.

$$v = 9.15\,\text{m/s}$$

$$a = 2.45\,\text{m/s}^2$$

예제 7.2 직선 도로 위를 달리는 자동차의 주행속도계가 총 3분 동안 기록된다. 기록된 데이터는 그림 7.8에 시간 대 속도의 그래프로 나타내었다. 그림 7.8의 점선은 세 개의 직선(실선)에 근접하는 실측값을 나타낸 것이다. 그림 7.8에 나타난 데이터에 따르면, 시간 $t_0 = 0$과 $t_1 = 30$ s 사이에서 자동차의 속력은 $v_0 = 0$에서 $v_1 = 72$ km/h로 선형적으로 증가한다. 시간 $t_1 = 30$ s와 $t_2 = 120$ s 사이에서 자동차의 속력은 72 km/h로 일정하다. 시간 $t_2 = 120$ s부터 운전자는 브레이크를 밟아 속력이 시간에 따라 선형적으로 감소하여, 자동차는 60 s 후에 멈추었다.

자동차의 속력, 변위 그리고 가속도를 시간의 함수로 표현하라. 3분 후의 자동차의 전체 변위를 계산하라.

풀이: 시간당 킬로미터(km/h) 단위로 기록된 속력 측정값은 초당 미터(m/s)로 변환해야 한다. 1 km는 1000 m이고 1 h는 3600 s와 같으므로, 72 km/h는 20 m/s이다. 계산 결과는 아래와 같다.

$$72\frac{\text{km}}{\text{h}} = 72 \times \frac{1000}{3600} = 20\,\text{m/s}$$

그림 7.8의 시간 대 속력 그래프를 m/s 단위인 속력과 초 단위의 시간으로 나타내면, 그림 7.9와 같이 그릴 수 있다.

근사화(approximation)를 통해서, 그림 7.9의 시간 대 속력의 그래프는 세 개의 구간을 가지며, 전체 그래프를 나타낼 수 있는 하나의 함수는 없다. 그러므로 이 문제는 세 개의 구간으로 나누어 해석해야만 한다.

구간 1

$t_0 = 0$ 내지 $t_1 = 30$ s일 때 자동차의 속도는 0에서 20 m/s로 시간이 지남에 따라 선형적으로 증가했다. 부록 C에서 살펴본 바와 같이, 모든 선형 함수는 $X = A + BY$로

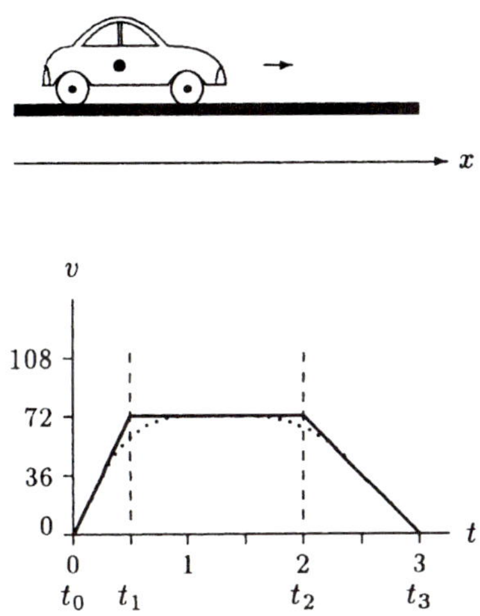

그림 7.8 • 자동차에 대한 속력 v(km/h) 대 시간 t(min) 다이어그램

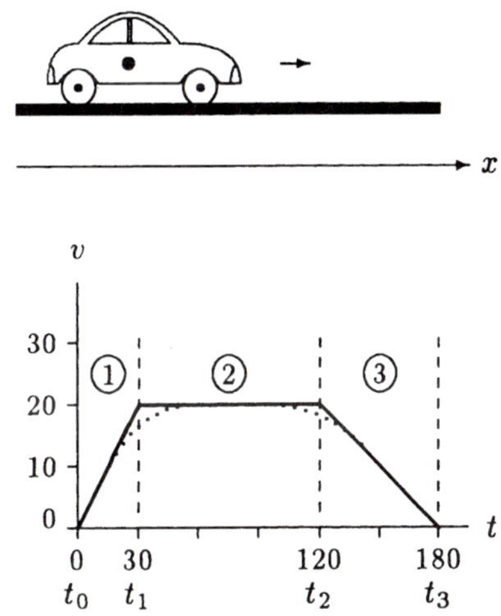

그림 7.9 • 자동차에 대한 속력 v(m/s) 대 시간 t(s) 다이어그램

표현할 수 있다. 이 식에서 Y는 독립 변수, X는 종속 변수, 그리고 A와 B는 상수이다. 이 경우에는 시간이 독립 변수이고 속력이 종속 변수이다. 구간 1에서 자동차의 속력과 시간의 관계가 선형적이므로, 아래와 같이 나타낼 수 있다.

$$v = A + Bt \tag{i}$$

식 (i)에 주어진 함수는 매개변수 A와 B가 아직 결정되지 않았기 때문에, v와 t에 대한 일반적인 표현이다. A와 B(두 미지수)를 계산하기 위해서는 두 개의 조건이 필요하다. 이러한 조건은 그림 7.9로부터 얻을 수 있다. 자동차가 처음 이동하기 시작했을 때, 즉 $t = 0$일 때 $v = 0$이고, $t = 30$ s일 때 $v = 20$ m/s이다. 식 (i)에서 초기 조건($t = 0$일 때 $v = 0$)을 대입하면 $A = 0$이 되고, 두 번째 조건($t = 30$ s일 때 $v = 20$ m/s)을 대입하면 $B = 0.667$이 된다. 식 (i)에 $A = 0$과 $B = 0.667$을 대입하면, 구간 1에서 자동차의 속력과 시간의 함수 관계는 아래와 같이 산출된다.

$$v = 0.667t \tag{ii}$$

속력과 시간 단위를 각각 초당 미터와 초 단위로 이미 변환했으므로, 식 (ii)의 속력은 초당 미터이고 시간은 초 단위이다.

이제 식 (7.7)과 (7.8)은 구간 1에서 자동차의 변위와 가속도를 결정하기 위해 활용할 수 있다. 시작 지점에 상대적인 변위를 측정하면 자동차의 초기 위치는 $x_0 = 0$이다. 따라서 아래와 같은 식을 얻을 수 있다.

$$x = x_0 + \int_0^t v\,\mathrm{d}t = \int_0^t (0.667t)\mathrm{d}t = 0.667\left[\frac{t^2}{2}\right]_0^t = 0.333t^2 \tag{iii}$$

$$a = \frac{dv}{dt} = \frac{d}{dt}(0.667t) = 0.667 \quad \text{(iv)}$$

식 (iv)로부터, 구간 1에서 자동차의 가속도는 0.667 m/s^2로 일정하다. 구간 1의 마지막에 자동차가 이동한 총 거리는 식 (iii)에 t = 30 s를 대입하여 다음과 같이 구할 수 있다.

$$x_1 = 0.333t^2 = 0.333(30)^2 = 300\,\text{m}$$

구간 2

구간 2는 시간이 t_1 = 30 s에서 시작되고 t_2 = 120 s에서 끝난다. 구간 2에서 자동차의 속도는 20 m/s로 일정하다. 따라서 구간 2에서 속력을 나타내는 함수는 아래와 같다.

$$v = 20 \quad \text{(v)}$$

구간 1에서 자동차로 이동한 총 거리는 x_1 = 300 m로 계산되었다. x_1 = 300 m는 또한 구간 2에서 자동차의 최초 위치를 나타낸다. 구간 1은 시간이 t_1 = 30 s일 때 끝난다. 그러므로 구간 2는 시간이 t_1 = 30 s일 때 시작된다. 이제 우리는 t_1과 x_1이 관련된 식 (11.7)을 아래와 같이 나타낼 수 있다.

$$x = x_1 + \int_{t_1}^{t_2} v\,dt = 300 + \int_{30}^{t_2} 20\,dt = 300 + 20[t]_{t_1}^{t_2}$$

$$x = 300 + 20(t_2 - t_1) \quad \text{(vi)}$$

구간 2에서 자동차의 가속도는 식 (7.8)을 이용하여 아래와 같이 구할 수 있다.

$$a = \frac{dv}{dt} = 0 \quad \text{(vii)}$$

식 (vii)로부터, 구간 2에서 자동차의 가속도는 0이다. 구간 2의 마지막에 자동차가 이동한 총 거리는 식 (iv)에 t = 120 s를 대입하여 아래와 같이 구할 수 있다.

$$x_2 = 300 + 20(120 - 30) = 300 + 1800 = 2100\,\text{m}$$

구간 3

t_2 = 120 s와 t_3 = 180 s 사이에서 자동차의 속력은 시간에 대해 선형적으로 감소하여 60초 후에는 0이 되었다. 구간 3에서 자동차의 속력과 시간 사이의 관계를 나타내는 함수는 식 (i)을 이용하여 구할 수 있다. 식 (i)의 매개변수 A와 B는 구간 3과 관련된 두 조건을 고려하여 계산할 수 있다. 예를 들어 t = 120 s일 때 v = 20 m/s이고, t = 180 s일 때 v = 0이다. 식 (i)에 이들 두 조건을 대입하면, $A + 180B = 0$ 또는 $A = -180B$가 산출된다. 식 (i)에 첫 번째 조건과 $A = -180B$를 대입하면, $B =$

-0.333이 산출된다. $A = -180B$이고 $B = -0.333$이므로 $A = 60$이다. 따라서 구간 3에서 자동차의 속력과 시간의 함수 관계는 아래와 같다.

$$v = 60 - 0.333t \tag{viii}$$

구간 3은 시간이 $t_2 = 120$ s일 때 시작하고 자동차의 초기 위치는 $x_2 = 2100$ m이다. 식 (7.7)을 이용하여 아래와 같은 식을 얻을 수 있다.

$$\begin{aligned} x_3 &= x_2 + \int_{t_2}^{t_3} v\mathrm{d}t = 2100 + \int_{t_2}^{t_3} (60 - 0.333t)\mathrm{d}t \\ &= 2100 + \int_{t_2}^{t_3} 60\mathrm{d}t - \int_{t_2}^{t_3} 0.333t\mathrm{d}t \\ &= 2100 + [t]_{t_2}^{t_3} - \frac{0.333}{2}[t^2]_{t_2}^{t_3} \\ x_3 &= 2100 + 60[t]_{120}^{180} - 0.167\left[t^2\right]_{120}^{180} \end{aligned} \tag{ix}$$

식 (7.8)로부터 아래와 같은 식을 얻을 수 있다.

$$a = \frac{\mathrm{d}v}{\mathrm{d}t} = \frac{\mathrm{d}}{\mathrm{d}t}(60 - 0.333t) = -0.333 \tag{x}$$

자동차가 이동한 총 거리는 식 (ix)에 $t = 180$ s를 대입하여 아래와 같이 구할 수 있다.

$$\begin{aligned} x_3 &= 2100 + 60(180 - 120) - 0.167(180^2 - 120^2) \\ &= 2100 + 3600 - 3006 = 2694\,\mathrm{m} \end{aligned}$$

그림 7.10에서, 각 구간에서 자동차의 변위와 가속도에 대해 유도된 함수는 시간에 대한 변위 및 가속도 그래프(실선)를 작성하는 데 사용된다. 모든 구간에서 자동차는 양의 x 방향으로 이동하고 있다. 그러므로 자동차의 변위는 전체적으로 양수이다. 구간 1에서 자동차의 가속도는 양수이고, 양의 x 방향으로 속력의 증가를 나타낸다. 구간 2에서 자동차의 가속도는 0이고, 속력은 일정하다. 구간 3에서 자동차의 가속도는 음수

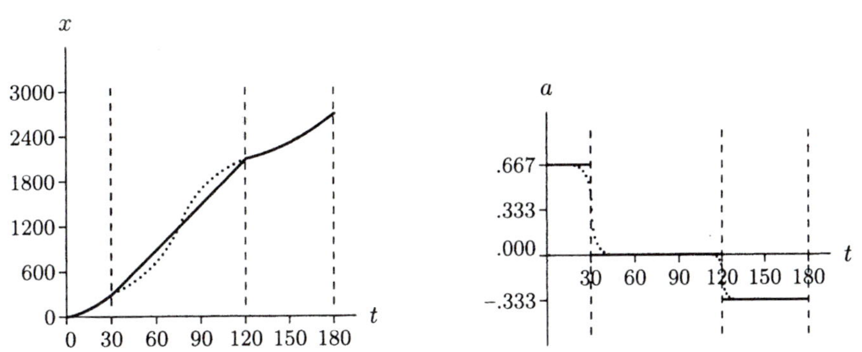

그림 7.10 • 자동차에 대한 변위 x(mm) 및 가속도 a(m/s^2) 대 시간 t(s) 다이어그램

이고, 양의 x 방향으로 가속도의 감소를 나타낸다.

그림 7.10에서, 시간에 대한 변위 및 가속도 그래프(실선)는 연속적이지 않다. 예를 들면, 구간 1의 마지막에 t 대 x의 기울기는 구간 2의 시작에서 t대 x의 기울기와 반드시 같을 필요는 없다. 불연속성은 t 대 a의 그래프에서 더 중요하다. 이러한 결과는 자동차의 시간에 대한 실제 속력의 그래프를 세 구간에서 세 직선으로 근사화했기 때문이다. 실제로 그림 7.10에서 점선으로 표시된 것처럼, 이러한 곡선의 기울기 변화는 표시가 적게 되었지만 더 연속적이다.

예제 7.3 그림 7.11에서 보는 바와 같이, 스키 선수가 직선 경사를 하강하고 있다. 스키 선수는 2 m/s²의 일정한 가속도로 경사를 내려오고, 위치 0에서 속력은 10 m/s로 관측된다고 가정하자.

스키 선수가 경사에 평행하게 측정한 위치 ⓪으로부터 거리 l = 100 m인 위치 ①에서 스키 선수의 속력 v_1을 계산하라. 또한, 위치 ⓪과 ① 사이의 거리를 지나는 데 걸린 시간 t_1을 계산하라.

풀이: 스키 선수는 일정한 가속도로 움직이기 때문에, 이 문제를 풀기 위해 식 (7.11)과 (7.12)를 사용할 수 있다. 그림 7.12에서 경사와 평행한 방향 또는 스키 선수가 이동하는 방향을 x축으로 정의한다. 단순화를 위해 x축의 원점은 $x_0 = 0$과 위치 ⓪이 일치하도록 하였다. 또한, 스키 선수가 ⓪ 지점에 있는 순간을 기준으로 하여 모든 시간을 측정할 수 있다. 즉, $t_0 = 0$이다. 그림 7.12에 나타난 바와 같이, ⓪ 지점에서 스키 선수의 속력은 v_0 = 10m/s이다. 우리가 ① 지점에 대해 알고 있는 것은 ⓪ 지점으로부터 거리 l = 100 m에 위치한다는 사실이다. 따라서 ① 지점에서 스키 선수의 위치는 $x_1 = l$ = 100 m이다. 스키 선수가 ⓪과 ① 지점 사이를 지나는 데 걸린 시간 t_1과 ① 지점에서 속력 v_1은 미지수이다.

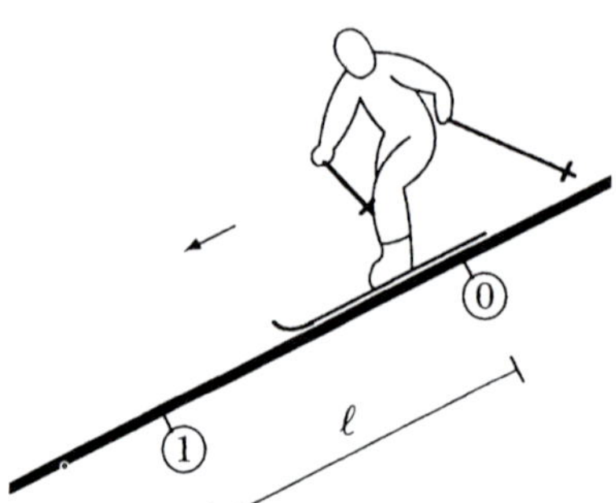

그림 7.11 • 스키 선수가 a_0=2m/s²의 일정한 가속도로 경사를 내려오고 있다.

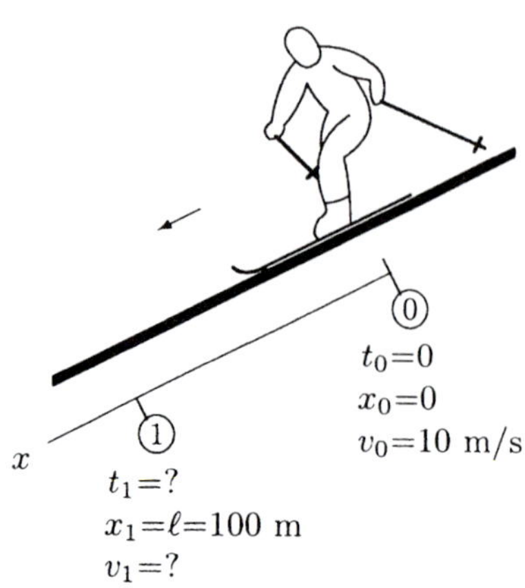

그림 7.12 • 위치 ⓪과 ①에서의 조건

우선 식 (7.12)를 이용하자. ⓪과 ① 지점 사이에서 이 방정식을 활용하면 아래와 같이 쓸 수 있다.

$$x_1 = x_0 + v_0 t_1 + \frac{1}{2} a_0 t_1{}^2$$

여기서 $x_0 = 0$, $v_0 = 10\ \mathrm{m/s}$이고, $a_0 = 2\ \mathrm{m/s}$는 스키 선수의 일정한 가속도이다. 이들 매개변수를 위 방정식에 대입하고 항의 순서를 재정리하면 아래와 같이 나타낼 수 있다.

$$t_1{}^2 + 10t_1 - 100 = 0$$

이 식은 2차 방정식이다. 2차 방정식의 풀이는 부록 C.5에서 자세히 설명하고 있다. 이 방정식은 하나는 양수이고 하나는 음수인 t_1에 대한 두 근을 가진다. 음의 시간은 어떠한 의미가 없기 때문에 양의 근을 선택해야 한다. 즉, $t_1 = 6.18\ \mathrm{s}$이다($t_1 = 6.18\ \mathrm{s}$의 유효성을 위해, 이 값을 다시 2차 방정식에 대입하고, 등식이 만족하는지 확인해 보라). 따라서 스키 선수가 ⓪과 ① 지점을 지나는 데 걸리는 시간은 6.18초이다.

이제 식 (7.11)을 이용하여 ① 지점에서 스키 선수의 속력을 계산할 수 있다.

$$v_1 = v_0 + a_0 t_1$$

$v_0 = 10\ \mathrm{m/s}$, $a_0 = 2\ \mathrm{m/s}$ 그리고 $t_1 = 6.18\ \mathrm{s}$를 위 방정식에 대입하여 계산된 결과, $v_1 = 22.36\ \mathrm{m/s}$이다.

예제 7.4 가속도가 일정한 운동의 가장 대표적인 예제 중 하나는 물체를 수직 아래 방향으로 떨어뜨리는 자유낙하이다. 자유낙하는 물체의 질량에 대한 중력가속도의 효과에 따른 결과이다. 만약 공기 저항의 영향을 무시한다면(운동이 진공에서 발생한다고 가정), 일정 높이에서 놓은 물체는 약 $9.8\ \mathrm{m/s^2}$인 중력가속도의 크기와 동일한 일정한 가속도로 아래 방향으로 움직일 것이다.

그림 7.13에서 보는 바와 같이, 사람이 지면 위로 높이 $h = 1.5\ \mathrm{m}$에서 공을 잡고 있다고 하자. 이때 잡고 있던 공을 놓으면, 공이 지면에 닿는 데 걸리는 시간과 공의 충돌 속도는 얼마인가?

풀이: 이것은 일정한 가속도를 가진 단축운동의 또 다른 예제이다. 일단 공을 놓으면, 중력가속도의 크기인 일정한 가속도 $a_0 = 9.8\ \mathrm{m/s^2}$로 아래 방향으로 움직인다. 그림 7.4에서, 공의 운동 방향은 양의 y가 아래를 향하도록 y축을 정의한다. 중력가속도의 방향이 아래 방향이기 때문에 공의 가속도는 양(+)이다.

그림 7.14에서 y축의 원점을 공의 최초 위치 ⓪과 일치시킨다. 따라서 공의 최초 위치

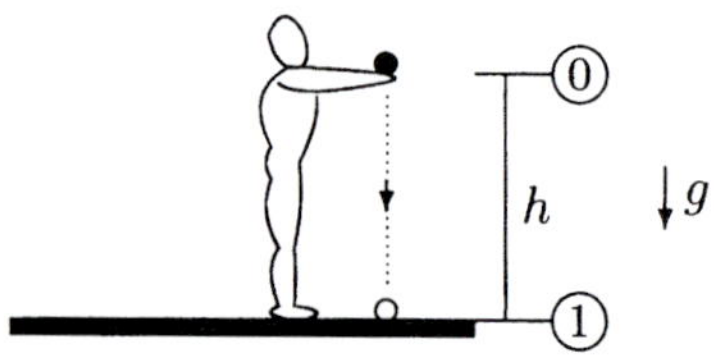

그림 7.13 • 자유낙하

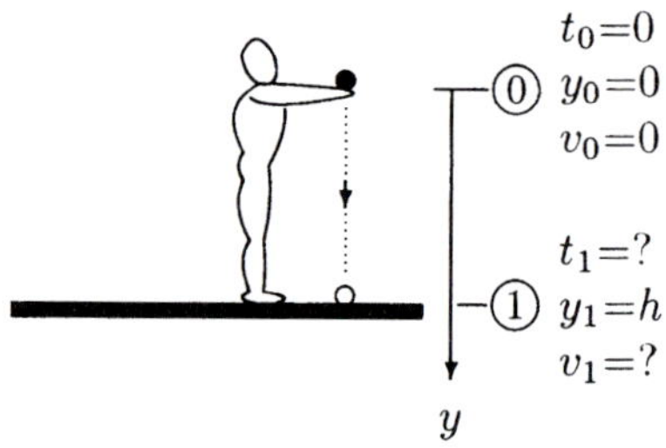

그림 7.14 • 위치 ⓪과 ①에서의 조건

는 $y_0 = 0$이다. 모든 시간의 측정은 공을 놓는 순간을 기준으로 하므로, 최초 시간은 $t_0 = 0$이다. 지면은 위치 ⓪을 기준으로 수직 거리 $y_1 = h = 1.5$ m인 곳을 위치 ①로 정의한다. 이제 공이 위치 ⓪과 ① 사이의 수직 거리를 지나는 데 걸린 시간 t_1과 공의 충돌 속력 v_1로 구해야 한다.

가속도는 $a_0 = 9.8 \text{ m/s}^2$로 일정하기 때문에, 식 (7.11)과 (7.12)를 사용할 수 있다. 그러나 이 방정식의 x를 y로 치환해야 한다. 식 (7.12)는 위치 ⓪과 ① 사이에서 아래와 같이 쓸 수 있다.

$$y_1 = y_0 + v_0 t_1 + \frac{1}{2} a_0 {t_1}^2$$

$y_1 = 1.5$ m, $y_0 = 0$, $v_0 = 0$, 그리고 $a_0 = 9.8 \text{ m/s}^2$를 이 방정식에 대입하고 t_1에 대해 풀면 $t_1 = 0.55$ s이다. 즉, 공기 저항이 없으므로 지면으로부터 1.5 m 높이에서 공을 놓았을 때, 공이 지면과 부딪히는 데는 0.55 s가 걸릴 것이다.

충돌 속력은 식 (7.11)을 사용하여 아래와 같이 계산될 수 있다.

$$v_1 = v_0 + a_0 t_1$$

$v_0 = 0$, $a_0 = 9.8 \text{ m/s}^2$ 그리고 $t_1 = 0.55$를 위 방정식에 대입하고 v_1에 대해서 풀면 $v_1 = 5.39$ m/s이다.

7.7 2축 운동

2축(biaxial) 또는 2차원 운동(two-dimensional motion)은 평면에서 일어나는 운동 중 하나이다. 예를 들어 운동 방향에서 물체의 위치가 시간의 함수로 주어져 있으면, 물체의 1차원 선형운동의 특성을 충분히 이해할 수 있다. 단축운동 해석에 대한 앞서 소개한 개념은 2차원 및 3차원 선형운동을 해석하기 위해 확장할 수 있다. 이는 위치, 속도 및 가속도의 특성을 벡터양으로 고려함으로써 얻을 수 있다.

7.8 위치, 속도 및 가속도 벡터

1차원 문제의 경우, 단일 좌표축을 사용하여 물체의 위치를 규정한다. 평면 문제의 경우, 물체의 정확한 위치를 결정하기 위해서는 2축 좌표계가 필요하다. 그림 7.15에서 보여주듯이, x와 y를 각각 양의 x와 y 방향을 가리키는 단위 벡터 $\underline{i}$와 $\underline{j}$를 갖는 일반적인 데카르트(직각)좌표 방향이라고 하자. 좌표계의 원점은 O에 위치한다. 이 xy 평면에서 점 P의 위치 벡터 $\underline{r}$은 O에서 P로 그려진 벡터이다. 위치 벡터는 아래와 같이 점 P의 x와 y 좌표로 나타낼 수 있다.

$$\underline{r} = x\underline{i} + y\underline{j} \tag{7.15}$$

양의 벡터의 크기 r은 선이 연결되는 O와 P의 길이와 동일하다. 그것은 다음과 같이 계산할 수 있다.

$$r = \sqrt{x^2 + y^2} \tag{7.16}$$

만약 점 P가 임의의 시간 t에 움직이는 물체의 위치를 나타낸다면, $\underline{r}$은 그 시간에 그 물체의 **순간 위치**(instantaneous position)를 나타낸다. 이것은 $\underline{r}$이 시간에 따라 변할 수 있으며, 움직이는 물체의 x와 y 좌표가 시간의 함수임을 의미한다.

정의에 따라 벡터는 위치 변화에 대한 시간의 비율이다. 따라서 **속도 벡터**(velocity vector)는 위치 벡터를 시간으로 미분한 값과 같다.

$$\underline{v} = \frac{\mathrm{d}}{\mathrm{d}t}(\underline{r}) = \frac{\mathrm{d}}{\mathrm{d}t}\left(x\underline{i} + y\underline{j}\right) = \frac{\mathrm{d}x}{\mathrm{d}t}\underline{i} + \frac{\mathrm{d}y}{\mathrm{d}t}\underline{j} \tag{7.17}$$

2차원 문제의 경우, 속도 벡터는 두 성분으로 구성된다(그림 7.16). 만약 v_x와 v_y가 x와 y 방향 각각에 대한 $\underline{v}$의 스칼라 성분이라 하면, 속도 벡터 역시 다음과 같이 표현할 수 있다.

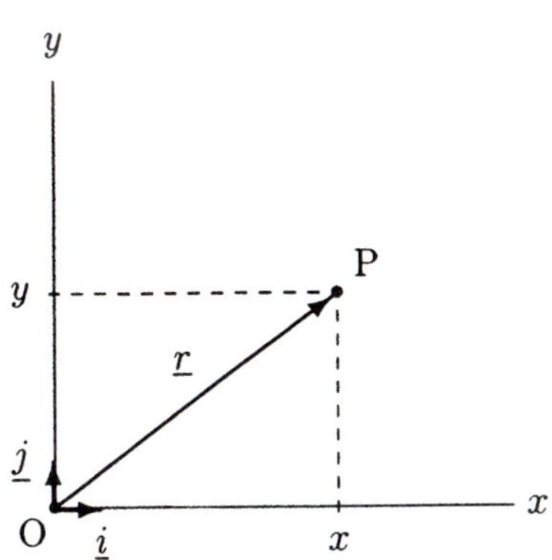

그림 7.15 • $\underline{r}$은 P 지점의 위치 벡터이다.

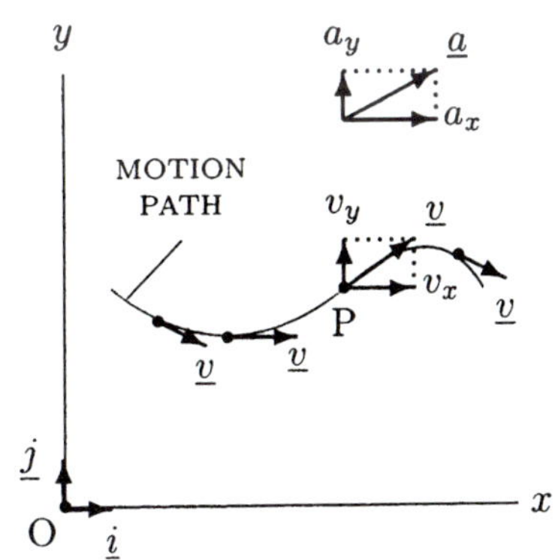

그림 7.16 • 속도 벡터는 항상 운동 경로의 접선이다.

$$\underline{v} = v_x\underline{i} + v_y\underline{j} \tag{7.18}$$

식 (7.17)과 (7.18)의 비교를 통해서, 다음과 같이 결론지을 수 있다.

$$v_x = \frac{\mathrm{d}x}{\mathrm{d}t} = \dot{x} \tag{7.19}$$

$$v_y = \frac{\mathrm{d}y}{\mathrm{d}t} = \dot{y} \tag{7.20}$$

v_x와 v_y가 $\underline{v}$의 **직교 성분**(rectangular component)들이고, 이들은 물체가 x와 y 각각의 방향으로 얼마나 빠르게 움직이는지를 보여준다. 만약 속도 벡터의 v_x와 v_y 성분을 알고 있다면, 이들의 합의 크기 v 역시 알 수 있다.

$$v = \sqrt{{v_x}^2 + {v_y}^2} \tag{7.21}$$

속력 v는 스칼라양이다. 그림 7.16에 나타난 것과 같이, 속도 벡터의 방향은 항상 운동 경로의 접선이며 운동 방향을 가리킨다는 점을 기억하자.

수평 방향과 수직 방향의 스칼라 성분을 알면, 속도 벡터의 방향도 알 수 있다. 즉, $\tan\alpha = \frac{\sigma_y}{\sigma_x}$이면, $\alpha = \tan^{-1}\left(\frac{\sigma_y}{\sigma_x}\right)$이며, 여기서 α는 속도 벡터가 수평축과 이루는 각도이다.

가속도는 속도 변화에 대한 시간의 비율로 정의된다. 따라서 물체의 속도 벡터에 대한 시간의 함수를 알면, 가속도 벡터 $\underline{a}$도 시간에 의한 $\underline{v}$의 도함수로부터 아래와 같이 구할 수 있다.

$$\underline{a} = \frac{\mathrm{d}}{\mathrm{d}t}(\underline{v}) = \frac{\mathrm{d}}{\mathrm{d}t}\left(v_x\underline{i} + v_y\underline{j}\right) = \frac{\mathrm{d}v_x}{\mathrm{d}t}\underline{i} + \frac{\mathrm{d}v_y}{\mathrm{d}t}\underline{j} \tag{7.22}$$

가속도 벡터 역시 x와 y 방향 성분으로 표현할 수 있다(그림 7.16).

$$\underline{a} = a_x\underline{i} + a_y\underline{j} \tag{7.23}$$

식 (7.22)와 (7.23)의 비교를 통해, 가속도 벡터의 직교 성분을 다음과 같이 나타낼 수 있다.

$$a_x = \frac{\mathrm{d}v_x}{\mathrm{d}t} = \frac{\mathrm{d}^2x}{\mathrm{d}t^2} = \ddot{x} \tag{7.24}$$

$$a_y = \frac{\mathrm{d}v_y}{\mathrm{d}t} = \frac{\mathrm{d}^2y}{\mathrm{d}t^2} = \ddot{y} \tag{7.25}$$

필요에 따라, 가속도 벡터의 크기 a는 다음과 같이 계산할 수 있다.

$$a = \sqrt{{a_x}^2 + {a_y}^2} \tag{7.26}$$

이러한 개념들을 3차원 움직임에 대한 해석으로 확장하는 것은 간단하다. 3차원 운동 해석을 위해서는 z라는 세 번째 차원이 필요하다. 예를 들어, 공간에 위치한 한 점의 위치 벡터는 다음과 같이 표현할 수 있다.

$$\underline{r} = x\underline{i} + y\underline{j} + z\underline{k}$$

여기서 $\underline{k}$는 양의 z 방향을 나타내는 단위 벡터이다. 마찬가지로 공간상의 속도와 가속도 벡터는 다음과 같이 표현할 수 있다.

$$\underline{v} = v_x\underline{i} + v_y\underline{j} + v_z\underline{k}$$

$$\underline{a} = a_x\underline{i} + a_y\underline{j} + a_z\underline{k}$$

예를 들어 v_z는 z 방향의 물체의 속력이고, 이는 z 방향 위치 변화의 시간 비율과 같다. 또한 a_z는 z 방향의 가속도 벡터 성분이며, 이는 물체의 z 방향 속도 변화의 시간 비율과 같다.

7.9 일정한 가속도를 가진 2축 운동

xy 평면에서 물체의 2차원 선형운동은 우선 x와 y 방향 운동을 개별적으로 고려한 다음, 관련 매개변수들을 포함한 벡터 속성을 이용한 결과들을 조합하는 두 단계로 해석할 수 있다. x 방향 운동의 매개변수는 x, 이 운동의 시간에 대한 1차 도함수는 v_x, 그리고 2차 도함수는 a_x로 정의한다. 마찬가지로 y, v_y, 그리고 a_y는 물체의 y 방향 운동에 대한 매개변수로 정의한다. 만약 2차원 선형운동을 하는 물체의 가속도가 일정하다면 a_x와 a_y는 상수이다. 일정한 가속도를 가진 1축 방향 운동에 관한 자세한 내용은 앞에서 살펴보았다. 이로부터 일정한 가속도를 가진 2차원 운동의 해석으로 쉽게 확장하여 적용할 수 있다.

x 방향에서 식 (7.11)과 (7.12)는 더욱 구체적인 형태로 다시 표현할 수 있다.

$$v_x = v_{x_0} + a_{x_0}t \tag{7.27}$$

$$x = x_0 + v_{x_0}t + \frac{1}{2}a_{x_0}t^2 \tag{7.28}$$

마찬가지로 y 방향에 대해서는 아래와 같이 나타낼 수 있다.

$$v_y = v_{y_0} + a_{y_0}t \tag{7.29}$$

$$y = y_0 + v_{y_0}t + \frac{1}{2}a_{y_0}t^2 \tag{7.30}$$

여기서 x_0와 y_0는 물체의 초기 좌표이고, v_{x0}와 v_{y0}는 x와 y 방향의 초기 속도 성분이다. 또한 a_{x0}와 a_{y0}는 x와 y 방향의 가속도 벡터의 상수 성분들이다. 주어진 x_0, y_0, v_{x0}, v_{y0}, a_{x0}, a_{y0}와 식 (7.27)~(7.30)을 이용하여, 임의의 시간 t에 움직이는 물체의 상대

위치와 속도 성분을 계산할 수 있다.

또한 가속도가 일정하고 그 방향이 운동 방향인 경우, 이들 방정식은 유효하다. 가속 방향이 운동 방향과 반대인 경우에는 가속도 항의 앞 부호를 음(–)으로 변경해야 한다. x 방향에 대해서, 식 (7.11) 및 (7.12)는 다음과 같이 다시 쓸 수 있다.

$$v_x = v_{x_0} - a_{x_0}t$$

$$x = x_0 + v_{x_0}t - \frac{1}{2}a_{x_0}t^2$$

마찬가지로, y 방향에 대해서는 아래와 같다.

$$v_y = v_{y_0} - a_{y_0}t$$

$$y = y_0 + v_{y_0}t - \frac{1}{2}a_{y_0}t^2$$

7.10 발사체 운동

물체를 수직이 아닌 임의의 방향으로 공중에 던지면, 이 물체는 중력과 공기 저항의 영향을 받아 곡선 경로로 운동할 것이다. 지구의 중력은 약 9.8 m/s^{2}의 일정한 중력 가속도로 물체를 아래쪽으로 잡아당길 것이고, 공기 저항은 움직이는 방향의 반대 방향으로 물체의 운동을 방해할 것이다. **발사체 운동**(projectile motion)이라고 하는 이러한 매우 일반적인 형태의 운동은 공기 저항의 영향을 무시하면 비교적 쉽게 해석할 수 있다.

발사체 운동은 일정한 가속도를 가진 2차원 선형운동의 특정한 형태이다. 모든 발사체 운동에 포함된 기본 매개변수들은 공중으로 발사된 포탄의 운동을 고려함으로써 정의가 가능하다(그림 7.17). 포탄이 지면에서 포신을 떠나 같은 높이의 지면에 도달한다고 가정하자. 그림 7.18에서 보는 바와 같이, 포탄은 올라가다가 정점에 도달하고 다시 내려오기 시작하여 마침내 지면에 도달한다. 이러한 포탄의 곡선 비행경로를 운

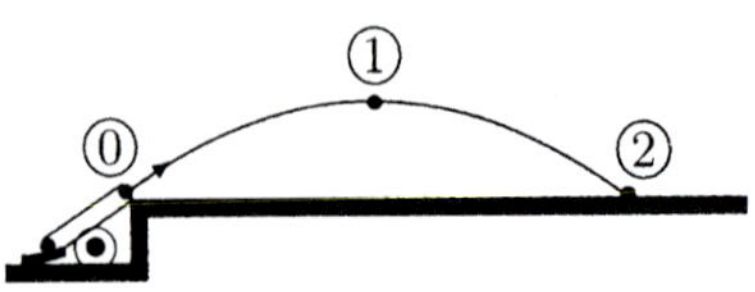

그림 7.17 • 공기 중으로 발사된 포탄은 발사체 운동을 따른다.

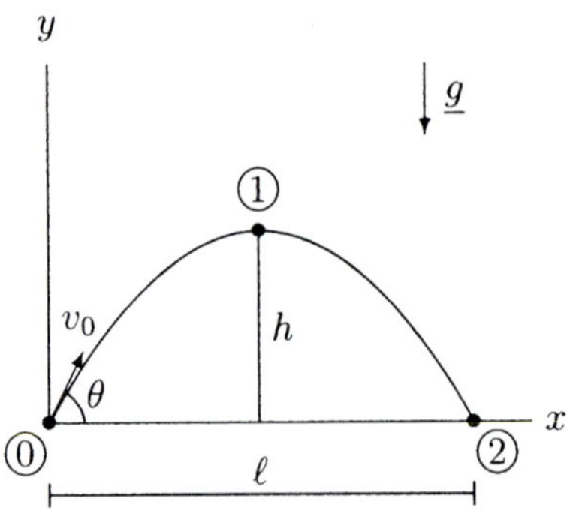

그림 7.18 • 발사체 운동

동 궤적(trajectory)이라고 한다. ⓪ 지점은 포탄의 최초 위치를 나타내고 ① 지점은 도달한 정점, 그리고 ② 지점은 도달한 지면을 나타낸다. v_0는 포탄의 초기 속도의 크기로서, **발사속도**(speed of release) 또는 **이륙속도**(takeoff speed)라고 부른다. θ는 초기 속도 벡터가 수평과 이루는 각도로서, **발사각**(angle of release)이라 한다. ⓪과 ① 사이의 수직 거리 h는 포탄이 도달한 최대 높이(maximum height)이고, ⓪과 ② 사이의 수평거리 l은 **수평 운동 범위**(horizontal range of motion)라고 한다. 포탄이 공중에 머물러 있는 총 시간은 **비행시간**(time of flight)이라고 한다. 발사체 운동의 해석에 필요한 방정식은 (7.27)에서 (7.30)까지의 식으로부터 유도할 수 있다. 만약 발사체 운동의 발사 각도와 속도를 알고 있다면, 수평(x) 및 수직(y) 방향에 따른 속도 벡터의 성분을 계산할 수 있다.

$$v_{x_0} = v_0 \cos\theta$$
$$v_{y_0} = v_0 \sin\theta$$

포탄의 공기 저항은 무시할 만하다고 가정하면, 운동 전반에 걸쳐 포탄의 x 방향 가속도는 0이다. 즉, $a_{x0} = 0$이다. 중력가속도 $\underline{g}$는 아래로 작용한다. y축이 위쪽으로 양(+)이라고 가정하면, 중력가속도는 음(−)의 y 방향으로 작용한다. 중력가속도의 음의 방향을 설명하기 위해, 식 (7.29)와 (7.30)에서 a_{y0}이 포함된 항 앞에 있는 양의 부호는 음의 부호로 바뀌어야 한다. 이를 반영하면, 식 (7.27)부터 (7.30)은 발사체 운동에 대해 아래와 같은 특수한 형태를 취한다.

$$x = x_0 + (v_0 \cos\theta)t \tag{7.31}$$

$$y = y_0 + (v_0 \sin\theta)t - \frac{1}{2}gt^2 \tag{7.32}$$

$$v_x = v_0 \cos\theta \tag{7.33}$$

$$v_y = v_0 \sin\theta - gt \tag{7.34}$$

여기서 xy 좌표축의 원점이 공의 초기 위치와 일치하도록 선택하면, $x_0 = 0$ 그리고 $y_0 = 0$이다. 식 (7.33)을 살펴보면, 속도 벡터의 수평 성분의 크기는 시간의 함수가 아니다. 따라서 발사체 운동 전반에 걸쳐 $v_x = v_{x0}$는 일정하게 유지된다(그림 7.19). 속도 벡터의 수직 성분의 크기는 시간의 선형함수이다. 이는 초기에 양의 값(위쪽 방향)이고 물체가 상승하면서 시간에 따라 감소하며, 정점에서 0이 된다. 정점에 도달한 이후에 속도 벡터의 수직 성분은 방향이 위에서 아래로 바뀌고, 속도의 크기는 지면에 도달할 때까지 증가한다. 비행하는 모든 순간에 속도의 합 벡터는 발사체 운동 궤적에 접선이다.

발사체 운동에는 또 다른 중요한 측면이 있다. 만약 이륙과 착륙이 같은 높이에서 발생하면, 그 운동은 정점을 지나면서 운동면을 수직으로 자르는 평면에 대해서 대칭이다. 즉, 상승하는 데 걸리는 시간은 하강하는 데 걸리는 시간과 같다.

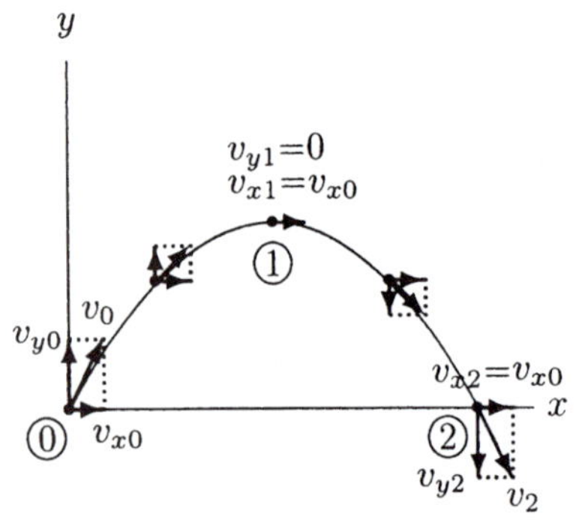

그림 7.19 • 속도의 수평 성분은 운동하는 동안 일정하다. 속도 벡터는 항상 운동 궤적에 접선이다.

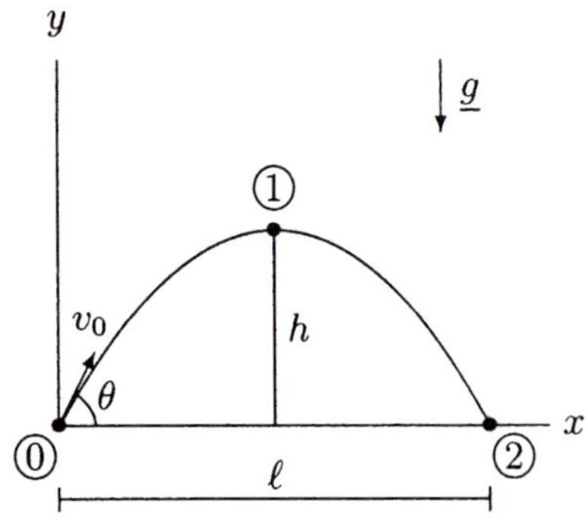

그림 7.20 • h는 최대 높이이고, l은 수평운동 범위이다.

발사체 운동의 목적이 운동의 수평 범위를 최대로 증가시키는 경우들이 있다. 예를 들어, 스키점프 선수의 경우가 특히 그렇다. 또 다른 예로는 높이 조절이 필요한 경우가 있는데, 높이뛰기 선수가 그러한 경우이다. 따라서 발사체 운동의 수평거리와 최대 높이에 대한 식을 유도하는 것이 유용하다. 이러한 식의 유도에 관한 예제들을 아래에서 다룰 것이다.

예제 7.5 관련된 매개변수들을 포함하고 있는 발사체 운동의 궤적을 보여주는 그림 7.20을 살펴보자. xy 좌표축의 원점을 물체의 최초 위치에 일치시키면, $x_0 = 0$이고 $y_0 = 0$이다. 정점에 도달하는 데 걸리는 시간을 t_1이라 하고, 총 비행시간을 t_2라고 하자. 정점에서 운동의 대칭성에 의해 $y_1 = h$, $v_{y1} = 0$ 그리고 $x_1 = l/2$이다. 물체가 착지하는 위치에서 $x_2 = l$, $y_2 = 0$이다.

물체가 도달하는 최대 높이 h를 계산하라.

풀이: 물체가 도달하는 최대 높이 h는 정점에서 $v_{y1} = 0$임을 이용해 계산할 수 있다.

⓪과 ① 지점 사이에 식 (7.34)를 이용하면 아래와 같은 식을 얻을 수 있다.

$$v_{y_1} = v_0 \sin\theta - gt_1$$
$$0 = v_0 \sin\theta - gt_1$$

t_1에 대하여 식을 풀면 아래와 같다.

$$t_1 = \frac{v_0 \sin\theta}{g} \tag{i}$$

⓪과 ① 지점 사이에서, 식 (7.32)는 다음과 같은 형태를 취한다.

$$h = 0 + (v_0 \sin\theta)t_1 - \frac{1}{2}g{t_1}^2$$

이 식에 식 (i)를 대입하여 정리하면 다음과 같다.

$$h = \frac{v_0{}^2 \sin^2\theta}{2g} \tag{ii}$$

운동의 대칭성으로부터, 상승에 걸린 시간은 하강에 걸린 시간과 같아야 한다. 즉, $t_2 = 2t_1$이다. 이는 ⓪과 ① 지점 사이에서 식 (7.32)에 의해 증명할 수 있으며, t_2에 대하여 이를 풀면 아래와 같이 계산할 수 있다.

$$y_2 = y_0 + (v_0 \sin\theta)t_2 - \frac{1}{2}g\,t_2{}^2$$

$$0 = 0 + (v_0 \sin\theta)t_2 - \frac{1}{2}g\,t_2{}^2$$

$$0 = v_0 \sin\theta - \frac{1}{2}g\,t_2$$

t_2에 대하여 이 식을 정리하면 아래와 같다.

$$t_2 = \frac{2v_0 \sin\theta}{g} \tag{iii}$$

식 (iii)을 식 (i)과 비교하면 다음과 같은 결과를 얻을 수 있다.

$$t_2 = 2t_1$$

⓪과 ① 지점 사이에서 식 (7.31)은 다음과 같이 쓰일 수 있다.

$$l = 0 + (v_0 \cos\theta)t_2$$

식 (iii)을 위 식에 대입하고, $2\cos\theta\sin\theta = \sin(2\theta)$을 이용하면(부록 C.4 참조), 다음과 같은 식을 구할 수 있다.

$$l = \frac{v_0{}^2 \sin(2\theta)}{g} \tag{iv}$$

식 (i) 내지 (iv)는 식 (7.31)에서 (7.34)까지 주어진 발사체 운동에 대한 일반식의 특별한 형태이다. 식 (ii)와 (iv)로부터, 주어진 v_0에 대해서 발사체의 최대 높이와 수평 범위는 발사각도 θ의 함수이다.

θ에 따른 h와 l의 변화를 알기 위해서, 0°와 90° 사이의 θ에 대해 $\sin^2\theta$와 $\sin(2\theta)$을 계산한다. 계산된 값들은 표 7.3에 나열되어 있다. 그림 7.21에서, 10 m/s의 값을 v_0에 대입하고, θ = 30°, 45° 및 60°에 상응하는 궤적을 계산한다. 이 결과들이 의미하는 것은 주어진 v_0에 대해 θ = 45°일 때, 이동 거리 l이 최대가 된다는 것이다. 따라서 발사체 운동의 수평 범위의 최대화가 목적이라면, 발사 속도가 45°에 가까워야 한다.

때로는 발사체의 이동 거리 l과 최대 높이 h를 측정하는 것이 더 쉽다. 이러한 경우에

표 7.3 • 0°<θ≤90°에서 $\sin^2\theta$ 및 $\sin(2\theta)$의 변화

θ	$\sin^2\theta$	$\sin(2\theta)$
0°	0.000	0.000
15°	0.067	0.500
30°	0.250	0.866
45°	0.500	1.000
60°	0.750	0.866
75°	0.933	0.500
90°	1.000	0.000

발사체의 최대 높이 h는 $\sin^2\theta$의 함수이고, 이동 거리 l은 $\sin(2\theta)$의 함수이다.

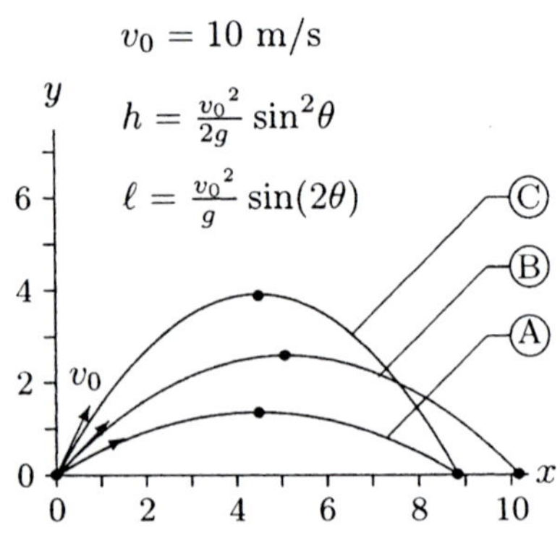

그림 7.21 • v_0=10 m/s이고, θ=30°, 45°, 60°일 때, 궤적은 각각 A, B, C와 같이 나타난다(x와 y는 미터 단위이다).

는 발사 속도 v_0와 각도 θ가 미지수이다. 이들 매개변수 사이의 관계는 다음과 같이 유도할 수 있다.

$$\theta = \arctan\left(\frac{4h}{l}\right) \tag{7.35}$$

$$v_0 = \frac{\sqrt{2gh}}{\sin\theta} \tag{7.36}$$

이 예제에서 얻은 결과는 동일한 높이에서 발사와 착륙이 일어나는 경우에 유효하다. 또한 이러한 결과를 암기할 필요는 없다. 이 예제의 목적 중 하나는 식 (7.31) 내지 (7.34)가 발사체 운동에 어떻게 적용될 수 있는지를 설명하는 것이다.

7.11 운동경기 적용

발사체 운동의 개념은 운동경기와 운동역학에서 다양하게 적용할 수 있다. 적용 사례

로는 멀리뛰기, 높이뛰기, 스키점프, 다이빙 및 체조 선수들의 움직임에 대한 해석, 그리고 원반, 투창, 총알, 야구공, 농구공, 축구공 및 골프공의 움직임 분석 등이 있다. 다음 예제들은 이러한 적용 사례의 일부를 보여준다. 여기서 우리는 발사체 운동의 해석에 근본적인 접근을 하기 위해 움직임의 특성에 영향을 끼칠 수 있는 공기 저항의 영향을 계속 무시할 것이다.

예제 7.6 공기 저항은 무시할 만하다는 가정을 기반으로, 멀리뛰기 선수의 전체 동작 특성은 선수의 무게중심이 발사체 운동을 경험한다고 가정하여 해석할 수 있다(그림 7.22). 수평 거리 8 m를 뛰는 멀리뛰기 선수에 대해 생각해보자.

선수의 체공 시간이 1초일 때, 선수의 발구름 속도, 발구름 각도, 그리고 선수의 무게중심이 도달한 최대 높이를 구하라.

풀이: 그림 7.23은 멀리뛰기 선수의 무게중심 이동을 설명하고 있다. ⓪ 지점은 발구름, ① 지점은 최고점, ② 지점은 착지를 나타낸다. xy 좌표계의 원점은 ⓪에 위치하므로, 모든 수평거리와 높이 측정은 발구름 시 운동선수의 무게중심을 기준으로 한다. 수평이동거리는 $x_2 = l = 8$ m이고, 운동선수의 총 체공 시간은 $t_2 = 1$ s이다. 여기서 해야 할 일은 발구름 속도 v_0, 발구름 각도 θ, 최대 높이 h를 계산하는 것이다. t_2는 주어진 값이고, 이동은 최고점을 기준으로 좌우 대칭을 이루기 때문에 운동선수가 최고점에 도달하는 시간은 $t_1 = t_2/2 = 0.5$ s이다.

우리는 l과 t_2를 알고 있다. 수평(x) 방향의 변위와 관련된 방정식은 식 (7.31)이다. ⓪ 지점을 기준으로 ② 지점을 계산하기 위해서 이 식을 사용하여 주어진 매개변수들을 대입하면 아래와 같다.

$$x_2 = x_0 + v_{x_0}t_2$$
$$l = 0 + v_{x_0}t_2$$
$$8 = v_{x_0}(1)$$

그림 7.22 • 멀리뛰기

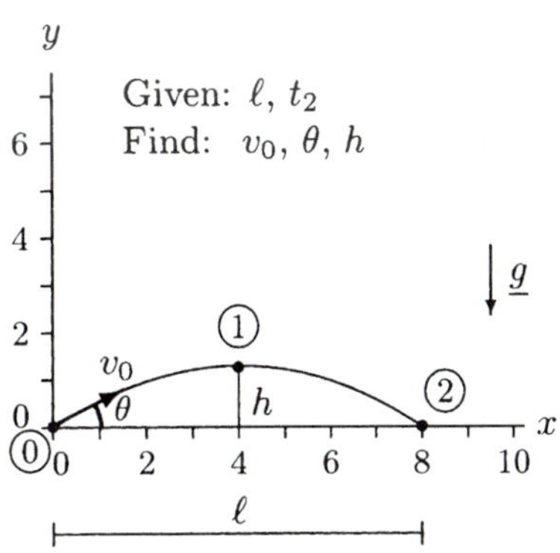

그림 7.23 • 운동선수의 무게중심 궤적(x와 y의 단위는 미터이다)

이 식으로부터, 수평 성분인 발구름 속도는 $v_{x0} = 8.0\ \text{m/s}$임을 계산할 수 있다.

또한 착지 지점에서 무게중심의 높이가 0이므로, $y_2 = 0$이다. 수직(y) 방향의 변위와 관련된 방정식은 식 (7.32)이다. ⓪ 지점을 기준으로 ② 지점을 계산하기 위해서 이 식을 사용하여 주어진 매개변수들을 대입하면 아래와 같다.

$$
\begin{aligned}
y_2 &= y_0 + v_{y_0} t_2 - \frac{1}{2} g\, t_2^{\,2} \\
0 &= 0 + v_{y_0}(1) - \frac{1}{2}(9.8)(1)^2 \\
0 &= v_{y_0} - 4.9
\end{aligned}
$$

이 식으로부터, 수직 성분인 발구름 속도는 $v_{y0} = 4.9\ \text{m/s}$임을 계산할 수 있다.

발구름 속도의 수평 및 수직 성분의 크기를 알고 있으므로, 아래와 같이 발구름 속력을 계산할 수 있다.

$$
v_0 = \sqrt{{v_{x_0}}^2 + {v_{y_0}}^2} = \sqrt{(8.0)^2 + (4.9)^2} = 9.4\,\text{m/s}
$$

$v_{x0} = v_0 \cos\theta$이며, v_{x0}와 v_0는 알고 있으므로, 발구름 각도는 아래와 같이 계산할 수 있다.

$$
\theta = \cos^{-1}\left(\frac{v_{x_0}}{v_0}\right) = \cos^{-1}\left(\frac{8.0}{9.4}\right) = \cos^{-1}(0.85) = 31.7^\circ
$$

도달한 최대 높이를 계산하기 위하여 식 (7.32)를 다시 이용해야 한다. ⓪ 지점을 기준으로 ① 지점을 계산하기 위해 이 식을 이용하여 h에 대하여 풀면 아래와 같다.

$$
\begin{aligned}
y_1 &= y_0 + v_{y_0} t_1 - \frac{1}{2} g t_1^{\,2} \\
h &= 0 + (4.9)(0.5) - \frac{1}{2}(9.8)(0.5)^2 \\
h &= 1.2\,\text{m}
\end{aligned}
$$

따라서 최고점에서 운동선수의 무게중심은 발구름 위치를 기준으로 1.2 m 높이이다.

예제 7.7 훈련 중인 투포환 선수가 거리 $l = 6\ \text{m}$까지 포환을 던지고 있다. 운동선수가 포환을 던지는 순간, 포환의 높이 h_0는 지면으로부터 1.8 m이고, 던지는 각도 θ는 30°이다(그림 7.24).

이 운동선수가 포환을 던지는 속력, 포환의 착지 속력, 그리고 포환의 체공 시간을 구하라.

풀이: 이 문제를 풀기 위해서는 식 (7.31)과 (7.32)를 이용해야 한다. 그림 7.25에서 xy

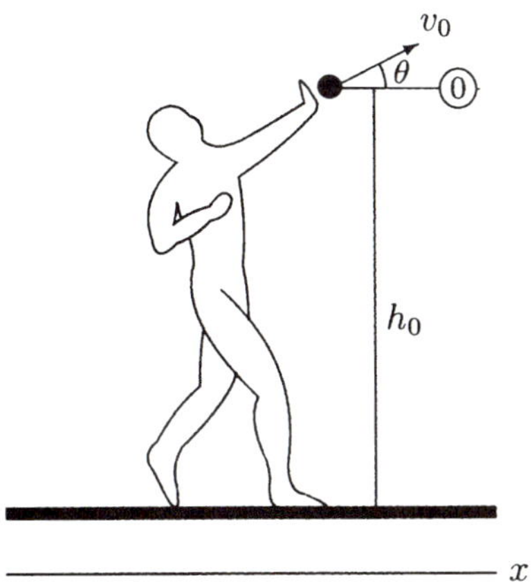

그림 7.24 • 투포환 선수

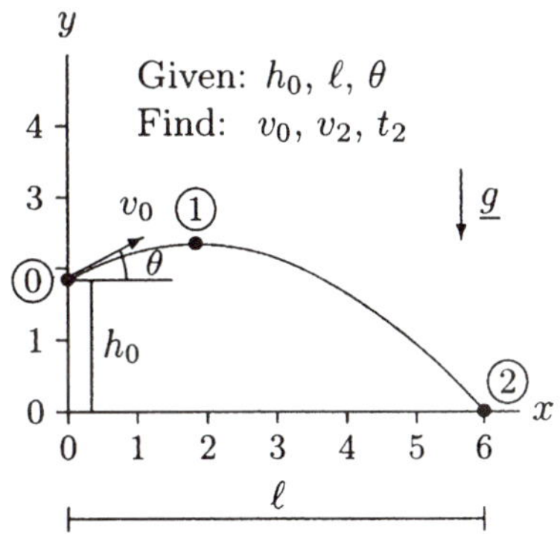

그림 7.25 • 포환의 궤적(x와 y의 단위는 미터이다)

좌표의 원점은 ⓪으로 표시된 포환을 던지는 지점 바로 아래 지면에 위치한다. 포환이 상승하여 정점인 ① 지점에 도착한 후, ② 지점에 떨어진다. 좌표계에서 포환의 초기 및 착지 좌표는 각각 $x_0 = 0, y_0 = h_0$ 및 $x_2 = l, y_2 = 0$이다. t_2를 포환의 체공 시간이라고 가정하면, 식 (7.31)은 ⓪과 ② 지점 사이에서 아래와 같이 쓸 수 있다.

$$x_2 = x_0 + (v_0 \cos\theta)t_2$$
$$l = 0 + (v_0 \cos\theta)t_2$$

t_2에 대해 방정식을 풀고 알려진 매개변수들을 대입하면 아래와 같다.

$$t_2 = \frac{l}{v_0 \cos\theta} = \frac{6}{v_0 \cos 30^\circ} = \frac{6.93}{v_0} \tag{i}$$

마찬가지로 ⓪과 ② 지점 사이에 식 (7.32)에 알려진 매개변수들을 대입하면 아래와 같다.

$$y_2 = y_0 + (v_0 \sin\theta)t_2 - \frac{1}{2}g{t_2}^2$$
$$0 = h_0 + (v_0 \sin\theta)t_2 - \frac{1}{2}g{t_2}^2$$
$$0 = 1.8 + (v_0 \sin 30^\circ)t_2 - \frac{1}{2}(9.8){t_2}^2$$
$$0 = 1.8 + 0.5v_0t_2 = 4.9{t_2}^2 \tag{ii}$$

식 (i)을 식 (ii)에 대입하면 아래와 같다.

$$0 = 1.8 + 0.5v_0\left(\frac{6.93}{v_0}\right) - 4.9\left(\frac{6.93}{v_0}\right)^2$$

이 방정식의 우변 두 번째 항에서 v_0을 제거하여 단순화한 후, v_0에 대하여 식을 풀면 아래와 같다.

$$v_0 = 6.69 \text{ m/s}$$

v_0을 알면, 식 (i)로부터 시간 t_2를 계산할 수 있다. 따라서 $t_2 = 1.04$ s이다. 포환의 착지 속력 v_2를 계산하기 위해서 식 (7.33)과 (7.34)를 이용할 수 있다. 속도 벡터의 수평 성분은 발사체 운동을 하는 동안 일정하므로, 아래와 같이 쓸 수 있다.

$$v_{x_2} = v_{x_0} = v_0 \cos\theta = (6.69)(\cos 30°) = 5.79 \text{ m/s}$$

⓪과 ② 지점 사이에서 식 (7.34)에 대입하면 아래와 같다.

$$v_{y_2} = v_{y_0} - gt_2 = v_0 \sin\theta - gt_2$$

주어진 변수를 대입하고 계산하면 아래와 같다.

$$v_{y_2} = (6.69)(\sin 30°) - (9.8)(1.04) = -6.85 \text{ m/s}$$

스칼라양은 음수일 수 없음을 주의해야 한다. 여기서 음의 부호는 방향을 나타낸다. 위로 향하는 방향을 y 축의 양의 값으로 정의했으므로, 위에서 계산된 음의 값은 착지 속도의 수직 성분이 아래를 향한다(양의 y축 반대방향). 따라서 v_{y2}를 다음과 같이 나타낼 수 있다.

$$v_{y_2} = 6.85 \text{ m/s} \quad (\downarrow)$$

착지 속도의 수평 및 수직 요소의 크기를 알면, 아래와 같이 착지 속력을 구할 수 있다.

$$v_2 = \sqrt{v_{x_2}^2 + v_{y_2}^2} = \sqrt{(5.79)^2 + (6.85)^2} = 8.97 \text{ m/s}$$

예제 7.8 그림 7.26에서는 다이빙 선수가 병진 및 회전 운동 또는 일반운동을 수행하는 것을 설명하고 있다. 다이빙 선수의 전체적인 일반운동은 발사체 운동을 겪고 있는 다이빙 선수의 무게중심의 궤적을 관찰함으로써 분석할 수 있다.

다이빙 선수가 수면으로부터 높이가 $h_0 = 10$ m인 다이빙 도약대에서 도약하여, 도약대 끝에서 수평거리가 $l = 5$ m인 지점에서 입수되는 경우를 생각해보자. 다이빙 선수의 전체 체공 시간을 $t_2 = 2.5$ s로 가정할 때, 다이빙 선수의 무게중심의 도약 속력 및 각도를 계산하라.

풀이: 그림 7.27에서는 다이빙 선수의 무게중심 궤적을 보여주고 있다. 이 경우, 도약 속력과 각도(v_0 및 θ)가 주어지지 않았지만 계산할 수 있다. 그림 7.27에서 ⓪, ①, ② 지점은 각각 도약 지점, 정점, 입수 지점을 나타낸다. xy 좌표의 원점은 ⓪ 지점 바로

그림 7.26 • 다이빙 선수

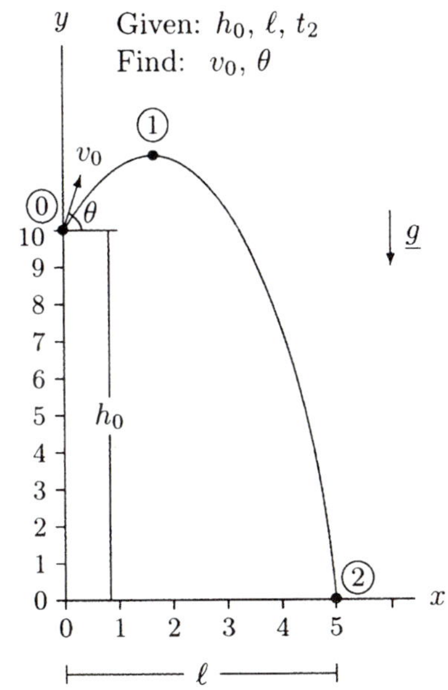

그림 7.27 • 다이빙 선수의 무게중심 궤적(x와 y의 단위는 미터이다)

아래 수면에 위치한다. 따라서 ⓪ 지점의 좌표는 $x_0 = 0$, $y_0 = h_0 = 10$ m이고, ② 지점의 좌표는 $x_2 = l = 5$ m, $y_0 = 0$이다. 그리고 ② 지점과 관련된 또 다른 매개변수인 $t_2 = 2.5$ s임을 알고 있다.

풀이를 위해 식 (7.31)과 (7.32)를 이용할 수 있다. ⓪과 ② 지점 사이에서 주어진 매개변수를 식 (7.31)에 대입하면 아래와 같다.

$$x_2 = x_0 + (v_0 \cos\theta)t_2$$
$$5 = 0 + (v_0 \cos\theta)(2.5)$$

$v_0 \cos\theta$에 대하여 이 식을 풀면 다음과 같다.

$$v_0 \cos\theta = \frac{5}{2.5} = 2 \tag{i}$$

마찬가지로, ⓪과 ② 지점 사이에서 식 (7.32)을 이용하여 주어진 매개변수를 대입하면 다음과 같다.

$$y_2 = y_0 + (v_0 \cos\theta)t_2 - \frac{1}{2}g{t_2}^2$$
$$0 = 10 + (v_0 \sin\theta)(2.5) - \frac{1}{2}(9.8)(2.5)^2$$

$v_0 \sin\theta$에 대하여 이 식을 풀면 다음과 같다.

$$v_0 \sin\theta = 8.25 \tag{ii}$$

$v_0 \sin\theta$을 $v_0 \cos\theta$로 나누면 $\tan\theta$가 된다. 즉, 식 (ii)를 (i)로 나누면 다음과 같다.

$$\tan\theta = \frac{8.25}{2} = 4.125$$

위에서 계산된 값의 역 탄젠트를 구하면 다음과 같다.

$$\theta = 76.4^\circ$$

이 각도를 식 (i)에 대입하면 도약 속력을 구할 수 있다.

$$v_0 = \frac{2}{\cos\theta} = \frac{2}{\cos 76.4^\circ} = 8.5\,\mathrm{m/s}$$

7.12 연습문제

문제 7.1 그림 7.11에서 보는 바와 같이, 스키 선수가 일직선 비탈을 내려가고 있다. 스키 선수는 일정한 가속도 a_0으로 비탈을 내려가고 있다고 가정하자. ⓪ 및 ① 지점에서 스키 선수의 속력은 각각 $v_0 = 12$ m/s, $v_1 = 21$ m/s이다. 또한, 스키 선수가 ⓪과 ① 지점 사이의 거리 l을 지나가는 데 걸리는 시간은 $t_1 = 6.18$초이다.

비탈을 내려오는 동안 스키 선수의 가속도와 ⓪ 지점 및 ① 지점 사이의 거리를 계산하라.

정답: $a_0 = 1.94$ m/s^2; $l = 111.2$ m

문제 7.2 그림 7.13에 도시된 바와 같이, 지면 위의 일정 높이에서 공을 들고 있는 사람이 있다. 공을 손에서 놓으면 $v_1 = 5.8$ m/s의 속력으로 지면에 부딪힌다. 공이 하강하는 동안 공기 저항은 무시된다고 가정한다.

공이 지면에 도달하는 데 걸리는 시간 t_1과 지면 위의 처음 위치에서 공의 높이 h를 계산하라.

정답: $t_1 = 0.59$ s; $h = 1.7$ m

문제 7.3 초기 속도 $v_0 = 10$ m/s로 공을 공중으로 던지는 사람을 생각해보자(그림 7.28). 공을 던지는 순간, 사람 손의 높이 h_0는 지면으로부터 1.5 m 높이에 있다.

공기 저항을 무시했을 때, 공이 도달한 최대 높이 h_1, 공이 올라갔다가 내려오는데 걸리는 전체 시간 t_2, 공이 지면에 떨어지는 순간의 속력 v_2를 구하라.

이 문제는 상승과 하강으로 나누어 두 단계로 풀어야 한다. 최고점에서 공의 속력은 0이다.

정답: $h_1 = 6.6$ m; $t_2 = 1.16$ s; $v_2 = 11.4$ m

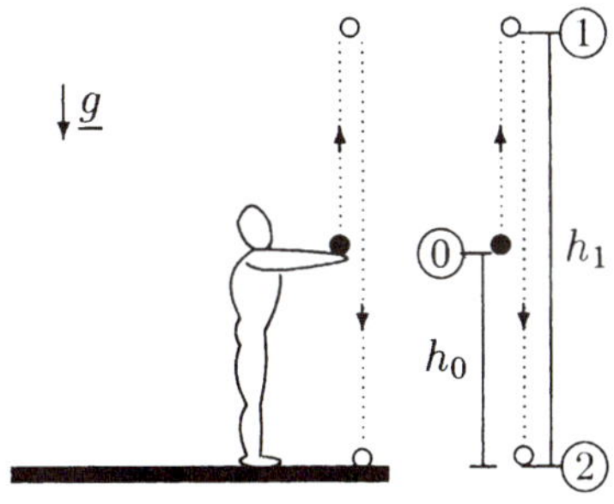

그림 7.28 • 문제 7.3

문제 7.4 그림 7.28에서 보는 바와 같이, 한 사람이 공을 위로 던져 최대 높이 h_1에 도달하는 데 1.06초가 걸렸다고 가정하자. 공이 최고점에 도달하자 하강하기 시작해 땅에 부딪혔다. 공이 오르내리는 총 시간은 $t = 2.24$초였다.

공기 저항의 영향을 무시하고, 공이 공중으로 던져진 초기 속도 v_0, 최고점에 도달한 최대 높이 h_1, 최고점과 지면 사이를 이동한 수직 거리 h_2, 바닥에 부딪히기 직전의 공의 속력 v_2, 그리고 지면 위의 공의 초기 높이 h_0을 계산하라.

정답: $v_0 = 10.4$ m/s; $h_1 = 5.5$ m; $h_2 = 6.8$ m; $v_2 = 11.6$ m/s; $h_0 = 1.3$ m

문제 7.5 그림 7.29에서 보는 바와 같은 자동차를 생각해보자. ⓪ 지점에서 자동차는 수평으로부터 θ의 각도로 언덕에 정지되어 있다. 자동차의 기어가 '중립'에 있고, $t_0 = 0$일 때 브레이크가 해제되었다고 가정한다. 중력가속도 g의 영향으로 자동차는 언덕 아래로 움직이기 시작할 것이다. 얼마 후 자동차는 ① 지점에 도착할 것이고, 이 지점은 ⓪ 지점으로부터 언덕과 평행하게 측정된 거리 d에 있다.

⓪과 ① 지점 사이에서 이동하는 데 걸리는 시간을 t_1이라 하고, ① 지점에서 자동차의 속력을 v_1이라 할 때, 아래와 같은 식을 나타냄을 보여라.

$$t_1 = \sqrt{\frac{2d}{g\ \sin\theta}}$$

$$v_1 = \sqrt{2\,gd\sin\theta}$$

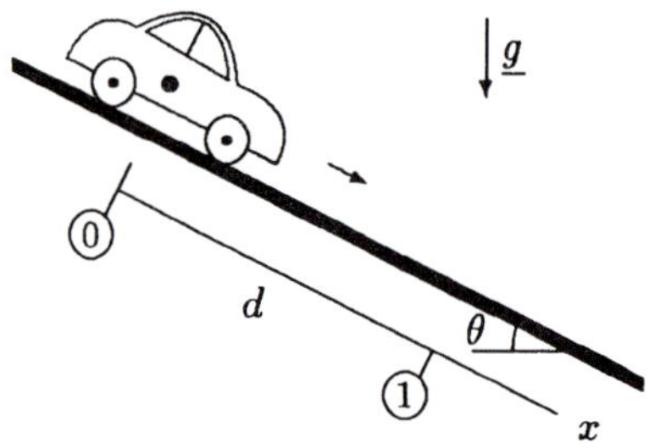

그림 7.29 • 문제 7.5 및 7.6

문제 7.6 ⓪ 지점에서 그림 7.29의 자동차는 수평으로부터 각도 θ를 이루는 언덕에 정지해 있다. 자동차는 시간 $t_0 = 0$에서 브레이크가 해제되어 중력가속도의 영향으로 언덕 아래로 움직이기 시작한다. 공기 저항은 무시할 수 있다고 가정할 때, 일정 시간 경과 후 자동차는 언덕과 평행하게 측정된 ⓪ 지점에서 $d = 50$ m 거리에 있는 ① 지점을 지났으며, 이 거리를 이동하는 데 걸린 시간은 3.8초였다. 언덕이 수평과 이루는 각도 θ와 ① 지점에서 자동차의 속력 v_1을 구하라.

정답: $\theta = 45$; $v_1 = 26.3$ m/s

문제 7.7 공기 저항을 무시한다는 가정하에, 멀리뛰기 선수의 전반적인 운동 특성은 선수의 무게중심이 발사체 운동을 하고 있다는 가정을 통해 분석될 수 있다(그림 7.30).

최대 높이 1.5 m를 지나서 9 m의 수평거리까지 도약하는 멀리뛰기 선수를 가정하자. 이 멀리뛰기 선수의 초기 도약 속도는 얼마인가? 멀리뛰기 선수의 성적을 향상시킬 수 있는 방법에 대해서 논하라.

정답: $v_0 = 9.8$ m/s

그림 7.30 • 문제 7.7

문제 7.8 그림 7.31과 같이, 스키점프 선수가 v_0의 수평 속도로 경사로를 벗어나 수평과의 각도 $\beta = 45°$인 경사면에 착지하고 있다. 스키점프 선수가 도약하는 ⓪ 지점

과 착지하는 ① 지점 사이의 기울기와 평행하게 측정된 거리는 $d = 50$ m이며, 선수는 이 거리를 공중에 떠서 이동한다.

공기 저항(이 영향은 상당히 중요하다)을 무시할 때, 초기 도약 속력 v_0, 착지 속력 v_1, 그리고 총 체공 시간 t_1을 구하라.

정답: $v_0 = 13.2$ m/s; $v_1 = 29.6$ m/s; $t_1 = 2.7$ s

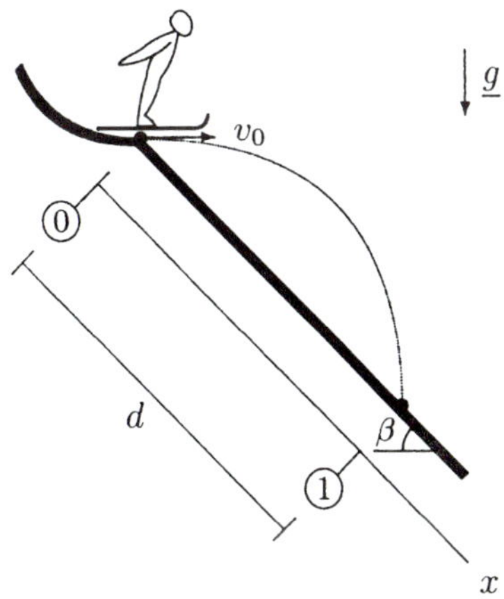

그림 7.31 • 문제 7.8

문제 7.9 문제 7.8과 같이 도약을 다시 시도하면서, 스키점프 선수는 도약 속력을 $v_0 = 13.2$ m/s로 유지하였으나, 수평과의 각도 θ는 10°를 이루었다(그림 7.32). 스키점프 선수가 경사면에 착지하는 거리는 도약 지점에서 얼마나 떨어져 있는가? 이 스키점프 선수가 문제 7.8의 도약 방법과 비교할 때 선수의 능력이 향상되었는지 논하라. 향상되었다면, 얼마나 더 향상되었는지 계산하라.

정답: $d = 57$ m, 14% 증가

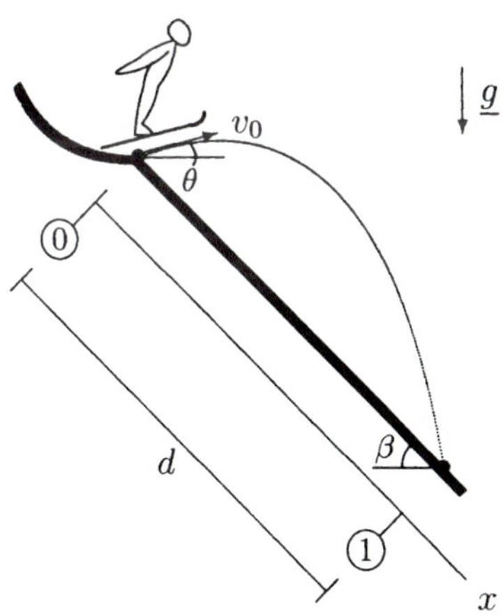

그림 7.32 • 문제 7.9

문제 7.10 그림 7.33은 포탄의 궤적을 보여준다. 포탄이 ⓪ 지점에서 초기 속력 $v_0 = 100$ m/s로 공중으로 발사된다고 가정하자. 포탄은 ⓪ 지점에서 수평거리 $l = 1000$ m인 ② 지점에 떨어졌다.

포탄의 발사 각도 θ, 체공 시간 t_2, 최대 고도 h를 계산하라. 단, $2 \sin\theta \cos\theta = \sin(2\theta)$이고, 중력가속도는 $g = 10$ m/s^{2}으로 가정한다.

정답: $\theta = 45°$; $t_2 = 14$ s; $h = 250$ m

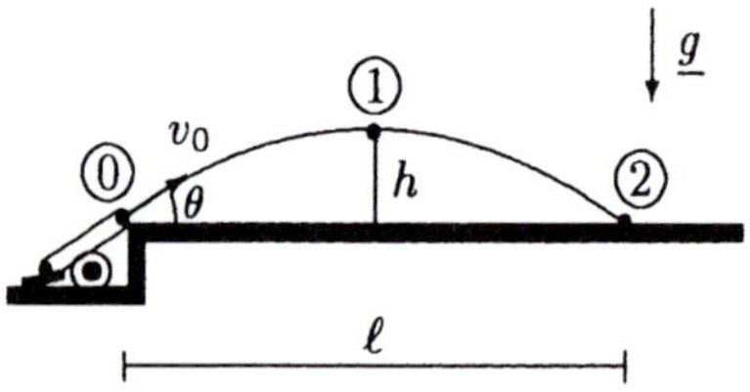

그림 7.33 • 문제 7.10 및 7.11

문제 7.11 그림 7.33과 같이, 포탄이 공중으로 발사되어 발사체 운동을 따라 ② 지점에서 지면에 부딪혔다고 가정하자. 총 체공 시간은 $t_2 = 15$초이며, 포탄의 발사 각도는 $\theta = 45°$이고, 수평 이동 거리는 $l = 1250$ m이다. 발사 지점 ⓪에서 포탄의 속력 v_0과 ① 지점에서 비행 중 도달한 최대 높이 h_1을 계산하라.

정답: $v_0 = 117.9$ m/s; $h_1 = 349.5$ m

CHAPTER

08

선형운동역학

Linear Kinetics

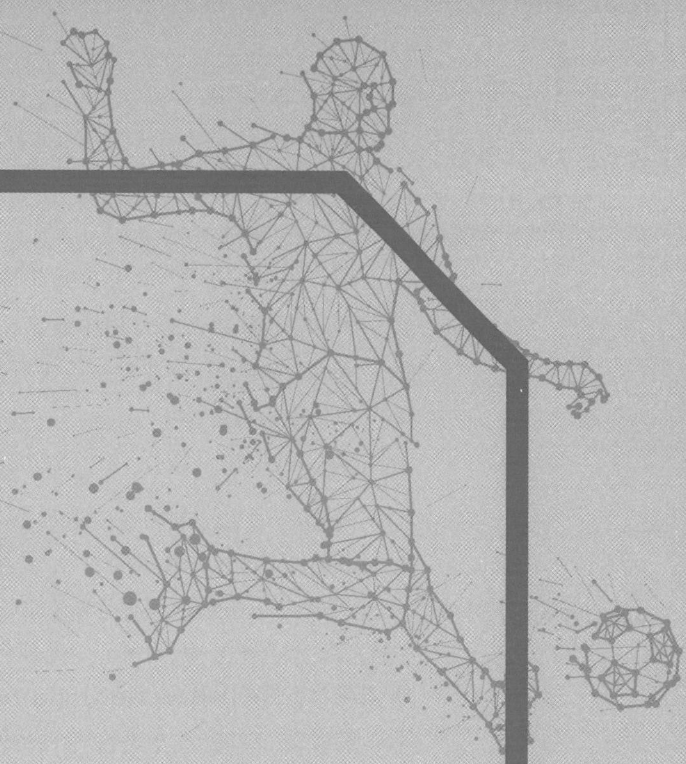

8.1 개요

앞 장에서 배운 바와 같이, 운동학적 해석에서는 운동을 유발하는 요인은 고려하지 않고 변위, 속도 및 가속도 측면에서 운동의 기하학적 · 시간 의존적 측면을 다룬다. 반면에, **운동역학**(kinetics) 분야는 운동학을 기반으로 하여, 운동을 유발하는 힘의 영향에 대한 해석을 일체화한다.

운동역학의 분야는 운동의 형태에 기초하여 선형(병진)운동역학과 각(회전)운동역학으로 나뉜다. 병진은 물체에 적용되는 알짜힘(net force)에 의해 발생하며, 회전은 알짜 토크(net torque)의 결과이다. 물체에 알짜힘과 알짜 모멘트가 모두 존재하는 경우, 물체는 병진운동과 회전운동을 동시에 할 것이다(일반운동). 병진, 회전 또는 일반운동으로 구분하는 것 외에도 운동역학 분야는 **입자운동역학**(kinetics of particles)과 **강체운동역학**(kinetics of rigid bodies)으로 더욱 구분된다. 입자운동역학은 강체의 모양과 크기를 도입하는 강체운동역학에 비하여 해석하기 쉽다. 물체가 회전운동을 하는 경우, 입자와 강체를 구분하는 것은 특히 중요하다. 물체가 충분히 작거나 병진운동만 하고 있는 경우에는, 물체의 기하학적 특징을 무시하고 물체를 총 질량과 동일한 질량을 가진 무게중심에 위치한 하나의 입자로 다룰 수 있다. 예를 들면, 평지에서 블록을 미는 사람에게 중요한 것은 블록의 크기나 모양이 아니라 블록의 총 질량이다.

운동역학적 해석을 위해서는 다양한 방식으로 다룰 수 있는 뉴턴의 운동 제2 법칙을 이용한다. 뉴턴의 운동 제2 법칙을 표현하는 한 방법으로는 가속도 해석에 필요한 문제를 푸는 데 특히 적합한 운동방정식이 있다. 선형운동역학을 풀기 위해서 운동방정식을 사용하는 방법은 다음 장에서 논의될 것이다. 뉴턴의 제2 법칙을 다루는 다른 방법으로는 일과 에너지 방법이 있으며, 이에 대해서는 선형운동역학의 범위 내에서 이 장에서 다룰 것이다. 또한 제11장에서 다루는 충격량과 운동량을 기반으로 하는 방법도 있다.

8.2 운동방정식

만약 물체에 작용하는 알짜힘이 0이 아니면, 물체는 가속된다. 뉴턴의 운동 제2 법칙에 따르면 물체의 가속도의 크기는 합력의 크기에 정비례하고, 질량에 반비례한다. 가속도의 방향은 합력의 방향과 같다.

힘 $\underline{F}$에 의해 움직이는 질량이 m인 입자의 최종 가속도를 $\underline{a}$라 하자(그림 8.1). 이 경우 뉴턴의 운동 제2 법칙에 의하면, 아래와 같은 식으로 나타낼 수 있다.

$$\underline{F} = m\underline{a} \tag{8.1}$$

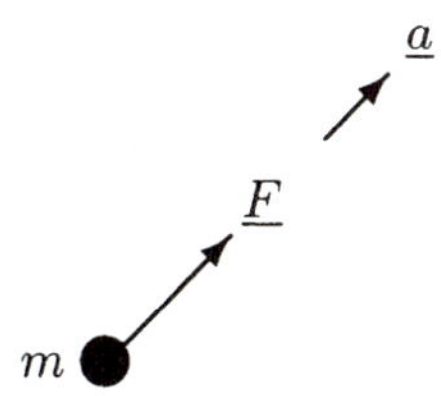

그림 8.1 • 물체는 가해진 힘의 방향으로 가속한다.

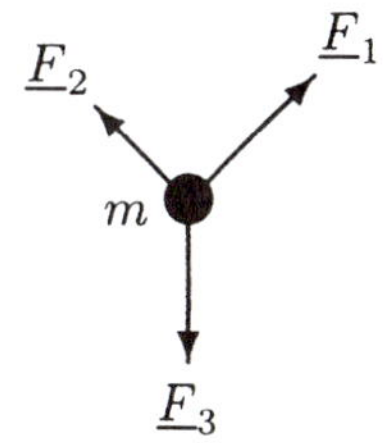

그림 8.2 • 알짜힘은 물체에 가해지는 모든 힘의 벡터 합이다.

입자에 작용하는 힘이 둘 이상이면(그림 8.2), 식 (8.1)에서 $\underline{F}$는 입자에 작용하는 모든 힘들의 알짜힘 또는 합력으로 대체되어야 한다. 힘 시스템의 합력은 모든 힘들의 벡터 합을 고려하여 정해진다. 따라서 다음과 같이 쓸 수 있다.

$$\sum \underline{F} = m\underline{a} \tag{8.2}$$

이를 **운동방정식**(equation of motion)이라고 한다. 힘과 가속도는 벡터양이므로, 선택한 좌표계를 기준으로 각 성분들로 표현할 수 있다. 병진운동의 해석에 있어서, 각각 양의 x, y, z 방향을 나타내는 $\underline{i}$, $\underline{j}$, $\underline{k}$ 단위 벡터와 함께 x, y, z축으로 구성된 데카르트(직각)좌표계를 사용하는 것이 가장 바람직하다(그림 8.3). 물체에 단일 힘이 작용하는 경우, 힘 벡터와 총 가속 벡터는 아래와 같이 직각좌표 방향을 따라 각각의 성분들로 표현할 수 있다.

$$\underline{F} = F_x\underline{i} + F_y\underline{j} + F_z\underline{k} \tag{8.3}$$

$$\underline{a} = a_x\underline{i} + a_y\underline{j} + a_z\underline{k} \tag{8.4}$$

식 (8.3)과 (8.4)를 식 (8.1)에 대입하면, 아래와 같다.

$$F_x\underline{i} + F_y\underline{j} + F_z\underline{k} = ma_x\underline{i} + ma_y\underline{j} + ma_z\underline{k} \tag{8.5}$$

이 벡터 방정식은 다음의 조건들이 충족되면 유효하다.

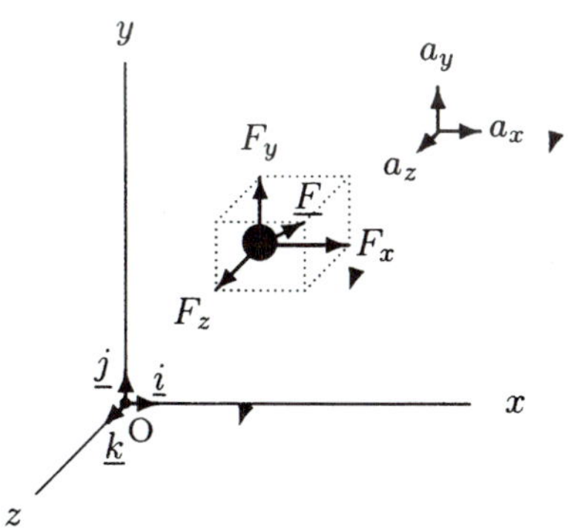

그림 8.3 • 힘과 가속도 벡터의 직각 성분

$$F_x = ma_x$$
$$F_y = ma_y \tag{8.6}$$
$$F_z = ma_z$$

만약 물체에 작용하는 힘이 하나 이상이면 F_x, F_y, F_z는 각각 x, y, z 방향에 작용하는 모든 힘들의 합으로 대체되어야 한다.

$$\sum F_x = ma_x$$
$$\sum F_y = ma_y \tag{8.7}$$
$$\sum F_z = ma_z$$

식 (8.7)은 한 방향으로 작용하는 모든 힘들의 합은 그 방향에서 물체의 질량과 가속도의 곱과 같다는 것을 보여준다. 1차원 운동 해석의 경우, 위 방정식들 중 하나만 고려하면 된다. 2차원의 경우에는 위 식들 중 두 개만으로도 문제를 해석하기에 충분하다.

8.3 병진운동의 특이 사례

힘을 가하는 방법은 다양하다. 예를 들면, 힘을 일정하게 가하거나 시간에 따라 변화를 줄 수 있다. 또한, 가해진 힘은 다양한 방법으로 측정할 수 있다. 힘 벡터의 크기는 시간의 함수, 힘이 가해진 물체의 상대 위치의 함수, 또는 속도의 함수로 측정될 수 있다. 이러한 사례들 중에서 몇 가지는 다음 장에서 다룰 것이다. 이러한 사례들을 간결하게 처리하는 방법을 설명하기 위해, x 방향으로 직선을 따라 단지 하나의 힘이 가해지는 운동을 가정할 것이다. 이 방법은 관련된 매개변수의 벡터 특징을 이용함으로써, 둘 이상의 힘의 작용하에서 2차원 및 3차원 병진운동의 해석으로 쉽게 확장할 수 있다.

이 절에서 제공하는 유도식들은 적절한 수학적인 조작를 통해 다른 사례들을 다룰 수 있다는 점을 설명하는 데 목적을 두었다. 가해진 힘이 변위의 함수와 관련된 수학은 이 교재의 관점을 벗어나는 영역이므로, 다음 절에서 다룰 주제의 연속성을 잃지 않는 범위에서 생략되었다.

8.3.1 힘이 일정한 경우

만약 일정한 크기와 방향을 가진 힘이 물체에 가해지면, 그 물체는 가해진 힘과 같은 방향으로 일정한 가속도로 움직일 것이다. 질량 m인 물체에 크기 F_x의 힘이 가해진다고 생각해보자. x 방향에서 물체의 일정한 가속도의 크기 a_x는 x 방향 운동방정식을 이용하여 아래와 같이 계산할 수 있다.

$$a_x = \frac{F_x}{m} = \text{상수}$$

일단 물체의 가속도가 결정되면, 운동방정식을 사용하여 아래와 같이 물체의 속도와 변위도 계산할 수 있다.

$$v_x = v_{x_0} + \int_{t_0}^{t} a_x \mathrm{d}t = v_{x_0} + \frac{F_x}{m} t \tag{8.8}$$

$$x = x_0 + \int_{t_0}^{t} v_x \mathrm{d}t = x_0 + v_{x_0} t + \frac{1}{2} \frac{F_x}{m} t^2 \tag{8.9}$$

여기서 v_{x0}와 x_0는 시간 $t = 0$일 때, x 방향에서 물체의 초기 속력과 변위이다. 이러한 결과는 물체에 두 번째의 힘인 y 방향의 힘 F_y가 가해질 때, 방정식 전체에서 x를 y로 치환하여 사용될 수 있다.

8.3.2 힘이 시간의 함수인 경우

만약 물체에 가해진 힘의 크기가 시간의 함수이면, $F_x = F_x(t)$이다. 물체의 가속도 또한 아래와 같이 시간의 함수이다.

$$a_x(t) = \frac{F_x(t)}{m}$$

물체의 속도와 변위는 운동학적 관계를 사용하여 아래와 같이 결정할 수 있다.

$$v_x = v_{x_0} + \int_{t_0}^{t} a_x(t) \mathrm{d}t \tag{8.10}$$

$$x = x_0 + \int_{t_0}^{t} v_x(t) \mathrm{d}t \tag{8.11}$$

(8.10)의 적분을 계산하려면 함수 $F_x(t)$가 필요하다.

8.3.3 힘이 변위의 함수인 경우

$F_x = F_x(x)$와 같이, 힘을 변위의 함수로 표현하는 것이 더 편리한 경우가 있다. 정의에 의하면 가속도는 단위 시간당 속도의 변화량이다. 그러므로 x 방향의 운동방정식은 아래와 같이 나타낼 수 있다.

$$\frac{\mathrm{d}v_x}{\mathrm{d}t} = \frac{F_x(x)}{m}$$

미분의 연쇄법칙(부록 C.2.6)을 사용하여 시간에 관한 속도의 도함수를 나타내면 다음과 같다.

$$\frac{dv_x}{d_t} = \frac{dv_x}{d_x}\frac{dx}{dt} = \frac{dv_x}{dx}v_x$$

따라서 x 방향의 운동방정식은 아래와 같다.

$$v_x\frac{dv_x}{dx} = \frac{F_x(x)}{m}$$

dx를 양쪽 변에 곱해주면 아래와 같다.

$$v_x dv_x = \frac{F_x(x)}{m}dx$$

이 방정식의 좌변은 v_x의 함수이므로 v_x에 관하여 적분할 수 있으며, 우변은 x의 함수이므로 x에 관하여 적분할 수 있다.

$$\int_{v_{x_0}}^{v_x} v_x dv_x = \int_{x_0}^{x}\frac{F_x(x)}{m}dx$$

좌변을 적분하면 아래와 같다.

$$\frac{1}{2}\left(v_x{}^2 - v_{x_0}{}^2\right) = \frac{1}{m}\int_{x_0}^{x}F_x(x)dx$$

양변을 정리하면 아래와 같다.

$$v_x{}^2 = v_{x_0}{}^2 + \frac{2}{m}\int_{x_0}^{x}F_x(x)dx \tag{8.12}$$

식 (8.10)의 적분을 계산하려면 F_x가 x의 함수로 제공되어야 한다. 주어진 $F_x(x)$에 대하여, 식 (8.12)에서 v_x를 x 함수로 구할 수 있다. 일단 v_x를 알면 물체의 가속도는 아래의 식으로부터 구할 수 있다.

$$a_x = v_x\frac{dv_x}{d_x} \tag{8.13}$$

8.4 운동역학 문제의 해결 과정

운동방정식을 사용하여 병진운동을 하는 물체의 운동역학적 특성을 해석하기 위한 과정은 다음과 같다.

- 해석할 시스템을 간단하고 깔끔한 그림으로 그린다.

• 관심 있는 물체를 주위로부터 분리하고, 그 물체에 작용하는 모든 외력을 나타내는 자유물체도를 그린다. 알고 있는 힘의 정확한 방향을 표시한다. 힘 벡터의 방향을 알 수 없는 경우에는 양(+)의 방향을 유추한다. 만약 계산 결과 힘이 음의 값을 갖는 것으로 나타나면, 유추한 힘 벡터의 방향이 틀렸음을 의미한다.

• (자유물체도의 일부가 아닌) 주변부에 각 물체의 운동 방향을 표시한다. 특히 해석 전반에 걸쳐 유추한 운동 방향과 일치시키는 것이 중요하다.

• 편리한 좌표계를 선택한다. 2차원의 경우에는 일반적으로 직각좌표 x와 y가 가장 편리하다.

• 운동방정식을 적용한다. 2차원 운동을 해석할 경우 두 개의 **지배방정식**(governing equation)이 있으므로, 구해야 할 미지수의 개수는 2개를 초과할 수 없다. 선형운동역학에서 미지수는 힘이나 가속도이다.

• 풀이에서 힘과 가속도의 정확한 방향을 단위와 함께 포함시킨다.

• 만약 해석하고자 하는 물체의 속도나 위치에 관한 정보가 주어지거나 필요하다면 위치, 속도 및 가속도 사이의 운동학적 상관관계도 이용할 수 있다.

예제 8.1 그림 8.4에서 보는 바와 같이, 한 사람이 거칠고 수평인 지면 위에서 밧줄을 이용하여 질량 $m = 50$ kg인 나무블록을 끌고 있다고 가정해보자. 이 사람은 나무블록에 $T = 150$ N의 일정한 힘을 가하고 있고, 밧줄은 수평과 각도 $\theta = 30°$를 이루고 있으며, 나무블록과 수평면 사이에 운동마찰계수는 $\mu = 0.2$이다.

나무블록의 바닥면이 운동 전반에 걸쳐 지면과 완전히 접촉한 상태로 유지될 경우, 나무블록의 가속도를 구하라.

풀이: 그림 8.5는 나무블록의 자유물체도를 보여준다. 양의 x 방향을 나무블록의 운동방향으로 정하자. W는 나무블록의 무게이고, f는 운동방향의 반대 방향으로 작용하는 마찰력의 크기이며, N은 지면이 나무블록에 가하는 반력의 크기이다. $\underline{T}$는 사람이 가하는 힘으로서, 이 힘은 밧줄을 통해 나무블록에 전달된다. 밧줄은 수평과 $\theta = 30°$의

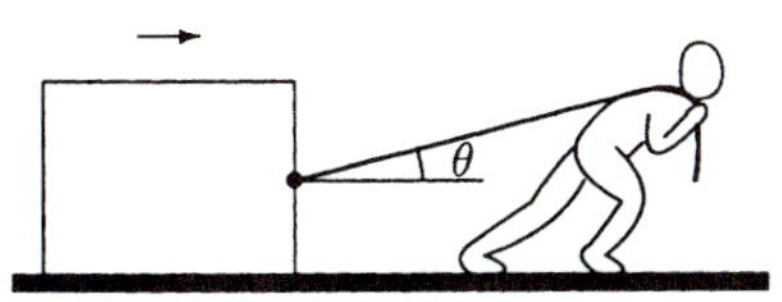

그림 8.4 • 수평면 위에서 당겨지고 있는 블록

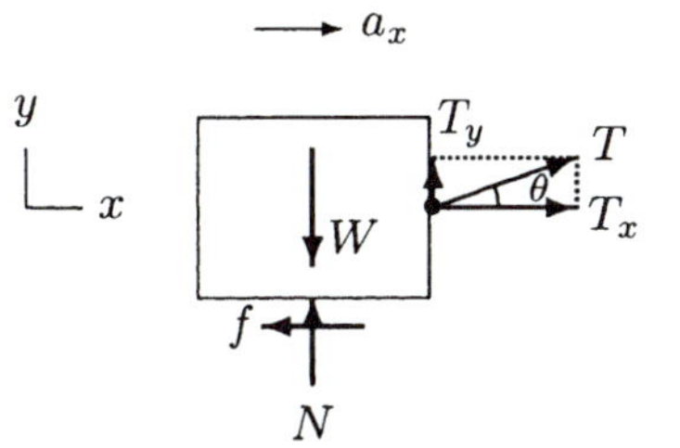

그림 8.5 • 블록의 자유물체도

각을 이루고 있다. 그러므로 T는 아래와 같이 x, y 방향의 성분을 가진다.

$$T_x = T\cos\theta \quad (\rightarrow)$$
$$T_y = T\sin\theta \quad (\uparrow)$$

나무블록의 무게는 나무블록의 질량에 대한 중력의 영향으로 인해 다음과 같이 나타낼 수 있다.

$$W = mg \quad (\downarrow)$$

마찰력의 크기는 수직력의 크기에 비례하고, 이들은 접촉면 사이의 마찰계수에 의해 상호 연관되므로, 아래와 같은 관계식이 성립한다.

$$f = \mu N \qquad (\leftarrow) \tag{i}$$

이제 x, y 방향의 운동방정식을 적용하여 나무블록의 가속도에 대한 식을 구할 수 있다. 나무블록은 y 방향으로는 운동하지 않으므로, y 방향에서 나무블록의 가속도는 영($a_y = 0$)이다. y 방향의 운동방정식은 아래와 같다.

$$\sum F_y = 0: \quad N + T_y - W = 0$$

힘 N에 대한 평형 방정식을 풀면, 아래와 같다.

$$N = W - T_y = mg - T\sin\theta \tag{ii}$$

식 (ii)를 식 (i)로 치환하면, 아래와 같다.

$$f = \mu(mg - T\sin\theta) \tag{iii}$$

이제 x 방향의 운동방정식을 고려해 보면, 아래와 같이 쓸 수 있다.

$$\sum F_x = ma_x: \quad T_x - f = ma_x$$

a_x에 대하여 방정식으로 풀면, 아래와 같이 얻을 수 있다.

$$a_x = \frac{1}{m}(T_x - f) \tag{iv}$$

식 (iv)에 식 (iii)과 $T_x = T\cos\theta$를 치환하면, 다음과 같다.

$$a_x = \frac{1}{m}[T\cos\theta - \mu(mg - T\sin\theta)]$$

상수 값 $m = 50$ kg, $T = 150$ N, $\theta = 30°$, $\mu = 0.2$, $g = 9.8$ m/s를 대입하면, 다음과 같은 값을 얻을 수 있다.

$$a_x = 0.94 \text{ m/s}^2 \quad (\rightarrow)$$

8.5 일과 에너지 방법

물체의 운동역학적 특성을 해석하는 기본적인 방법은 뉴턴의 운동 제2 법칙을 수학적으로 표현한 운동방정식들을 기반으로 한다. 운동방정식들을 이용하면 물체의 가속도를 결정할 수 있다. 관련된 힘이 일정하지 않은 경우와 같은 몇 가지 특이한 상황에는 운동방정식의 답을 구하기 어려울 수도 있다. 이런 상황들을 다루기 위해서 일과 에너지 개념을 기반으로 하는 대체 방법들이 개발되었다. 이러한 방법은 뉴턴의 법칙에서 유도되며, 운동방정식에 의존하지 않고 비교적 복잡한 시스템에서 힘, 속력 및 변위를 해석하는 데 적용될 수 있다.

8.6 역학적 일

역학적 일(mechanical work)은 힘과 변위의 곱으로 정의된다. 일은 스칼라양이므로 방향과는 무관하다.

8.6.1 일정한 힘에 의해 행해진 일

일의 정의를 탐구하기 위해 그림 8.6의 블록을 생각해보자. 일정한 수평 힘 $\underline{F}$가 블록에 가해져 s 거리만큼 떨어진 ① 지점에서 ② 지점으로 이동시킨다고 가정하자. 블록을 ① 지점에서 ② 지점으로 이동시키기 위해 블록에 힘 $\underline{F}$에 의해 수행된 일 W는 힘 벡터의 크기와 변위의 곱과 같다.

$$W = Fs \tag{8.14}$$

같은 블록을 수평에 대해 각도 θ를 이루는 또 다른 균일한 힘 $\underline{F}$에 의해 ① 지점에서 ② 지점으로 당겨지는 경우를 생각해보자(그림 8.7). 블록에 대해 힘 $\underline{F}$에 의해 수행된 일은 변위 방향의 힘 성분의 크기와 변위 자체의 곱과 같다. $\underline{F}$의 수평 방향 성분은 $F_x = F\cos\theta$이므로, 블록이 ① 지점에서 ② 지점으로 이동하도록 힘 $\underline{F}$에 의해 수행된 일은 다음과 같이 나타낼 수 있다.

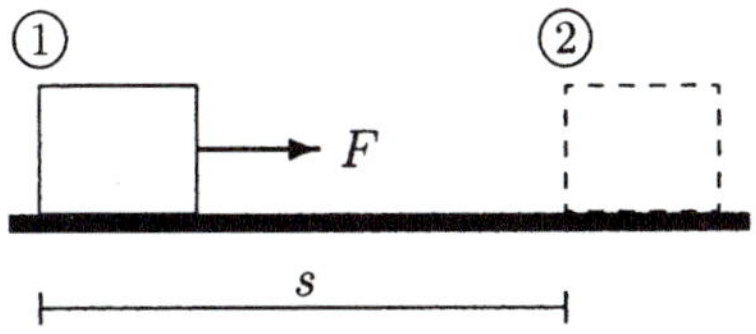

그림 8.6 • 위치 ①에서 ②로 이동할 때 블록에 가해지는 일정한 힘

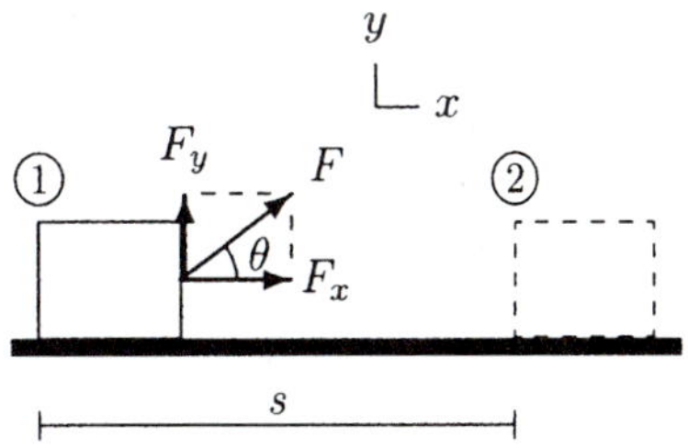

그림 8.7 • 지면에 대해 θ의 각으로 블록에 가해지는 일정한 힘

$$W = F_x s = Fs\ \cos\theta \tag{8.15}$$

$\theta = 0°$일 때 $\cos\theta = 1$이므로, 식 (8.14)와 (8.15)는 서로 일치한다는 점에 주목하라.

힘이 일을 하기 위해서는 힘이 가해지는 물체에 변위가 발생해야 하며, 힘 벡터는 변위 방향으로 0이 아닌 성분을 가져야 한다. 예를 들면, 그림 8.7에서 힘 벡터의 수직 성분 $F_y = F\ \sin\theta$는 일을 하지 않았다. 왜냐하면 블록이 수직 방향으로 이동하지 않았기 때문이다.

수행된 일은 양(+) 또는 음(−)이 될 수 있다. 만약 변위와 같은 방향으로 힘이 가해지는 경우, 힘에 의해 수행된 일은 양(+)이다. 만약 가해진 힘과 변위가 반대 방향인 경우에는 그 힘에 의해 수행된 일은 음(−)이다. 전형적인 음(−)의 일에 대한 예는 마찰력에 의해 행해진 일이다. 그림 8.8에서 보는 바와 같이, 블록이 힘 $\underline{F}$에 의해 거리 s만큼 오른쪽으로 당겨진 경우를 생각해보자. 블록이 거리 s만큼 이동하는 동안 블록에 가해진 마찰력 $\underline{f}$에 의해 수행된 일 W_f는 다음과 같다.

$$W_f = -fs \tag{8.16}$$

만약 물체의 운동에 둘 이상의 외력이 작용한다면, 각각의 힘에 대해 수행된 하나의 일이 존재한다. 수행된 **알짜 일**(net work)은 개별 힘들에 의해 수행된 일의 수학적인 합이다. 예를 들어, 그림 8.8의 경우에 수행된 알짜 일은 다음과 같다.

$$W = F_s - fs$$

8.6.2 변하는 힘에 의해 행해진 일

식 (8.14)는 일정한 힘에 의해 수행된 일을 계산하는 경우에만 적용될 수 있다. 만약

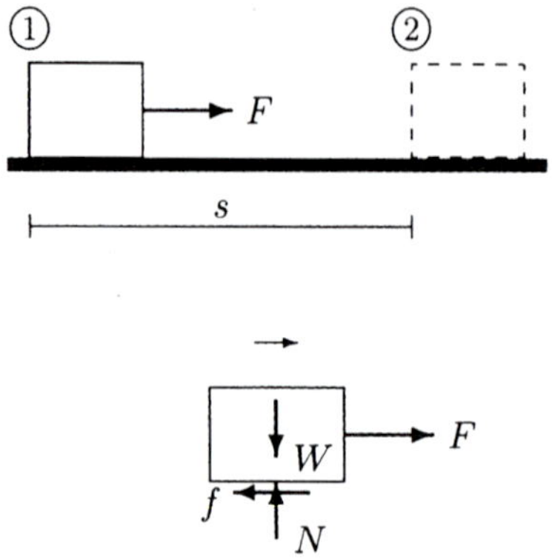

그림 8.8 • 음(−)의 일을 하는 마찰력

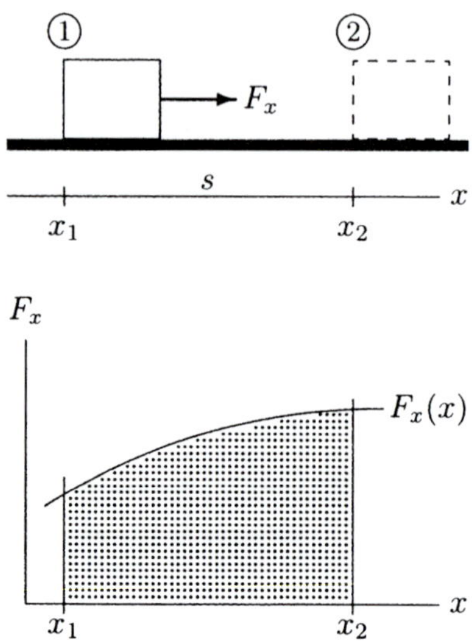

그림 8.9 • 일의 양은 변위−힘 곡선 아래의 넓이이다.

적용된 힘이 변위의 함수일 경우, 수행된 일은 거리에 대한 적용된 힘의 적분을 통해 계산할 수 있다.

그림 8.9에서 보는 바와 같이 블록이 힘 F_x에 의해 x 방향으로 당겨지고, 이때 힘 Fx는 x 방향으로 블록의 변위와 함께 변하는 경우를 생각해보자. 즉, $F_x = F_x(x)$이다. 처음에 ① 지점에 있던 블록은 거리 s만큼 떨어진 ② 지점으로 옮겨졌다. x_1과 x_2는 블록의 처음 위치와 마지막 위치로 나타낸다. 만약 x에 대한 F_x의 변화를 알면, 블록이 ① 지점에서 ② 지점까지 이동하기 위해 수행된 일은 아래의 식을 사용하여 구할 수 있다.

$$W = \int_{x_1}^{x_2} F_x \mathrm{d}x \tag{8.17}$$

식 (8.17)의 정적분을 계산하면 위치에 따른 힘 곡선, x축, $x = x_1$ 및 $x = x_2$를 지나는 수직선으로 이루어지는 전체 면적으로 산출할 수 있을 것이다(그림 8.9의 짙은 영역). 만약 힘 F_x가 일정할 경우, 식 (8.17)의 적분은 $W = F_x(x_2 - x_1) = F_x s$가 되며, 이 식은 식 (8.14)와 일치한다.

8.6.3 내적으로서 일

일을 힘과 변위 벡터들의 내적(dot product 또는 scalar product)으로 정의해서 이용하는 것이 편리한 경우도 있다. 부록 B.14에서 설명한 바와 같이, 두 벡터의 내적은 두 벡터 크기의 곱에 두 벡터 사이의 예각에 대한 코사인 값을 곱한 스칼라양과 같다. 일정한 힘 $\underline{F}$에 의해 일이 수행되고 물체의 변위 벡터가 $\underline{s}$일 경우, 아래와 같이 쓸 수 있다.

$$W = \underline{F} \cdot \underline{s} \tag{8.18}$$

만약 두 벡터 $\underline{F}$와 $\underline{s}$ 사이에 예각이 θ라면, 다음과 같다.

$$W = \underline{F} \cdot \underline{s} = F\,s\,\cos\theta \tag{8.19}$$

힘과 변위 벡터들은 직교 성분들로 나타낼 수 있다.

$$\underline{F} = F_x\underline{i} + F_y\underline{j} + F_z\underline{k} \tag{8.20}$$

$$\underline{s} = x\underline{i} + y\underline{j} + z\underline{k} \tag{8.21}$$

단위 벡터의 내적은 $\underline{i} \cdot \underline{i} = \underline{j} \cdot \underline{j} = \underline{k} \cdot \underline{k} = 1$과 $\underline{i} \cdot \underline{j} = \underline{j} \cdot \underline{k} = \underline{k} \cdot \underline{i} = 0$과 같다. 식 (8.18)에 식 (8.20)와 (8.21)을 대입하고, 단위 벡터들의 내적을 계산하면 아래와 같이 산출할 수 있다.

$$W = F_x x + F_y y + F_z z \tag{8.22}$$

식 (8.22)는 x, y 및 x 방향의 힘 벡터 성분들로 전체 일을 표현한다는 점에서 중요하다. 예를 들어, x 방향으로 수행한 일은 x 방향 힘 성분의 크기와 같은 방향의 변위의 곱과 같다. xy 평면에서 2축 운동을 하는 경우, 식 (8.22)는 $W = F_x x + F_y y$로 축소되고, x축에 대한 단축운동일 경우에는 $W = F_x x$가 된다.

8.7 역학적 에너지

에너지(energy)는 다른 시스템에 일을 할 수 있는 하나의 시스템의 능력을 설명하기 위해 사용되는 용어이다. 에너지는 역학, 열, 화학, 핵과 같은 다양한 형태를 취할 수 있다. 역학 분야는 주로 역학 형태의 에너지와 관련이 있다. 역학적 에너지는 위치에너지와 운동에너지로 분류된다. 에너지는 스칼라양이다.

8.7.1 위치에너지

시스템의 **위치에너지**(potential energy)는 시스템의 위치나 높이와 관련이 있다. 위치에너지는 시스템 내에 저장된 에너지로서, 운동에너지로 전환할 수 있다. 위치에너지의 개념은 일정 높이에서 물체가 떨어지면 유용한 일을 할 수 있다는 인식에서 비롯된다. 물체가 일을 할 수 있는 잠재력은 **중력에 의한 위치에너지**(gravitational potential energy)로 정의되며, 이는 물체의 무게중심의 상대적인 위치에 기인한다. 그림 8.10과 같이, 무게 $W = mg$인 물체를 생각해보자. 이 물체는 ① 지점에 위치해 있으며 ② 지점을 기준으로 높이 h에 위치해 있다. ① 지점에 대한 ② 지점의 상대적인 물체의 중력에 의한 위치에너지 $\mathcal{E}_\mathrm{p}$는 다음과 같다.

$$\mathcal{E}_\mathrm{p} = Wh = mgh \tag{8.23}$$

여기서 Wh는 중력이 물체를 ① 지점에서 h 거리만큼 떨어진 ② 지점까지 이동하기 위해 수행하는 일이다.

8.7.2 운동에너지

운동에너지(kinetic energy)는 운동과 관련이 있다. 움직이는 모든 물체는 운동에너

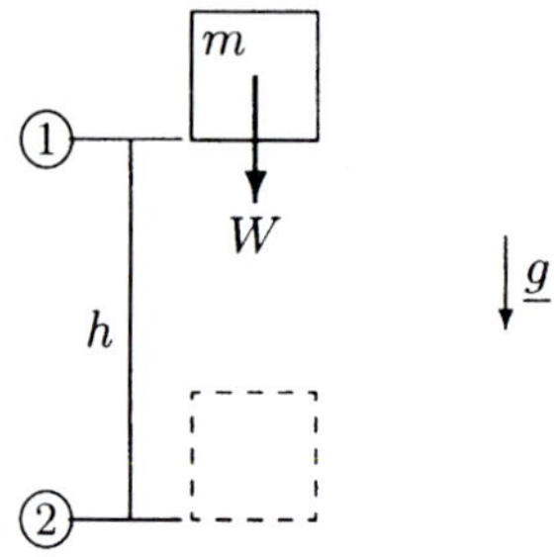

그림 8.10 • 중력에 의한 위치에너지

지를 가진다. v 속력으로 움직이는 질량 m인 물체의 운동에너지 E_K는 질량의 1/2과 물체 속력의 제곱을 곱한 값과 같다.

$$\mathcal{E}_K = \frac{1}{2}mv^2 \tag{8.24}$$

8.8 일–에너지 정리

운동에너지와 일 사이에는 상관관계가 있다. 물체가 ① 지점에서 ② 지점으로 옮겨졌을 때 수행된 알짜 일(net work) W_{12}는 물체가 ① 지점에서 ② 지점으로 옮겨질 때의 운동에너지의 변화량 $\Delta\mathcal{E}_K$와 같다. 이를 **일–에너지 정리**(Work-energy theorem)라 하며, 아래와 같이 나타낸다.

$$W_{12} = \Delta\mathcal{E}_K = \mathcal{E}_{K2} - \mathcal{E}_{K1} \tag{8.25}$$

8.9 에너지 보존의 법칙

힘은 보존적일 수도 있고, 아닐 수도 있다. 두 지점 사이에서 물체를 이동시키는 힘에 의해 수행된 일이 움직인 경로와 독립적인 경우에는 힘은 보존적이다. 보존성 힘의 전형적인 예로 중력이 있다. 반면에 마찰력은 비보존성 힘이다. 비보존성 힘은 에너지를 열로 발산한다.

보존성 힘에 의해 시스템에 수행된 알짜 일은 전체 에너지(운동에너지와 위치에너지의 합)를 운동 내내 일정하게 유지하면서 운동에너지와 위치에너지가 상호 전환되게 한다. 이를 **역학적 에너지 보존의 법칙**(principle of conservation of mechanical energy)이라고 하며, ① 지점과 ② 지점 사이에서 아래와 같이 나타낼 수 있다.

$$\mathcal{E}_{K1} + \mathcal{E}_{P1} = \mathcal{E}_{K2} + \mathcal{E}_{P2} \tag{8.26}$$

8.10 일과 에너지의 차원과 단위

역학적 일과 에너지는 같은 차원과 단위들을 가진다. 정의에 따라, 수행된 일은 힘과 변위의 곱이다. 그러므로 일은 힘의 차원에 길이의 차원이 곱해진 것이다.

$$[\text{일}] = [\text{힘}]\,[\text{변위}] = M\frac{L^2}{T^2}$$

시스템에 종류에 따른 일과 에너지의 단위들이 표 8.1에 정리되어 있다.

표 8.1 • 일과 에너지의 단위

단위계	일과 에너지의 단위	고유 명칭
국제단위계(SI)	뉴턴–미터(Nm)	줄(Joule, J)
가우스단위계(c–g–s)	다인–센티미터(dyn cm)	에르그(erg)
영국단위계(British)	파운드–풋(lb ft)	

8.11 일률

일률(power) $\mathcal{P}$는 수행된 일의 시간 비율로 정의된다.

$$\mathcal{P} = \frac{dW}{dt} \tag{8.27}$$

물체에 가해진 일정한 힘에 의해 수행된 일은 힘과 변위 벡터들의 내적($W = \underline{F} \cdot \underline{s}$)으로부터 아래와 같이 구할 수 있다.

$$\mathcal{P} = \frac{d}{dt}(\underline{F} \cdot \underline{s})$$

만약 힘 벡터 $\underline{F}$가 일정하면, 아래와 같이 쓸 수 있다.

$$\mathcal{P} = \underline{F} \cdot \frac{ds}{dt} = (\underline{F} \cdot \underline{v}) \tag{8.28}$$

식 (8.28)에서 $\underline{v}$는 물체의 속도 벡터이다. 만약 가해진 힘이 속도와 동일선상에 있으면 $\mathcal{P} = Fv$이다. 일률은 스칼라양이며, 힘에 속도를 곱한 차원을 갖는다. 일률의 단위는 표 8.2에 나타나 있다.

8.12 에너지 방법의 응용

식 (8.23)의 일–에너지 원리와 식 (8.24)의 에너지 보존의 법칙은 역학적 문제를 풀기 위한 대체 방법들을 제공한다. 일–에너지 원리는 비보존성 힘을 포함하는 문제를 해석하는 데 사용할 수 있다. 반면에, 에너지 보존의 법칙은 포함된 힘이 보존성일 경우

표 8.2 • 힘의 단위(1 *hp* = 550 *lb ft*/s = 746 *W*)

단위계	일과 에너지의 단위	고유 명칭
국제단위계(SI)	Nm/s = J/s	와트(Watt, W)
가우스단위계(c–g–s)	dyn cm/s = erg/s	
영국단위계(British)	lb ft/s	마력(horse power, hp)

표 8.3 • 방정식과 공식 정리

변하는 힘으로 수행한 일	$W = \int_{x_1}^{x_2} F_x dx$
일정한 힘으로 수행한 일	$W = F_x(x_2 - x_1) = F_x s$
위치에너지	$\mathcal{E}_P = mgh$
운동에너지	$\mathcal{E}_K = \frac{1}{2}mv^2$
에너지 보존의 법칙	$\mathcal{E}_{K1} + \mathcal{E}_{P1} = \mathcal{E}_{K2} + \mathcal{E}_{P2}$
일-에너지 정리	$W_{12} = \mathcal{E}_{K2} - \mathcal{E}_{K1}$
운동방정식	$\sum F_x = ma_x$

에만 유용하다. 운동방정식들의 응용 사례들과 비교할 때, 이 방법들은 적용하기가 더 쉽고, 주어지거나 풀어야 할 정보가 가속도보다는 속도일 경우에 특히 유용하다. 이 장에서 소개한 중요한 개념들과 운동역학 해석 방법들을 표 8.3에 요약하였다. 다음 예제들에서는 이러한 방법들의 적용 사례들을 설명할 것이다.

예제 8.2 거친 경사면에서 20 kg의 블록을 경사면에 평행한 방향으로 일정한 힘 $P = 150$ N으로 밀어 올리고 있다(그림 8.11). 경사면의 기울기는 수평면과 $\theta = 30°$를 이루고, 블록과 경사면과의 마찰계수는 $\mu = 0.2$이다.

만약 블록이 $l = 10$ m 이동하였다면 힘 $\underline{P}$, 마찰력 및 중력에 의해 블록에 행해진 일을 구하라. 블록에 가해진 알짜 일(net work)은 얼마인가?

풀이: 그림 8.12는 블록의 자유물체도이다. W는 블록의 무게, f는 블록과 지면과의 마찰력, N은 블록에 작용한 지면의 반력이다. x, y축 방향은 블록이 이동하는 방향을 양

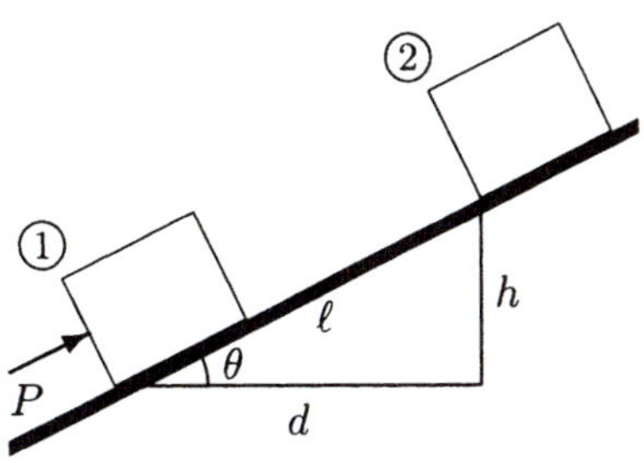

그림 8.11 • 위치 ①에서 ②로 블록의 이동

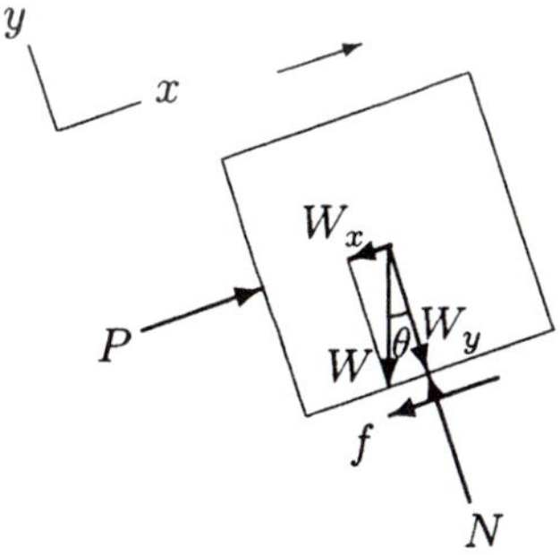

그림 8.12 • 블록의 자유물체도

의 x축 방향으로 정하고, y축 방향으로 블록의 이동은 없다. 힘 $\underline{P}$는 블록의 이동 방향으로 가해진다. 따라서 블록이 거리(l)만큼 움직이는 동안 $\underline{P}$가 한 일의 양은 아래와 같다.

$$W_P = Pl \tag{i}$$

블록의 무게 $\underline{W}$는 x축 방향의 무게 $W_x = W \sin \theta$와 y축 방향의 무게 $W_y = \cos \theta$로 성분이 나누어진다. y축 방향으로 움직임이 없으므로 블록은 y축 방향으로 평형 상태이다. y축 방향으로 평형 상태인 경우 $N = W_y$이다. 즉, $W = mg$이므로 $N = mg \cos \theta$이다. 접촉면에서 마찰력과 수직력의 관계는 $f = \mu N = \mu \cos \theta$이다. 마찰력은 경사면과 평행한 방향으로 작용하지만, 블록의 변위 방향과는 반대이다. 따라서 블록이 거리 l 만큼 이동함에 따라 $\underline{f}$가 블록에 한 일은 아래와 같이 나타낼 수 있다.

$$W_f = -fl = -\mu mgl \cos\theta \tag{ii}$$

중력(무게)은 항상 아래로 작용한다. 이 문제에서 경사면의 기울기와 평행한 음의 x 방향으로 크기 $W_x = mg \sin \theta$의 힘이 작용한다. ① 지점에서 ② 지점까지 움직임에 따라 W_x가 블록에 한 일의 양은 아래와 같다.

$$W_g = -mgl \sin\theta \tag{iii}$$

각각의 힘이 블록에 한 일을 알면, 아래와 같이 블록에 작용한 알짜 일을 구할 수 있다.

$$W = W_P + W_f + W_g = Pl - mgl\,(\sin\theta + \mu \cos\theta) \tag{iv}$$

식 (i)에서 식 (iv)에 관련된 매개변수의 수치를 대입하면, 아래와 같은 결과를 얻을 수 있다.

$$\begin{aligned}
W_P &= (150)(10) = 1500 \text{ J} \\
W_f &= -(0.2)(20)(9.8)(10)(\cos 30^\circ) = -340 \text{ J} \\
W_g &= -(20)(9.8)(10)(\sin 30^\circ) = -980 \text{ J} \\
W &= 1500 - 340 - 980 = 180 \text{ J}
\end{aligned}$$

예제 8.3 그림 8.13과 같이 질량이 m이고 길이가 l인 진자가 있다. 수직과 θ의 각도를 갖도록 진자를 밀어 ① 지점에서 놓아주었다.

마찰 효과와 공기 저항을 무시할 수 있을 때, ② 지점에서 진자의 속력 v_2를 구하라.

풀이: ① 지점에서 진자를 놓을 때 진자의 속도와 운동에너지의 값은 0이다. 만약 ② 지점을 높이 측정의 기준점으로 정하면 ① 지점에서 진자의 높이는 $h_1 = l(1-\cos \theta)$

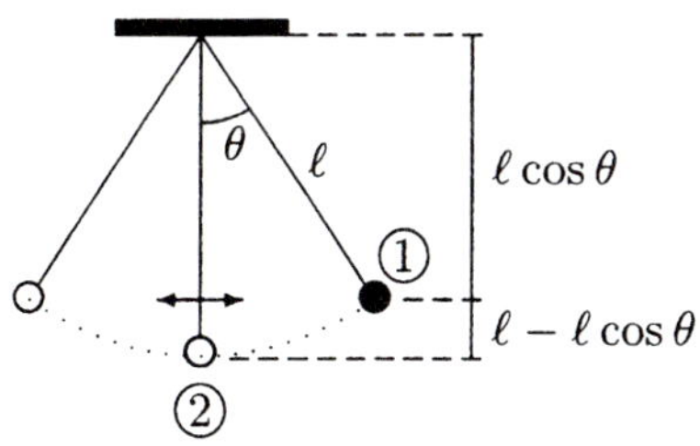

그림 8.13 • 진자운동

이고, ② 지점에서 진자의 높이는 0이다. ①과 ② 지점 사이에서 에너지 보존의 법칙을 적용하면 아래와 같다.

$$\mathcal{E}_{K1} + \mathcal{E}_{P1} = \mathcal{E}_{K2} + \mathcal{E}_{P2}$$

$$\frac{1}{2}mv_1{}^2 + mgh_1 = \frac{1}{2}mv_2{}^2 + mgh_2$$

$v_1 = 0$, $h_1 = l(1-\cos\theta)$ 및 $h_2 = 0$을 대입하면, ② 지점에서 진자의 속력은 아래와 같다.

$$v_2 = \sqrt{2gl(1-\cos\theta)}$$

예제 8.4 그림 8.14와 같이 스키점프 선수가 스키점프를 하기에 충분한 속도를 얻기 위해 트랙을 내려오고 있다. 트랙의 길이는 $l = 25$ m이며, 수평과 이루는 각도는 45° 이다.

만약 선수가 초기 속도가 0인 상태에서 트랙의 상단을 출발하였다면, (a) 일−에너지 정리, (b) 에너지 보존의 법칙 및 (c) 운동방정식을 이용하여 트랙 아래에서 선수의 도약 속력을 구하라.

풀이 (a): 일−에너지 정리

그림 8.15는 스키점프 선수의 자유물체도를 나타낸다. 선수에게 작용하는 힘에는 중력 $\underline{W}$와 트랙에 수직 방향으로 작용하는 반력이 있다. 선수가 움직이는 방향을 x, 트랙에 대한 수직 방향을 y로 정하였다. 따라서 스키점프 선수의 무게는 $W_x = W\sin\theta = mg\sin\theta$와 $W_y = W\cos\theta = mg\cos\theta$와 같이 x와 y 방향의 성분으로 나타낼 수 있다. 반면에, $\underline{N}$은 y 방향으로 작용한다. W_x는 스키점프 선수의 추진력이라는 점에 주목하라.

x 방향의 힘 성분이 하나밖에 없으므로, 이 힘이 한 일은 곧 스키점프 선수에게 작용하는 알짜 일(net work)이다. 트랙의 상단과 하단을 각각 ①, ② 지점이라 하면, ①

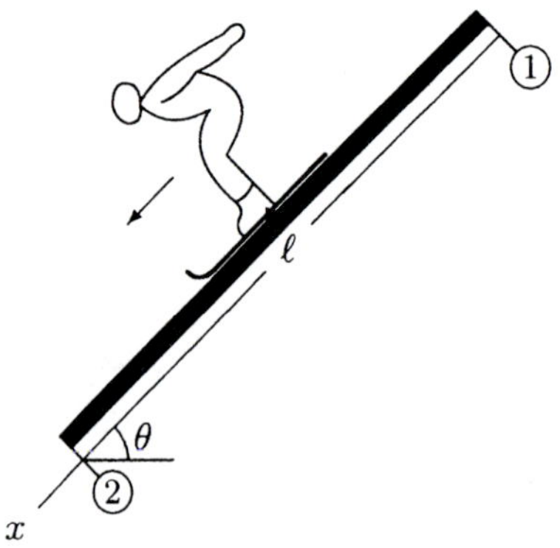

그림 8.14 • 스키점프 선수

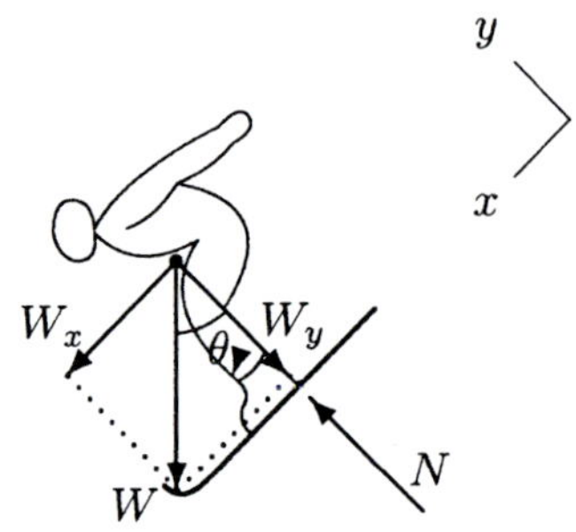

그림 8.15 • 스키점프 선수의 자유물체도

지점에서 ② 지점까지의 거리 l 만큼 스키점프 선수를 움직이게 하기 위해서 W_x가 한 일은 아래와 같이 나타낼 수 있다.

$$W_{12} = W_x l = mgl \ \sin\theta \tag{i}$$

일-에너지 정리에 따르면, W_{12}는 ①과 ② 지점 사이에서 스키점프 선수의 운동에너지와 같아야 한다.

$$W_{12} = \mathcal{E}_{K2} - \mathcal{E}_{K1} = \frac{1}{2}mv_2{}^2 - \frac{1}{2}mv_1{}^2 \tag{ii}$$

스키점프 선수의 초기 속도는 $v_1 = 0$이므로, 식 (ii)에서 우변의 두 번째 항은 0이다. 식 (i)을 식 (ii)에 대입하여 반복되는 매개변수 m(선수의 질량)을 제거한 후, 스키점프 선수의 도약 속도 v_2에 대하여 식 (ii)를 풀면, 다음과 같다.

$$v_2 = \sqrt{2\,gl \ \sin\theta} \tag{iii}$$

풀이 (b): 에너지 보존의 법칙

마찰과 공기 저항에 의한 비보존성 힘의 효과는 무시할 수 있는 것으로 간주되므로, 이 문제는 에너지 보존의 법칙을 이용하여 풀 수도 있다. ①과 ② 지점 사이에서 스키 선수의 에너지 총합은 아래와 같이 쓸 수 있다.

$$\mathcal{E}_{K1} + \mathcal{E}_{P1} = \mathcal{E}_{K2} + \mathcal{E}_{P2}$$
$$\frac{1}{2}mv_1{}^2 + \ mgh_1 = \frac{1}{2}mv_2{}^2 + mgh_2 \tag{iv}$$

초기 속도는 $v_1 = 0$이므로, 식 (iv)에서 좌변의 첫 번째 항은 0이다. 트랙의 바닥을 기준으로 높이를 측정하면(또는 그림 8.16와 같이 ② 지점을 기준으로 하면), 높이는 $h_2 = 0$이고, 트랙 상단의 높이는 $h_1 = l \sin\theta$이다. 따라서 식 (iv)의 우변 두 번째 항도 역시 0이다. $h_1 = l \sin\theta$를 식 (iv)에 대입하고, 반복되는 매개변수 m을 제거한 후,

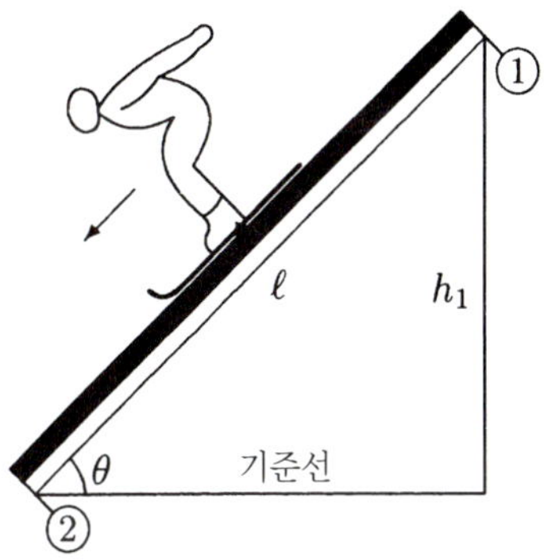

그림 8.16 • $h_1 = l \sin\theta$와 $h_2 = 0$

v_2에 관하여 식 (iv)를 풀면, 다시 식 (iii)과 같이 나타낼 수 있다.

풀이 (c): 운동방정식

운동 방향(x)에 대한 운동방정식은 다음과 같이 쓸 수 있다.

$$\sum F_x = m\,a_x : \qquad W_x = m\,a_x \tag{v}$$

식 (v)에서 $W_x = mg \sin\theta$를 대입하고, 양변을 m으로 나눈 후 x 방향에 대한 선수의 가속도를 구하기 위해 식 (v)를 풀면, 다음과 같다.

$$a_x = g \sin\theta \tag{vi}$$

스키점프 선수의 가속도는 오직 중력에 의한 것이기 때문에, 일정한 가속도의 1차원 운동이다. 정의에 의하면, 가속도는 시간에 따른 속도의 변화량 또는 속도는 시간에 따른 가속도의 적분이다. a_x는 일정하고 ① 지점에서 선수의 초기 속도는 0이므로 아래와 같이 쓸 수 있다.

$$v_x = a_x t \tag{vii}$$

운동학적으로 변위는 속도의 적분이다. 만약 선수의 초기 위치를 기준으로 변위를 측정하면, 최초 변위는 0이다. 따라서 변위, 가속도 및 시간의 관계식은 아래와 같다.

$$x = \frac{1}{2} a_x\, t^2 \tag{viii}$$

식 (vii)은 시간 $t = v_x / a_x$로 정리할 수 있으며, t를 제거하기 위해 식 (viii)에 대입하면, 다음 같은 식을 얻을 수 있다.

$$x = \frac{1}{2}\,\frac{{v_x}^2}{a_x}$$

이 식을 v_x에 대해 정리하면 다음과 같다.

$$v_x = \sqrt{2xa_x} \tag{ix}$$

이는 스키점프 선수가 트랙 위에 있을 때 선수의 가속도, 속력 및 변위의 상관관계에 관한 일반적인 풀이이다. 선수가 트랙의 하단에 이르렀을 때 $x = l$, $v_x = v_2$이고, 가속도는 항상 $a_x = g \sin\theta$이다. 이들 매개변수를 식 (ix)에 대입하면 다시 식 (iii)을 얻을 수 있다.

마지막으로 $g = 9.8 \text{ m/s}^2$, $l = 25 \text{ m}$, $\theta = 45°$를 대입하면, $v_2 = 18.6 \text{ m/s}$이다.

참고

• 변위, 속력, 가속도를 포함하는 문제의 경우, 일–에너지 정리 및 에너지 보존의 법칙을 이용하는 것이 운동방정식을 이용하는 것보다 훨씬 수월하다. 일반적으로 운동방정식을 사용하기 전에 일–에너지 정리 또는 에너지 보존의 법칙을 먼저 사용하는 것이 바람직하다.

• 마찰과 공기 저항에 따른 에너지 손실을 무시할 수 있기 때문에, 문제의 풀이는 트랙의 모양이나 스키점프 선수가 트랙을 내려오는 방법에 영향을 받지 않는다. 이 문제에서 선수의 이륙 속도에 영향을 미치는 가장 중요한 매개변수는 ①과 ② 지점 사이의 전체 수직 거리이다.

이것은 그림 8.17과 같이 $h_1 = l \sin\theta$의 거리만큼 떨어진 ①과 ② 지점 사이를 '자유낙하'하는 스키점프 선수로 단순화할 수 있다. ①과 ② 지점 사이에서 에너지 보존의 법칙을 적용하면 다시 식 (iii)을 얻을 수 있다.

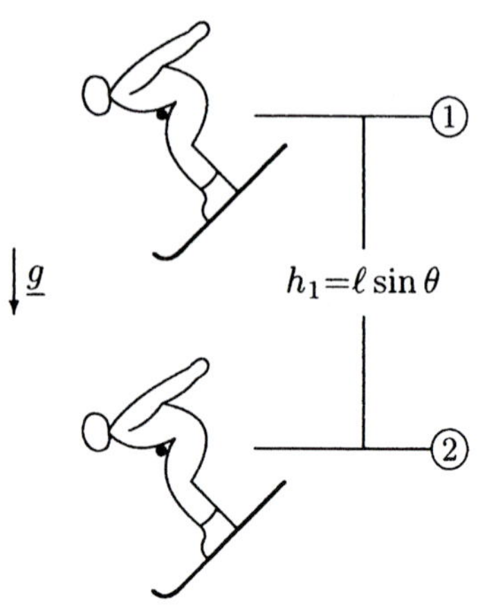

그림 8.17 • 문제의 풀이는 이동경로에 대해 독립적이다.

8.13 연습문제

문제 8.1 그림 8.18에서 보는 바와 같이, 외부에서 가해지는 힘 T의 영향으로 거친 수평면을 따라 이동하는 질량 m인 블록을 생각해보자. 힘의 작용선은 수평과 각도 θ를 이룬다.

블록과 표면 사이의 마찰계수가 μ인 경우, 운동 방향으로 블록의 가속도 a_x에 대한 식을 구하라.

정답: $a_x = \dfrac{T(\cos\theta - \mu\sin\theta)}{m} - \mu g$

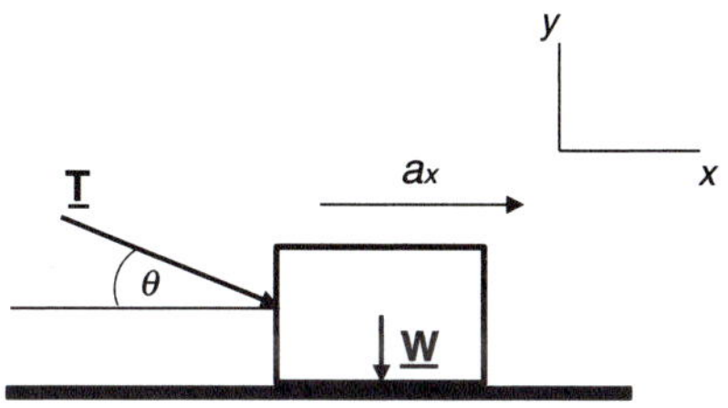

그림 8.18 • 문제 8.1

문제 8.2 그림 8.4에서 보는 바와 같이, 사람이 밧줄을 사용하여 거친 수평면에서 질량 45 kg의 블록을 당기고 있다고 가정하자. 이 밧줄은 수평과 각도 $\theta = 35°$를 이룬다. 사람이 가한 일정한 힘 $T = 190$ N의 결과로, 블록은 가해진 힘의 방향으로 일정한 가속도 $a = 0.86\ \text{m/s}^2$로 이동한다.

이동 중에 블록의 하단이 지표면과 완전히 접촉되어 있을 때, 블록과 표면 사이의 마찰계수 μ를 구하라.

정답: $\mu = 0.35$

문제 8.3 그림 8.19에서 보는 바와 같이, 한 사람이 질량 m인 블록을 수평과 θ의 각을 이루는 경사면를 따라 밀고 있다. 블록과 경사면의 마찰계수는 μ이다.

만약 그 사람이 일정한 크기의 힘 P로 경사와 평행한 방향으로 블록에 힘을 가할 때, 블록의 운동 방향으로 작용하는 가속도는 다음과 같이 표현되는 것을 증명하라.

$$a_x = \frac{P}{m} - g(\mu\cos\theta + \sin\theta)$$

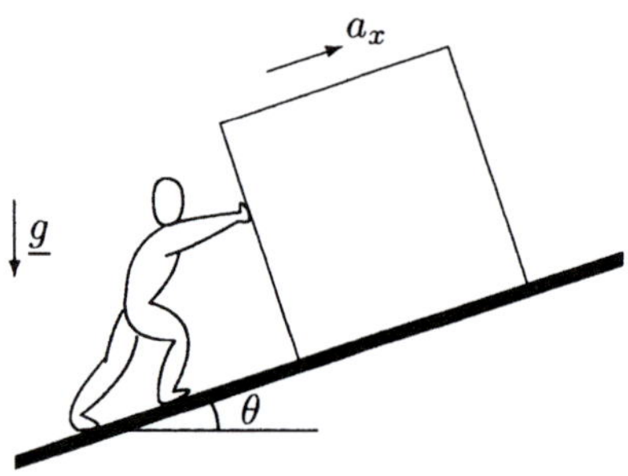

그림 8.19 • 문제 8.3

문제 8.4 그림 8.20에서 보는 바와 같이, 경사로에 평행하게 외력 F가 가해져서 블록이 경사로 아래로 이동하고 있다고 가정하자. 기울기는 수평과 각도 α를 이루고 있다.

블록과 경사면 사이의 운동마찰계수가 μ인 경우, 운동 방향을 따라 블록의 가속도 a_x에 대한 식을 구하라.

정답: $a_x = \frac{F}{m} + g(\sin\alpha - \mu\cos\alpha)$

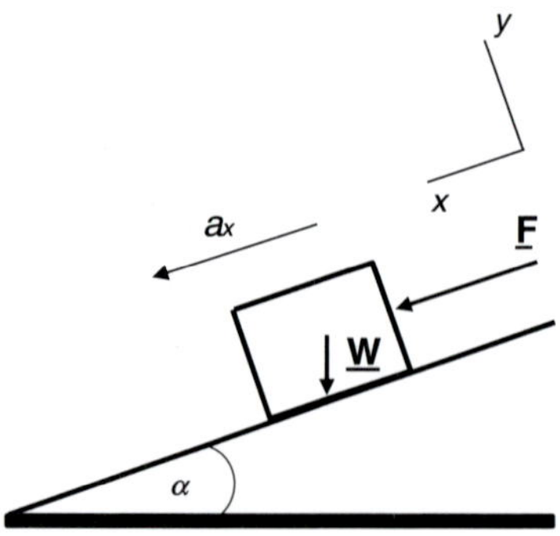

그림 8.20 • 문제 8.4

문제 8.5 그림 8.7에서 보는 바와 같이, 수평면 위에서 위치 ①에서 위치 ②로 당겨지는 블록을 생각해보자. 블록에 가해지는 힘의 크기는 $F = 85$ N이며, 수평과 각도 θ를 이룬다.

블록에 대해 수행된 일이 $W = 1642$ J인 경우, 이동 방향을 따라 블록의 변위 S를 구하라. 단, 블록과 표면 사이의 마찰은 무시할 수 있다고 가정한다.

정답: $S = 20$ m

문제 8.6 그림 8.21에서 보는 바와 같이, 수평에 평행하게 가해지는 일정한 힘 $P = 160$ N에 의해 거친 경사면 위로 15 kg의 블록이 밀려 올라간다고 가정하자. 경사는 수평을 기준으로 $\theta = 25°$이며, 블록과 경사면 사이의 마찰계수는 $\mu = 0.35$이다.

블록이 경사면 위로 $l = 9$ m 이동될 경우, 아래의 힘이 블록에 수행한 일을 구하라.

(a) 외력 W_P
(b) 중력 W_g
(c) 마찰력 W_f

블록에 수행된 알짜 일(net work) W를 구하라.

정답: (a) $W_P = 1305$ J; (b) $W_g = 559$ J; (c) $W_f = 70.3$ J, $W = 675.7$ J

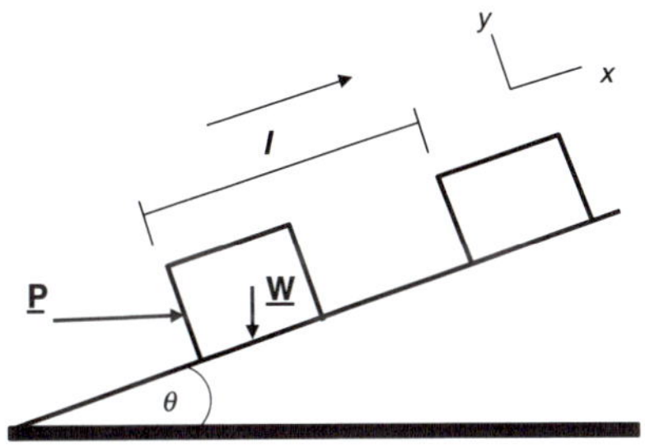

그림 8.21 • 문제 8.6

문제 8.7 그림 8.22의 그래프에서 보는 바와 같이, x 방향의 변위에 따라 변하는 크기 F_x의 힘이 물체에 가해지고 있다. 이 그래프에서 힘은 뉴턴(N), 변위는 미터(m)로 측정되었다고 가정한다.

물체가 $x = 0$에서 $x = 15$ m까지 이동하는 동안 물체에 작용한 힘 F_x에 의해 수행된 일을 구하라.

정답: 100 J

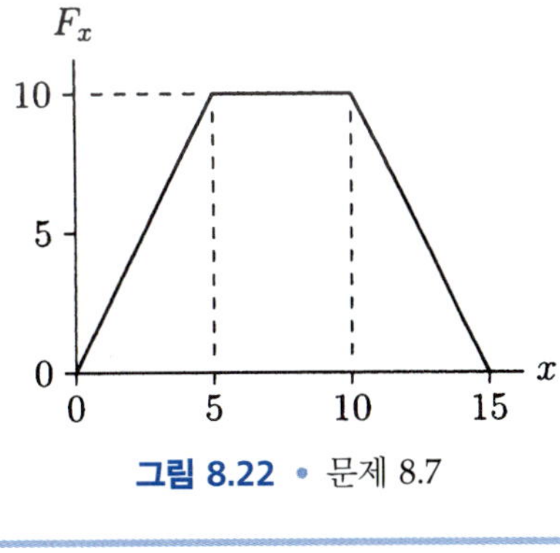

그림 8.22 • 문제 8.7

문제 8.8 크기가 변하는 힘 F_x가 물체에 가해지고, 물체의 변위가 x에 따라 기록되고 있다. 가해진 힘을 변위의 함수로 도시하였더니 그림 8.23과 같은 곡선이 얻어졌다. $x = 0$과 $x = 9$ 사이에서 힘은 아래와 같이 변위의 제곱근에 비례하는 것으로 나타난다.

$$F_x = c\sqrt{x}$$

여기서 F_x의 단위는 N, x의 단위는 m이며, F_x와 x 사이의 비례상수는 $c = 6$이다.

다음의 구간에서 물체가 움직이도록 물체에 가해진 F_x에 의해 수행된 일을 구하라.

(a) $x = 0$에서 $x = 4$ m

(b) $x = 0$에서 $x = 9$ m

(c) $x = 4$에서 $x = 9$ m

정답: (a) 32 J; (b) 108 J; (c) 76 J

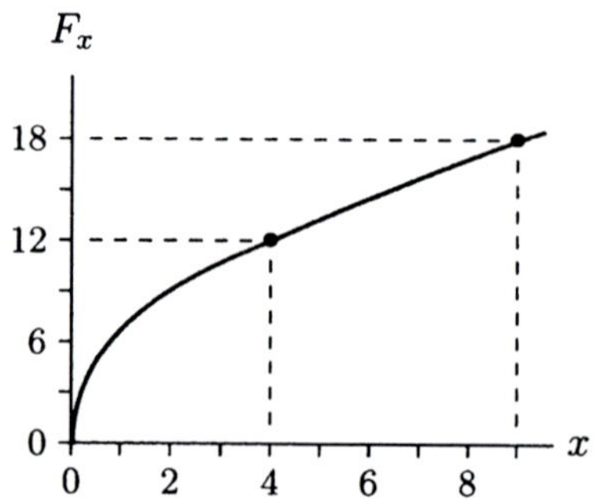

그림 8.23 • 문제 8.8

문제 8.9 그림 8.24와 같이, 초기에 ① 지점에 놓여 있는 30 kg의 블록이 있다. 시간이 지나자 물체는 ① 지점에서 ② 지점으로 이동했다. ② 지점에서 물체의 속도는 $v_2 = 1.5$ m/s로 추정된다. 블록과 지면 사이의 마찰을 무시한 상태에서, 이동을 위해 블록에 수행된 일 W_{12}를 구하라.

정답: $W_{12} = 33.8$ J

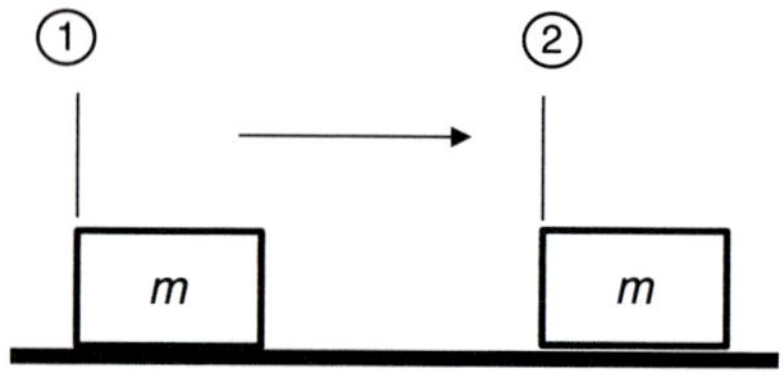

그림 8.24 • 문제 8.9

문제 8.10 그림 8.25와 같이, 공이 지면을 기준으로 h의 높이에서 떨어지고 있다. 공기 저항을 무시할 때, 높이 y에 따른 공의 속도가 다음의 함수와 같이 나타낼 수 있음을 보여라.

$$v = \sqrt{2g(h - y)}$$

여기서 g는 중력가속도의 크기이다.

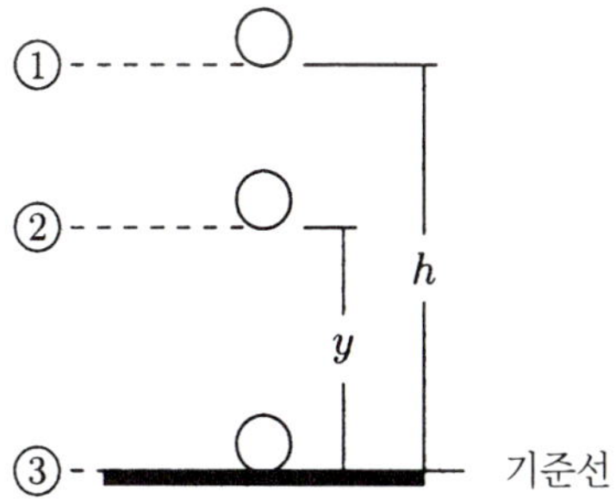

그림 8.25 • 문제 8.10

문제 8.11 그림 8.26의 ① 지점에 놓여 있는 12 kg 물체를 생각해보자. 이 물체는 지면인 ③ 지점을 기준으로 높이 h에 있다. ① 지점에 있는 물체의 중력에 의한 위치에너지가 $EP_1 = 588$ J일 경우, 다음을 구하라.

(a) ① 지점과 ③ 지점 사이의 수직 거리 h

(b) ① 지점과 ③ 지점의 사이에 위치한 ② 지점에서 물체의 위치에너지 EP_2

정답: (a) $h = 5$ m; (b) $EP_2 = 294$ J

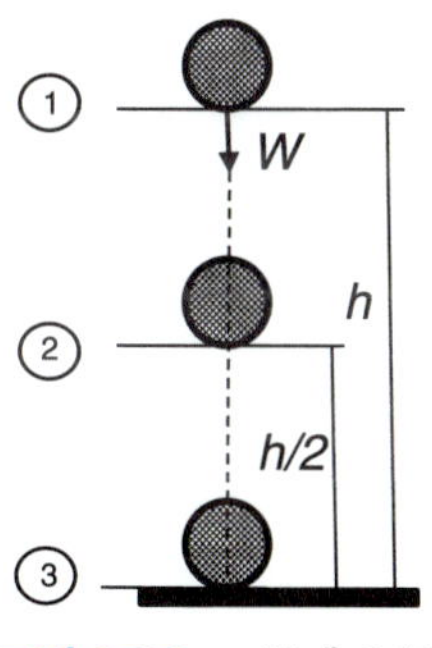

그림 8.26 • 문제 8.11

문제 8.12 그림 8.27에서 보는 바와 같이, 스키점프 선수가 스키점프를 하기에 충분한 속도를 낼 수 있도록 트랙을 내려오고 있다. 트랙의 길이는 l이고, 트랙이 수평과 이루는 각도는 θ이며, 트랙과 스키의 마찰계수는 μ이다. 단, 공기 저항은 무시한다.

선수가 트랙의 상단에서 초기 속도 0으로 출발하였다면, 다음을 구하라.

(a) 일−에너지 정리를 이용한 트랙 하단에서 스키점프 선수의 이륙 속력 v_2
(b) 운동방정식을 이용한 스키점프 선수의 가속도 a_x

정답:

(a) $v_2 = \sqrt{2lg(\sin\theta - \mu\cos\theta)}$

(b) $a_x = g(\sin\theta - \mu\cos\theta)$

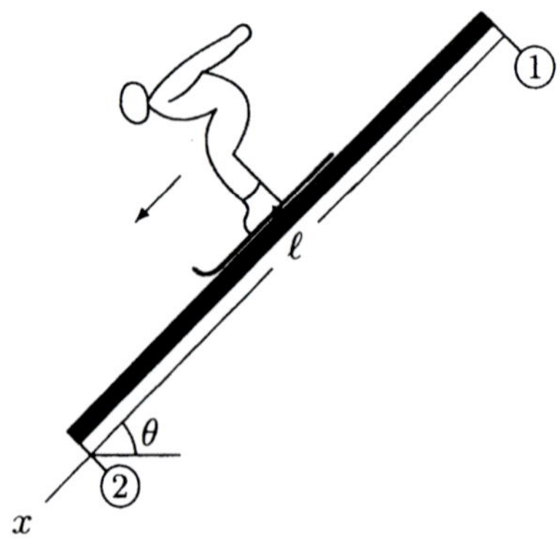

그림 8.27 • 문제 8.12

문제 8.13 그림 8.28에서 보는 바와 같이, 초기에 지면으로부터 높이 h인 ① 지점에 놓인 9 kg의 물체가 있다. 이 물체는 $g = 9.8\ \text{m/s}^2$의 일정한 중력가속도로 떨어져 $t_2 = 2.5\ \text{s}$ 후에 ② 지점인 지면에 부딪힌다. 단, 공기 저항은 무시할 수 있다고 가정할 때 다음을 구하라.

(a) ② 지점에서 물체의 속력 V_2
(b) ① 지점과 ② 지점의 수직 거리 h
(c) ① 지점에서 물체의 위치에너지 EP_1
(d) ② 지점에서 물체의 운동에너지 EK_2

정답: (a) $V_2 = 24.5\ \text{m/s}$; (b) $h = 30.6\ \text{m}$; (c) $\text{EP}_1 = 2701\ \text{J}$; (d) $\text{EK}_2 = 2701\ \text{J}$

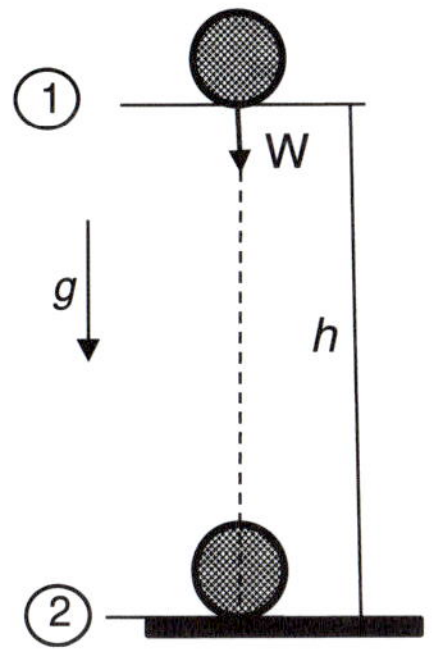

그림 8.28 • 문제 8.13 및 8.14

문제 8.14 그림 8.28의 동일한 물체가 높이가 $h_1 = 6$ m인 지점에서 낙하하고 있다. 공기 저항을 무시할 수 있다고 가정할 때, 역학적 에너지 보존의 법칙을 이용하여 충돌 지점에서 물체의 속력 v_2를 계산하라.

정답: $v_2 = 10.8$ m/s

CHAPTER

09

각운동학

Angular Kinematics

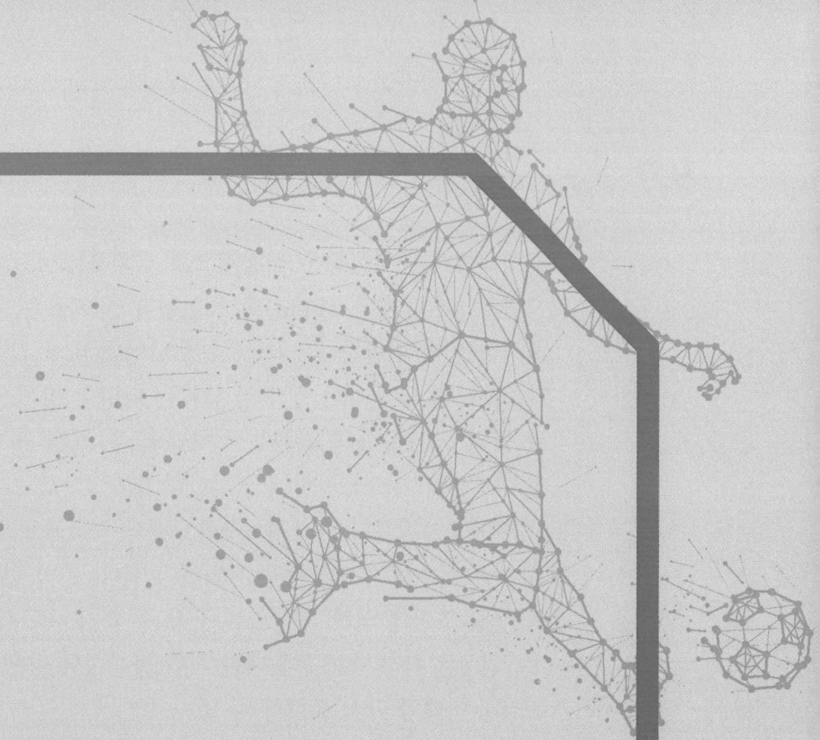

9.1 극좌표

물체의 2차원 각운동은 일반적으로 **극좌표**(polar coordinate)라고 하는 한 쌍의 매개변수 r과 θ(세타, theta)로 표현된다. 극좌표는 특히 원형 경로로 제한된 움직임을 해석하는 데 적합하다. 그림 9.1에 나타낸 바와 같이, 2차원 평면상의 두 점을 O와 P라 하자. 점 O에 대한 점 P의 위치는 다양한 방식으로 지정할 수 있다. 직각좌표를 예로 들면, 점 P는 x와 y 좌표로 나타낼 수 있다. 또한 점 P는 수평과 각도 θ를 이루며 점 O로부터 거리 r 지점에 위치한다. x와 y, r과 θ는 모두 점 O에 대한 점 P의 위치를 고유하게 지정하며, 점 O는 극좌표계와 직각좌표계의 원점을 나타낸다. 이들 좌표 쌍은 서로 독립적이지 않음을 유의해야 한다. 만약 한 쌍을 알면, 다른 쌍은 직각 삼각형의 성립 조건에 의해 계산으로 구할 수 있다. 즉, r은 빗변, θ는 두 예각 중 하나, 그리고 x와 y는 각각 각도 θ에 대한 직각 삼각형의 이웃하는 변과 마주보는 변의 길이이다. 따라서 아래와 같이 표현할 수 있다.

$$
\begin{aligned}
x &= r\cos\theta \\
y &= r\sin\theta
\end{aligned}
\tag{9.1}
$$

r과 θ를 x와 y로 표현하면 아래와 같다.

$$
\begin{aligned}
r &= \sqrt{x^2 + y^2} \\
\theta &= \arctan\left(\frac{y}{x}\right)
\end{aligned}
\tag{9.2}
$$

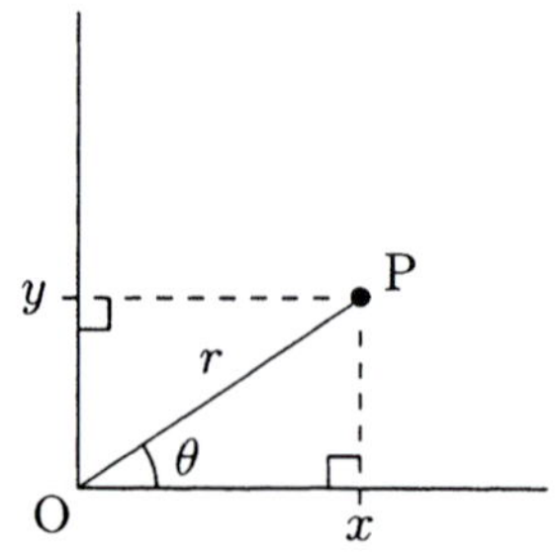

그림 9.1 • 점 P에 대한 직각좌표계와 극좌표

9.2 각위치와 각변위

xy 평면에서 고정된 축을 중심으로 회전운동하는 물체를 생각해보자. 점 O에서 물체의 회전축을 따라 r거리에 있는 물체에 고정된 xy평면상의 한 점을 점 P라고 하자(그

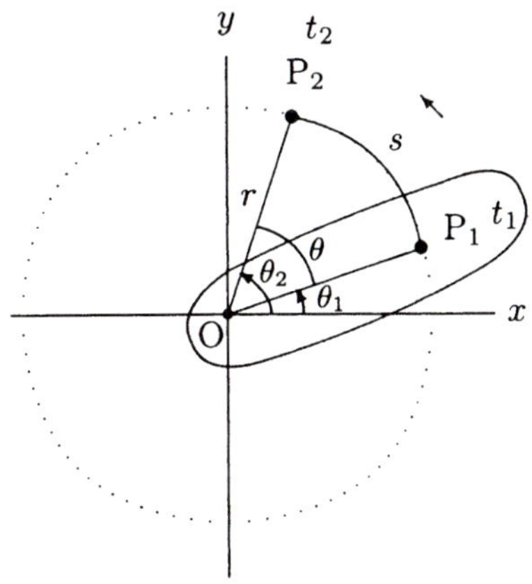

그림 9.2 • $\theta = \theta_2 - \theta_1$은 t_1와 t_2 사이의 시간 간격에서의 각 변위이다.

림 9.2). 점 P는 점 O를 중심으로 반지름 r의 원을 그리며 이동한다. 점 P는 임의의 시간 t_1에 수평과 각도 θ_1을 이루는 OP_1을 갖는 P_1에 위치한다고 가정하자. 점 P는 다음 시간 t_2에 수평과 θ_2를 이루는 OP_2를 갖는 P_2에 위치한다. 각도 θ_1과 θ_2는 각각 시간 t_1, t_2일 때의 **각위치**(angular position)로 정의된다. 만약 t_1과 t_2 사이의 시간 간격에서 점의 각위치의 변화를 θ라고 하면, $\theta = \theta_2 - \theta_1$이며, θ는 동일 시간 간격에서 그 점에 대한 **각변위**(angular displacement)라고 한다. 동일 시간 간격 동안 점은 원주를 따라 거리 s만큼 이동한다. 원의 반지름 r, 각도 θ, 그리고 호의 길이 s의 관계식은 아래와 같다.

$$s = r\theta \quad \text{or} \quad \theta = \frac{s}{r} \tag{9.3}$$

식 (9.3)에서 각도 θ는 도(°)가 아닌 라디안으로 측정해야 한다. 부록 C에서 설명한 바와 같이, 라디안과 도(°)는 완전한 원을 이루는 360도에 대응하는 원호의 길이가 원주의 길이와 같으므로, $s = 2\pi r$이고, 대략 $\pi = 3.14$인 상관관계를 가진다. 그러므로 완전한 원일 때 $\theta = s/r = 2\pi r/r = 2\pi$이며, $360° = 2\pi$이므로 1 라디안은 $360°/2\pi = 57.3°$이다. 다음의 일반식을 이용하여 도(°)를 라디안으로 환산할 수 있다.

$$\theta(\text{라디안}) = \frac{\pi}{180}\theta(\text{도})$$

몇 가지 특수각에 대한 라디안 값은 표 9.1에 나와 있다.

표 9.1 • 특정 각도에 대한 도(°)와 라디안(RAD)의 환산

도(°)	라디안(RAD)
30	$\pi/6 = 0.624$
45	$\pi/4 = 0.785$
60	$\pi/3 = 1.047$
90	$\pi/2 = 1.571$
180	$\pi = 3.142$
270	$3\pi/2 = 4.712$
360	$2\pi = 6.283$

9.3 각속도

각위치 변화의 시간에 대한 비율을 **각속도**(angular velocity)라 하며, 일반적으로 ω(오메가, omega)로 표시한다. 만약 어떠한 물체의 각위치가 시간의 함수이면, 그 물체의 각속도는 아래와 같이 시간에 대한 도함수를 이용하여 계산할 수 있다.

$$\omega = \frac{d\theta}{dt} = \dot{\theta} \tag{9.4}$$

물체의 각속도는 각위치의 1차 도함수이다. 시간 t_1과 t_2 사이에서 물체의 **평균 각속도**(average angular velocity) $\overline{\omega}$는 물체의 각위치 변화를 시간 간격으로 나눈 비율로 정의된다.

$$\overline{\omega} = \frac{\Delta\theta}{\Delta t} = \frac{\theta_2 - \theta_1}{t_2 - t_1} \tag{9.5}$$

식 (9.5)에서 θ_1과 θ_2는 각각 시간 t_1과 t_2에서 각위치이다.

9.4 각가속도

물체의 각속도는 이동하는 동안 변할 수 있다. 시간에 대한 각속도 변화의 비를 **각가속도**(angular acceleration)라 하며, 일반적으로 α(알파, alpha)로 나타낸다. 만약 물체의 각속도가 시간의 함수로 주어지면, 각가속도는 아래와 같이 시간에 대한 각속도의 도함수로부터 계산할 수 있다.

$$\alpha = \frac{d\omega}{dt} \tag{9.6}$$

평균 각가속도(average angular acceleration) $\overline{\alpha}$는 각속도의 변화량을 시간의 변화로 나눈 값이다. 만약 ω_1과 ω_2가 각각 시간 t_1과 t_2에 측정된 물체의 순간 각속도라면, 시간변화 t_1과 t_2 동안 물체의 평균 각가속도는 다음과 같이 나타낼 수 있다.

$$\overline{\alpha} = \frac{\Delta\omega}{\Delta t} = \frac{\omega_2 - \omega_1}{t_1 - t_2} \tag{9.7}$$

식 (9.4)의 각속도 정의를 이용하여 각가속도를 아래와 같이 표현할 수도 있다.

$$\alpha = \frac{\mathrm{d}\omega}{\mathrm{d}t} = \frac{\mathrm{d}}{\mathrm{d}t}\left(\frac{\mathrm{d}\theta}{\mathrm{d}t}\right) = \frac{\mathrm{d}^2\theta}{\mathrm{d}t^2} = \ddot{\theta} \tag{9.8}$$

물체의 각가속도는 그 물체의 각위치에 대한 2차 도함수이다. 또한 식 (9.4)와 (9.6)은 각도량(angular quantities) θ, ω, α에 대한 운동방정식이다.

각변위, 각속도 및 각가속도는 벡터양이므로, 크기뿐 아니라 방향도 나타내야 한다. 2차원 문제에서 움직임은 시계 방향과 반시계 방향 둘 중 하나이다. 각변위와 각속도는 물체의 움직이는 방향을 양(+)의 방향으로 한다. 각가속도는 시간의 흐름에 따라 각속도가 증가하는 방향을 양(+)의 방향, 감소하는 방향을 음(−)의 방향으로 한다.

9.5 차원과 단위

식 (9.3)으로부터 원운동을 하는 물체의 각변위 θ는 호의 길이 s와 원운동 경로의 반지름 r의 비와 같다. 호의 길이와 반지름은 모두 길이의 차원이다. 그러므로 각변위의 차원은 1차원 또는 **무차원**(dimensionless)이다.

$$[\text{각변위}] = \frac{L}{L} = 1$$

정의에 따라, 각속도는 시간에 대한 각위치의 변화율이고, 각가속도는 시간에 대한 각속도의 변화율이다. 그러므로 각속도는 1/시간, 각가속도는 각속도의 단위를 시간으로 나눈 1/시간^{2}의 단위를 가진다.

각도량 θ, ω, α의 차원은 선형운동의 x, v, a와 다름을 주의해야 한다.

서로 다른 단위계에서도 각도량의 단위는 같다. 각변위는 라디안(rad)으로 나타내며, 각속도는 초당 라디안(rad/s) 또는 초의 역수(s^{-1}), 그리고 각가속도는 초의 제곱당 라디안(rad/s^2) 또는 초의 제곱의 역수(s^{-2})로 나타낸다.

9.6 기본 개념의 정의

각운동의 기본 개념을 정의하기 위해 그림 9.3과 같은 간단한 진자를 생각해보자. 진자는 물체가 줄의 한쪽 끝에 매달려 있는 형태이다. 줄의 다른 한쪽 끝은 천장에 고정되어 있으며, 물체는 자유롭게 흔들린다. 줄의 길이를 l로 가정하고, 천장의 O 지점에 고정되어 있다고 가정하자. 만약 물체를 가만히 놓으면, 줄은 곧게 펴지고 물체는 물체의 **중립 위치**(neutral position) 또는 **평형 위치**(equilibrium position)인 B 지점에 놓일 것이다. 만약 물체를 A 지점까지 옆으로 당겨 수직으로부터 각도 θ_0을 이룬 다음 놓으면 물체는 중립 위치를 경유하는 반지름 l인 원호 경로를 따라 진동 또는 흔들릴 것이다. 진동은 내부 마찰과 공기 저항으로 인해 시간이 지남에 따라 감소할 것이고, 결국 중립 위치에서 멈출 것이다. 이 비교적 간단한 시스템의 운동 특성에 관한 해석으로부터 보다 복잡한 동적 시스템 특성에 대한 상당한 통찰력을 얻을 수 있다.

단순화를 위해 공기 저항과 마찰 효과를 무시하고, 진자가 영원히 진동한다고 가정하자. 또한 진자 뒤쪽에 두루마리 종이가 있어 정해진 방식으로 작동한다고 가정하자(예를 들어, 1초당 종이가 10 mm씩 말려 올라간다). 또한, 물체의 표면에는 염료가 있어서 종이에 물체의 위치를 표시한다고 가정한다. 다시 말해, 물체가 좌우로 흔들림에 따라 그림 9.4와 같이 종이에 물체의 위치가 그려진다. 그림 9.4에서 θ는 수직과 진자가 이루는 각도이고 t는 시간이다. 각도 θ는 진자의 순간 각위치이다.

그림 9.4에 나타난 운동은 **단순조화운동**(simple harmonic motion)이라 한다. 물체가 처음 놓인 시간 $t = 0$에서 물체는 A 지점에 위치하고 수직과 각도 θ_0를 이룬다. 물체가 회전하여 $\theta = 0$인 B 지점을 지나서 $\theta = -\theta_0$인 C 지점에 이른다. 여기서 A와 B 지점 사이의 θ를 양(+)으로, B 지점에서는 영(0), B와 C 지점 사이를 음(−)으로 가정

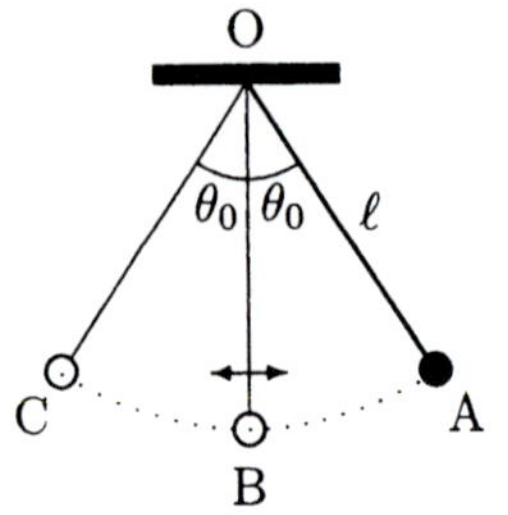

그림 9.3 • 진자운동

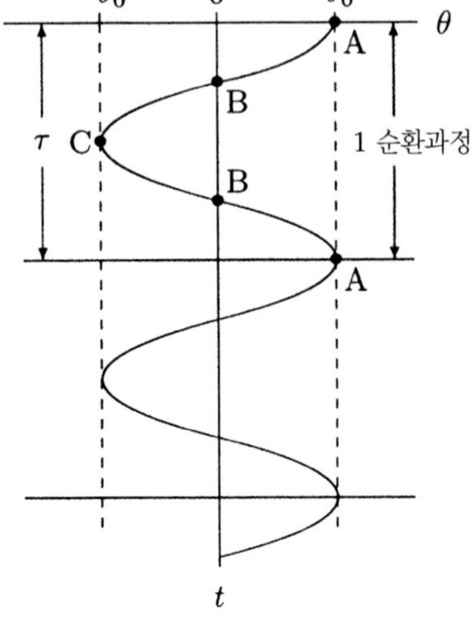

그림 9.4 • 단순조화운동

하였다. C 지점에서, 물체는 순간적으로 정지하고 나서 시계 방향에서 반시계 방향으로 회전 방향이 바뀌게 된다. 물체는 다시 B 지점을 지나 A 지점으로 되돌아가며, 이로써 시간 τ(타우, tau)초 동안 한 번의 완전한 **순환과정**(cycle)을 완료하게 된다. 이를 조화운동 **주기**(period)라 한다. A와 C 사이 진자가 이동한 전체 각도를 **운동범위**(range of motion, ROM)라 하며, 여기서는 $2\theta_0$이 된다. 또한, 진자의 전체 운동은 운동범위의 한계인 $+\theta$에서 $-\theta$ 사이로 제한된다. 운동범위의 반은 라디안 값으로 측정되는 진동의 **진폭**(amplitude)이라 하며, 여기서는 θ_0와 같다. 이 경우, 조화운동의 진폭과 주기는 모두 일정하다는 점을 주의하자. 또한 마찰과 공기 저항의 영향을 무시하기 때문에 A, B, C, B 다시 A 지점으로 진행되는 일련의 동작이 τ 시간 구간에서 영원히 반복되는 점을 유념하자.

그림 9.4로부터 각위치 θ가 시간 t의 함수임을 알 수 있다. 또한, θ는 t에 대한 조화주기함수로서 삼각함수를 연상시킨다. 부록 C에서 논의한 바와 같이, 그림 9.4의 t에 대한 θ 그래프는 t와 θ로 이루어진 잘 알려진 함수의 그래프와 비교될 수 있다. 그 함수는 다음과 같다.

$$\theta = \theta_0 \cos(\varphi t)$$

이 식에서 코사인 함수에 곱해진 매개변수 θ_0는 조화운동의 진폭이고, φ(파이, phi)는 초당 라디안(rad/s)의 단위를 갖는 **각진동수**(angular frequency)라 한다. 주기와 각진동수는 다음과 같은 상관관계를 가진다.

$$\varphi = \frac{2\pi}{\tau} \quad (\pi = 3.1416)$$

진동운동의 경우, 주기의 역수는 헤르츠(Hz)의 단위를 갖는 **진동수** f라 하며, 이는 1초당 발생하는 순환과정의 수를 나타낸다.

$$f = \frac{1}{\tau} = \frac{\varphi}{2\pi}$$

여기서 다른 단순조화운동의 경우, 관련된 매개변수들(운동범위, 진폭, 주기, 진동수)은 일정함을 유념하자. 또한 각위치와 시간과 관련된 함수의 유효성은 t에 값을 할당하고 이때의 θ값을 계산하여 확인할 수 있다. 예를 들어, A에서 $t = 0$, $\varphi t = 0$, $\cos(0) = 1$, $\theta = \theta_0$; B에서 $t = \tau/4$, $t = \pi/2 = 90°$, $\cos(90°) = 0$, $\theta = 0$; C에서 $t = \tau/2$, $\varphi t = \pi = 180°$, $\cos(180°) = -1$, $\theta = -\theta_0$이다. 이는 그림 9.4에서 나타난 바와 같다.

이제 우리는 대부분의 중요한 매개변수들을 정의하였다. 이에 따라 진자의 각속도와 각가속도를 산출할 수도 있다. 식 (9.4)와 식 (9.6)을 이용하면 다음과 같다.

$$\omega = \frac{d\theta}{dt} = -\theta_0 \varphi \sin(\varphi t)$$

$$\alpha = \frac{d\omega}{dt} = -\theta_0 \varphi^2 \cos(\varphi t)$$

일단 시간에 대한 각속도와 각가속도 함수가 도출되면 시간 t에 다른 값들을 할당하고, ω와 α의 해당 값을 계산함으로써 임의의 시간에 대한 각속도와 각가속도를 모두 결정할 수 있다.

예를 들어 ω와 관련하여, A 지점에서 $t = 0$, $\varphi t = 0$, $\sin(0) = 0$, $\omega = 0$이고, B 지점에서 $t = \tau/4$, $\varphi t = \pi/2 = 90°$, $\sin(90°) = 1$, $\omega = \theta_0\varphi$이며, C 지점에서 $t = \tau/2$, $\varphi t = \pi = 180°$, $\sin(180°) = 0$, $\omega = 0$이다. C 지점에서 A 지점으로 되돌아오는 진자에 있어서, B 지점에서 $t = 3\tau/4$, $\varphi t = 3\pi/2 = 270°$, $\sin(270°) = 1$, and $\omega = \theta_0\varphi$이고, A 지점에서 $t = \tau$, $\varphi t = 2\pi = 360°$, $\sin(360°) = 0$, $\omega = 0$이다. 추가로 α와 관련해서, A 지점에서 $t = 0$, $\varphi t = 0$, $\cos(0) = 1$, $\alpha = -\theta_0\varphi^2$이고, B 지점에서 $t = \tau/4$, $\varphi t = \pi/2 = 90°$, $\cos(90°) = 0$, $\alpha = 0$이며, C 지점에서 $t = \tau/2$, $\varphi t = \pi = 180°$, $\cos(180°) = -1$, $\alpha = \theta_0\varphi^2$이다. C 지점에서 A 지점으로 되돌아오는 진자의 경우, B 지점에서 $t = 3\tau/4$, $\varphi t = 3\pi/2 = 270°$, $\cos(270°) = 0$, $\alpha = 0$이고, A 지점에서 $t = \tau$, $\varphi t = 2\pi = 360°$, $\cos(360°) = 1$, $\alpha = -\theta_0\varphi^2$이다.

이들 함수는 그림 9.5와 9.6과 같이 나타난다. 진자의 각속도의 진폭은 $\theta_0\varphi$이고, 각가속도의 진폭은 $\theta_0\varphi^2$이다. 이들은 사인과 코사인 함수의 곱으로 이루어진 성분들이다. A 지점에서 각속도는 '영(0)'이다. A 지점과 B 지점 사이에서 물체는 가속되며 각속도의 크기는 시계 방향으로 증가한다. 각속도는 B 지점에서 $\theta_0\varphi$로 최댓값에 이른다. B 지점과 C 지점 사이에서 각속도는 음(−)의 값을 가지며 각가속도는 양(+)의 값을 갖는다. 따라서 B 지점과 C 지점 사이에서 물체는 감속한다(각속도는 시계 방향으로 감소한다). 각속도는 C 지점에 이르러 0으로 감소한다. 그동안 각가속도의 크기는 $\theta_0\varphi^2$

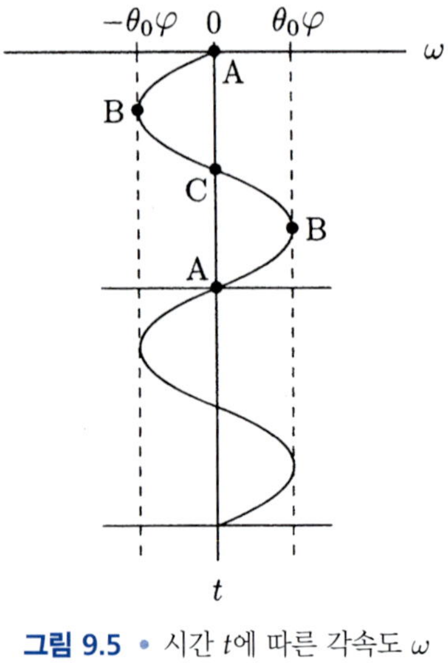

그림 9.5 • 시간 t에 따른 각속도 ω

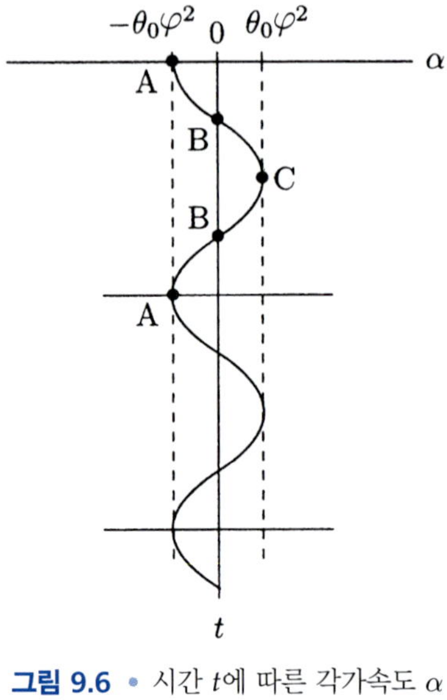

그림 9.6 • 시간 t에 따른 각가속도 α

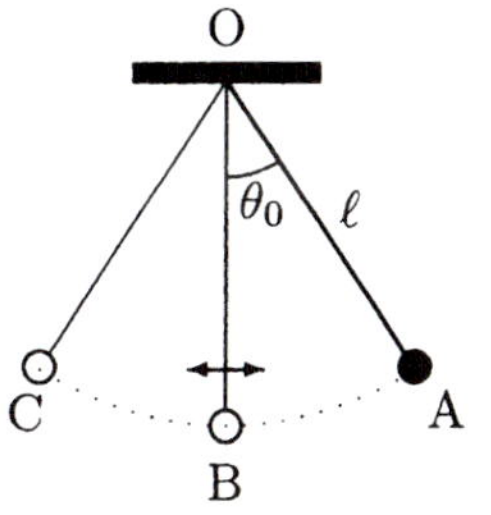

그림 9.7 • 공기 저항이 있는 상태에서의 진자운동

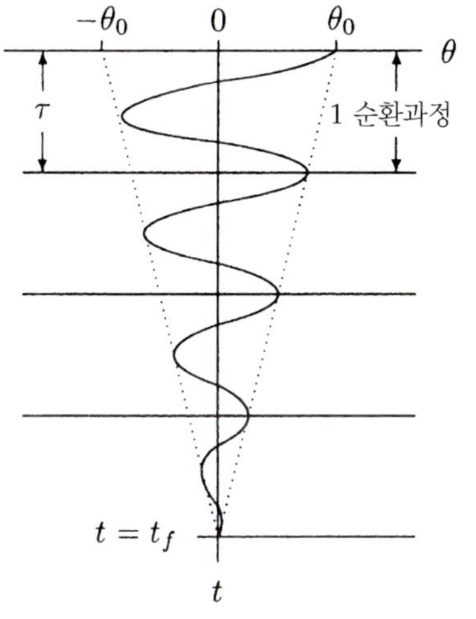

그림 9.8 • 감쇠진동

으로 최댓값에 이르게 된다. C 지점과 B 지점 사이에서 물체는 반시계 방향으로 가속되고, 각속도의 크기는 B 지점에서 최댓값으로 돌아가고, B 지점과 A 지점 사이에서 감속되어 A 지점에서 잠시 정지하게 된다. 이러한 일련의 과정들이 시간의 흐름에 따라 반복된다.

다음으로, 물체를 A 지점으로 다시 당겨서 진자가 수직과 θ_0의 각도를 이룬 상태에서 놓는 상황을 생각해보자(그림 9.7). 물체는 반지름 l의 원호 경로를 따라 중립 위치를 중심으로 진동할 것이다. 내부 마찰과 공기 저항으로, 진동은 시간이 지남에 따라 서서히 감소하여 중립 위치인 B 지점에서 멈출 것이다. 이러한 운동의 형태를 **감쇠진동**(damped oscillation)이라 한다. 감쇠진동의 몇 가지 성질에 대한 이해를 돕기 위해서 그림 9.8에 나타낸 시간 t에 대한 각위치 θ 그래프를 생각해보자. 진자는 정지하기 전까지 t_f초 동안 네 번의 순환과정을 보인다. 각 순환과정의 주기는 같지만, 조화진동의 진폭은 시간이 지남에 따라 선형적으로 감소하여 시간 t_f에 이르러 0이 된다. 즉, 주기는 일정하지만 진폭이 변하는 조화운동을 갖는다. 그림 9.8의 시간 t에 대한 θ 그래프는 측정된 θ_0, τ, t_f에 대하여 다음과 같이 나타낼 수 있다.

$$\theta = \theta_0\left(1 - \frac{t}{t_f}\right)\cos(\varphi\, t)$$

여기서 φ는 조화진동의 각진동수이고, $2\pi/\tau$와 같다. 이 경우 다른 점은 진자의 조화진동이 함수 $\theta = \theta_0(1-t/t_f)$와 $\theta = -\theta_0(1-t/t_f)$로 나타낼 수 있는 2개의 수렴하는 직선 사이에 제한되고, 진자의 진동은 마찰과 공기 저항으로 '감쇠'된다는 것이다. 시간의 함수로 표현되는 진자의 각위치를 알면 진자의 각속도와 각가속도를 구할 수 있다. 식 (9.4)와 (9.6)을 이용하고 미분의 곱셈법칙과 연쇄법칙을 적용하면 다음과 같이 쓸 수 있다(부록 C 참조).

$$\omega = \frac{d\theta}{dt} = \frac{\theta_0}{t_f}\cos(\varphi t) - \theta_0\,\varphi\left(1 - \frac{t}{t_f}\right)\sin(\varphi t)$$

$$\alpha = \frac{d\omega}{dt} = \frac{2\theta_0\varphi}{t_f}\sin(\varphi t) - \theta_0\varphi^2\left(1 - \frac{t}{t_f}\right)\cos(\varphi t)$$

이들 함수는 비교적 복잡하다. 이들 함수의 그래프는 그림 9.9와 같다. 이 그래프는 τ 값을 가정한 후 t값을 대입하고, 상응하는 ω와 α 값을 계산하여 그 값들을 그림으로써 쉽게 구할 수 있다.

예제 9.1 어깨 벌림

그림 9.10은 어깨 벌림 운동을 하고 있는 사람을 관상면에서 바라본 모습이다. O 지점은 어깨관절의 회전축을 나타내고 있으며, 선분 OA는 팔을 지면(수평)과 평행하게 뻗었을 때, 선분 OB는 팔을 가장 높이 올렸을 때, 선분 OC는 팔을 몸에 밀착시켰을 때의 위치를 각각 보여주고 있다. 다시 말해, 선분 OB와 OC는 벌림 운동을 하는 동안 팔의 운동범위의 한계이다. OA와 OB 사이의 각이 선분 OA와 OC 사이의 각과 같다고 가정하고, 이를 θ_0로 표시하였다. 팔 운동은 선분 OA를 중심으로 대칭이다. 또한 팔이 선분 OA와 OB, OB와 OA, OA와 OC, OC와 OA 사이의 각을 이동하는데 걸리는 시간은 거의 같다고 가정한다.

팔의 각운동의 주기는 3 s이고 각도 θ_0는 80°일 때, 팔의 각변위, 각속도, 각가속도에 관한 식을 유도하라.

풀이: 이 예제의 팔 운동은 앞서 살펴본 진자의 단순조화운동과 유사하다. 이 경우에 각도 θ_0는 선분 OA에 대하여 조화운동을 하는 동안, 팔의 각변위의 진폭을 나타낸다.

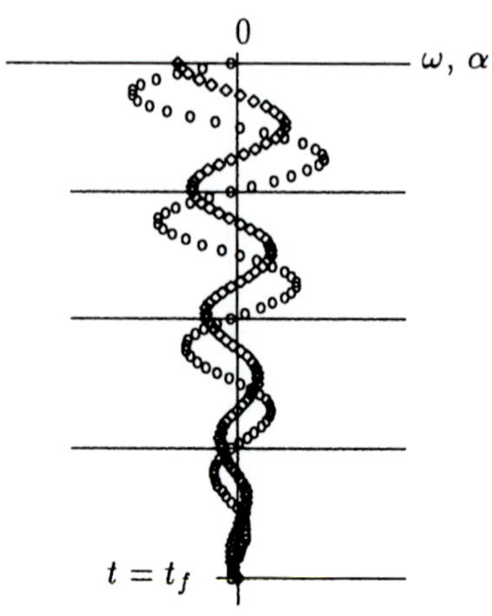

그림 9.9 • 시간 t에 따른 각속도 ω(○)와 각가속도 α(◇)

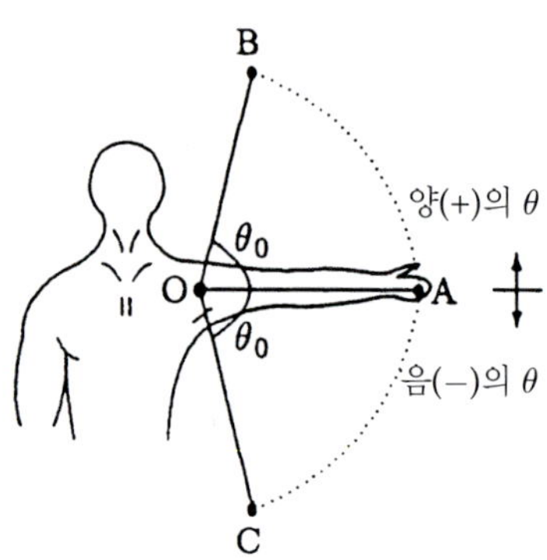

그림 9.10 • 어깨 벌림 운동

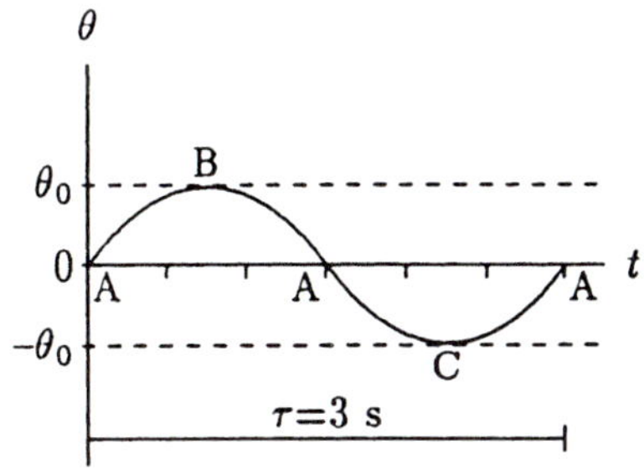

그림 9.11 • $\varphi = 2\pi/\tau$일 때 함수 $\theta = \theta_0 \sin(\varphi t)$의 그래프

팔 운동의 범위는 각도 θ_0의 두 배이다. 각운동의 주기는 $\tau = 3$ s로 주어졌으며, 선분 OA(수평)에 대한 조화운동의 각진동수는 $\varphi = 2\pi/\tau = 2.09$ rad/s로 계산된다. 만약 θ를 선분 OA로 정의된 위치에 대해 상대적으로 측정된 팔의 각변위로 표현하면, θ는 아래와 같이 시간의 사인함수로 나타낼 수 있다.

$$\theta = \theta_0 \sin(\varphi t) \tag{i}$$

식 (i)에서 주어진 팔의 각변위는 그림 9.11에서 시간의 함수로 나타낼 수 있다. 팔이 A 지점에 있을 때 θ는 '영(0)'이다. θ는 A 지점과 B 지점 사이에서 양(+)으로 가정하고, A 지점과 C 지점 사이에서 음(−)으로 가정한다. θ는 B 지점과 C 지점에서 최고점에 도달하고, θ_0는 팔의 각변위 진폭이다. 문제에서 이 값들은 모두 일정하다고 주어졌으므로, 식 (i)은 팔의 각변위를 나타낸다.

팔의 각속도와 각가속도에 대한 식을 유도하기 위하여, 식 (i)에서 주어진 시간 도함수를 살펴보아야 한다. 시간에 따른 각변위의 비율은 각속도로서, 다음과 같이 정의된다.

$$\omega = \frac{d\theta}{dt} = \theta_0\, \varphi\, \cos(\varphi t) \tag{ii}$$

각속도의 시간에 따른 변화율은 각가속도이며, 아래와 같이 쓸 수 있다.

$$\alpha = \frac{d\omega}{dt} = -\theta_0\, \varphi^2\, \sin(\varphi t) \tag{iii}$$

식 (ii)와 (iii)은 다음과 같이 다시 표현할 수 있다.

$$\omega = \omega_0\, \cos(\varphi t) \tag{iv}$$

$$\alpha = -\alpha_0\, \sin(\varphi t) \tag{v}$$

여기서 ω_0는 팔의 각속도의 진폭이고, α_0는 팔의 각가속도의 진폭이며, 다음과 같이 쓸 수 있다.

$$\omega_0 = \theta_0 \varphi = \theta_0 \frac{2\pi}{\tau}$$

표 9.2 • θ, ω 그리고 α 값

시간(t)	φt (RAD)	φt [도(°)]	SIN	COS	θ	ω	α
0	0	0	0	1.0	0	2.93	0
0.25	0.523	30	0.5	0.866	0.7	2.54	−3.06
0.5	1.045	60	0.866	0.5	1.2	1.465	−5.3
0.75	1.57	90	1.0	0	1.4	0	−6.12
1.0	2.09	120	0.866	−0.5	1.2	−1.465	−5.3
1.25	2.6	150	0.5	−0.866	0.7	−2.54	−3.06
1.5	3.14	180	0	−1.0	0	−2.93	0
1.75	3.66	210	−0.5	−0.866	−0.7	−2.54	3.06
2.0	4.18	240	−0.866	0.5	−1.2	−1.465	5.3
2.25	4.7	270	−1.0	0	−1.4	0	6.12
2.5	5.23	300	−0.866	0.5	−1.2	1.465	5.3
2.75	5.75	330	−0.5	0.866	−0.7	2.54	3.06
3.0	6.27	360	0	1.0	0	2.93	0

$$\alpha_0 = \theta_0\,\varphi^2 = \theta_0\,\frac{4\pi^2}{\tau^2}$$

각속도의 진폭은 각진동수의 1차 함수이므로, 각가속도의 진폭은 각진동수의 2차 함수이다. 반면에, 각진동수는 조화진동의 주기에 역비례한다. 따라서 주기가 짧아지면 진동수가 높아지고, 각속도 및 각가속도의 진폭도 높아지게 된다.

$\theta_0 = 80° = 1.40$ rad과 $\varphi = 2.09$ rad/s의 수치를 사용하면, 각각 2.93 rad/s와 6.12 rad/s^2 값을 갖는 ω_0과 α_0을 구할 수 있다. 따라서 식 (i), (iv), (v)는 다음과 같이 나타낼 수 있다.

$$\theta = 1.40\ \sin(2.09\ t) \tag{vi}$$

$$\omega = 2.93\ \cos(2.09\ t) \tag{vii}$$

$$\alpha = -6.12\ \sin(2.09\ t) \tag{viii}$$

식 (vi)에서 (viii)를 이용하여 시간 t에서 팔의 순간 각위치, 각속도, 그리고 각가속도를 계산할 수 있다. 또한 이들 식에 시간 값을 대입하여 표 9.2에 제시된 해당 θ, ω, α 값을 계산하면, 시간에 대한 팔의 θ, ω, α의 그래프를 그릴 수 있다. 그림 9.12는 얻어진 데이터를 기반으로 1 주기 동안의 그래프 사례를 보여준다.

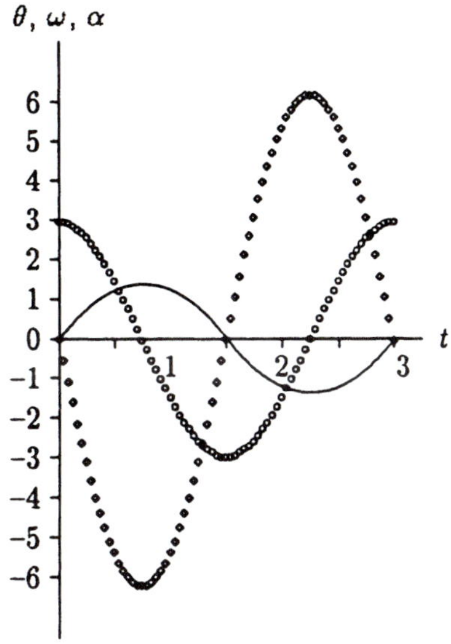

그림 9.12 • 시간에 따른 각위치, 각속도(○), 각가속도(◇)[단위: θ(rad), ω(rad/s), α(rad/s^2), t(s)]

예제 9.2 굽힘–폄 시험

그림 9.13은 상체의 각변위, 각속도, 토크 출력을 측정할 수 있는 컴퓨터 제어 동력계를 보여주고 있다. 시상면(가슴을 지나며 신체를 좌·우로 나누는 면)에서 반복적인 굽힘–폄(flexion-extension) 시험을 수행하는 동안, 피험자를 동력계에 올라서도록 하고, 피험자의 5번째 허리뼈(lumbar vertebra, 요추골)(L5/S1)이 기계의 굽힘–폄 축(O로 표시됨)에 정렬되도록 장치에 단단히 고정하고, 가능한 최대의 힘으로 최대한 길게 굽힘–폄 운동을 하도록 한다. 곧게 선 위치를 기준으로 시험자의 상체 각위치를 측정하여 기록한다. 수집된 데이터를 이용하여 시간 t에 대한 각변위 θ 그래프를 작성

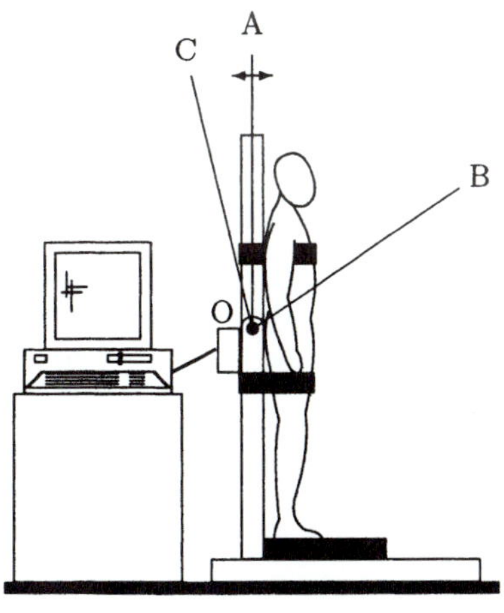

그림 9.13 • 동력계

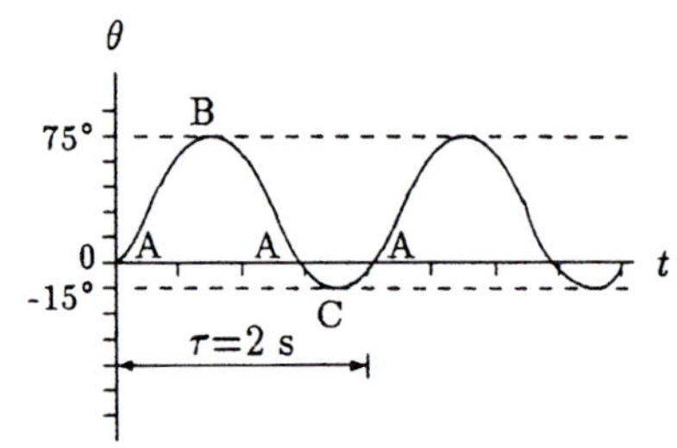

그림 9.14 • 시간에 따른 각위치 그래프

한다. 이 특정 피험자에 대해 다양한 주기 동안 구해진 곡선은 처음과 끝의 몇몇 주기를 제외하고 질적으로나 양적으로 유사한 것으로 관찰된다. 그림 9.14에서 몇 가지 표본 주기를 보여주고 있다. 여기서 도(°) 단위로 측정된 상체의 각변위는 초 단위로 측정된 시간 함수로 도시된다.

각위치는 상체의 각변위가 '0'인 곧게 선 자세를 기준으로 측정된다. 피험자는 A와 B 사이에서 굽히고, B 지점에서 최대 굽힘에 다다른다. 폄 단계는 B에서 A로 상체의 움직임으로 정의한다. 상체의 각변위는 A와 B 사이에서 양수이다. A와 C 사이에서 상체는 **과다폄**(hyperextension, 과신전)을 겪고, C 지점에서 최대 폄에 다다른다. 이 범위에서 상체의 각변위는 음(−)의 값으로 가정한다.

이 예제의 목적은 실험으로 수집된 자료를 해석하는 방법을 보여주기 위한 것이다. 구체적으로는 피험자 상체의 각변위를 시간의 함수로 나타낼 수 있는 함수를 찾아내고, 이를 이용하여 상체의 각속도와 각가속도에 관한 식을 유도할 수 있도록 하는 것이다.

풀이: 그림 9.15에서 보는 바와 같이, 상체와 **도립진자**(inverted pendulum)라고 불리는 역학 시스템 사이의 유사점을 찾으면, 문제를 더 쉽게 이해할 수 있다. 도립진자는 길이 l의 매우 가벼운 봉에 부착된 **집중 질량**(concentrated mass) m으로 구성되며, 이 봉은 회전이 가능하도록 축을 통해 지면에 경첩으로 지지되어 있다. 이 경우에 집중 질량은 상체의 전체 질량으로 대신한다. 경첩은 상체 회전이 시상면에서 발생하

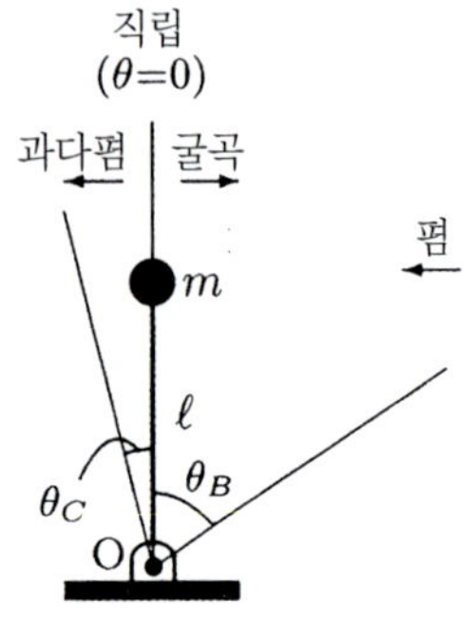

그림 9.15 • 도립진자

는 5번째 허리뼈와 엉치뼈(sacrum, 천골) 사이의 디스크에 해당한다. 길이 l은 5번째 허리뼈와 상체의 무게중심 사이의 거리이다.

그림 9.14에서 θ는 시간에 대한 조화(사인 또는 코사인) 함수임을 알 수 있다. 그림 9.14로부터, 상체의 굽힘−폄 단계 동안 수직으로 폈을 때를 기준으로 만들어지는 최대 각도와 조화운동 주기를 알 수 있다. 그러나 시간에 따라 θ가 어떻게 변하는지 정확히 구하기가 쉽지는 않다. t와 θ의 관계식을 얻으려면 여러 단계를 거쳐야 한다.

조화진동 주기를 τ로, θ_B와 θ_C를 각각 상체의 굽힘과 폄의 최대 각도라고 하자. 그림 9.14로부터 또는 실험으로 얻은 기초 데이터로부터 $\tau = 2$ s, $\theta_B = 75°$, $\theta_C = -15°$이다. 주기를 알면 아래와 같이 조화진동의 각진동수를 구할 수 있다.

$$\varphi = \frac{2\pi}{\tau} = \frac{2\pi}{2} = \pi \ \text{rad/s}$$

θ_B와 θ_C를 이용하여 상체의 운동범위도 계산할 수 있다. 운동범위는 회전 물체의 전체 이동 가능한 각도로 정의된다. 따라서 아래와 같이 나타낼 수 있다.

$$\text{ROM} = \theta_B + \theta_C = 75° + 15° = 90°$$

그림 9.14는 두 개의 좌표계를 사용한 그림 9.16으로 다시 그려진다. θ와 t에 부가적으로 두 번째 좌표계의 조합 Θ(대문자 세타)와 T가 있다. 이는 t와 θ 좌표계의 원점을 $t = t_M$과 $\theta = \theta_M$ 지점으로 이동시켜 얻어진다. 여기서 θ_M은 다음과 같이 계산할 수 있는 평균 각변위를 의미한다.

$$\theta_M = \frac{\theta_B - \theta_C}{2} = \frac{75° - 15°}{2} = 30°$$

시간 t_M은 $\theta = \theta_M$일 때의 시간이다. t_M은 실험에서 얻은 자료를 통해 구할 수 있다. 이 경우, $t_M = 0.232$ s이다.

Θ와 T에 관한 두 번째 좌표의 정의를 통해, 시간에 대한 각변위 곡선을 나타내는 함수

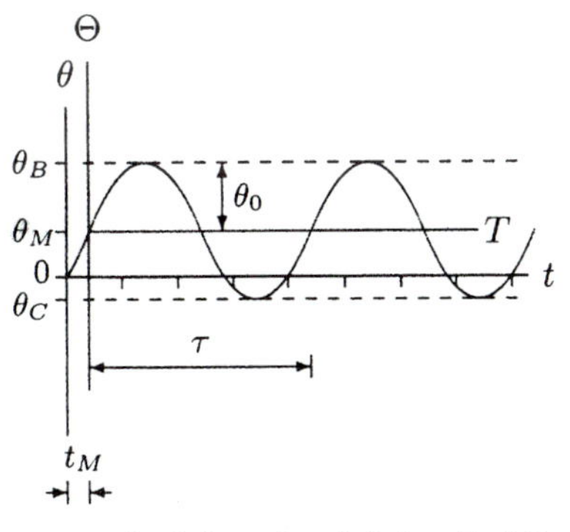

그림 9.16 • t에 대한 θ 좌표계에서 T에 대한 Θ 좌표계로 변환

는 아래와 같이 간단한 사인 함수로 나타낼 수 있다.

$$\Theta = \theta_0 \ \sin(\varphi T) \tag{i}$$

식 (i)에서, θ_0는 조화진동의 진폭이고 운동범위의 반에 해당되므로, 아래와 같이 구할 수 있다.

$$\theta_0 = \frac{\text{ROM}}{2} = \frac{90°}{2} = 45° \quad \left(\frac{\pi}{4}\ \text{rad}\right)$$

이제 Θ와 T에 의해 실험으로 얻은 곡선을 표현하는 함수를 구했다. 만약 Θ와 θ, T와 t로 연관시킬 수 있다면, θ와 t에 관한 함수를 유도할 수 있다. 이는 좌표 변환을 적용하여 수행할 수 있다. $\theta = \theta_M$에서 $\Theta = 0$이므로, 아래와 같이 쓸 수 있다.

$$\Theta = \theta - \theta_M \tag{ii}$$

또한 $t = t_M$일 때, $T = 0$이므로, 아래와 같이 쓸 수 있다.

$$T = t - t_M \tag{iii}$$

식 (ii)와 (iii)을 식 (i)에 대입하면, 아래의 식을 얻을 수 있다.

$$\theta = \theta_M + \theta_0 \sin[\varphi(t - t_M)] \tag{iv}$$

식 (iv)에서 상체의 각변위는 시간의 함수로 정의되며, 실험으로 얻은 곡선은 그림 9.14와 같이 나타난다. 또한 식 (iv)에서 θ의 시간 도함수를 통해서 아래와 같이 상체의 각속도와 각가속도에 대한 식을 구할 수 있다.

$$\omega = \frac{d\theta}{dt} = \theta_0\ \varphi\ \cos[\varphi(t - t_M)] \tag{v}$$

$$\alpha = \frac{d\omega}{dt} = -\theta_0\ \varphi^2\ \sin[\varphi(t - t_M)] \tag{vi}$$

θ_M, θ_0, t_M 및 φ 값을 위 식에 대입하면, 아래와 같이 얻을 수 있다.

$$\theta = \frac{\pi}{6} + \frac{\pi}{4}\ \sin[\pi(t - 0.232)] \tag{vii}$$

$$\omega = \frac{\pi^2}{4}\ \cos[\pi(t - 0.232)] \tag{viii}$$

$$\alpha = -\frac{\pi^3}{4}\ \sin[\pi(t - 0.232)] \tag{ix}$$

이 함수들은 시간에 따른 상체의 각변위, 각속도 및 각가속도 그래프를 얻기 위해 그림 9.17에 도시된다.

식 (vii)은 t에 적당한 값을 대입하고, 그에 상응하는 θ값을 식 (vii)을 사용하여 계산함으로써 유효성을 검증할 수 있다. 예를 들어, $t = 0$과 $t = \tau = 2$ s일 때 $\theta = 0$, $t =$

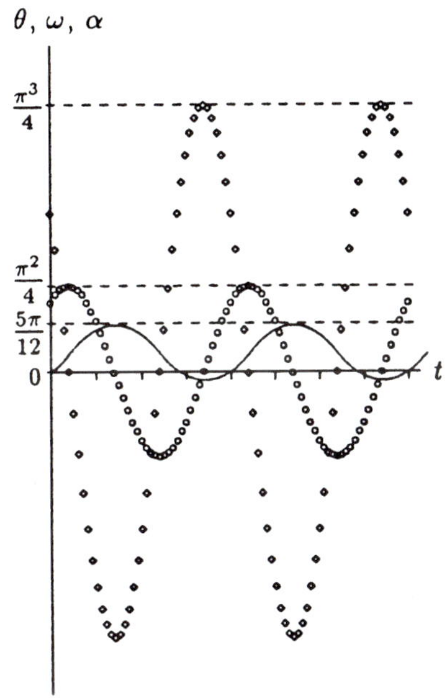

그림 9.17 • 시간에 따른 각위치, 각속도(○), 각가속도(◇)

t_M일 때 $\theta = \pi/6 = 0.52$ rad 또는 30°이다. 이러한 결과는 그림 9.14에 나타난 기초 자료와 일치한다.

또한 각속도는 시간의 코사인 함수이다. 시간에 대한 ω 곡선의 진폭은 그림 9.17에 나와 있으며, 그 값은 식 (viii)에서 사인 함수의 계수인 $\pi^2/4 = 2.47$ rad/s이다. 마찬가지로 각가속도의 진폭은 $\pi^3/4 = 7.75$ rad/s이다.

9.7 고정 축에 대한 회전운동

그림 9.18과 같이 임의의 형태인 물체를 생각해보자. 이 물체는 xy 평면에 수직인 고정 축을 중심으로 xy 평면상에서 회전운동을 하고 있다고 가정하자. 점 O와 P는 xy 평면 위의 두 점이고, 점 O는 물체의 회전축 위의 한 점이며, 점 P는 점 O로부터 거리 r에 위치한 회전하는 물체상의 고정된 한 점이다. 물체의 회전으로 인하여, 점 P는 반지름이 r인 원형 경로를 따라 원운동을 할 것이다.

원운동을 설명하기 위해서는 일반적으로 원형 운동 경로에 법선(방사상)과 접선 방향의 서로 수직인 두 방향에 대해 속도와 가속도 벡터를 정의하는 것이 편리하다. 이러한 방향은 그림 9.18과 같이 n과 t로 표시되며, **국소좌표**(local coordinate)라고도 한다. 정의에 따라 속도벡터 $\underline{v}$는 항상 운동 경로에 접한다. 그러므로 원운동의 경우, 속도벡터는 운동의 원형 경로에 접하는 하나의 성분만을 가진다(그림 9.19). $\underline{v}$는 **접선속도**(tangential velocity) 또는 **선속도**(linear velocity)라고 한다. 속도벡터의 크기 v

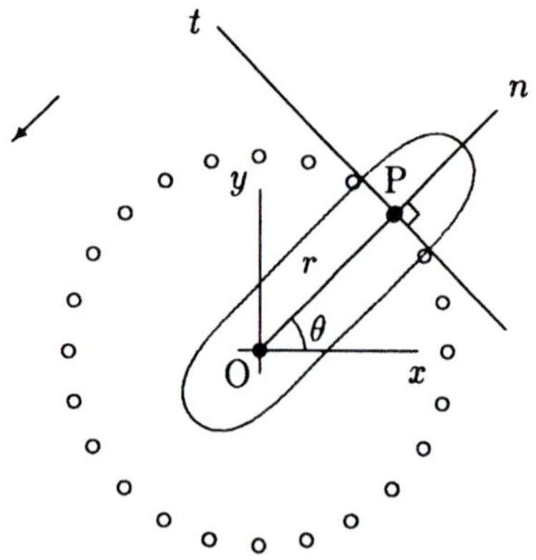

그림 9.18 • 점 P에서의 법선 방향 n과 접선 방향 t

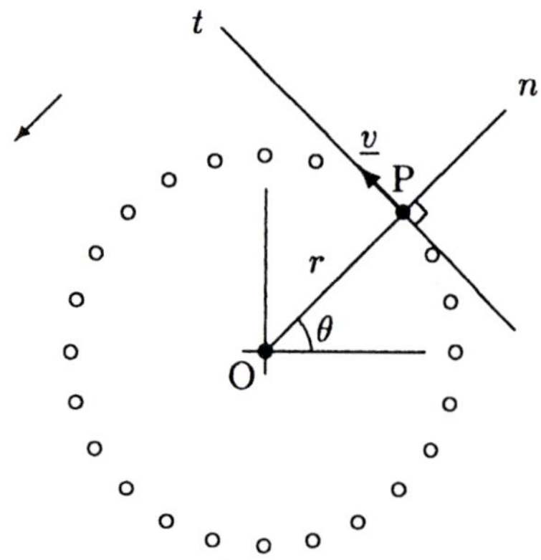

그림 9.19 • 속도벡터 $\underline{v}$는 항상 이동 경로에 접한다.

는 원형 경로를 따라 점 P의 시간에 대한 상대 위치의 변화율을 고려함으로써 아래와 같이 결정할 수 있다.

$$v = \frac{\mathrm{d}s}{\mathrm{d}t} \tag{9.9}$$

원운동의 경우, 가속도 벡터는 접선과 법선 성분 모두를 가질 수 있다(그림 9.20). **접선가속도**(tangential acceleration) $\underline{a}_\mathrm{t}$는 속도벡터의 크기 변화와 관련되어 있으며, 다음과 같은 크기를 가진다.

$$a_\mathrm{t} = \frac{\mathrm{d}v}{\mathrm{d}t} \tag{9.10}$$

법선가속도(normal acceleration) $\underline{a}_\mathrm{n}$는 속도 벡터의 크기 변화에 관련되며, 크기는 다음과 같다.

$$a_\mathrm{n} = \frac{v^2}{r} \tag{9.11}$$

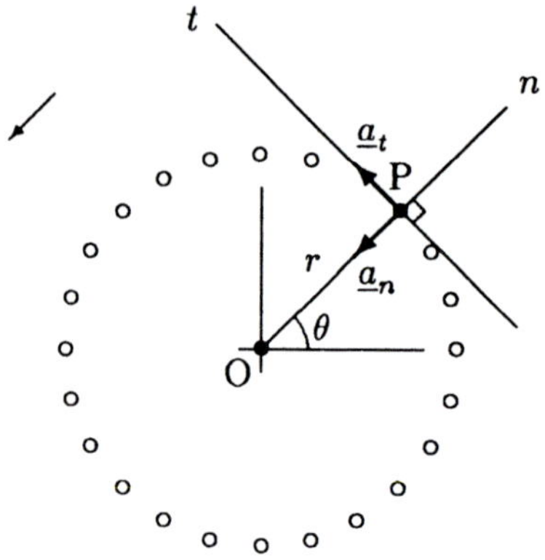

그림 9.20 • $\underline{a}_\mathrm{t}$와 $\underline{a}_\mathrm{n}$은 각각 가속도벡터의 접선 및 법선 방향 성분이다.

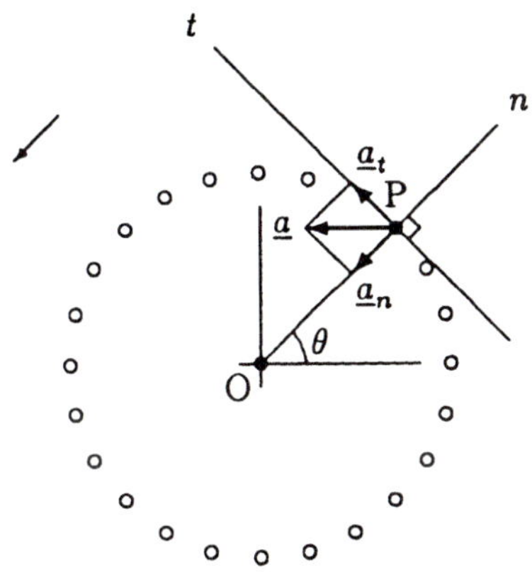

그림 9.21 • $\underline{a}$는 합성된 선가속도 벡터이다.

회전운동을 하는 물체가 등속도 v로 운동하고 있다면, a_t는 '0'이다. 반면에, a_n은 회전운동을 하는 동안 계속 변하는 v의 방향과 관련되어 있으므로 항상 존재한다.

만약 v가 시간에 따라 증가하면 $\underline{a}_t$의 방향은 $\underline{v}$의 방향과 같고, $\underline{v}$가 시간에 따라 감소하면 $\underline{v}$와 반대 방향이다. 또한 가속도 벡터의 법선 성분은 **방사상**(radial) 또는 **구심**(centripetal)(중심을 향함)이라 하며, 항상 물체의 회전 중심을 향한다.

만약 접선과 법선 가속도 성분이 알려져 있다면, 하나의 고정 축을 중심으로 회전하고 있는 물체 위 한 점의 알짜가속도(net acceleration) 또는 합성가속도(resultant acceleration)를 계산할 수 있다(그림 9.21). $\underline{t}$와 $\underline{n}$이 양(+)의 방향의 접선과 법선 방향을 나타내는 단위 벡터이면, 합성가속도 벡터는 다음과 같이 표현할 수 있다.

$$\underline{a} = \underline{a}_t + \underline{a}_n = a_t\underline{t} + a_n\underline{n} \tag{9.12}$$

합성가속도 벡터의 크기는 다음과 같이 계산할 수 있다.

$$a = \sqrt{a_t^2 + a_n^2} \tag{9.13}$$

반면에, 속도 벡터는 다음과 같이 나타낼 수 있다.

$$\underline{v} = v\underline{t} \tag{9.14}$$

v와 a가 선형량임을 유의하자. v가 시간으로 나눈 길이의 차원을 갖고, a_t와 a_n은 모두 시간의 제곱으로 나눈 길이의 차원을 가진다. 또한 양(+)의 값을 갖는 법선 방향($\underline{n}$의 방향)을 바깥쪽(회전의 중심에서 가장자리로 향하는 방향)으로, 양(+)의 접선방향($\underline{t}$의 방향)을 반시계 방향으로 설정하는 것이 일반적이다.

9.8 선형량과 각도량의 관계

식 (9.3)으로부터 $s = r\theta$이다. 원운동의 경우 반지름 r은 일정하고, 식 (9.9)는 다음과 같이 나타낼 수 있다.

$$v = \frac{\mathrm{d}}{\mathrm{d}t}(r\,\theta) = r\frac{\mathrm{d}\theta}{\mathrm{d}t}$$

정의로부터, 각속도는 시간에 대한 각변위의 변화율이므로 아래와 같다.

$$v = r\omega \tag{9.15}$$

식 (9.15)에 따르면, 하나의 고정된 축을 중심으로 회전운동하고 있는 물체에 있어서 한 점의 선속도 크기는 회전 중심으로부터 그 점까지의 거리와 물체의 각속도의 곱과 같다. 하나의 주어진 순간에 물체 위의 모든 점에서 각속도는 같지만, 선속도는 다르다. 선속도의 크기는 반지름 길이가 길어짐에 따라 증가한다. 즉, 회전 중심으로부터 가장자리 쪽으로 갈수록 증가한다.

식 (9.15)에서 주어진 관계를 이용하여, 식 (9.10)은 원형 경로를 따르는 운동에 대하여 다음과 같이 나타낼 수 있다.

$$a_\mathrm{t} = \frac{\mathrm{d}}{\mathrm{d}t}(r\omega) = r\frac{\mathrm{d}\omega}{\mathrm{d}t}$$

정의로부터, 각가속도는 시간에 대한 속도변화의 비율이므로 아래와 같이 표현할 수 있다.

$$a_\mathrm{t} = r\alpha \tag{9.16}$$

이와 마찬가지로, 식 (9.11)에 식 (9.15)를 대입하면 다음과 같다.

$$a_\mathrm{n} = r\omega^2 \tag{9.17}$$

식 (9.15), (9.16), (9.17)은 선형량 v, a_t, a_n에 각도량 r, ω, α를 연관시킨다. 식 (9.16)에서 보는 바와 같이, 임의의 고정된 축을 중심으로 회전하고 있는 물체 위의 한 점에 대한 선가속도의 접선 성분은 그 물체의 각가속도와 회전축에서부터 그 점까지의 거리의 곱과 같다.

9.9 등속 원운동

등속 원운동(uniform circular motion)은 하나의 고정 축을 중심으로 회전하는 물체의 각속도가 일정할 때 발생한다. 각속도가 일정할 때, 각가속도는 '0'이다.

그러므로 등속 원운동을 하고 있는 물체의 회전중심으로부터 반지름 r 위치에 있는 한 점에 대하여, 다음과 같은 관계가 있다.

$$v = r\,\omega \text{ (상수)}$$
$$a_t = 0$$
$$a_n = r\,\omega^2 \text{ (상수)}$$

9.10 등가속도 회전운동

제7장에서 등가속도 병진운동을 하고 있는 물체의 운동 특성을 해석하기 위하여 일련의 운동방정식[식 (11.11)에서 (11.14)까지]을 유도하였다. 고정 축을 중심으로 한 등각가속도 회전운동에 대해서도 유사한 방정식을 유도할 수 있다.

$$\omega = \omega_0 + \alpha_0\, t \tag{9.18}$$

$$\theta = \theta_0 + \omega_0\, t + \frac{1}{2}\,\alpha_0\, t^2 \tag{9.19}$$

$$\theta = \theta_0 + \frac{1}{2}\,(\omega + \omega_0)t \tag{9.20}$$

$$\omega^2 = {\omega_0}^2 + 2\alpha_0(\theta - \theta_0) \tag{9.21}$$

식 (9.18)부터 (9.21)에서 α_0는 등각가속도이고, θ_0와 ω_0는 각각 시간 $t_0 = 0$에서 물체의 각위치와 각속도이다.

9.11 상대운동

하나의 운동을 기준틀을 달리하여 관찰하면 다를 수 있다. 예를 들어, 정지해 있는 사람이 본 기차의 운동은 달리는 자동차 안의 승객이 본 동일한 기차의 운동과 다를 것이다. 움직이는 자동차를 타고 있는 사람이 공중으로 던진 공은 자동차를 타고 있는 사람이 봤을 때는 수직 경로로 운동하지만(그림 9.22a), 정지해 있는 사람이 봤을 때는 곡선 경로로 운동할 것이다(그림 9.22b). 이러한 물리 현상을 해석하는 일반적인 접근 방식은 적절한 이동 좌표틀에 대한 움직이는 물체의 운동을 정의하고, 이 틀의 움직임을 고정 좌표틀에 대하여 정의한 후, 이 둘을 조합하는 것이다.

움직이는 물체에서 한 점 P의 움직임을 해석한다고 가정하자. 두 좌표틀 XYZ와 xyz의 원점은 각각 점 A와 B이다(그림 9.23). XYZ 좌표는 고정되어 있고, xyz 좌표는 움직이며, 상대 좌표 방향(예를 들어 x와 X)은 움직이는 동안 평행하게 유지된다. 이는 xyz 좌표틀이 병진운동만을 하고 있으며, 한 쌍의 단위 벡터 $\underline{i}$, $\underline{j}$, $\underline{k}$가 두 기준틀

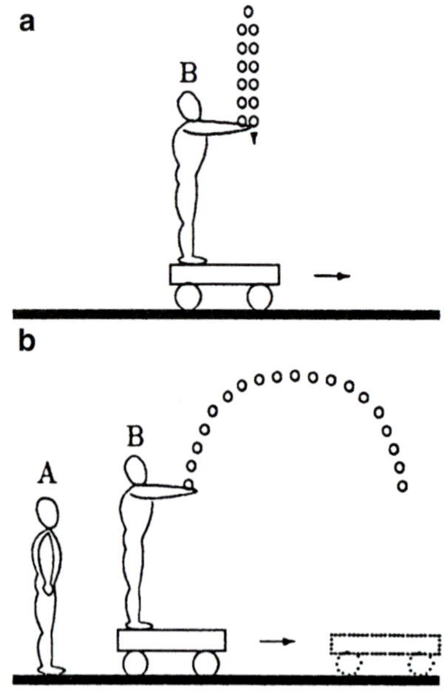

그림 9.22 • 관찰자의 상대적인 위치에 따라 다른 움직임을 보일 것이다.

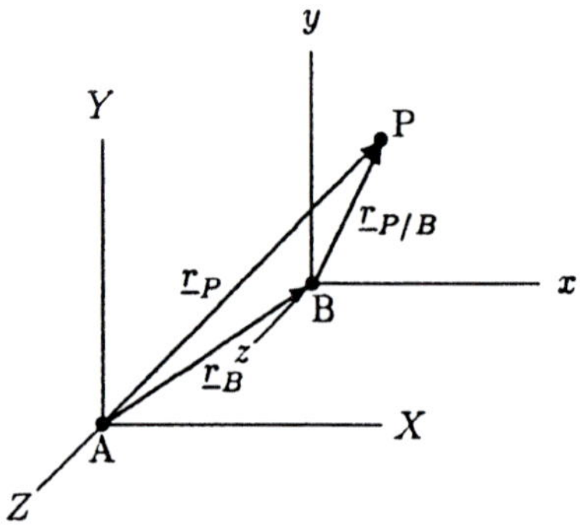

그림 9.23 • *XYZ*는 고정, *xyz*는 이동 좌표계이다.

에서 동일하게 사용된다는 것을 의미한다. 이동 좌표틀 *xyz*의 운동은 원점 B의 운동을 명시함으로써 식별할 수 있게 된다. 만약 $\underline{r}_B$가 고정 좌표틀에 대한 B의 위치 벡터로 표시되면, *XYZ* 좌표틀에 대한 B의 속도 및 가속도 벡터는 아래와 같이 나타낼 수 있다.

$$\underline{v}_B = \frac{d}{dt}(\underline{r}_B) = \dot{\underline{r}}_B \qquad \underline{a}_B = \frac{d}{dt}(\underline{v}_B) = \ddot{\underline{r}}_B$$

마찬가지로, 이동 좌표틀 *xyz*에 대한 점 P의 운동은 *xyz* 좌표틀의 원점 B에 대한 점 P의 위치 벡터 $\underline{r}_{P/B}$에 의해서 정의된다. $\underline{r}_{P/B}$의 시간에 대한 1차와 2차 도함수에 의해 *xyz* 좌표틀에 대한 점 P의 속도 및 가속도 벡터를 아래와 같이 구할 수 있다.

$$\underline{v}_{P/B} = \frac{d}{dt}\left(\underline{r}_{P/B}\right) = \dot{\underline{r}}_{P/B} \qquad \underline{a}_{P/B} = \frac{d}{dt}\left(\underline{v}_{P/B}\right) = \ddot{\underline{r}}_{P/B}$$

마지막으로, 고정 좌표틀 *XYZ*에 대한 위치 벡터 $\underline{r}_P$, 속도벡터 $\underline{v}_P$, 가속도벡터 $\underline{a}_P$는 동일한 방식을 거쳐 다음과 같이 구할 수 있다.

$$\underline{r}_P = \underline{r}_B + \underline{r}_{P/B} \tag{9.22}$$

$$\underline{v}_P = \underline{v}_P + \underline{v}_{P/B} \tag{9.23}$$

$$\underline{a}_P = \underline{a}_P + \underline{a}_{P/B} \tag{9.24}$$

고정된 *XYZ* 좌표에 대한 점 B(이동 좌표틀 *xyz*의 원점)의 운동은 점 B의 **절대운동**(absolute motion)이라 하며, 아래첨자 B로 표시한다. 마찬가지로, *XYZ* 틀에 상대적인 점 P의 운동은 점 P의 절대운동이다. 이동 좌표틀에 대한 점 P의 운동은 점 P의 **상대운동**(relative motion)이라 하며, 아래첨자 P/B로 표시한다. 여기서, 위치 벡터 $\underline{r}_{P/B}$는 점 B에서 점 P까지 그려진 벡터를 의미한다. 또한 *XYZ* 좌표틀에 대한 점 P의 위치 벡터는 $\underline{r}_{P/A}$로 나타낼 수 있다. 그러나 편의상 $\underline{r}_P$는 위치 벡터가 고정 좌표틀을 기준으로 정의됨을 의미한다.

예제 9.3 그림 9.22에 나타낸 운동을 생각해보자. 2 m/s의 등속으로 오른쪽으로 이동하고 있는 자동차를 탄 사람(B)이 공을 10 m/s의 초기 속도로 공중으로 똑바로 던졌다.

공이 처음 손을 떠나 최고 높이에 이르는 시간 동안 정지 상태의 사람(A)에 의해 관찰되는 공의 운동을 설명하라.

풀이: 이 문제는 2차원 문제로서, 세 단계로 해석할 수 있다. 먼저, 자동차와 함께 움직이는 좌표틀을 *x*와 *y*로 나타낸다. *xy* 틀에 대해 공중으로 던져진 공은 *y* 방향으로 1차원 선형운동(병진)을 겪게 된다(그림 9.24). 아래로 향한 일정한 중력가속도로 인하여 공은 양(+)의 *y* 방향으로 감속되고, 최고점에 이른 후 운동의 방향이 변하여 아래로 떨어지기 시작한다. 자동차와 함께 움직이는 *xy* 좌표틀에 대하여 또는 자동차와 함께 움직이는 사람 B에 의해 관찰되는, 공이 손을 떠나는 순간부터 최고점에 이르는 순간까지의 *y* 방향의 공의 속도는 아래 식으로부터 구할 수 있다(제7장 참조).

$$v_y = v_{y_0} - gt$$

여기서 $v_{y0} = 10$ m/s는 공의 초기 속도이고, $g \approx 10$ m/s^{2}는 중력가속도의 크기이다. 이 식은 $t = 0$(공을 던지는 순간)부터 $t = v_{y0}/g = 10/10 = 1$ s(공이 최고점에 이르러 $v_y = 0$이 되는 순간)까지의 시간 동안 유효하다. 사람 B가 관찰할 때, 공은 *x* 방향으로는 전혀 운동하지 않는다. 그러므로 사람 B에 대한 공의 속도 $\underline{v}_{P/B}$는 다음과 같이 나타낼 수 있다.

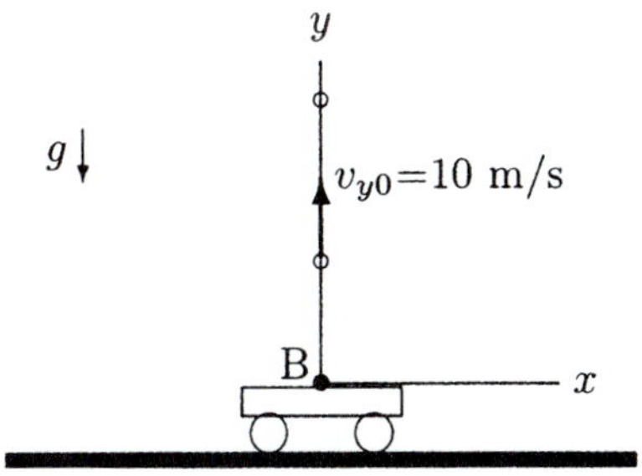

그림 9.24 • *xy* 좌표계에서 공이 *y*방향으로 병진운동하고 있다.

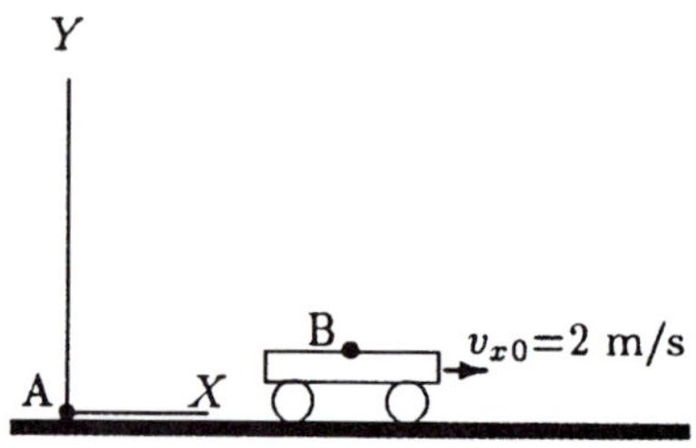

그림 9.25 • XY 좌표계에서 자동차는 X 방향으로 등속 병진운동하고 있다.

$$\underline{v}_{P/B} = v_y \underline{j}$$

다음으로, 지면에 고정된 좌표틀을 X와 Y로 표시하자. XY 틀에 대해, 또는 정지하고 있는 사람 A에 대해, 자동차는 $v_{x_0} = 2$ m/s의 등속으로 양(+)의 X 방향으로 운동하고 있다(그림 9.25). 따라서 다음과 같이 나타낼 수 있다.

$$\underline{v}_B = v_{x_0} \underline{i}$$

마지막으로, 사람 A에 대한 공의 속도를 계산하기 위하여 속도벡터 $\underline{v}_B$와 $\underline{v}_{P/B}$를 더해야 한다.

$$\underline{v}_P = \underline{v}_B + \underline{v}_{P/B} = v_{x0} \underline{i} + v_y \underline{j}$$

또는 이미 알고 있는 매개변수들을 대입하면, 아래와 같다.

$$\underline{v}_P = 2\underline{i} + (10 - 10)\underline{j}$$

예를 들어, 공이 손을 떠난 지 0.5초 후에 공의 속도는 다음과 같다.

$$\underline{v}_P = 2\underline{i} + 5\underline{j}$$

즉, 사람 A를 따라 또는 XY 좌표틀에 대하여 공은 2 m/s의 속도로 오른쪽으로, 5 m/s의 속도로 위쪽으로 운동한다(그림 9.26). 이 순간 공의 알짜속도(net velocity)의 크기는 $v_P = \sqrt{(2)^2 + (5)^2} = 5.4\,\text{m/s}$이다.

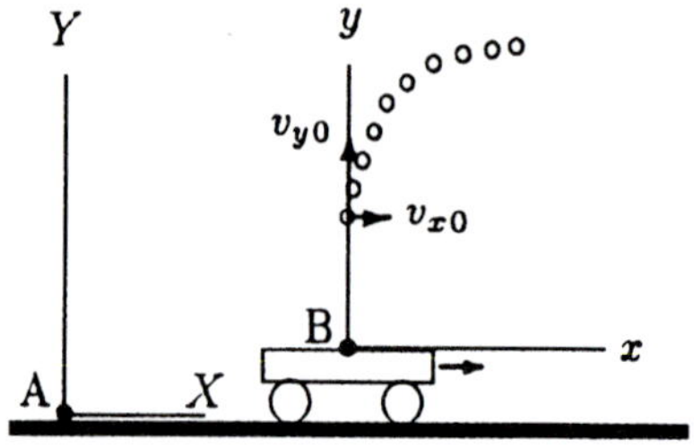

그림 9.26 • XY 좌표계에서 공은 X와 Y 모든 방향으로 이동하고 있다.

9.12 연결 시스템

연결 시스템(linkage system)은 경첩 또는 관절에 의해 서로 또는 지면에 연결된 부분들로 구성되며, 시스템을 구성하는 각 부분은 다른 분절들에 대해 상대적인 운동을 수행할 수 있다. 일례로 그림 9.27에 나타난 바와 같은 이중 진자가 있다. **이중 진자**(double pendulum)는 두 막대가 서로 경첩으로 연결되고 한쪽이 지면과 경첩으로 연결 구조이다. 연결 시스템은 또한 **다중 연결 시스템**(multi-link system)이라고도 한다.

만약 개별 부분의 각속도와 각가속도를 알고 있다면, 상대운동의 원리를 적용하여 다중 연결 시스템을 구성하고 있는 각 부분의 운동 특성을 해석할 수 있다. 다음의 예제에서는 이중 진자의 운동 해석 절차를 설명할 것이다. 그러나 소개되는 절차는 모든 다중 연결 시스템의 해석으로 일반화할 수 있다.

연결 시스템과 관련된 중요 개념은 시스템을 구성하는 부분들의 운동 특성을 설명하는 데 필요한 독립 좌표의 수이다. 필요한 독립 매개변수의 수는 시스템의 **자유도**(degree of freedom)를 정의한다. 예를 들어, 그림 9.28에 나타낸 단순 진자의 2차원 운동 특성은 θ만으로 진자의 위치를 유일하게 정의하기 충분하다. 따라서 단순 진자의 자유도는 1이다. 반면에, 그림 9.27에서 보는 바와 같은 이중 진자의 막대 BC의 동일 평면상의 운동을 해석하기 위해서는 매개변수 θ_1과 θ_2가 필요하므로, 이중 진자는 자유도가 2이다.

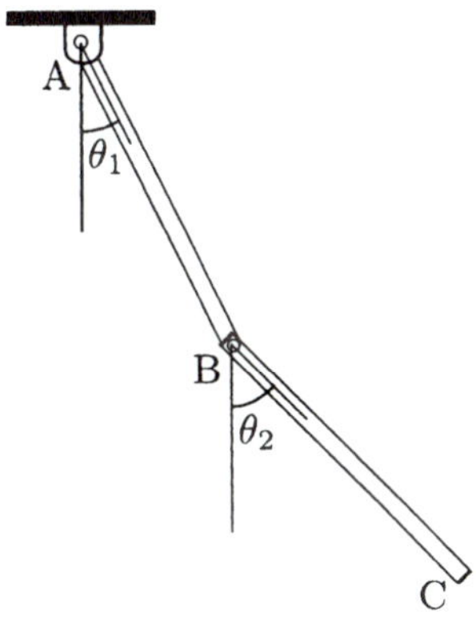

그림 9.27 • 이중 진자

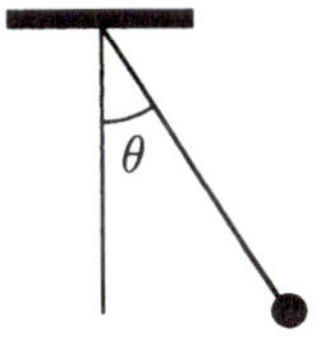

그림 9.28 • 진자운동

예제 9.4 이중 진자

그림 9.29에 나타난 바와 같이, 동일 평면상에서 운동하고 있는 두 팔 AB와 BC를 가진 이중 진자를 생각해보자. 팔 AB와 BC의 길이를 각각 $l_1 = 0.3$ m, $l_2 = 0.3$ m, θ_1

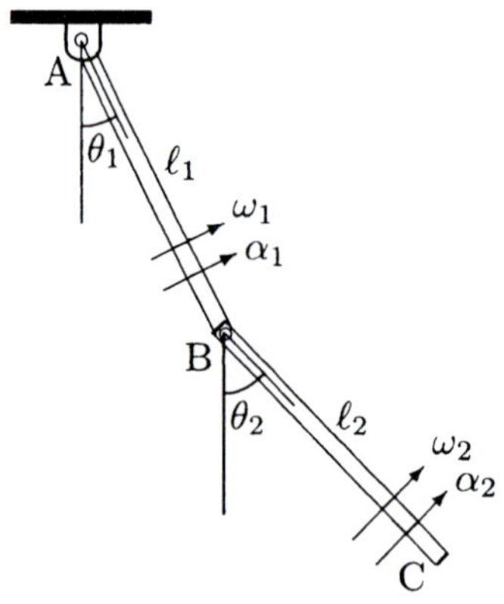

그림 9.29 • 이중 진자

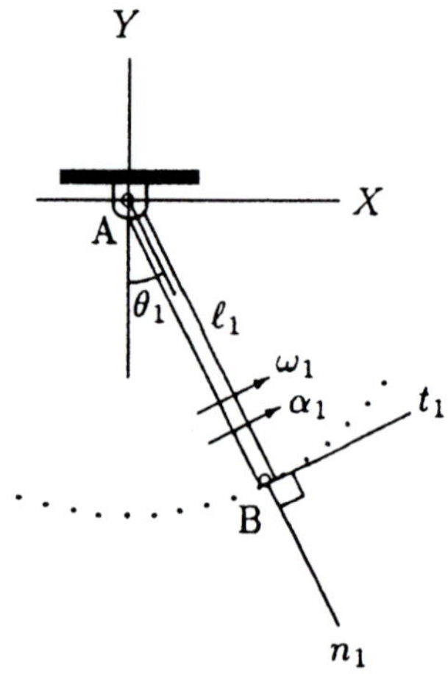

그림 9.30 • A 지점에서 관찰한 B의 원운동

과 θ_2는 팔 AB와 BC가 수직과 이루는 각도이다. A 지점을 기준으로 팔 AB의 각속도와 각가속도는 각각 $\omega_1 = 2$ rad/s, $\alpha_1 = 0$으로 측정되었다. B 지점을 기준으로 팔 BC의 각속도와 각가속도가 각각 $\omega_2 = 4$ rad/s, $\alpha_2 = 0$으로 측정되었다.

$\theta_1 = 30°$, $\theta_2 = 45°$인 순간에 팔 AB 위의 B 지점과 팔 BC 위에 있는 C 지점의 선속도와 가속도를 구하라.

풀이: A 지점을 원점으로 하는 한 쌍의 직각좌표를 X와 Y, B 지점을 원점으로 하는 한 쌍의 직각좌표를 x와 y라 하자. XY 좌표들은 고정되어 있는 반면, xy 좌표들은 B 지점이 움직임에 따라 함께 움직일 수 있다.

A 지점에 대한 팔 AB의 각속도와 각가속도가 주어졌으므로, XY 좌표들에 대한 팔 AB 위의 임의의 점에서의 운동 특성도 XY 좌표들에 대하여 계산할 수 있다. 마찬가지로 팔 BC 위의 임의의 점에서의 운동 특성 역시 xy 좌표들에 대하여 쉽게 해석할 수 있다.

A 지점에서 관찰된 B 지점의 운동:

팔 AB 위의 모든 점은 A 지점을 지나는 고정 축을 중심으로 $\omega_1 = 2$ rad/s의 등속으로 회전운동을 한다. 팔 AB 위의 모든 점은 반시계 방향의 등속 원운동을 한다. 그림 9.30에서 나타난 바와 같이, B 지점은 반지름 l_1의 원형 경로를 따라 운동한다. B 지점의 접선 방향의 선속도와 법선 방향의 선가속도의 크기는 다음을 이용하여 계산할 수 있다.

$$v_B = l_1\, \omega_1$$

$$a_B = l_1\, \omega_1^{\,2}$$

ω_1이 일정하기 때문에 또는 $\alpha_1 = 0$이기 때문에, 가속도 벡터의 접선 성분의 크기는

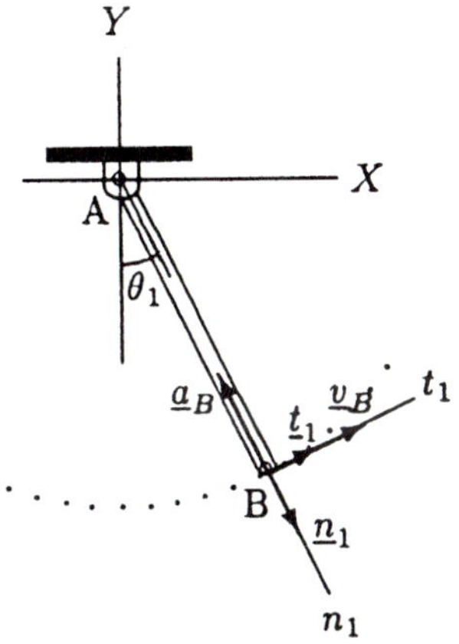

그림 9.31 • B의 접선 방향 속도와 법선 방향 가속도

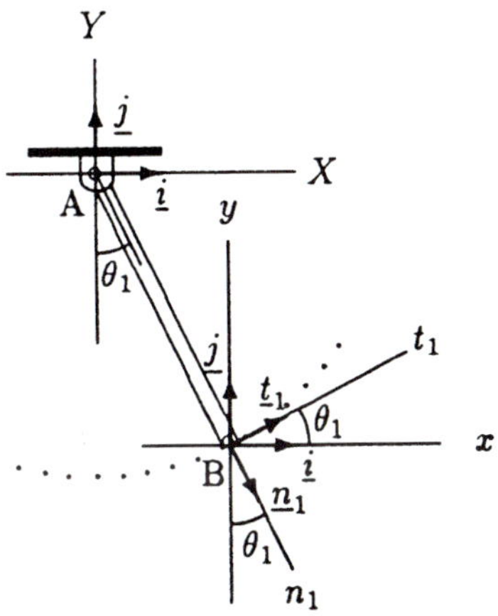

그림 9.32 • 직각좌표계 단위 벡터 $\underline{i}$와 $\underline{j}$에 관한 단위 벡터 $\underline{n}_1$과 $\underline{t}_1$

'0'이다. 그러므로 기본적으로 v_B와 α_B는 선속도 벡터와 선가속도 각각의 합성 벡터의 크기이다. 이러한 수량을 벡터 형태로 표현하기 위해서, 팔 AB가 수평과 이루는 각이 θ_1일 때 B 지점의 원형 경로에 대한 법선과 접선 방향을 $\underline{n}_1$과 $\underline{t}_1$로 나타내자(그림 9.31). 또한 $\underline{n}_1$과 $\underline{t}_1$을 양(+)의 $\underline{n}_1$과 $\underline{t}_1$ 방향의 단위 벡터라 하면, 양(+)의 $\underline{n}_1$ 방향은 바깥쪽(즉, A에서 B로 향하는 방향)이고, 양(+)의 t_1 방향은 운동방향으로 점선이 그려지는 방향(즉, 반시계 방향)이다. 법선(구심) 가속도는 항상 운동의 중심을 향하며, 음(−)의 $\underline{n}_1$ 방향으로 작용한다.

$$\underline{v}_B = v_B \underline{t}_1 = l_1 \omega_1 \underline{t}_1$$

$$\underline{a}_B = -a_B \underline{n}_1 = -l_1 {\omega_1}^2 \underline{n}_1$$

단위 벡터 $\underline{n}_1$과 $\underline{t}_1$에 의해 정의되는 방향은 B 지점이 원형 경로를 따라 이동함으로써 연속적으로 변한다. 이는 $\underline{n}_1$과 $\underline{t}_1$이 시간에 따라 변하는 **국소좌표**(local coordinate)의 방향을 정의함을 의미한다. 적절한 좌표 변환을 통하여 이러한 단위 벡터들을 직각좌표의 단위 벡터 $\underline{i}$와 $\underline{j}$로 표현할 수 있다. 직각좌표 방향, 국소에 반대되는 의미의 **전체 좌표**(global coordinate)는 B 지점의 운동에 영향을 받지 않는다. 좌표 변환은 단위 벡터 $\underline{n}_1$과 $\underline{t}_1$을 직각좌표의 단위 벡터 $\underline{i}$와 $\underline{j}$로 표현함으로써 이루어질 수 있다. 이 예제의 기하학적 구조로부터 아래와 같이 나타낼 수 있다(그림 9.32).

$$\underline{n}_1 = \sin\theta_1 \underline{i} - \cos\theta_1 \underline{j}$$

$$\underline{t}_1 = \cos\theta_1 \underline{i} + \sin\theta_1 \underline{j}$$

그러므로 *XY* 좌표들과 직각좌표 단위 벡터에 관하여 B 지점의 속도 및 가속도 벡터는 아래와 같이 나타낼 수 있다.

$$\underline{v}_B = l_1\omega_1\left(\cos\theta_1\underline{i} + \sin\theta_1\underline{j}\right)$$

$$\underline{a}_B = -l_1{\omega_1}^2\left(\sin\theta_1\underline{i} - \cos\theta_1\underline{j}\right)$$

$l_1 = 0.3$ m, $\theta_1 = 30°$, $\omega_1 = 2$ rad/s의 수치를 대입하여 계산하면, 다음과 같은 결과를 얻을 수 있다.

$$\underline{v}_B = 0.52\,\underline{i} + 0.30\,\underline{j} \tag{i}$$

$$\underline{a}_B = -0.60\,\underline{i} + 1.04\,\underline{j} \tag{ii}$$

B 지점에서 관찰된 C 지점의 운동:

B 지점에서 관찰된 C 지점의 운동은 A 지점에서 관찰된 B 지점의 운동과 유사하다. C 지점은 B 지점을 중심으로 반지름 l_2의 원형 경로를 따라 ω_2의 등속도로 회전한다(그림 9.33). 그러므로 xy 좌표틀에 대한 C 지점의 속도 및 가속도 벡터의 유도는 B 지점의 XY 좌표틀에 대한 속도 및 가속도 벡터의 유도와 동일한 절차를 따른다.

B 지점에 대한 C 지점의 접선 속도 및 법선 가속도 벡터의 크기는 다음과 같다.

$$v_{C/B} = l_2\,\omega_2$$

$$a_{C/B} = l_2\,{\omega_2}^2$$

팔 BC가 수직과 θ_2의 각도를 이룰 때, $\underline{n}_2$와 $\underline{t}_2$가 C 지점의 원형 경로에서 각각 법선과 접선 방향의 단위 벡터라면, 아래와 같이 나타낼 수 있다.

$$\underline{v}_{C/B} = v_{C/B}\underline{t}_2 = l_2\omega_2\underline{t}_2$$

$$\underline{a}_{C/B} = -a_{C/B}\underline{n}_2 = -l_2{\omega_2}^2\underline{n}_2$$

그림 9.34로부터, 단위 벡터 $\underline{n}_2$와 $\underline{t}_2$는 다음과 같이 직각좌표의 단위 벡터 $\underline{i}$와 $\underline{j}$로 나타

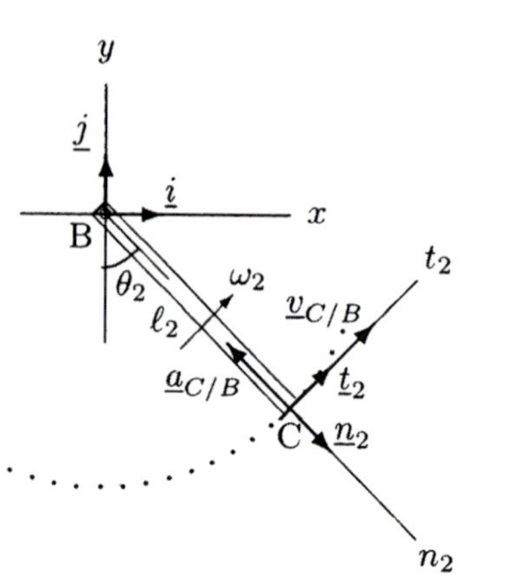

그림 9.33 • B 지점에서 관찰한 C의 회전운동

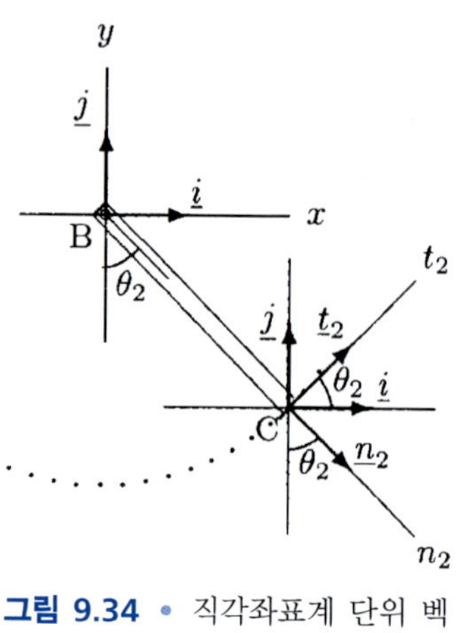

그림 9.34 • 직각좌표계 단위 벡터 $\underline{i}$와 $\underline{j}$에 관한 단위 벡터 $\underline{n}_2$와 $\underline{t}_2$

낼 수 있다.

$$\underline{n}_2 = \sin\theta_2\underline{i} - \cos\theta_2\underline{j}$$
$$\underline{t}_2 = \cos\theta_2\underline{i} + \sin\theta_2\underline{j}$$

따라서 xy 좌표틀에 대한 C 지점의 속도 및 가속도 벡터는 다음과 같이 나타낼 수 있다.

$$\underline{v}_{C/B} = l_2\omega_2\left(\cos\theta_2\underline{i} + \sin\theta_2\underline{j}\right)$$
$$\underline{a}_{C/B} = -l_2{\omega_2}^2\left(\sin\theta_2\underline{i} - \cos\theta_2\underline{j}\right)$$

$l_2 = 0.3$ m, $\theta_2 = 45°$, $\omega_2 = 4$ rad/s의 수치를 대입하여 계산하면, 다음과 같은 결과를 얻을 수 있다.

$$\underline{v}_{C/B} = 0.85\ \underline{i} + 0.85\ \underline{j} \tag{iii}$$
$$\underline{a}_{C/B} = -3.39\ \underline{i} + 3.39\ \underline{j} \tag{iv}$$

A 지점에서 관찰된 C 지점의 운동:

B 지점에 대한 C 지점의 속도와 가속도, A 지점에 대한 B 지점의 속도와 가속도를 구하였다. 이제 A 지점에서 관찰된 또는 XY 좌표틀에 대한 C 지점의 속도 및 가속도를 계산하기 위하여 아래와 같이 상대운동의 원리를 적용할 수 있다.

$$\underline{v}_C = \underline{v}_B + \underline{v}_{C/B} \tag{v}$$
$$\underline{a}_C = \underline{a}_B + a_{C/B} \tag{vi}$$

앞에서 이미 $\underline{v}_B$, $\underline{v}_{C/B}$, $\underline{a}_B$ 및 $\underline{a}_{C/B}$를 직각좌표계의 단위 벡터로 나타내었으므로, 아래와 같이 식 (i) 및 (iii)을 식 (v)에, 식 (ii) 및 (iv)를 식 (vi)에 간단히 대입할 수 있다.

$$\underline{v}_C = \left(0.52\ \underline{i} + 0.30\ \underline{j}\right) + \left(0.85\ \underline{i} + 0.85\ \underline{j}\right)$$
$$\underline{a}_C = \left(-0.60\ \underline{i} + 1.04\ \underline{j}\right) + \left(-3.39\ \underline{i} + 3.39\ \underline{j}\right)$$

수평과 수직 성분을 각각 정리하면 아래와 같다.

$$\underline{v}_C = 1.37\ \underline{i} + 1.15\ \underline{j}$$
$$\underline{a}_C = -3.39\ \underline{i} + 4.43\ \underline{j}$$

따라서 속도 및 가속도 벡터의 크기는 아래와 같다.

$$\underline{v}_C = \sqrt{(1.37)^2 + (1.15)^2} = 1.79\ \text{m/s}$$
$$\underline{a}_C = \sqrt{(3.99)^2 + (4.43)^2} = 5.96\ \text{m/s}^2$$

9.13 연습문제

문제 9.1 그림 9.10에서 보는 바와 같이, 관상면에서 어깨 벌림(shoulder abduction, 어깨 외전)을 하는 사람을 생각해보자. O 지점은 정면에서 어깨관절의 회전축을 나타낸다. 선분 OA는 팔을 수평으로 평행하게 뻗었을 때 팔의 위치를 나타낸다. 선분 OB는 손이 가장 높은 위치에 있을 때 팔의 위치를 나타내고, 선분 OC는 손이 신체에 가장 가까이 있을 때 팔의 위치를 나타낸다. 이 활동의 경우, 선분 OB와 OC는 팔에 대한 ROM의 한계이다. 이 시스템의 경우 선분 OA와 OB 사이의 각도가 선분 OA와 OC 사이의 각도와 동일하며, 이는 각도 θ_0으로 표현된다고 가정한다. 또한, 팔의 움직임은 선분 OA에 대해서 대칭이다. 팔이 선분 OA와 OB, OB와 OA, OA와 OC, OC와 OA 사이의 각도를 지나는 데 소요되는 시간은 거의 동일하다고 가정한다.

팔의 각운동 주기가 $\tau = 3.5$초이고 각도가 $\theta_0 = 75°$인 경우:

(a) 팔의 각변위 θ, 각속도 ω 및 각가속도 α에 대한 식을 유도하라.
(b) 회전운동이 시작된 후 $t_1 = 0.5$초, $t_2 = 1.0$초, $t_3 = 1.25$초에서 팔의 각변위, 각속도 및 각가속도를 구하라.

정답:

(a) $\theta = 1.31 \sin(1.79\, t)$, $\omega = 2.34 \cos(1.79\, t)$, $\alpha = -4.2 \sin(1.79\, t)$
(b) $\theta_1 = 1.02$ rad, $\omega_1 = 1.46$ rad/s, $\alpha_1 = -3.28$ rad/s^2
$\theta_2 = 1.28$ rad, $\omega_2 = -0.51$ rad/s, $\alpha_2 = -4.1$ rad/s^2
$\theta_3 = 1.03$ rad, $\omega_3 = -1.45$ rad/s, $\alpha_3 = -3.29$ rad/s^2

문제 9.2 운동 평면에 수직인 고정 축을 중심으로 xy 평면에서 회전운동을 하는 물체를 생각해보자(그림 9.35). O 지점은 회전축을 따라 xy 평면 위의 한 점이고, P 지점은 물체 위의 고정점이라 하자. 물체가 회전함에 따라 P 지점은 반지름 $r = 0.8$ m인 경로를 따라 원운동을 한다. 원형 경로를 따라 P 지점의 상대 위치는 시간 $S = 0.45\, t^{\frac{4}{3}}$의 함수로 주어진다.

경로를 따라 P 지점까지 이동한 거리(S)와 운동의 시작 3초 후에 선속도, 접선 가속도, 법선 가속도, 그리고 알짜가속도(net acceleration)의 크기 v, a_t, a_n, a를 구하라.

정답: S = 1.95 m; $v = 0.86$ m/s; $a_t = 0.1$ m/s^2; $a_n = 0.92$ m/s^2;
$a = 0.93$ m/s^2

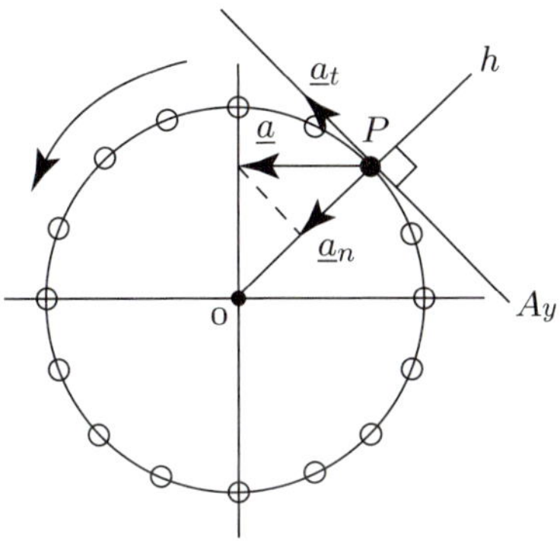

그림 9.35 • 문제 9.2 및 9.3

문제 9.3 운동 평면에 수직인 고정 축을 중심으로 xy 평면에서 회전운동을 하는 물체를 생각해보자(그림 9.35). O 지점은 회전축을 따라 xy 평면 위의 한 점이고, P 지점은 물체 위의 고정점이다. 물체가 회전함에 따라 P 지점은 반지름 $r = 0.6$ m인 경로를 따라 원운동을 한다. 특정 시점에서 P 지점의 각가속도는 $\alpha = 5$ rad/s이고 접선가속도와 알짜가속도 벡터 사이의 각도는 $\beta = 30°$라고 가정한다.

이때 P 지점의 선속도의 크기 v 및 접선가속도, 법선가속도, 알짜가속도의 크기 a_t, a_n, a를 구하라.

정답: $v = 1.02$ m/s; $a_t = 3$ m/s^2; $a_n = 1.72$ m/s^2; $a = 3.46$ m/s^2

문제 9.4 그림 9.18에서 보는 바와 같이, xy 평면에 수직인 고정 축을 중심으로 xy 평면에서 일정한 원운동을 하는 임의의 모양을 가진 물체를 생각해보자. O 지점은 회전축을 따라 xy 평면에 위치하며, P 지점은 O 지점으로부터 거리 r에 위치한 물체의 고정점이다.

P 지점의 속도 벡터 크기가 $\nu = 1.3$ m/s이고, 원형 경로의 반지름이 $r = 0.65$ m인 경우, 다음을 구하라.

(a) P 지점에서 각속도 ω

(b) P 지점에서 가속도 벡터의 크기 a

정답: (a) $\omega = 1.85$ rad/s; (b) $a = 2.22$ m/s^2

문제 9.5 xy 평면에서 회전운동을 하는 임의의 모양의 물체를 생각해보자(그림 9.36). O 지점은 회전축을 따라 xy 평면에 위치하며, P, N 및 M은 각각 O 지점으로부터 r, $0.5r$ 및 $0.25r$ 거리에 위치한 물체의 고정점이다. 물체의 회전운동으로 인해 P, N, M 지점은 원형 경로를 따라 이동한다.

P 지점의 선속도가 $v_p = 4.5$ m/s이고, P 지점이 회전축으로부터 $r = \text{OP} = 1.2$ m 거리에 있는 경우, P, N, M 지점의 각속도와 N 및 M 지점의 선속도의 크기를 구하라.

정답: $\omega_P = \omega_N = \omega_M = 3.75$ rad/s; $v_N = 2.25$ m/s; $v_M = 1.125$ m/s

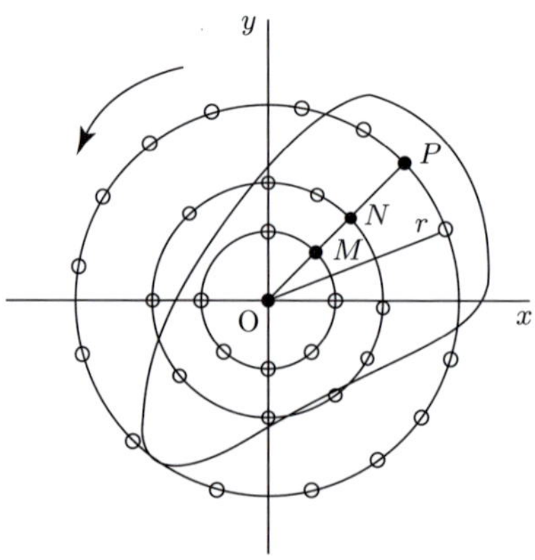

그림 9.36 • 문제 9.5

문제 9.6 처음에는 정지해 있다가 xy 평면에 수직인 고정 축을 중심으로 xy 평면에서 일정한 각가속도로 일정한 회전운동을 시작하는 물체를 생각해보자.

각가속도의 크기가 $\alpha = 0.95$ rad/s^{2}인 경우,

(a) 회전운동이 시작된 후 $t_1 = 1.5$초, $t_2 = 2.0$초, $t_3 = 3.5$초에서 물체의 각속도 ω를 구하라.

(b) 회전운동이 시작된 후 $t_1 = 1.5$초, $t_2 = 2.0$초, $t_3 = 3.5$초에서 물체의 최초 위치에 대한 각위치 θ를 구하라.

(c) 라디안으로 구한 각도를 도(°) 단위로 변환하라.

정답:

(a) $\omega_1 = 1.43$ rad/s, $\omega_2 = 1.9$ rad/s, $\omega_3 = 3.33$ rad/s

(b) $\theta_1 = 1.07$ rad, $\theta_2 = 1.9$ rad, $\theta_3 = 5.82$ rad

(c) $\theta_1 = 61.3°$, $\theta_2 = 108.9°$, $\theta_3 = 333.6°$

문제 9.7 높은 봉을 따라 거대한 원을 그리는 체조 선수가 있다(그림 9.37). 이 체조 선수의 무게중심은 봉으로부터 r 거리에 있고, 선속도가 $v = 5.0$ m/s인 일정한 원운동을 하고 있다고 가정하자. 여러 바퀴의 회전을 마친 후 체조 선수의 무게중심이 막대 바로 아래에 도달하자, 봉에서 손을 놓고 나서 발사체 움직임을 거쳐 P 지점에 착지한다. P 지점과 손을 놓은 지점의 지면 위치(O′ 지점) 사이의 거리는 $l = 4.0$ m이다.

이때 손을 놓는 순간과 착지 사이에 걸린 시간(t), 손을 놓은 위치에서 체조 선수 무게중심의 높이(h), 그리고 봉의 높이(H)를 구하라.

정답: $t = 0.8$ s; $h = 3.14$ m; $H = 4.39$ m

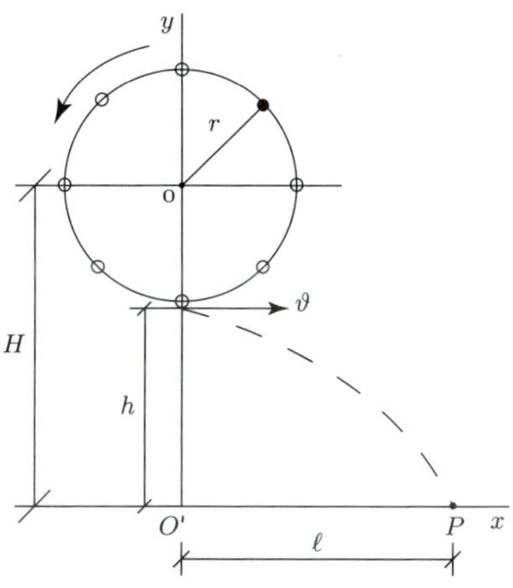

그림 9.37 • 문제 9.7

CHAPTER

10

각운동역학

Angular Kinetics

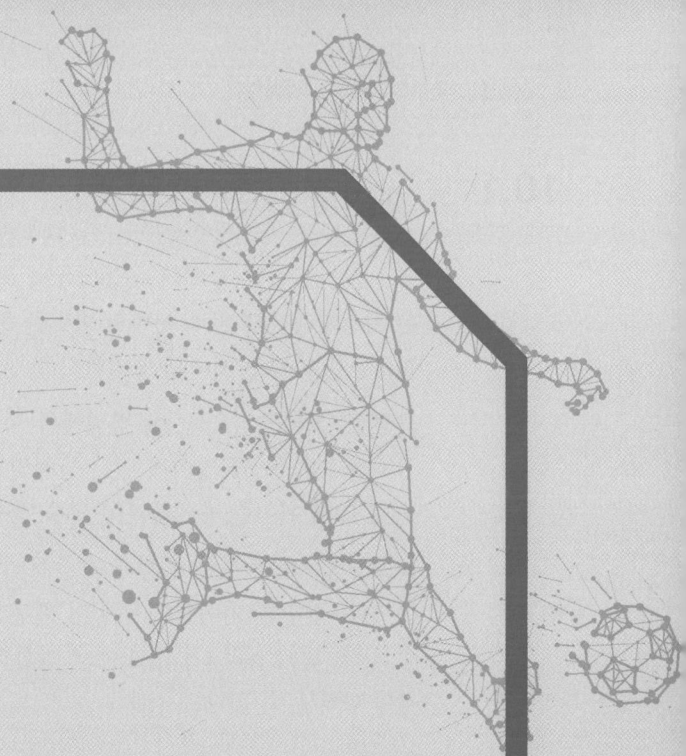

10.1 각운동의 운동역학

병진운동을 하는 물체의 운동역학적 특성은 제8장에서 살펴보았다. 운동역학적 분석은 운동방정식과 일과 에너지 방법을 공식화할 수 있는 뉴턴 제2 법칙을 사용한다. 회전운동을 하는 물체의 운동역학적 특성 역시 유사한 방법으로 분석할 수 있다.

고정점 O를 중심으로 xy 평면에서 회전운동을 하는 물체를 생각해보자(그림 10.1). 점 O로부터 r만큼 떨어져 있는 물체의 한 점을 P라 하자. 물체가 회전함에 따라, 점 P는 점 O에 위치한 중심을 기준으로 반지름 r인 회전경로를 따라 움직인다.

운동방정식을 활용하여 점 P의 운동역학적 특성을 분석할 수 있도록, 물체에 작용하는 힘과 점 P의 가속도를 운동의 회전 경로에 법선(방사상) 및 접선 성분들로 표현할 수 있다. 만약 n과 t가 점 P에서 법선과 접선 방향을 가리키면, 운동방정식은 다음과 같이 나타낼 수 있다.

$$\sum F_{\mathrm{n}} = ma_{\mathrm{n}} \tag{10.1}$$

$$\sum F_{\mathrm{t}} = ma_{\mathrm{t}} \tag{10.2}$$

여기서 $\sum F_{\mathrm{n}}$은 법선 방향으로 작용하는 알짜힘(net force)이고, $\sum F_{\mathrm{t}}$는 접선 방향으로 작용하는 알짜힘이며, a_{n}은 구심 가속도의 크기(항상 회전중심으로 향한다)이고, a_{t}는 접선 가속도의 크기이다. 식 (10.1)을 적용할 때, 회전 중심쪽으로 향해 작용하는 힘(구심력)은 양의 값을 취해야 하고, 바깥쪽으로 향하는 힘(원심력)은 음의 값이어야 한다.

고정된 축을 중심으로 한 회전운동에 있어서, 크기가 v이고 회전 경로에 접선 방향인 선속도와 회전 경로의 반지름 r을 알면, 운동 특성을 완벽하게 알 수 있다. $a_n = v^2/r$, $a_t = dv/dt$이므로, 식 (10.1)과 (10.2)는 다음과 같이 다시 나타낼 수 있다.

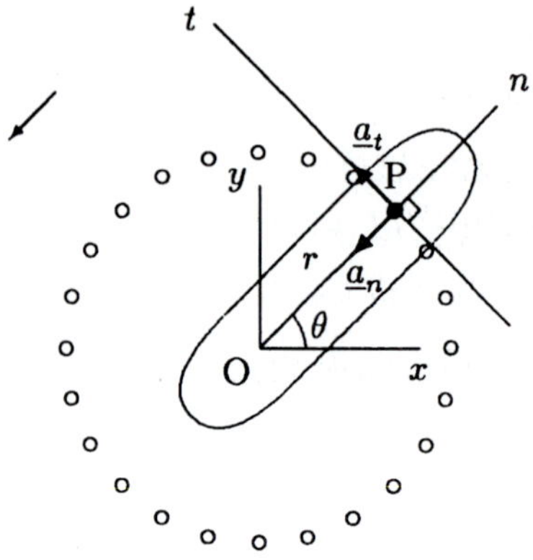

그림 10.1 • 회전운동

$$\sum F_{\mathrm{n}} = m\frac{v^2}{r} \tag{10.3}$$

$$\sum F_{\mathrm{t}} = m\frac{\mathrm{d}v}{\mathrm{d}t} \tag{10.4}$$

여기서 $v = r\omega$, $dv/dt = r\alpha$임을 유의하자. 따라서 각속도와 각가속도를 알면, 다음과 같은 식을 사용하여 문제의 운동역학적 특성을 해석할 수 있다.

$$\sum F_{\mathrm{n}} = mr\omega^2 \tag{10.5}$$

$$\sum F_{\mathrm{t}} = mr\alpha \tag{10.6}$$

회전운동의 경우, 가속도 벡터의 법선 성분은 항상 존재하므로 법선 방향으로 작용하는 힘이 발생한다. 그러나 힘의 접선 성분과 가속도 벡터는 존재할 수도 있고 아닐 수도 있다.

예제 10.1 그림 10.2에서 보는 바와 같이, 60 kg의 체조 선수가 봉에서 회전하고 있다. 체조 선수의 회전운동은 줄에 부착된 입자로 모델링하여 단순화할 수 있다. 여기서 입자 질량은 체조 선수의 질량과 같고, 줄의 길이는 봉과 체조 선수의 무게중심 사이의 거리와 같으며, 체조 선수의 움직임에 따라 무게중심은 원운동을 하고 있다.

체조 선수의 무게중심이 봉에서 $r = 1$ m 거리에 있고, ① 지점에서 무게중심의 속도는 거의 0이며, 공기 저항은 무시해도 좋다고 가정하자. ① 지점은 봉에 일직선으로 위에 있으며, 체조 선수의 무게중심이 가장 높은 높이를 나타낸다.

(a) 에너지 보존의 법칙을 사용하여 ②, ③, ④, ⑤ 지점에서 무게중심의 속력을 계산하라. 그림 10.2에서 보는 바와 같이, ②와 ④ 지점은 수평에 대하여 $\theta = 45°$이고, ③ 지점은 봉과 동일한 수평 위치이며, ⑤ 지점은 봉에 일직선으로 아래에 위치한다.
(b) ①, ②, ③, ④, ⑤ 지점에서 체조 선수의 각속도를 계산하라.
(c) ①, ②, ③, ④, ⑤ 지점에서 체조 선수의 무게중심의 선가속도의 법선 성분을 계산하라.
(d) ①, ②, ③, ④, ⑤ 지점에서 체조 선수의 팔에 작용하는 힘을 계산하라.
(e) ①, ②, ③, ④, ⑤ 지점에서 체조 선수의 무게중심의 선가속도의 접선 성분을 계산하라.
(f) ①, ②, ③, ④, ⑤ 지점에서 체조 선수의 각가속도를 계산하라.

풀이: (a) 체조 선수의 위치에 따른 무게중심은 그림 10.3에 나타나 있다. 그림 10.3에서 점 O는 봉을 나타낸다. 에너지 보존의 법칙에 의하면, 물체가 보존력의 영향으로 움직이고 있다면, 총 에너지(위치에너지와 운동에너지의 합)는 운동을 하는 동안 일정하게 유지된다. 따라서 임의의 두 지점에 대해서 다음과 같이 쓸 수 있다.

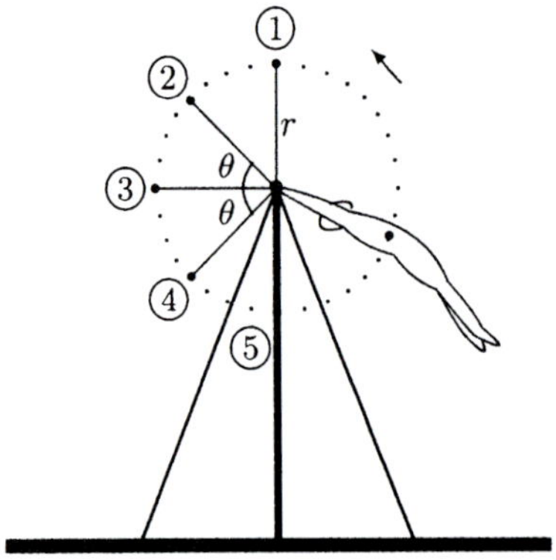

그림 10.2 • 체조 선수의 봉 회전

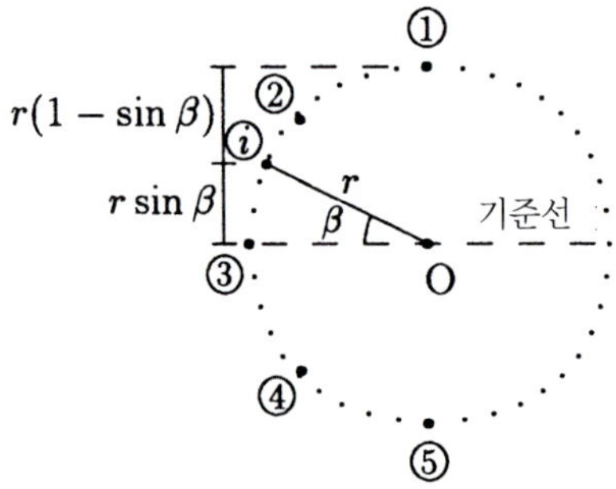

그림 10.3 • β값에 따라 i는 위치 ①, ②, ③, ④, ⑤를 나타낸다.

$$\mathcal{E}_{P1} + \mathcal{E}_{K1} = \mathcal{E}_{P2} + \mathcal{E}_{K2}$$

$$mgh_1 + \frac{1}{2}mv_1^2 = mgh_2 + \frac{1}{2}mv_2^2$$

여기서 $m = 60$ kg은 체조 선수의 총 질량이고, $g = 9.8\ \text{m/s}^2$은 중력가속도의 크기이며, $v_1 = 0$은 ① 지점에서 체조 선수의 속도, v_2는 ② 지점에서 미지수인 체조 선수의 속도이다. 그리고 h_1과 h_2는 기준점으로부터 각각 ①과 ② 지점의 높이이다. 기준점이 정해지면 h_1와 h_2는 계산되므로, 앞의 방정식에서 미지수 v_2를 풀 수 있다. v_3, v_4와 v_5를 계산하기 위해서는 위의 과정을 반복해야 한다.

같은 과정을 네 번 반복하는 대신에 그림 10.3에서 'ⓘ'로 표시된 체조 선수의 위치를 생각해보자. 점 O와 ⓘ 지점을 연결하는 선이 점 O를 지나는 수평선과 ① 지점에서 $\beta = 90°$, ② 지점에서 $\beta = 45°$, ③ 지점에서 $\beta = 0°$, ④ 지점에서 $\beta = -45°$, ⑤ 지점에서 $\beta = -90°$인 각 β를 이룬다. ① 지점과 ⓘ 지점 사이에 에너지 보존의 법칙을 다음과 같이 적용할 수 있다.

$$mgh_1 + \frac{1}{2}mv_1^2 = mgh_i + \frac{1}{2}mv_i^2$$

$v_1 = 0$이므로, 방정식의 좌변의 두 번째 항은 0이다. 또한 m은 모든 항에서 공통 매개변수이므로 제거할 수 있다. h_1과 h_2를 계산하기 위하여 기준점을 정해야 한다. 만약 기준점을 봉의 높이로 일치시키면, 문제의 기하학적 구조로부터 $h_1 = r$, $h_i = r\sin\beta$가 된다. h_1과 h_2에 위 식에 대입하면 다음과 같이 v_i를 풀 수 있다.

$$v_i = \sqrt{2gr(1-\sin\beta)}$$

이 식은 체조 선수의 원운동 경로의 모든 위치에서 적용 가능한 일반식이다. 예를 들어, $\beta = 45°$, $i = 2$일 때, $v_2 = \sqrt{2(9.8)(1)(1-\sin 45)} = 2.39\,\text{m/s}$이고, $\beta = 90°$일 때, $v_3 = \sqrt{2(9.8)(1)(1-\sin 0)} = 4.43\,\text{m/s}$이다. 같은 방법에 의해 $v_4 = 5.77$

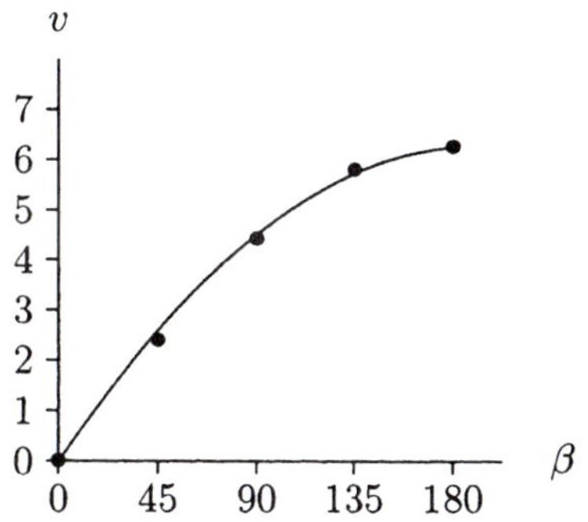

그림 10.4 • 속도(m/s)와 각도 β(°)

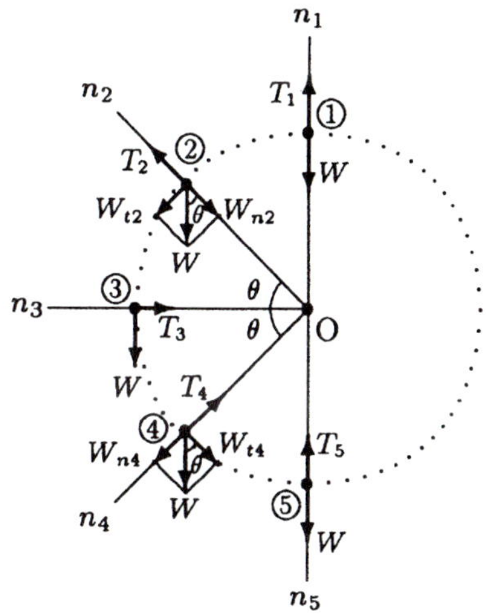

그림 10.5 • 체조 선수의 무게중심에 작용하는 힘

m/s, $v_5 = 6.26$ m/s가 된다. 이러한 결과는 측정된 각도(β)에 대한 속력을 나타내는 그래프의 작성에 이용될 수 있다(그림 10.4 참조).

(b) 고정 축을 중심으로 회전운동을 하는 물체 위 한 점의 각속도와 선속도 사이의 관계는 다음과 같다.

$$\omega = \frac{v}{r}$$

예를 들어, ② 지점에서 $\omega_2 = v_2/r = 2.39/1 = 2.39$ rad/s이다. 이와 유사하게 $\omega_1 = 0$, $\omega_3 = 4.43$ rad/s, $\omega_4 = 5.77$ rad/s, $\omega_5 = 6.26$ rad/s이다.

(c) 체조 선수의 무게중심에 대한 가속도의 법선(방사상) 성분은 아래의 식으로부터 계산할 수 있다.

$$a_\text{n} = \frac{v^2}{r} = r\omega^2$$

예를 들어, ② 지점일 때 $a_{\text{n}2} = r\omega_2^{\,2} = (1)(2.39)^2 = 5.74$ m/s²이다. 이에 반해, $a_{\text{n}1} = 0$, $a_{\text{n}3} = 19.62$ m/s², $a_{\text{n}4} = 33.41$ m/s², $a_{\text{n}5} = 39.19$ m/s²이다.

(d) 체조 선수의 팔에 가해진 힘을 계산하기 위하여, 체조 선수의 무게중심의 자유물체도를 보여주는 그림 10.5를 생각해보자. 체조 선수에 작용하는 힘은 중력에 의한 힘과 봉에서 체조 선수의 팔에 가해지는 힘이다. 중력에 의한 힘은 항상 수직 아래 방향이다. 봉에 의해 가해진 힘은 방사상 방향이다. 법선 방향의 운동방정식은 다음과 같다.

$$\sum F_\text{n} = ma_\text{n}$$

① 지점에서 $a_{\text{n}1} = 0$과 체조 선수는 평행 상태에 있다. 따라서 체조 선수의 체중이 아

래쪽으로 작용하기 때문에, 봉이 체조 선수의 팔에 가하는 힘 T_1은 위로 향해야만 한다. 평형방정식을 적용하면 다음과 같은 식을 얻을 수 있다.

$$\begin{aligned}\sum F_{n1} = 0: \quad & W - T_1 = 0 \\ & T_1 = W = mg \\ & T_1 = (60)(9.8) = 588\,\mathrm{N}\end{aligned}$$

② 지점에서 법선 방향으로 작용하는 힘은 체조 선수의 반지름 성분인 체조 선수의 체중 W_{n2}와 봉이 체조 선수의 팔에 가하는 힘 T_2이다. 문제의 기하학적 구조로부터 W_{n2} = W cos(45)와 $\underline{W}_{n2}$ 방향은 회전중심 방향으로 향한다. 이 시점에서 $\underline{T}_2$의 방향은 알 수 없으나, 원심력이라고 가정할 수 있다. 이제 법선 방향의 운동방정식을 다음과 같이 적용시킬 수 있다.

$$\begin{aligned}\sum F_{n2} = m\,a_{n2}: \quad & W_{n2} - T_2 = ma_{n2} \\ & T_2 = W_{n2} - ma_{n2} \\ & T_2 = mg\ \sin(45) - ma_{n2} \\ & T_2 = (60)(9.8)(\sin 45) - (60)(5.74) = 71\,\mathrm{N}\end{aligned}$$

계산 결과, T_2가 양의 값을 가지므로 처음에 가정한 $\underline{T}_2$의 방향은 타당하다. 즉, 봉은 ② 지점에서 체조 선수의 팔을 '밀어내고 있다'는 것이다.

③ 지점에서 체조 선수의 체중은 방사상 방향으로는 아무런 성분도 없다. 법선 방향에 작용하는 힘은 봉에 의해 가해진 T_3이다. 이러한 경우, T_3은 구심력(O 방향)이라 가정한다. ③지점에 대한 운동방정식은 다음과 같이 쓸 수 있다.

$$\begin{aligned}\sum F_{n3} = ma_{n3}: \quad & T_3 = ma_{n3} \\ & T_3 = (60)(19.62) = 1177\,\mathrm{N}\end{aligned}$$

계산 결과, T_3은 양의 값을 가지므로 처음에 가정한 $\underline{T}_3$의 방향은 타당하다. ③ 지점에서 체조 선수는 회전 중심으로부터 멀어지려고 하는데 원운동 경로에서 체조 선수를 유지시키는 것은 봉이 '당기고 있기' 때문이다.

④ 지점에서 방사상 방향으로 작용하는 힘은 봉에 의해 가해진 T_4와 체조 선수의 체중 W_{n4} = W sin(45) 성분이다. 문제의 기하학적 구조로부터 $\underline{W}_{n4}$는 원심력이다. $\underline{T}_4$를 구심력이라 가정하고 운동방정식을 적용하면 다음과 같다.

$$\begin{aligned}\sum F_{n4} = ma_{n4}: \quad & T_4 - W_{n4} = ma_{n4} \\ & T_4 = W_{n4} + ma_{n4} \\ & T_4 = mg\ \sin(45) + ma_{n4} \\ & T_4 = (60)(9.8)(\sin 45) + (60)(33.41) \\ & T_4 = 2420\,\mathrm{N}\end{aligned}$$

마찬가지로 ⑤ 지점에서는 다음과 같다.

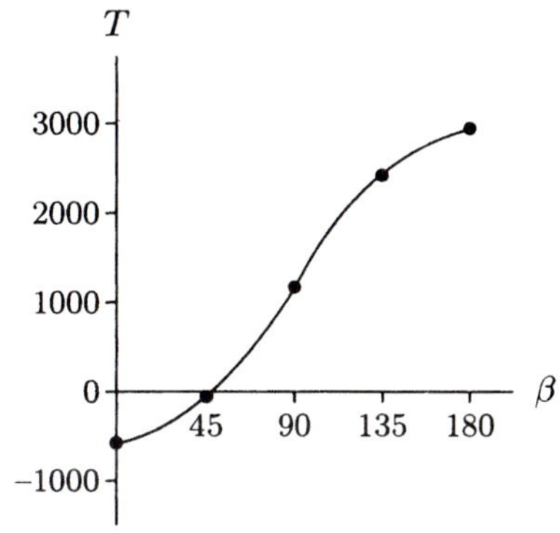

그림 10.6 • 봉에서 체조 선수의 팔에 작용하는 힘(N)과 각도 β(°)

$$\sum F_{n5} = ma_{n5}: \quad T_5 - W = ma_{n5}$$
$$T_5 = mg + ma_{n5}$$
$$T_5 = (60)(9.8) + (60)(39.19) = 2939\,\mathrm{N}$$

그림 10.6에서, 이 결과들은 각도 위치(그림 10.3에서 각도 β는 측정됨)에 대하여 봉에 의해 체조 선수의 팔에 가해진 힘 그래프를 작성하는 데 사용된다. ①과 ② 지점 사이에서, 봉이 팔을 밀고 있다는 점에 주목하자. 다시 말해, 봉이 팔에 가한 힘은 압축력이다. ② 지점을 지난 직후에는 봉에 가해진 힘은 '0'이고, 그 후에 봉은 팔을 당기는 인장 효과를 가진다.

(e) 접선 방향에서 운동방정식은 다음과 같다.

$$\sum F_t = ma_t \quad \text{or} \quad a_t = \frac{\sum F_t}{m}$$

위치에 따라 체조 선수의 무게중심에서 접선 방향으로 작용하는 힘은 그림 10.5에 나타나 있다. ① 지점에서 접선 방향으로는 힘이 없으므로 $a_{t1} = 0$이다. ② 지점에서는 $W_{t2} = W\cos(45)$가 유일한 접선 방향의 힘이다. 따라서 아래와 같이 계산할 수 있다.

$$a_{t1} = \frac{W_{t2}}{m} = \frac{mg\ \cos(45)}{m} = g\ \cos(45) = 6.93\,\mathrm{m/s^2}$$

③ 지점에서 $W = mg$는 아래와 같이 접선 방향의 힘만이 존재한다.

$$a_{t3} = \frac{W_{t3}}{m} = \frac{mg}{m} = g = 9.80\,\mathrm{m/s^2}$$

④ 지점에서 $W_{t4} = W\cos(45)$는 아래와 같이 접선 방향의 힘만이 존재한다.

$$a_{t4} = \frac{W_{t4}}{m} = \frac{mg\ \cos(45)}{m} = g\ \cos(45) = 6.93\,\mathrm{m/s^2}$$

⑤ 지점에서 접선 방향 힘이 없다. 따라서 $a_{t5} = 0$이다.

(f) 가속도 벡터의 접선 방향 성분을 계산한 값을 이용하여 체조 선수의 각가속도도 계산할 수 있다.

$$\alpha = \frac{a_t}{r}$$

이 식에서 $r = 1$ m이므로, $\alpha_1 = 0$, $\alpha_2 = 6.93\ \text{rad/s}^2$, $\alpha_3 = 9.80\ \text{rad/s}^2$, $\alpha_4 = 6.93\ \text{rad/s}^2$, $\alpha_5 = 0$이다.

예제 10.2 그림 10.7은 원형 스키점프 트랙의 끝 영역을 보여준다. 이 영역에서 트랙의 곡률 반지름은 $r = 50$ m이다. 트랙의 끝에서 트랙에 법선 방향은 수직과 일치하며, 접선 방향은 수평과 일치한다.

공기 저항으로 인해 1.5 m/s^2의 비율로 감속하는 70 kg의 스키점프 선수를 생각해 보자. 트랙의 마찰력을 무시할 수 있고, 스키점프 선수가 트랙의 끝 지점에 20 m/s의 수평 속도로 도착할 경우, 공기 저항과 트랙에 의해 스키점프 선수에 작용하는 힘을 계산하라.

풀이: 트랙의 끝 지점(도약 직전)에서 스키점프 선수의 자유물체도는 그림 10.8과 같다. 스키점프 선수에 작용하는 힘은 중력에 의한 $\underline{W}$, 공기 저항에 의한 $\underline{R}_1$, 그리고 트랙에 의해 스키에 작용하는 반력 $\underline{R}_2$가 있다. $\underline{R}_2$는 수직 방향, 즉 트랙에 법선 방향으로 작용한다. 공기 저항에 의한 $\underline{R}_1$은 트랙에서 수평 방향, 즉 접선 방향으로 작용되는 것으로 가정한다.

트랙의 원형 끝 영역에서 스키점프 선수는 반지름 $r = 50$ m인 원형 경로를 따라 움직이고 있다. 트랙의 끝 지점에서 스키점프 선수의 속력은 $v = 20$ m/s이다. 따라서 법

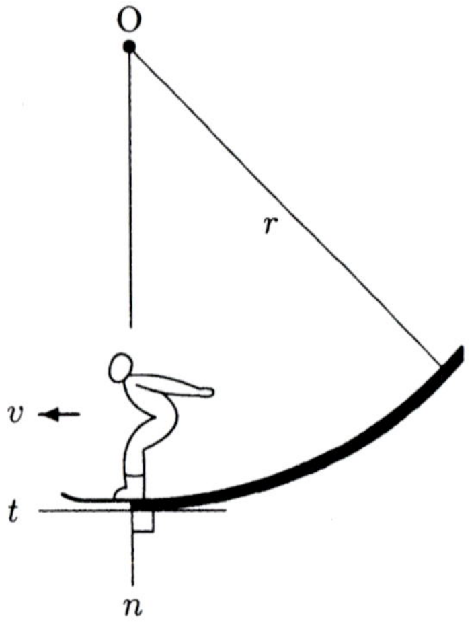

그림 10.7 • 스키점프 트랙의 곡선 끝 지점

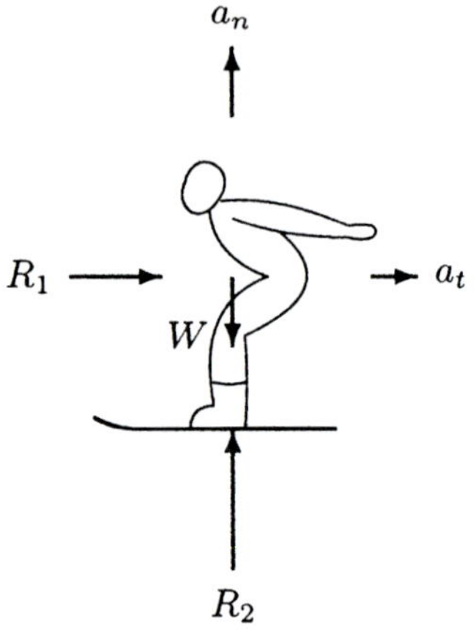

그림 10.8 • 이륙하기 전 스키점프 선수의 자유물체도

선 방향으로 스키점프 선수의 가속도 크기는 아래와 같다.

$$a_n = \frac{v^2}{r} = \frac{(20)^2}{50} = 8.0\,\text{m/s}^2$$

공기 저항으로 인해, 스키점프 선수는 운동 방향(왼쪽)으로 1.5 m/s^2의 비율로 감속하고 있다. 또는, 스키점프 선수는 운동 방향의 반대 방향(오른쪽)으로 1.5 m/s^2의 비율로 가속하고 있다. 따라서 스키점프 선수의 오른쪽 방향의 접선 가속도는 다음과 같다.

$$a_t = 1.5\,\text{m/s}^2$$

이제 운동방정식을 적용할 수 있으므로, 접선 방향으로는 다음과 같이 계산할 수 있다.

$$\begin{aligned} \sum F_t = ma_t: \quad & R_1 = ma_t \\ & R_1 = (70)(1.5) = 105\ \text{N} \end{aligned}$$

법선 방향의 운동방정식은 다음과 같다.

$$\begin{aligned} \sum F_n = ma_n: \quad & R_2 = W = ma_n \\ & R_2 = W = ma_n = mg + ma_n \\ & R_2 = (70)(9.8) + (70)(8.0) = 1246\ \text{N} \end{aligned}$$

따라서 스키점프 트랙의 끝 지점에서 공기 저항은 $R_1 = 105$ N의 수평 힘이 작용하여 스키점프 선수의 운동을 방해하고, 트랙은 스키에 $R_2 = 1246$ N의 수직 힘을 가하고 있다. R_2에는 스키점프 선수의 무게 W와 회전 관성 ma_n 효과가 포함되어 있다.

10.2 토크와 각가속도

토크(torque)는 물체를 회전시킬 수 있는 힘에 대한 정량적인 척도이다. 토크의 수학적 정의는 제3장에서 자세히 다룬 모멘트의 정의와 같다. 그림 10.9에 제시된 나사와 렌치 설비를 생각해보자. 렌치에 작용하는 힘 $\underline{F}$는 렌치를 시계 방향으로 회전시켜 나사를 벽 쪽으로 전진시키게 된다. O 지점에 대한 힘 F로 인한 토크 $\underline{M}$의 크기는 다음과 같다.

$$M = rF_t = rF\,\sin\varphi \tag{10.7}$$

$\underline{M}$의 작용선은 회전면에 수직이고 그 방향은 오른손 법칙을 이용하여 결정할 수 있다(이 경우, 시계 방향).

만약 물체의 회전운동이 구속되어 있지 않고 축을 중심으로 물체에 작용하는 알짜 토크가 존재한다면, 물체는 축을 중심으로 회전할 것이다. 회전운동을 하고 있는 물체의

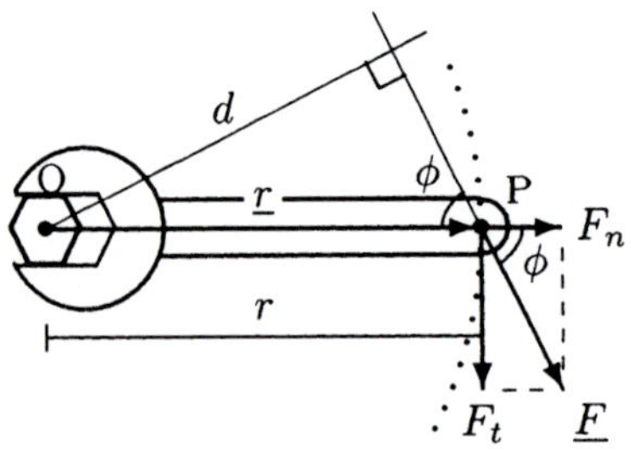

그림 10.9 • 렌치에 작용하는 힘 $\underline{F}$가 나사의 중심축에 시계 방향의 토크를 발생시킨다.

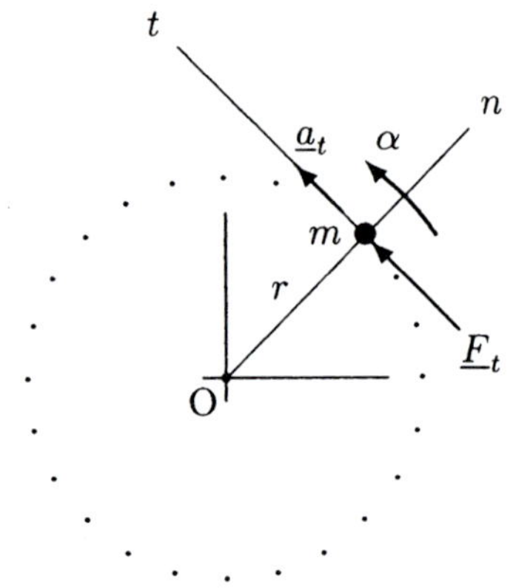

그림 10.10 • $F_t = ma_t$, $M_O = I_O\alpha$

각가속도는 물체에 작용하는 합성 토크에 대해 정비례한다. 토크와 각가속도의 관계를 이끌어 내기 위하여 고정 축을 중심으로 회전운동을 하는 질량 m의 입자를 생각해 보자. 점 O를 이 축 위의 한 점, r을 원운동 경로의 반지름, 그리고 $\underline{F}_t$를 회전운동을 일으키는 접선 힘이라 하자(그림 10.10). 접선 방향의 운동방정식은 다음과 같이 나타낼 수 있다.

$$F_t = ma_t \tag{10.8}$$

식 (10.8)에서 a_t는 입자의 접선 가속도의 크기이다. 만약 입자의 각가속도 α가 알려져 있다면, $a_t = r\alpha$이다. a_t에 $r\alpha$를 대입하고 식 (10.8)의 양변에 r을 곱하면, 아래와 같은 식을 얻을 수 있다.

$$r F_t = \left(mr^2\right)\alpha \tag{10.9}$$

식 (10.9)의 좌변이 점 O에 대하여 힘 $\underline{F}_t$를 발생시키는 토크의 크기 M_O임을 주목하라. 우변의 mr^2 항은 점 O에 대해 입자의 **질량 관성모멘트**(mass moment of inertia)로 알려져 있다. 질량 관성모멘트를 I_O로 나타내면, 식 (10.9)는 다음과 같이 다시 쓸 수 있다.

$$M_o = I_o\alpha \tag{10.10}$$

입자에 가해진 토크를 발생시키는 힘이 둘 이상인 경우, 식 (10.10)에서 M_O는 점 O에 대하여 입자에 작용하는 알짜 토크를 나타낸다. 식 (10.10)의 일반식은 토크와 각가속도를 벡터양으로 나타내어 다음과 같이 표현할 수 있다.

$$\underline{M} = I\underline{\alpha} \tag{10.11}$$

이는 각가속도가 알짜 토크에 정비례하고 질량 관성모멘트에 반비례한다는 회전에 대한 뉴턴의 운동 제2 법칙과 일치한다.

10.3 질량 관성모멘트

일반적으로 관성이라는 용어는 변화에 대한 저항을 의미한다. 회전을 일으키는 힘을 축회전하는 물체에 가하면, 물체가 회전운동의 각가속도를 저해하려는 경향은 물체의 질량 관성모멘트에 의존한다. 물체의 질량 관성모멘트가 클수록 물체를 회전 가속시키기 어렵다. 질량이 m인 입자에 대하여, 축에 대한 질량 관성모멘트는 질량과 입자 및 질량 관성모멘트가 결정되는 축 사이의 가장 짧은 거리 r의 제곱을 곱한 값으로 정의할 수 있다. 즉, 아래와 같다.

$$I = mr^2 \tag{10.12}$$

입자가 아닌 강체는 많은 입자들로 구성되어 있고, 입자들의 질량의 합은 물체 자체의 총 질량과 같다고 가정할 수 있다. 물체 전체의 질량 관성모멘트는 물체의 각 입자의 질량에 회전축에서부터 물체까지의 거리의 제곱을 곱한 값들의 합으로 구할 수 있다.

강체의 질량 관성모멘트는 밀도와 부피의 함수인 질량에 비례한다는 점에 주목하라.

표 10.1 • 중심축에 대하여 다른 기하학적 구조를 가진 균질 강체의 관성모멘트

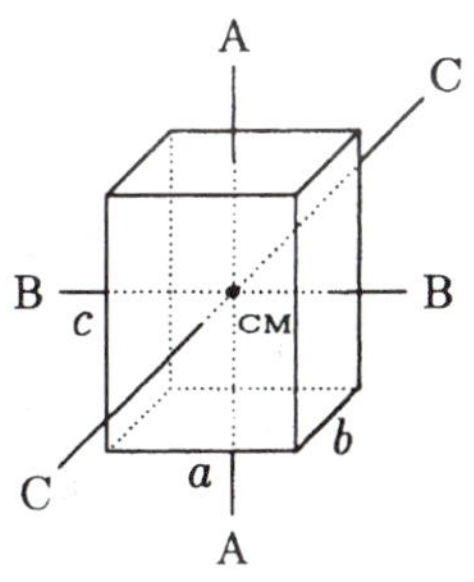	직육면체 $I_{AA} = \frac{1}{12}m\left(a^2 + b^2\right)$ $I_{BB} = \frac{1}{12}m\left(b^2 + c^2\right)$ $I_{CC} = \frac{1}{12}m(c^2 + a^2)$ $V = abc$
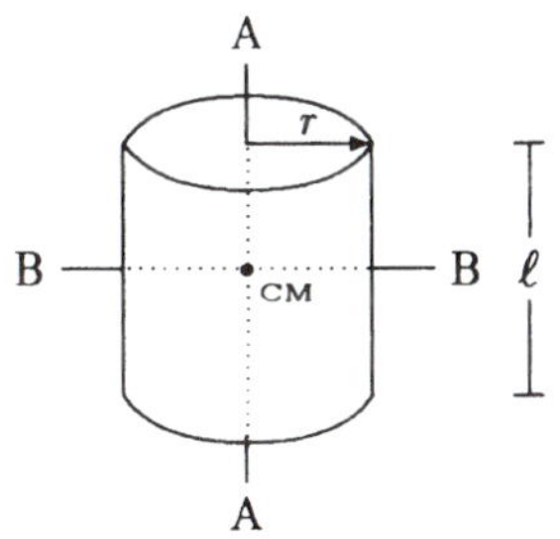	내부가 채워져 있는 원기둥 또는 디스크 $I_{AA} = \frac{1}{2}mr^2$ $I_{BB} = \frac{1}{12}m(3r^2 + \ell^2)$ $V = \pi r^2$
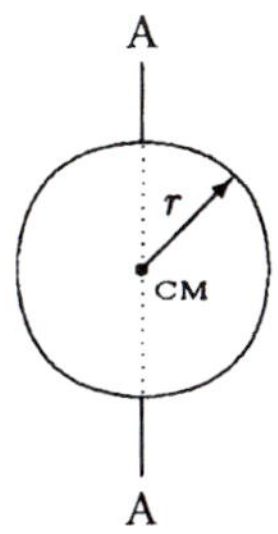	내부가 채워져 있는 구 $I_{AA} = \frac{2}{5}mr^2 V = \frac{4}{3}\pi r^3$

따라서 물체의 질량 관성모멘트는 회전을 결정하는 축의 방향과 위치뿐 아니라, 물체의 재료와 기하학적 특성에 따라 달라진다. 각속도의 변화에 저항하는 물체의 능력은 물체의 질량뿐만 아니라, 질량의 분포에 따라 달라진다. 표면에 질량 집중이 클수록 질량 관성모멘트는 더 크고, 각속도를 변화시키기 더욱 어려워진다. 기하학적으로 대칭이고, 균일한 성분이며 분해할 수 없는 강체의 경우, **도심축**(centroidal axis)이라고 불리는 대칭축과 일치하는 축에 대한 질량 관성모멘트는 비교적 쉽게 계산할 수 있다. 몇 가지 기하학적 모양의 관성모멘트를 도심축에 대하여 표 10.1에서 보여주고 있다.

질량 관성모멘트는 스칼라양이다. 차원은 $[M][L^2]$이고, SI 단위계에서 kg m^2 단위로 나타낸다.

10.4 평행축 정리

도심축에 대한 물체의 질량 관성모멘트를 알고 있으면, 그 도심축에 평행한 다른 축에 대한 동일한 물체의 질량 관성모멘트는 **평행축 정리**(parallel-axis theorem)를 이용하여 결정할 수 있다. 이 정리는 다음과 같이 나타낼 수 있다.

$$I = I_c + mr_c^2 \tag{10.13}$$

식 (10.13)에서 m은 물체의 총 질량이고, I_c는 도심축들 중 하나에 대한 물체의 질량 관성모멘트이고, I는 도심축에 평행한 축에 대한 질량 관성모멘트이며, r_c는 두 축 사이의 최단 거리이다. 예를 들어, 그림 10.11에서와 같이 내부가 채워져 있는 원기둥을 생각해보자. 표 10.1로부터, AA에 대한 원기둥의 질량 관성모멘트는 $I_{AA} = \frac{1}{2}mr^2$이다. 동일한 원기둥에서 AA에 평행하고 AA로부터 r_c 거리에 위치한 DD에 대한 질량 관성모멘트는 다음과 같다.

$$I_{DD} = I_{AA} + mr_c^2 = \frac{1}{2}mr^2 + mr_c^2$$

인체 분절들의 경우, 각 분절이나 팔다리는 분절의 질량중심이나 도심축보다는 움직

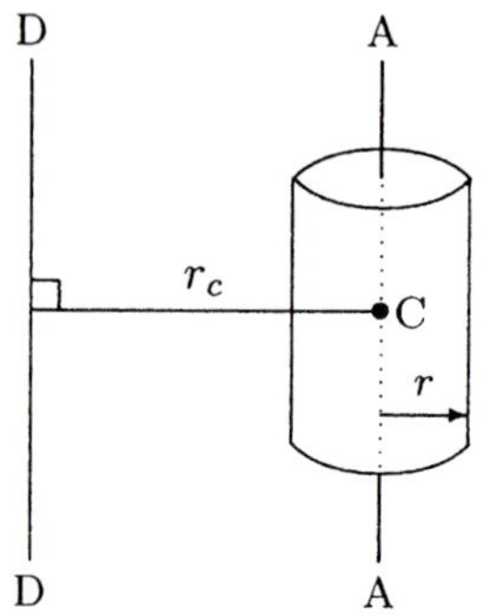

그림 10.11 • 평행축 정리에 의하여, $I_{DD}=I_{AA}+mr_c^2$

이는 분절의 한쪽 끝 관절들을 중심으로 회전한다는 점에 주목하자. 또한, 질량 관성모멘트의 측정은 관절 중심에 대해서만 할 수 있다. 필요한 경우, 평행축 정리를 사용하여 질량중심을 중심으로 하나의 분절에 대한 질량 관성모멘트를 결정할 수 있다.

10.5 회전 반지름

질량 m인 강체를 생각해보자. I는 주어진 축 AA에 대한 강체의 질량 관성모멘트라 하자. 또한, 같은 축으로부터 거리 ρ(로, rho)만큼 떨어져 있는 질량 m인 입자가 있다고 하자. 이 입자의 AA에 대한 질량 관성모멘트 $m\rho^2$이 AA에 대한 강체의 질량 관성모멘트 I와 같다고 하면, 아래와 같이 쓸 수 있다.

$$\rho = \sqrt{\frac{I}{m}} \tag{10.14}$$

이때 ρ는 **회전 반지름**(radius of gyration)이라 한다. 회전운동의 해석을 위해서 강체를 물체의 총 질량과 같고 회전축으로부터 ρ만큼 떨어진 거리에 위치한 하나의 점으로 다룰 수 있다.

10.6 분절운동 해석

앞 절에서 제공한 정보는 인체 분절의 운동 특성을 분석하기 위한 수학적 모델을 개발하는 데 유용하게 쓰일 수 있다. 여기서는 인체 분절의 동적 모델을 개발하기 위한 일반적인 과정을 개략적으로 설명하고, 이를 무릎관절을 중심으로 한 종아리의 회전운동을 분석하는 데 적용할 것이다.

동적 모델 분석의 첫 번째 단계는 인체 분절에 작용하는 힘을 정의하는 것이다. 여기에는 중력(무게), 외력, 관성, 근력, 그리고 관절 반력 등이 포함된다. 인체 분절의 무게는 무게중심에서 작용하는 것으로 가정할 수 있으므로, 분절의 무게중심을 알아야 한다. 모든 존재하는 외력의 크기, 작용점 및 방향은 정확히 명시되어야만 한다. 관성력은 이와 같은 동력학 문제에서 존재하는 힘이다. 관성 효과를 모델에 반영하는 한 가지 방법으로 회전 반지름을 활용할 수 있다. 근육과 관절 반력은 분석 결과로부터 결정해야 할 미지수이다. 분석을 위해서는 인체 분절에 대한 자유물체도를 작성해야 하고, 분절에 작용하는 모든 알려진 힘과 알려져 있지 않은 힘을 확인해야 한다.

동적 모델 분석의 다음 단계는 측정 가능한 수량들을 확인하는 것이다. 일반적으로, 움직이는 물체 분절의 각변위와 그것의 회전축을 중심으로 발생하는 알짜 토크는 분절운동 범위에서 시간의 함수로 측정할 수 있다. 각변위 측정 기술에는 각도 측정법, 동력 측정법 그리고 광도 측정법 등이 있다. 운동학적 상관관계를 활용함으로써, 각변위 데이터로부터 운동하는 분절의 각속도와 각가속도를 계산할 수 있다. 만약 각변위 θ가 시간 t의 함수로 알려져 있다면, 각속도 ω와 각가속도 α는 각각 1차 및 2차 도함수를 계산하여 결정할 수 있다.

$$\omega = \frac{d\theta}{dt} \qquad \alpha = \frac{d\omega}{dt} = \frac{d^2\theta}{dt^2}$$

각변위와 시간 사이의 관계를 표현하는 함수를 찾을 수 없는 경우, 수치 미분(numerical differentiation) 기법을 적용할 수 있다. 일단 각가속도가 결정되면, 관절 중심에 대한 분절의 질량 관성모멘트(또는 회전 반지름)가 주어질 경우, 토크, 질량 관성모멘트 및 각가속도 사이의 관계식을 사용하여 관절 중심에 대해 생성된 알짜 토크를 계산할 수 있다.

관절 중심에 대한 분절의 2차원(평면) 운동 해석의 경우, 관절 축에 대해서 생성된 합성 토크 M이 시간의 함수에 대하여 측정되고, 같은 축에 대하여 운동하는 분절의 질량 관성모멘트 I를 알면, 분절의 각가속도는 다음과 같이 결정할 수 있다.

$$\alpha = \frac{M}{I}$$

필요하다면, 움직이는 분절의 각속도와 각변위도 시간에 대한 각가속도를 나타내는 함수를 적분하여 결정할 수 있다.

위에서 살펴본 바와 같이, 운동하는 분절에 대한 인체 측정 정보가 필요하다는 것은 분명하다. 이를 위해 평균 분절 무게, 길이, 회전 반지름에 대한 인체 측정 자료 열람표를 사용할 수 있다. 또 다른 중요하게 고려할 사항은 움직이는 분절의 순간 회전중심에 대해서도 알고 있어야만 한다는 것이다. 그러나 주어진 관절에 대한 순간 회전중심은 변할 수 있다는 점에 유의해야 한다.

동적 모델 분석의 마지막 단계는 근육 및 관절 반력의 계산이 포함되어 있다. 측정되거나 계산된 알짜 토크는 움직이는 분절에 작용하는 모든 힘의 영향이 포함되어 있음을 주목하자. 관절을 가로지르는 근육들에 의해 생성된 토크는 관절 중심에 대하여 계산하거나 측정한 알짜 토크에서 외력과 중력의 영향을 제거하여 결정할 수 있다. 개별 근육들이 생성하는 힘이 필요한 경우에는 추가 요소들을 고려해야 한다. 예를 들어, 근육 결합 위치와 근육 힘의 작용선(당김선)을 알아야 한다. 근육들 사이에 힘의 분포도 명확해야 한다. 분절운동이 주로 단일 근육군에 의해 이루어진다면, 근육 힘의 회전 성분은 뉴턴의 운동 제2 법칙을 적용하여 결정할 수 있다. 근육 힘의 작용선을 알고 있다고 가정하기 때문에, 근육 힘의 크기 또한 결정할 수 있다.

예제 10.3 무릎 폄

많은 연구자들이 무릎관절에 대한 종아리부의 각운동과 무릎의 굽힘 및 폄 동작 동안

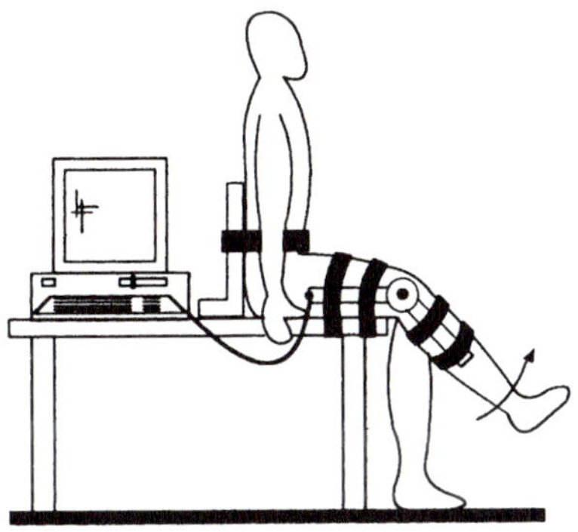

그림 10.12 • 무릎 폄

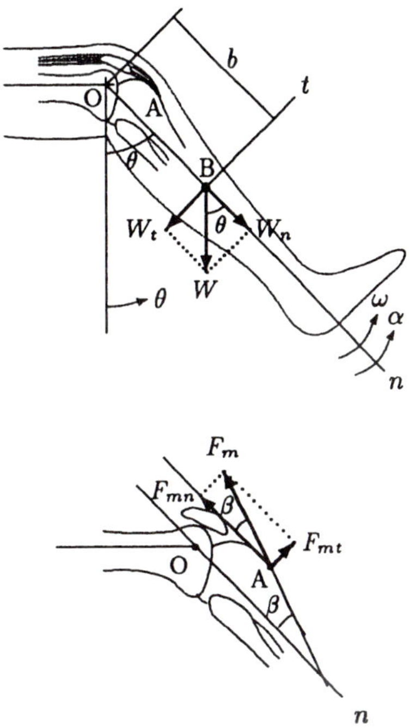

그림 10.13 • 종아리에 작용하는 힘들

무릎관절을 가로지르는 근육들에 의해 생성되는 힘과 토크에 관해 각기 다른 실험 기술을 사용하여 연구해 왔다. 여기서는 이들 중 하나에 대해 논의할 것이다.

그림 10.12의 사람에 대해 생각해보자. 이 피험자는 등받이에 등을 기대고 무릎관절을 중심으로 회전할 수 있도록 종아리부(lower legs)는 자유롭게 움직일 수 있는 상태로 탁자 위에 앉아 있다. 실험자의 상체는 등받이에 고정되어 있고, 오른쪽 허벅지는 탁자에 단단하게 고정되어 있다. 무릎관절에서 과다폄(hyperextension, 과신전)을 방지하기 위해 패드가 덧대어진 톱질 모탕(sawhorse)이 피험자 앞쪽에 위치해 있다(그림 10.12에는 표시되지 않음). 피험자의 오른쪽 다리에는 전자 각도계가 부착되어 있다. 각도계의 팔들은 허벅지와 정강이뼈의 장축으로 예측되는 부분에 정렬시키고, 각도계의 회전축은 무릎 관절의 회전축으로 예측되는 부분과 정렬시킨다. 그런 다음, 피험자에게 최대한 빨리 종아리부를 펴도록 한다. 전자 각도계의 전위차계에서 받은 신호는 컴퓨터에 저장되고, 초기에 수직 위치에서부터 측정된 종아리의 각변위 θ를 계산하기 위해 사용된다. 또한 유한 차분(수치 미분)법을 사용하여 종아리의 각속도 ω와 각가속도 α도 계산된다.

그림 10.13은 대상 모델의 기하학적 매개변수와 함께 종아리에 작용하는 힘들의 일부를 보여주고 있다. 이 모델은 넙다리네갈래근(quadriceps femoris muscle, 대퇴사두근)이 무릎의 폄을 담당하는 주요 근육군이라는 가정을 기반으로 한다. O 지점은 무릎관절의 순간 회전중심이다. 무릎힘줄(patellar tendon, 슬개건)은 정강뼈(tibia, 경골)의 A에 부착되어 있다. 그림 10.13과 같이 윗다리에 상대적인 종아리 위치의 경우, 무

륲힘줄 힘 $\underline{F}_m$의 당김선은 정강뼈의 장축과 각도 β를 이루고 있다. O 지점에 대한 $\underline{F}_m$의 지렛대 팔은 운동범위에서 종아리를 들어 올림에 따라 변하는 거리 a로 나타낼 수 있다. 종아리부의 전체 무게는 W이고, 무게중심은 정강뼈의 장축을 따라 측정된 O 지점으로부터 거리 b인 B 지점에 위치한다. 계획된 운동 방향은 반시계 방향이다(폄).

$\theta = 60°$, $\omega = 5$ rad/s 및 $\alpha = 200$ rad/s^{2}일 때, $W = 50$ N, $a = 4$ cm, $b = 22$ cm, $\beta = 24°$, 무릎관절에 대한 종아리부의 질량 관성모멘트는 $I_o = 0.25$ kgm^{2}이라고 가정하는 경우, 다음을 구하라.

(a) 무릎관절에 대하여 생성된 알짜 토크

(b) 무릎힘줄의 인장력

(c) 무릎관절에서의 반력

풀이: (a) 뉴턴의 운동 제2 법칙으로부터 무릎관절에 대해 생성되는 알짜 토크 M_o는 다음과 같다.

$$M_o = I_o\,\alpha = (0.25)(200) = 50\,\text{Nm} \quad \text{(ccw)}$$

(b) M_o는 무릎관절에 대한 알짜 토크의 크기이고, 종아리부에 작용하는 모든 외력의 회전 영향이 포함되어 있음을 주목하라. 무릎관절의 회전에 영향을 미치는 외력에는 무릎힘줄 힘 $\underline{F}_m$과 종아리부의 무게 $\underline{W}$가 있다. 수직과 $\theta = 60°$를 이루는 종아리부의 위치에 대해, O 지점에 관계하는 무릎힘줄의 모멘트 길이는 $a = 0.04$ m로 측정되었다. 따라서 O 지점에 대해 $\underline{F}_m$에 의해 생성된 토크는 $M_m = aF_m$(반시계 방향)이다. 반면에, $\underline{W}$는 아래쪽으로 향한다. O 지점에 대하여 $\underline{W}$에 의해 생성된 토크는 $M_w = W_t b = W \sin\theta b$(시계 방향)이다. 따라서 $\underline{F}_m$과 $\underline{W}$에 의한 무릎관절에 대한 알짜 토크의 크기 M_o는 다음과 같다.

$$M_o = M_m - M_w = a\,F_m - b\,W\,\sin\theta$$

이 방정식으로부터 아래와 같이 힘 F_m을 구할 수 있다.

$$F_m = \frac{M_o + b\,W\,\sin\theta}{a}$$

주어진 매개변수들을 대입하고 계산을 하면, 다음과 같은 결과를 얻을 수 있다.

$$F_m = \frac{50 + (0.22)(50)(\sin 60°)}{0.04} = 1488\,\text{N}$$

(c) 종아리부의 자유물체도는 그림 10.14와 같다. W는 종아리부의 무게, F_m은 A 지점에서 정강뼈에 작용하는 무릎힘줄 힘의 크기, F_{jn}은 정강뼈의 장축을 따라 작용하는 정강넙다리관절(tibiofemoral joint, 경대퇴관절) 반력 성분이고, F_{jt}는 정강뼈의 장축 방향에 수직으로 작용하는 정강넙다리관절의 반력 성분이다. 정강뼈의 수직 방향과

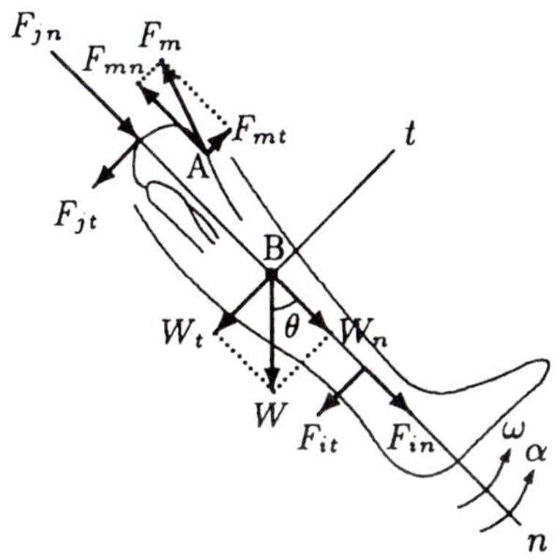

그림 10.14 • 종아리의 자유물체도

장축을 따라 생성된 $\underline{W}$와 $\underline{F}_m$ 성분과 관성력 성분 F_i는 그림 10.14에서 보는 바와 같다. 회전하는 신체 분절의 경우, 움직이는 신체의 관성 영향을 고려하는 한 가지 방법으로 달람베르트 원리(d'Alembert's principle)로 알려진 방법이 있다. 회전체의 질량 m, 무게중심과 회전중심 사이의 거리 r, 각속도 ω, 그리고 각가속도 α를 안다면, 운동 경로에 대한 법선과 접선 방향의 관성 힘의 크기 F_{in}과 F_{it}는 10.1절에서 설명한 식 (10.5)와 (10.6)을 사용하여 구할 수 있다.

$$F_{\rm in} = ma_{\rm n} = mr\omega^2$$
$$F_{\rm it} = ma_{\rm t} = mr\alpha$$

이 예제에서 $m = W/g = 50/9.8 = 5.1$ kg, $r = b = 0.22$ cm, $\omega = 5$ rad/s, $\alpha = 200$ rad/s^{2}이다. a_n과 a_t는 운동 경로에 대하여 각각 법선 방향과 접선 방향으로 종아리부의 각가속도 벡터 성분이다. $\underline{a}_n$은 항상 회전중심을 향하고, 운동은 시계 반대 방향이므로, $\underline{a}_t$는 시계 반대 방향이다. 따라서 관성 힘 F_{in}과 F_{it}에서 Fin은 원심력(회전중심 방향)이고, F_{it}는 다리를 시계 반대 방향으로 회전시키는 힘이다. 그림 10.14에서 보는 바와 같이, 달람베르트 원리는 F_{in}는 다리를 당기려는 원심력(구심력이 아님), F_{it}는 시계 반대 방향으로 종아리부를 회전시키려는 힘, 그리고 시스템이 정적 평형이라고 가정하여 적용할 수 있다. 시스템의 평형 조건은 운동 경로에서 법선 방향과 접선 방향을 따라 아래의 방정식으로 표현할 수 있다.

$$\sum F_{\rm n} = 0: \quad F_{\rm jn} - F_{\rm mn} + F_{\rm in} + W_{\rm n} = 0$$
$$\sum F_{\rm t} = 0: \quad F_{\rm jt} - F_{\rm mt} + F_{\rm it} + W_{\rm t} = 0$$

관절 반력 성분들을 구하기 하기 위해 이들 방정식을 풀면, 아래와 같이 정리할 수 있다.

$$F_{\rm jn} = F_{\rm mn} - F_{\rm in} - W_{\rm n}$$
$$F_{\rm jt} = F_{\rm mt} - F_{\rm it} - W_{\rm t}$$

알고 있는 매개변수들을 식에 대입하면 아래와 같은 식을 얻을 수 있다.

$$F_{\mathrm{jn}} = F_m \cos\beta - mb\omega^2 - W\cos\theta$$
$$F_{\mathrm{jt}} = F_m \sin\beta - mb\alpha - W\sin\theta$$

여기에 각 수치들을 대입하고 계산하면 다음과 같다.

$$F_{\mathrm{jn}} = (1488)(\cos 24) - (5.1)(0.22)(5)^2 - (50)(\cos 60) = 1306\,\mathrm{N}$$
$$F_{\mathrm{jt}} = (1488)(\sin 24) - (5.1)(0.22)(200) - (50)(\sin 60) = 338\,\mathrm{N}$$

따라서 넙다리뼈(femur, 대퇴골)가 정강뼈에 작용된 합력의 크기는 $F_{\mathrm{j}} = \sqrt{(F_{\mathrm{jn}})^2 + (F_{\mathrm{jt}})^2} = 1349\,\mathrm{N}$이다.

10.7 회전운동에너지

그림 10.15에 제시된 강체는 많은 작은 입자들로 구성되어 있고, 고정축에 대해 각속도 ω로 회전하는 물체라고 가정하자. m_i와 v_i가 각각 물체에서 i번째 입자의 질량과 속력이라면, 그 입자의 운동에너지는 다음과 같이 표현할 수 있다.

$$\mathcal{E}_{\mathrm{K}i} = \frac{1}{2} m_i v_i^2$$

임의의 순간에, 물체의 모든 입자는 같은 각속도 ω를 갖지만 각 입자의 선속도는 회전축으로부터 측정된 거리에 따라 달라진다. 만약 r_i가 i번째 입자와 회전축 사이의 수직거리(예를 들어, i번째 입자의 곡선운동 경로의 반지름)라면, $v_i = r_i\omega$이고, 그 입자의 운동에너지는 $\mathcal{E}_{\mathrm{K}i} = \frac{1}{2} m_i r_i^2 \omega^2$이다. 물체 내 각 입자는 운동에너지를 가지고 있으며, 회전하는 물체의 전체 운동에너지 $\mathcal{E}_{\mathrm{K}}$는 물체 내 각 입자들의 운동에너지의 합이다. 따라서 다음과 같이 나타낼 수 있다.

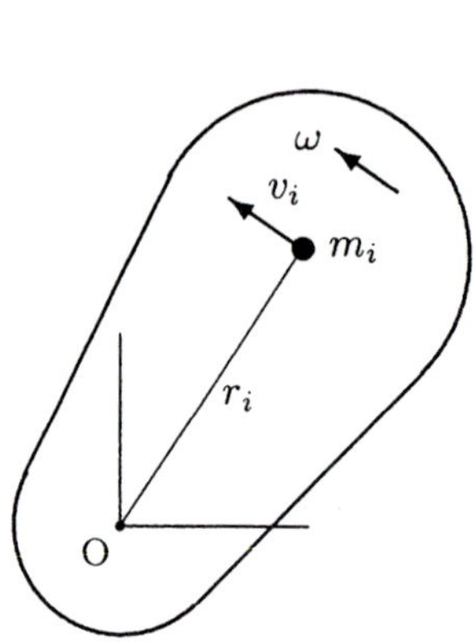

그림 10.15 • 고정 축에 대한 물체의 회전운동

$$\mathcal{E}_K = \sum_{i=1}^{n} \mathcal{E}_{Ki} = \frac{1}{2}\left(\sum_{i=1}^{n} m_i r_i^2\right)\omega^2$$

괄호 안의 양은 물체의 질량 관성모멘트 I이다. 따라서 아래와 같이 쓸 수 있다.

$$\mathcal{E}_K = \frac{1}{2} I\omega^2 \tag{10.15}$$

식 (10.15)는 물체의 회전운동에너지를 질량 관성모멘트와 물체의 각속도에 관해서 정의한 것이다. 이 식은 선형운동과 관련된 운동에너지 $\mathcal{E}_K = \frac{1}{2}mv^2$와 유사하다.

10.8 각일과 일률

정의에 의하면, 힘에 의해서 행해진 일은 해당 변위에 힘의 크기를 곱한 것과 같다. 회전하는 물체에 작용하는 힘에 의해서 행해진 **각일**(angular work)은 물체의 각변위와 관련이 있다. 작용된 힘 $\underline{F}$에 의해 점 O에서 고정축을 중심으로 회전하는 물체를 생각해보자. 그림 10.16에서 P_1과 P_2는 각각 시간 t_1과 t_2에 물체 내 한 점의 위치를 나타낸다. 시간 t_1과 t_2 사이에 물체는 호의 길이 s만큼 또는 각도 θ만큼 회전한다. $\underline{F}$에 의해 물체에 행해진 일은 운동 방향(접선 성분, F_t)으로 힘의 벡터 성분의 크기에 변위 s를 곱한 것과 같다.

$$W = F_t s$$

호의 길이는 $s = r\theta$와 같이 원운동 경로의 반지름에 따른 각변위와 관련이 있다. 따라서 다음과 같이 쓸 수 있다.

$$W = F_t r\theta$$

정의에 의하면, $F_t r$은 점 O에서 힘 $\underline{F}$에 의해 생성된 토크의 크기 M이다. 따라서 다음과 같이 표현할 수 있다.

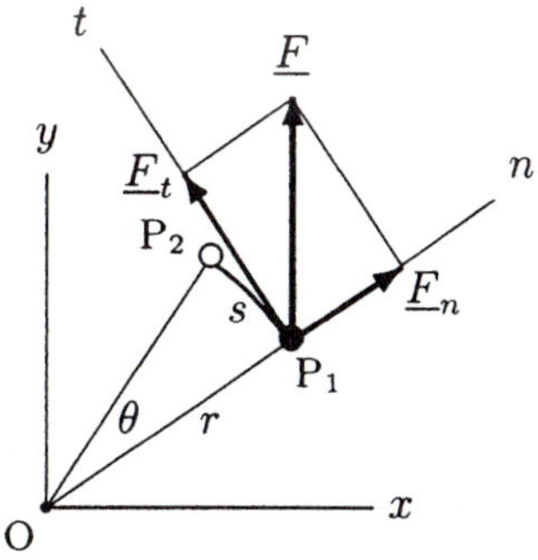

그림 10.16 • P_1에 위치한 입자는 P_2 지점에 대해 각도 θ만큼 또는 호의 길이 s만큼 회전한다.

$$W = M\theta \tag{10.16}$$

다시 말하면, 회전을 일으키는 힘이 한 일은 물체의 힘에 의해 생성된 토크에 각변위를 곱한 것과 같다. 힘 벡터의 법선(방사상) 성분은 법선 방향으로 운동이 없기 때문에, 회전운동을 하고 있는 물체에 일을 하지 않는다는 점에 주목하라. 식 (10.16)에서 주어진 각일, 토크 및 각변위 사이의 관계는 토크가 일정할 때 유효하다. ① 지점에서 ② 지점까지 물체를 회전시키기 위해 각변위 함수인 토크에 의해 물체에 행해진 일은 다음과 같다.

$$W = \int_{\theta_1}^{\theta_2} M\,\mathrm{d}\theta \tag{10.17}$$

여기서 θ_1과 θ_2는 각각 ① 지점과 ② 지점에서 물체의 각변위이다. 또한 $M = I\alpha$와 $\alpha = d\omega/dt$이므로, 식 (10.17)은 각속도에서 변화에 관해서 표현할 수도 있다. 미분의 연쇄법칙을 적용하면 아래와 같다.

$$M = I\alpha = I\frac{\mathrm{d}\omega}{\mathrm{d}t} = I\frac{\mathrm{d}\omega}{\mathrm{d}\theta}\,\frac{\mathrm{d}\theta}{\mathrm{d}t} = I\omega\frac{\mathrm{d}\omega}{\mathrm{d}\theta}$$

식 (10.17)에 이 식을 대입하면 아래와 같다.

$$W = \int_{\omega_1}^{\omega_2} I\omega\;\mathrm{d}\omega = \frac{1}{2}I\omega_2{}^2 - \frac{1}{2}I\omega_1{}^2 \tag{10.18}$$

식 (10.18)에서 ω_1과 ω_2는 각각 ① 지점과 ② 지점에서 물체의 각속도이다. **회전운동의 일-에너지 정리**(work-energy theorem in rotational motion)로 알려진 식 (10.18)은 고정축에 대하여 회전하는 물체인 강체에 행해진 알짜 각일(net angular work)은 물체의 회전운동에너지의 변화량과 같다는 점을 나타낸다.

행해진 일의 시간에 대한 비율을 일률이라고 한다. **각일률**(angular power)은 행해진 각일의 시간에 대한 비율로 표현된다. 토크가 일정한 경우, 아래와 같이 쓸 수 있다.

$$P = \frac{\mathrm{d}W}{\mathrm{d}t} = M\frac{\mathrm{d}\theta}{\mathrm{d}t} = M\omega \tag{10.19}$$

즉, 각일률은 물체의 각속도와 작용된 토크의 곱과 같다.

예제 10.4 예제 10.3에서 다룬 무릎 폄 문제에 대해 생각해보자. 그림 10.17에서 보는 바와 같이, 탁자 위에 한 사람이 앉아 있다. 상체는 등받이에 고정되어 있고, 오른쪽 허벅지는 탁자에 단단하게 고정되어 있으며, 종아리부는 수직 아래로 늘어뜨리고 있다. 그러고 나서 이 사람에게 오른쪽 종아리부 부분을 펴도록 한다. 무릎을 펴는 동

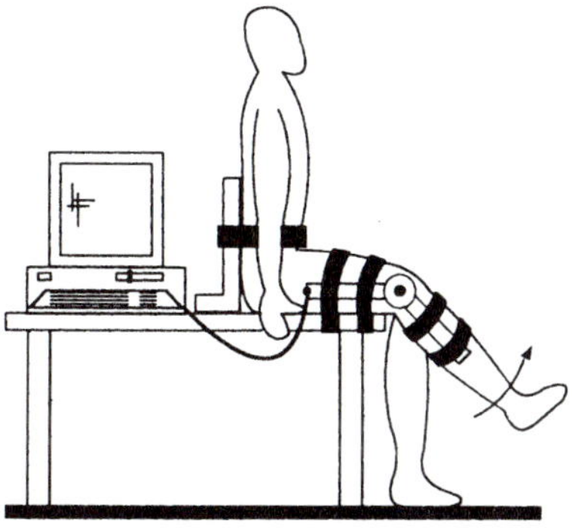

그림 10.17 • 무릎 폄

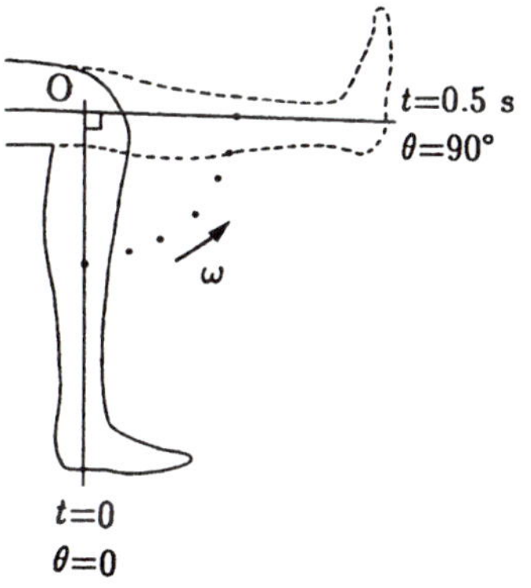

그림 10.18 • 종아리의 운동

안 종아리부 부분의 각변위는 다리에 부착된 각도계로 측정된다. 측정 결과, 종아리부는 90 Nm의 평균 폄근(extensor muscle, 신근) 토크를 일으켜 평균 각속도 3 rad/s로 0.5초 동안 θ가 0°에서 90°까지 펴진 것으로 확인되었다.

무릎관절의 회전중심에 대한 종아리부의 질량 관성모멘트가 92 kg m^{2}라고 가정할 때, 종아리부를 $\theta = 0°$에서 90°까지 펴기 위해서 무릎 폄근에 의해 생성된 평균 각운동에너지, 각일 및 각일률을 계산하라.

풀이: 0.5초 동안 종아리부의 운동범위는 0°에서 90°까지이다(그림 10.18). 무릎관절에 대하여 종아리부의 질량 관성모멘트는 $I_o = 92$ kg m^{2}으로 주어졌다. 종아리부의 평균 각속도는 $\overline{\omega} = 3$ rad/s이고, 무릎 폄으로 생성된 평균 토크는 $\overline{M} = 90$ Nm으로 계산되었다. 따라서 무릎 폄근에 의해 생성된 평균 각운동에너지는 아래와 같다.

$$\overline{\varepsilon}_k = \frac{1}{2} I_o \overline{\omega}^2 = \frac{1}{2}(92)(3)^2 = 414\,J$$

90° 또는 $90 \times \pi/180 = 1.57$ rad에서 종아리부를 펴기 위해 근육들이 행한 평균 일은 아래와 같다.

$$\overline{W} = \overline{M}\Delta\theta = (90)(1.57) = 141.3\text{ J}$$

폄근에 의해 생성된 평균 일률(average power)은 아래와 같다.

$$\overline{P} = \overline{M}\overline{\omega} = (90)(3) = 270\,\text{W}$$

10.9 연습문제

문제 10.1 그림 10.12에서 보는 바와 같이, 무릎관절을 가로지르는 근육에 의해 생성되는 힘과 토크를 조사하기 위해 무릎관절(O 지점)에 대하여 종아리부의 폄/굽힘 운동을 하는 사람을 생각해보자. 실험 장비는 앞의 예제 10.3에 설명되어 있다.

조사 중인 모델의 기하학적 매개변수, 종아리부에 작용하는 힘의 일부, 그리고 자유물체도는 그림 10.13과 10.14에 나와 있다. 이 시스템의 경우, 실험 중에 얻은 데이터를 사용하여 계산된 종아리부의 각변위, 각속도 및 각가속도는 각각 $\theta = 65°$, $\omega = 4.5$ rad/s, $\alpha = 180$ rad/s^{2}이었다. 또한 이 시스템에서 $a = 4.0$ cm, $b = 23$ cm, $\beta = 25°$이고, 무릎관절에 대해 생성되는 알짜 토크(net torque)는 $M_0 = 55$ Nm이라고 가정한다.

종아리부의 무게에 의해 무릎관절에 대해 생성되는 토크가 $M_w = 11.5$ Nm일 경우, 다음을 구하라.

(a) 무릎관절에 대한 종아리부의 질량 관성모멘트
(b) 종아리부의 무게
(c) 무릎힘줄의 장력
(d) 무릎관절에서의 반력

정답: (a) $I_0 = 0.3$ kg m^2; (b) $W = 55.2$ N; (c) $F_m = 1662.5$ N; (d) $F_j = 1517.3$ N

문제 10.2 그림 10.17에서 보는 바와 같이, 무릎관절에 대하여 종아리부의 폄 운동을 수행하는 사람을 생각해보자. 실험 장비는 예제 10.4에 설명되어 있다. 일련의 계산 결과, 종아리부는 평균 각속도는 $\omega = 0.3$ rad/s의 상태로 $\theta = 0°$에서 $\theta = 85°$까지 펴졌다. 또한 이 시스템의 경우, 실험 중 무릎폄근에 의해 생성된 각일률은 $P = 290$ W로 추정된다.

무릎관절의 회전중심에 대한 종아리부의 질량 관성모멘트가 $I_0 = 93$ kg m^{2}라고 가정할 때, 다음을 구하라.

(a) 무릎폄근에 의해 생성된 토크
(b) 종아리부를 펴기 위해 근육이 수행한 일
(c) 무릎폄근에 의해 생성된 운동에너지

정답: (a) $M = 87.9$ Nm; (b) $W = 130$ J; (c) $E_k = 506.4$ J

문제 10.3 외부에서 가해지는 힘에 의해 회전운동을 하고 있는 그림 10.19에 제시된 15 kg의 속이 채워진 원기둥을 생각해보자. 이 원기둥의 도심축에 대한 질량 관성모멘트가 $I_{AA} = 0.5$ kg m^{2}인 경우, 원기둥의 반지름을 구하라.

정답: $r = 0.26$ m

문제 10.4 그림 10.19에서 보는 바와 같이, 각속도가 $\omega = 3.5$ rad/s로 도심축 AA를 중심으로 회전운동을 하는 속이 채워진 원기둥을 생각해보자. 이 시스템에서 원기둥의 회전운동에너지는 $E_K = 30$ J로 추정된다. 원기둥의 반지름이 $r = 0.5$ m일 경우, 다음을 구하라.

(a) 도심축에 대한 원기둥의 질량 관성모멘트

(b) 원기둥의 질량

정답: (a) $I_{AA} = 4.9$ kg m^2; (b) $m = 19.6$ kg

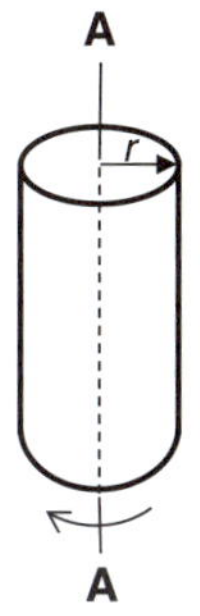

그림 10.19 • 문제 10.3 및 10.4

문제 10.5 그림 10.20에서 보는 바와 같이, 원기둥이 도심축 AA을 중심으로 회전운동을 하고 있다. 원기둥의 중량이 $m = 12$ kg이고, 반지름이 $r = 0.3$ m인 경우, 다음을 구하라.

(a) 도심축에 대한 원기둥의 질량 관성모멘트

(b) 도심축과 평행한 거리 $r_c = 0.2$ m에 위치한 축 DD에 대한 원기둥의 질량 관성모멘트

정답: (a) $I_{AA} = 0.54$ kg m^2; (b) $I_{DD} = 1.02$ kg m^2

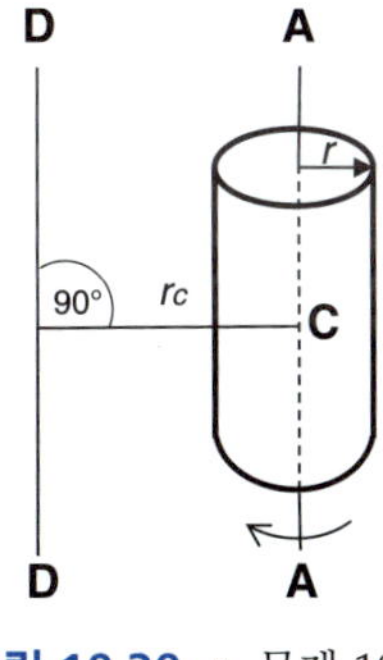

그림 10.20 • 문제 10.5

CHAPTER

11

충격량과 운동량

Impulse and Momentum

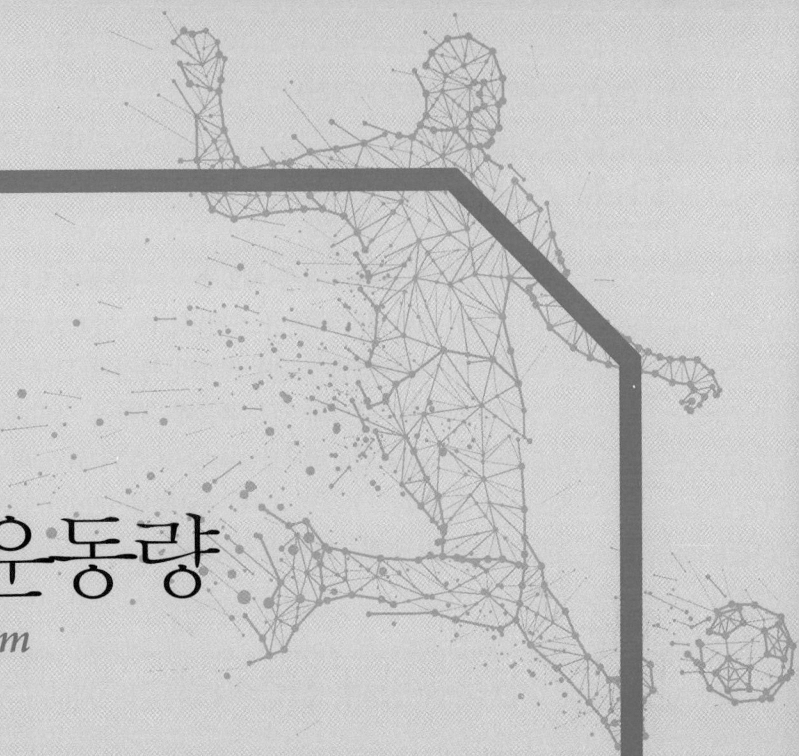

11.1 서론

제8장에서, 뉴턴의 운동 제2 법칙은 '운동방정식'의 형식으로 표현되었다. 제10장에서는 일과 에너지의 개념이 소개되었다. 이러한 법칙들에 기초하여 '일–에너지' 방법 및 '에너지 보존' 방법이 운동역학의 특정한 문제들을 쉽게 풀기 위하여 고안되었다. 이 장에서는 선운동량과 선충격량에 대하여 정의할 것이다. 뉴턴의 운동 제2 법칙은 '충격량–운동량 이론'과 '선운동량 보존'의 원리를 기반으로 하는 운동역학 해석을 위한 다른 방법을 도입하기 위해 재구성될 것이다. 그런 다음, 물체의 충격과 충돌을 해석하는 데 이 방법들을 적용할 것이다.

11.2 선운동량과 선충격량

외력 $\underline{F}$가 가해진 질량 m인 물체를 생각해보자. $\underline{a}$는 가해진 힘에 의해 움직이는 물체의 가속도라 하자. $\underline{F}$, m, $\underline{a}$ 사이의 관계는 아래와 같은 벡터 형식의 운동방정식으로 표현할 수 있다.

$$\underline{F} = m\underline{a} \tag{11.1}$$

정의에 따르면 가속도는 시간에 따른 속도의 변화율이다. 만약 물체의 질량이 일정하다면, 식 (11.1)은 식 (11.2)로 나타낼 수 있다.

$$\underline{F} = \frac{\mathrm{d}}{\mathrm{d}t}(m\underline{v}) \tag{11.2}$$

벡터 $m\underline{v}$는 물체의 **선운동량**(linear momentum)(또는 단순히 운동량)이라 하고, $\underline{p}$로 표시한다.

$$\underline{p} = m\underline{v} \tag{11.3}$$

운동량은 벡터양이다. 운동량 벡터의 작용선과 방향은 물체의 속도 벡터와 같다. 운동량의 크기는 물체의 질량과 속력의 곱과 같다.

이제 운동방정식은 식 (11.3)을 식 (11.2)에 대입함으로써 아래와 같이 운동량에 관하여 표현할 수 있다.

$$\underline{F} = \frac{\mathrm{d}\underline{p}}{\mathrm{d}t} \tag{11.4}$$

만약 물체에 작용하는 힘이 둘 이상이면, 식 (11.4)의 $\underline{F}$는 물체에 작용하는 모든 힘들의 벡터 합(합력)으로 대체해야 한다. 식 (11.4)는 시간에 따른 물체의 운동량의 변화율이 물체에 작용하는 합력과 같다는 것을 나타낸다.

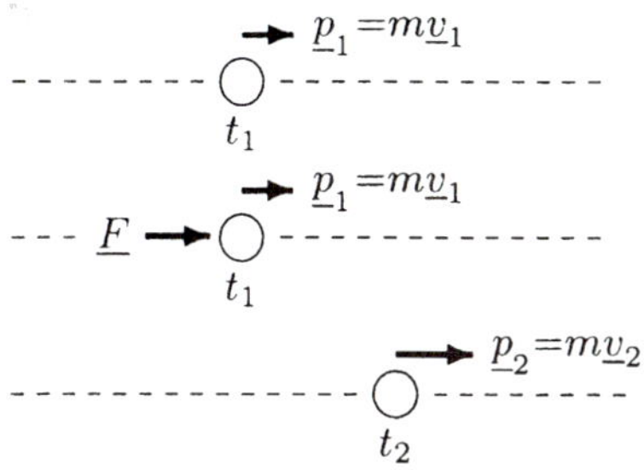

그림 11.1 • 충격력 $\underline{F}$가 물체의 운동량을 $\underline{p}_1$으로부터 $\underline{p}_2$로 변화시킨다.

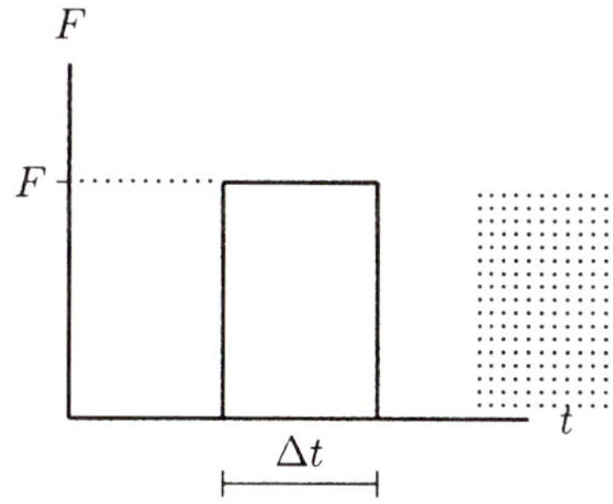

그림 11.2 • 충격량은 시간에 대한 힘 곡선의 아래 면적으로 나타낸다.

운동량이라는 개념은 매우 짧은 시간 간격에 가해진 힘들의 효과를 분석하는 데 특히 유용하다. 이러한 힘들을 **충격력**(impulsive force)이라 하고, 이들과 관련된 운동을 **충격운동**(impulsive motion)이라 한다. 시간 t_1에 속도 $\underline{v}_1$로 움직이는 물체를 생각해보자(그림 11.1). 힘 $\underline{F}$이 시간 t_1과 t_2 사이의 시간 동안 물체에 가해져, 물체의 속도는 시간 t_2에 $\underline{v}_2$로 변하였다고 가정하자. 식 (11.4)에 dt를 곱하고, t_1과 t_2 사이에서 적분하면, 다음과 같은 식을 얻을 수 있다.

$$\int_{t_1}^{t_2} \underline{F} dt = \underline{p}_2 - \underline{p}_1 = m\underline{v}_2 - m\underline{v}_1 \tag{11.5}$$

식 (11.5)의 좌변의 적분은 $\Delta t = t_2 - t_1$의 시간 간격 동안 물체에 가하는 **선충격량**(linear impulse) $\underline{F}$를 나타낸다. 식 (11.5)의 우변은 Δt의 시간 간격 동안 물체의 운동량 변화 $\Delta \underline{p} = \underline{p}_2 - \underline{p}_1$와 같다. 따라서 아래와 같이 나타낼 수 있다.

$$\int_{t_1}^{t_2} \underline{F}\ dt = \Delta \underline{p} \tag{11.6}$$

이 방정식은 **충격량-운동량 정리**(impulse-momentum theorem)의 수학적 표현이다.

충격량은 벡터양이다. 충격량은 충격력과 동일한 작용선 및 방향을 갖는다. 일반적으로 충격력의 크기와 방향은 Δt의 시간 간격 동안 변할 수 있다. 만약 힘이 시간에 대한 함수로 주어졌다면, 충격량은 시간에 대하여 $\underline{F}$를 적분하여 구할 수 있으며, 이는 본질적으로 시간에 대한 힘의 곡선 아래 면적을 산출하는 것이다. 만약 충격력이 일정하다면(그림 11.2), 충격량은 아래와 같이 간단히 나타낼 수 있다.

$$\underline{F} = \Delta t = \Delta p\ (\underline{F} = \text{상수}) \tag{11.7}$$

또한 식 (11.7)은 변하는 평균 힘의 값으로 힘을 근사화시켜 변하는 힘의 충격량을 결

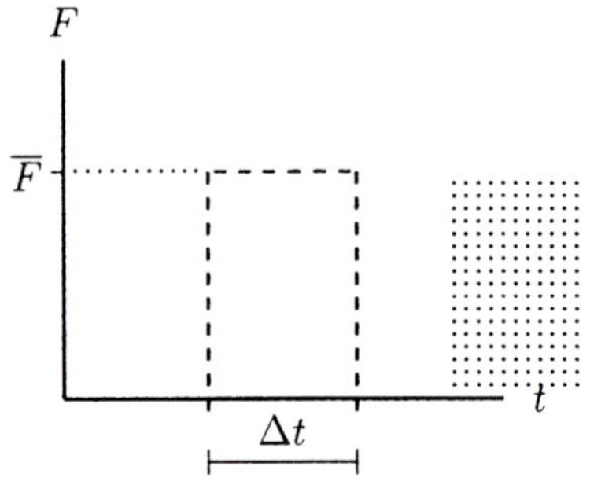

그림 11.3 • 변화하는 힘에 대한 충격량은 힘의 평균값과 평균시간으로 구할 수 있다.

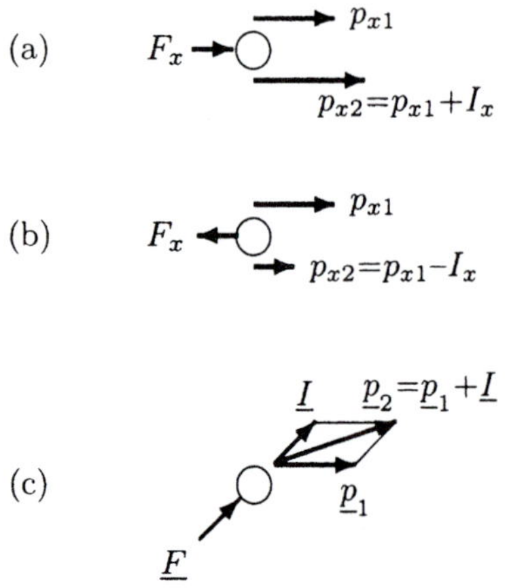

그림 11.4 • 충격량과 운동량의 스칼라 및 벡터 합

정하기 위해 사용할 수도 있다(그림 11.3).

지금까지 유도된 식들에서, 모든 매개변수들은 벡터양이다(질량 m은 제외). 이 매개변수들은 직각좌표 방향 x, y, z를 따라 그들의 수직 성분으로 표현할 수 있다. 이 접근 방식을 통해 x, y, z 방향을 따라 독립적인 세 개의 스칼라 방정식을 얻는다. 예를 들어, 식 (11.5)는 아래와 같이 나타낼 수 있다.

$$\begin{aligned}\int_{t_1}^{t_2} F_x \mathrm{d}t &= \Delta p_x = p_{x2} - p_{x1} = m\,v_{x2} - m\,v_{x1}\\ \int_{t_1}^{t_2} F_y \mathrm{d}t &= \Delta p_y = p_{y2} - p_{y1} = m\,v_{y2} - m\,v_{y1}\\ \int_{t_1}^{t_2} F_z \mathrm{d}t &= \Delta p_z = p_{z2} - p_{z1} = m\,v_{z2} - m\,v_{z1}\end{aligned} \tag{11.8}$$

1차원 문제의 경우, 위의 방정식 중 하나만으로 문제를 해석하는 데 충분하다. 2차원 문제를 풀기 위해서는 두 개의 방정식이 필요하다. 식 (11.8)을 사용하는 동안 힘, 속도, 운동량 및 충격량은 벡터양이라는 점을 염두에 두어야 한다. 예를 들어, 양의 x 방향으로 움직이는 물체를 생각해보자. 시간 t_1과 t_2 사이에 충격량 $\underline{F}_x$가 운동 방향으로 물체에 가해진다고 가정하면(그림 11.4a), 물체의 운동량은 다음과 같이 될 것이다.

$$p_{x2} = p_{x1} + \int_{t_1}^{t_2} F_x \mathrm{d}t$$

즉, 최종 운동량은 초기 운동량과 충격량의 합과 같다. 만약 물체의 움직임의 반대 방향으로 힘이 가해지면(그림 11.4b), 물체의 최종 운동량은 초기 운동량에서 충격량을

표 11.1 • 충격량과 운동량의 단위계

단위계	충격량과 운동량의 단위
국제단위계(SI)	kg m/s = N s
가우스단위계(c-g-s)	g cm/s = dyn s
영국단위계(British)	slug ft/s = lb s

뺀 값과 같다.

$$p_{x2} = p_{x1} - \int_{t_1}^{t_2} F_x \mathrm{d}t$$

만약 움직이는 물체에 이동 방향과 다른 방향으로 충격력이 가해지면(그림 11.4c), 충격량과 운동량을 벡터양으로 다루는 것이 해석하기 더 쉽다.

충격량과 운동량은 같은 차원(ML/T)을 가진다. 표 11.1에는 단위계에 따른 운동량과 충격량의 단위가 정리되어 있다.

11.3 충격량-운동량 방법의 응용

충격량과 운동량의 개념은 다양하게 응용될 수 있다. 이 개념은 충격과 충격력이 중요한 역할을 하는 상황에 대한 해석을 용이하게 할 수 있다. 충격량-운동량 방법은 다양한 운동, 경기 및 일상 활동에 포함되는 힘들을 결정하는 데 이용할 수 있다. 이 방법을 통해 축구공이 발이나 이마에 가한 힘을 조사할 수 있다. 사실, 이 힘은 발이나 이마가 축구공에 가한 힘과 같다. 걷거나 달리는 동안 수반되는 힘과 멀리뛰기나 일상적인 체육활동에서 착지하는 동안 발을 통해 전달되는 신체의 여러 관절에 가해지는 힘은 같은 기법으로 해석할 수 있다. 이 방법의 다른 응용으로는 클럽이 골프공에 가한 힘, 배트가 야구공에 가한 힘, 그리고 라켓이 테니스공에 가한 힘에 대한 해석이 포함된다.

예제 11.1 그림 11.5에서 보는 바와 같이, 질량 $m = 0.25$ kg인 공이 $h_0 = 1$ m 높이에서 떨어졌다고 가정하자. 공이 바닥에 부딪치고, 다시 튀어 올라 높이 $h_3 = 0.75$ m에 도달한다.

공의 바닥에 부딪치기 직전과 직후의 운동량을 계산하라. 충격 기간(접촉 기간)은 $\Delta t = 0.01$ s라고 가정할 때, 충격 동안 바닥이 공에 가한 힘을 구하라.

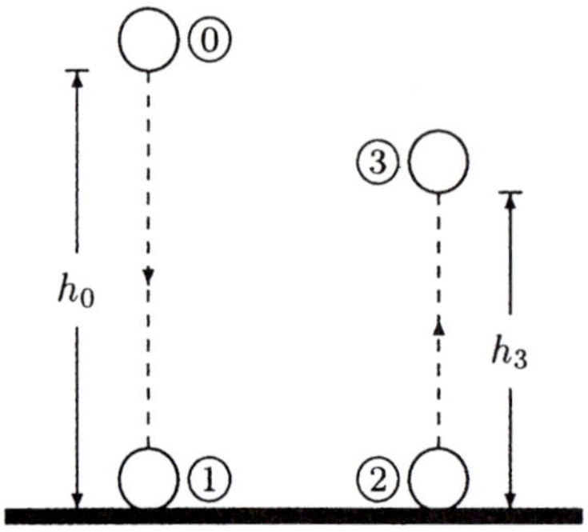

그림 11.5 • 공이 바닥을 치고 튀어 오른다.

풀이: 공의 각운동 단계, 즉 투하, 충격, 반동 및 0.75 m에 도달하는 단계를 각각 ⓪, ①, ②, ③으로 두자. 충격 순간의 공의 속력 v_1은 ⓪과 ① 사이의 에너지 보존의 법칙을 이용하여 계산할 수 있다. $v_0 = 0$, $h_1 = 0$이므로 아래와 같이 쓸 수 있다.

$$mgh_0 = \frac{1}{2}mv_1^2$$

이 식을 풀면, 아래와 같이 v_1을 계산할 수 있다.

$$v_1 = \sqrt{2gh_0} = \sqrt{2(9.8)(1)} = 4.43 \text{ m/s}$$

마찬가지로, 충돌 직후 공의 속력 v_2는 ②와 ③ 사이의 운동을 고려함으로써 계산할 수 있다. $h_2 = 0$, $v_3 = 0$이므로, 아래와 같이 쓸 수 있다.

$$\frac{1}{2}mv_2^2 = mgh_3$$

이 식을 풀면, 아래와 같이 v_2를 계산할 수 있다.

$$v_2 = \sqrt{2gh_3} = \sqrt{2(9.8)(0.75)} = 3.83 \text{ m/s}$$

충돌 전후, 공의 운동량은 다음과 같이 계산할 수 있다.

$$p_1 = mv_1 = (0.25)(4.43) = 1.11 \text{ kg m/s} \quad (\downarrow)$$
$$p_2 = mv_2 = (0.25)(3.83) = 0.96 \text{ kg m/s} \quad (\uparrow)$$

벡터 형식으로 나타내면 아래와 같다.

$$\underline{P}_1 = -1.11 \underline{j} \text{ (kg m/s)}$$
$$\underline{P}_2 = 0.96 \underline{j} \text{ (kg m/s)}$$

충돌 과정 동안 공의 운동량 변화는 다음과 같다.

$$\Delta \underline{p} = \underline{p}_2 - \underline{p}_1 = \left(0.96\underline{j}\right) - \left(-1.11\underline{j}\right) = 2.07\underline{j}\,(\text{kg m/s})$$

충돌 과정 동안 바닥이 공에 가한 힘은, 충돌하는 동안 충격력이 거의 일정하다는 가정하에서 계산할 수 있다. 식 (11.7)에서 주어진 충격량–운동량 방정식을 이용하면, 아래와 같이 나타낼 수 있다.

$$\underline{F}\Delta t = \Delta \underline{p}$$

이 식을 풀면, 아래와 같이 미지수인 힘 $\underline{F}$를 계산할 수 있다.

$$\underline{F} = \frac{\Delta p}{\Delta t} = \frac{2.07\underline{j}}{0.01} = 207\underline{j}\,(\text{N})$$

참고

- 계산된 평균 충격력의 크기는 공에 대한 중력 2.5 N보다 훨씬 더 크다. 이 결과로부터, 충돌과 관련된 문제에 있어서는 충돌하는 물체들(이 경우에는 공과 바닥) 사이의 충격력이 가장 지배적이며, 다른 외력의 효과는 무시할 만하다는 점을 알 수 있다.
- 계산된 평균 힘은 접촉 기간 Δt와 크게 연관되어 있다.
- $v_2 = 3.83$ m/s가 $v_1 = 4.43$ m/s보다 작다는 사실은 충돌 직전 운동에너지의 일부가 충돌 과정 동안 열로 소실됨을 암시한다. 소실된 에너지의 양은 충돌 전후 공의 운동에너지의 차이로 계산할 수 있다.

예제 11.2 정지된 공을 차는 축구 선수를 생각해보자(그림 11.6). 만약 공기 저항을 무시한다면, 공은 발사체 운동을 할 것이다(그림 11.7).

공의 질량이 $m = 0.5$ kg이고, 공의 수평 운동 범위는 $l = 40$ m이며, 공이 공중에서 도달하는 최대 높이는 $h = 4$ m이고, 선수의 발이 공에 접촉하고 있는 동안의 시간은 $\Delta t = 0.1$s일 때, 공이 이륙하는 순간의 운동량 및 선수가 공에 가한 충격력을 계산하라.

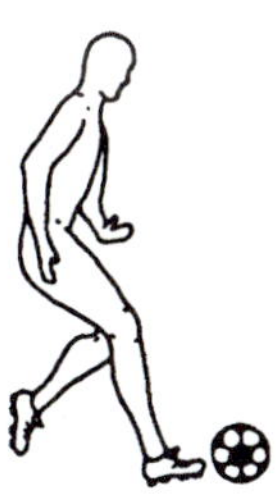

그림 11.6 • 축구 선수가 공에 충격력을 가한다.

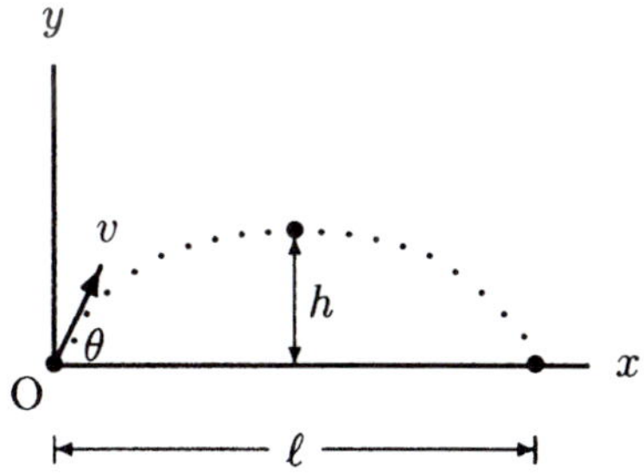

그림 11.7 • 축구공은 발사체 운동을 한다.

풀이: 공이 이륙하는 순간의 운동량을 계산하기 위해서는 먼저 공의 이륙 속력과 각도를 계산해야 한다. 이를 위해 7.10절에서 주어진 공식을 활용할 수 있다. 이륙 각도는 다음과 같이 발사체 운동의 최대 높이와 수평 이동 거리에 관한 식 (7.35)에 나타나 있다.

$$\theta = \arctan\left(\frac{4h}{l}\right)$$

$h = 4$ m와 $l = 40$ m의 값을 위 식에 대입하면 다음과 같다.

$$\theta = \arctan\left[\frac{4(4)}{40}\right] = 21.8^\circ$$

식 (8.40)을 이용하면, 다음과 같이 이륙 속력도 계산할 수 있다.

$$v = \frac{\sqrt{2gh}}{\sin\theta} = \frac{\sqrt{2(9.8)(4)}}{\sin 21.8^\circ} = 23.8\,\text{m/s}$$

이륙 속도 $\underline{v}$는 크기와 함께 x와 y의 두 방향 성분을 가진다.

$$v_x = v\cos\theta = (23.8)(\cos 21.8^\circ) = 22.1\,\text{m/s} \quad (\rightarrow)$$
$$v_y = v\sin\theta = (23.8)(\sin 21.8^\circ) = 8.8\,\text{m/s} \quad (\uparrow)$$

따라서 공의 이륙 속도를 벡터 형식으로 나타내면 아래와 같다.

$$\underline{v} = 22.1\underline{i} + 8.8\underline{j}\,(\text{m/s})$$

축구공이 이륙하는 순간(충격이 가해진 직후)의 운동량은 다음과 같이 계산할 수 있다.

$$\underline{p} = m\underline{v} = 0.5\left(22.1\underline{i} + 8.8\underline{j}\right) = 11.1\underline{i} + 4.4\underline{j}\,(\text{kg}\cdot\text{m/s})$$

선수가 공을 차기 직전까지 공은 정지되어 있고, 공의 운동량은 0이다. 따라서 축구 선수의 발과 공의 접촉 과정 동안 공의 운동량의 변화는 이륙 운동량과 같다. 이제 축구 선수에 의해 공에 가해지는 평균 충격력을 계산하기 위해 충격량-운동량 방정식 [식 (11.7)]을 아래와 같이 활용할 수 있다.

$$\underline{F} = \frac{\Delta p}{\Delta t} = \frac{11.1\underline{i} + 4.4\underline{j}}{0.1} = 111\underline{i} + 44\underline{j}\,(\text{N})$$

따라서 선수에 의해 공에 가해진 알짜힘 또는 합력은 아래와 같다.

$$F = \sqrt{(111)^2 + (44)^2} = 119.4\,\text{N}$$

작용과 반작용은 크기가 같아야 하므로, F는 공이 선수의 발에 가하는 힘의 크기이기도 하다.

예제 11.3 그림 11.8과 같은 지면반력 분석기(force platform)는 지면 위에 가해진 힘을 전자적으로 기록하는 편평하고 직사각형 모양의 힘 감지 장치이다. 이 장치는 걷기, 달리기, 멀리뛰기, 높이뛰기와 같은 활동에서 나타나는 충격력을 측정할 수 있다.

지면반력 분석기에서 높이뛰기를 하는 선수에 대해 그림 11.9의 시간에 대한 힘 기록을 살펴보자. 힘의 척도는 선수의 체중을 표준으로 맞춤으로써, 선수가 정지(서 있거나 몸을 웅크리고 있는 상태)해 있을 때의 힘은 0이다. 힘의 척도를 표준으로 맞추는 이유는 충격량 계산에서 중력가속도의 영향을 무시할 수 있기 때문이다. 이 경우, 양(+)의 힘은 사람의 체중 이외의 요인으로 인해 분석기에 가해진 힘을 의미한다. 시간에 대한 힘의 그래프에는 세 단계의 뚜렷한 영역이 있다. 즉, 선수가 분석기에 대하여 양의 힘을 가하는 초기 '도약' 구간, 선수가 분석기와 접촉하고 있지 않은 '체공' 구간, 그리고 선수가 다시 분석기에 충격력을 가하는 '착지' 구간으로 나뉜다. 이 영역들은 대략적인 직사각형 영역인 A_1과 A_2, 그리고 삼각형 영역인 A_3이다. 각 영역의 경계는 그림 11.9에서 점선으로 표시되어 있다.

가해진 힘과 도약 기간은 대략 $F_1 = 600$ N, $\Delta t_1 = 0.3$ s이다. 선수의 체공 기간 동안 기록된 힘은 $F_2 = -800$ N이고, 체공 기간은 $\Delta t_2 = 0.4$ s이다. 선수의 체중은 800 N이다. 따라서 선수의 질량은 $m = (800\ \text{N})/(9.8\ \text{m/s}^2) = 82$ kg이다. 선수의 착지 기간 동안 분석기에 가한 최대 충격력 $F_3 = 1000$ N은 시간 $\Delta t_3 = 0.4$ s 동안 '0'(표준화된 척도 기준)으로 감소한다.

시간에 대한 힘 곡선 아래의 개략적인 면적을 이용하여, 선수의 무게중심의 도약 속도

그림 11.8 • 지면반력 분석기

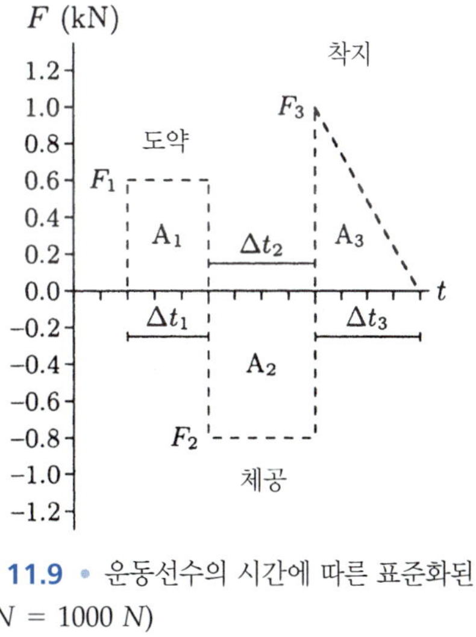

그림 11.9 • 운동선수의 시간에 따른 표준화된 힘 (1 kN = 1000 N)

및 뛰어오른 높이, 그리고 착지하는 동안 선수의 충격량과 운동량을 구하라.

풀이: 주어진 가정하에서 문제의 해석은 매우 간단하다. 충격량–운동량 방정식을 이용하면 충분하다. 시간에 대한 힘의 곡선에 의해 만들어진 사각형의 넓이 A_1은 도약하는 동안의 충격량과 같다.

$$A_1 = F_1 \Delta t_1 = (600)(0.3) = 180 \text{ N s}$$

도약 이전 선수의 속도는 0이므로, 충격량은 도약 순간의 운동량으로 변환된다. 만약 v_t가 도약 속력이라면, 충격량–운동량 방정식[식 (11.7)]은 아래와 같이 간단한 형태로 나타낼 수 있다.

$$F_1 \Delta t_1 = \Delta p = m v_T$$

도약 속력에 대하여 이 식을 풀면 다음과 같은 값을 얻을 수 있다.

$$v_T = \frac{F_1 \Delta t_1}{m} = \frac{180}{82} = 2.2 \text{ m/s}$$

에너지 보존의 법칙을 활용하면, 뛰어오른 높이를 계산할 수 있다. 도약 순간, 선수는 운동에너지 $m v_t^2/2$과 위치에너지 0을 가지고 있다. 선수가 높이 올라감에 따라 운동에너지는 위치에너지로 변환된다. 운동선수가 최대 높이 h에 다다른 순간, 선수의 운동에너지는 0이 되고, 위치에너지는 mgh가 된다. 따라서 아래와 같이 쓸 수 있다.

$$\frac{1}{2} m\, v_t^2 = mgh$$

이 식을 풀면, 운동선수의 무게중심의 최대 높이는 다음과 같다.

$$h = \frac{v_2^2}{2g} = \frac{(2.2)^2}{2(9.8)} = 0.25 \text{ m}$$

시간에 대한 힘 곡선에서, 선수가 지면에 착지하는 동안 지면에 가하는 충격량은 삼각형의 면적 A_3와 같다.

$$A_3 = \frac{F_3 \Delta t_3}{2} = \frac{(1000)(0.4)}{2} = 200 \text{ N s}$$

착지 과정 동안, 선수의 아래로 향하는 속도는 0으로 감소할 것이며, 착지 동안의 계산된 충격량은 착지하는 순간의 선수의 운동량 p_L과 같다.

$$p_L = A_3 = 200 \text{ N s}$$

또한, 선수의 착지 속력은 다음과 같이 계산할 수 있다.

$$v_L = \frac{p_L}{m} = \frac{200}{82} = 2.4 \text{ m/s}$$

예제 11.4 실험실 충돌 시험은 자동차 승객용 좌석 벨트의 내구성을 측정하기 위한 시험이다(그림 11.10). 70 kg의 인체 모형을 태운 자동차의 초기 수평속력은 100 km/h로 설정되어 있다. 0.1 s의 시간 간격 동안 자동차와 인체 모형의 속력은 0이 된다.

마찰의 영향은 무시한다고 가정할 때, 인체 모형이 안전벨트에 가한 수평 방향의 평균 힘을 계산하라.

풀이: 마찰력이 없으므로, 만약 안전벨트가 인체 모형의 운동을 구속하지 않는다면, 인체 모형은 양의 x 방향(오른쪽 방향)으로 끝없이 운동할 것이다.

안전벨트는 인체 모형이 정지하는 시간 간격 $\Delta t = 0.1$ s 동안, 음의 x 방향으로 인체 모형에 힘을 가한다. 브레이크가 작동하는 순간, 자동차와 인체 모형의 속력은 $v_1 =$ 100 km/h 또는 27.8 m/s이다. 따라서 동일한 순간에 인체 모형의 운동량은 다음과 같다.

$$p_1 = mv_1 = (70)(27.8) = 1946 \text{ kg m/s}$$

벡터 형식으로 나타내면, $\underline{p}_1 = 1946i$ kg m/s이다. $\Delta t = 0.1$ s 시간 간격 동안 인체 모형의 속력은 0이 된다. 따라서 인체 모형의 운동량은 0.1 s 후에 0이며, 아래와 같이 나타낼 수 있다.

$$\underline{p}_2 = 0$$

충격량-운동량 정리에 의해, 인체 모형의 운동량 변화는 안전벨트가 인체 모형에 가한 충격량과 같고, 다음과 같이 쓸 수 있다.

$$\underline{F}\Delta t = \underline{p}_2 - \underline{p}_1$$

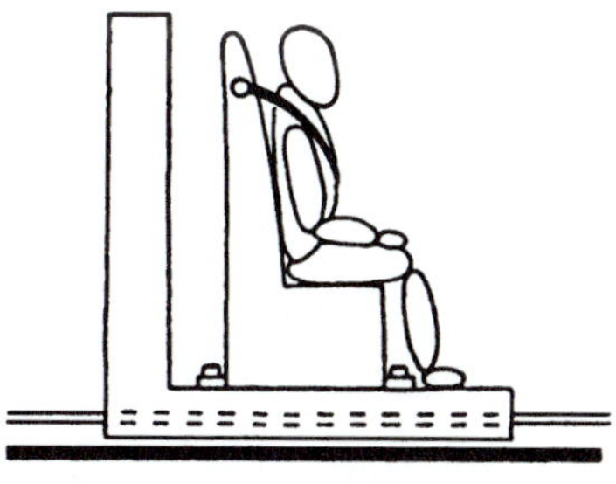

그림 11.10 • 충돌 시험

따라서 아래와 같이 계산할 수 있다.

$$\underline{F} = \frac{\underline{p}_1}{\Delta t} = \frac{1946\underline{i}}{0.1} = -19,460\underline{i}(\mathrm{N})$$

그러므로 안전벨트는 인체 모형에 음(−)의 x 방향으로 $F = 19{,}460$ N의 힘을 가하게 된다. 작용과 반작용의 크기는 같으므로, F는 인체 모형이 안전벨트에 가하는 힘의 크기이기도 하다. 이 결과로부터, 만약 적당한 안전벨트를 설계하고자 한다면, 안전벨트 재료는 약 19.5 kN보다 큰 힘을 견딜 수 있도록 선택해야 함을 알 수 있다.

11.4 선운동량의 보존

운동방정식[식 (11.4)]은 물체에 가한 힘들의 합과 시간에 따른 물체의 운동량의 변화율과 관련이 있다. 물체에 작용한 합력이 0일 때(즉, 물체가 평형상태일 때), 시간에 대한 운동량의 변화율은 0이 되고, 물체의 운동량도 일정하게 유지된다. 이러한 조건을 **선운동량 보존의 원리**(principle of conservation of linear momentum)라고 한다. 운동량의 보존은 충격 및 충돌 해석에 특히 유용하다.

상호작용하고 있는 두 물체를 생각해보자. 이 물체들은 주변 환경으로부터 고립되어 있어서 서로에게 가하는 힘을 제외한 외력이 존재하지 않는다고 가정한다. 다시 말해서, 외력의 영향은 두 물체가 서로에게 가한 힘에 비하여 무시할 만큼 작다. 이는 특히 충격 및 충돌의 경우에 사실이다. 임의의 시간 t에 두 물체가 각각 운동량 $\underline{p}_1$과 $\underline{p}_2$를 가지고 있다고 가정하자. $\underline{F}_{12}$는 물체 2가 물체 1에 가한 힘이고, $\underline{F}_{21}$은 물체 2가 물체 1에 가한 힘이다. 식 (11.4)를 사용하면 아래와 같이 표현할 수 있다.

$$\underline{F}_{12} = \frac{\mathrm{d}\underline{p}_1}{\mathrm{d}t}, \quad \underline{F}_{21} = \frac{\mathrm{d}\underline{p}_2}{\mathrm{d}t}$$

뉴턴의 제3 법칙에 따르면, 작용과 반작용은 크기가 같고 방향이 반대이어야 한다($\underline{F}_{12} = -\underline{F}_{21}$). 즉, 아래와 같이 나타낼 수 있다.

$$\underline{F}_{12} + \underline{F}_{21} = \frac{\mathrm{d}\underline{p}_1}{\mathrm{d}t} + \frac{\mathrm{d}\underline{p}_2}{\mathrm{d}t} = \frac{\mathrm{d}}{\mathrm{d}t}\left(\underline{p}_1 + \underline{p}_2\right) = 0$$

이 평형조건은 다음과 같이 쓸 수 있다.

$$\underline{p}_1 + \underline{p}_2 = \text{상수} \tag{11.9}$$

식 (11.9)는 독립된 시스템을 형성하는 상호 작용하는 두 물체의 선운동량 보존의 원리를 나타낸다. 두 물체가 충돌할 때마다, 두 물체 사이에 포함된 힘의 성질과 상관없이 전체 운동량은 항상 일정하게 유지된다.

11.5 충격과 충돌

두 물체가 충돌하면 힘이 수반되기 때문에 어느 정도 변형이 일어난다. 변형된 양은 물체의 재료 속성, 적용된 힘의 정도와 기간, 그리고 온도와 같은 다른 조건에 따라 달라진다. 일반적으로 물체는 **탄성**(elastic) 변형과 **소성**(plastic) 변형 또는 둘 다를 겪는다. 탄성 변형은 변형을 일으킨 힘이 제거되면 회복되지만, 소성 변형은 영구적이다.

충돌에는 몇 가지 유형이 있으며, 이는 두 물체의 충격 속도의 방향이나 물체가 경험하는 변형 특성에 따라 구별될 수 있다. 그림 11.11에서 보는 바와 같이, 두 물체가 '정면 충돌(head-on)'을 하는 경우, 이를 **정면 중심 충돌**(direct central impact)이라고 한다. 이 경우, 물체들의 속도는 충격선과 동일선상에 있다. **충격선**(line of impact)(AA)은 충돌하는 물체의 질량중심을 따라 지나는 가상의 선이고, 접촉면에 접하는 **접촉 평면**(plane of contact)(BB)과 직각을 이룬다. 그림 11.12는 두 물체의 **경사 중심 충돌**(oblique central impact)을 보여준다. 이 경우, 물체의 충돌 속도는 충격선과 동일선상에 있지 않다.

충돌은 또한 충돌 과정에서 발생하는 변형 특성에 따라 구분할 수도 있다. **탄성** 또는 **완전 탄성 충돌**(perfectly elastic collision)은 시스템(즉, 두 물체)의 총 운동량과 총 운동에너지가 둘 다 보존된 충돌을 말한다. 반면에, **비탄성 충돌**(inelastic collision) 또는 **소성 충돌**(plastic collision)의 경우에는 시스템의 총 운동량만 보존된다. 비탄성 충돌을 하는 동안, 충돌하는 물체의 운동에너지 중에서 일부는 열로 소실된다. 비탄성 충돌의 극한의 경우를 **완전 비탄성 충돌**(perfectly inelastic collision)이라 한다. 이는 물체가 충돌한 후에 서로 붙어서, 공통 속도로 움직이는 것을 말한다.

충돌이 탄성이든 아니면 비탄성이든 간에, 시스템의 총 운동량은 보존된다. 따라서 충돌 문제의 해석은 운동량 보존의 원리를 기반으로 한다. 질량이 m_1, m_2인 두 물체의 충돌을 생각해보자. 물체 1과 물체 2의 속도를 각각 $\underline{v}_1$, $\underline{v}_2$라 하자. 또한 아래첨자 'i'와 'f'는 충돌 직전과 직후를 의미한다. t_i과 t_f 사이의 시간 동안, 운동량 보존의 원리[식 (11.9)]는 다음과 같이 표현할 수 있다.

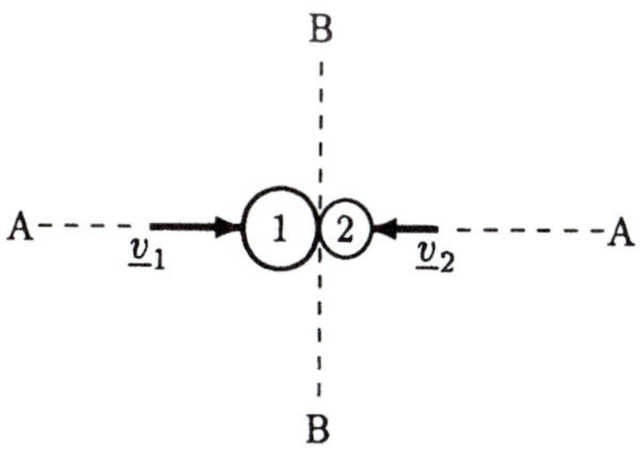

그림 11.11 • 정면 중심 충돌

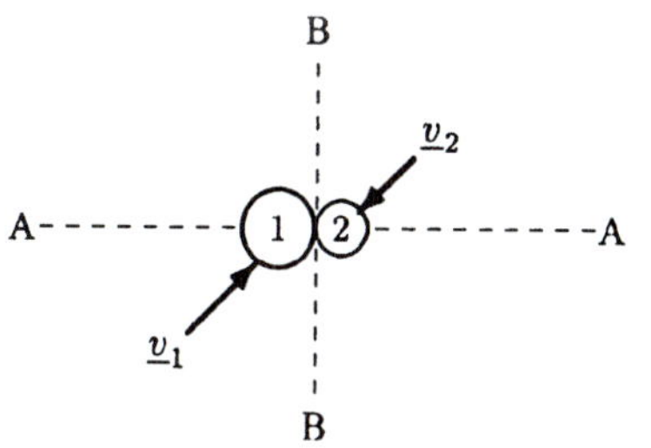

그림 11.12 • 경사 중심 충돌

$$m_1\underline{v}_{1i} + m_2\underline{v}_{2i} = m_1\underline{v}_{1f} + m_2\underline{v}_{2f} \tag{11.10}$$

다른 유형의 충돌 특성들을 이해하기 위해서는 1차원 충돌의 경우를 먼저 고려해야 한다. 이러한 개념들은 관련된 매개변수의 벡터 성질을 이용하여 2차원 충돌의 해석을 위해 확장할 수 있다.

11.6 1차원 충돌

직선을 따라 충돌(즉, 정면 중심 충돌)하는 경우, 식 (11.10)은 다음과 같은 스칼라 형태로 단순화할 수 있다.

$$m_1v_{1i} + m_2v_{2i} = m_1v_{1f} + m_2v_{2f} \tag{11.11}$$

이 방정식은 탄성과 비탄성 충돌 모두에 적용된다.

11.6.1 완전 비탄성 충돌

완전 비탄성 충돌은 물체가 충돌 후에 서로 붙어서 같은 속도 v_f로 움직이는 것이다(그림 11.13). v_f를 결정하려면, 충돌하는 동안 운동량 보존의 원리를 적용하는 것으로 충분하다. 식 (11.11)에 $v_{1f} = v_{2f} = v_f$를 대입하여 v_f에 대하여 풀면, 아래와 같다.

$$v_f = \frac{m_1v_{1i} + m_2v_{2i}}{m_1 + m_2} \tag{11.12}$$

예제 11.5 그림 11.14는 가벼운 줄에 매달린 나무 블록 **탄동 진자**(ballistic pendulum)를 보여준다. 이 간단한 장치를 이용하면, 총알의 속도를 측정할 수 있다. 질량이 m_1인 총알이 발사되어 질량이 m_2인 정지된 블록에 박히고, 질량이 $m_1 + m_2$인 총알–블록 시스템은 높이 h로 흔들린다.

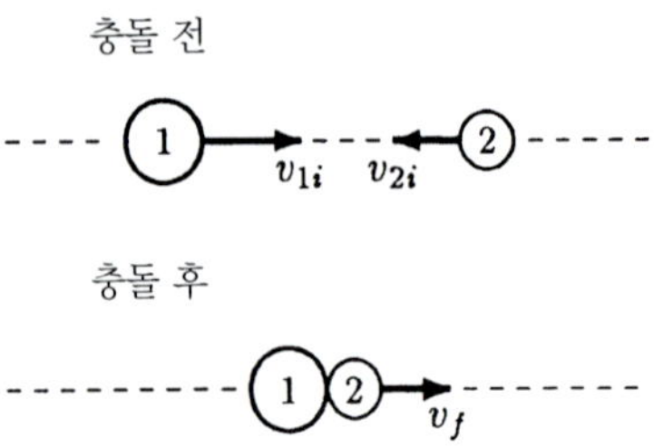

그림 11.13 • 완전 비탄성 충돌

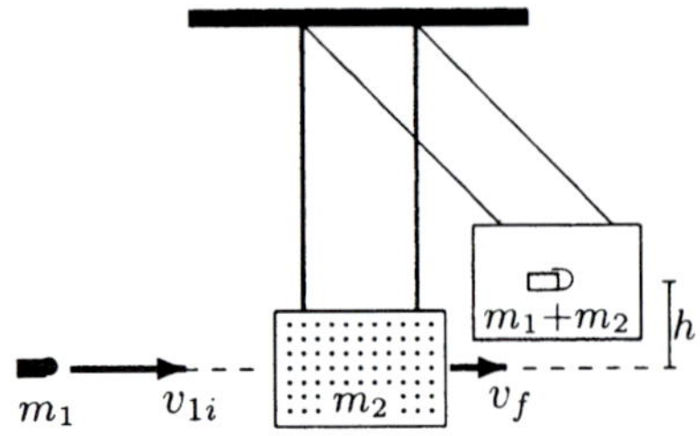

그림 11.14 • 총알 진자

총알이 블록에 남아 있다고 가정할 때, 충격 직전 총알의 초기 속력 v_{1i}을 m_1, m_2, 그리고 h에 대하여 표현하라.

풀이: 이 문제는 완전 비탄성 충돌의 전형적인 사례이다. 충격 전 블록의 속도는 0이다. 충돌 직후, 블록은 운동에너지를 얻게 된다. 충격 직후의 속력은 v_f이고, 총알–블록 시스템은 $(m_1 + m_2)v_f^2/2$의 운동에너지를 가지며, 이 운동에너지는 블록이 높이 h까지 진행함에 따라 $(m_1 + m_2)gh$의 위치에너지로 바뀌게 된다. 에너지 보존의 법칙을 이용하면 아래와 같이 표현된다.

$$\frac{1}{2}(m_1 + m_2)v_f{}^2 = (m_1 + m_2)gh$$

충격 직후 총알과 블록의 공통 속력 v_f에 대하여 이 식을 풀면 다음과 같다.

$$v_f = \sqrt{2gh} \tag{i}$$

충격 과정 동안 운동량은 보존된다. 충격 전 블록의 속도는 0이므로, 식 (11.12)는 다음과 같은 간단한 형식으로 나타낼 수 있다.

$$v_f = \frac{m_1 v_{1i}}{m_1 + m_2}$$

식 (i)을 이용하여 v_{1i}에 대하여 위 식을 풀면, 아래와 같다.

$$v_{1i} = \left(\frac{m_1 + m_2}{m_1}\right)\sqrt{2gh}$$

11.6.2 완전 탄성 충돌

완전 탄성 충돌은 포함된 관련 물체들의 총 운동량뿐만 아니라 총 운동에너지도 보존되는 충돌이다(그림 11.15). 충돌 과정 동안 총 운동에너지가 보존되는 조건은 다음과 같이 나타낼 수 있다.

$$\frac{1}{2}m_1 v_{1i}{}^2 + \frac{1}{2}m_2 v_{2i}{}^2 = \frac{1}{2}m_1 v_{1f}{}^2 + \frac{1}{2}m_2 v_{2f}{}^2 \tag{11.13}$$

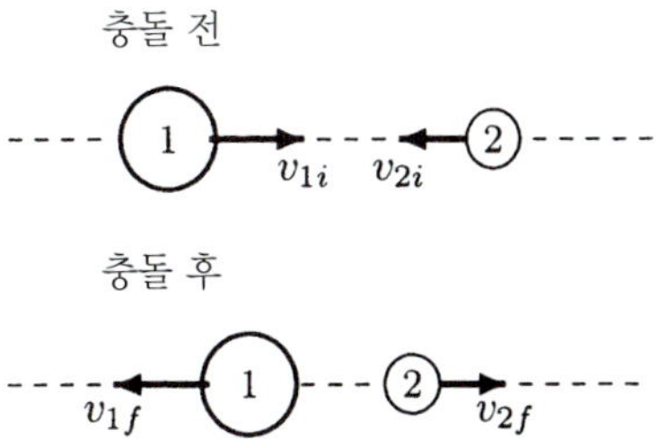

그림 11.15 • 완전 탄성 충돌

이 경우, 미지수인 v_{1f} 와 v_{2f}를 풀기 위해서는 식 (11.11)과 (11.13)을 동시에 적용해야 한다. 이들 방정식을 풀면 아래와 같다.

$$v_{1f} = \left(\frac{m_1 - m_2}{m_1 + m_2}\right)v_{1i} + \left(\frac{2m_2}{m_1 + m_2}\right)v_{2i} \tag{11.14}$$

$$v_{2f} = \left(\frac{2m_1}{m_1 + m_2}\right)v_{1i} + \left(\frac{m_2 - m_1}{m_1 + m_2}\right)v_{2i} \tag{11.15}$$

속도는 벡터양이며, 식 (11.12), (11.14), 그리고 (11.15)에는 관련된 모든 속도에 대한 적절한 부호를 기재해야 한다. 이를 위해서 양(+)의 운동 방향을 선택해야 한다. 같은 방향으로 작용하는 속도는 양(+)으로 하고, 반대 방향으로 작용하는 속도는 음(−)으로 해야 한다.

예제 11.6 그림 11.16에서 보는 바와 같이, 동일한 질량 m을 갖는 두 당구공이 완전 탄성 충돌을 한다고 생각해보자. 충돌 전에 공 ①의 속력은 v_{1i}이고, 공 ②는 정지해 있다.

정면 중심 충돌이라 가정할 때, 충돌 직후 당구공의 속도를 계산하라.

풀이: 당구공들의 질량이 같고(즉, $m_1 = m_2 = m$) 충돌 전 하나의 공은 정지되어 있다($v_{2i} = 0$)는 가정으로 인해 문제는 매우 단순해진다. 두 당구공의 질량이 같으므로 $m_1 - m_2 = m_2 - m_1 = 0$이고, $2m_1/(m_1 + m_2) = 1$이다. 따라서 식 (11.14)의 우변 첫 번째 항은 0이 되고, 식 (11.15)의 우변 두 번째 항도 0이 된다. $v_{2i} = 0$이므로, 식 (11.14)의 우변 둘째 항도 0이 된다. 오른쪽을 양(+)의 방향으로 선택하면, 식 (11.14)와 (11.15)는 다음과 같이 계산할 수 있다.

$$v_{1f} = 0$$
$$v_{2f} = v_{1i}\ (\rightarrow)$$

충돌 직전, 공 ①의 운동에너지와 운동량은 충돌하는 동안 공 ②의 운동에너지와 운동

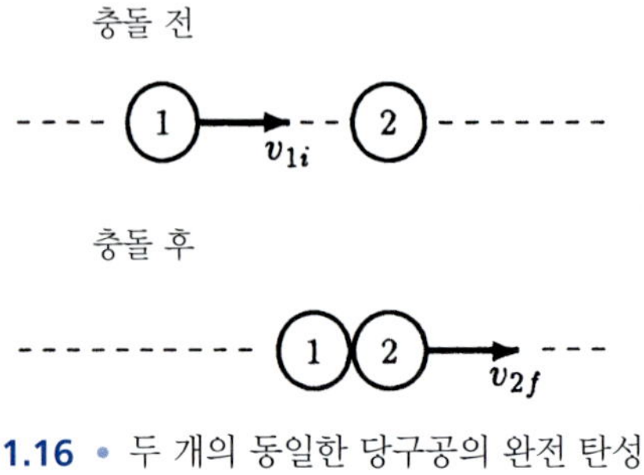

그림 11.16 • 두 개의 동일한 당구공의 완전 탄성 충돌

량으로 완전히 전달된다.

11.6.3 탄소성 충돌

실제로 재료는 탄성과 비탄성의 변형을 모두 겪는다. 이러한 재료들로 구성된 물체의 충돌 특성을 해석하기 위해서, 분리 상대속도(relative velocity of separation)와 도달 상대속도(relative velocity of approach)의 비율인 **반발계수**(coefficient of restitution)의 개념이 개발되었다. 만약 두 재료 사이의 반발계수를 e라 하면, 아래와 같이 나타낼 수 있다.

$$e = \frac{\text{분리 상대속도}}{\text{도달 상대속도}} \tag{11.16}$$

반발계수는 0과 1 사이의 값을 갖는다. 완전 비탄성 충돌인 경우에는 $e = 0$이고, 완전 탄성 충돌인 경우에는 $e = 1$이다. 반발계수는 양수이며, e를 계산하는 동안 분리 및 도달 상대속도의 절댓값을 취해야 한다. 그림 11.17에서 보는 바와 같은 두 물체를 생각해보자. 충돌 전, 물체 ①은 오른쪽으로 속도 v_{1i}로 움직이고, 물체 ②는 왼쪽으로 속도 v_{2i}로 움직인다. 따라서 도달 상대속도는 $v_{1i} + v_{2i}$이다. 충돌 후, 물체는 반대 방향으로 속도 v_{1f}와 v_{2f}로 움직인다고 가정한다. 그러면 분리 상대속도는 $v_{1f} + v_{2f}$이다. 만약 물체가 충돌 전에 같은 방향으로 움직이고 있었다면, 도달 상대속도는 $v_{1i} - v_{2i}$이다. 만약 두 물체가 충돌 후에 같은 방향으로 움직인다면, 분리 상대속도는 $v_{1f} - v_{2f}$이다. 만약 물체 중 하나가 충돌 전후에 정지해 있다면, 반발계수는 물체의 최종 속도와 초기 속도의 비로부터 결정된다. 사실, 이는 두 재료 사이의 반발계수를 측정하는 가장 쉬운 방법이다.

반발계수는 충돌하는 물체들의 재료 특성에 따라 달라진다. 온도는 재료 역학적 성질을 바꿀 수 있기 때문에 반발계수에 영향을 줄 수 있는 요소이다. 예를 들어, 공에 열을 가하면 더 잘 튀어 오를 것이다. 만약 테니스공과 같이 공이 공기로 가득 채워져 있으면, 열은 공의 내부 압력을 증가시킬 수 있다. 많이 팽창된 공은 그렇지 않은 공보다 훨씬 잘 튀어 오를 것이다. 공이 충격 동안 변형되면, 에너지의 일부는 열로 사라지게 된다. 공이 상대적으로 빠른 속도로 충돌하는 테니스나 스쿼시와 같은 경기에서 온도

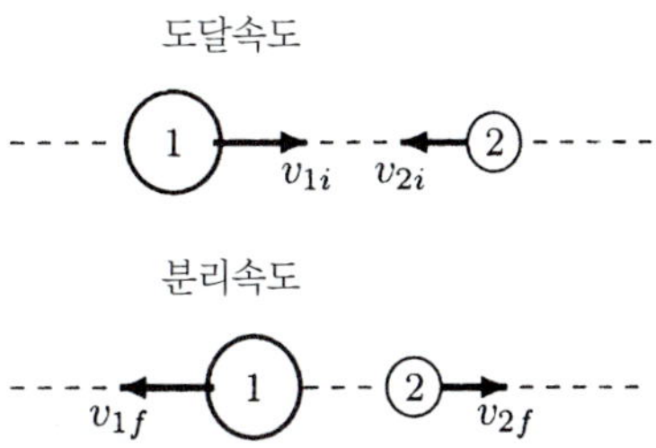

그림 11.17 • 충돌하는 두 물체 사이의 반발계수는 분리 및 도달 상대속도의 비로 표현된다.

의 상승은 중요하다. 두 재료 사이의 반발계수에 영향을 줄 수 있는 또 다른 요인으로는 도달 상대속도가 있다. 도달 상대속도가 높을수록, 반발계수는 낮아진다.

예제 11.7 예제 11.1에서 다룬 질량이 $m = 0.25$ kg인 공을 생각해보자. 그림 11.18에서 보는 바와 같이, 공은 높이 $h_0 = 1$ m에서 떨어진다. 공이 바닥에 부딪힌 후 튀어 올라 높이 $h_3 = 0.75$ m에 도달한다. ⓪과 ① 사이 및 ②와 ③ 사이에서 충돌 직전과 직후 공의 속력은 에너지 보존 법칙으로부터 $v_1 = 4.43$ m/s, $v_2 = 3.83$ m/s로 산출되었다.

공과 바닥 사이의 반발계수 및 충격 과정 동안 소멸된 에너지를 구하라.

풀이: 정의에 의해, 반발계수는 분리 속도와 접근 속도의 비와 같다. 이 경우, 충격 전후 바닥면은 안정하다. 따라서 충돌 전후의 속력 v_1과 v_2는 각각 접근 및 분리 상대속도의 크기이기도 하다. 따라서 공과 바닥면 사이의 반발계수는 다음과 같다.

$$e = \frac{v_2}{v_1} \tag{i}$$

수치를 대입하여 계산하면, 아래와 같다.

$$e = \frac{3.83}{4.43} = 0.86$$

충격 과정 동안 손실된(열, 소리 또는 내부에너지로 변환된) 에너지의 크기는 아래와 같이 충격 전후 공의 운동에너지의 차이를 계산하여 구할 수 있다.

$$\mathcal{E}_{K2} - \mathcal{E}_{K1} = \frac{1}{2}m\left(v_2^2 - v_1^2\right) = -0.62\,\mathrm{J}$$

[안정한 바닥면을 치고 튀어 오르는 공에 대한 식 (i)에서 나타낸] 반발계수는 공이 떨어지기 시작할 때의 초기 높이 h_0과 공이 튀어 오른 최종 높이 h_3에 관해서 나타낼 수

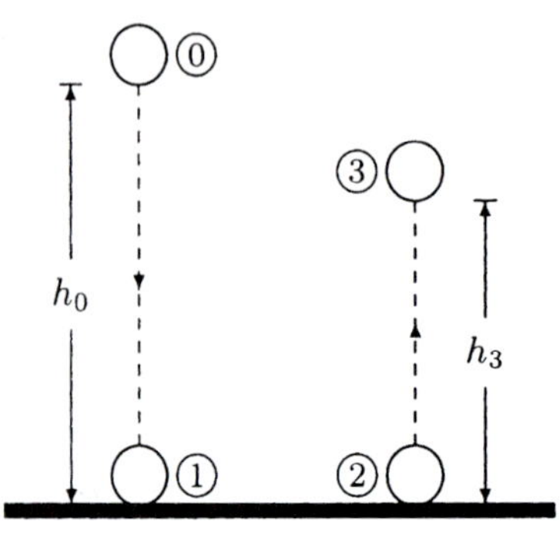

그림 11.18 • 공이 바닥을 치고 튀어 오른다.

있다. 예제 11.1에서, 에너지 보존 법칙을 이용하여 $v_1 = \sqrt{2gh_0}$ 및 $v_2 = \sqrt{2gh_3}$를 구하였다. 이를 식 (i)에 대입하여 풀면 아래와 같다.

$$e = \sqrt{\frac{h_3}{h_0}} \tag{ii}$$

미국의 전미대학체육협회(NCAA)의 농구공 규격 규정에 따르면, 농구공을 높이 $h_0 = 1.8$ m에서 떨어뜨렸을 때, 대략 $h_3 = 1.0$ m까지 튀어 올라올 수 있어야 하며, 이는 반발계수 $e = \sqrt{1.0/1.8} = 0.75$임을 의미한다.

11.7 2차원 충돌

11.4절에서 살펴본 바와 같이, 상호작용하는 두 물체가 주변 환경으로부터 격리되어 있다면(외력의 효과가 현재의 충격력에 비해 무시할 수 있다면), 시스템의 총 운동량은 보존된다. 이러한 운동량 보존의 원리는 일부 단순한 시스템의 정면 중심 충돌, 또는 1차원 충돌을 해석하는 데 적용된다. 1차원 충돌을 위해 개발된 개념들은 관련된 매개변수의 벡터 성질을 고려함으로써, 두 물체의 경사 중심 충돌 또는 2차원 충돌의 해석으로 확장할 수 있다.

2차원 충돌 문제의 경우, 선운동량 보존의 원리를 2축 방향으로 적용해야 한다. 또한, 충돌 특성을 알아야 한다. 예를 들어 충돌이 완전 탄성이라면, 시스템의 총 운동에너지 또한 보존된다. 만약 충돌이 완전 비탄성 충돌이라면, 충돌 후 물체들의 속도는 같다.

다음 예제는 2차원 충돌 문제와 관련된 개념들을 설명해 줄 것이다.

예제 11.8 그림 11.19는 포켓볼 경기의 한 장면을 보여준다. 포켓볼 선수는 큐볼(공 ①)이 정지된 타깃볼(공 ②)을 쳐서 타깃볼이 코너 포켓으로 들어가게 하려고 한다. 큐볼이 속도 $v_{1i} = 5$ m/s로 타깃볼 쪽으로 움직이고, 질량중심의 선은 코너 포켓의 중심에 대해 그림 11.20과 같이 $\theta = 45°$의 각도를 이루는 경우를 생각해보자. 직각좌표 x와 y는 각각 충격선(접촉면에 수직방향) 및 접촉면(접촉면에 법선방향)과 일치하게 선택된다. 큐볼이 충격선상의 한 점에서 질량이 같은 타깃볼을 타격했다고 가정하자.

마찰, 회전 및 중력의 영향을 무시하고, 반발계수가 $e = 0.8$일 때, 충돌 직후 큐볼과 타깃볼의 속도를 계산하라.

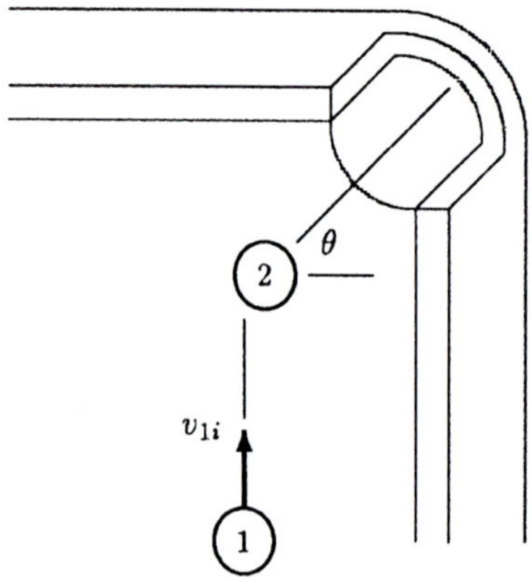

그림 11.19 • 두 포켓볼 공의 경사 중심충돌

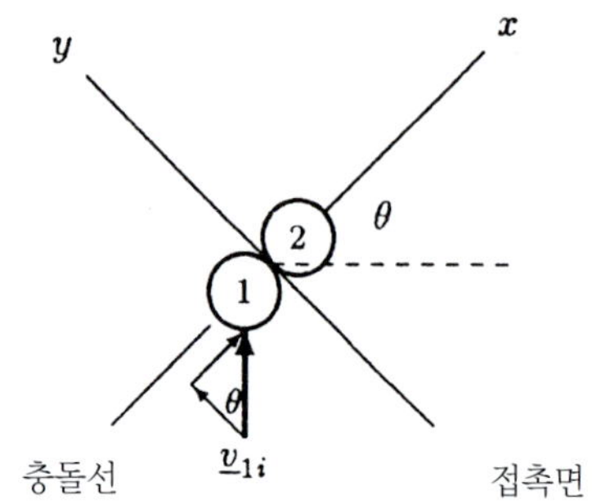

그림 11.20 • 충돌 전

풀이: 이 문제는 먼저 x와 y 방향을 따라 개별적으로 해석한 후, 속도의 벡터 성질을 이용하여 결과를 합산하여 풀이할 수 있다. 충격 전에 타깃볼은 정지하고 있으며, 큐볼은 x와 y 방향 모두에서 속도 성분을 가지고 있다. 따라서 아래와 같이 정리할 수 있다.

$$(v_{1i})_x = v_{1i}\sin\theta = (5)(\sin 45°) = 3.54\,\text{m/s}$$
$$(v_{1i})_y = v_{1i}\cos\theta = (5)(\cos 45°) = 3.54\,\text{m/s}$$
$$(v_{2i})_x = 0$$
$$(v_{2i})_y = 0$$

마찰의 영향이 없으므로, y 방향으로의 운동은 두 공은 충돌 없이 평행선을 따라 움직인다. 이에 반해, x 방향으로의 운동에서 두 공은 정면 중심 충돌을 한다.

(a) y 방향 운동

y 방향으로는 충돌이 없다. 그러므로 공 ①의 y 방향 운동량은 다음과 같이 보존된다.

$$m(v_{1i})_y = m(v_{1f})_y$$
$$(v_{1f})_y = (v_{1i})_y = 3.54\,\text{m/s} \tag{i}$$

y 방향에서 공 ②에 대하여 운동량 보존의 원리를 적용하면 아래와 같다.

$$m(v_{2i})_y = m(v_{2f})_y$$
$$(v_{2f})_y = (v_{2i})_y = 0 \tag{ii}$$

(b) x 방향 운동

x 방향에서 두 공은 정면 중심 충돌을 겪으므로 시스템의 총 운동량은 보존된다. 양(+)의 운동 방향이 양의 x축(즉, 모서리 포켓 방향) 방향이고, 충돌 후 두 공은 양의 x

방향으로 움직인다고 가정한다. 다시 말해, $(v_{1f})_x$와 $(v_{2f})_x$는 양수이다. 두 공의 질량이 같으므로, x 방향으로 선운동량의 보존은 다음과 같이 나타낼 수 있다.

$$m(v_{1i})_x + m(v_{2i})_x = m(v_{1f})_x + m(v_{2f})_x$$

질량을 제거하면 $(v_{2x})_x = 0$이므로, 아래와 같이 정리할 수 있다.

$$(v_{1f})_x + (v_{2f})_x = (v_{1i})_x \tag{iii}$$

충돌에 대한 반발계수가 $e = 0.8$로 주어졌다. 정의에 따라, e는 분리 상대속도와 접근 상대속도의 비와 같다. 충격 전, 공 ②는 정지되어 있다. 따라서 x 방향으로의 접근 상대속도는 공 ①의 x 방향으로의 초기 속력과 같다. 충돌 후 운동 방향을 가정하였으므로, x 방향으로의 분리 상대속도는 x 방향으로 두 공의 속도의 차와 같다. $(v_{2f})_x$가 $(v_{1f})_x$보다 크다고 가정하면 아래와 같다.

$$e = \frac{(v_{2f})_x - (v_{1f})_x}{(v_{1i})_x}$$

이 식은 또한 다음과 같이 쓸 수 있다.

$$(v_{2f})_x - (v_{1f})_x = e(v_{1i})_x \tag{iv}$$

두 미지수 $(v_{2f})_x$와 $(v_{1f})_x$에 대하여 두 식 (iii)과 (iv)가 있으므로, 이 식들을 동시에 계산하면 다음과 같다.

$$(v_{1f})_x = \frac{(e-1)}{2}(v_{1i})_x \tag{v}$$

$$(v_{2f})_x = \frac{(e+1)}{2}(v_{1i})_x \tag{vi}$$

$(v_{1f})_x = 3.54$ m/s와 $e = 0.8$을 이 식들에 대입하여 계산하면, 아래와 같은 결과를 얻을 수 있다.

$$(v_{1f})_x = -0.35$$
$$(v_{2f})_x = 3.19$$

따라서 충돌 후 두 공의 속도는 아래와 같다.

$$\underline{v}_{1f} = -0.35\underline{i} + 3.54\underline{j}\,(\text{m/s})$$
$$\underline{v}_{2f} = 3.19\underline{i}\,(\text{m/s})$$

충돌 직후, 타깃볼은 코너 포켓을 향해(즉, 양의 x 방향으로) 3.19 m/s의 속력으로 이동할 것이다. 그림 11.21에 나타낸 바와 같이, 큐볼은 음의 x 방향과 arctan (3.54/0.35) = 84°의 각도, 또는 수평과 $\beta = 84° - 45° = 39°$의 각도를 이루는 방향

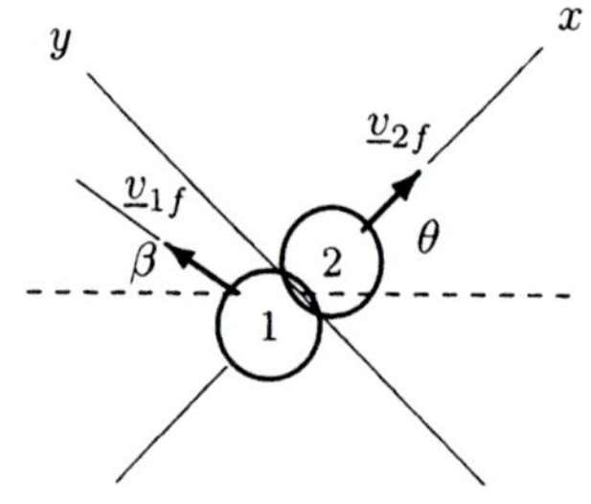

그림 11.21 • 충돌 후

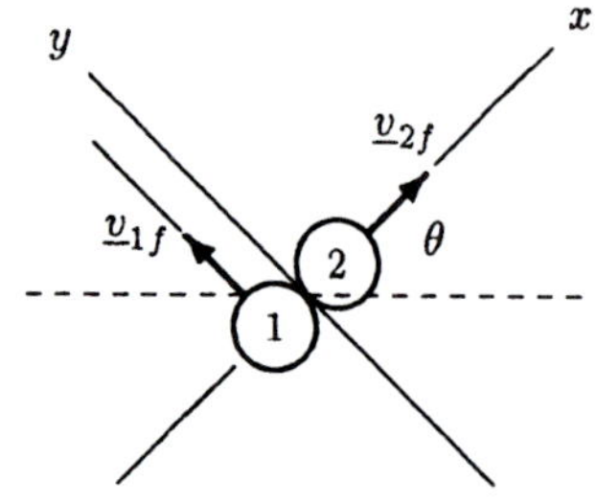

그림 11.22 • 두 포켓볼 공의 완전 탄성 충돌

을 따라 $v_{1f} = \sqrt{(0.35)^2 + (3.54)^2} = 3.56\,\text{m/s}$의 속력으로 이동할 것이다.

반발계수와 운동량 보존에 대한 식들을 이용할 때, 두 공의 속도 성분이 양의 x 방향임을 가정하였다. 계산 결과 $(v_{1f})_x$는 음수이므로, 이는 음의 x 방향으로 이동함을 의미한다.

만약 충돌이 완전 탄성충돌(즉, $e = 1$)이라면, 식 (v)와 (vi)로부터 $(v_{1f})_x = 0$과 $(v_{1f})y = (v_{1i})_x$로 계산될 것이다. 따라서 충돌 후에 공들의 속도 벡터는 다음과 같다.

$$\underline{v}_{1f} = 3.54\underline{j} \ \ (\text{m/s})$$

$$\underline{v}_{2f} = 3.54\underline{i} \ \ (\text{m/s})$$

그림 11.22와 같이, 충돌 직후에 타깃볼은 양의 x 방향(코너 포켓을 향해)으로 3.54 m/s의 속력으로, 큐볼은 동일한 속력으로 양의 y 방향으로 이동할 것이다. 충돌 후 공들은 서로 직각 방향으로 이동하게 된다.

11.8 각충격량과 각운동량

선운동량과 유사한 회전에 관한 개념으로 **각운동량**(angular momentum)이 있다. 각운동량은 질량 관성모멘트와 회전운동을 하는 물체의 각속도의 곱으로 정의되며, 일반적으로 아래와 같이 L로 나타낸다.

$$L = I\omega \tag{11.17}$$

회전운동에 관한 충격량−운동량 정리(impulse-momentum theorem for rotational motion)는 적용된 토크 및 각운동량의 변화와 관계가 있다. 만약 크기 M인 토크가 시간 t_1과 t_2 사이에 회전하는 물체에 가해져, 물체의 각운동량이 L_1에서 L_2로 바뀌면, 이때 회전운동에 관한 충격량−운동량 정리는 다음과 같이 표현할 수 있다.

$$\int_{t_1}^{t_2} M \, \mathrm{d}t = L_2 - L_1 \tag{11.18}$$

식 (11.18)의 좌변은 **각충격량**(angular impulse)이고, M은 **충격 토크**(impulsive torque)이다. 만약 토크가 일정하다면, 식 (11.18)의 적분은 다음과 같이 나타낼 수 있다.

$$M \, \Delta t = \Delta L = I \Delta \omega \tag{11.19}$$

즉, 시간 간격 $\Delta t = t_2 - t_1$ 동안 물체에 가해진 일정한 충격 토크 M으로 인해 각속도는 ω_1에서 ω_2로 변할 것이다. 결과적으로, 물체의 각운동량은 L_1에서 L_2로 변할 것이다. 운동 방향으로 토크가 가해지면 물체의 각속도와 각운동량은 증가할 것이다. 회전 운동에너지, 행해진 각일, 그리고 일률은 각각 선운동의 경우와 동일한 방향 및 단위를 갖는다. 반면에 각운동량의 차원은 $[M][L^2]/[T]$이고, SI 단위계로 kg m^2/s의 단위를 갖는다.

11.9 기본 방정식 정리

표 11.2에는 1차원 병진운동의 해석에 필요한 방정식들과 함께 고정축에 대한 회전운동(원운동)의 해석에 필요한 기본 방정식들의 목록이 기재되어 있다. x와 θ, v와 ω, a와 α, m과 I, F와 M, 그리고 p와 L과 같이 선운동과 각운동 사이에는 유사한 요소들이 대응된다.

표 11.2 • 병진 및 회전 운동에 관한 식

병진운동	회전운동(원운동)
속도	
$v = \frac{\mathrm{d}x}{\mathrm{d}t}$	$\omega = \frac{\mathrm{d}\theta}{\mathrm{d}t}$
가속도	
$a = \frac{\mathrm{d}v}{\mathrm{d}t}$	$\alpha = \frac{\mathrm{d}\omega}{\mathrm{d}t}$
등가속도 운동 관계식	
$x = x_0 + v_0 t + \frac{1}{2} a_0 t^2$ $v = v_0 + a_0 t$ $v^2 = {v_0}^2 + 2a_0(x - x_0)$	$\theta = \theta_0 + \omega_0 t + \frac{1}{2} \alpha_0 t^2$ $\omega = \omega_0 + \alpha_0 t$ $\omega^2 = {\omega_0}^2 + 2\alpha_0(x - x_0)$
운동방정식	
$F = ma$	$M = I\alpha$

(계속)

표 11.2 • 병진 및 회전 운동에 관한 식 (*계속*)

병진운동	회전운동(원운동)
수행된 일	
$W = \int_{x_1}^{x_2} F\,\mathrm{d}x$	$W = \int_{\theta_1}^{\theta_2} M\,\mathrm{d}\theta$
운동에너지	
$\mathcal{E}_K = \frac{1}{2}\,mv^2$	$\mathcal{E}_K = \frac{1}{2}\;I\omega^2$
일에너지	
$W = \frac{1}{2}\,m\left(v_2{}^2 - v_1{}^2\right)$	$W = \frac{1}{2}\,I\left(\omega_2{}^2 - \omega_1{}^2\right)$
일률	
$P = F\,v$	$P = M\,\omega$
운동량	
$p = m\,v$	$L = I\,\omega$
충격량-운동량	
$\int_{t_1}^{t_2} F\;\mathrm{d}t = p_2 - p_1$	$\int_{t_1}^{t_2} M\,\mathrm{d}t = L_2 - L_1$

11.10 평면 운동에서 강체의 운동역학

대부분의 상황(예를 들어, 공기 저항의 영향이 무시될 때)에서 물체의 크기 및 형상은 병진운동 특성에 영향을 미치지 않는다. 다만, 물체가 회전운동을 하는 경우에는 크기 및 형상(즉, 관성 효과들)을 고려해야 한다. 강체의 회전운동에 숨겨진 기본적인 개념들을 앞에서 정의했으므로, 강체의 일반적인 운동 특성들을 해석하기 위해서 병진운동과 회전운동에 대한 지식을 통합할 수 있다.

그림 11.23에 제시된 강체를 생각해보자. m은 물체의 총 질량이고, C는 질량중심의 위치라고 하자. 동일 평면상에서 물체에 작용하는 세 힘이 있다. 힘 $\underline{F}_3$은 작용선이 C를 통과하기 때문에 C에 대하여 토크를 생성하지 않는다(즉, 모멘트 팔이 0이다). 힘 $\underline{F}_1$과 $\underline{F}_2$는 각각 크기 $M_1 = d_1F_1$과 $M_2 = d_2F_2$로 C에 대하여 시계 방향 모멘트를 생성하고 있다. 그림 11.24에서 보는 바와 같이, 세 힘 시스템은, $\sum \underline{F} = \underline{F}_1 + \underline{F}_2 + \underline{F}_3$는 물체에 작용하는 알짜힘 또는 합력이고, $\underline{M}_C = \underline{M}_1 + \underline{M}_2$는 C에 대하여 측정된 우력의 합과 같이, 단일 힘 및 단일 모멘트 시스템으로 단순화될 수 있다. 물체는 $\sum \underline{F}$로 인해 병진운동을 하고, $\underline{M}_C$에 의해 C를 중심으로 회전운동을 한다.

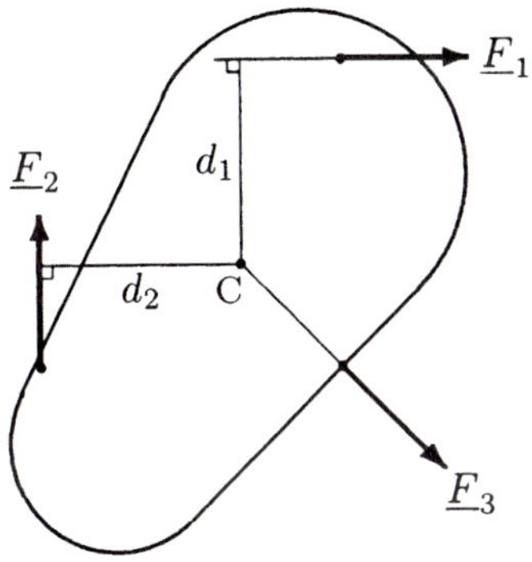

그림 11.23 • 강체에 작용하는 세 힘 시스템

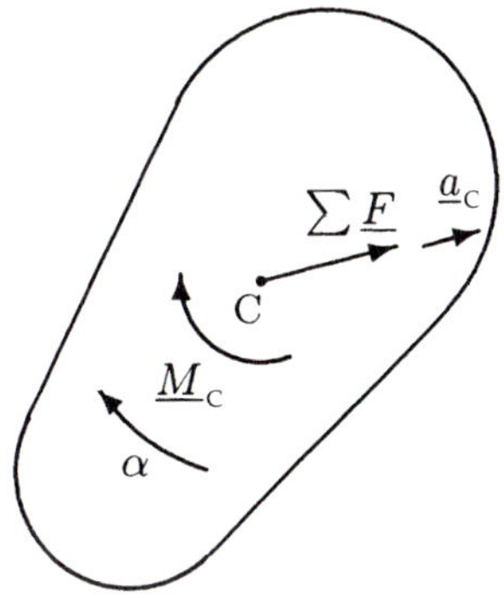

그림 11.24 • 여러 힘 시스템은 하나의 힘과 하나의 모멘트 시스템으로 단순화할 수 있다.

물체의 병진운동은 물체의 질량과 가해진 알짜힘에 의존한다는 점을 기억하자. 뉴턴의 운동 제2 법칙은 다음과 같다.

$$\sum \underline{F} = m\underline{a}_C \tag{11.20}$$

여기서, $\underline{a}_C$는 물체의 질량중심의 가속도이고, 식 (11.20)은 물체의 병진운동을 설명한다. 물체의 회전운동은 물체의 관성 질량 모멘트와 물체에 가해진 알짜 토크에 따라 달라진다.

$$\sum \underline{M}_C = I_C \underline{\alpha} \tag{11.21}$$

식 (11.21)에서 I_C는 회전 평면에 수직이며 물체의 질량중심을 통과하는 축에 대한 물체의 질량 관성모멘트이고, α는 각가속도이다. 식 (11.20)은 물체 내부의 모든 점에서 성립하지만, 식 (11.21)은 질량중심 C에 대해서만 성립함을 주의해야 한다. xy 평면에서 2차원 운동을 해석하기 위해서는 식 (11.20)과 식 (11.21)으로부터 아래와 같이 세 개의 스칼라 방정식을 얻을 수 있다.

$$\sum F_x = ma_{Cx} \tag{11.22}$$

$$\sum F_y = ma_{Cy} \tag{11.23}$$

$$\sum M_C = I_C \alpha \tag{11.24}$$

이들 세 방정식은 물체의 2차원 일반운동 특성을 해석하기 위한 운동 지배방정식이다.

$M_C = 0$인 경우에 물체는 순수 병진운동을 하고, $F_x = 0$과 $F_y = 0$일 때 물체는 순수 회전운동을 한다. $F_x = 0$, $F_y = 0$, 그리고 $M_C = 0$일 때, 물체는 평형상태에 있다고 말한다.

11.11 연습문제

문제 11.1 그림 11.5에서 보는 바와 같이, 질량 $m = 0.3$ kg의 공이 높이 h_0에서 떨어진다고 가정하자. 바닥에 충돌하는 순간의 공의 속력은 $v_1 = 4.72$ m/s이다. 충돌 후, 공은 다시 튀어 올라 높이 h_3에 도달한다.

충돌 직후 공의 속력은 $v_2 = 3.94$ m/s이고, 공과 바닥 사이의 접촉 시간이 $\Delta t = 0.01$ s일 때, 다음을 구하라.

(a) 공의 초기 높이 h_0
(b) ③ 지점에서 공의 높이 h_3
(c) 충돌 직전 공의 운동량 p_1
(d) 충돌 직후 공의 운동량 p_2
(e) 충돌하는 동안 공의 운동량 변화 $\Delta \underline{p}$
(f) 충돌하는 동안 바닥이 공에 가하는 힘의 크기 F

정답: (a) $h_0 = 1.14$ m; (b) $h_3 = 0.79$ m; (c) $p_1 = 1.42$ kg m/s; (d) $p_2 = 1.18$ kg m/s; (e) $\Delta \underline{p} = 2.6\underline{j}$ kg m/s; (f) $F = 260$ N

문제 11.2 그림 11.6에서 보는 바와 같이, 정지해 있는 질량 $m = 0.5$ kg의 공을 차고 있는 축구 선수가 있다. 공기 저항은 무시할 수 있다고 가정하면, 공은 발사체 운동을 한다(그림 11.7). 공의 출발 각도는 $\theta = 25.2°$이고, 공이 도달하는 최대 높이는 $h = 4.5$ m이다.

축구 선수의 발이 공과 접촉하는 시간이 $\Delta t = 0.12$ s인 경우, 다음을 구하라.

(a) 공의 출발 속도 v
(b) 공의 최초 위치와 착지 지점 사이의 수평 거리 l
(c) 출발 순간의 공의 운동량 $\underline{p}$
(d) 축구선수가 공에 가한 힘의 크기 F

정답: (a) $v = 22.06$ m/s; (b) $l = 38.3$ m; (c) $\underline{p} = 9.98\underline{i} + 4.7\underline{j}$ (kg m/s); (d) $F = 110.3$ N

문제 11.3 자동차 승객이 사용하는 안전벨트의 내구성을 분석하기 위한 시험이 진행되었다. 시험 절차에 따르면, 85 kg의 인체 모형이 시험 차량 내부에 있었고, 시험 차량의 초기 수평 속도는 110 km/h로 설정되었다. 어느 순간 브레이크를 밟아 차량을 정지시키자, 안전벨트에 의해 인체 모형에 $F = 20{,}008$ N의 힘이 가해졌다고 기록되었다(그림 11.10). 마찰의 영향이 무시할 정도로 작다고 가정할 때, 인체 모형을 실은 차량의 속력이 0이 되는 시간 간격 Δt를 구하라.

정답: $\Delta t = 0.13$ s

문제 11.4 가벼운 줄에 매달린 나무토막으로 만들어진 탄동 진자(ballistic pendulum)를 사용하여 탄환 속도를 측정하는 시험을 실시했다. 그림 11.14에서 보는 바와 같이, 나무토막의 중량은 $m_2 = 3.5$ kg이라고 가정한다. 질량 $m_1 = 30$ g의 탄환이 발사되어 정지된 나무토막에 박히면서, 나무토막은 높이 $h = 5.5$ cm까지 흔들리고 있다. 나무토막에 탄환이 박혀 있다고 가정할 때, 충돌 직전 탄환의 속력 v_b를 구하라.

정답: $v_b = 122.2$ m/s

문제 11.5 그림 11.16에서 보는 바와 같이, 질량 m이 동일한 두 당구공이 완전 탄성 충돌을 하고 있다. 충돌 전에 공 ①의 속력은 $v_{1i} = 1.3$ m/s이고, 공 ②는 정지 상태였다($v_{2i} = 0$). 정면 중심 충돌을 가정할 때, 충돌 직후 당구공의 속력 v_{1f} 및 v_{2f}를 구하라.

정답: $v_{1f} = 0$; $v_{2f} = 1.3$ m/s

문제 11.6 그림 11.18과 같이, 질량 $m = 0.3$ kg인 공이 높이 $h_0 = 1.5$ m에서 떨어진다. 공은 바닥에 부딪힌 후, 튀어 올라 높이 h_3에 도달한다. 충돌 직전 공의 속력은 $v_1 = 5.4$ m/s였다. 공과 바닥 사이의 반발계수가 $e = 0.79$일 경우, 다음을 구하라.

(a) 충돌 직후, 공의 속력 v_2

(b) 바닥에서 튀어 올라간 후, 공이 도달한 높이 h_3

(c) 충돌 과정에서 손실된 에너지의 양 ε

정답: (a) $v_2 = 4.27$ m/s; (b) $h_3 = 0.93$ m; (c) $\varepsilon = 1.64$ J

CHAPTER

12

기초 변형체역학

Introduction to Deformable Body Mechanics

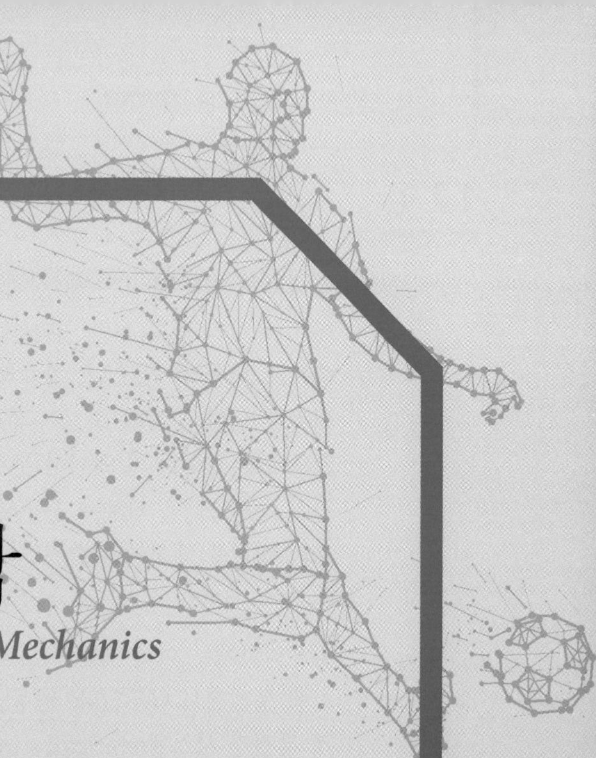

12.1 개요

정역학의 기본 개념은 제4장과 제5장에서 응용문제와 더불어 소개되었다. 정역학 분야는 뉴턴의 법칙(뉴턴 역학)에 기초를 두고 있다. 일반적으로 역학은 정역학과 동력학으로 나눌 수 있으며, 강체역학은 정역학의 한 영역이다. 강체역학의 기본 가정은 외력에 의한 물체의 변형이 없다는 것이다. 이 가정은 외력과 모멘트가 가해지는 시스템을 분석하는 데 있어서 문제를 단순화하는 데 꼭 필요하다. 반면에, 변형체역학은 주어진 시스템을 강체로 간주하지 않고, 변형성(모양 변화를 겪을 수 있는 능력)과 재료의 성질을 해석에 포함시킨다. 이러한 응용역학 분야는 가해지는 힘과 이에 상응하는 변형 사이의 실험으로 결정되거나 증명된 관계식을 이용한다.

강체역학에는 여러 제한이 있다. 이러한 제한들 중의 하나는 4.6절의 정적 부결정 시스템 문제에서 다루었다. 평형방정식만으로 미지의 힘을 결정할 수 없는 시스템을 **정적 부결정 시스템**(statically indeterminate system, 부정정계)이라고 한다. 이러한 시스템을 해석하기 위해서는 정적 평형조건에서 얻을 수 있는 수식 이외에 다른 방정식들이 필요하다. 이러한 추가적인 방정식들은 시스템을 구성하는 부분들의 재료 특성이나 외력에 반응하는 물체의 변형(이 분야가 변형체역학에서의 핵심이다)을 이용하여 구할 수 있다.

정적 부결정 시스템을 해석하기 위해서는 변형체역학이 중요하다. 변형체역학 분야는 필수적인 설계 및 분석 도구를 제공함으로써 거의 모든 분야의 공학으로 확대하여 적용할 수도 있다. 기계, 토목, 전기 및 생물의학 공학자의 업무는 기계, 구조물, 장치의 부품 또는 보철 장비를 가장 안전하고 효율적으로 조작할 수 있는 조건을 결정하는 것이다. 설계 공학자는 힘의 해석을 통하여 적합한 작동 환경을 평가하고, 올바른 구조를 설계하고, 그러한 환경에 포함된 힘을 견딜 수 있는 재료를 선택함으로써 이러한 업무를 수행할 수 있다. 설계 공학자의 가장 주된 관심사는 하중에 가해질 때 기계, 구조물, 부품들이 과도하게 변형이 일어나거나 파손되지 않도록 하는 것이다.

12.2 외력과 변형

역학은 힘과 운동에 관계된다. 운동의 형태는 두 가지로 분류할 수 있다. 첫째로, 물체에 가해진 외력이나 모멘트의 합이 0이 아니면, 그 물체는 전체적인 운동을 하게 될 것이다(선형운동 및/또는 회전운동). 다시 말하면, 물체 전체의 위치가 시간에 따라 변하게 된다. 이러한 운동은 동역학 연구 분야이다. 두 번째 형태의 운동은 물체 내부에서 **변형**(deformation)이라고 불리는 국소적인 변화를 일으키게 된다. 이것이 변형체역학의 주된 관심사이다. 물체에 외력과 모멘트가 가해지지만 정적 평형에 있는 경우, 대부분은 물체의 내부에서 국소적인 변형이 발생한다. 형태 변화의 정도는 가해지는 힘의 크기, 방향, 기간 또는 물체의 재료 특성, 열이나 습도와 같은 환경에 좌우된다.

12.3 내력과 모멘트

그림 12.1에서 보는 바와 같이, 여러 외력이 가해지는 임의의 형상을 가진 물체를 생각해보자. 물체에 가해지는 힘들의 합력과 알짜모멘트가 0이라고 가정하자. 즉, 이 물체는 정적 평형 상태에 있다. 또한, 이 물체는 임의의 평면 ABCD에 의해 두 부분으로 나누어져 있다고 가정하자. 어떤 물체가 전체로서 평형상태라면, 그 물체의 각 부분들도 평형상태이어야만 한다. 두 부분 중의 하나만을 생각해 볼 때, 평형조건은 잘려진 부분에 가해지는 외력과 모멘트의 영향을 상쇄하기 위해서 그 부분에 가해지는 힘 벡터 및/또는 모멘트 벡터가 존재해야 한다. 이것을 **내력**(internal force, 내부 힘)과 **내부모멘트**(internal moment) 벡터라고 한다. 물론 물체의 다른 부분에도 똑같은 원리가 적용된다. 게다가 물체의 전체적인 평형을 위해서는 절단된 양면의 힘 벡터와 모멘트 벡터는 크기가 같고, 방향은 반대이어야 한다(그림 12.2).

그림 12.3에서 보는 바와 같이, 3차원 물체의 경우에는 내력과 내부모멘트를 세 개의 서로 직교하는 성분으로 분리할 수 있다. 절단면에서 측정된 힘과 모멘트 벡터 성분들은 절단면의 방향과 절단면에 대한 효과를 고려해서 특별한 이름이 부여된다. x가 절단면과 수직일 때, 그림 12.3에서 힘 성분 P_x는 **수직력**(axial 또는 normal force)이라 하고, 이는 절단면에 수직 방향으로 외부에서 가해지는 밀거나 끄는 힘의 정도를

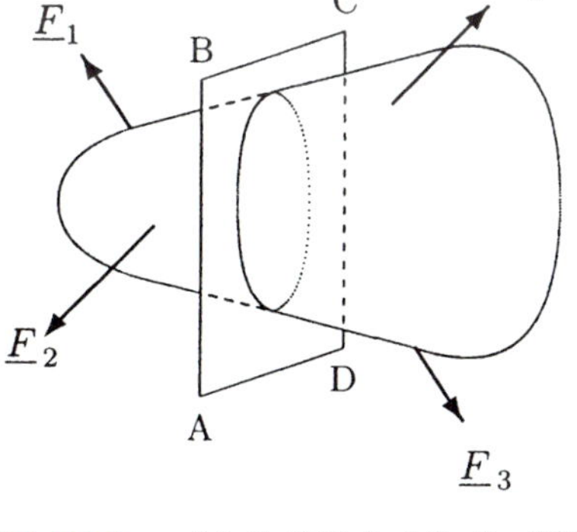

그림 12.1 • 다수의 외력이 가해지는 물체

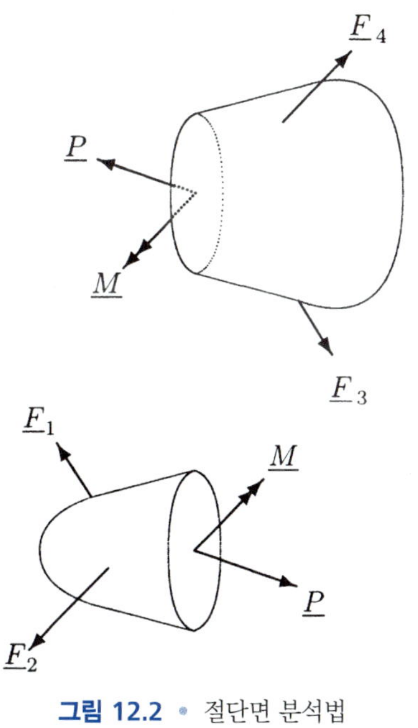

그림 12.2 • 절단면 분석법

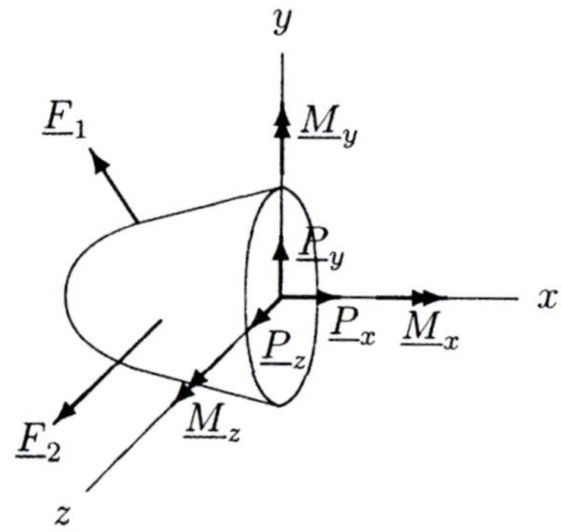

그림 12.3 • 내력과 내부모멘트

나타낸다. 부분을 늘리도록 끄는 행동을 하는 힘을 **인장력**(tensile force)이라고 하며, 부분을 줄이기 위해 미는 행동을 하는 힘을 **압축력**(compressive force)이라고 한다. 힘 성분 P_y와 P_z는 **전단력**(shear force)이라 한다. 전단력은 절단면과 다른 면이 서로 미끄러지는 행동에 저항하는 정도를 나타내는 양이다. 아래첨자는 운동의 방향을 나타낸다. 모멘트 성분 M_x는 **비틀림 토크**(twisting torque)라 하며, 절단면에 수직축(이 경우, x축)으로 작용하는 외력의 비틀림 정도를 나타내는 양이다. 모멘트 성분 M_y와 M_z는 **굽힘모멘트**(bending moment)이며, 이는 각각 절단면의 y와 z 방향으로 가해지는 굽힘의 정도를 나타내는 양이다.

힘과 모멘트를 언급할 때, 이 중 아래첨자를 표기하는 경우도 있다. 예를 들어, P_y 대신에 P_{xy}는 x(첫 번째 아래첨자) 방향에 수직인 면에 y(두 번째 아래첨자) 방향으로 작용하는 힘이란 뜻이다. 마찬가지로, M_{xz}는 x 방향에 수직인 면에서 측정된 z 방향의 모멘트 벡터 성분을 의미한다.

12.4 응력과 변형률

변형체역학이나 재료의 강도를 연구하는 목적은 구조물의 설계 시 외력과 모멘트의 복합적인 영향에 대한 안전 여부를 확인하는 것이다. 즉, 구조물에 적합한 재료를 선정하고, 기존 구조물인 경우에는 구조물이 효율적이며 안전하게 작동할 수 있도록 하중조건을 결정하는 것이다. 그렇지만 이러한 결정을 위해서는 여러 가지 다양한 하중조건하에서 재료의 역학적 성질을 알아야 한다.

그림 12.4에서 주어진 동일 재료, 동일 길이, 그렇지만 다른 크기를 가진 두 막대를 생각해보자. 막대 ①의 단면적 A_1은 막대 ②의 단면적 A_2보다 작다. 이 막대들이 파괴될 때까지 점진적으로 힘을 증가시켜보자. 막대 ①과 ②가 파괴될 때 측정된 힘을 각각 F_1, F_2라 하면, 힘 F_2가 더 클 것으로 예측할 수 있다. 왜냐하면 막대 ②의 단면적과 부피가 막대 ①의 단면적과 부피보다 크기 때문이다. 이 힘은 막대의 강도를 나타내는

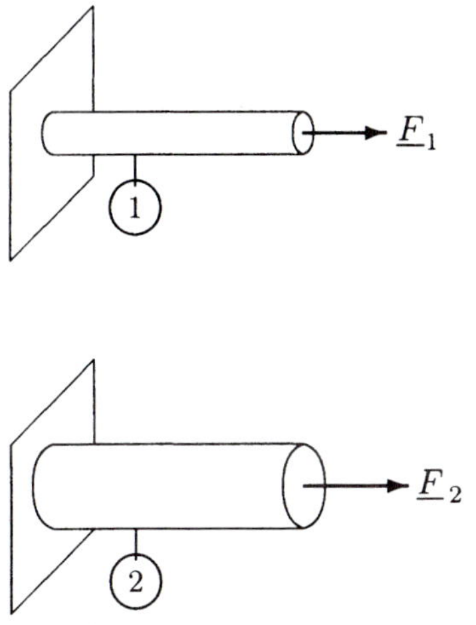

그림 12.4 • 동일 재료, 동일 길이, 다른 단면적을 가진 두 막대

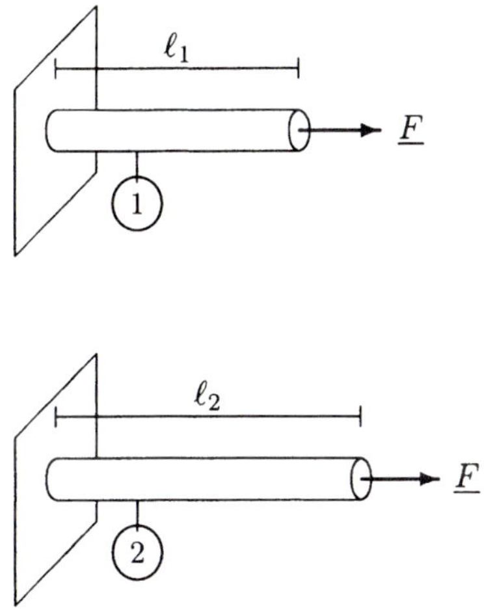

그림 12.5 • 동일 재료, 동일 단면적, 다른 길이를 가진 두 막대

것이다. 하지만 힘과 파괴의 관계가 시편의 단면적(또 다른 요소들에 더하여)과 상관이 있다는 사실만으로 이 힘이 재료의 강도를 나타낸다고 하기에는 실용적이지 않다. 이러한 불편함을 없애기 위하여 힘을 단면적으로 나눈 양인 **응력**(stress)이라는 개념이 도입되었다.

$$\text{응력} = \frac{\text{힘}}{\text{면적}}$$

그림 12.4의 막대들은 단면적이 달라서 힘과 파괴 사이의 상관관계가 다르지만, 동일한 재료로 만들어졌기 때문에 파괴 시 응력은 동일하다.

앞에서 언급한 것처럼 변형체역학은 가해진 힘과 그 힘의 물체에 대한 내부 영향들과 관련된다. 이러한 영향들 중 하나는 형태의 변화, 즉 변형이다. 물체의 변형 정도는 물체의 크기, 재료의 특성, 그리고 가해진 힘의 크기와 지속시간이다. 그림 12.5에 제시된 동일 재료, 동일 크기를 가졌지만 길이가 다른 두 막대를 생각해보자. 막대 ①의 길이 l_1은 막대 ②의 길이 l_2보다 짧다. 동일한 힘 F가 작용할 때 각 막대의 늘어난 정도를 측정해보자. 막대 ②의 길이가 더 많이 늘어난 것을 알 수 있을 것이다. 이는 시편의 원래의 길이가 늘어난 정도에 영향을 끼친다는 의미이다. 변형을 측정할 때 크기의 의존성을 없애기 위하여 **변형률**(strain)이라는 또 다른 개념이 도입되었다. 변형률은 늘어난 길이를 재료의 원래의 길이로 나눈 값이다.

$$\text{응력} = \frac{\text{늘어난 길이}}{\text{원래의 길이}}$$

지금까지 응력과 변형률에 대한 개략적인 정의를 소개하였다. 다음 장에서는 보다 상세한 설명을 할 것이다.

12.5 일반적 절차

변형체역학 문제를 해석하는 일반적인 절차와 해석의 목적은 다음과 같다.

- **정역학적 해석:** 첫 단계로 정역학 해석기법을 이용하여 외부 반력과 모멘트를 구한다. 이 단계는 자유물체도를 작성하고 등가력 시스템(equivalent force system)과 같은 개념을 이용하여 평형조건을 적용하여 미지의 반력과 모멘트를 결정한다.

- **내력과 모멘트 해석:** 내력과 모멘트는 **단면법**(method of sections)을 이용하여 구한다. 12.3절에서 간단히 소개한 바와 같이, 물체를 힘과 모멘트의 계산이 필요한 위치에서 두 단면으로 나누어 해결할 수 있다. 여기서 중요한 사항은 최대응력 수준과 관련되는 임계 하중 조건을 결정하는 것이다. 이러한 임계 하중은 물체의 전단력－굽힘 선도를 그려서 구할 수 있다. 전단력－굽힘 선도를 작성하려면 단면법을 적용해야 한다.

- **응력 해석:** 이 단계는 내력과 모멘트, 특히 임계 하중과 모멘트를 문제의 재료의 특성과 기하학적 특징들을 해석에 반영한 공식들을 이용하여 관련된 응력으로 바꾸는 단계이다.

- **재료의 선택:** 재료는 물리적 · 역학적 특성으로 구분할 수 있다. 해석의 마지막 단계에서, 계산된 최대 응력을 기반으로 구조물의 안전한 작동을 위한 적절한 재료를 선택해야 한다. 만약 재료를 이미 선정하였고 구조물의 설계도 이미 완료되었다면, 계산된 최대 응력은 허용 하중 조건을 선택하는 데 이용한다.

변형체역학의 해석을 위한 기초 필수 과목은 정역학이다. 하지만 위에서 언급한 절차는 평형상태의 시스템만을 위한 것은 아니다. 외력이 가해지면 물체는 변형되고, 동시에 운동을 하게 된다. 이러한 시스템은 **달람베르트 원리**(d'Alembert principle)를 이용하여 위의 절차로 해석할 수도 있다. 이 원리는 물체의 가속도에 의한 관성효과를 가속도의 방향과 반대 방향으로 물체의 무게중심에 가해지는 또 다른 외력으로 취급하여 적용한다.

12.6 필요한 수학

제12~15장의 해석을 위해서 벡터 대수학과 미적분학을 계산 도구로 이용하게 된다. 이와 관련하여 부록 A부터 C까지를 참조하기 바란다. 일부 해석을 위해서는 상미분 방정식에 관한 지식이 필요하다.

12.7 이후 다룰 주제

제13장의 초반에 응력과 변형률에 대해 상세히 정의한다. 응력–변형률 선도를 기초로 하여 연성, 강성, 취성과 같은 재료의 성질을 소개한다. 또한 탄성 및 소성 변형, 후크의 법칙, 네킹 현상, 그리고 일과 변형 에너지의 개념을 소개한다. 제13장에서 해석은 단축 변형으로 제한할 것이다. 소개된 개념들은 비교적 쉬운 시스템을 해석하는 데 적용할 것이다.

제14장에서는 응력–변형률 해석에 있어서 보다 어려운 주제들을 소개한다. 2차원 및 3차원 응력 해석, 하나의 평면에서 다른 평면으로 응력을 변환하는 기술, 한계 응력을 찾는 방법, 구조물의 설계 시 응력 해석이 중요한 이유, 파괴이론, 피로, 내구성, 응력 집중과 같은 개념들을 소개할 것이다. 또한 비틀림, 굽힘, 결합 하중을 받는 구조물에 대한 해석에 대해서도 설명한다.

제15장에서는 재료의 점탄성 거동과 점탄성의 실험적 모델을 소개하며, 탄성과 점탄성을 비교 설명할 것이다. 뼈, 힘줄, 인대, 근육, 관절연골과 같은 생체재료의 역학적 성질을 소개하고, 앞에서 소개한 역학적 개념과 정형외과의 관련성에 대해서도 다룬다.

추천도서[1]

Beer, F.P., Johnston, R.E., DeWolf, J.T. and Mazurek, D.F., 2015. Mechanics of Materials, 7th Edition. New York: McGraw-Hill Education.

Boresi, A.P. and Schmidt, R.J., 2002. Advanced Mechanics of Materials, 6th Edition. New York: Wiley.

deSilva, C.W., 2013. Mechanics of Materials. Boca Raton: CRC Press.

Gere, J.M. and Goodno, B.J., 2012. Mechanics of Materials. Stamford: CENGAGE Learning.

Hibbeler, R.C., 2013. Mechanics of Materials, 9th Edition. Upper Saddle River: Prentice Hall.

Phipot, T.A., 2012. Mechanics of Materials: An Integrated Learning System, 3rd Edition. Somerset: Wiley.

Popov, E.P. 1999. Engineering Mechanics of Solids. Upper Saddle River, NJ: Prentice-Hall.

Shames, I.H. 1989. Introduction to Solid Mechanics. Englewood Cliffs, NJ: Prentice-Hall.

Timoshekno, S.P., 1969. Strength of Materials: Elementary Theory and Problems. New York: Van Nostrand Reinhold, Inc.

[1] 변형체역학 분야는 고체역학, 재료역학, 재료강도학과 같은 다양한 제목으로 연구되어 왔다. 변형체역학에서 다루는 주제들은 탄성, 비탄성, 연속체역학과 같은 고급 주제에 관한 연구의 기초가 된다. 아래의 책들은 변형체역학의 원리에 관한 보다 상세한 정보를 얻는 데 이용될 수 있다.

CHAPTER

13

응력과 변형률

Stress and Strain

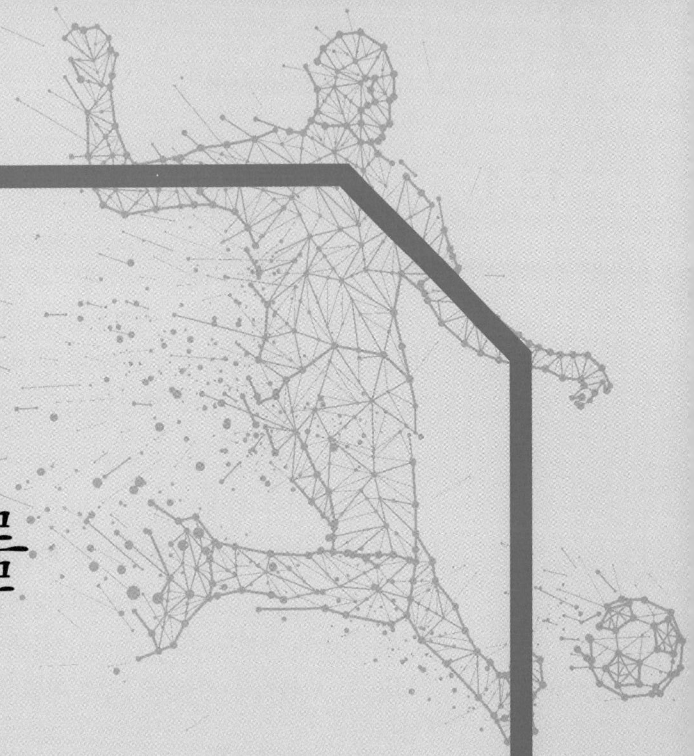

13.1 기본 하중 구성

외력이 작용하는 물체는 그 방향으로 운동을 하게 된다. 외력의 방향으로 물체의 운동이 제한되면, 그 물체는 변형된다. 변형이란 물체 내부에서 두 점의 상대적 변위를 의미한다. 변형의 정도는 외력의 크기, 방향 및 지속시간, 재료의 속성, 물체의 기하학적 모양, 열과 습도와 같은 환경적 요인들에 따라 달라진다.

일반적으로 재료는 하중 형태에 따라 다르게 반응한다. 주어진 재료에 대하여, 예를 들어 인장 하중에 대한 재료의 반응을 굽힘이나 비틀림을 일으킬 수 있는 하중과 비교하여 분석하는 동안 고려해야 할 다른 역학적 특성이 있을 수 있다. 그림 13.1은 L자형 보에 힘 $\underline{F}_1$, $\underline{F}_2$, $\underline{F}_3$이 가해진 다양한 하중 조건을 보여준다. 힘 $\underline{F}_1$은 보의 팔 AB에 인장 하중을 가한다. 힘 $\underline{F}_2$는 팔 AB를 굽히려고 한다. 힘 $\underline{F}_3$은 팔 BC에는 굽힘을, 팔 AB에는 비틀림을 가한다. 또한 이들 모두는 보의 각기 다른 부분에 전단 하중을 가한다.

13.2 단축 인장 시험

재료의 역학적 특성은 다양한 실험을 통해 확립된다. 인장 하중하에서 재료의 역학적 특성은 다음에 논의될 **단축 인장 시험**(uniaxial tension test) 또는 **단순 인장 시험**(simple tension test)을 이용하여 해석한다. 굽힘과 비틀림을 일으키는 힘에 대한 재료의 반응은 다음 장에서 살펴볼 것이다.

그림 13.2에서는 단축 인장 시험을 위한 실험 장치를 보여준다. 이 장치는 시험용 시

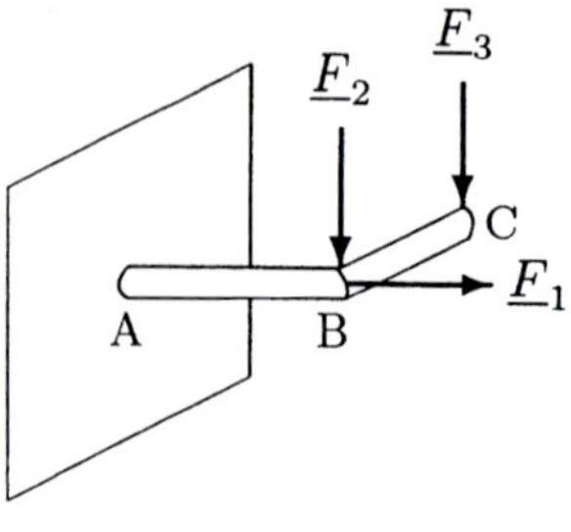

그림 13.1 • 하중 방식

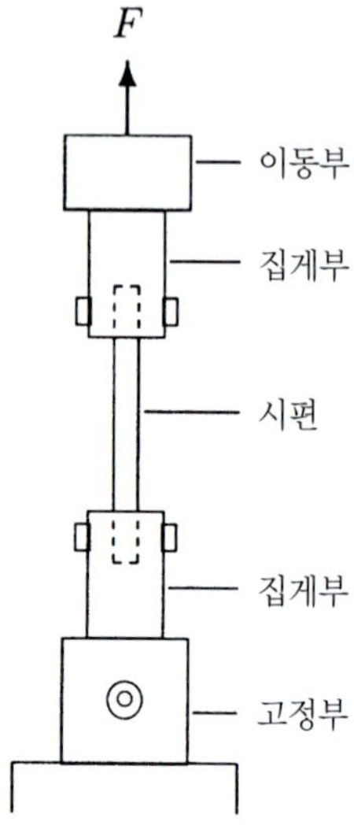

그림 13.2 • 단축 인장 시험

편을 잡을 수 있도록 부착된 고정부와 이동부로 구성된다. 시편을 장치에 놓고 단단히 고정한 후 이동부를 통해 일정한 인장 하중을 가하고, 시편의 늘어난 길이를 측정한다. 인장 하중에 따른 재료의 반응에 대한 일반적인 정보는 동일한 재료로 제작되었지만, 길이와 단면적이 다른 여러 시편에 다양한 크기의 인장력을 가하는 시험을 반복하여 얻을 수 있다.

13.3 하중-연신 선도

그림 13.3의 세 가지 막대를 생각해보자. 이 막대들은 동일한 재료로 만들어졌다고 가정한다. 첫 번째와 두 번째 막대의 길이는 같지만 단면적이 다르고, 두 번째와 세 번째 막대는 단면적은 같지만 길이가 다르다. 각각의 막대는 단축 인장 시험을 통해 하중의 점진적 증가에 따라 연신된다. F가 외력의 크기이며, Δl이 늘어난 길이라면 측정된 자료를 이용하여 각 시편의 하중-연신 선도를 작성할 수 있다. 하중 거동에 대한 기하학적 매개변수들(단면적과 길이)의 영향은 각 시편들로부터 얻은 곡선을 하나의 그래프(그림 13.4)에 그린 후, 서로 비교함으로써 알 수 있다. 일정한 하중에 대하여 곡선 1과 2를 비교해 보면, 단면적이 클수록 단순 인장 시험에서 시편을 변형시키기 어렵다는 점을 알 수 있으며, 곡선 2와 3을 비교해보면, 시편의 길이가 길수록 인장에 따른 변형이 더 크다는 것을 보여준다.

하나의 시편에 일련의 인장 하중을 가하는 대신에 동일한 기하학적인 형상을 가진 여러 개의 시편을 준비하여, 하나의 시편에 대하여 하중을 한 번만 가하는 것이 좋다. 나중에 설명하겠지만 물체에 가해지는 하중이 재료의 역학적인 특성을 바꿀 수 있기 때문이다.

단축 인장 시험으로부터 획득한 결과를 나타내는 또 다른 방법은 하중의 크기 F를 시

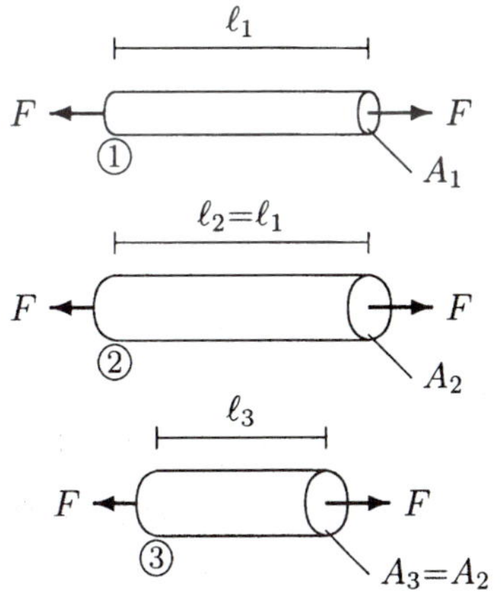

그림 13.3 • 시편

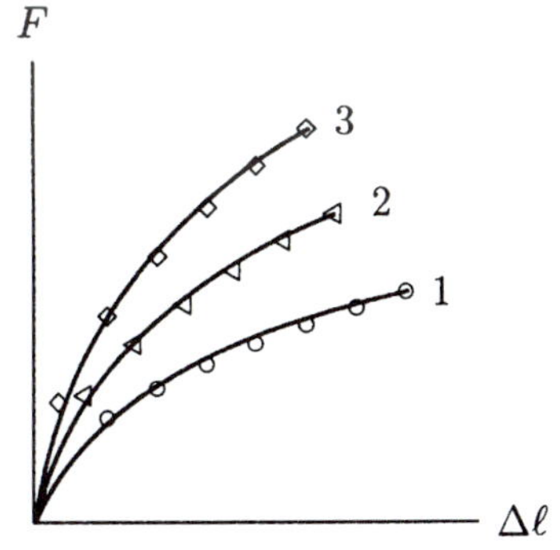

그림 13.4 • 하중-연신 선도

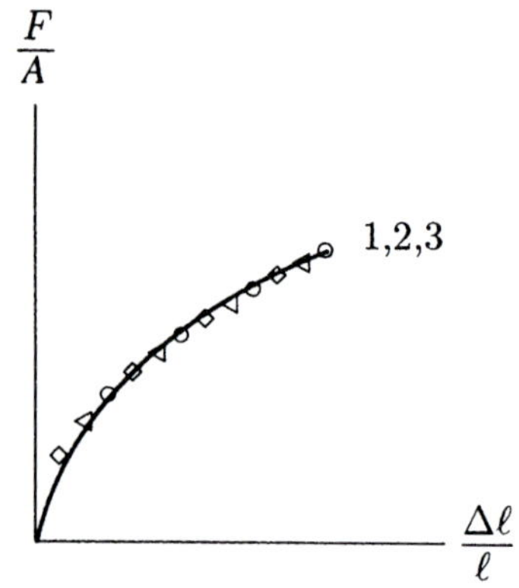

그림 13.5 • F/A와 $\Delta l/l$ 선도

편의 단면적 A로 나누고, 측정된 늘어난 길이를 재료의 원래 길이로 나누어 정규화한 후, 그림 13.5와 같이 F/A 대 $\Delta l/l$ 그래프를 보여주는 것이다. 동일한 재료로 만든 세 시편을 나타내는 그림 13.4의 세 곡선을 그림 13.5에서는 한 개의 곡선으로 나타내었다. 그림 13.4에서 볼 수 있는 정보가 그림 13.5에서는 사라졌다. 이로부터 그림 13.4 보다는 그림 13.5가 훨씬 효과적이라는 것을 알 수 있다. 그림 13.5의 한 개의 곡선은 실험에서 사용된 시편의 기하학적인 형상에 무관하게 특정 재료에 대하여 일정하다는 것이다. 이러한 형태의 표현을 활용하면, 변수들 중 하나인 기하학적 형상을 제거함으로써 상이한 재료의 역학적인 성질에 주의를 집중할 수 있게 해 준다. 예를 들어, 단순 인장에서 재료 A와 B의 역학적 거동을 나타내는 그림 13.6의 곡선을 생각해보자. 단축 인장 시험에서 재료 B는 재료 A보다 쉽게 변형되므로, 재료 A가 재료 B보다 '강성'이라는 것을 알 수 있다.

13.4 단순 응력

그림 13.7a의 외팔보(cantilever beam)를 생각해보자. 보는 단면적 A인 원형 단면 형태이고, 한쪽 끝은 벽면에 용접되어 있으며 다른 한쪽에는 크기 F인 인장력이 작용한다. 보는 움직임이 없이 평형상태이다. 보 내에 생기는 힘을 분석하기 위하여, 보의 중심선에 직교하는 면 ABCD를 통하여 보를 두 부분으로 나누는 가상의 선을 그었다. 보는 전체적으로 평형상태에 있으므로 두 부분도 반드시 평형을 이루어야 한다. 이는 각 부분의 절단면에서 외력과 내력이 동일 직선상에 존재해야 함을 의미한다(그림 13.7b). 절단면에서의 내력은 보의 단면에 분포된 힘 시스템의 합력으로 표시된다(그림 13.7c). 절단면에 가해지는 내력의 세기(단위면적당 힘)가 바로 **응력**(stress)이다. 그림 13.7의 경우, 절단면에서의 합력은 절단면과 수직이므로 이와 관련된 응력을 **수직응력**(normal stress)이라 한다. 수직응력을 나타내는 기호는 σ(시그마, sigma)이다. 이러한 분산력의 세기는 절단면을 따라 일정(상수)할 수도 있고 그렇지 않을 수도

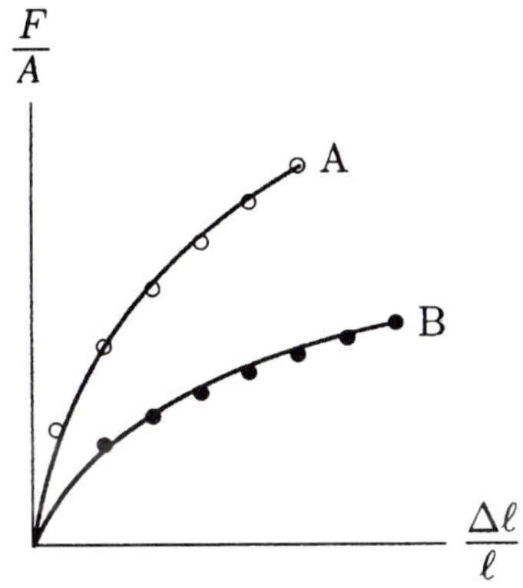

그림 13.6 • 재료 A가 B보다 강성이다.

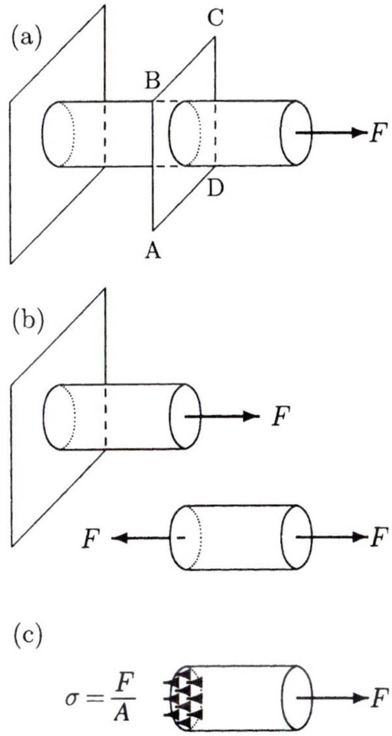

그림 13.7 • 수직응력

있다. 절단면에서 분산력의 세기가 단면적 A에 따라 일정하면, 수직응력은 다음의 식으로 계산될 수 있다.

$$\sigma = \frac{F}{A} \tag{13.1}$$

면적에 대한 응력분포의 세기가 일정하지 않으면, 식 (13.1)은 **평균수직응력**(average normal stress)이 된다. 인장 하중에 대응하는 수직응력은 **인장응력**(tensile stress)이라고 한다. 반면에, 압축 하중에 대응하는 응력은 **압축응력**(compress stress)이라고 한다. 또한 인장응력은 양(+), 압축응력은 음(−)으로 취급하는 것이 일반적이다.

절단면에 접하거나 평행하게 작용하는 내력의 세기를 **전단응력**(shear stress)이라고 한다. 전단응력의 의미를 알기 위하여, 양손으로 종이가 층층이 쌓인 더미를 들고 있다고 생각해보자. 한 손은 종이 더미의 밑면에, 다른 한 손은 윗면에 있다. 먼저 종이 더미를 눌러보자. 한 손은 종이의 표면 방향으로 천천히 밀고, 다른 한 손의 반대 방향으로 밀어보자. 각각의 종이들은 서로 미끄러지면서, 각각의 종이 표면에 마찰력을 일으킨다. 전단응력은 이와 같이 힘이 가해지는 면 위에 발생하는 마찰력의 세기에 해당하는 것이다. 그림 13.8a의 외팔보를 생각해보자. 크기 F의 아래 방향의 힘이 자유단에서 가해진다. 내력과 모멘트를 분석하기 위하여, 보의 중심선에 수직인 평면 ABCD를 관통하여 보를 가상의 절단을 통해 단면법을 적용할 수 있다. 보는 전체적으로 평

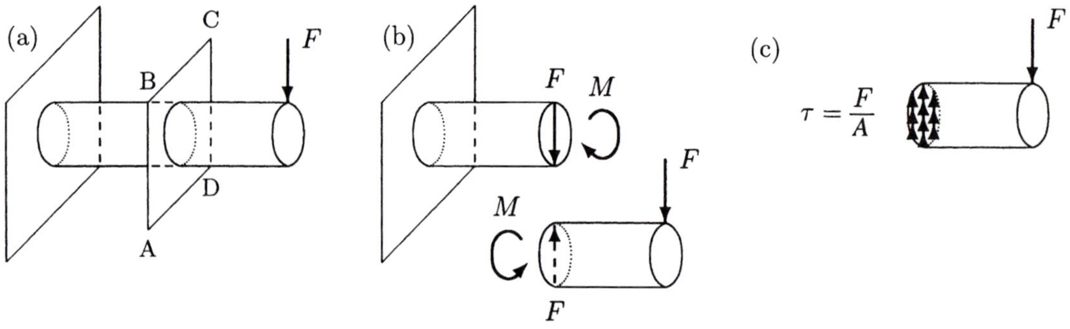

그림 13.8 • 전단응력

표 13.1 • 응력의 단위

단위계	응력 단위	고유 명칭
국제단위계(SI)	N/m^2	파스칼(Pascal, Pa)
가우스단위계(c–g–s)	dyn/cm^2	
영국단위계(British)	lb/ft^2 또는 lb/in^2	psf 또는 psi

형상태이므로 절단된 두 부분 모두 평형 상태에 있다. 보의 오른쪽 부분의 자유물체도는 왼쪽 부분에 대한 내력과 모멘트와 함께 그림 13.8b에 나타나 있다. 오른쪽 부분의 평형을 위해서 절단면에는 위 방향의 합력과 내부모멘트가 존재하고, 내력은 F의 크기를 가져야 한다. 이것이 **내부전단응력**(internal shear stress)이며, 절단면을 따라 분포 하중의 합력이다(그림 13.8c). 절단면에 대한 전단력의 세기를 전단응력이라 하며, 기호는 τ(타우, tau)이다. 이 표면의 면적(이 경우, 보의 단면적)이 A이면 아래와 같이 쓸 수 있다.

$$\tau = \frac{F}{A} \tag{13.2}$$

식 (13.2)는 전단응력이 절단면을 따라 일정하게 분포한다는 가정을 전제로 한다. 이러한 가정이 유효하지 않은 경우도 있다. 그러한 경우 식 (13.2)에 의해 계산된 전단응력은 평균값을 나타낸다.

응력의 차원은 힘의 차원 $[F] = [M][L]/[T^2]$을 면적의 차원 $[L^2]$으로 나눈 값이다. 그래서 응력의 차원은 $[M]/[L][T^2]$이다. 응력의 단위는 표 13.1에 나타나 있다. 응력은 압력과 같은 차원과 단위를 가진다.

13.5 단순 변형률

일반적으로 변형률(strain)은 외부에서 가해지는 힘에 의한 물체의 형태나 크기의 상대적 변화로 정의된다. 생체역학에서, 단위 변형(unit deformation)이라고도 알려진 변형률은 변형의 정도나 세기의 측정 단위이다. 그림 13.9의 막대를 생각해보자. A와 B는 거리 l_1만큼 떨어진 막대 위 두 지점이고, C와 D는 거리 l_2만큼 떨어진 다른 두 지점이다. $l_1 > l_2$이며, 이 l_1과 l_2는 **표점거리**(gage length)이다. 막대에 인장 하중이 가해지면 길이가 늘어날 것이다. Δl_1은 A와 B 사이의 늘어난 길이이고, Δl_2는 C와 D 사이의 늘어난 길이라고 하면, 이 값들은 변위를 나타내는 척도가 된다. 반면에, 각 경우에 있어 늘어난 양을 표점거리로 나누어 비교해 보면 $(\Delta l_1/l_1) \simeq (\mathrm{Dl}_2/l_2)$이 된다. 표점거리당 늘어난 길이는 **변형률**(strain)로 정의되며, 변위를 측정하는 보다 기본적인 수단이다.

응력의 경우와 마찬가지로 두 가지 종류의 변형률이 있다. **수직변형률**(normal 또는 axial strain)은 수직하중과 관련이 있고, 길이의 변화(증가 또는 감소) Δl을 원래의 표점거리 l로 나눈 비율로 정의하며, 기호 ϵ(엡실론, epsilon)을 사용한다.

$$\epsilon = \frac{\Delta l}{l} \tag{13.3}$$

물체에 인장이 가해지면 길이가 증가하여, Δl과 ϵ은 양수이다. 압축상태에서 시편의 길이는 감소하므로 Δl과 ϵ는 음수이다.

두 번째 형태의 변형률은 전단력에 의하여 발생하는 비틀림과 관계가 있다. 한 쌍의 전단력이 가해지는 그림 13.10의 사각형(ABCD)을 생각해보자. 전단력은 사각형을 평행사변형(AB′C′D)으로 변형시킨다. 사각형의 윗변과 아랫변의 상대적 변위가 d이고 높이가 l이면, 평균전단변형률은 d/l로 정의되며, 이는 각도 γ (감마, gamma)의 탄젠트 값과 같다. 이 각도는 일반적으로 매우 작다. 각도가 작을 경우, 각도의 탄젠트 값은 각도 그 자체와 거의 같다. 따라서 **평균전단변형률**(average shear strain)은 각도 γ (라디안 단위)와 같으며, 다음과 같이 계산된다.

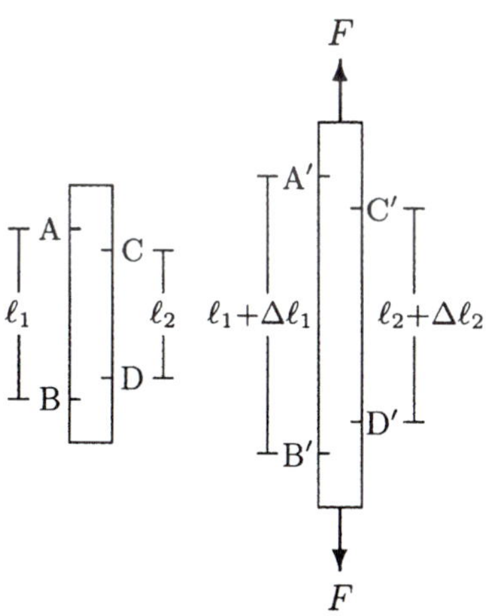

그림 13.9 • 수직변형률

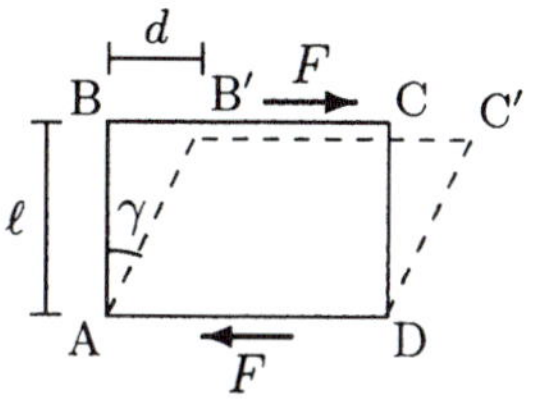

그림 13.10 • 전단변형률

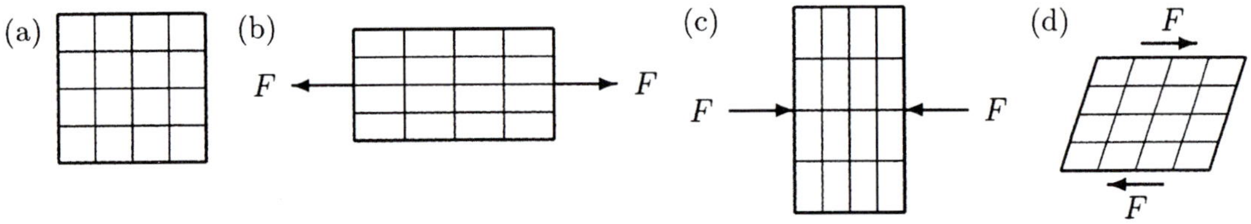

그림 13.11 • 정사각형 물체(*a*)의 인장 하중 변형(*b*), 압축 하중 변형(*c*), 전단 하중 변형(*d*)

$$\gamma \cong \tan(\gamma) \cong \frac{d}{l} \tag{13.4}$$

변형률은 길이의 차원을 가진 두 양을 서로 나누어 계산된다. 따라서 변형률은 단위가 없는 무차원의 양(quantity)이다. 대부분의 경우, 변형 및 변형을 일으키는 변형률은 매우 작은 양이기 때문에 정밀한 측정이 매우 중요하다. 그래서 측정할 때 사용한 단위(예를 들어, cm/cm 또는 mm/mm)를 변형률 옆에 표시하는 것이 일반적이다. 변형률은 때로는 백분율로 표기하기도 한다. 공학적 응용에서 변형률은 0.1% 또는 0.001 크기 차원이다.

그림 13.11은 인장, 압축 및 전단 하중의 효과를 비교하기 위한 것이다. 그림 13.11a는 하중이 가해지지 않은 상태의 (2차원 관점에서) 정사각형이다. 다양한 변형 양태를 보여주기 위해 정사각형은 16개의 작은 정사각형으로 눈금이 그려져 있다. 그림 13.11b에서는 물체가 한 쌍의 인장력을 받고 있다. 인장력은 정사각형을 직사각형으로 변형시켜, 외력이 가해지는 방향(축 차원)으로 각 정사각형 차원은 증가하는 반면, 외력이 가해지는 방향과 수직(가로축 차원)인 차원은 감소한다. 그림 13.11c에서는 한 쌍의 압축력이 직사각형 내부의 정사각형을 변형시켜, 각 정사각형의 축 방향의 차원은 감소하는 반면, 가로축 차원은 증가한다. 그림 13.11d에서는 한 쌍의 전단력에 의해 물체의 정사각형 모양이 다이아몬드 모양으로 변형된다.

13.6 응력–변형률 선도

13.3절에서 언급한 바와 같이, 단축 인장 시험은 하중과 변형 사이의 관계를 나타내는 곡선을 얻는 데 사용된다. 즉, 가해진 하중을 시편의 단면적으로 나누고(F/A), 늘어난 길이를 표준거리로 나누어($\Delta l/l$), F/A와 $\Delta l/l$을 그림으로써 얻을 수 있다. 그러나 장력을 받는 시편의 경우, F/A는 평균인장응력 σ이고 $\Delta l/l$은 평균 인장변형률이다. 따라서 재료의 F/A와 $\Delta l/l$의 그래프는 해당 재료의 **응력–변형률 선도**(stress-strain diagram)이다.

재료에 따라 다양한 응력–변형률 선도를 보인다. 둘 이상의 재료들의 응력–변형률 선도는 재료의 상대적인 강성, 경도, 인성, 연성, 취성 정도를 알려준다. 이러한 재료의

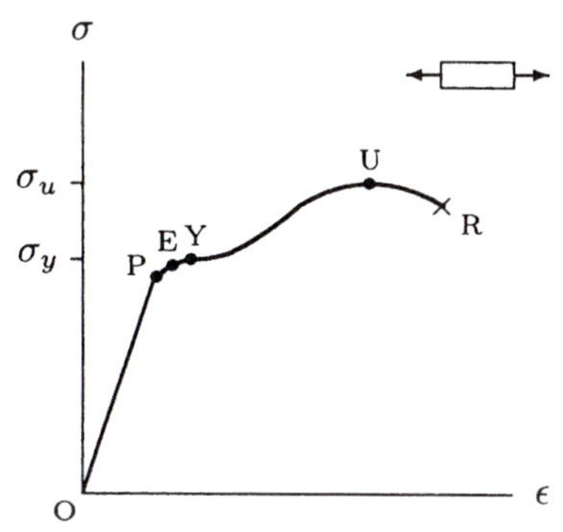

그림 13.12 • 축방향 하중에 따른 응력–변형률 선도

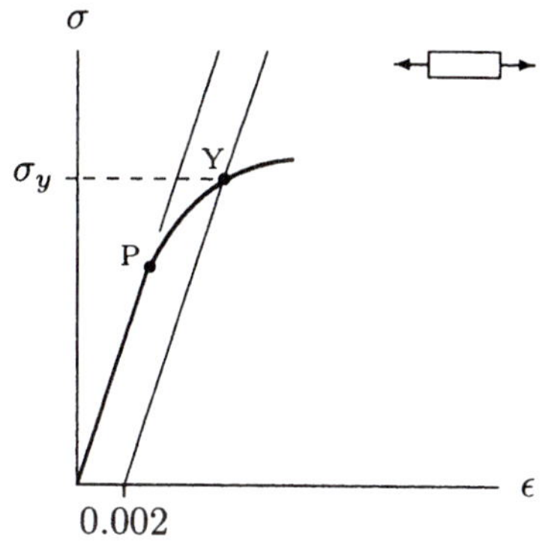

그림 13.13 • 오프셋 방법

강도에 관한 개념을 설명하기 전에 전형적인 응력–변형률 선도를 먼저 자세히 분석해보기로 하자.

그림 13.12의 응력–변형률 선도를 생각해보자. 곡선상에 표시된 6개의 점 O, P, E, Y, U, R이 있다. 점 O는 응력–변형률 선도의 원점으로, 초기의 하중이 가해지지 않고 변형이 없는 상태이다. 점 P는 **비례한계**(proportionality limit)를 나타낸다. 점 O와 P 사이에서는 응력과 변형률이 선형적으로 비례하며 응력–변형률 선도가 직선이다. 점 E는 **탄성한계**(elastic limit)를 나타낸다. 탄성한계에 해당하는 응력은 재료가 영구변형을 일으키지 않는 범위 내에서 재료에 가해질 수 있는 최대 응력이다. 재료가 탄성한계를 벗어나도록 응력을 받으면 하중을 제거하더라도 원래의 크기나 형태로 돌아갈 수가 없다. 점 Y는 **항복점**(yield point)이며 항복점에 해당하는 응력을 σ_y **항복강도**(yield strength)라 한다. 항복응력 상태에서는 상당한 양의 하중 증가 없이 많은 양의 신장(항복)이 일어난다. 점 U는 응력–변형률 선도에서 가장 큰 응력을 보이는 점이다. 응력 σ_u를 재료의 **극한강도**(ultimate strength)라고 한다. 어떤 재료의 경우 극한응력에 도달한 후에 하중을 감소시키면 다시 항복이 일어나는 경우도 있다. 이는 나중에 다룰 **네킹**(necking)이라는 현상이다. R은 응력–변형률 선도의 마지막 점으로 **파단점**(rupture point) 또는 **파손점**(failure point)이라 불린다. 파괴가 발생하는 응력을 재료의 **파단강도**(rupture strength)라 한다.

일부 재료의 경우, 탄성한계와 항복점을 결정하거나 구별하기 어렵다. 이러한 재료의 항복강도는 그림 13.13의 **오프셋 방법**(offset method)을 이용하여 구할 수 있다. 오프셋 방법은 응력–변형률 선도의 선형구간에 평행한 선을 약 0.2 %(0.002)의 변형률 수준으로 통과하게 긋는 방법이다. 이 직선과 응력–변형률 선도가 교차하는 점이 항복점이며, 이에 상응하는 응력을 **겉보기 항복강도**(apparent yield strength)라 한다.

재료는 서로 다른 하중과 외부 환경에서 다르게 반응한다. 그림 13.12의 곡선이 인장하중하에서 다른 재료의 응력–변형률 관계를 나타낸다면, 동일한 재료에 대하여 압축이나 전단 하중에 따른 응력–변형률의 관계는 비슷하지만 다른 곡선일 수도 있다.

또한 온도는 응력과 변형률 사이의 관계를 변경시키는 것으로 알려져 있다. 일정한 하중 조건의 재료라도 서로 다른 온도에서는 다른 응력–변형률 선도를 보일 수 있다. 게다가 특정한 인장 시험 조건에서 얻은 자료는 시편에 가해지는 인장의 속도에 따라 다를 수 있다. 응력과 변형률에 영향을 미치는 인자들은 나중에 설명할 것이다.

13.7 탄성 변형

그림 13.14의 일부 응력–변형률 선도를 생각해보자. 점 Y는 항복점이며, 이 경우에는 비례 및 탄성한계를 나타낸다. σ_y는 항복강도이며, ϵ_y는 그에 대응하는 변형률이다(그림에서 탄성한계 이후의 응력–변형률 선도는 나타나 있지 않다). 그림 13.14의 직선은 탄성영역에서 응력과 변형률의 관계를 나타낸다. **탄성**(elasticity)은 재료에 가해진 하중을 제거할 때 재료가 원래의 길이와 모양으로 돌아갈 수 있는 능력으로 정의된다. 다시 말하면, 재료에 생성된 응력이 항복강도 σ_y 이하가 되도록 재료에 하중을 가하고 나서, 가해진 하중을 제거하면 재료에 발생된 변형은 완전히 회복될 것이다.

응력–변형률 선도가 직선인 탄성재료를 **선형탄성**(linearly elastic)재료라 한다. 이러한 재료는 응력이 변형률에 선형적으로 비례하며, 비례상수를 재료의 **탄성계수**(elastic modulus) 또는 **영률**(Young's modulus)이라 한다. 탄성계수는 E로 나타내며, 아래와 같이 쓸 수 있다.

$$\sigma = E\epsilon \tag{13.5}$$

탄성계수 E는 응력–변형률 선도에서 탄성영역의 기울기와 같으며 선형 탄성재료의 경우에는 일정하다. E는 재료의 **강성**(stiffness)을 나타낸다. 탄성계수가 클수록 재료가 더 단단하다.

선형 탄성재료의 특징적인 요소는 탄성계수이다. 서로 다른 선형 탄성재료는 다른 탄성계수를 가진다. 재료의 탄성계수를 알면 응력과 변형률의 수학적 정의($\sigma = F/A$, =

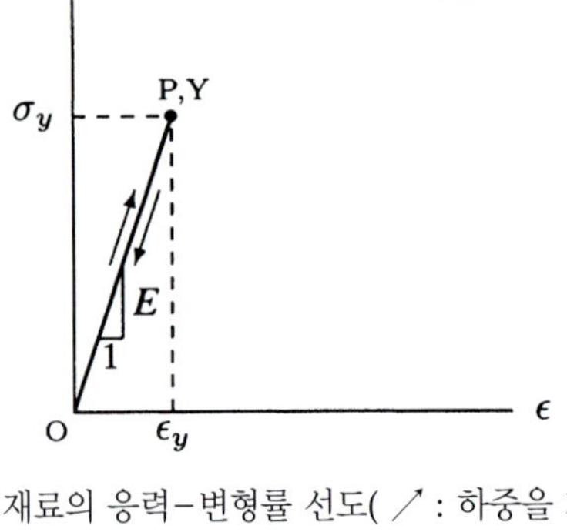

그림 13.14 • 선형 탄성재료의 응력–변형률 선도(↗ : 하중을 가함, ↙ : 하중을 제거함)

$\Delta l/l$)를 식 (13.5)에 대입하여 가해진 하중과 그에 상응하는 변형 사이의 관계를 유도할 수 있다.

$$\Delta l = \frac{Fl}{EA} \tag{13.6}$$

식 (13.6)에서 F는 재료에 가해지는 인장력 또는 압축력의 크기이며, E는 재료의 탄성계수, A는 가해진 힘의 작용선을 직각으로 자르는 단면적, l은 가해진 힘의 작용선을 따라 측정된 재료의 길이, Δl은 가해진 힘으로 인해 늘어난 또는 줄어든 길이를 의미한다. 선형 탄성재료(또는 $\sigma-\epsilon$ 선도의 선형 탄성 영역 내에서 변형이 일어나는 모든 재료)에 가해지는 하중에 대해 식 (13.6)을 이용하면, 재료의 상응하는 변형을 계산할 수 있다. 이 식은 물체에 압축력이나 인장력이 가해질 때 이 식을 사용할 수 있다.

모든 탄성재료가 선형 거동을 보이는 것은 아니다. 그림 13.15에서처럼 응력–변형률 선도의 탄성 영역 내에서 비례한도까지는 직선이지만, 그 이후에는 곡선이 이어질 수가 있다. 이러한 곡선은 변하는 기울기와 비선형 거동을 의미한다. 응력–변형률 선도의 탄성한계 내에서 직선을 나타내지 않는 재료를 **비선형 탄성재료**(nonlinear elastic materials)라고 한다. 비선형 탄성재료의 경우, 탄성영역 내에서 응력–변형률 선도의 기울기가 일정하지 않기 때문에 단일 탄성계수로 표현할 수가 없다. 그러므로 비선형 재료의 응력–변형률 선도는 매우 복잡한 형태를 띤다. 하지만 비선형 재료라고 하더라도 낮은 응력에서는 선형 탄성 영역을 가질 수 있다(그림 13.15의 점 O와 P 사이 영역).

일부 재료는 전단 하중이 가해질 때 그림 13.16처럼 선형 탄성 거동을 보일 수 있다. 이러한 재료의 경우, 전단응력 τ는 전단변형률 γ(감마, gamma)에 선형적으로 비례한다. 비례상수는 **전단계수**(shear modulus) 또는 **강성계수**(modulus of rigidity)라 하며, 일반적으로 기호 G로 나타낸다.

$$\tau = G\gamma \tag{13.7}$$

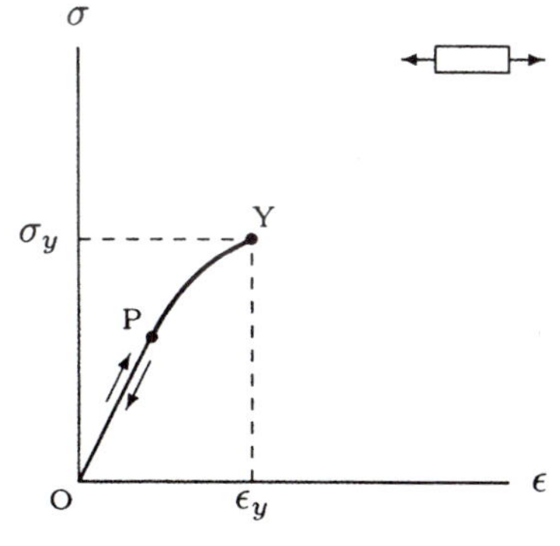

그림 13.15 • 비선형 탄성재료의 응력–변형률 선도

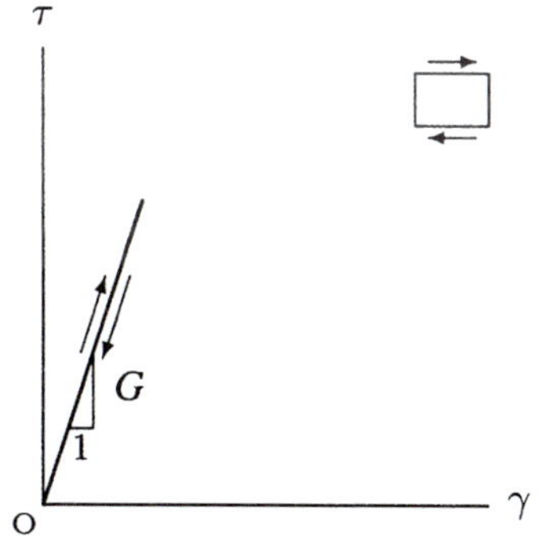

그림 13.16 • 선형 탄성재료의 전단응력–전단변형률 선도

선형 재료의 전단계수는 탄성 영역에서 $\tau - \gamma$ 곡선의 기울기와 같다. 전단계수가 클수록 재료는 더 단단하다.

식 (13.5) 및 (13.6)처럼 선형 탄성재료의 응력과 변형률을 나타내는 식을 **재료 함수**(material function)라 한다. 주어진 재료가 다른 형태의 변형에 대해 다른 재료 함수로 존재할 수 있다는 것은 당연하다. 모든 재료 함수를 통합하는 **구성방정식**(constitutive equations)이 있다.

13.8 후크의 법칙

탄성재료의 하중거동 특성은 로버트 후크(Robert Hooke)가 처음 제안한 스프링의 특성과 비슷하다. 스프링과 같은 탄성재료는 외부 하중이 가해질 때 에너지를 저장할 수 있는 능력이 있다. 하중을 제거하면 재료를 원 상태로 회복시키기 위해 이 에너지가 사용된다. 인장 하중을 받는 선형 스프링은 늘어날 것이며, 그 늘어난 길이는 가해진 하중에 선형적으로 비례한다(그림 13.17). 하중과 변형 사이의 비례상수는 k로 표시되며, **스프링 상수**(spring constant) 또는 **스프링 강성**(spring stiffness)이라 한다. 스프링 상수 k를 가진 선형 스프링에서 늘어난 길이 d와 가해진 하중 F 사이에는 다음의 관계식이 있다.

$$F = kd \tag{13.8}$$

식 (13.5)와 (13.8)의 비교를 통해, 탄성재료의 응력은 스프링에 가해진 하중과 유사하며, 탄성재료의 탄성계수는 스프링 상수에 해당함을 알 수 있다. 탄성재료와 스프링 사이의 이러한 유사성은 **후크의 법칙**(Hooke's law)으로 알려져 있다.

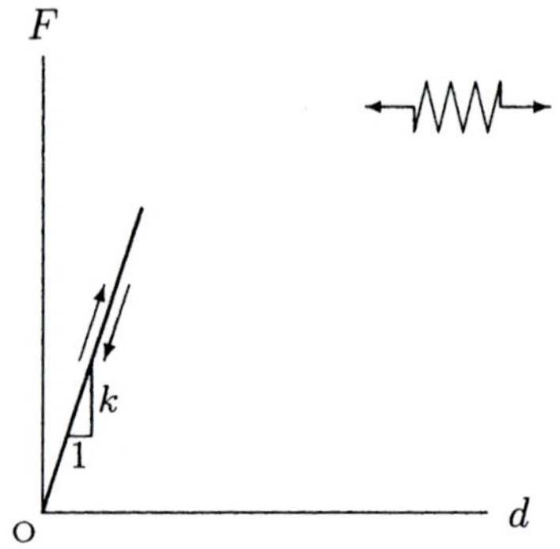

그림 13.17 • 선형 스프링의 하중−연신 선도

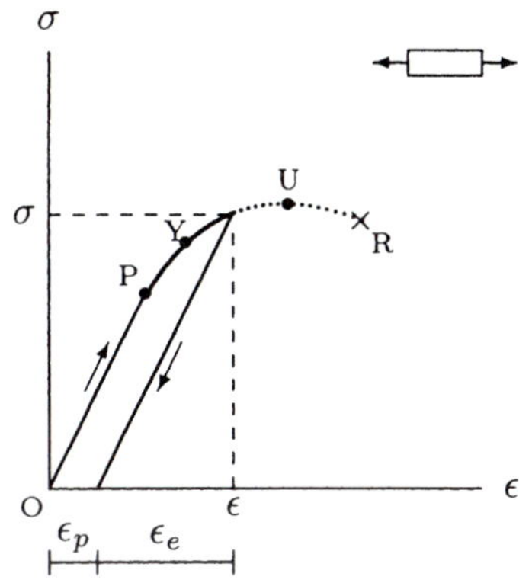

그림 13.18 • 소성 변형

13.9 소성 변형

탄성은 가해진 힘을 제거할 때 원래의 형태로 완전히 돌아갈 수 있는 물질의 특성을 말한다. 탄성거동이란 영구 변형이 없다는 의미이다. 반면에, **소성**(plasticity)은 영구 변형을 의미한다. 일반적으로 재료가 탄성한계 또는 항복점을 넘는 하중을 받게 되면 탄성 변형을 넘어 소성 변형을 겪는다.

그림 13.18의 응력–변형률 선도를 고려해보자. 동일한 재료로 만든 시편에 인장 하중을 가해 시편의 응력이 $\sigma > \sigma_y$가 된다고 가정해보자. 이에 대응하는 변형률은 ϵ이 된다. 가해진 하중을 제거하면, 재료는 초기 선형 탄성 영역에 평행한 하중이 제거된 경로(OP 사이의 직선)를 따라 소성 변형을 회복하게 될 것이다. 이 경로가 변형률 축을 절단하는 지점을 소성변형률 ϵ_p라고 하며, 이는 시편에 남아 있는 (회복 불가능한) 영구 변형의 정도를 가리킨다.

시편에 하중을 가할 때와 제거할 때의 변형률의 차이($\epsilon - \epsilon_p$)는 탄성변형률 ϵ_e의 양과 동일하고, 이는 하중이 제거되면 회복 가능한 변형률이다. 그러므로 재료에 탄성 한계를 넘어서는 수준의 하중이 가해지면, 총 변형률은 탄성 변형률과 소성 변형률의 합과 같다.

$$\epsilon = \epsilon_e + \epsilon_p \tag{13.9}$$

탄성 변형률 ϵ_e는 하중이 제거되면 완전히 회복 가능하며, 소성 변형률 ϵ_p는 변형이 영구적으로 남아 있다.

13.10 네킹

13.6절에서 정의한 바와 같이, 재료가 견딜 수 있는 최대 응력을 그 재료의 극한강도

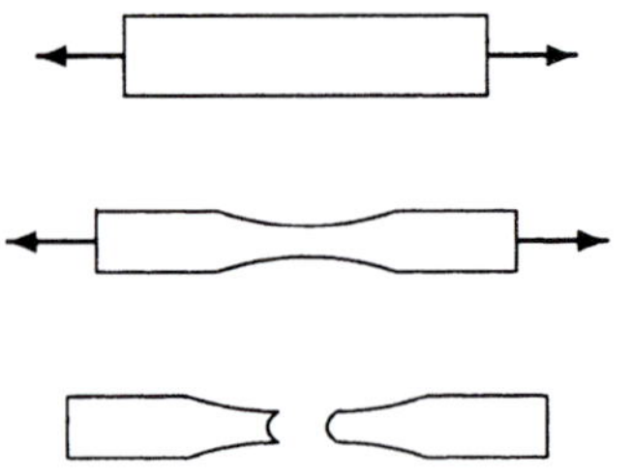

그림 13.19 • 네킹

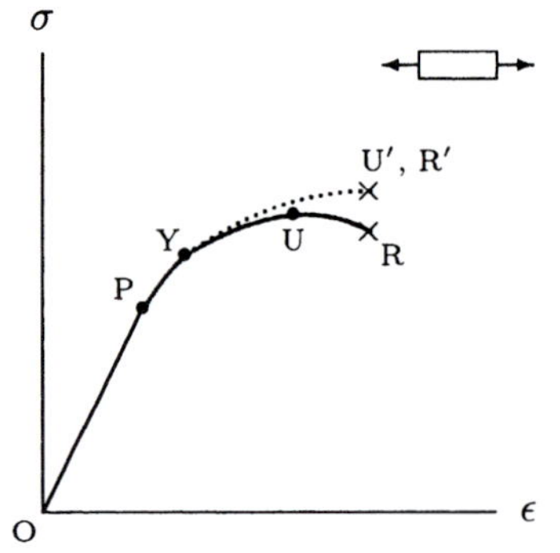

그림 13.20 • 공칭 응력(실선)과 진응력(점선)의 응력–변형률 선도

라 한다. 일단 재료가 극한강도와 같은 수준의 응력을 받게 되면 변형의 속도가 점진적으로 증가하는 것을 관찰할 수 있으며, 대부분의 경우에는 가해진 하중을 줄이더라도 지속적인 항복이 일어나게 된다. 결국 재료는 더 이상 하중을 견디지 못하고 파열된다. 파열에서의 응력을 재료의 파단 강도라고 하며, 이는 극한강도보다는 작은 값일 수 있다. 이 현상이 비현실적인 것처럼 보일지 모르겠으나, 그 이유는 **네킹**(necking)이라는 현상과 응력을 계산하는 방법 때문이다.

응력은 일반적으로 재료의 원래 단면적을 기준으로 계산된다. 이러한 응력을 **공칭 응력**(conventional stress)이라고 한다. 가해진 힘을 원래 단면적으로 나누어 응력을 계산하는 것이 편리하기는 하지만 반드시 정확하지는 않다. **진 응력**(true or actual stress)은 반드시 변형된 물체의 단면적을 고려해서 계산해야 한다. 그림 13.19에서 보는 바와 같이, 재료가 인장 하중을 받으면 하중을 받는 방향으로는 길이가 늘어나고, 수직인 방향으로는 길이가 줄어든다. 응력이 파괴점에 가까워질수록 점점 더 빨리 늘어나고 동시에 폭이 좁은 부위는 점점 더 좁아질 것이다. 좁아진 부분의 단면적은 감소하며, 비록 재료를 더욱 변형시키기 위해 필요한 힘은 감소하지만 단위면적당 힘(응력)은 증가하게 된다. 그림 13.20의 점선에서 보는 바와 같이, 진 응력–변형률 곡선은 계속해서 양의 기울기를 가진다. 이는 응력이 감소함에 따라 변형률이 증가하는 것을 의미하는 음의 기울기가 아니라, 응력이 증가함에 따라 변형률도 증가함을 의미한다. 또한 파단점과 재료의 극한강도에 해당하는 지점은 동일할 수 있다.

13.11 일과 변형 에너지

동역학에 있어서, **수행한 일**(work done)은 힘과 힘이 가해진 방향으로 이동한 거리의 곱으로 정의되며, **에너지**(energy)는 일을 할 수 있는 시스템의 능력을 의미한다. 변형체역학에서 응력과 변형률은 힘과 변위에 관련이 있다. 응력과 단면적의 곱은 힘과 같으며, 변형률과 길이의 곱은 변위이다. 그러므로 응력과 변형률의 곱은 그 물체

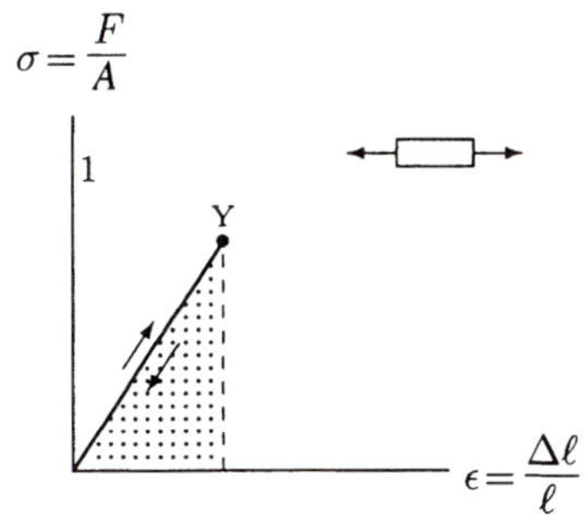

그림 13.21 • 단위부피당 내부 일과 탄성 변형 에너지

의 단위체적당 수행일 또는 외부에서 가해진 힘에 의해 물체에 수행된 **내부 일**(internal work)과 동일하다. 탄성체에서는 이 일은 내부 **탄성 변형 에너지**(elastic strain energy)로 저장되며, 하중이 제거될 때 이 에너지가 방출되어 원래의 형태로 되돌아가게 한다. 물체에 저장할 수 있는 (단위부피당) 최대 탄성 변형 에너지는 응력–변형률 선도의 탄성영역 내 전체 면적과 동일하다(그림 13.21). 또한 물체가 변형할 때 열의 형태로 사라지는 **소성 변형 에너지**(plastic strain energy)도 있다.

13.12 변형 경화

그림 13.22는 재료의 응력–변형률 선도를 나타낸다. 생성된 응력이 재료의 탄성한계(항복점)를 넘어서도록 재료에 인장력을 가한다고 생각해보자. 이때의 응력은 응력–변형률 선도에서 A 지점이다. 가해진 힘이 제거되면, 재료는 경로 AB를 따라 거동할 것이다. AB는 응력–변형률 선도에서 OP라는 초기 직선과 거의 평행한 경로이다. B에서 변형률은 재료의 소성 변형량에 해당한다. 재료에 다시 하중이 가해지면, B와 A 사이에서 탄성거동을 보일 것이다. 이렇게 재료의 항복점을 변화시키는 기술을 **변형 경화**(strain hardening)라 한다. A에서 응력은 원래 항복강도보다 크기 때문에 변형 경화는 재료의 항복강도를 증가시킨다. 재료가 A 지점 이상으로 재료가 응력을 받게 되면, 재료는 원래의 응력–변형률 선도상의 경로를 따라 변형될 것이다.

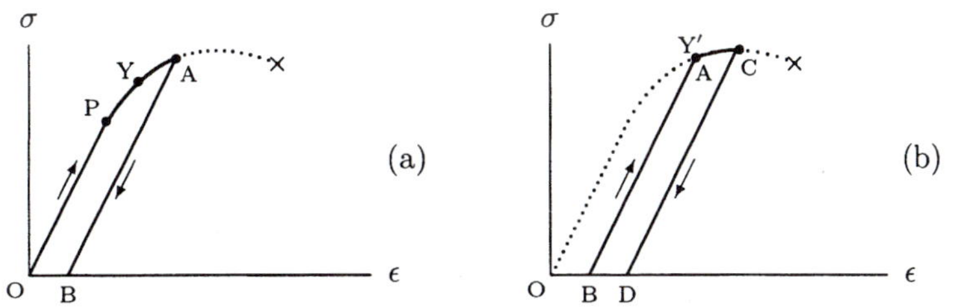

그림 13.22 • 변형 강화

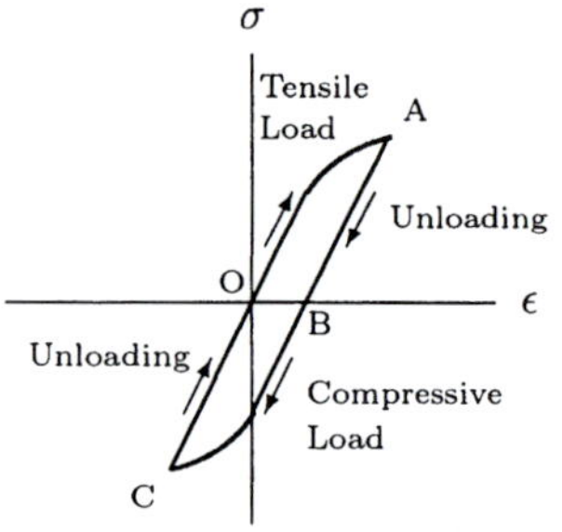

그림 13.23 • 히스테리시스 곡선

13.13 히스테리시스 곡선

그림 13.23의 응력-변형률 선도에 대해 생각해보자. O와 A 지점 사이에서 재료에 인장력이 가해져, 재료는 탄성한계를 벗어난 변형을 보였다. A 지점에서 인장력이 제거되면 경로 AB는 하중제거 경로가 된다. B 지점에서 다시 하중을 가한다. 이번에는 압축력이 가해진 후, C 지점에서 하중을 제거한다. C와 O 지점 사이에서 다시 하중이 제거되면 물체는 원래의 형태로 회복될 것이다. OABCD 루프는 **히스테리시스 곡선**(hysteresis loop)라 불리며, 루프 내의 면적은 물체가 인장과 압축될 때 발생하는 열로 소실되는 총 변형에너지와 같다.

13.14 응력-변형률 선도에 기초한 특성

앞에서 정의한 바와 같이, 재료의 탄성계수는 탄성 영역에서 응력-변형률 선도의 기울기와 같다. 탄성계수는 한 재료의 다른 재료에 대한 상대적 **강성**(stiffness)을 나타낸다. 탄성계수가 클수록 재료의 강성은 더 크며, 변형에 내성이 높다. 예를 들어 그림 13.24의 재료 ①은 재료 ②보다 강성이 크다.

연성(ductile) 재료는 파괴되기 전에 큰 소성 변형을 일으키는 재료이다. 예를 들어, 그림 13.25의 재료 ①은 재료 ②보다 더 연성이다. 반면 **취성**(brittle) 재료는 상당한 양의 소성 변형 없이 갑자기 파괴(파단)되는 재료이다. 유리는 대표적인 취성 재료이다.

인성(toughness)은 재료가 영구 변형을 유지하려는 척도를 나타내는 양이다. 재료의 인성은 응력-변형률 선도의 면적으로 측정된다. 면적이 클수록 인성이 크다. 예를 들어, 그림 13.26에서 재료 ①은 재료 ②보다 인성이 크다.

재료가 영구 변형 없이 에너지를 흡수 및 저장하려는 능력을 재료의 **탄력**(resilience)이라고 한다. 재료의 탄성은 **탄력계수**(modulus of resilience)로 나타내며, 탄력계수는 응력-변형률 선도의 탄성영역 아래의 면적과 동일하다. 탄력계수는 선형 탄성재료에서 $\sigma_y \epsilon_y / 2$ 또는 $\sigma_y{}^2 / 2E$이다.

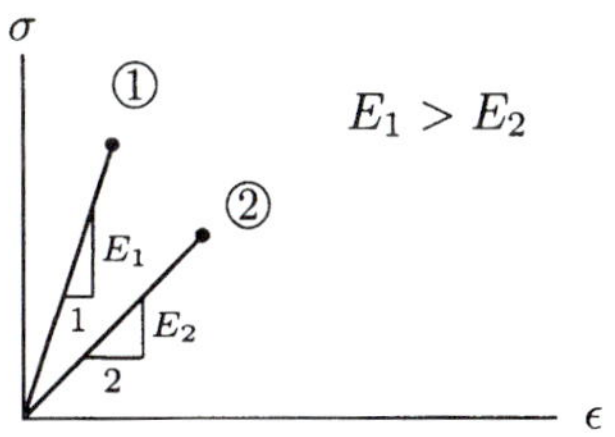

그림 13.24 • 재료 ①은 재료 ② 보다 강성이 크다.

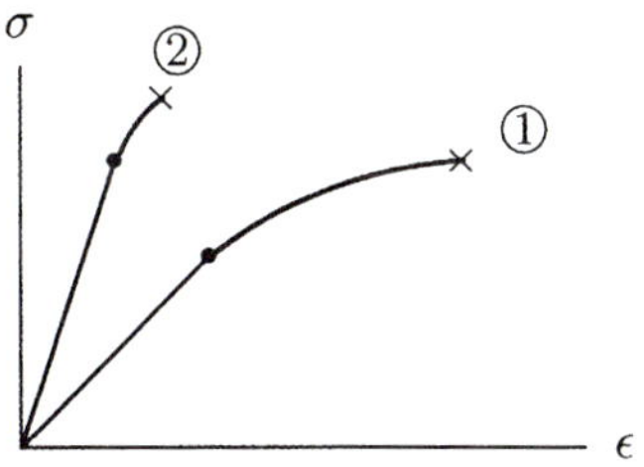

그림 13.25 • 재료 ①은 재료 ② 보다 연성이고 취성은 작다.

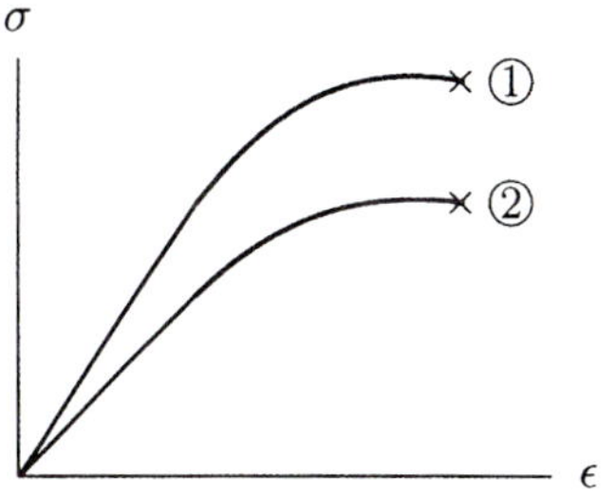

그림 13.26 • 재료 ①은 재료 ② 보다 인성이 크다.

응력–변형률 선도에 직접적인 관련은 없지만, 재료의 성질을 설명하는 데 사용되는 다른 중요한 개념들이 있다. 재료의 성질이 재료 내 위치마다 다르지 않은 경우, 이러한 재료를 **균질**(homogeneous)하다고 한다. 재료의 성질이 방향이나 배열에 무관한 경우, 그 재료를 **등방성**(isotropic)이라고 한다. 밀도가 일정한 재료는 **비압축성**(incompressible)이라고 한다.

13.15 재료 거동의 이상적 모델

응력–변형률 선도를 수학적 함수로 표현하면 매우 유용하다. 재료의 응력–변형률 선도는 다양한 형태를 띠고 있기 때문에 간단한 수식을 찾는 것은 쉽지 않다. 재료 거동의 해석적 분석과 수학적 모델링을 위해서 선도를 간략하게 할 필요가 있다. 이상적인 재료 거동을 보이는 선도들이 그림 13.27로 나타나 있다.

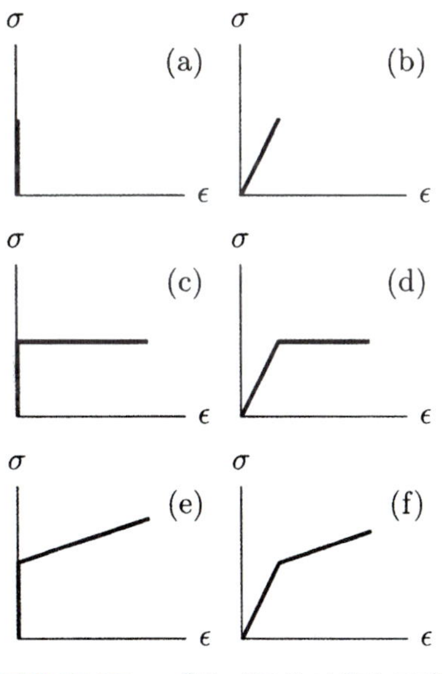

그림 13.27 • 재료 거동의 이상적 모델

강성 재료(rigid material)는 매우 큰 하중에서도 전혀 변형이 없는 물체이다(그림 13.27a). **선형탄성재료**(linearly elastic material)는 응력과 변형률이 선형적으로 비례하며 탄성계수가 비례상수와 같은 재료이다(그림 13.27b). **강성–완전소성 재료**(rigid-perfectly plastic material)는 어떤 탄성 변형도 일으키지 않고, 한계응력에 도달하면 파괴가 될 때까지 지속적으로 영구히 변형이 일어나는 재료이다(그림 13.27c). **선형탄성–완전소성 재료**(linearly elastic-perfectly plastic material)는 선형 탄성 변형 후에 일정한 응력 수준에서 지속적으로 변형되는 재료이다(그림 13.27d). 그림 13.27e는 **강성–선형소성 재료**(rigid-linearly plastic material)의 특성을 보여준다. **선형탄성–선형소성 재료**(linearly elastic-linearly plastic material)의 응력–변형률 선도에는 두 개의 서로 다른 기울기가 있는 별개의 두 영역이 존재하며, 여기서 응력과 변형률은 선형으로 비례한다(그림 13.27f).

13.16 재료의 역학적 특성

표 13.2에는 여러 가지 재료의 인장 항복강도(σ_y), 인장 극한강도(σ_u), 탄성계수(E), 전단계수(G), 포아송 비(ν)와 같은 특성이 나열되어 있다. 포아송 비는 다음 장에서 논의될 것이다. 재료의 역학적 성질은 재료의 함량(예: 강철의 탄소 함량), 재료의 제조 과정(예: 압연처리, 변형강화, 열처리)과 같은 여러 인자에 의하여 좌우된다. 다음 장에서 설명하겠지만, 생체재료는 시간에 의존하는 특성이 있다. 즉, 외력에 대한 반응은 외력이 가해지는 속도에 의존한다. 예를 들어, 뼈는 비등방성 재료이다. 인장 하중이 가해지는 방향에 따라 다르게 반응하며, 서로 다른 탄성계수가 이러한 반응을 설명한다. 따라서 표 13.2에 나열된 값들은 평균값 또는 평균값의 범위를 나타내며, 어느

표 13.2 • 선택된 재료들의 평균 역학적 특성(1 MPa = 1,000,000 Pa, 1 GPa = 1,000,000,000 Pa)

재료	항복강도 σ_y(MPa)	극한강도 σ_u (MPa)	탄성계수 E (MPa)	전단계수 GPa	포아송의 비 v
근육	–	0.2	–	–	0.49
힘줄	–	70	0.4	–	0.40
피부	–	8	0.5	–	0.49
피질골	80	130	17	3.3	0.40
유리	35~70	–	70~80	–	–
주철	40~260	140~380	100~190	42~90	0.29
알루미늄	60~220	90~390	70	28	0.33
철	200~700	400~850	200	80	0.30
티타늄	400~800	500~900	100	45	0.34

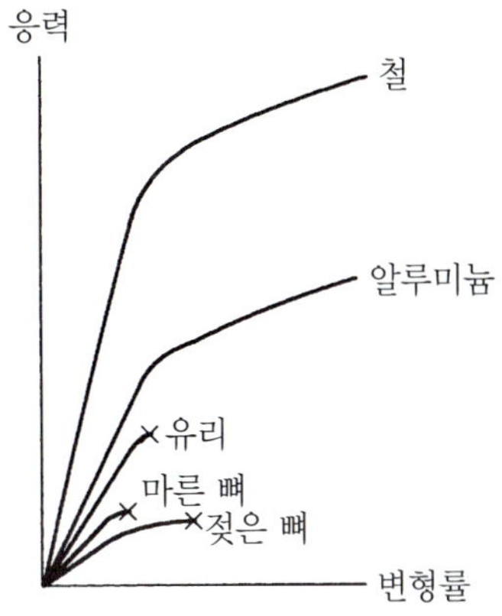

그림 13.28 • 선택된 재료들의 응력–변형률 선도 비교

정도의 크기 범위를 가지는지에 대한 감각을 제시하기 위함이다(그림 13.28).

13.17 예제

다음의 예제들은 이번 장에서 소개된 개념을 이용하는 문제이다.

예제 13.1 반지름이 1.26 cm인 원통형 막대에 대한 단축 인장시험을 하고자 한다(그림 13.29). 인장력 $F = 1000$ N을 가하기 전에, 거리 $l_0 = 30$ cm(표점길이)인 막대의 두 점 A, B에 표시한다. 힘이 가해진 후, 두 점 사이의 거리는 $l_1 = 31.5$ cm였다. 원통형 막대에 발생하는 인장변형률과 평균인장응력을 구하라.

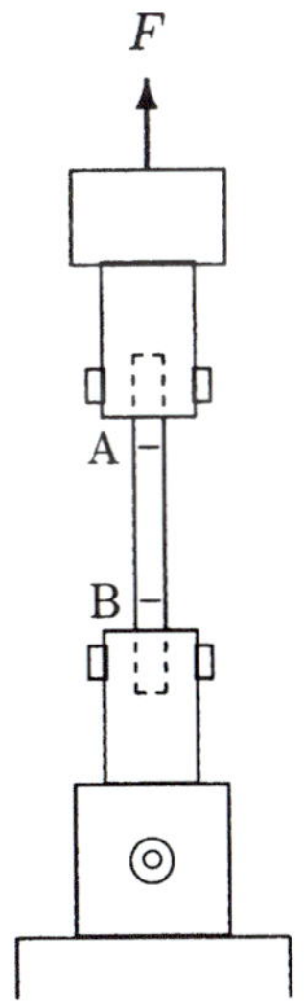

그림 13.29 • 예제 13.1

풀이: 정의에 따르면, 인장변형률은 늘어난 길이와 원래 길이의 비와 같다. 늘어난 길이 Δl은 변형 전후 표점길이의 차이이다.

$$\Delta l = l_1 - l_0 = 31.5 - 30.0 = 1.5\,\text{cm}$$

따라서 원통형 막대에 발생한 인장변형률 ϵ은 아래와 같다.

$$\epsilon = \frac{\Delta l}{l_0} = \frac{1.5}{30} = 0.05\,\text{cm/cm}$$

원통형 막대는 반지름 $r = 1.26$ cm 또는 $r = 0.0126$ m인 원형 단면을 가지고 있다. 따라서 원통형 막대의 단면적은 아래와 같이 계산할 수 있다.

$$A = \pi r^2 = (3.1416)(0.0126)^2 = 5 \times 10^{-4}\,\text{m}^2$$

평균인장응력은 가해진 힘을 단면적으로 나눈 값이다. 이때의 단면은 힘의 작용선과 직각을 이루는 면을 자른 부분을 말한다. 이 경우, 원통형 막대의 단면적이다. 따라서 평균인장응력은 아래와 같이 계산할 수 있다.

$$\sigma = \frac{F}{A} = \frac{1000}{0.0005} = 2,000,000 = 2 \times 10^6\,\text{Pa} = 2\,\text{MPa}$$

예제 13.2 서로 다른 재료로 만든 두 시편에 $F = 20$ kN (20×10^3 N)의 힘을 가하는 단축인장시험을 하였다(그림 13.30). 시편 1은 탄성계수 $E_1 = 70$ GPa (70×10^9 Pa) 및 직사각형 단면 (1 cm × 2 cm)인 알루미늄 막대이며, 시편 2는 탄성계수 $E_2 = 200$ GPa(200×10^9 Pa) 및 원형단면 (반지름 1 cm)을 갖는 강철봉이다.

각 시편에서 발생하는 인장응력을 구하라. 각 시편의 인장응력은 재료의 비례한계 이내라고 가정하고, 각 시편의 인장변형률을 구하라. 또한 각 시편의 원래 길이가 30 cm일 때, 변형이 일어난 후에 각 시편의 길이를 구하라.

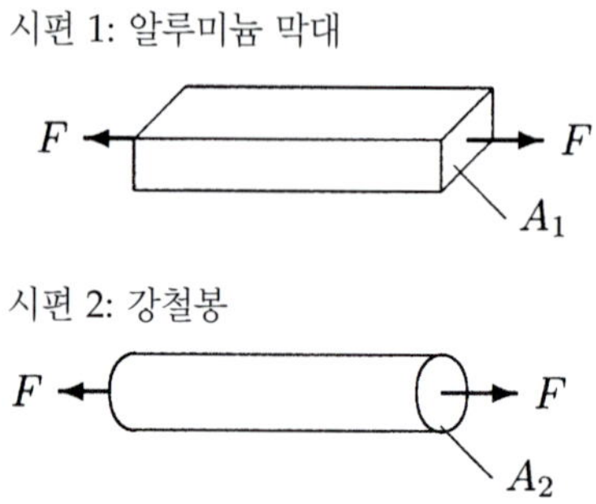

그림 13.30 • 예제 13.2

풀이: 인장응력은 시편에 가해지는 힘과 단면적의 비와 같다. 각 시편의 단면적은 다음과 같다.

$$A_1 = (1\,\text{cm})(2\,\text{cm}) = 2\,\text{cm}^2 = 2 \times 10^{-4}\,\text{m}^2$$
$$A_2 = \pi(1\,\text{cm})^2 = 3.14\,\text{cm}^2 = 3.14 \times 10^{-4}\,\text{m}^2$$

그러므로 각 시편에서의 인장응력은 다음과 같다.

$$\sigma_1 = \frac{F}{A_1} = \frac{20 \times 10^3}{2 \times 10^{-4}} = 100 \times 10^6\,\text{Pa} = 100\text{ MPa}$$
$$\sigma_2 = \frac{F}{A_2} = \frac{20 \times 10^3}{3.14 \times 10^{-4}} = 63.7 \times 10^6\,\text{Pa} = 63.7\,\text{MPa}$$

즉, 알루미늄 막대(시편 1)가 강철봉(시편 2)보다 더 많은 응력을 받는다.

인장응력 σ_1, σ_2에 의한 인장변형률을 계산하기 위하여 변형은 탄성이며, 인장응력 σ_1, σ_2는 비례한계보다 낮다고 가정하였다. 즉, 응력은 변형률에 선형적으로 비례하며 탄성계수 E_1, E_2는 비례상수이다. 따라서 아래와 같이 계산할 수 있다.

$$\epsilon_1 = \frac{\sigma_1}{E_1} = \frac{100 \times 0^6}{70 \times 10^9} = 1.43 \times 10^{-3}$$
$$\epsilon_2 = \frac{\sigma_2}{E_2} = \frac{63.7 \times 10^6}{200 \times 10^9} = 0.32 \times 10^{-3}$$

이 결과는 알루미늄 막대가 강철봉보다 더 많이 늘어난다는 것을 시사한다.

각 시편의 원래의 길이는 $l_0 = 30$ cm였다. 변형 후, 알루미늄 막대는 l_1로 Δl_1만큼 늘어났고, 강철봉은 l_2로 Δl_2만큼 늘어났다. 정의에 따라, 인장변형률은 $\epsilon = \Delta l / l_0$ 또는 늘어난 길이는 $\Delta l = \epsilon l_0$이다. 변형 후의 길이는 원래의 길이에 늘어난 길이를 더한 값이다. 예를 들어, 알루미늄 막대의 경우 $l_1 = l_0 + \Delta l$, 또는 $l_1 = l_0(1 + \epsilon_1)$이다. 따라서 아래와 같이 계산된다.

$$l_1 = l_0(1 + \epsilon_1) = 30(1 + 0.00143) = 30.0429\,\text{cm}$$
$$l_2 = l_0(1 + \epsilon_2) = 30(1 + 0.000320) = 30.00960\,\text{cm}$$

결국 알루미늄 막대와 강철봉의 늘어난 길이는 1 mm보다 작다.

예제 13.3 인간 뼈(겉질) 조직의 탄성계수를 결정하기 위한 실험이 설계되었다. 거의 동일한 뼈시편 세 개가 준비되었다. 시편의 크기와 모양은 그림 13.31에 나타나 있고, 단면은 정사각형(2 × 2 mm) 모양이다. 각각의 시편에 대해 일정한 간격만큼 떨어

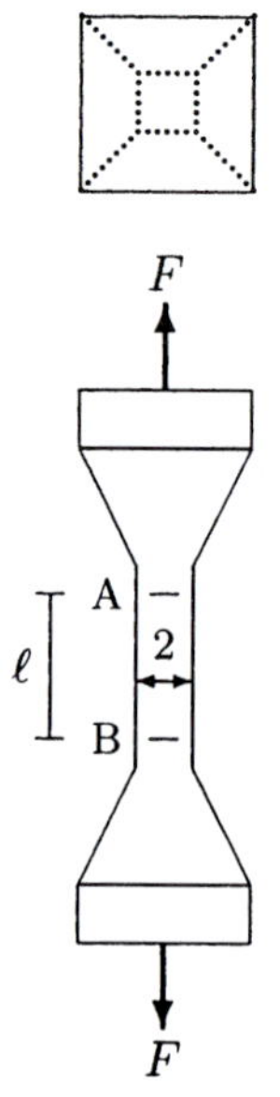

그림 13.31 • 시편의 평면도와 측면도

진 두 단면 A, B가 표시되었다. 그러고 나서 각 시편에 다양한 크기의 인장 하중을 가하고, 표시된 두 단면 사이의 길이를 측정하였다. 이로부터 다음과 같은 데이터를 얻었다.

가해진 힘, F(N)	측정된 표점길이, l(mm)
0	5.000
240	5.017
480	5.033
720	5.050

각 시편에 발생하는 인장응력과 인장변형률을 계산하고, 뼈의 응력－변형률 선도를 작성하여 뼈의 탄성계수(E)를 구하라.

풀이: 각 시편의 단면적은 $A = 4\ \text{mm}^2$, $4 \times 10^{-6}\ \text{m}^2$이다. 가해진 하중이 0일 때, 표점길이(변형 전 원래의 길이)는 5 mm이다. 따라서 각 시편에서 발생하는 응력과 변형률은 다음과 같이 계산된다.

$$\sigma = \frac{F}{A} \qquad \epsilon = \frac{l - l_0}{l_0}$$

다음의 표는 위의 식을 이용하여 계산한 응력과 변형률을 나열하고 있다.

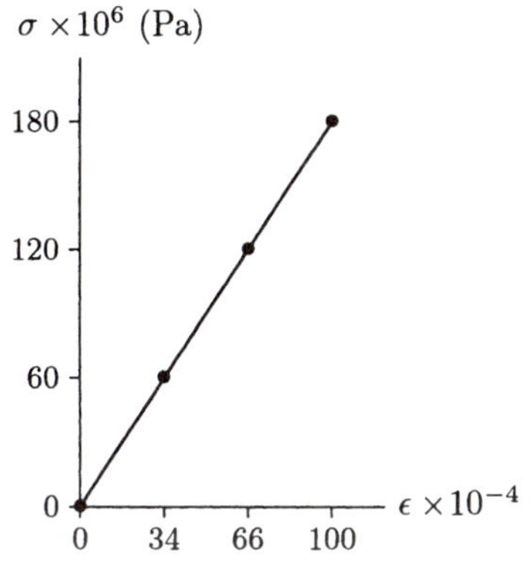

그림 13.32 • 뼈의 응력-변형률 선도

F(N)	$\sigma \times 10^6$ (Pa)	l(mm)	ε(mm/mm)
0	0	5.000	0.0
240	60	5.017	0.0034
480	120	5.033	0.0066
720	180	5.050	0.0100

그림 13.32는 계산된 응력과 변형률을 이용하여 작성된 뼈의 응력-변형률 선도를 보여준다. 응력과 변형률의 관계는 거의 선형이며, 이는 그림 13.32에서 거의 직선임을 보여준다.

선형 탄성재료의 탄성계수는 해당 재료의 응력-변형률 관계를 나타내는 직선의 기울기와 같다. 따라서 아래와 같이 계산할 수 있다.

$$E = \frac{\sigma}{\epsilon} = \frac{180 \times 10^6}{0.0100} = 18 \times 10^9\,\text{Pa} = 18\,\text{GPa}$$

예제 13.4 그림 13.33은 부러진 뼈를 안정시키기 위해 사용되는 하나의 판과 두 개의 나사로 이루어진 고정 장치이다. 한 발 서기 자세를 취하면 한 발로 체중 전체를 지면에 가하게 된다. 이러한 상황에서 사람의 체중 전체는 같은 발을 통해 사람에게 다시 가해져서 다리, 뼈 및 관절에 압축 효과를 발생시킨다. 다리뼈(이 경우, 넙다리뼈)가 부러진 환자의 경우, 이 힘은 고정 장치의 나사를 통해 골절부에 아래에서 위로(몸의 먼 쪽에서 가까운 쪽으로) 전달된다.

나사의 지름 $D = 5$ mm이고, 환자의 체중 $W = 700$ N일 때, 부러진 뼈가 있는 다리의 한 발 서기 자세에서 고정 장치의 나사에 가해지는 전단응력을 계산하라.

풀이: 고정 장치와 나사의 자유물체도가 그림 13.34에 나타나 있다. 골절부 위의 나사

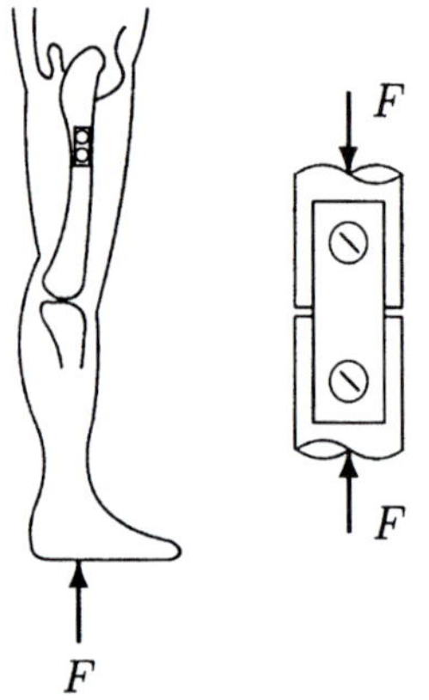

그림 13.33 • 예제 13.4

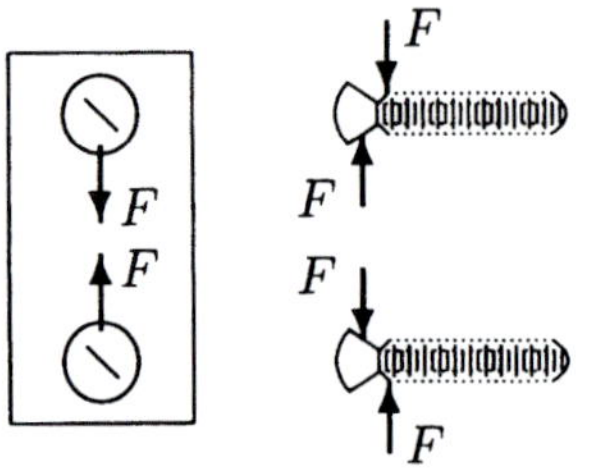

그림 13.34 • 가해진 힘, 판 그리고 나사

는 판을 아래 방향으로 밀고 있는 반면, 골절부 밑의 나사는 판을 위쪽으로 밀고 있다. 각 나사는 체중과 동일한 힘을 판에 가하고 있다. 또한 동일한 크기의 힘이 나사에 반대 방향으로 가해지고 있다. 예를 들어, 골절부 위 나사의 경우, 판은 나사머리에 위쪽으로 힘을 가하고, 뼈는 아래쪽으로 힘을 가한다. 나사에 가해지는 힘의 영향으로 나사 중심선에 수직인 면에서 나사를 잘라 내려고 한다. 나사의 단면에 대한 이 힘이 바로 전단력이다.

나사에서 생성된 전단응력 τ는 전단력 F와 전단응력이 측정되는 면적 A 사이의 다음과 같은 관계식으로부터 얻을 수 있다.

$$\tau = \frac{F}{A}$$

이 경우 F는 환자의 체중(W = 700 N)과 같다. 나사의 지름이 주어져 있으므로, 각 나사의 단면적은 $A = \pi D^2/4 = 19.6\ \text{mm}^2$ 또는 $A = 19.6 \times 10^{-6}\ \text{m}^2$이다. A 값과 $F = W = 700$ N을 위의 식에 대입하면 $\tau = 35.7 \times 10^6$ Pa이 된다.

두 나사 고정 장치 대신에 그림 13.35와 같이 네 나사 고정 장치를 사용하는 경우, 각

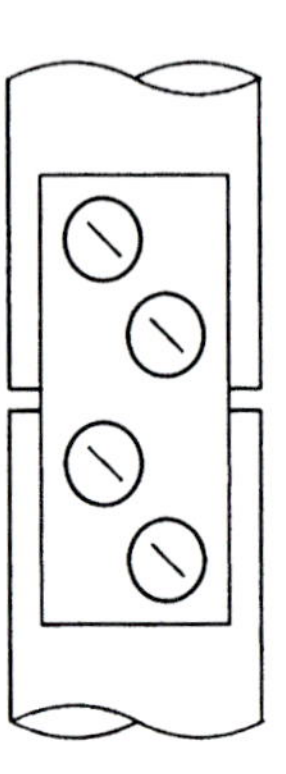

그림 13.35 • 네 나사 고정 장치

나사에는 환자 체중의 절반에 해당하는 전단력이 가해진다.

예제 13.5 사람의 겉질뼈 조직 시편이 골절될 때까지 인장 시험을 하였다. 시험 결과, 그림 13.36과 같이 세 영역으로 이루어진 응력–변형률 선도를 얻었다. 이들 영역은 각각 초기 선형 탄성 영역(OA 사이), 중간 비선형 탄소성 영역(AB 사이), 마지막 선형 소성 영역 (BC 사이)이다. O, A, B, C 지점에서 평균 응력과 변형률은 다음과 같이 측정되었다.

위치	응력	변형률
O	0	0.0
A	85	0.005
B	114	0.010
C	128	0.026

이 정보를 이용하여 응력–변형률 선도의 선형구간에서 뼈의 탄성계수와 변형경화계수를 구하라. **변형경화계수**(strain hardening modulus)는 소성영역에서 응력–변형률 곡선의 기울기이다. 또한, 선형 탄성 영역과 선형 소성 영역에서 응력과 변형률 사이의 수학적 관계식을 구하라.

풀이: 탄성계수 E는 탄성영역에서 응력–변형률 선도의 기울기와 같다. O와 A 지점 사이에서 뼈는 선형 탄성재료의 거동을 보이며, $\sigma-\epsilon$ 선도는 직선이다. 이 선의 기울기는 다음과 같다.

$$E=\frac{\sigma_A-\sigma_O}{\epsilon_A-\epsilon_O}=\frac{85\times10^6-0}{0.005-0.0}=17\times10^9\ \text{Pa}=17\ \text{GPa}$$

변형경화계수 E'는 소성 영역에서 $\sigma-\epsilon$ 선도의 기울기와 같다. B와 C 지점 사이에서

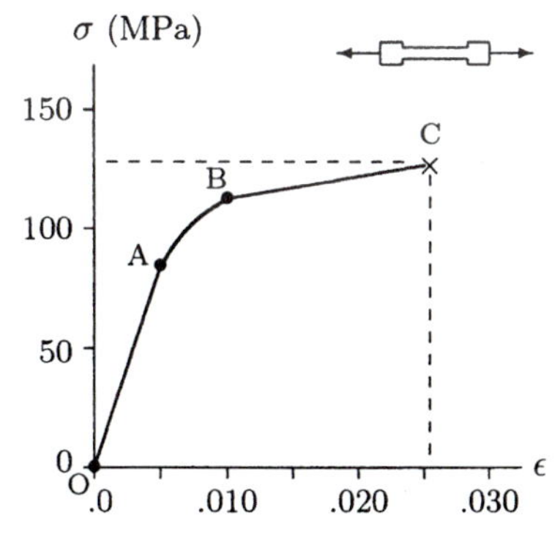

그림 13.36 • 겉질 뼈의 인장응력–변형률 선도(1 MPa=10^6 Pa)

뻐는 선형 소성재료의 거동을 보이며, $\sigma - \epsilon$ 선도는 직선이다. 따라서 아래와 같이 계산할 수 있다.

$$E' = \frac{\sigma_C - \sigma_B}{\epsilon_C - \epsilon_B} = \frac{128 \times 10^6 - 114 \times 10^6}{0.026 - 0.010} = 0.875 \times 10^9 \text{ Pa}$$

OA 사이의 응력–변형률의 관계는 아래와 같다.

$$\sigma = E\epsilon \quad \text{or} \quad \epsilon = \frac{\sigma}{E}$$

BC 사이의 선형 소성 영역에서 응력–변형률의 관계는 아래와 같다.

$$\sigma = \sigma_B + E'(\epsilon - \epsilon_B) \quad \text{or} \quad \epsilon = \epsilon_B + \frac{1}{E'}(\sigma - \sigma_B)$$

예를 들어, 인장응력 $\sigma = 120$ MPa에 대한 변형률은 다음과 같이 계산할 수 있다.

$$\epsilon = 0.010 + \frac{120 \times 10^6 - 114 \times 10^6}{0.875 \times 10^9} = 0.017$$

예제 13.6 그림 13.37의 구조물을 생각해보자. 수평보 AB는 길이 $l = 4$ m이고, 무게 $W = 500$ N이며, A 지점에서 벽에 붙어 있다. 보는 두 개의 동일한 강철봉으로 지지된다. 봉은 길이 $h = 3$ m, 단면적 $A = 2\text{ cm}^2$, 그리고 탄성계수 $E = 200$ GPa이다. 강철봉은 보의 B, C 지점에 부착되어 있고, C 지점은 보의 양쪽 끝에서 같은 거리에 있다.

수평보에 의해 강철봉에 가해지는 힘, A 지점에서의 반력, 각 강철봉의 늘어난 길이, 그리고 각 강철봉에서 발생하는 응력을 구하라. 보의 재료는 강철봉의 재료보다 훨씬 강하다고 가정한다.

풀이: 이 문제는 세 단계로 분석된다.

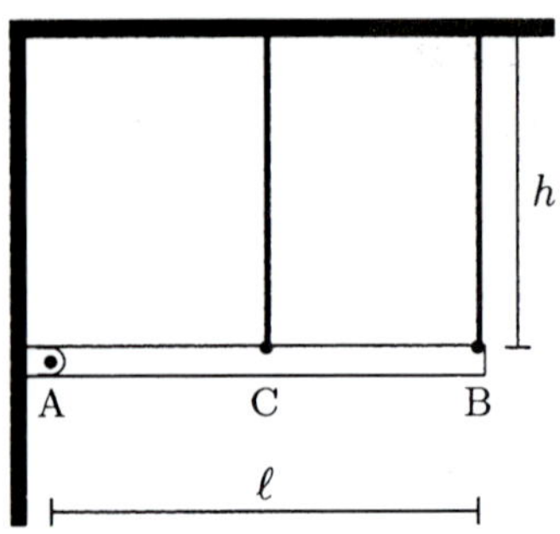

그림 13.37 • 정적 부정계 문제

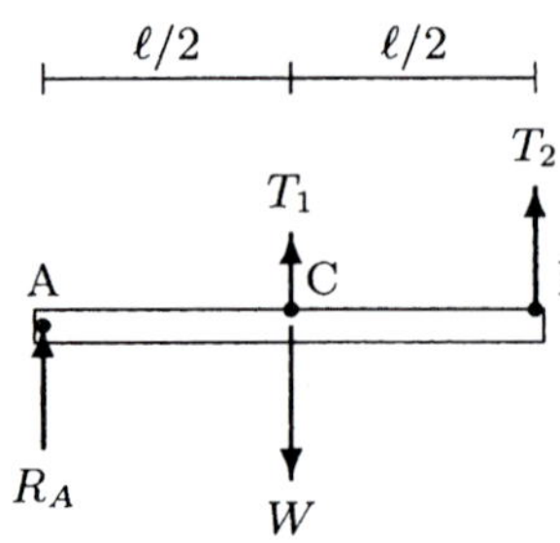

그림 13.38 • 보의 자유물체도

정역학적 해석

그림 13.38은 보의 자유물체도이다. 보의 총 중량 W가 기하학적 중심인 C 지점에 가해지는 것으로 가정한다. R_A는 경첩관절 A에서 보에 가해지는 지면반력의 크기이다. T_1 및 T_2는 봉에 의해 보에 가해지는 힘이다. 보에 작용하는 수평력은 없으므로 수직 반력만 고려하면 된다.

이 문제는 세 개의 미지수 R_A, T_1, T_2를 갖는 동일평면상의 힘 시스템(system)이다. 정역학으로부터 이용 가능한 세 개의 평형방정식이 있다. 수평력이 없기 때문에 보의 수평 평형은 저절로 충족된다. 그러므로 세 개의 미지수에 두 개의 방정식이 존재한다. 다시 말하면 이 문제는 정적 부정계 문제이며, 평형방정식만으로는 이 문제를 해결하기에 충분하지 않다. 이 시스템을 구성하는 부분들의 변형성을 고려해서 추가적인 식을 도출해야 한다.

보의 수직 평형은 아래의 조건을 만족해야 한다.

$$\sum F_y = 0: \quad T_1 + T_2 + R_A = W \tag{i}$$

A 지점에 관한 보의 회전평형은 아래의 식이 성립된다.

$$\sum M_A = 0: \quad \frac{1}{2}T_1 + T_2 = \frac{1}{2}W \tag{ii}$$

기하학적 호환성

수평보는 A 지점에서 벽에 경첩으로 연결되어 있고, 보의 무게로 인해 보는 A 지점을 기준으로 시계 방향으로 회전하려고 한다. 수평보의 무게는 봉에 인장력 T_1 및 T_2를 가하게 되어 봉은 기울어지고(늘어나고), 수평보는 A 지점을 기준으로 흔들리게 될 것이다(그림 13.39). 보에 가해지는 힘 때문에 보는 약간 구부러질 수도 있다. 보의 재료가 봉의 재료보다 훨씬 강하기 때문에 보의 변형은 무시할 수 있고 계속 직선을 유지한다고 가정할 수 있다. 만약 δ_1, δ_2가 봉의 편향의 정도라면, 그림 13.39로부터 아래와 같이 가정할 수 있다.

$$\tan\alpha \simeq \frac{\delta_1}{l/2} \simeq \frac{\delta_2}{l} \tag{iii}$$

위의 관계식은 각도 α가 작아서 편향(δ_1, δ_2)이 작은 경우에 유효하다.

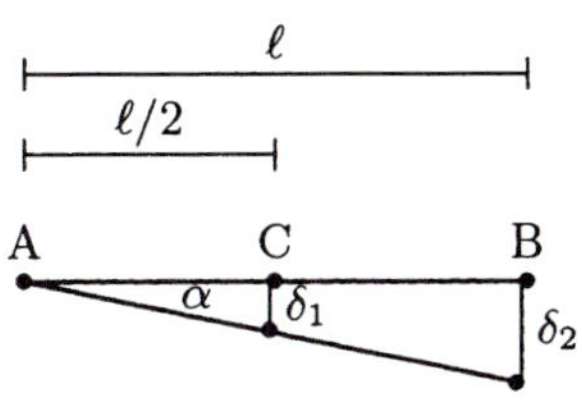

그림 13.39 • 보의 편향

다음으로 가해진 힘과 그에 따른 변형 사이의 관계를 살펴보아야 한다.

응력–변형률(힘–변형) 해석

길이가 h인 강철봉은 δ_1, δ_2만큼 늘어난다. 따라서 봉의 인장변형률은 다음과 같다.

$$\epsilon_1 = \frac{\delta_1}{h} \quad \epsilon_2 = \frac{\delta_2}{h} \tag{iv}$$

봉은 인장력 T_1, T_2를 받는다. 각 봉의 단면적은 A이므로 보에 의하여 강철봉에 가해지는 인장응력은 다음과 같다.

$$\sigma_1 = \frac{T_1}{A} \quad \sigma_2 = \frac{T_2}{A} \tag{v}$$

포함된 응력이 강철의 비례한도 내에 있다고 가정하면, 다음과 같이 응력과 변형률의 관계에 관한 후크의 법칙을 적용할 수 있다.

$$\sigma_1 = E\epsilon_1 \quad \sigma_2 = E\epsilon_2 \tag{vi}$$

식 (iv) 및 (v)를 식 (vi)에 대입하여 응력과 변형률 항목을 없애고 정리하면 아래와 같다.

$$\delta_1 = \frac{T_1 h}{EA} \quad \delta_2 = \frac{T_2 h}{EA} \tag{vii}$$

식 (iii)으로부터 다음과 같은 결과를 얻을 수 있다.

$$\delta_2 = 2\delta_1 \tag{viii}$$

식 (vii)을 식 (viii)에 대입하면, 다음과 같은 결과를 얻을 수 있다.

$$T_2 = 2T_1 \tag{ix}$$

이제 총 세 개의 식 (i), (ii), (ix)와 세 개의 미지수 R_A, T_1, T_2가 있다. 이 식을 동시에 풀면 아래와 같은 결과를 얻을 수 있다.

$$T_1 = \frac{1}{5}W = 100\,\text{N}$$

$$T_2 = \frac{2}{5}W = 200\,\text{N}$$

$$R_A = \frac{2}{5}W = 200\,\text{N}$$

일단 인장력 T_1 및 T_2가 결정되면 다음과 같이 식 (vii)을 이용하여 늘어난 길이를 계산하고, 식 (v)로부터 인장응력을 계산하고, 식 (iv)를 이용하여 강철봉에 발생하는 인장변형률을 계산할 수 있다.

$$\sigma_1 = \frac{T_1}{A} = 0.5 \times 10^6\,\text{Pa} = 0.5\,\text{MPa}$$

$$\sigma_2 = \frac{T_2}{A} = 1.0 \times 10^6\ \text{Pa} = 1.0\ \text{MPa}$$

$$\epsilon_1 = \frac{\sigma_1}{E} = 2.5 \times 10^{-6}$$

$$\epsilon_2 = \frac{\sigma_2}{E} = 5.0 \times 10^{-6}$$

계산된 변형률은 매우 작다. 식 (iii)에서 관계식을 유도할 때 예측한 바와 같이 변형도 매우 작다. 강철봉에 발생한 응력은 철의 비례한도보다 훨씬 낮다. 그러므로 식 (vi)에서 응력과 변형률 사이의 관계식을 위해 설정한 가정도 유효하다.

13.18 연습문제

문제의 정답은 이 절의 마지막에 있다.

문제 13.1 적절한 용어를 사용하여 다음 정의를 완성하시오.

(a) 가해진 하중으로 인한 재료의 단위 변형을 ( )(이)라고 한다.

(b) 외력으로 인한 변형에 대한 재료의 내부 저항을 ( )(이)라 한다.

(c) ( )은(는) 절단면에 대하여 평행하거나 접하는 내력의 강도에 대한 척도인 반면, ( )은(는) 절단면에 수직인 내력의 강도와 연관된다.

(d) 응력－변형률 선도에서, ( )에 상응하는 응력은 영구 변형을 일으키지 않으면서 재료에 가해질 수 있는 가장 높은 수준의 응력이다.

(e) 응력－변형률 선도에서, 가장 높은 응력 수준은 재료의 ( )와(과) 일치한다.

(f) 어떤 재료는 항복점을 구분하는 것이 쉽지 않다. 이러한 재료의 항복강도는 ( )을(를) 이용하여 결정할 수 있다.

(g) ( )(은)는 가해진 하중을 제거할 때 재료가 본래 크기와 모양을 되찾기 위한 그 재료의 능력이라고 정의된다.

(h) 선형탄성재료에서 응력은 변형률에 대해 선형적으로 비례하며, 이 비례상수를 재료의 ( )(이)라 한다.

(i) 선형탄성재료를 특정 짓는 요소는 그 재료의 ( )이다.

(j) 응력－변형률 선도의 탄성영역이 직선이 아닌 재료를 ( ) 재료라고 한다.

(k) ( )은(는) 선형적 탄성재료의 전단응력과 전단변형률 사이의 비례상수이다.

(l) 응력과 변형률을 연관시키는 수학적 방정식을 ( )(이)라고 한다.

(m) 탄성재료와 스프링 사이의 유사성은 ( )(으)로 알려져 있다.

(n) ( )은(는) 영구적인 (회복되지 않는) 변형을 의미한다.

(o) 응력－변형률 선도에서 탄성영역의 면적은 재료가 변형되는 동안 그 재료에 저장

되는 (　　　) 에너지와 일치한다.

(p) (　　　) 에너지는 재료가 변형되는 동안의 열에 의해서 소산된다.

(q) (　　　)에 의해 둘러싸인 면적은 재료가 하중이 가해지고 제거되는 동안 열로 소산되는 전체 변형 에너지를 의미한다.

(r) 재료에 항복점 이상으로 하중을 가함으로써 재료의 항복점을 변화시키는 기술을 (　　　)(이)라 한다.

(s) 재료의 탄성계수는 주어진 재료의 다른 재료에 대한 (　　　)의 상대적인 척도를 나타낸다.

(t) (　　　) 재료는 파단에 앞서 큰 소성 변형을 보인다.

(u) (　　　) 재료는 상당한 양의 소성 변형이 없이 갑자기 파괴되는 성질을 가지고 있다.

(v) (　　　)은(는) 영구적인 변형을 견디는 재료의 능력에 대한 척도이다. 재료의 인성은 응력–변형률 선도의 전체 면적으로 나타낼 수 있다.

(w) 영구적인 변형 없이 에너지를 저장하거나 흡수하는 재료의 능력을 그 재료의 (　　　)(이)라고 한다.

(x) 재료의 역학적 특성이 그 재료 내의 위치에 따라 다르지 않으면, 그 재료를 (　　　)(이)라고 한다.

(y) 재료의 밀도가 일정한 경우, 그 재료를 (　　　)(이)라고 한다.

(z) 재료의 역학적 특성이 방향이나 위치에 따라 변하지 않는다면, 그 재료를 (　　　)(이)라고 한다.

문제 13.2 그림 13.40의 곡선은 다섯 가지 다른 재료에 대한 인장응력과 인장변형률 사이의 관계를 나타낸다. 각 곡선에서 '•' 표시는 항복점을, '×' 표시는 파단점을 나타낸다. 재료의 특성을 올바르게 나타내는 번호를 아래의 빈칸에 채우시오.

재료(　　　)은(는) 탄성계수가 가장 높다.
재료(　　　)은(는) 연성이 가장 좋다.
재료(　　　)은(는) 취성이 가장 좋다.
재료(　　　)은(는) 항복강도가 가장 낮다.
재료(　　　)은(는) 강도가 가장 크다.
재료(　　　)은(는) 인성이 가장 좋다.
재료(　　　)은(는) 탄력이 가장 좋다.
재료(　　　)은(는) 강성이 가장 좋다.

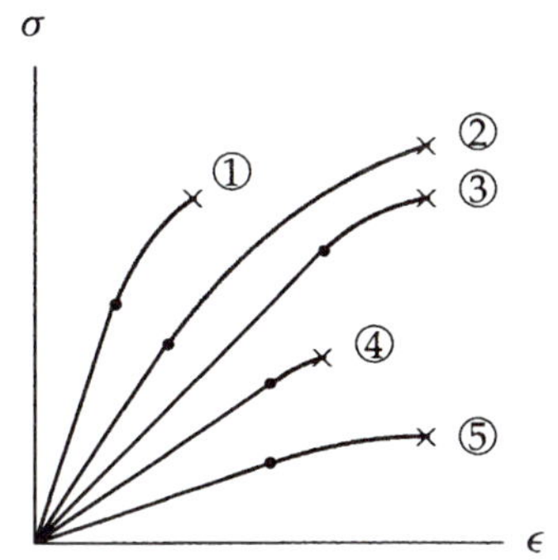

그림 13.40 • 문제 13.2

문제 13.3 두 가지 다른 재료로 만들어진 막대 1과 2가 있다. 이 막대에 대한 단축 인장 시험을 한다고 가정하자. F_1과 F_2는 막대 1과 2에 각각 적용되는 인장력의 크기이다. E_1과 E_2는 탄성계수이고, A_1과 A_2는 각각 막대 1과 2에 가해지는 힘에 수직인 단면적이다. 아래 주어진 조건에서 인장응력 σ_1과 σ_2, 그리고 인장변형률 ϵ_1과 ϵ_2를 구하라.

'>'는 보다 큰 것을 나타내고, '<'는 보다 작은 것을 나타내며, '='는 같음을 나타낸다. 그리고 '?'는 제공된 정보가 판단하기에 충분치 않음을 나타낸다.

(a) $A_1 > A_2$이고 $F_1 = F_2$인 경우, $\sigma_1 > = ? < \sigma_2$이고, $\epsilon_1 > = ? < \epsilon_2$이다.
(b) $E_1 > E_2$, $A_1 = A_2$, 그리고 $F_1 = F_2$인 경우, $\sigma_1 > = ? < \sigma_2$이고, $\epsilon_1 > = ? < \epsilon_2$이다.

문제 13.4 그림 13.29에서 보는 바와 같이, 단축 인장 시험을 실시하는 원통형 막대를 생각해보자. 서로 $l_0 = 32$ cm 거리에 위치한 두 지점 A와 B가 막대 위에 표시되고, $F = 980$ N의 인장력이 막대에 가해진다. 막대에 발생하는 인장변형률과 인장응력이 각각 $\epsilon = 0.06$ cm/cm, $\beta = 2.2$ MPa인 경우, 다음을 구하라.

(a) 힘을 가한 후, 막대의 반지름
(b) 힘을 가한 후, 막대 길이의 총 변화량 Δl

문제 13.5 $F = 23$ kN의 힘으로 단축 인장 시험을 실시하는 반지름 $r = 1.5$ cm의 알루미늄 막대를 생각해보자. 알루미늄 막대의 탄성계수가 $E = 70$ GPa일 때, 다음을 구하라.

(a) 막대에 발생된 인장응력 σ
(b) 막대에 발생된 인장변형률 ϵ

문제 13.6 그림 13.41은 원형 단면을 가진 뼈 시편을 보여주고 있다. $l_0 = 6$ mm 거리에 있는 두 단면 A와 B가 시편에 표시되어 있다. A와 B 사이의 영역에서 시편의 반지름은 $r_0 = 1$ mm이다.

이 시편에 가해지는 힘의 크기를 점진적으로 증가시켜 그에 상응하는 변형을 측정하면서, 파괴가 일어날 때까지 단축 인장 시험을 실시했다. 시험 결과, 아래와 같은 데이터를 얻었다.

기록번호	힘	변형
1	94	0.009
2	190	0.018
3	284	0.027
4	376	0.050
5	440	0.094

기록번호 3이 선형 탄성 영역의 끝에 해당하고, 기록번호 5가 파단점에 해당할 때, 다음을 구하라.

(a) 각 기록의 평균인장응력과 변형률을 계산하라.
(b) 시편의 인장응력－변형률 선도를 작성하라.
(c) 시편의 탄성계수 E를 계산하라.
(d) 시편의 극한강도는 얼마인가?
(e) 오프셋 방법을 사용하여 시편의 항복강도를 계산하라.

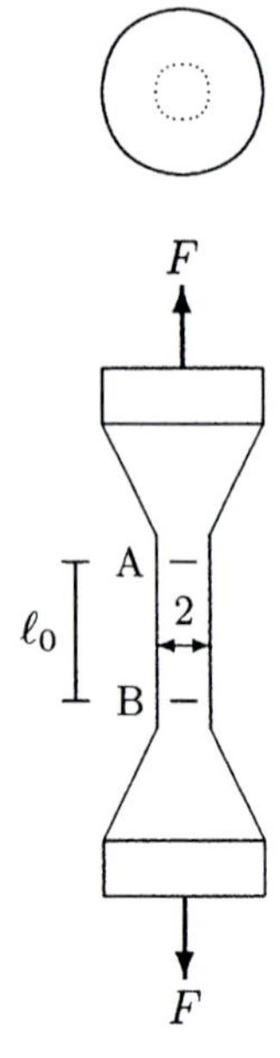

그림 13.41 • 문제 13.6

문제 13.7 환자의 골절된 넙다리뼈를 고정하기 위해 사용되는 판 하나와 나사 두 개로 이루어진 고정 장치를 생각해보자(그림 13.33). 환자의 체중은 $W = 833$ N이다. 나사들에서 생성된 전단응력이 $\tau = 35.12 \times 10^6$ Pa인 경우, 나사들의 지름 d를 구하라.

문제 13.8 사람의 넙다리뼈에 대한 단축 인장 시험을 하였다. 일련의 시험 결과로부터 그림 13.42와 같은 응력–변형률 선도를 얻었다. 그림 13.42의 그래프를 기반으로 다음 매개변수들의 값을 계산하라.

(a) 선형 탄성계수 E

(b) 겉보기 항복 강도 σ_y (오프셋 방법을 사용하라.)

(c) 극한강도 σ_u

(d) 항복 응력에 해당하는 변형률 ϵ_1

(e) 극한강도에 해당하는 변형률 ϵ_2

(f) 응력이 비례한도에 도달했을 때, 변형률 에너지

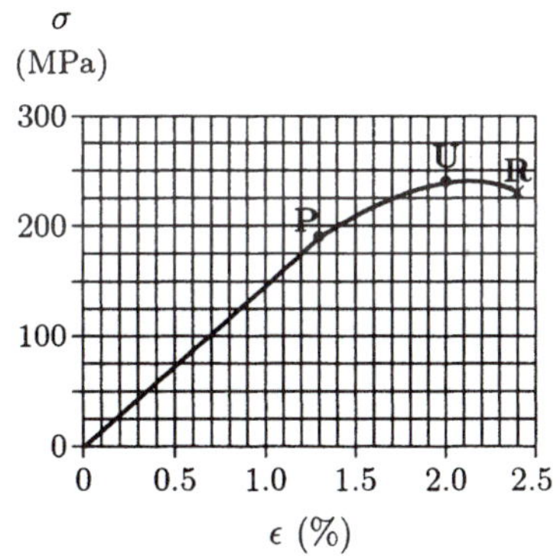

그림 13.42 • 문제 13.8

문제 13.9 그림 13.43에서 보는 바와 같이, A 지점에서 벽에 경첩으로 연결되고 B 지점에서 철근으로 지지되는 수평보 AB를 포함하는 구조물이 있다. 보의 길이는 $l = 3.7$ m이고, 무게는 $W = 450$ N이다. 철근의 길이는 $h = 2.5$ m이고, 반지름은 $r = 1.2$ cm이다. 철근의 탄성계수가 $E = 200$ GPa일 때, 다음을 구하라.

(a) A 지점에서 반력 R_A의 크기

(b) 보에 의해 가해지는 철근의 인장응력 σ

(c) 철근에서 발생되는 인장 변형률 ϵ

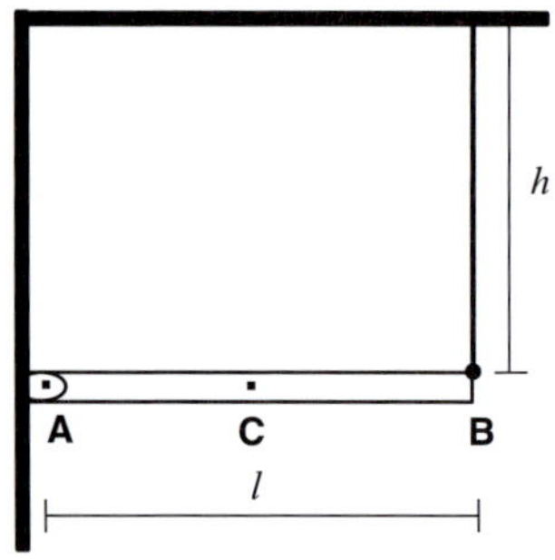

그림 13.43 • 문제 13.9

문제 13.10 그림 13.44a에서 보는 바와 같이, 균일한 수평보가 있다. 보는 A 지점에서 벽에 경첩으로 연결되고, 무게가 $W_2 = 400$ N인 물체가 보의 B 지점에 매달려 있다. C 지점은 보의 무게중심이며, C 지점에서 A 지점과 B 지점까지의 거리는 같다.

보의 무게는 $W_1 = 100$ N이고, 길이는 4 m이다. 보는 D와 E 지점에서 보에 결합된 두 개의 수직 막대에 의해 지지되고 있다. 막대 1은 강철로 만들어졌으며, 탄성계수가 $E_1 = 200$ GPa이고, 단면적은 $A_1 = 500$ mm^{2}이다. 막대 2는 구리로 만들어졌으며, 탄성계수가 $E_2 = 80$ GPa이고, 단면적은 $A_2 = 400$ mm^{2}이다.

두 막대의 (변형되지 않은) 원래 길이는 $h = 2$ m이다. A와 D 사이의 거리는 $d_1 = 1$ m이고, A와 E 사이의 거리는 $d_2 = 3$ m이다.

그림 13.44b의 그림은 보의 자유물체도와 보가 굴절된 방향을 보여준다. T_1과 T_2는 막대가 보에 미치는 힘을 나타낸다. 기호 δ_1과 δ_2는 각각 강철과 구리 막대의 편향의 정도를 나타낸다. 보의 재료는 막대에 비해 매우 강해서(거의 강체라고 가정) 곧은 형상을 유지할 수 있다고 가정한다.

(a) 장력 T_1과 T_2를 계산하고, A 지점에서 보의 반력 R_A를 계산하라.
(b) 막대에서 발생하는 평균인장응력 σ_1과 σ_2를 계산하라.

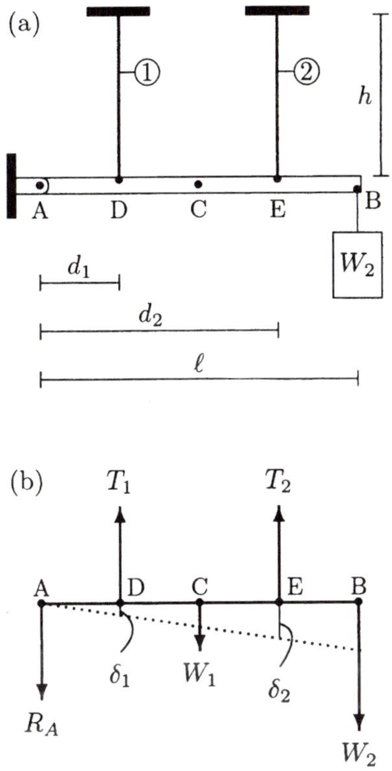

그림 13.44 • 문제 13.10

문제 13.1의 정답:

(a) 변형률
(b) 응력
(c) 전단응력, 수직응력
(d) 탄성한계
(e) 극한응력
(f) 오프셋 방법
(g) 탄성
(h) 탄성계수(영의 계수)
(i) 탄성계수(영의 계수)
(j) 비선형 탄성
(k) 전단계수
(l) 재료 함수
(m) 후크의 법칙
(n) 소성
(o) 탄성 변형률
(p) 소성 변형률
(q) 히스테리시스 곡선
(r) 변형강화
(s) 강성
(t) 연성
(u) 취성
(v) 인성
(w) 탄성에너지
(x) 균일 재료
(y) 비압축성 재료
(z) 등방성 재료

문제 13.2의 정답: ①, ②, ④, ⑤, ②, ②, ③, ①

문제 13.3의 정답:

(a) $\sigma_1 < \sigma_2, \epsilon_1 ? \epsilon_2$

(b) $\sigma_1 = \sigma_2, \epsilon_1 < \epsilon_2$

문제 13.4의 정답: (a) $r = 1.2$ cm; (b) $\Delta l = 1.92$ cm

문제 13.5의 정답: (a) $\sigma = 32.6$ MPa; (b) $\epsilon = 0.47 \times 10^{-3}$

문제 13.6의 정답:

(c) $E = 20$ GPa

(d) $\sigma_u = 140$ MPa

(e) $\sigma_y = 118$ MPa

문제 13.7의 정답: $d = 5.5$ mm

문제 13.8의 정답:

(a) $E = 14.6$ GPa

(b) $\sigma_y = 235$ MPa

(c) $\sigma_u = 240$ MPa

(d) $\epsilon_2 = 0.018$

(e) $\epsilon_2 = 0.02$

(f) 1.235 MPa

문제 13.9의 정답: (a) $R_A = 225$ N; (b) $\sigma = 0.5$ MPa; (c) $\epsilon = 2.5 \times 10^{-6}$

문제 13.10의 정답:

(a) $T_1 = 464$ N, $T_2 = 445$ N, $R_A = 409$ N

(b) $\sigma_1 = 0.928$ MPa, $\sigma_2 = 1.113$ MPa

CHAPTER

14

다축 변형과 응력 해석

Multiaxial Deformations and Stress Analyses

14.1 포아송 비

구조물이 단축 장력을 받게 되면 하중이 작용된 방향으로 늘어나는 동시에 가로면의 크기가 감소한다(구조물은 가쪽수축을 겪는다). 이는 앞 장에서 네킹(necking)이라고 불리는 현상을 통해 설명하였다. 비례한계보다 작은 응력에 대해서 단축 인장 및 압축 실험을 통하여 축 방향과 가로 방향에 나타나는 변형의 비율은 일정함을 알 수 있다. 이 상수를 주어진 재료의 **포아송 비**(Poisson's ratio)라 하고, 일반적으로 기호 ν (뉴, nu)로 나타낸다.

$$\nu = -\frac{\text{가로 변형률}}{\text{축 변형률}}$$

그림 14.1과 같이, 크기가 a, b, c인 직사각형 막대를 생각해보자. 서로 다른 방향과 관련된 변형을 구별할 수 있도록 직각좌표계를 적용하였다. 이 막대는 x 방향으로 크기 F_x의 인장력을 받아 인장응력 σ_x가 발생한다(그림 14.2). 이 응력이 막대의 단면적($A = ab$)에 균일하게 분포된다고 가정하면, 아래의 식을 이용하여 그 크기를 결정할 수 있다.

$$\sigma_x = \frac{F_x}{A} \tag{14.1}$$

F_x의 영향으로 막대는 x 방향으로 늘어나고, y 및 z 방향으로는 줄어든다. 만약 이 막대의 탄성계수 E를 알고 있고 관련된 변형들이 비례한계 내에 있다면, x 방향의 응력과 변형률은 후크의 법칙(Hooke's law)에 의해 다음과 같이 나타낼 수 있다.

$$\epsilon_x = \frac{\sigma_x}{E} \tag{14.2}$$

식 (14.2)로부터 하중이 가해진 방향으로 막대의 단위 변형을 구할 수 있다. 이제, 가로 방향의 변형률은 포아송 비의 정의를 통해 구할 수 있다. x 방향의 단축 하중에 의한 y 및 z 방향의 단위 수축을 각각 ϵ_y와 ϵ_z라고 하면, 다음과 같이 나타낼 수 있다.

$$\nu = -\frac{\epsilon_y}{\epsilon_x} = -\frac{\epsilon_z}{\epsilon_x} \tag{14.3}$$

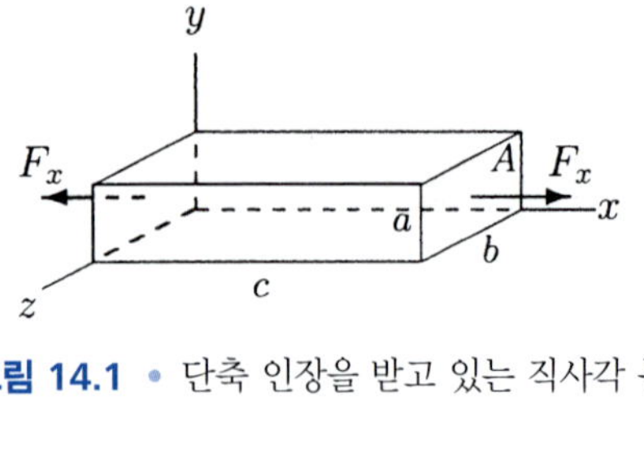

그림 14.1 • 단축 인장을 받고 있는 직사각형 봉

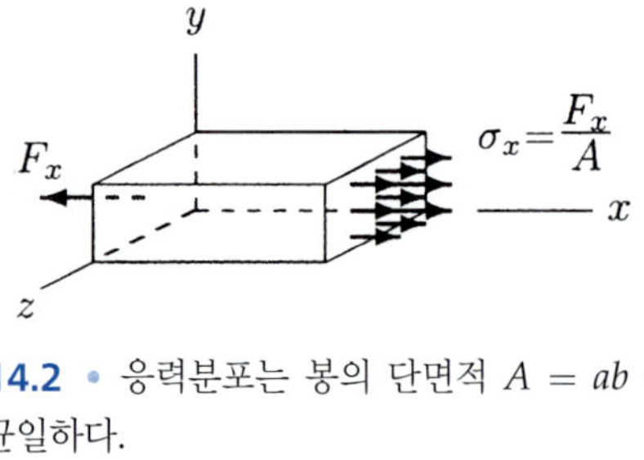

그림 14.2 • 응력분포는 봉의 단면적 $A = ab$ 전체에 걸쳐 균일하다.

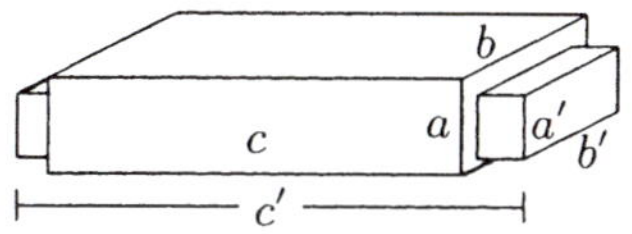

그림 14.3 • 막대는 길어지면서 동시에 측면수축을 받는다.

즉, 막대의 포아송 비를 알면 가로 방향의 변형률은 아래와 같이 구할 수 있다.

$$\epsilon_y = \epsilon_z = -\nu\epsilon_x = -\nu\frac{\sigma_x}{E} \tag{14.4}$$

식 (14.3)과 식 (14.4)에서 음(−)의 부호는 축 방향의 크기가 증가할 때 가로 방향의 크기는 감소함을 의미한다. x가 양수일 때 ϵ_y와 ϵ_z는 음수가 되고, 이는 인장 하중이 작용하는 경우이다. 이 식은 σ_x와 x는 음수이고, ϵ_y와 ϵ_z는 양수인 x 방향으로 압축하중인 경우에도 유효하다.

세 방향 모두에 대한 변형률이 결정되면, 막대의 변형된 크기 a', b' 및 c'(그림 14.3)도 계산할 수 있다. 정의에 의해, 변형률은 원래 길이에 대한 길이 변형의 비율과 같다. 따라서 아래와 같이 쓸 수 있다.

$$\epsilon_x = \frac{c' - c}{c}$$

x 방향으로 물체의 변형된 길이 c'에 대하여 이 식을 풀면 $c' = (1 + \epsilon_x)c$이다. 마찬가지로 $a' = (1 + \epsilon_y)a$, $b' = (1 + \epsilon_z)b$ 이다.

여기에 나타난 응력−변형률 관계식은 오직 선형 탄성재료, 또는 탄성−소성 재료의 비례한계 내에서만 유효하다는 것을 기억하자.

주어진 탄성재료에 대해서 탄성계수, 강성계수, 그리고 포아송 비는 다음과 같은 관계가 있다.

$$G = \frac{E}{2(1+\nu)} \quad \text{or} \quad \nu = \frac{E}{2G} - 1 \tag{14.5}$$

탄성계수와 강성계수를 알면, 이 식을 이용하여 재료의 포아송 비를 계산할 수 있다.

14.2 2축 및 3축 응력

앞 절에서 살펴본 바와 같이, 물체에 단축 하중이 가해지면 세 방향 모두에 대해서 변형률이 발생한다. 가로 방향의 변형률은 포아송 비의 정의에 의해 계산할 수 있다. 포아송 비는 하나 이상의 방향으로 하나 이상의 수직응력이 작용하는 경우의 해석에도 사용할 수 있다.

그림 14.4에 도시된 직사각형 막대를 살펴보자. 이 막대는 xy 평면에서 2축 하중을 받고 있다. P 지점을 막대 안의 한 점이라고 하고, P 지점에서 발생한 응력은 그 지점 주위에 정육면체 재료 요소를 작도하여 해석할 수 있다. 그림 14.4에는 막대 자체의 모서리와 평행한 모서리를 갖는 정육면체 재료 요소가 이 요소에 작용하는 응력과 함께 나타나 있다.

σ_x와 σ_y는 각각 x, y 방향으로 막대에 가해지는 인장력으로 인한 수직응력이다. 만약 $A_x = ab$와 $A_y = bc$가 각각 x, y 방향에 수직인 직사각형 막대의 면적이라면, σ_x와 σ_y는 다음과 같이 계산할 수 있다.

$$\sigma_x = \frac{F_x}{A_x} = \frac{F_x}{ab}$$

$$\sigma_y = \frac{F_y}{A_y} = \frac{F_y}{bc}$$

이러한 2축 응력의 효과는 그림 14.5에서 그림으로 설명되어 있다. 응력 σ_x는 x 방향으로 재료를 늘리고 y 방향(또한 z 방향)으로는 줄어들게 한다. σ_x로 인한 x 및 y 방향의 변형률은 다음과 같다.

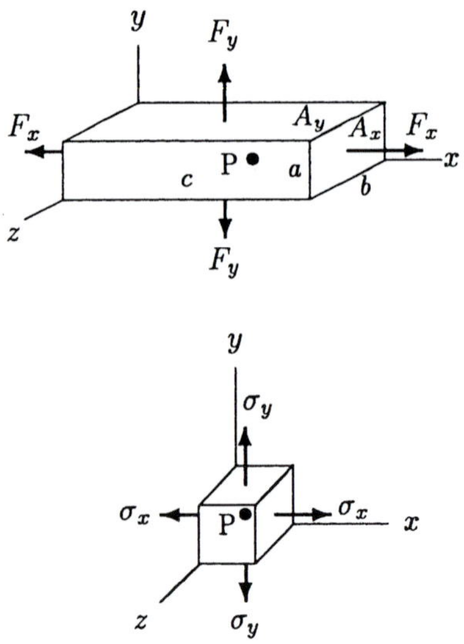

그림 14.4 • x 및 y 방향으로 인장력을 받고 있는 직사각 봉과 2축 응력을 받고 있는 재료 요소

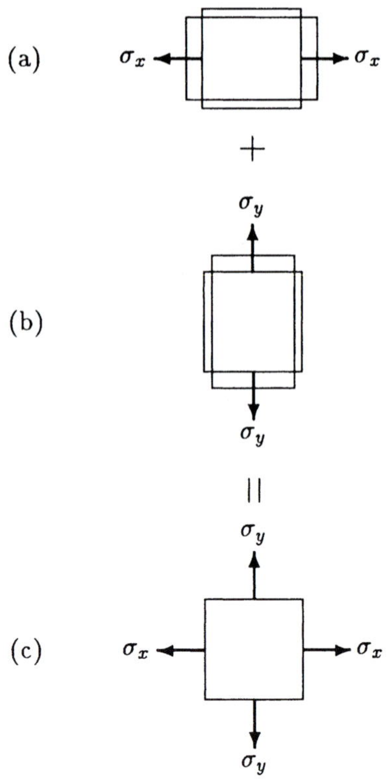

그림 14.5 • 중첩 방법

$$\epsilon_{x1} = \frac{\sigma_x}{E}$$
$$\epsilon_{y1} = -\nu\epsilon_{y1} = -\nu\frac{\sigma_x}{E}$$

마찬가지로, σ_y는 y 방향으로 재료를 인장시키고, x 방향으로 수축시킨다(그림 14.5b). 따라서 σ_y에 인한 x 및 y 방향의 변형률은 다음과 같다.

$$\epsilon_{y2} = \frac{\sigma_y}{E}$$
$$\epsilon_{x2} = -\nu\epsilon_{y2} = -\nu\frac{\sigma_x}{E}$$

평면 재료 요소에 대한 σ_x와 σ_y의 복합 효과가 그림 14.5c에 나타나 있다. σ_x와 σ_y의 개별 효과를 더하여 수학적으로 나타낼 수 있다. x와 y 방향의 합성 변형률은 다음과 같이 결정할 수 있다.

$$\begin{aligned} \epsilon_x &= \epsilon_{x1} + \epsilon_{x2} = \frac{\sigma_x}{E} - \nu\frac{\sigma_y}{E} \\ \epsilon_y &= \epsilon_{y1} + \epsilon_{y2} = \frac{\sigma_y}{E} - \nu\frac{\sigma_x}{E} \end{aligned} \tag{14.6}$$

필요하다면, 이 방정식들을 동시에 풀어서 아래와 같이 응력을 변형률로 표현할 수 있다.

$$\begin{aligned} \sigma_x &= \frac{(\epsilon_x + \nu\epsilon_y)E}{1-\nu^2} \\ \sigma_y &= \frac{(\epsilon_y + \nu\epsilon_x)E}{1-\nu^2} \end{aligned} \tag{14.7}$$

이 내용들은 3축 하중에 대한 응력–변형률 관계식을 유도하는 데에도 아래와 같이 확장할 수 있다(그림 14.6).

$$\begin{aligned} \epsilon_x &= \frac{1}{E}\left[\sigma_x - \nu(\sigma_y + \sigma_z)\right] \\ \epsilon_y &= \frac{1}{E}\left[\sigma_y - \nu(\sigma_z + \sigma_x)\right] \\ \epsilon_z &= \frac{1}{E}\left[\sigma_z - \nu(\sigma_x + \sigma_y)\right] \end{aligned} \tag{14.8}$$

이 공식들은 선형 탄성재료에 대해서 유효하고, 인장응력을 양수이고 압축응력을 음수라는 규칙을 적용함으로써, 발생되는 응력이 인장 또는 압축일 때 사용할 수 있다.

선형 탄성재료에 대한 응력–변형률 관계를 더욱 일반화하기 위해서는 전단응력과 전단변형률 사이의 관계를 고려해야 한다. 그림 14.7에서 보는 바와 같이, 가장 일반적인 재료 하중조건은 한 물체가 서로 수직인 세 방향으로 수직응력과 전단응력을 받고 있는 경우에 발생한다. 이 응력들에 상응하는 수직변형률과 전단변형률이 존재한다.

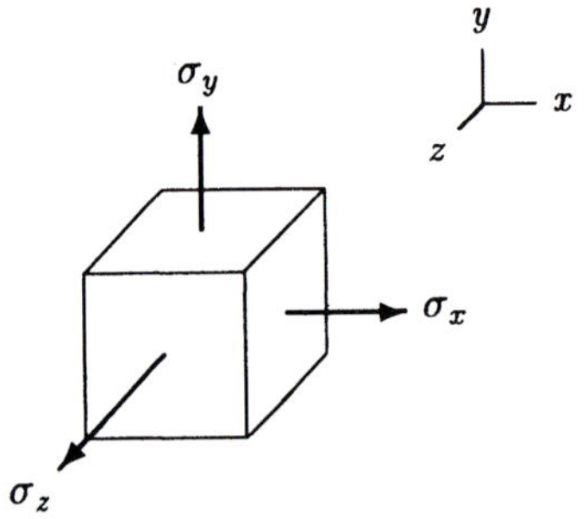

그림 14.6 • 3축 수직응력

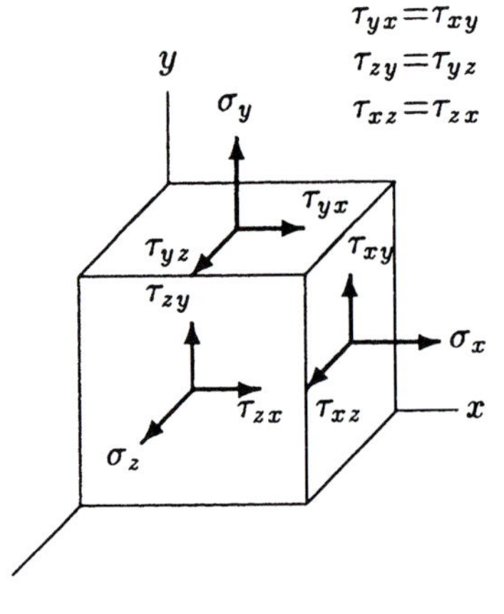

그림 14.7 • 응력 텐서의 수직 및 전단 성분

그림 14.7에서 전단응력은 두 개의 이중 아래첨자로 나타낸다. 첫 번째 아래첨자는 전단응력이 작용하고 있는 면에 수직인 방향을 의미하고, 두 번째 아래첨자는 응력이 작용하는 방향을 나타낸다. 총 여섯 개의 전단응력(τ_{xy}, τ_{yx}, τ_{yz}, τ_{zy}, τ_{zx}, τ_{xz})이 정의된다. 하지만 정적 평형조건은 $\tau_{xy} = \tau_{yz}$, $\tau_{yz} = \tau_{zy}$, $\tau_{zx} = \tau_{xz}$이 요구된다. 따라서 세 개의 독립적인 전단응력(τ_{xy}, τ_{yx}, τ_{zx})과 이에 해당하는 세 개의 전단변형률(γ_{xy}, γ_{yx}, γ_{zx})만이 존재한다. 선형 탄성재료에 있어서, 전단응력은 전단변형률에 정비례하고 강성계수 G는 비례상수이다.

$$
\begin{aligned}
\tau_{xy} &= G\gamma_{xy} \\
\tau_{yz} &= G\gamma_{yz} \\
\tau_{zx} &= G\gamma_{zx}
\end{aligned}
\tag{14.9}
$$

그림 14.8에서와 같이, xy 평면의 2차원 문제에 있어서는 오직 하나의 전단응력(τ_{xy})과 두 개의 수직응력(σ_x, σ_y)만 고려하면 된다.

위의 설명으로부터 응력과 변형률은 총 아홉 개의 성분을 가지고 있으며, 이 중에서 여섯 개가 독립적임을 알 수 있다. 응력과 변형률은 **2차 텐서**(second-order tensor)

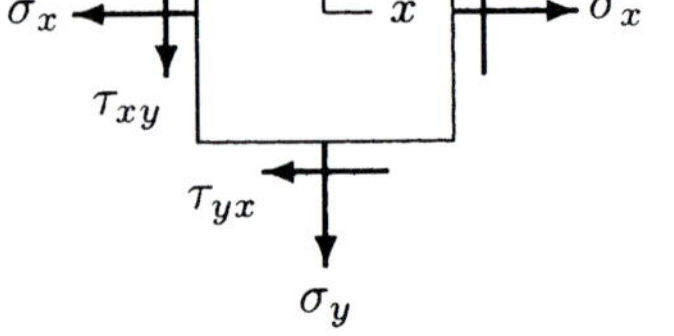

그림 14.8 • 평면(2축) 응력 성분

로 알려져 있다. 스칼라양은 오직 크기만 갖고 있음을 기억하라. 한편, 벡터양은 크기와 방향을 모두 가지고 있으며 세 개의 성분으로 나타낼 수 있다. 스칼라양은 **0차 텐서**(zero-order tensor)인 반면에, 벡터는 **1차 텐서**(first-order tensor)이다. 2차 텐서 요소는 크기와 방향이 있을 뿐 아니라, 그들이 작용하는 면에 영향을 받는다. 예를 들어, 응력텐서의 경우, 한 점에서 응력텐서 성분의 크기와 방향은 그 주위에 구성된 정육면체 재료 요소의 방향에 따라 달라질 수 있다. 하지만 하나의 재료 요소에 대한 응력텐서의 성분을 알면, 적절한 좌표 변환을 통해서 다른 재료 요소에 대한 응력텐서를 구성할 수 있다. 이에 대해서는 다음 절에서 설명할 것이다. 또한, 응력텐서 성분의 크기와 방향이 주위에 구성된 재료 요소의 방향에 따라 변할 수 있음에도 불구하고 주어진 하중조건하에서 그 재료 지점에서 응력의 전체 상태는 항상 동일하다.

예제 14.1 그림 14.9에서 보는 바와 같이, 모서리의 길이가 $a = 10$ cm인 정육면체 블록이 있다. 이 블록에 x, y 방향으로 2축 하중이 작용하고 있다. 작용 하중의 크기는 $F_x = F_y = F = 2 \times 10^6$ N으로 동일하고, 블록 재료의 탄성계수와 포아송 비를 각각

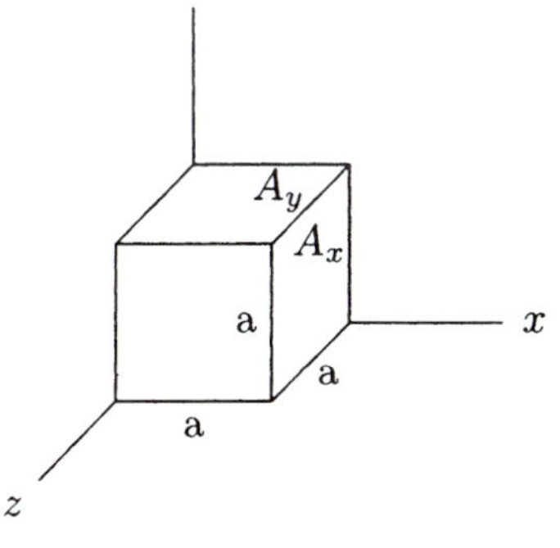

그림 14.9 • 예제 14.1

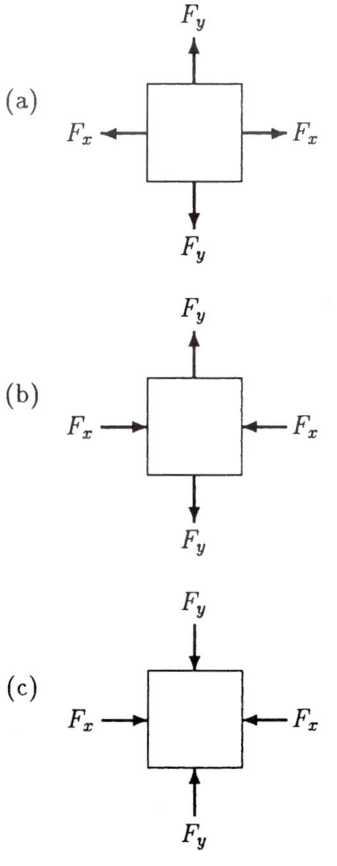

그림 14.10 • 블록의 2축 하중의 다양한 방식

$E = 2\times10^{11}$ Pa과 $\nu = 0.3$으로 가정한다.

아래의 경우, 블록의 x, y, z 방향 변형률과 변형된 크기를 구하라.

(a) F_x와 F_y 모두 인장 (그림 14.10a)
(b) F_x는 인장, F_y는 압축 (그림 14.10b)
(c) F_x와 F_y 모두 압축 (그림 14.10c)

풀이: 관련된 응력을 계산하기 위해서 하중 F_x와 F_y가 작용하는 면적을 알아야 한다. 정육면체에서 A_x와 A_y를 각각 x, y 방향에 수직인 면적이라고 하자. 물체가 정육면체이므로 이 면적들은 모두 동일하다.

$$A_x = A_y = A = a^2 = 100\,\text{cm}^2 = 1 \times 10^{-2}\,\text{m}^2$$

이제 x, y 방향의 수직응력을 계산할 수 있다. x, y 방향으로 작용하는 하중의 크기가 서로 같으며 작용하는 면적도 서로 같음을 유의하라. 따라서 x, y 방향의 응력의 크기도 아래와 같이 동일하다.

$$\sigma_x = \sigma_y = \sigma = \frac{F}{A} = \frac{2 \times 10^6\,\text{N}}{1 \times 10^{-2}\,\text{m}^2} = 2 \times 10^8\,\text{Pa}$$

z 방향의 수직응력 성분은 블록에 그 방향으로 힘이 작용되지 않았으므로 0이다.

사례 (a)

두 힘이 모두 인장력이므로, σ_x와 σ_y는 모두 인장응력이고 양수이다(그림 14.10a). 식 (14.8)을 사용하여 관련된 변형률을 계산할 수 있다. $\sigma_x = \sigma_y = \sigma$이고 $\sigma_z = 0$이므로, 이 식들을 아래와 같이 단순화할 수 있다.

$$\begin{aligned}
\epsilon_x &= \frac{1}{E}\left(\sigma_x - \nu\sigma_y\right) = \frac{1-\nu}{E}\,\sigma \\
\epsilon_y &= \frac{1}{E}\left(\sigma_y - \nu\sigma_x\right) = \frac{1-\nu}{E}\,\sigma \\
\epsilon_z &= \frac{1-\nu}{E}\left(\sigma_x + \sigma_y\right) = -\frac{2\nu}{E}\,\sigma
\end{aligned}$$

이 식들에 E, ν, σ의 값들을 대입하여 계산하면 다음과 같은 결과를 얻는다.

$$\begin{aligned}
\epsilon_x &= 0.7 \times 10^{-3} \\
\epsilon_y &= 0.7 \times 10^{-3} \\
\epsilon_z &= -0.6 \times 10^{-3}
\end{aligned}$$

여기에서 x와 y가 모두 양수인 반면, z는 음수이다. 가해진 힘의 결과, x, y 방향으로 블록의 크기는 증가하는 반면에 z 방향의 크기는 감소한다. 만약 a_x, a_y와 a_z를 변형된 새로운 크기라고 하면, 다음과 같다.

$$a_x = (1+\epsilon_x)a = (1+0.0007)(10\,\text{cm}) = 10.007\,\text{cm}$$
$$a_y = (1+\epsilon_y)a = (1+0.0007)(10\,\text{cm}) = 10.007\,\text{cm}$$
$$a_z = (1+\epsilon_z)a = (1-0.0006)(10\,\text{cm}) = 9.994\,\text{cm}$$

사례 (b)

이 경우 σ_x가 인장력이고 양수인 반면, σ_y는 압축응력이고 음수이다(그림 14.10b). 따라서 응력-변형률 관계식은 다음과 같은 형태가 된다.

$$\epsilon_x = \frac{1}{E}(\sigma_x + \nu\sigma_y) = \frac{1+\nu}{E}\,\sigma$$
$$\epsilon_y = \frac{1}{E}(-\sigma_y - \nu\sigma_x) = -\frac{1+\nu}{E}\,\sigma$$
$$\epsilon_z = -\frac{\nu}{E}(\sigma_x + \sigma_y) = 0$$

이 식들에 있는 매개변수들의 값을 대입하여 계산하면, 다음과 같은 결과를 얻는다.

$$\epsilon_x = 1.3 \times 10^{-3}$$
$$\epsilon_y = -1.3 \times 10^{-3}$$
$$\epsilon_z = 0$$

x 방향의 인장력과 y 방향의 압축력에 의해서 블록은 x 방향으로 늘어나고 y 방향으로는 줄어든다. z축의 경우에는 인장응력 σ_x에 의해 발생된 수축과 압축응력 σ_y에 의해 발생된 팽창이 서로 상쇄된다.

사례 (c)

이 경우에는 두 힘 모두 압축력이다. 따라서 σ_x와 σ_y는 모두 압축응력이며, 음수이다(그림 14.10c). 수직응력과 수직 변형률을 연관시키는 식을 단순화하면 다음과 같다.

$$\epsilon_x = \frac{1}{E}(-\sigma_x + \nu\sigma_y) = \frac{1-\nu}{E}\sigma$$
$$\epsilon_y = \frac{1}{E}(-\sigma_y - \nu\sigma_x) = -\frac{1-\nu}{E}\,\sigma$$
$$\epsilon_z = -\frac{\nu}{E}(-\sigma_x - \sigma_y) = \frac{2\nu}{E}\,\sigma$$

매개변수들에 수치를 대입하고 계산하면 다음과 같은 결과를 얻는다.

$$\epsilon_x = -0.7 \times 10^{-3}$$
$$\epsilon_y = -0.7 \times 10^{-3}$$
$$\epsilon_z = 0.6 \times 10^{-3}$$

이 결과들로부터 블록은 x, y 방향의 크기는 감소하는 반면에 z 방향의 크기는 증가함을 알 수 있다. 블록의 변형된 크기는 사례 (a)와 유사한 방법으로 계산할 수 있다.

14.3 응력 변환

그림 14.11과 같은 직사각형 막대를 생각해보자. 이 막대의 내부에서 다양한 형태의 변형을 일으키는 외력들이 작용하고 있다. 물체 안의 한 점을 P라고 하자. 점 P에서 막대의 모서리와 평행한 모서리를 갖는 작은 정육면체 재료 요소를 떼어내어 분석한다고 가정하자. 그림 14.12와 같이, 이 재료 요소는 xy 평면에서 수직응력(σ_x와 σ_y)과 전단응력(τ_{xy})을 함께 받고 있다. 이제 처음 요소와 같은 물질이지만, 방향이 다른 두 번째 요소를 생각해보자(그림 14.13). 첫 번째 재료 요소를 반시계 방향으로 θ만큼만 회전시키면 두 번째 요소를 얻을 수 있다. x'와 y'를 변환된 재료 요소의 표면에 수직이 되는 두 개의 상호 수직 방향이라고 하자. 변형된 재료 요소에 대한 응력분포는 첫 번째 재료 요소와 다를 것이다. 일반적으로, 두 번째 요소도 수직응력($\sigma_{x'}$과 $\sigma_{y'}$)과 전단응력($\tau_{x'y'}$)을 받을 수 있다. 만약 응력 σ_x, σ_y, τ_{xy}와 회전각 θ가 주어진다면, 응력 $\sigma_{x'}$, $\sigma_{y'}$, $\tau_{x'y'}$은 다음과 같은 공식을 통해서 계산할 수 있다.

$$\sigma_{x'} = \frac{\sigma_x + \sigma_y}{2} + \frac{\sigma_x - \sigma_y}{2}\cos(2\theta) + \tau_{xy}\sin(2\theta) \tag{14.10}$$

$$\sigma_{y'} = \frac{\sigma_y + \sigma_x}{2} - \frac{\sigma_x - \sigma_y}{2}\cos(2\theta) - \tau_{xy}\sin(2\theta) \tag{14.11}$$

$$\tau_{x'y'} = -\frac{\sigma_x - \sigma_y}{2}\sin(2\theta) + \tau_{xy}\cos(2\theta) \tag{14.12}$$

이 식들은 좌표계 (x, y)에서 다른 좌표계 (x', y')로 응력을 변환하는 데에 사용할 수 있다.

14.4 주응력

하나의 구조물 안에 주어진 한 점 주위에 요소들을 구성할 수 있는 가능성은 무한히 많다. 이 중에서 수직응력이 최대와 최소가 되는 하나의 요소가 있을 수 있다. 이 최대

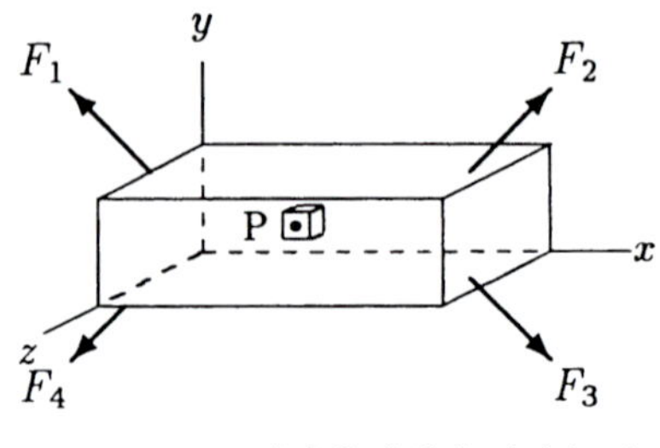

그림 14.11 • xy 평면에 가해진 외력을 받는 봉

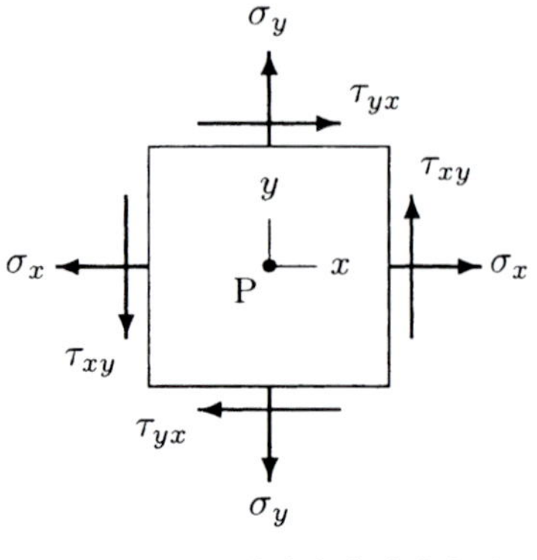

그림 14.12 • xy 평면의 응력텐서 성분들

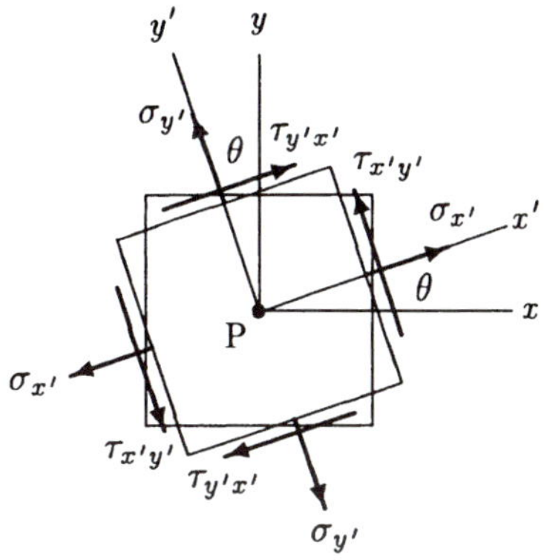

그림 14.13 • 응력텐서 성분들의 변환

및 최소 수직응력을 **주응력**(principal stress)이라 하고, 최대 및 최소 응력의 방향과 일치하는 직선에 수직인 평면을 **주평면**(principal plane)이라 한다. 주평면에서 전단 응력은 0이다(그림 14.14). 전단응력이 0이 되는 조건을 식 (14.10)부터 (14.12)에 적용하여 주응력과 주평면의 방향을 결정할 수 있다. 이는 식 (14.12)를 0으로 두고 각도 θ에 대해 풀면 얻을 수 있다. 결정된 각도를 θ_1이라고 하면, 아래와 같다.

$$\theta_1 = \frac{1}{2}\tan^{-1}\left(\frac{2\tau_{xy}}{\sigma_x - \sigma_y}\right) \tag{14.13}$$

여기서 θ_1은 x축과 y축에 대한 주평면의 방위각을 나타낸다. 식 (14.10)과 (14.11)의 θ를 θ_1로 치환하면, 주응력 σ_1과 σ_2는 다음과 같이 유도할 수 있다.

$$\sigma_1 = \frac{\sigma_x + \sigma_y}{2} + \sqrt{\left(\frac{\sigma_x - \sigma_y}{2}\right)^2 + \tau_{xy}{}^2} \tag{14.14}$$

$$\sigma_2 = \frac{\sigma_x + \sigma_y}{2} - \sqrt{\left(\frac{\sigma_x - \sigma_y}{2}\right)^2 + \tau_{xy}{}^2} \tag{14.15}$$

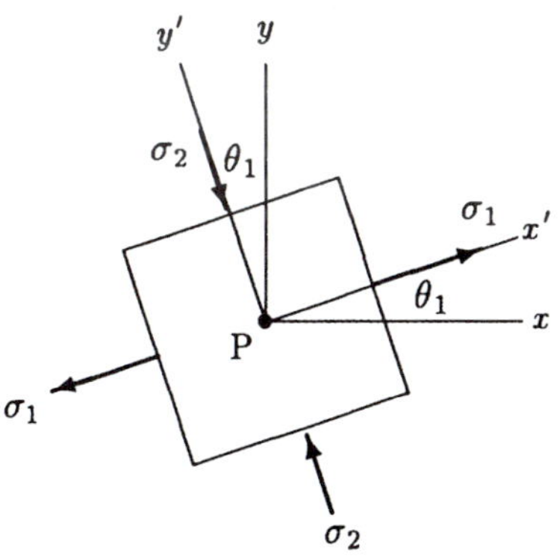

그림 14.14 • 주응력

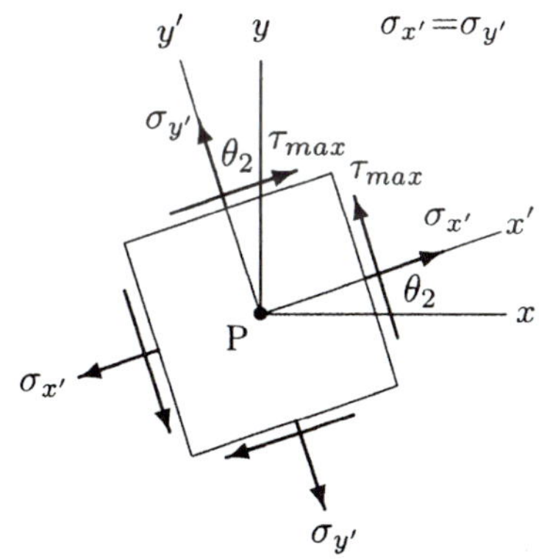

그림 14.15 • 최대 전단응력

응력 해석에 있어서 주응력의 개념은 중요하다. 재료의 파괴는 최대 응력의 평면을 따라 발생하는 것으로 알려져 있으며, 구조물들을 설계할 때 연관된 최대 응력을 고려하여야 한다.

하중의 형태에 따라 재료의 반응은 서로 다르며, 전단, 인장, 압축하에서 재료의 거동을 해석하는 동안 재료의 물리적 특성을 고려하여야 한다. 식 (14.14)와 식 (14.15)는 최대 및 최소 수직응력을 계산하는 데 유용하다. 주어진 구조물과 하중조건에 대해 식 (14.14)를 사용하여 계산된 최대 수직응력은 운영 안전의 한계 내에 있을 수 있다. 그러나 구조물은 **최대 전단응력**(maximum shear stress)이라고 불리는 임계 전단응력에 대해서도 고려해야만 한다. 최대 전단응력($\tau_{\max}$)은 수직응력들이 동일한 재료 요소에 발생한다(그림 14.15).

따라서 식 (14.10)과 식 (14.11)을 같다고 상정하고, 결과 식을 전단응력이 최대가 되는 방위각 θ_2에 대해서 풀면 다음과 같다.

$$\theta_2 = \frac{1}{2}\ \tan^{-1}\left(\frac{\sigma_y - \sigma_x}{2\,\tau_{xy}}\right) \qquad (14.16)$$

최대 전단응력 $\tau_{\max}$에 대한 표현은 식 (14.12)의 θ를 θ_2로 치환하여 유도할 수 있다.

$$\tau_{\max} = \sqrt{\left(\frac{\sigma_x - \sigma_y}{2}\right)^2 + \tau_{xy}{}^2} \qquad (14.17)$$

도식법을 이용하여 주응력을 구하는 방법은 다음에 살펴볼 것이다.

14.5 모어원

임의의 한 재료 점에서 응력 상태를 시각화하고 주응력을 계산하기 위한 효과적인 방법은 **모어원**(Mohr's circle)을 이용하는 것이다. 그림 14.16과 같은 평면 응력 요소에 대한 전형적인 모어원이 그림 14.17에 나타나 있다. 이와 같은 선도를 작성하고 최대 및 최소 응력을 구하는 순서는 다음과 같다.

• 그림 14.16과 같이, 응력들이 알려진 요소를 스케치하고, 이 요소 위에 관련 응력들의 적절한 방향을 표시한다. 그림 14.16에 나타나 있는 응력들은 모두 양수이다. 양 또는 음의 부호의 규칙은 인장응력을 양(+)으로 하면, 압축응력은 음(−)이 된다. 재료 요소를 반시계 방향으로 회전시키려는 오른쪽 면의 전단응력과 재료 요소를 시계 방향으로 회전시키려는 윗면의 전단응력은 양의 값을 가진다.

• 수평축을 수직응력으로, 수직축을 전단응력으로 표현하는 직각좌표계를 설정한다. τ−σ 선도에서 양의 수직응력은 원점 O의 오른쪽에, 음의 수직응력은 왼쪽에 도시된다.

• 재료 요소의 오른쪽면에 작용하는 수직응력과 전단응력과 동일한 좌표를 갖는 τ−σ

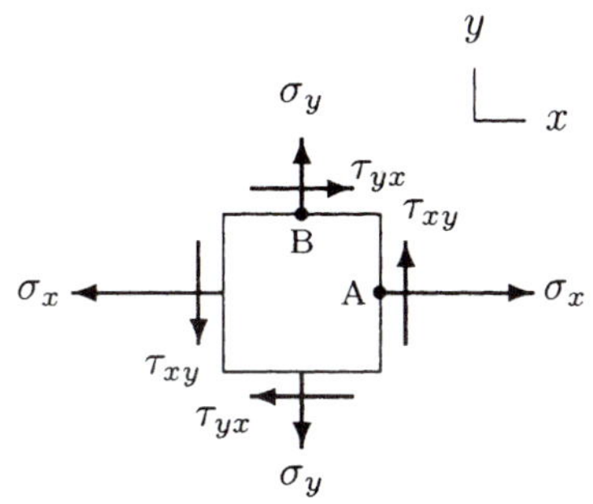

그림 14.16 • 양(+)의 응력

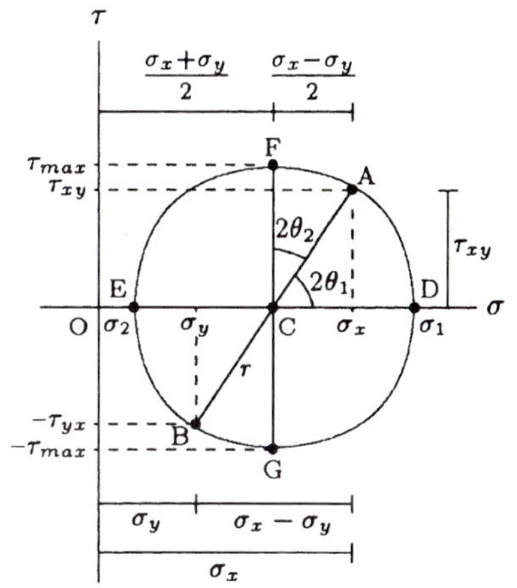

그림 14.17 • 모어원

선도 상의 점을 A라고 하자. 즉, A의 좌표는 (σ_x, τ_{xy})이다. 마찬가지로, B는 요소의 윗면에 작용하는 응력 성분 σ_y와, $-\tau_{xy}$와 동일한 좌표를 갖는 한 점이다.

• 점 A와 B를 직선으로 연결한다. 직선 AB와 수평축이 만나는 점을 C라고 하자. 점 C는 모어원의 중심이며, 원점 O로부터 $(\sigma_x + \sigma_y)/2$만큼 떨어진 곳에 위치한다. 따라서 C에서의 응력은 다음과 같이 나타낼 수 있다.

$$\sigma_c = \frac{\sigma_x + \sigma_y}{2}$$

• A와 C (또는 B와 C) 사이의 거리는 모어원의 반지름 r이고, 다음과 같이 계산할 수 있다.

$$r = \sqrt{\left(\frac{\sigma_x - \sigma_y}{2}\right)^2 + \tau_{xy}{}^2}$$

• 반지름 r이고 중심 C인 원을 그린다. 수평축($\tau = 0$)과 이 원의 교차점은 최대 및 최소 (주)수직응력에 해당하고 다음과 같이 계산된다.

$$\sigma_1 = \sigma_c + r = \frac{\sigma_x + \sigma_y}{2} + \sqrt{\left(\frac{\sigma_x - \sigma_y}{2}\right)^2 + \tau_{xy}{}^2}$$

$$\sigma_2 = \sigma_c - r = \frac{\sigma_x + \sigma_y}{2} - \sqrt{\left(\frac{\sigma_x - \sigma_y}{2}\right)^2 + \tau_{xy}{}^2}$$

모어원을 주의 깊게 그리면, σ_1과 σ_2는 $\tau-\sigma$ 선도에서 직접 구할 수 있다. 위 식들은 기본적으로 식 (14.14)와 (14.15)이다.

• $\tau-\sigma$ 선도에서 모어원과 C를 지나는 수직선과의 교점을 점 F와 G라고 한다. F와 G에서 수직응력은 모두 σ_c와 같고 전단응력의 크기는 최대이다. 따라서 모어원 위의 점 F와 G는 최대 전단응력에 해당한다. 최대 전단응력은 단순히 모어원의 반지름과 같다.

$$\tau_{\max} = \sqrt{\left(\frac{\sigma_x - \sigma_y}{2}\right)^2 + \tau_{xy}{}^2}$$

다시 말해서, 이 식은 앞 절에서 $\tau_{\max}$에 대한 것과 동일한 식이다.

• 모어원에는 각도를 해석하는 고유한 방법이 있다. 그림 14.16에 나타난 평면 응력 요소에서 A면과 B면의 법선은 서로 직각을 이룬다. $\tau-\sigma$ 선도에서 A와 B는 180°의 각을 이룬다. 따라서 θ°의 회전은 모어원에서 2θ의 각도에 해당한다. $\tau-\sigma$ 선도 위의 점 D는 최대 수직응력과 관련이 있으므로, 주응력 중 하나와 관련이 있다. $\tau-\sigma$ 선도에서 점 D는 점 A로부터 시계 방향으로 $2\theta_1$의 각도에 위치한다. 주평면에 대한 수직 방향(σ_1의 방향)은 x축을 θ_1의 각도로 반시계 방향으로 회전하여 얻을 수 있다. 전단응력이 최대인 요소의 방위를 찾는 데에도 이와 유사한 절차가 유효하다.

예제 14.2 x 방향으로 장력을 받고 있는 그림 14.18a의 막대를 생각해보자. 가해진 힘의 크기를 F, 막대의 단면적을 A라고 한다. 한 평면 재료 요소상의 단축(uniaxial) 응력 상태를 그림 14.18b에서 보여주고 있다. 이 요소의 변들은 x 및 y 방향에 수직이다.

모어원을 사용하여 최대 전단응력과 최대 전단응력 면을 구하라.

풀이: 외력의 크기와 막대의 단면적이 주어진 경우, x 방향으로 막대에 발생한 수직응력은 $\sigma_x = F/A$와 같이 구할 수 있다. 그림 14.18b에서와 같이 σ_x는 x와 y 방향과 평행한 면을 가진 재료 요소에 대한 유일한 응력텐서 성분이다.

그림 14.18b의 평면 응력요소를 기반으로 한 모어원을 그림 14.19a에 나타내었다. 면 A에는 크기 σ_x인 인장응력만이 존재하고, 면 B에는 응력이 존재하지 않는다. 그러

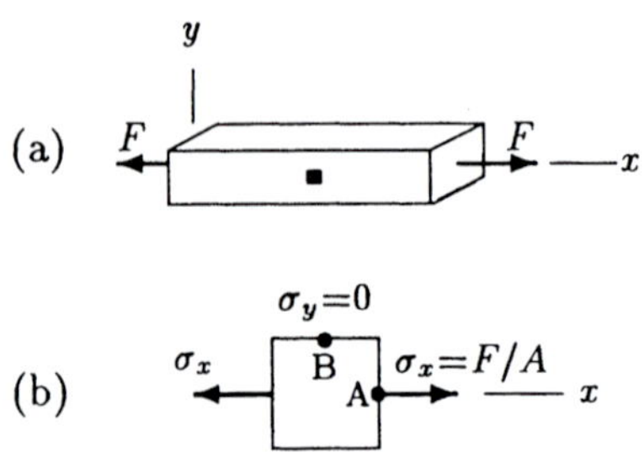

그림 14.18 • 예제 14.2

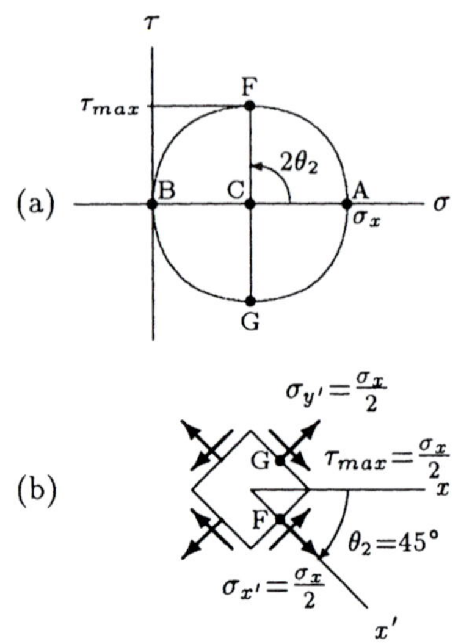

그림 14.19 • 그림 14.18의 재료 요소 해석

므로 $\tau-\sigma$ 선도에서 점 A는 원점으로부터 σ축을 따라 σ_x의 거리만큼 떨어져 위치하고, 점 B는 $\tau-\sigma$ 선도의 원점에 위치한다. 모어원의 중심인 C는 B와 A의 사이에 σ축을 따라 A와 B 모두로부터 $\sigma_x/2$의 거리에 위치하게 된다. 따라서 모어원의 반지름은 $\sigma_x/2$이다.

모어원에서 점 F는 전단응력이 최대인 재료 요소의 위치를 나타낸다. 최대 전단응력의 크기는 모어원의 반지름과 같다.

$$\tau_{\max} = \frac{\sigma_x}{2} = \frac{F}{2A}$$

모어원에서 점 F는 A로부터 반시계 방향으로 90°의 위치에 있다. 따라서 그림 14.19b에 나타낸 바와 같이, 전단응력이 최대인 재료 요소는 그림 14.18b에서 주어진 재료 요소를 시계 방향으로 $\theta_2 = 45°$만큼 회전시킴으로써 얻을 수 있다.

σ_x는 모어원의 최대 수직응력이다. 따라서 모어원의 점 A는 수직응력이 최대와 최소가 되는 재료 요소의 위치를 나타내고, 그림 14.18b의 재료 요소는 주응력 상태를 나타낸다.

예제 14.3 그림 14.20에 나타난 재료 요소를 생각해보자. 이 요소는 xy 평면에서 압축응력 σ_x와 전단응력 τ_{xy}를 받고 있다.

모어원을 이용하여 주응력과 최대 전단응력, 그리고 주평면을 결정하라.

풀이: 그림 14.20a에 있는 모어원은 그림 14.20의 평면 응력 요소를 사용하여 그린 것이다. 그림 14.20에서 재료 요소의 면 A에는 크기 σ_x인 음의 (압축) 수직응력과 크기 τ_{xy}인 음의 전단응력이 존재한다. 따라서 모어원에서 점 A는 $-\sigma_x$와 $-\tau_{xy}$의 좌표를 갖는다. 응력요소의 면 B면에서는 크기 τ_{xy}인 음의 전단응력만 존재한다. 따라서 $\tau-\sigma$ 선도에서 점 B는 원점 위로 τ축을 따라 τ_{xy}만큼 떨어진 위치에 존재한다. 모어원의 중심 C는 A와 B를 연결한 직선과 σ축의 교차점으로 결정할 수 있다. 또한 모어원의 반지름은 직각 삼각형의 성질을 이용하여 결정할 수 있다. 이 경우, 반지름은 아래와 같이 나타낼 수 있다.

$$r = \sqrt{\left(\frac{\sigma_x}{2}\right)^2 + \tau_{xy}^2}$$

모어원의 반지름이 결정되면 주응력 σ_1과 σ_2, 그리고 최대 전단응력을 쉽게 결정할 수 있다.

$$\sigma_1 = r - \frac{\sigma_x}{2} \text{ (인장)}$$

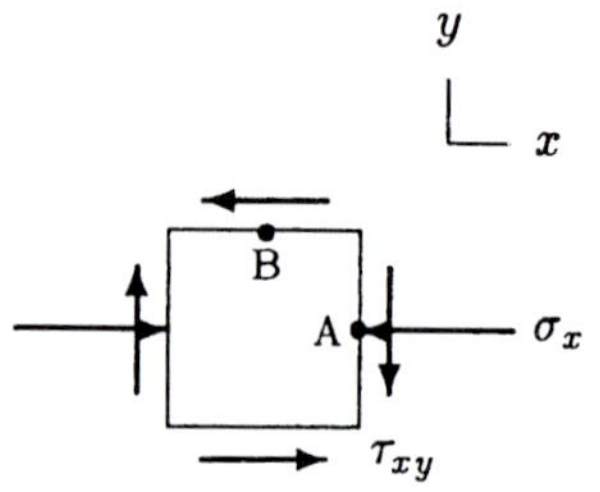

그림 14.20 • 예제 14.3

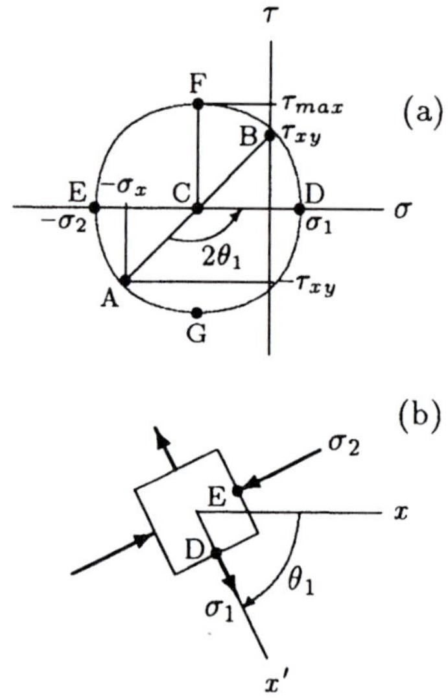

그림 14.21 • 그림 14.20의 재료 요소 해석

$$\sigma_2 = r + \frac{\sigma_x}{2} \text{ (압축)}$$

$$\tau_{\max} = r$$

응력이 최대 및 최소가 되는 평면의 회전각 θ_1을 결정하려면, 그림 14.21a에서 직선 CA와 CD 사이의 각도를 읽어야 하며, 이는 $2\theta_1$과 같다. 문제의 기하학적 구조로부터 아래와 같이 계산할 수 있다.

$$2\theta_1 = 180° - \tan^{-1}\left(\frac{\tau_{xy}}{\sigma_x}\right)$$

그림 14.21b와 같이, 수직응력이 최대 및 최소인 재료 요소를 구성하려면 각 θ_1을 계산하고, 그림 14.20의 재료 요소를 θ_1만큼 시계 방향으로 회전시킨다.

14.6 파괴 이론

구조물의 안정성과 신뢰성을 모두 확보하기 위해서는, 구조물의 강도가 이를 사용 중에 받는 응력보다 훨씬 크도록 구조물을 설계하고 적절한 재료를 선택해야 한다. 예를 들어, 만약 하나의 재료가 인장 하중만 받는다면, 그 재료의 강도는 최대강도(또는 항복강도)로 판단해야 한다. 앞 장에서 언급한 바와 같이, 대부분의 일반 재료에 관한 수직응력-변형률 선도와 전단응력-변형률 선도들은 잘 정리되어 있다. 따라서 단축응력 또는 순수 전단응력을 받는 재료의 반응을 예측하는 것은 비교적 간단한 일이다. 하지만 복합하중에서 발생하는 복잡한 응력 상태의 경우에는 이와 같은 직접적인 접근은 어렵다.

복합하중을 받고 있는 경우, 재료의 파단이 일어나는 조건을 예측하기 위한 여러 기준이 정립되어 왔다. 재료 또는 구조적 파단이란 재료가 더 이상 어떤 하중에 견디지 못하도록 파열되거나 과도한 영구 변형(항복)을 겪는 것을 의미한다. 아쉽지만, 모든 유형의 하중에 대한 재료의 반응을 예측하는 데 적용되는 완벽한 단일 파단 기준은 없다. 이러한 이론들의 목적은 응력을 재료의 강도에 연관시키기 위함이다. 그러나 이용 가능한 자료들은 대체로 단순 인장과 순수 전단 실험을 통해 정립된 재료의 항복강도와 극한강도에 관하여 표현된다. 따라서 둘 이상의 응력성분이 작용하고 있는 복잡한 상황을 해석하기 위하여 이와 같은 상대적으로 제한된 정보를 활용한다. 이러한 파단 기준들 중 몇 가지를 다음에서 살펴보고자 한다.

최대 전단응력 이론(maximum shear stress theory)은 항복을 예측하는 경우에 사용되므로, 연성 재료에 적용할 수 있다. 이는 **쿨롱 이론**(Coulomb theory) 또는 **트레스카 이론**(Tresca theory)으로도 알려져 있다. 이 이론은 재료 요소의 최대 전단응력이 재료가 단축 인장을 받는 경우 항복이 발생하는 순간에 관찰되는 최대 전단응력 값에 도달할 때 항복이 발생한다고 가정한다.

재료가 항복될 때까지 단순한 (단축) 인장을 받고 있다고 하자. 항복 시 응력 수준은 σ_{yp}로 기록된다. 이 재료에 적용되는 최대 전단응력은 그림 14.22에 나타나 있는 모어원(14.5절 참조)의 작성을 통해 얻어진다. 단순 인장하에서 최대 전단응력은 수직응력의 절반과 같음은 잘 알고 있는 사실이다. 이 경우에 수직응력은 인장을 받는 재료의 항복 강도이기도 하므로, 아래와 같이 쓸 수 있다.

$$\tau_{\max} = \frac{\sigma_x}{2} = \frac{\sigma_{yp}}{2} \tag{14.18}$$

최대 응력 이론에 의하면, 동일한 재료에 수직응력과 전단응력이 복합적으로 작용하고 최대 전단응력이 계산되면, 최대 전단응력이 $\tau_{\max}$가 될 때 항복이 시작된다. 예를 들어, 그림 14.23a에 나타는 바와 같이, xy 평면에서 수직응력과 전단응력이 복합적으로 재료에 작용되고 있다고 가정하자. 이러한 응력 상태에서 최대 전단응력 $\tau_{\max}$는 모어원(그림 14.23b)을 작성하거나, 식 (14.17)을 사용하여 결정할 수 있다. $\tau_{\max}$가 $\sigma_{yp}/2$보다 크거나 같을 때 항복이 발생한다.

연성 재료의 항복 조건을 기술하는 **최대 비틀림 에너지 이론**(maximum distortion energy theory)이 폭넓게 인정받고 있다. 이 이론은 **폰 미제스 항복 이론**(von Mises theory) 또는 **미제스–헹키 이론**(Mises-Hencky theory)이라고도 한다. 이 이론은 주응력들 간의 차이의 제곱평균의 제곱근이 단순 인장 실험에서 얻은 재료의 항복 강도와 동일할 때 항복이 발생한다고 가정한다.

σ_1과 σ_2를 평면 응력 상태의 주응력이라고 하고, σ_{yp}를 재료의 항복강도라고 하자. 전단 비틀림 에너지 이론에 따르면 항복으로 인한 파괴는 다음과 같은 조건에 의해 예측된다.

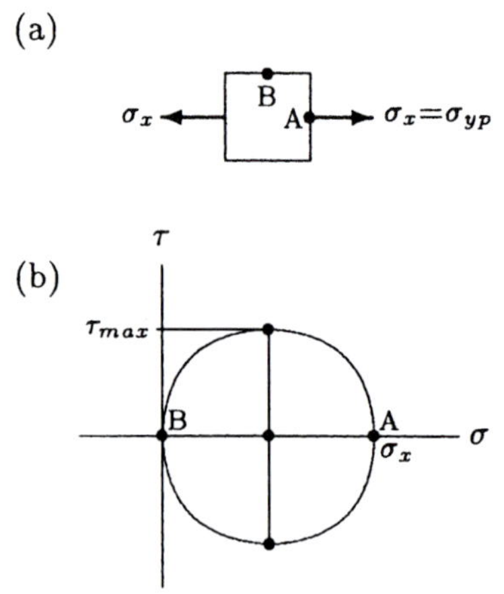

그림 14.22 • 최대 전단응력 이론의 설명

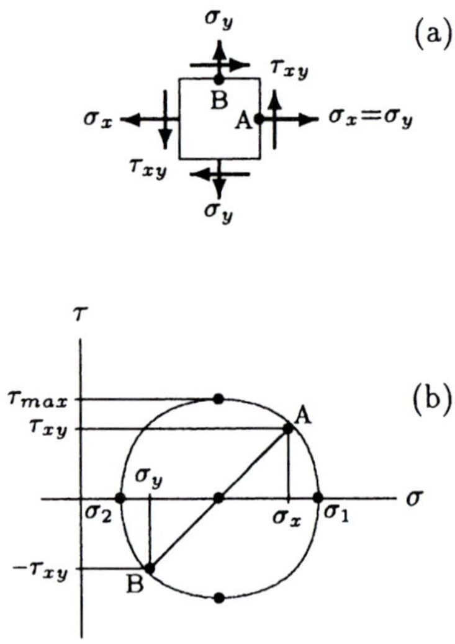

그림 14.23 • 응력의 결합상태와 모어원

$$\sqrt{\sigma_1{}^2 - \sigma_1\sigma_2 + \sigma_2{}^2} = \sigma_{yp} \tag{14.19}$$

최대 수직응력 이론(maximum normal stress theory)은 가장 큰 주응력이 항복강도 σ_{yp}와 같을 때마다 항복에 의한 파괴가 일어나거나, 가장 큰 주응력이 재료의 극한강도 σ_u와 같을 때마다 파열에 의한 파괴가 발생한다는 가정을 기반으로 한다. 이 이론은 비교적 구현하기 쉽고, 연성과 취성 재료 모두에 적용된다.

그림 14.24에 나타낸 바와 같이, 앞에서 언급된 파괴이론은 $\sigma_1-\sigma_2$ 그래프상에 도시하여 서로 비교할 수 있다. 하나의 주어진 이론에 대해서, 응력의 수준이 그 이론을 대표하는 닫힌 경계상에 있거나 닫힌 경계의 외부에 있다면 파괴가 일어나는 것이다. 이 세 가지 항복 이론들 중에서, 최대 비틀림 에너지 이론은 항복점을 가장 정확하게 예측하고 연성 재료에 적용했을 때 실험 결과와 가장 잘 일치함을 보였다. 취성 재료에 대해서는 최대 수직응력 이론이 더 잘 적합하다. 비틀림 에너지 이론을 기준으로 비교

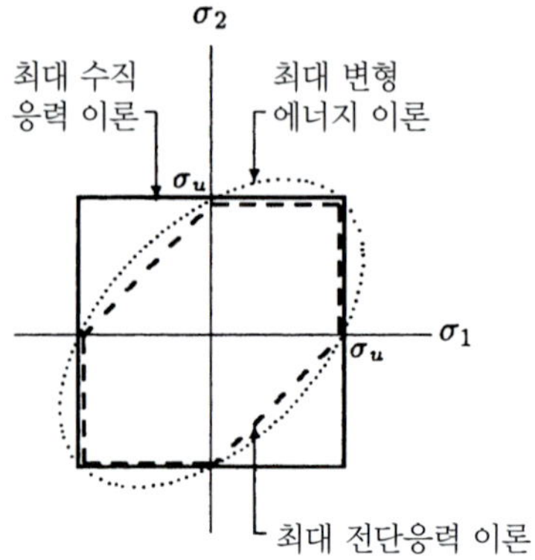

그림 14.24 • 항복 이론의 비교

한다면, 최대 전단응력 이론이 항상 더 적절하고 안전한 반면, 최대 수직응력 이론은 주응력의 부호가 서로 같은 경우에 더 적절하다.

여기서 다룬 파괴 이론은 정적 하중조건에 대해서 유효하다. 하중이 동적으로 또는 반복적으로 가해져 피로를 유발하는 경우를 설명하기 위해서는 이들 이론을 수정해야 한다.

14.7 허용응력 및 안전계수

구조물 설계에 있어서 응력 및 파괴 해석은 기본 사항이다. 구조물은 이를 사용할 때 가해지는 **작동응력**(working stress)이라고 하는 최대 가능 응력 수준을 견딜 수 있도록 설계되어야만 한다. 그러나 구조물에 작용되는 하중의 정확한 크기를 알지 못하는 경우가 있다. 구조물이 예상치 못한 높은 하중이나 동적 하중을 받을 수도 있고, 구조물 재료의 물리적 성질을 변화시킬 수 있는 부식 환경에 노출될 수도 있다. 불확실성의 영향들을 설명하려면 **허용응력**(allowable stress)이라고 불리는 응력수준을 재료의 극한강도보다 상당히 낮게 설정해야 한다. 허용응력은 안전성에 여유가 있도록 충분히 낮아야 한다. 또한 재료를 효율적으로 사용할 수 있어야 한다.

예상치 못한 상황에 대한 안전성은 **안전계수**(factor of safety)를 고려함으로써 확보할 수 있다. 안전계수 n은 일반적으로 재료의 극한강도와 허용응력의 비율로 결정된다. 안전계수는 1보다 큰 수이고, 재료에 인장, 압축 또는 전단 하중이 가해지는지에 따라 달라질 수 있다. 안전계수는 극한강도를 대신하여 재료의 항복강도를 기반으로 할 수도 있다. 이는 과도한 항복 또는 소성 변형이 허용되지 않는 운전조건에서 특히 중요하다. 피로하중의 경우에는 재료의 내구 한계 또는 피로 강도를 사용하여야 한다. 안전계수가 설정되면, 허용응력 σ_{all}이 결정된다. 예를 들어, 극한강도 σ_u를 기반으로 하여 다음과 같이 쓸 수 있다.

$$\sigma_{\text{all}} = \frac{\sigma_u}{n} \tag{14.20}$$

14.8 재료의 강도에 영향을 미치는 요인

앞 장에서 살펴본 바와 같이, 탄성 및 전단 계수, 항복강도, 극한강도, 파괴 시 응력, 재료의 응력-변형률 곡선 아래의 면적 등은 재료의 강도를 설명하는 인자들이다. 재료의 성질에 영향을 미치는 많은 물리적·환경적 요인들이 있다. 예를 들어, 온도는 재료의 물리적 성질을 변화시켜 강도를 변화시킬 수 있다. 일반적인 재료는 열을 가하면 팽창하고 냉각시키면 수축한다. 온도가 올라가면 재료의 극한강도가 저하된다. 온도 변화로 인해 구조물의 응력이 상당히 클 수 있다.

마찰은 두 표면이 서로 구르거나 미끄러질 때 발생한다. 마찰은 에너지를 주로 열로 방출시킨다. 두 표면이 미끄러질 때 나타나는 또 다른 결과로는 표면으로부터 재료가 제거되는 것인데, 이를 **마모**(wear)라고 한다. 마모는 구조물의 표면 성질을 변화시키고 부식 환경에 노출시켜, 결국 역학적 강도를 저하시킬 수 있다. **부식**(corrosion)은 역학적 파괴의 주된 원인 중 하나이다. 응력이 작용하는 곳에서는 부식에 의한 파괴가 가속된다. 부식으로 인해 재료 내에 미세한 균열(crack)을 발생할 수 있으며, 이는 응력이 작용하는 환경에서 확산될 수 있다. 일반적으로 재료에 마찰, 마모, 부식 및 불연속성이 존재하면 강도가 저하된다.

14.9 피로 및 내구성

14.6절에서 언급된 파괴 이론들은 정적 하중 구성하에서 수립된 재료의 특성을 기반으로 한다. 이 이론들은 특정한 방향으로 한번 작용되는 하중 구성에 대한 재료의 반응을 예측하고자 한다. 기계 부품들이나 인체의 근육 및 뼈를 비롯한 많은 구조물에는 하중의 작용과 제거가 반복된다. 한 번에 구조물의 파괴를 일으키지 않는 하중이라 하더라도 반복적으로 가해지면 파괴를 일으킬 수 있다. 가해진 하중의 크기, 재료의 물리적 성질, 구조물의 크기, 구조물의 표면 특성, 그리고 운전조건에 따라 하중의 작용 및 제거의 반복으로 파괴가 일어날 수 있다. 반복된 하중으로 인한 파단을 **피로**(fatigue)라고 하며, 역학에서 피로는 완전한 구조적 파괴 상태를 의미한다.

구조물의 피로 해석은 매우 복잡하다. 재료의 피로 거동을 이해하기 위해 개발된 여러 가지 실험 기술이 있다. 재료의 피로 거동은 인장, 압축, 휨 또는 비틀림 힘을 이용한 피로 실험을 통해서 결정된다. 여기에서는 인장과 압축의 복합적 작용으로 인한 피로에 대해 설명하려고 한다.

그림 14.25와 같은 막대를 생각해보자. 이 막대는 극한강도 σ_u인 재료로 만들어졌다고 가정한다. 처음에 이 막대는 σ_u보다 훨씬 낮은 σ_m(평균 응력) 수준의 응력을 받는다. 그 후에 막대는 어떤 때는 인장, 어떤 때는 압축으로 시간이 지남에 따라 변동하는 응력을 받는다. 응력 σ_a의 진폭은 막대가 재료의 극한강도 σ_u보다 작은 최대 인장응력 $\sigma_{\max} = \sigma_m + \sigma_a$을 받는 것이다. 이 가역적이고 주기적인 응력이 막대가 파단될 때까지 가해지고, 파단까지의 반복주기(N)를 기록한다. 이 실험은 기하학적 구조와 재료 특성이 동일한 시편에 다양한 진폭의 정현파 응력을 작용시켜 반복적으로 시행한다. 이 결과로부터 파단에 이르는 반복주기는 응력의 진폭 σ_a에 따라 변한다는 것으로 알 수 있다. σ_a가 클수록 N은 작아진다.

그림 14.26은 피로 시험의 전형적인 결과로, 파단까지의 반복주기에 대한 응력 진폭을 나타낸 $\sigma-N$ 선도이다. 주어진 N에 대하여, 해당되는 응력 값은 그 반복주기에서 재료의 **피로 강도**(fatigue strength)라 한다. 주어진 응력 수준에 대하여 N은 재료의

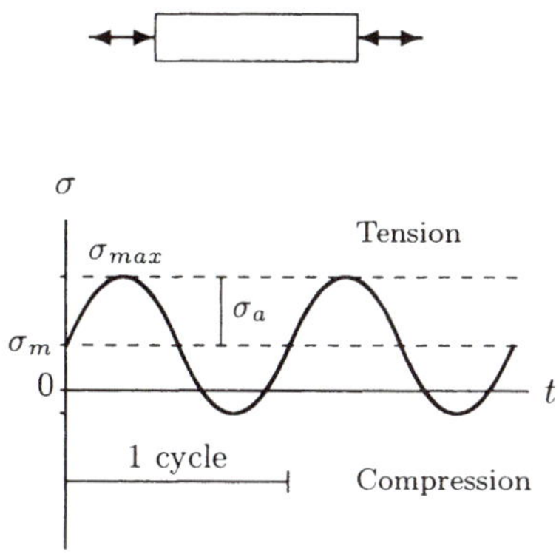

그림 14.25 • 단축 피로시험

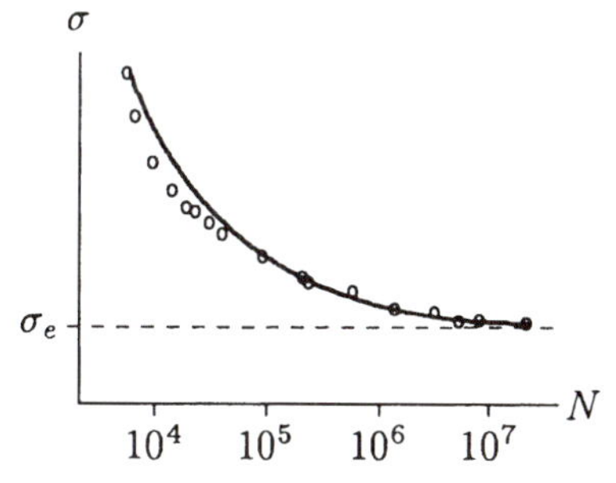

그림 14.26 • 파단에 대한 응력 진폭과 반복주기의 상관관계

피로 수명을 나타내며, 이는 응력 진폭이 감소함에 따라 급속히 증가한다. 그림 14.26에서 실험 데이터를 하나의 곡선으로 나타내었다. 어떤 재료들은 σ–N 곡선이 평평해져서 완전히 수평선이 되는 경우도 있다. 피로 곡선이 수평을 이루는 응력을 그 재료의 **내구 한계**(endurance limit)라 하며, 그림 14.26에서 σ_e로 나타내었다. 내구 한계 아래에서는 아무리 많은 주기의 응력이 재료에 작용되더라도 피로로 파괴되지 않을 확률이 높다.

유리나 세라믹과 같은 취성 재료들은 하중이 서서히 증가되면 탄성 변형을 한다. **취성 파단**(brittle fracture)은 상당한 소성 변형 없이 갑자기 일어난다(그림 14.27). 반면에, **연성 파단**(ductile fracture)에서는 상당한 탄성 및 소성 변형을 보이면서 파단에 이른다. 연성 재료에 피로 하중이 가해지면, 상당한 소성 변형(항복)을 보이지 않고 갑자기 파단이 발생한다. 연성 재료의 피로 파괴는 취성 재료의 정역학적 파괴와 유사한 방식으로 발생한다.

재료의 피로 거동은 여러 인자의 영향을 받는다. 온도가 높을수록 피로 강도는 낮아진다. 피로 거동은 표면 결함과 응력집중을 야기하는 재료 내 불연속성에 매우 민감하다. 피로 파괴는 재료의 표면에 작은 균열이 발생하면서 시작되어, 반복 하중의 영향으로 확산되다가 결국 재료의 파괴에 이른다. 표면 처리를 잘 하면 재료의 피로 수명을 향상시킬 수 있다.

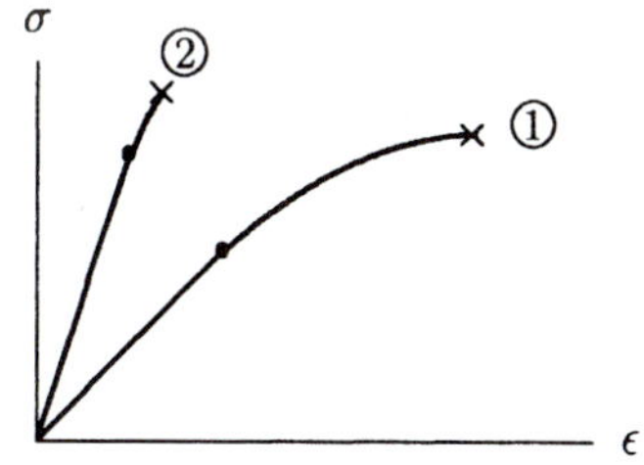

그림 14.27 • 연성 파단(①) 및 취성 파단(②)의 비교

정형외과용 기기는 환자의 행동과 근육 작용으로 인해 하중의 부가와 제거가 반복된다. 수년에 걸쳐 체중지지용 보철 장치나 고정 장치는 정상적인 일상 활동으로 인해 상당한 횟수의 응력 부가와 제거의 반복을 받게 된다. 이러한 반복적인 하중의 부가와 제거는 보철 장치의 부품에 피로 파단을 일으킬 수 있다.

14.10 응력집중

그림 14.28에 있는 직사각형 막대를 생각해보자. 막대는 단면적이 A이고 인장력 F를 받고 있다. 단위면적당 내부 반력은 응력으로 정의되며, 아래와 같이 쓸 수 있다.

$$\sigma = \frac{F}{A} \tag{14.21}$$

응력의 고전적 정의는 외력 F가 한 점이 아닌 상대적으로 넓은 면적에 작용되고, 막대의 단면적이 전체 길이에 걸쳐 일정하다는 가정을 기반으로 한다. 그림 14.28에 소개된 바와 같이, 결과적으로 응력 분포는 길이 전체에 걸쳐 막대의 단면적에서 균일하다. 만약 구멍, 균열, 홈, 긁힘 또는 새김으로 인해 막대의 단면이 균일하지 않거나, 힘이 매우 작은 면적에 가해진다면, 불연속이 있는 영역이나 힘이 작용되는 영역 주변의 단면에서는 응력분포가 더 이상 균일하지 않게 된다.

그림 14.29a에서 보는 바와 같이, 지름 d인 원형 구멍이 있는 평판을 생각해보자. 이 평판은 인장 하중 F를 받고 있다. 평판의 평형 조건을 만족하려면 평판의 모든 영역에서 총 내부 반력은 F와 같아야 한다. 그림 14.29b에서와 같이, 구멍에서 떨어져 있

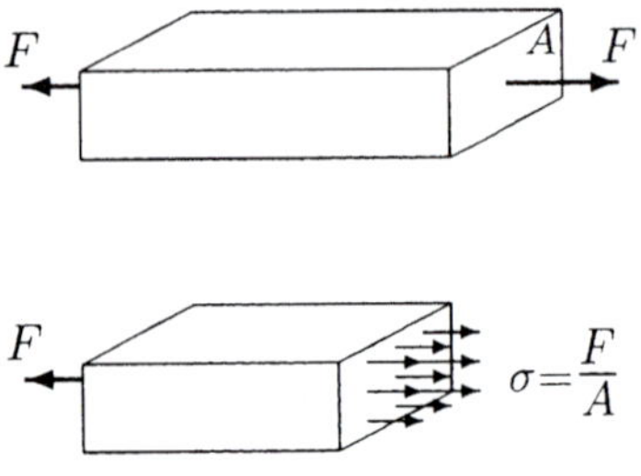

그림 14.28 • 균일한 응력분포

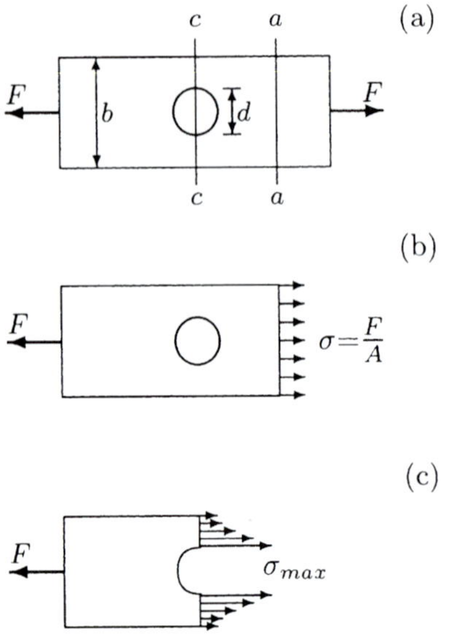

그림 14.29 • 응력집중의 영향

는 영역(예를 들어, *aa* 영역)의 응력분포는 균일하다고 가정하자. 평판의 단면적을 A라고 하면, 균일한 응력의 크기는 $\sigma = F/A$로 계산할 수 있다. 이제 구멍의 중심을 통과하는 *cc* 영역을 생각해보자. *cc* 영역에서 평균 응력의 크기는 $\sigma = F/(A - A_h)$이고, 여기서 A_h는 *cc* 영역에서 평판 단면의 비어 있는 영역이다. $A - A_h$는 항상 A보다 작으므로, *cc* 영역에서 평균 응력은 *aa* 영역에서의 균일 응력보다 크다. 또한, *cc* 영역에서 응력 분포는 균일하지 않고, 구멍의 가장자리를 따라 응력이 최대가 된다(그림 14.29c). 즉, 응력이 구멍 주위에 집중되어 있다. 이러한 현상을 **응력집중**(stress concentration)이라고 한다.

실험적 관찰을 바탕으로, 응력집중의 존재로 인해 개발된 최대 응력을 계산하기 위하여 확립된 실험식들이 있다. 최대 응력 σ_{max}(또는 τ_{max})와 평균 응력 $\bar{\sigma}$ (또는 $\bar{\tau}$)의 일반적 관계는 다음과 같다.

$$\sigma_{max} = k\,\bar{\sigma} \tag{14.22}$$

식 (14.22)에서, k를 **응력집중인자**(stress concentration factor)라고 한다. 응력집중인자의 값은 1보다 크고 구조물의 크기에 대한 응력집중의 크기(예: 구멍의 지름과 구조물 너비의 비), 작용 하중의 유형(인장, 압축, 전단, 굽힘, 비틀림 또는 복합)과 재료의 물리적 특성(연성, 취성, 경도) 등 여러 인자들에 따라 변한다.

구조물의 단면이 균일하다고 가정하여 측정한 응력 수준이 재료의 파단 강도보다 작더라도, 구조물은 응력집중 효과로 인하여 예상치 못하게 파괴될 수 있다. 응력집중의 존재로 인해 재료의 파단 강도 또는 극한강도가 국부적으로 초과될 수 있다. 구조물의 피로 파단은 응력집중 효과에 따른 국부 응력 이론으로 설명할 수 있다. 구조물의 내부 또는 표면에 작은 결함이나 불연속이 존재할 수 있다. 이러한 작은 구멍이나 홈은 구조물이 정적 하중을 받고 있을 때 아무런 심각한 문제를 일으키지 않을 수도 있다. 하지만 반복적으로 가해지는 하중으로 인하여 불연속 위치에서 재료 내부에 미세한 균열을 일으킬 수 있다. 하중이 가해질 때마다 이와 같은 균열들이 전파되어 결국 재료가 파괴될 수 있다.

뼈와 정형외과 기기들의 수명에 있어서 응력집중의 영향은 매우 중요하다. 뼈에서 정형외과용 나사를 제거한 후에도 뼈에는 나사의 구멍이 수개월 동안 남아 있다. 나사를 제거한 후 처음 몇 개월 동안 나사 구멍의 한 단면을 따라 뼈에 균열이 발생할 수 있다. 뼈에 있는 나사 구멍은 응력집중 효과를 초래하고, 특히 굽힘과 비틀림을 받는 경우 뼈를 약화시킨다.

응력집중의 영향은 표면 처리를 잘 하거나 구조물에 불필요한 구멍이나 급격한 형태 변화를 피함으로써 줄일 수 있다.

14.11 비틀림

비틀림(torsion)은 기본 하중 유형의 하나로, 가해진 힘의 비틀림 작용에 의해 발생한다. 여기에서는 원형 축에 대한 비틀림 해석만을 다룰 것이다. 원형이 아닌 단면을 가진 구조가 비틀림 하중을 받고 있는 경우, 이에 대한 해석은 복잡하므로 이 교재에서는 다루지 않기로 한다.

그림 14.30과 같은 단단한 원형 축을 생각해보자. 이 축은 길이가 l이고 반지름이 r_O이다. AB는 이 축의 중심선과 평행한 바깥 표면상의 직선이다. 중심선을 지나면서 원형 축을 둘로 가르는 평면을 **세로면**(longitudinal plane, 종단면)이라고 하고, 종단면에 수직인 평면을 **가로면**(transverse plane, 횡단면)이라고 한다(그림 14.32의 *abcd*면). 이 경우, 직선 AB는 세로면 중 하나를 따라 놓여 있다. 원형 축의 한쪽 끝은 벽에 고정되어 있고, 다른 쪽 끝에는 크기가 M인 비틀림 토크가 작용한다(그림 14.30의 이중 화살표). 외부에서 가해진 토크에 의해 축이 변형되어 직선 AB가 나선 AB′로 뒤틀린다. A 지점에서는 축이 고정되어 있으므로, 변형은 0이다. 변형의 크기는 고정단에서 자유단으로 갈수록 커진다. 그림 14.30에서 각도 γ는 축의 변형 척도로서, 가로면에서 발생된 전단응력으로 인한 전단변형률을 나타낸다. 각도 γ의 탄젠트는 원호의 길이(arc length) BB′와 축 길이 l의 비와 거의 동일하다. 작은 변형에 대해서, 이 각도의 탄젠트는 라디안으로 측정된 각도와 거의 동일하다. 따라서 다음과 같이 쓸 수 있다.

$$\gamma = \frac{\text{원호의 길이 BB}'}{l} \tag{14.23}$$

그림 14.31에서와 같이, 축 내부의 변형량은 축의 중심선으로부터 측정된 반지름 r에 따라 변한다. 이 변형은 중심에서 0이고, 가장자리로 갈수록 증가하여, 바깥면에서 최대가 된다. 그림 14.31의 각도 θ를 **비틀림각**(angle of twist)이라 하고, 이는 원형 축이 받는 비틀림 정도에 대한 척도이다. 문제의 구조로부터 다음과 같이 표현할 수 있다.

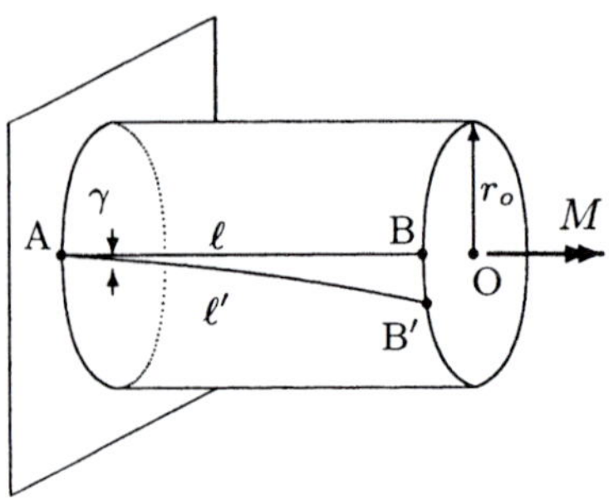

그림 14.30 • 비틀림이 가해지는 원형 축

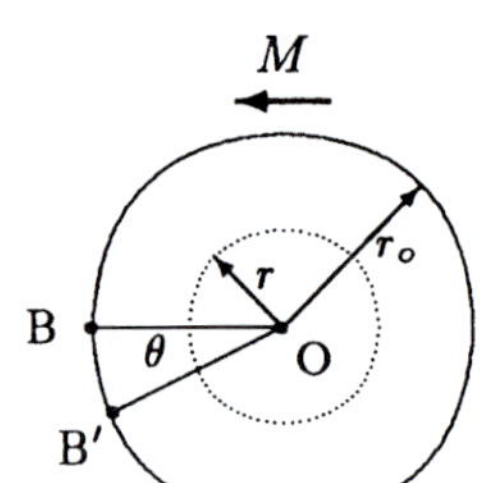

그림 14.31 • θ는 비틀림각이다.

$$\theta = \frac{\text{arc length BB}'}{r_o} \tag{14.24}$$

식 (14.23)과 식 (14.24)는 원호 BB′를 제거하여 통합할 수 있다. 비틀림각에 대하여 결과 식을 풀면, 아래와 같다.

$$\theta = \frac{l}{r_o}\gamma \tag{14.25}$$

이제, 중심선에 수직이며 원형 축을 둘로 가르는 면(그림 14.32의 *abcd*면)을 생각해보자. 원형 축 전체가 정적 평형상태에 있으므로, 개개의 부분 역시 정적 평형상태에 있어야 한다. 이 조건은 내부 전단력이 원형 축의 단면적에 분포됨을 전제로 한다(그림 14.33). 이 내력(단위면적당 힘)의 강도가 전단응력 τ이다. 전단응력의 크기는 적용 토크의 크기 M, 축의 단면적, 중심선으로부터 전단응력을 구하고자 하는 지점까지의 반지름 r과 관계가 있다. 이 관계는 원형 축의 왼쪽 또는 오른쪽 부분의 회전 평형을 만족함에 의해 결정될 수 있으며, 다음과 같이 쓸 수 있다.

$$\tau = \frac{Mr}{J} \tag{14.26}$$

이 식을 **비틀림 공식**(torsion formula)이라고 한다. 식 (14.26)에서, J는 원형 축의 중심선에 대한 단면적의 **극관성모멘트**(polar moment of inertia)이다. 중심선에 대하여 반지름 r_o인 원형 축(그림 14.34a)의 극관성모멘트는 다음과 같다.

$$J = \frac{\pi r_o^4}{2}$$

안쪽 반지름 r_i, 바깥쪽 반지름 r_o인 속이 빈 원형 축(그림 14.34b)의 극관성모멘트는 다음과 같다.

$$J = \frac{\pi}{2}\left(r_o^4 - r_i^4\right)$$

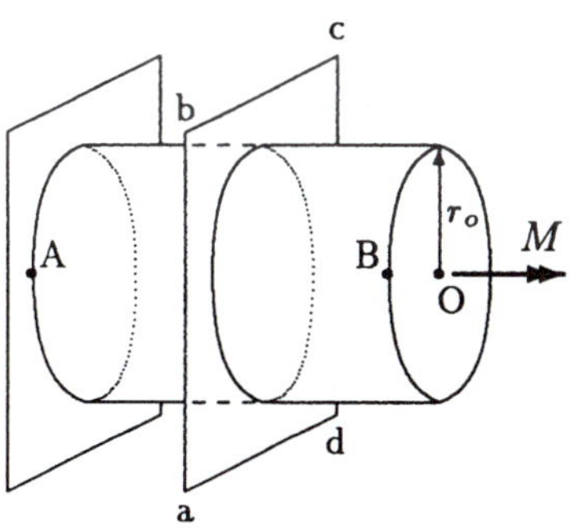

그림 14.32 • 중심선에 수직이며 축을 둘로 가르는 평면

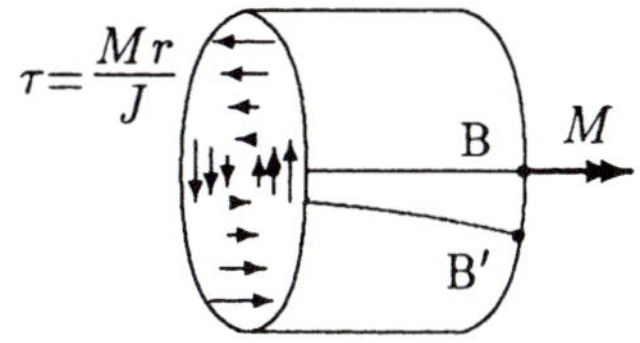

그림 14.33 • 축의 단면적에 분포된 전단응력(τ)

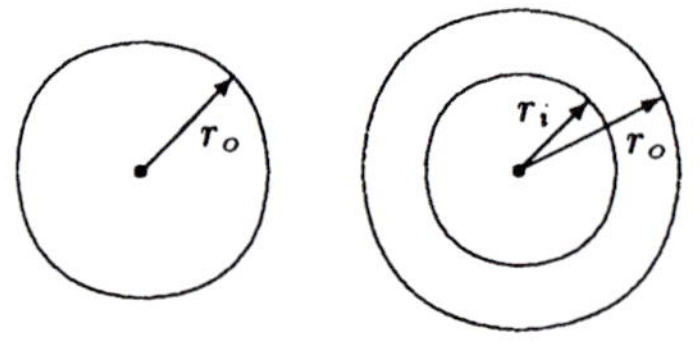

(a) 속이 채워진 축 (b) 속이 빈 축

$$J=\frac{\pi r_o^4}{2} \qquad J=\frac{\pi(r_o^4-r_i^4)}{2}$$

그림 14.34 • 원형단면의 극관성모멘트

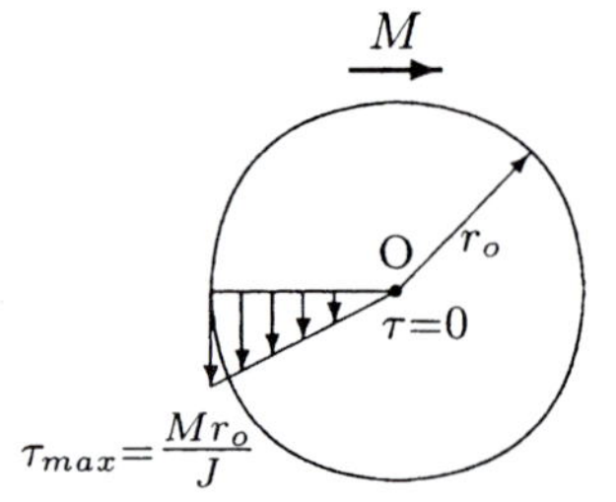

그림 14.35 • 방사상 거리에 따라 선형적으로 변하는 전단응력

극관성모멘트는 길이의 4제곱 차원을 가지므로, SI 단위로는 m^4이다.

축의 재료가 선형 탄성이거나 변형이 비례한계 내에 있으면, 응력과 변형률은 정비례하여야 한다. 전단하중의 경우, 비례상수는 재료의 전단계수(shear modulus) G이다.

$$\tau = G\gamma \tag{14.27}$$

식 (14.27)을 γ에 관해 풀고, 식 (14.26)을 대입하면, 다음과 같은 결과를 얻는다.

$$\gamma = \frac{\tau}{G} = \frac{Mr}{GJ} \tag{14.28}$$

축의 원주에서 식 (14.28)의 r은 r_o와 같다. 식 (14.28)을 식 (14.25)에 대입하면, 비틀림각에 대해 더 유용한 식을 얻을 수 있다.

$$\theta = \frac{Ml}{GJ} \tag{14.29}$$

다음은 비틀림, 비틀림 공식, 그리고 비틀림 응력에 대한 몇 가지 중요한 사항들이다.

• 비틀림 공식을 유도하기 위해서 몇 가지 가정과 이상화가 이루어졌다. 예를 들어, 재료는 등방성이고, 균일하며, 선형 탄성이라고 가정한다.

• 주어진 축과 가해진 토크에 대해서, 비틀림 전단응력 τ는 축의 중심으로부터 측정된 반지름 r의 선형함수이다. 전단응력은 축의 단면적에 불균일하게 분포된다. 축의 중심에서 $r = 0$이고 $\tau = 0$이다. 속이 채워져 있는 원형 축에서 응력이 없는 중심선을 **중립축**(neutral axis)이라 한다. 비틀림 전단응력의 크기는 중심으로부터 가장자리 쪽으로 증가하고, $r = r_o$인 축의 원주에서 최댓값에 도달하며, 그 값은 $\tau = Mr_o/J$이다(그림 14.35).

• 비틀림 공식은 $J = \pi r_o^4/2$인 속이 채워져 있는 원형 축의 가장자리에서 $\tau = 2M/\pi r_o^3$의 특별한 형태가 된다. 이 식은 축의 반지름이 증가할수록 비틀림으로 인한 변형이 더 어렵다는 것을 나타낸다.

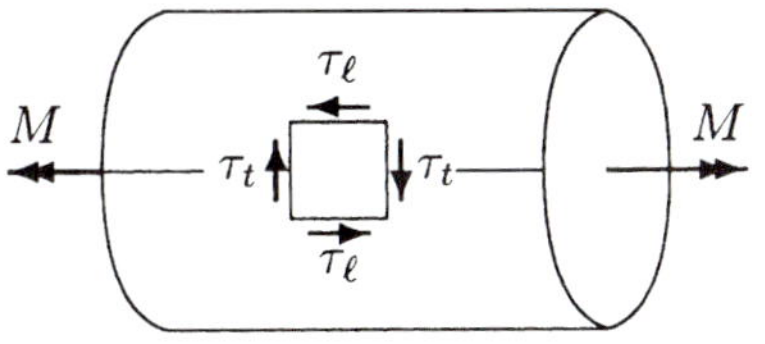

그림 14.36 • 가로응력(τ_t)과 세로응력(τ_l)

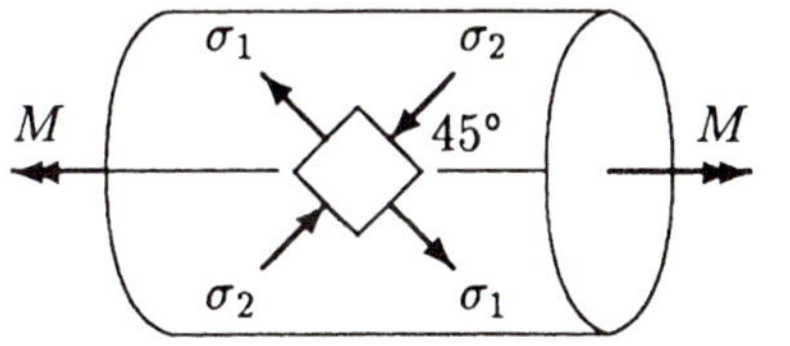

그림 14.37 • 순수 비틀림하에서, 주수직응력(τ_1, τ_2)은 법선이 중심선과 45°를 이루는 면에서 발생한다.

• $\gamma = \tau/G = Mr/GJ$이므로, 가해진 토크의 크기가 증가할수록 전단응력과 전단변형도 증가한다. 축 재료의 전단계수가 클수록 재료는 더 강하고 비틀림으로 변형시키기 더 어려워진다.

• 여기에서 다룬 전단응력은 가로면에 유도된 것이다. 비틀림 하중을 받는 원형 축에 있어서, 전단응력은 세로면에서도 발생한다. 이는 원형 축을 두 개의 가로면과 두 개의 세로면으로 갈라서 얻어진 재료 요소에 대하여 그림 14.36에 나타나 있다. 가로 방향 및 세로 방향 응력은 각각 τ_t와 τ_l로 나타내며, 재료 요소의 평형을 위해서 τ_t와 τ_l의 값이 서로 같아야 한다.

• 비틀림을 받는 원형 축은 전단 변형뿐 아니라 수직응력도 받는다. 이는 그림 14.30과 같이, 직선 AB가 나선 AB′로 변형된다는 사실로 설명할 수 있다. 변형 전 길이 l은 변형 후 길이 l'으로 늘어나게 되고, 이 길이의 증가를 통해서 늘어나는 방향으로 인장응력이 존재한다는 것을 알 수 있다.

• 그림 14.37의 재료 요소를 생각해보자. 이 재료 요소의 변에 수직인 직선은 축의 중심선과 45°를 이룬다. 이것은 적절한 좌표 변환으로 설명할 수 있다. 적절한 좌표 변환을 통하여 요소에 수직응력(인장응력 σ_1과 압축응력 σ_2)만 작용하도록 할 수 있다. 재료 요소에는 전단응력이 존재하지 않으므로, 존재하는 수직응력들은 주응력(최대 및 최소 응력)을 의미하고, 이 응력들이 작용하는 면들이 주평면들이 된다(이 개념들은 다음 장에서 다루게 된다). 순수 비틀림을 받는 구조물에서는 주평면들 중 하나를 따라 파단이 일어나게 된다. 이것은 분필을 두 조각으로 부러질 때까지 비틂으로써 설명할 수 있다. 분필을 주의 깊게 관찰해보면, 최대 인장응력 방향에 수직인 나선을 따라서 파단이 일어난다는 것을 알 수 있다. 원형 축에서, 나선은 중립축(중심선)과 45°의 각을 형성한다. 순수 비틀림을 받는 뼈에서도 동일한 파단의 형태를 관찰할 수 있다(그림 14.38).

비틀림을 받는 구조물의 거동을 해석하기 위한 다양한 실험 방법이 있다. 그림 14.39는 표준 비틀림 시험 장치의 개략도이다. 이 장치의 주요 구성부는 조정 가능한 진자(A), 각변위 변환기(B), 토크변환기(C), 회전그립(D), 고정그립(E) 등이다. 이 장치는 시편[이 경우에는 뼈(F)]의 비틀림 특성을 측정하는 데 사용된다.

진자는 회전그립에 연결된 축에 대해 비틀림 토크를 발생시켜, 시편의 각변형을 유발

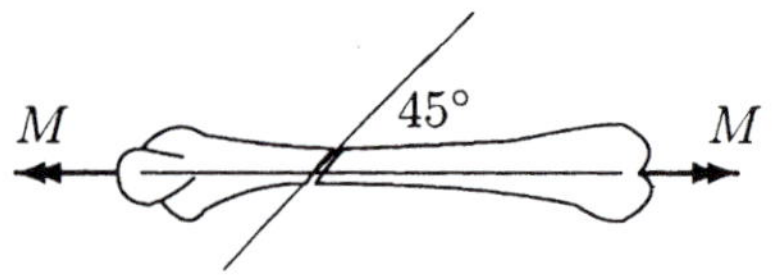

그림 14.38 • 순수 비틀림을 받는 뼈의 나선 모양의 파단 형태

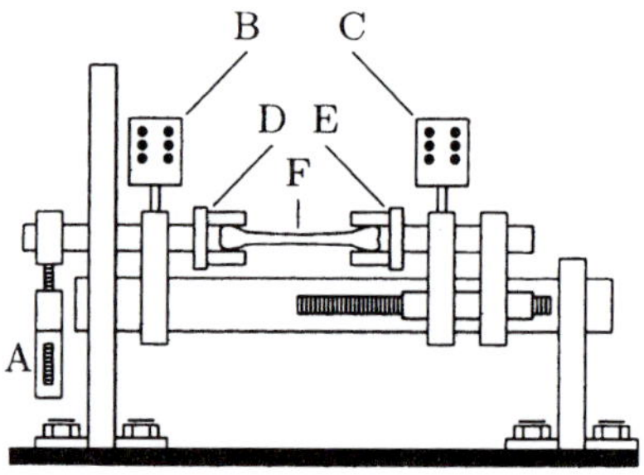

그림 14.39 • 표준 비틀림 시험 장치

하게 한다. 시편에 작용된 토크의 크기는 회전중심에 대한 진자 질량의 위치를 조정하여 제어할 수 있다. 질량이 진자의 회전중심에 가까울수록, 중심으로부터 측정된 모멘트 팔의 길이가 더 작아지므로, 발생하는 토크도 더 작아진다. 반대로, 진자의 질량이 회전중심으로부터 멀수록, 모멘트 팔의 길이가 길어지고 진자 무게의 비틀림 작용(토크)은 커진다. 진자 무게에 의해 발생하는 토크는 회전그립에 연결된 축을 통해 전달되어, 두 그립 사이에 단단히 고정된 시편에 동일한 토크를 가한다. 토크 변환기와 각변위 변환기는 시편에 가해진 토크의 크기와 그에 상응하는 시편의 각변형을 측정한다. 가해진 토크가 충분히 높아서 시편에 발생된 응력이 재료의 극한강도를 초과하면 파단이 일어난다.

비틀림 시험 장치의 변환기에서 수집한 데이터를 이용하여 토크(M)에 따른 각변형(비틀림각 τ)의 그래프를 그릴 수 있다. 그림 14.40은 전형적인 $M-\tau$ 그래프를 보여준다. 이 그래프의 분석을 통해서 시편의 재료 특성에 대한 정보를 얻을 수 있다.

예제 14.4 사람의 넙다리뼈(femur, 대퇴골)가 비틀림 시험 장치의 그립에 장착되어 있다(그림 14.41). 회전그립(D)와 고정그립(E) 사이에 있는 뼈의 길이는 $L = 37$ cm로 측정되었다. 넙다리뼈가 골절될 때까지 비틀림 하중을 가하여, 그림 14.42에 도시

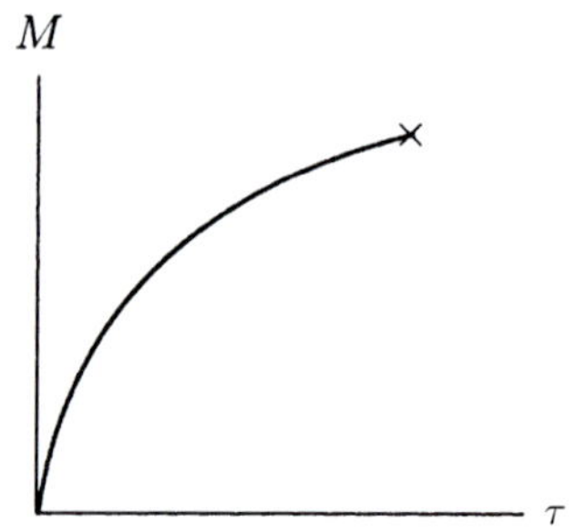

그림 14.40 • 가해진 토크 대 각변위 선도

된 바와 같이, 적용 토크–각변위(각편향)의 그래프를 얻었다. 넙다리뼈는 고정그립으로부터 l = 25 cm만큼 떨어진 부분(그림 14.41의 *aa* 부분)에서 골절되었다. 골절 부위에서 뼈 조직의 기하학적 구조는 안쪽 반지름 r_i = 7 mm, 바깥쪽 반지름 r_o = 13 mm의 환형 고리라고 가정한다(그림 14.41).

넙다리뼈의 골절 부분에서 최대 전단변형률과 최대 전단응력을 구하고, 넙다리뼈의 탄성 전단계수를 구하라.

풀이: 그림 14.41에서, θ = 20°는 골절이 일어나는 순간 회전그립에서 측정된 최대 각변형(비틀림각)이다. 회전그립과 고정그립 사이의 있는 뼈의 전체 길이는 L = 37 cm이다. 따라서 고정그립에서 측정된 뼈의 단위길이 당 각변형은 (20°)/(37 cm) = 0.54(°/cm)이다. 골절은 고정그립으로부터 l = 25 cm만큼 떨어진 *aa* 부분에서 발생하였다. 따라서 골절 직전에 *aa* 부분의 각편향(angular deflection) θ_{aa}는 (0.54°/cm)(25 cm) = 13.5°, 또는 (13.5°)(π/ 180°) = 0.236 라디안이다.

aa 부분에서 뼈 표면의 전단변형률 γ는 식 (14.25)로부터 구할 수 있다. 이 경우, l = 0.25 m는 *aa* 부분과 고정그립에 물려 있는 넙다리뼈의 사이의 거리이고, r_o = 0.013 m는 골절된 뼈의 절단면의 바깥쪽 반지름, $\theta = \theta_{aa}$ = 0.236은 측정된 비틀림각의 라디안 값이다. 따라서 다음과 같이 계산할 수 있다.

$$\gamma = \frac{r_o}{l}\,\theta_{aa} = \left(\frac{0.013}{0.25}\right)(0.236) = 0.0123\,\text{rad}$$

비틀림 공식[식 (14.26)]은 적용된 토크 M, 반지름 r, 단면의 극관성모멘트 J, 그리고 전단응력 τ와 관계가 있다. *aa* 부분에서 넙다리뼈 구조의 단면이 안쪽 반지름 r_i =

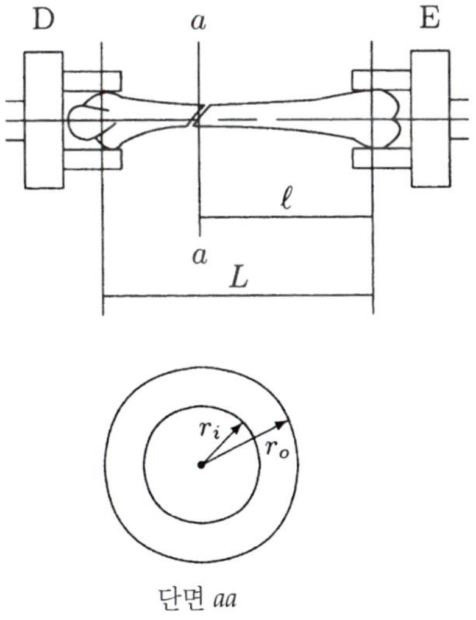

그림 14.41 • 골절된 뼈와 그것의 전단면 구조

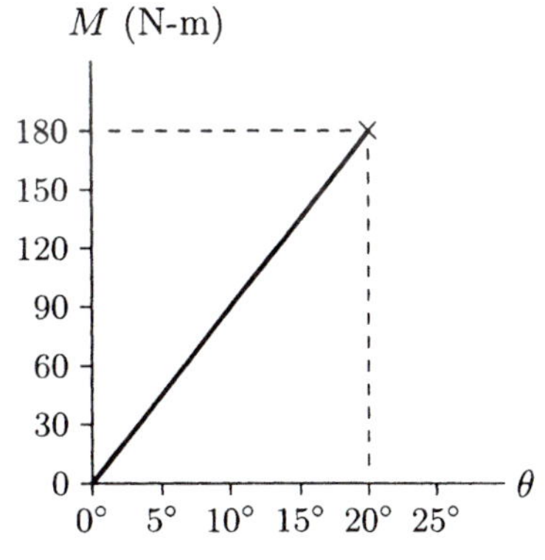

그림 14.42 • 토크 대 비틀림 각도 선도

0.007 m과 바깥쪽 반지름 $r_o = 0.013$ m인 환형 고리를 이룬다. 따라서 *aa* 부분에서 넙다리뼈 단면의 극관성모멘트는 아래와 같다.

$$J = \frac{\pi}{2}\left(r_o^4 - r_i^4\right) = \frac{3.14}{2}\left[(0.013)^2 - (0.007)^4\right] = 41.1 \times 10^{-9}\,\mathrm{m}^4$$

그림 14.42에서, 골절이 일어난 순간에 작용된 토크(최대 토크)의 크기는 $M = 180$ Nm이다. 따라서 *aa* 부분에서 뼈 표면에 가해진 최대 전단응력을 비틀림 공식을 이용하여 아래와 같이 결정할 수 있다.

$$\tau = \frac{Mr_o}{J} = \frac{(180)(0.013)}{41.1 \times 10^{-9}} = 56.9 \times 10^6\,\mathrm{Pa} = 56.9\,\mathrm{MPa}$$

탄성 변형을 하고 전단응력과 전단변형률이 선형관계에 있다고 가정하면, 뼈의 전단계수 G는 식 (14.27)로부터 아래와 같이 구할 수 있다.

$$G = \frac{\tau}{\gamma} = \frac{56.9 \times 10^6}{0.0123} = 4.6 \times 10^9\,\mathrm{Pa} = 4.6\,\mathrm{GPa}$$

참고

- 비틀림을 받는 시편의 파단 전 최대 전단응력은 시편의 비틀림 강도이다. 이 경우, 넙다리뼈의 비틀림 강도는 56.9 MPa이다.
- 비틀림 강성(stiffness)은 적용된 토크와 그에 따른 각변형의 비율이다. 이 경우, 넙다리뼈의 비틀림 강성은 (180 Nm)/(20° × π/180°) = 515.7 Nm/rad이다.
- 총 비틀림 강성(rigidity)은 시편의 길이에 비틀림 강성(stiffness)을 곱하여 얻어진다. 이 경우, 넙다리뼈의 총 비틀림 강성(rigidity)은 (509.9 Nm/rad)(0.37 m) = 190.8 Nm^2/rad이다.
- 파단 전 시편에 작용된 최대 토크를 시편의 비틀림 하중 용량이라고 정의한다. 이 경우, 넙다리뼈의 비틀림 하중 용량은 180 Nm이다.
- 토크–각변위 선도 아래의 총면적은 시편의 비틀림 에너지 저장 용량(torsional energy storage capacity) 또는 시편에 의한 흡수된 비틀림 에너지(torsional energy absorbed)라고 한다. 이 경우, 넙다리뼈의 비틀림 에너지 저장 용량은 1/2(180 Nm)(20° × π/180°) = 31.4 Nm/rad이다.
- 비틀림 골절은 일반적으로 단면이 가장 작은 뼈 부위에서 시작된다. 사람 뼈에서 특히 약한 부분은 위팔뼈(humerus, 상완골), 넙다리뼈(femur, 대퇴골), 종아리뼈(fibula, 비골)의 위와 아래 1/3 지점; 노뼈(radius, 요골)의 위 1/3 지점; 자뼈(ulna, 척골) 및 정강뼈(tibia, 경골)의 아래 1/4 지점이다.

예제 14.5 그림 14.43a에 있는 속이 채워져 있는 원기둥을 생각해보자. 원기둥은 외부에서 가해진 토크 M에 의해 순수 비틀림을 받고 있다. 그림 14.43b에 나타낸 바와 같이, 원기둥의 세로면 및 가로면과 평행한 변을 가진 재료 요소에 작용하는 응력 상태는 순수 전단이다. 주어진 M과 원기둥의 형상을 정의하는 매개변수들에 대하여 비틀림 전단응력의 크기 τ_{xy}는 식 (14.26)의 비틀림 공식을 사용하여 구할 수 있다.

모어원(Mohr's circle)을 이용하여 원기둥의 응력상태를 조사하라.

풀이: 그림 14.44a의 모어원은 그림 14.43b의 응력 요소를 이용하여 그려졌다. 그림 14.43b에 나타난 응력요소의 A 및 B 면에는, 크기 τ_{xy}인 음(−)의 전단응력만 존재한다. 따라서 $\tau-\sigma$ 선도에서 A, B 모두 $\sigma = 0$이 되는 τ축 위에 위치한다. 또한 $\tau-\sigma$ 선도의 원점은 A와 B 사이의 중간점, 즉 모어원의 중심 C에 위치한다. C와 A 사이의 거리는 τ_{xy}가 되고, 이는 모어원의 반지름이다. 모어원은 원점으로부터의 거리가 τ_{xy}인 두 점에서 수평으로 잘린다. 따라서 주응력은 $\sigma_1 = \tau_{xy}$(인장), $\sigma_2 = \tau_{xy}$(압축)이고, τ_{xy}는 최대 전단응력이다.

그림 14.44a의 $\tau-\sigma$ 선도에서 $\sigma = \sigma_1$인 점을 D라고 한다. 직선 CA와 직선 CD 사이의 각은 90°이고, 이는 주방향들 중의 하나에 수직한 면에 대한 방위각의 절반이다. 따라서 최대 및 최소 수직응력 면은 그림 14.43b의 요소를 45° 회전(시계 방향)시켜 얻어진다. 이는 그림 14.44b에서 보여준다.

주응력 방향을 따르는 직선을 **응력 궤적**(stress trajectories)이라고 한다. 그림 14.45와 같이, 순수 비틀림을 받는 원기둥에 대해, 응력 궤적은 원기둥의 세로축에 대해

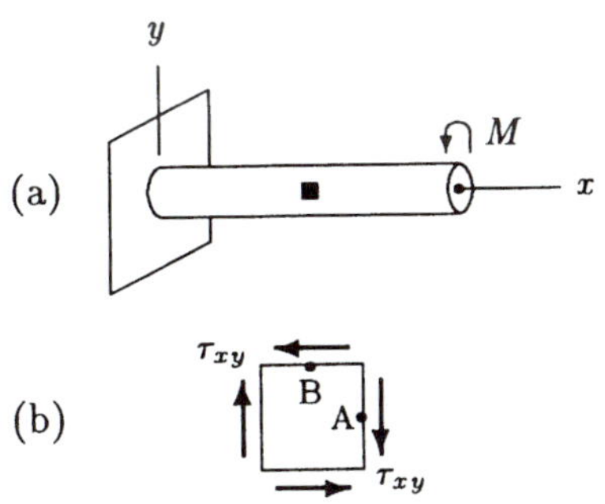

그림 14.43 • 예제 14.5

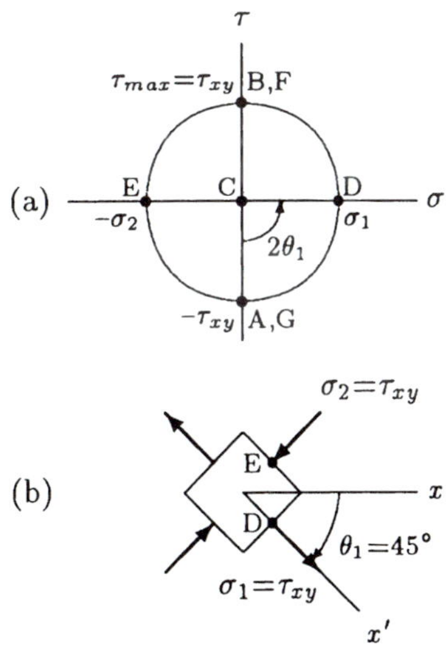

그림 14.44 • 그림 14.43의 재료 요소 분석

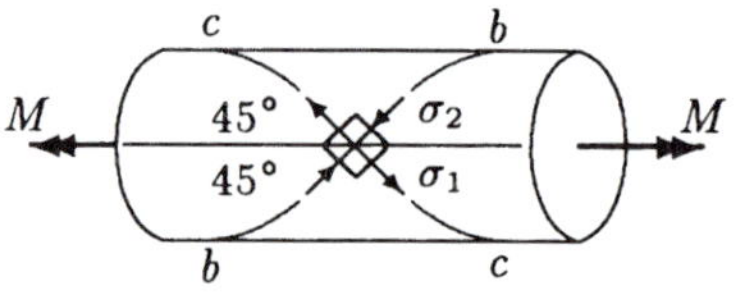

그림 14.45 • 응력 궤적

45°(시계 방향과 반시계 방향)를 이루는 나선형이다. 앞에서 살펴본 바와 같이, 이들 응력 궤적의 의의는 재료가 인장에 가장 약한 경우, 그림 14.45에서 인장응력이 최대인 *bb*와 같은 나선을 따라 파단이 발생한다는 것이다.

14.12 굽힘

그림 14.46과 같이, 곧은 형태의 간단한 보를 생각해보자. 아래 방향으로 가해진 크기 *F*인 힘으로 인해 보에 전단, 인장, 압축이 가해져 휘어진다. 구조물을 굽힘을 가하는 방법에는 여러 가지가 있다. 그림 14.46에 있는 보의 자유물체도가 그림 14.47a에 도시되어 있다. 보에 작용하는 세 개의 평행한 힘이 있다. *F*는 작용 하중이고, R_1과 R_2는 반력이다. 이 보에 작용하는 굽힘의 유형을 **3 지점 굽힘**(three-point bending)이라고 한다. 반면에, 그림 14.47b의 보는 **4 지점 굽힘**(four-point bending)을 받고 있다.

굽힘을 받고 있는 구조물의 응력 해석은 외부 반력과 내부 저항력을 모두 결정하기 위하여 정역학적 해석부터 시작하여야 한다. *xy* 평면의 2차원 문제에 있어서, 정역학으로부터 이용할 수 있는 방정식의 수는 세 개이다. 이 식들 중에서 두 개는 병진 평형 조건($\sum F_x = 0$과 $\sum F_y = 0$)이고, 세 번째 방정식은 회전 평형 조건($\sum M_z = 0$)이다. 외부에서 가해진 하중에 대한 구조물의 내부 저항력은 **단면법**(method of sections)을 적용하여 결정할 수 있는데, 이 단면법은 자체적으로 정적 평형상태에 있는

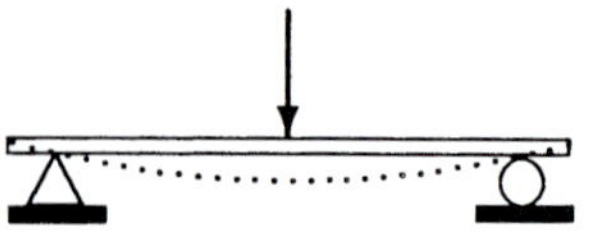

그림 14.46 • 굽힘

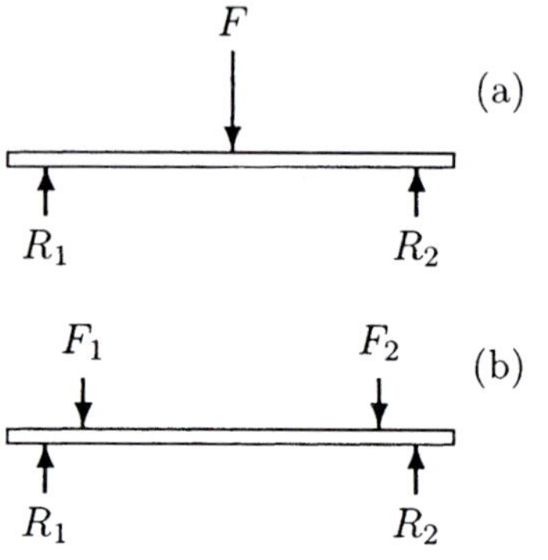

그림 14.47 • 3 지점 및 4 지점 굽힘

구조물의 개별 부분들도 평형상태에 있다는 사실을 기반으로 한다. 이 개념으로 내력과 모멘트를 계산하는 평형방정식을 활용하여 응력들을 계산하는 데 활용할 수 있다. 굽힘을 받고 있는 구조물에서 응력은 단면에 따라 다르고, 하나의 단면에서도 위치에 따라 다르다. 설계 및 파단 해석을 위해서는 최대 수직 및 전단 응력을 고려하여야 한다. 이 임계 응력들은 구조물 전체에 걸쳐 단면법을 반복 적용하여 결정할 수 있다.

그림 14.48a과 같은 단순 지지 보를 생각해보자. 보의 무게는 무시할 수 있다고 가정한다. 보의 길이를 l, 보의 양 끝을 A와 B라고 칭한다. 보는 C 지점에서 수직 아래 방향으로 크기 F의 집중하중을 받고 있다. A와 C 사이의 길이는 l_1이다. 보의 자유물체도는 그림 14.48b에 나타나 있다. 평형방정식을 적용하여 A와 B에서의 반력은 $\mathrm{R_A} = (1 - \frac{l_1}{l})F$와 $\mathrm{R_B} = (l_1/l)F$로 결정된다.

내부 반력을 결정하기 위해서 단면법을 적용할 수 있다. 그림 14.48c에서 보는 바와 같이, 오른쪽과 왼쪽의 집중하중에 대한 내부 반력이 본질적으로 서로 다르므로, 단면 *aa*와 *bb*에 이 방법을 적용한다. 일단 가상으로 절단하면, 보의 왼쪽 또는 오른쪽 부분을 해석하여 내부 반력을 구할 수 있다. 그림 14.48c에는 보의 왼쪽 부분에 대한 자유물체도가 나타나 있다. 이 부분들 각각의 수직 평형을 위해서 절단 지점에 내부 전단력이 존재하여야 한다. 평형조건 $\sum F_y = 0$을 적용함으로써 단면 *aa*에서 이 힘의 크기

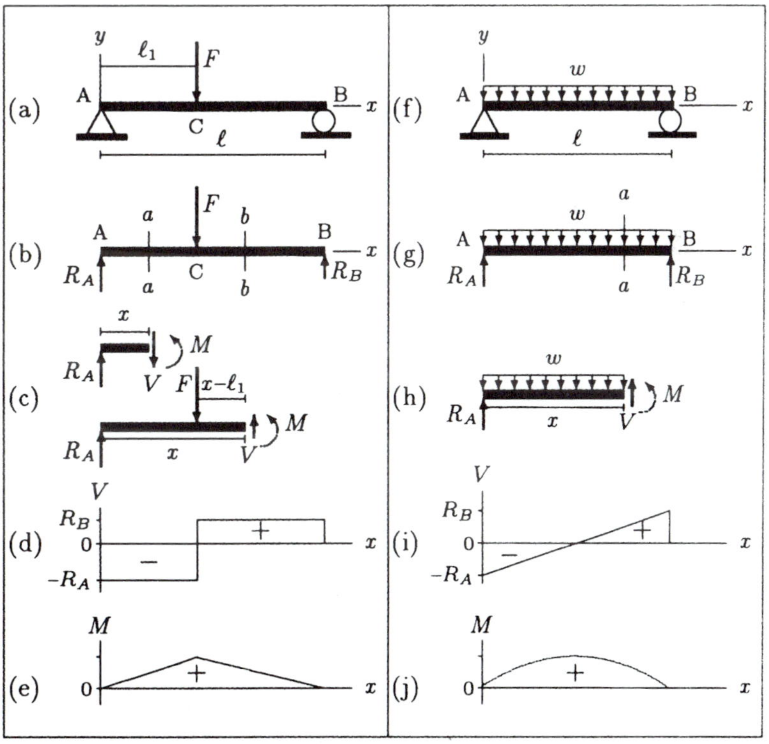

그림 14.48 • 집중 하중과 분포 하중을 받고 있는 단순 지지보에 관한 자유물체, 전단 및 모멘트 선도

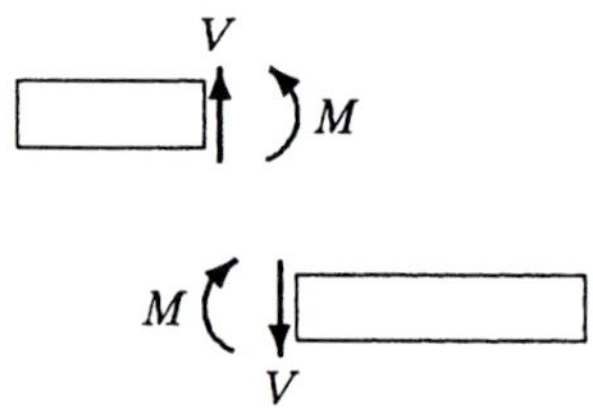

그림 14.49 • 양(+)의 전단력과 굽힘 모멘트

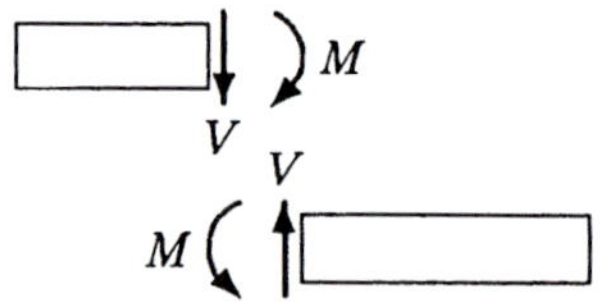

그림 14.50 • 음(−)의 전단력과 굽힘 모멘트

가 $V = R_A$로 결정된다. 이 힘은 수직 아래 방향으로 작용하고 A와 C 사이에서 일정하다. 단면 *bb*에서 전단력의 크기는 $V = F - R_A = R_B$이고, F가 R_A보다 크므로 수직 위 방향으로 작용한다. 이 교재에서 채택한 전단력에 대한 부호 규칙이 그림 14.49와 그림 14.50에 나타나 있다. 절단의 왼쪽 부분에서 위 방향의 내력(또는 오른쪽 부분에서 아래 방향의 내력)은 양(+)이다. 반면에, 전단력은 음(−)이다. 따라서 그림 14.48d에서와 같이, 전단력은 A와 C 사이에서 음(−)이고, C와 B 사이에서는 양(+)이다.

각 절단 부분의 수직 평형뿐 아니라, 회전 평형에 대해서도 반드시 확인하여야 한다. 그림 14.48c와 같이, 단면 *aa*와 *bb*에 내부 저항모멘트가 존재한다면 이 조건을 만족한다. 평형조건 $\sum M = 0$을 적용하면 단면 *aa*와 *bb*에서 이 반시계 방향 모멘트들의 크기는 각각 $M = xR_A$와 $\mathrm{M} = xR_A - (\mathrm{x} - \mathrm{l}_1)F$로 계산된다. 이때 M은 A로부터의 거리 x의 함수이다. A와 C 사이의 M과 x에 관한 함수는 C와 B 사이의 함수와 다르다. 그림 14.48e에 이 함수들을 $M-x$ 그래프로 나타내었다. 모멘트는 하중이 작용하는 C에서 최대이다. 그림 14.49와 14.50과 같이, 모멘트에 대한 부호 규칙을 채택할 때, 절단의 왼쪽 부분에서 반시계 방향 모멘트(또는 오른쪽 부분에 시계 방향 모멘트)를 양(+)으로 한다.

전단응력과 굽힘 모멘트 사이에는 다음과 같은 관계가 있음을 증명할 수 있다.

$$V = -\frac{\mathrm{d}M}{\mathrm{d}x} \tag{14.30}$$

구조물의 길이에 따른 M의 변화를 알면, 구조물의 임의의 단면에 작용하는 전단력도 식 (14.30)을 사용하여 구할 수 있다.

위에서 설명한 과정은 분포 하중 w(보의 단위길이당 힘)가 작용하고 있는 간단한 보를 분석할 때도 적용할 수 있는데, 이는 그림 14.48f~14.48j에 나타나 있다. 집중 하중과 분포 하중을 받고 있는 외팔보(cantilever beam)의 내부 전단력과 저항 모멘트를 구하는 과정을 그림 14.51에서 설명하고 있다.

굽힘을 받고 있는 구조물에는 수직응력과 전단응력이 모두 발생한다. 예를 들어, 그림 14.52의 보(beam)를 생각해보자. 이 보는 아래 방향의 힘에 의해 굽어진다. 만약 보가 층상 재료로 되어 있다고 가정하면, 보의 아래층은 인장되는 반면에 위층은 압축된

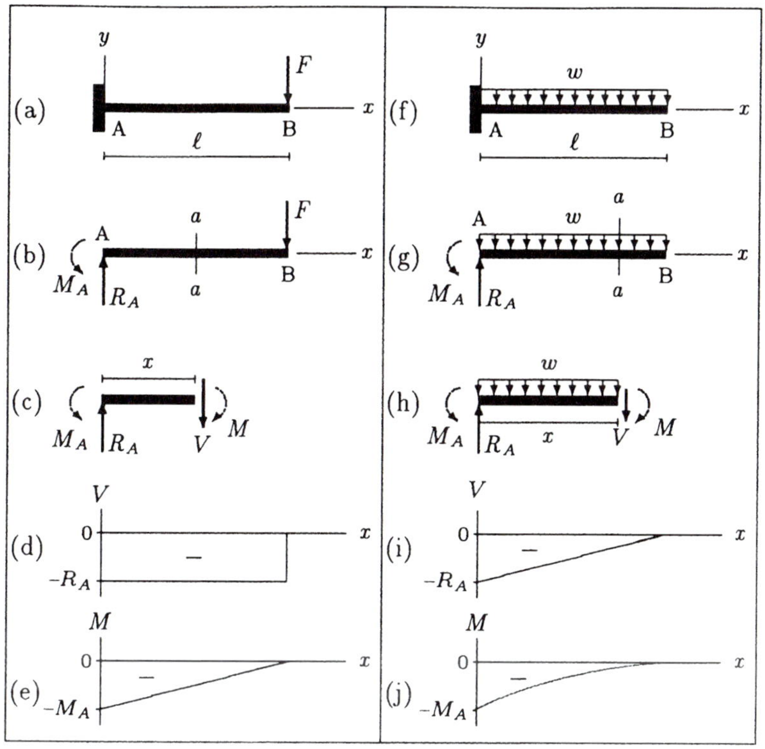

그림 14.51 • 집중 하중과 분포 하중을 받고 있는 외팔보의 자유물체, 전단 및 모멘트 선도

다. 압축 정도나 수축의 크기는 최상층에서 최대이고 인장되는 양은 아래층에서 최대이다. 보의 중간 어딘가에 인장에서 압축으로 전이가 일어나는 층이 있다. 이 층에는 인장이나 압축이 일어나지 않으므로, 길이 방향의 변형은 없다. 인장 및 압축 영역이 분리되는 이 응력 자유 층을 보의 **중립면**(neutral plane)이라고 한다. 중립면과 보의 장축을 수직으로 자르는 면(가로면)의 교차선을 **중립축**(neutral axis)이라고 한다. 이 중립축은 **도심**(centroid)을 통과한다. 대칭인 단면의 도심은 기하학적 중심에 위치해

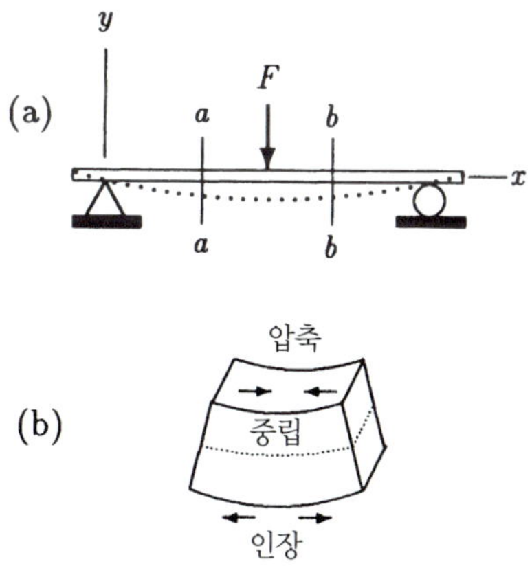

그림 14.52 • 굽힘에서 인장과 압축

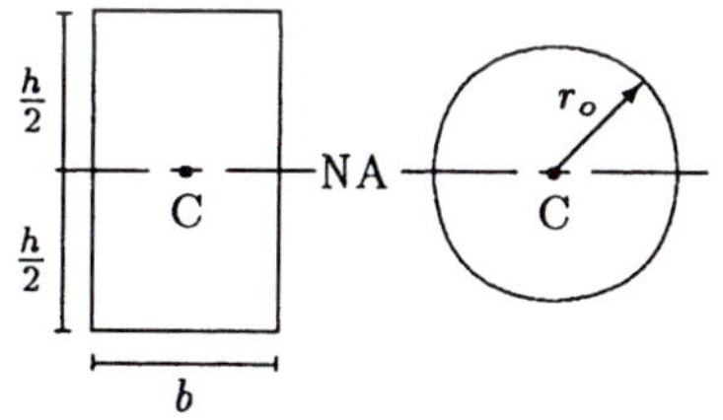

그림 14.53 • 직사각형과 원의 도심 (C)과 중립축(NA)

있다(그림 14.53).

위의 설명으로부터, 보가 구부러질 때 보의 장축 방향 또는 보의 단면의 수직 방향으로 발생하는 응력을 받는다는 것을 알 수 있다. 또한, 그림 14.52와 같은 하중 구조에 있어서, 보의 단면에 작용하는 이들 수직응력 분포는 중립축에서는 0, 중립축 위에서는 음의 값(압축), 중립축 아래에서는 양의 값(인장)이 된다. 순수 굽힘만을 받는 보의 경우, 보 부분의 평형 조건을 고려하여 다음 식을 유도할 수 있다.

$$\sigma_x = -\frac{My}{I} \tag{14.31}$$

이 식을 **굽힘공식**(flexure formula)이라 하고, 응력 σ_x를 **굽힘응력**(flexure stress)이라고 한다. 식 (14.31)에서 M은 굽힘 모멘트, y는 중립축과 응력 작용점 사이의 수직 거리, I는 중립축에 대한 보 단면의 **면적 관성모멘트**(area moment of inertia)이다. 몇 가지 단순한 기하학적 구조에 대한 면적 관성모멘트가 표 14.1에 소개되어 있다.

그림 14.54에서는 순수 굽힘을 받는 보의 단면에서의 응력분포를 보여준다. 보의 임의의 단면에서, 굽힘 모멘트와 단면의 면적 관성모멘트는 모두 일정하다. 굽힘 공식에 의하면, 굽힘응력 σ_x은 중립축으로부터의 수직거리 y의 선형 함수이고, 이는 양과 음의 값을 모두 가질 수 있다. 중립축에서 $y = 0$이고 σ_x은 0이다. 중립축 위에 있는 점

표 14.1 • 보여진 바와 같은 단면적을 가지고 굽힘이 가해지는 보에 대한 면적(A), 중립축(NA)에 대한 관성모멘트(I), 중립축에 대한 1차 면적 관성모멘트(Q), 최대 수직응력(σ_{max})과 최대 전단응력(τ_{max})

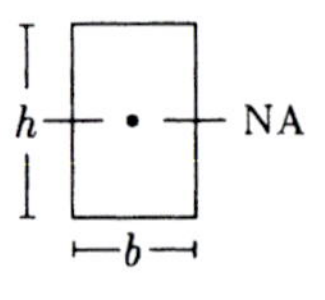	$A = bh$ $I = \frac{bh^3}{12}$	$Q = \frac{bh^2}{8}$ $\sigma_{\max} = \frac{Mh}{2I}$ $\tau_{\max} = \frac{3V}{2A}$
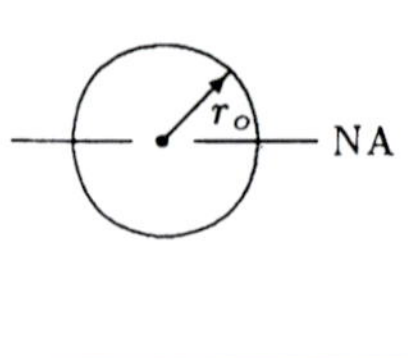	$A = \pi r_o^2$ $I = \frac{\pi r_o^4}{4}$	$Q = \frac{2r_o^3}{3}$ $\sigma_{\max} = \frac{Mr_o}{I}$ $\tau_{\max} = \frac{4V}{3A}$
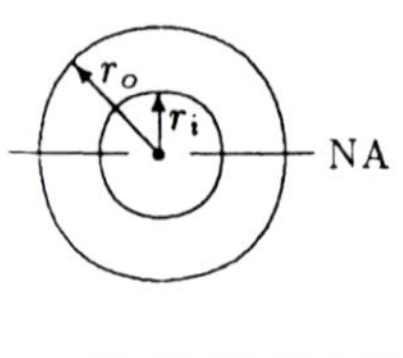	$A = \pi\left(r_o^2 - r_i^2\right),$ $I = \frac{\pi\left(r_o^4 - r_i^4\right)}{4}$	$Q = \frac{2}{3}\left(r_0^3 + r_i^3\right)$ $\sigma_{\max} = \frac{Mr_o}{I}$ $\tau_{\max} = \frac{4V}{3A}\left(\frac{r_0^2 + r_0 \cdot r_i + r_i^2}{r_0^2 + r_i^2}\right)$

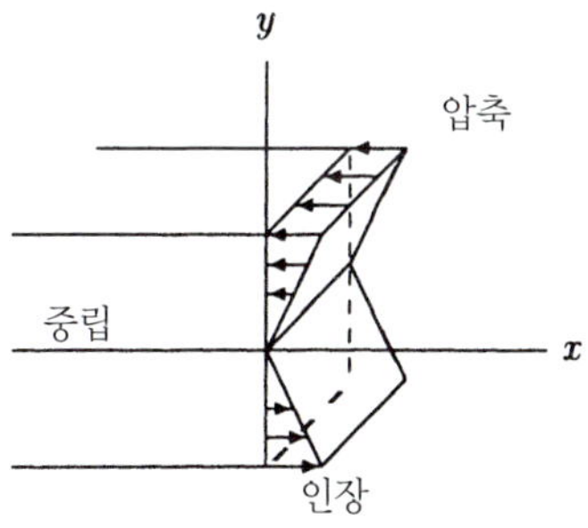

그림 14.54 • 보의 단면에 작용하는 수직(휨)응력분포

에서 y는 양수이고 σ_x는 음수이며, 이는 압축을 의미한다. 중립축 아래에 있는 점에서 y는 음수이고 σ_x는 양수이며, 이는 인장이다. 주어진 단면에서, y가 최대인 보의 위 또는 아래에서 응력의 절댓값은 최대에 도달한다. y의 최댓값을 c로 표시하여 방향(관찰을 통해 알 수 있음)을 가리키는 음의 기호를 제거하고, 아래와 같이 굽힘 공식을 작성하는 것이 일반적이다.

$$\sigma_{\max} = \frac{Mc}{I} \tag{14.32}$$

예를 들어, 폭 b, 높이 h인 직사각형 단면을 가진 보에 굽힘 모멘트 M 및 $c = h/2$가 작용하면, 최대 굽힘응력의 크기는 아래와 같다.

$$\sigma_{\max} = \frac{M}{I}\frac{h}{2} \quad \text{with} \quad I = \frac{bh^3}{12}$$

굽힘 공식을 유도하는 과정에서, 많은 가정과 이상화가 이루어진다는 점에 주의하라. 예를 들어, 보가 굽힘만을 받는다고 가정한다. 즉, 전단, 비틀림 또는 축 하중이 존재하지 않는다고 가정한다. 보는 균일하고, 대칭인 단면을 가지며 초기에는 곧은 상태이다. 보의 재료는 등방성이고, 균질이며, 선형 탄성적이다. 따라서 후크의 법칙($\sigma_x = E\epsilon_x$)을 사용하여 굽힘응력으로 인한 변형률을 결정할 수 있다. 또한, 보 재료의 포아송 비는 옆면의 수축 및/또는 신장을 계산하는 데 사용할 수 있다.

굽힘이 가해지는 보의 내부 전단력이 0이 아닐 때, 보에는 전단응력도 발생한다. 보의 단면에 작용하는 전단응력 분포는 중립축에서 최대이고, 보의 윗면과 아랫면에서는 0이 되도록 한다. 아래의 식은 굽힘 시 전단응력을 계산하기 위한 식이다.

$$\tau_{xy} = \frac{VQ}{Ib} \tag{14.33}$$

식 (14.33)에서 V는 전단응력 τ_{xy}를 결정하고자 하는 단면에서의 전단력, I는 중립축에 대한 단면적의 관성모멘트, 그리고 b는 단면의 폭이다. 그림 14.55와 같이, 중립축과 τ_{xy}를 결정하고자 하는 지점 사이의 수직거리를 y_1이라고 하자. 그러면 Q는 중립축에 대한 면적 *abcd*의 **1차 모멘트**(first moment)이다. 면적 *abcd*의 1차 모멘트

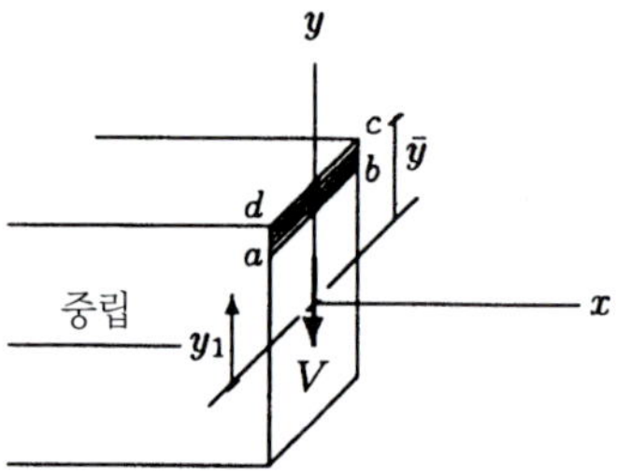

그림 14.55 • 관련 파라미터들의 정의

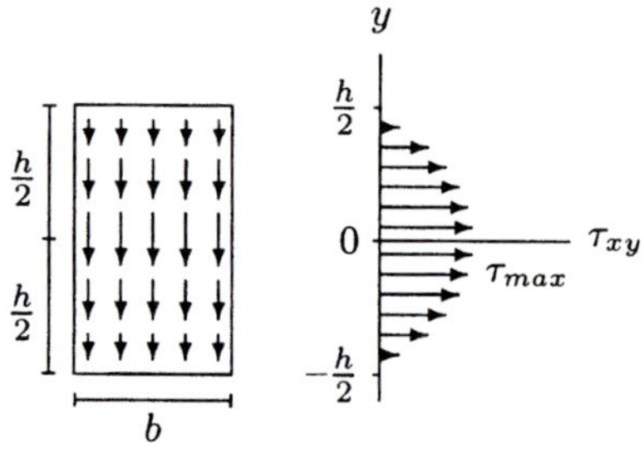

그림 14.56 • 보의 단면에 작용하는 전단응력분포

는 $Q = A\bar{y}$로 계산되는데, 이때 A는 $abcd$로 둘러싸인 면적이고, $\bar{y}$는 중립축과 단면 abcd의 도심(centroid) 사이의 거리이다. A와 $\bar{y}$는 중립축에서 모두 최대이고, 상면과 하면에서 A는 0이다. 따라서 Q는 중심축에서 최대이고, 상면과 하면에서는 0이 된다. 여러 단면에 대한 최대 Q'가 표 14.1에 나열되어 있다.

보의 단면에 작용하는 전단응력 분포를 그림 14.56에서 보여주고 있다. 전단응력은 중립축과 평행한 선을 따라 일정하다. 전단응력은 중립축에서 최대가 되는데, 이때 $y_1 = 0$이고 Q는 최대이다. 다양한 단면에 대한 최대 전단응력은 표 14.1에 나열된 값 I와 Q를 식 (14.33)에 대입하여 얻을 수 있다. 예를 들어, 직사각형 단면에 대해서는 아래와 같이 쓸 수 있다.

$$\tau_{\max} = \frac{3V}{2bh}$$

그림 14.57과 같이, 전단력과 굽힘 모멘트를 받고 있는 보의 정육면체 재료 요소를 생

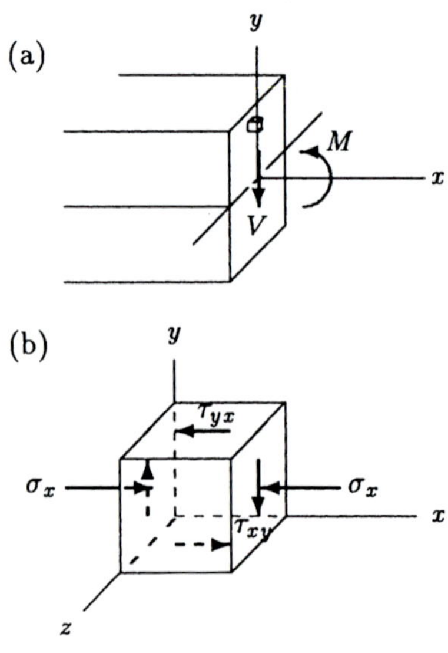

그림 14.57 • 굽힘을 받는 재료 요소에 발생하는 수직응력과 전단응력

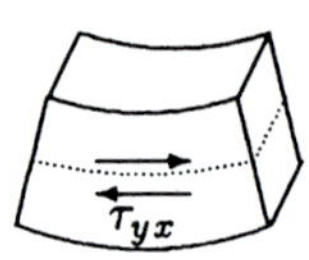

그림 14.58 • 세로 방향의 전단응력

각해보자. 이 재료 요소에서 굽힘 모멘트 M의 영향이 수직(굽힘)응력 σ_x으로 나타나고, 전단력 V의 영향이 x의 양(+) 및 음(−)의 (세로)방향으로 수직인 면에 작용하는 전단응력 τ_{xy}로 나타난다. 그림 14.57b와 같이, 이 재료 요소의 회전평형은 정육면체 윗면과 아랫면(양과 음의 y 방향에 수직)에 대수적으로 $\tau_{yx} = \tau_{xy}$가 되도록 추가적인 전단응력(τ_{xy})이 존재해야 한다.

보가 층상구조이며, 굽힘 모멘트를 받을 때, 이 층들이 서로 미끄러지는 경향이 있다고 가정함으로써 τ_{yx}가 발생되는 것을 이해할 수 있다(그림 14.58).

굽힘 하중을 받는 시편의 거동을 해석하기 위해 수행되는 다양한 실험들이 있다. 이 실험들 중 일부를 다음의 예제들에서 소개하고자 한다.

예제 14.6 그림 14.59는 3 지점 굽힘 실험을 위한 장치이다. 이 장치는 시편(B)이 부착되는 고정 머리부(A), 두 개의 고리(C와 D), 그리고 고리들을 통해 시편에 가해지는 무게 W의 질량체(E)으로 구성된다.

무게 $W = 1000$ N이 시편의 중앙에 작용하고, 보의 길이가 $l = 16$ cm(양쪽 보 사이의 거리)인 경우, 시편의 단면 bb에 발생되는 최대 굽힘응력 및 전단응력을 계산하라. 시편의 단면은 정사각형($a = 1$ cm)이고, 단면 bb과 왼쪽 보 사이의 거리는 $d = 4$ cm이다(그림 14.60a).

풀이: 시편의 자유물체도는 그림 14.60a에 나와 있다. 힘(W)이 시편의 중앙에 작용한다. 시편의 회전평형 및 병진평형에 의하여 보에 발생되는 반력 R의 크기는 W의 절반

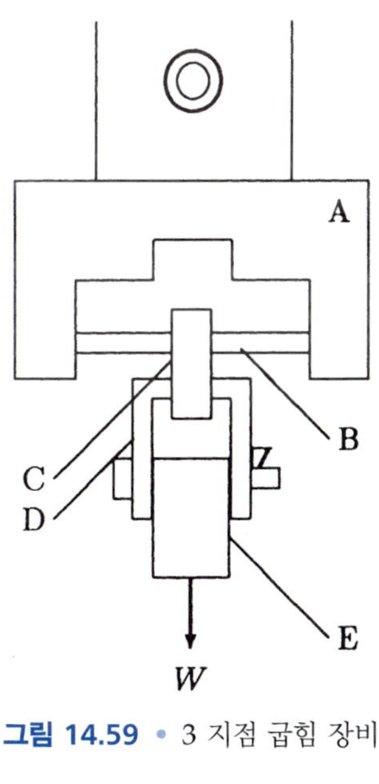

그림 14.59 • 3 지점 굽힘 장비

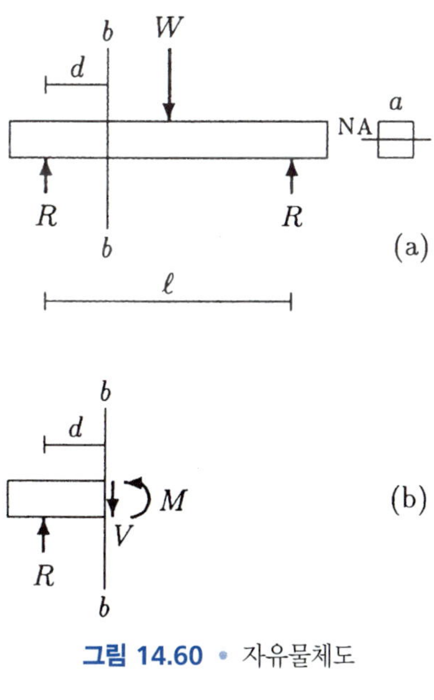

그림 14.60 • 자유물체도

이 된다. 즉, $R = 500$ N이다.

시편의 단면은 정사각형이고, 중립축은 시편의 윗면과 아랫면으로부터 수직거리 $a/2$의 위치에 있다. 시편의 단면 bb에서 발생하는 수직(굽힘)응력은 단면 bb에서의 굽힘 모멘트 M의 크기와 단면 bb에서 중립축에 대한 시편의 관성모멘트 I에 따라 달라진다. 단면 bb에서 굽힘응력의 크기는 시편의 윗면(압축)과 아랫면(인장)에서 최대($\sigma_{\max}$)이다. 따라서 아래와 같이 쓸 수 있다.

$$\sigma_{\max} = \frac{M}{I}\frac{a}{2}$$

시편의 단면 bb에서의 내부 저항은 그림 14.60b에서 보여준다. 시편의 회전평형은 아래와 같다.

$$M = dR = (0.04)(500) = 20 \text{ Nm}$$

한 변이 a인 정사각형의 면적 관성모멘트는 아래와 같다.

$$I = \frac{a^4}{12} = \frac{(0.01)^4}{12} = 8.33 \times 10^{-10}\,\text{m}^4$$

M과 I를 굽힘 공식에 대입하면, 아래와 같은 결과를 얻는다.

$$\sigma_{\max} = \left(\frac{20}{8.33 \times 10^{-10}}\right)\frac{0.01}{2} = 120 \times 10^6\,\text{Pa} = 120 \text{ MPa}$$

시편의 단면 bb에 발생하는 전단응력은 단면 bb에서의 전단력 V, 1차 모멘트 Q, 그리고 단면 bb에서 시편 단면의 면적 관성모멘트 I의 함수이다. 전단응력은 아래와 같이 중립축을 따라 최대($\tau_{\max}$)이다.

$$\tau_{\max} = \frac{VQ}{Ia}$$

시편이 수직 평형이므로(그림 14.60b), 단면 bb에서 내부 전단력의 크기 V는 반력의 크기 R과 같다. 즉, $V = R = 500$ N이다. 중립축에 대한 시편 단면의 1차 모멘트는 아래와 같다.

$$Q = \frac{a^3}{8} = \frac{(0.01)^3}{8} = 0.125 \times 10^{-6} \text{ m}^3$$

따라서 중립축을 따라 단면 bb에서 발생하는 최대 전단응력은 다음과 같다.

$$\tau_{\max} = \frac{(500)(0.125 \times 10^{-6})}{(8.33 \times 10^{-10})(0.01)} = 7.5 \times 10^6 \text{ Pa} = 7.5 \text{ MPa}$$

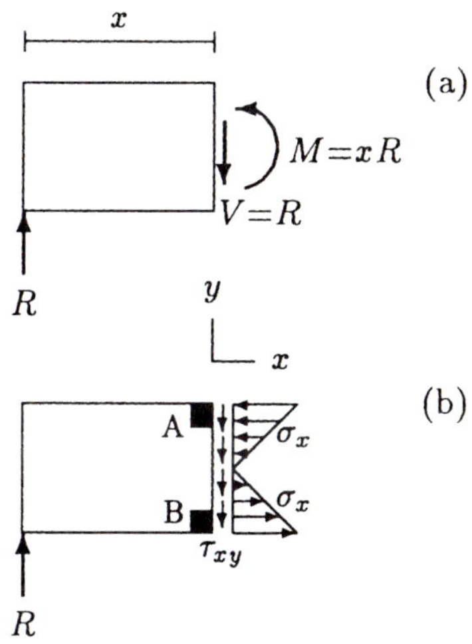

그림 14.61 • 그림 14.60a의 시편에 있어서 하나의 단면의 응력분포

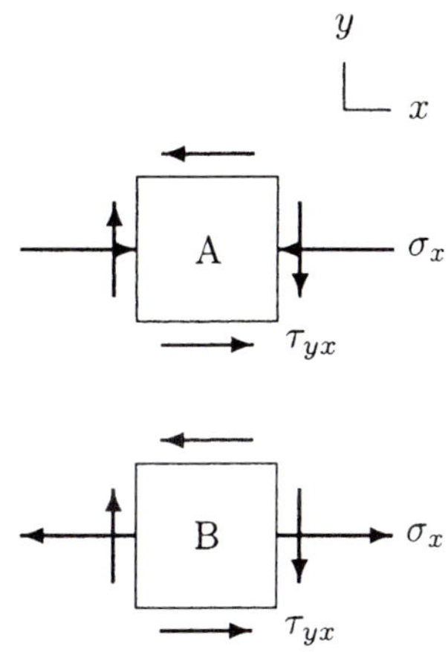

그림 14.62 • 그림 14.61b의 재료 요소 A와 B에 작용하는 응력 성분

참고

내부 전단력과 굽힘 모멘트의 크기와 방향은 시편의 단면에 따라 다름에 주의하라. 주어진 단면에서 내부 전단력과 굽힘 모멘트는 왼쪽 지지대(또는 오른쪽 지지대)와 단면 사이의 수평거리의 함수이다. 이는 왼쪽 지지대와 시편에 하중 W가 가해지는 부분 사이의 어딘가에 있는 단면에 대하여 그림 14.61a에서 설명하고 있다. 왼쪽 지지대와 단면 사이의 거리를 x라 하면, 단면에서 내부 굽힘 모멘트의 크기는 다음과 같다.

$$M = xR$$

다시 말해서, M은 x의 함수이다. 동일한 단면에서의 응력분포를 그림 14.61b에서 보여주고 있다. 시편의 위층은 압축 상태(음의 σ_x)에 있는 반면, 아래층은 인장 상태(양의 σ_x)에 있다. 또한 단면 전체에 걸쳐 아래 방향의 전단응력(τ_{xy})이 작용한다. 또한, 그림 14.61b에 두 개의 재료 요소 A, B가 있다. 이들 재료 요소의 표면에 작용하는 0이 아닌 응력텐서 성분들이 그림 14.62에 나타나 있다. 시편의 위층과 아래층에서의 응력 상태가 서로 다름을 확실히 알 수 있다.

예제 14.7 그림 14.63a와 같은 보를 생각해보자. 외부에서 가해진 힘과 지지대에서의 반력으로 인해 보는 전단응력을 받아 휘어진다(세 힘 굽힘). 전단 외에도, 보의 위층에서는 압축을 받고 아래층에서는 인장을 받는다. 그림 14.63b은 가해진 힘 F의 왼쪽과 보의 중립면 위의 단면(단면 aa)을 따라 하나의 재료 지점에서 발생하는 응력상태를 보여준다. 그림 14.63c는 중립면 아래에서 같은 단면에 작용하는 응력상태를 설명하고 있다.

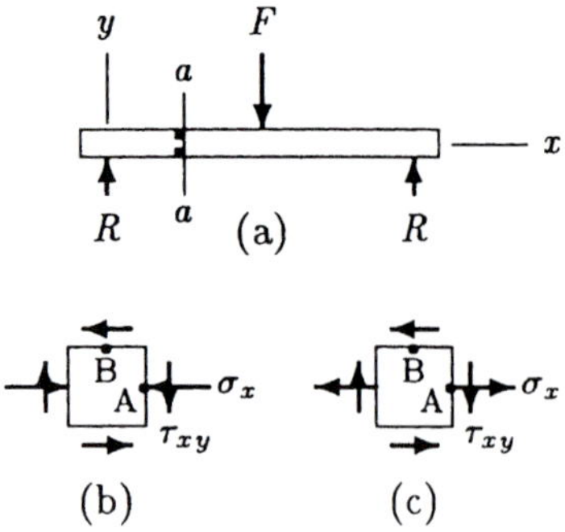

그림 14.63 • 예제 14.7

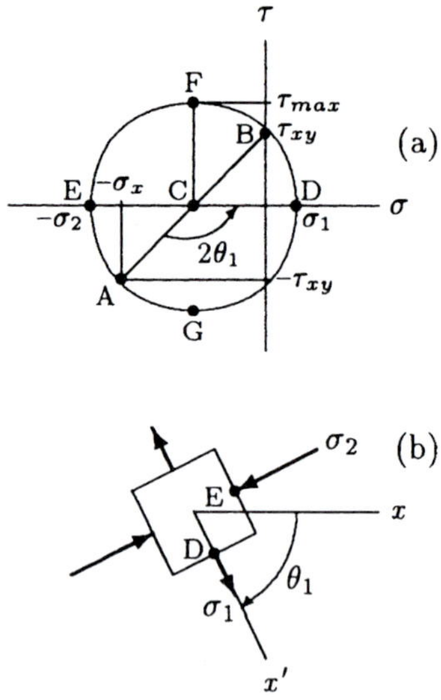

그림 14.64 • 그림 14.63b의 요소 분석

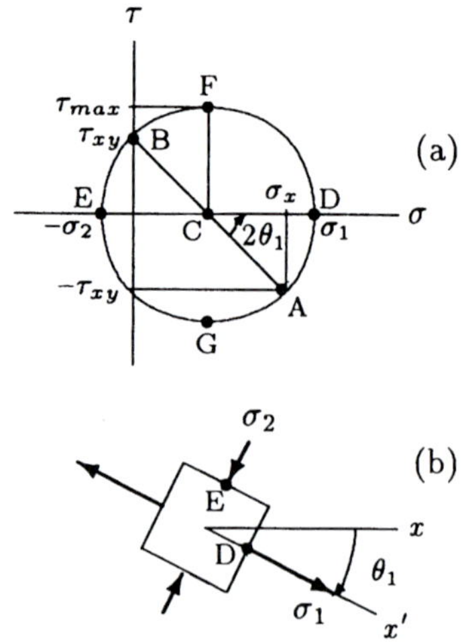

그림 14.65 • 그림 14.63c의 요소 분석

모어원을 사용하여 그림 14.63b와 14.63c에 나타난 응력상태에 대하여 보에서 발생하는 주응력과 최대 전단응력을 구하라.

풀이: 주어진 단면에서 크기 F인 외력과 보의 구조을 정의하는 매개변수, 수직(굽힘) 응력 σ_x와 전단응력 τ_{xy}의 분포는 예제 14.6에서 설명한 것과 유사한 방식으로 결정할 수 있다. 일단 한 재료 지점의 응력상태를 알면, 모어원을 사용하여 응력들에 대한 추가 해석이 가능해진다.

그림 14.64a의 모어원은 그림 14.63b의 평면 응력요소를 이용하여 그린 것이다. 그림 14.63b에서 면 A에 대한 응력요소는 크기가 σ_x이고 음의 값을 가지는 수직응력과 크기가 τ_{xy}이고 음의 값을 가지는 전단응력이 작용하고 있다. 따라서 모어원 위의 A 지점은 $-\sigma_{xy}$와 $-\tau_{xy}$의 좌표를 갖는다. 면 B에 작용하는 응력요소는 크기 τ_{xy}인 음의 전단응력만을 가진다. 그러므로, τ–σ 선도에서 B 지점은 원점 위로 τ_{xy} 만큼 떨어진 σ축에 위치한다. 모어원의 중심인 C는 A와 B를 연결한 직선과 σ축의 교차점이다. 모어원의 반지름은 직각 삼각형의 성질을 이용하여 구할 수 있다. 이 경우, $r = \sqrt{(\sigma_x/2)^2 + r_{xy}^2}$이다.

일단 모어원의 반지름이 결정되면 주응력과 최대 전단응력은 $\sigma_1 = r - \sigma_x/2$(인장), $\sigma_2 = r + \sigma_x/2$(압축)과 $\tau_{\max} = r$이 된다. 응력이 최대 및 최소가 되는 평면의 회전각 θ_1을 구하려면, 선분 CA와 CD 사이의 각도(이 경우, 반시계 방향으로 $2\theta_1$이다)를 읽고, 이 값을 2로 나눈 후, 그림 14.63b의 응력요소를 시계 방향으로 θ_1만큼 회전시킨다. 이 결과는 그림 14.64b에서 볼 수 있다.

그림 14.63c의 재료 요소에 대한 분석은 그림 14.65에서 보여주고 있다.

예제 14.8 그림 14.66은 뼈에 굽힘을 가하기 위해 사용하는 벤치 시험을 보여준다. 그림에서 보는 바와 같이, 사람 넙다리뼈의 말단(distal end)이 벤치에 견고하게 고정되어 있고, 크기 $F = 500$ N인 수평 힘이 넙다리뼈 머리의 한 점 P에 작용하고 있다.

점 P로부터 측정된 수직거리가 $h = 16$ cm인 넙다리뼈의 단면 *aa*에 발생하는 최대 수직응력 및 전단응력을 구하라. 단, 단면 *aa*에서의 넙다리뼈 구조는 안쪽 반지름 $r_i = 6$ mm, 바깥쪽 반지름 $r_o = 13$ mm인 원형이라고 가정한다.

풀이: 넙다리뼈는 단면 *aa*를 지나는 평면에 의해서 가상으로 두 부분으로 절단된다. 절단된 넙다리뼈 근위부의 자유물체도는 그림 14.67에서 볼 수 있다. 단면 *aa*에서 내부 저항은 전단력 *V*와 굽힘 모멘트 *M*이다. 넙다리뼈 근위부의 병진평형 및 회전평형은 다음을 전제로 한다.

$$V = F = 500\,\text{N}$$
$$M = hF = (0.16)(500) = 80\,\text{Nm}$$

단면적 *A*, 면적 관성모멘트 *I*, 그리고 속이 빈 원형 단면 구조물에서 중립축에 대한 단면적의 1차 모멘트 *Q*를 구하는 공식은 표 14.1에 나와 있다. 따라서 다음과 같이 구할 수 있다.

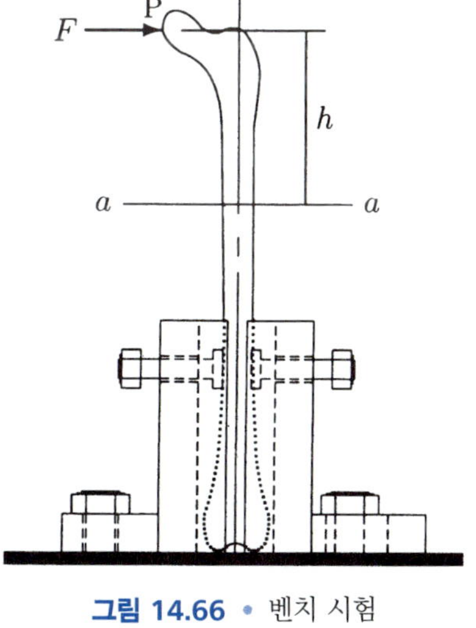

그림 14.66 • 벤치 시험

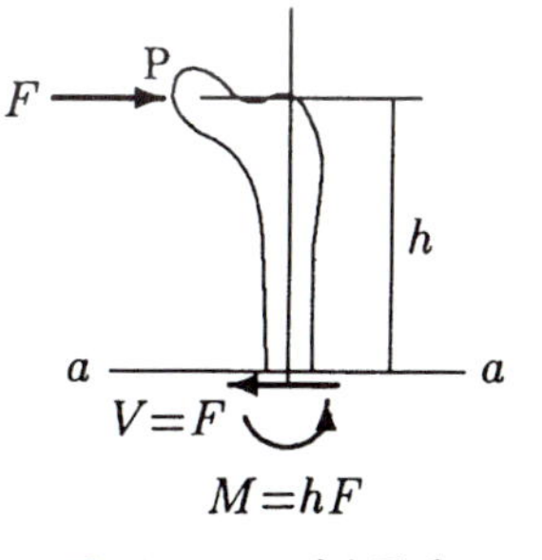

그림 14.67 • 자유물체도

$$A = \pi\left(r_o^2 - r_i^2\right) = 4.18 \times 10^{-4}\,\text{m}^2$$

$$I = \frac{\pi}{4}\left(r_o^4 - r_i^4\right) = 2.14 \times 10^{-8}\,\text{m}^4$$

$$Q = \frac{2}{3}\left(r_o^3 - r_i^3\right) = 1.32 \times 10^{-6}\,\text{m}^3$$

굽힘 하중을 받고 있는 속이 빈 원형 단면의 구조물에서 최대 수직응력 σ_{max}와 최대 전단응력 τ_{max}를 결정하는 공식도 표 14.1에 나와 있다.

$$\sigma_{max} = \frac{Mr_o}{I} = \frac{(80)(0.013)}{2.14 \times 10^{-8}} = 48.6 \times 10^6\,\text{Pa} = 48.6\,\text{MPa}$$

$$\tau_{max} = \frac{4V}{3A} = \left(\frac{r_o^2 + r_o \cdot r_i + r_i^2}{r_o^2 + r_i^2}\right) = \frac{4(500)}{3 \cdot 4.18 \times 10^{-4}}$$

$$= 2.2 \times 10^6\,\text{Pa} = 2.2\,\text{MPa}$$

가해진 힘의 방향으로 인해 굽힘응력은 넙다리뼈의 안쪽과 바깥쪽에서 최대가 된다. 굽힘응력은 안쪽에서 인장이고 바깥쪽에서는 압축이다. 전단응력은 배쪽과 등쪽에서 넙다리뼈의 뼈 구조의 내면을 따라 최대가 된다. 뼈의 하중 구성은 외팔보처럼 거동하도록 되어 있다.

14.13 복합 하중

지금까지 논의된 응력 해석은 축(인장 또는 압축), 순수 전단, 비틀림 및 휨(굽힘) 하중이 한 번에 하나씩 구조물에 작용한다는 가정 하에 다루어졌다. 이와 같은 기본적인 형태의 하중에 의한 응력은 다음의 공식으로 계산할 수 있다.

축방향 하중	$\sigma_a = \dfrac{F_a}{A_a}$
순수 전단 하중	$\tau_s = \dfrac{F_s}{A_s}$
비틀림 하중	$\tau_t = \dfrac{M_t r}{J}$
휨 하중	$\sigma_b = \dfrac{M_b y}{I}$

여기서 σ_a는 면적 A_a에 가해진 축방향 하중 F_a에 의한 수직응력이고, τ_s는 면적 A_s에 가해진 전단하중 F_s에 의한 전단응력이며, τ_t는 원통 축의 중심선으로부터 r만큼 떨어지고 극관성모멘트 J인 단면에서의 비틀림 토크 M_t에 의한 전단응력이고, σ_b는 구조

물의 중립축으로부터 거리가 y이고 면적 관성모멘트가 I인 단면에서의 굽힘 모멘트 M_b에 의한 수직응력이다.

구조물은 이러한 하중을 동시에 둘 이상 받을 수 있다. 이와 같은 혼합 하중 구성의 전체 영향을 모두 분석하기 위해서는 먼저 주어진 구조물 부위에서 각 하중에 의한 응력을 각각 결정하여야 한다. 그런 다음, 수직응력은 수직응력끼리 결합하고(더하거나 빼거나), 전단응력은 전단응력끼리 결합한다. 아래 예제에서는 혼합응력을 다루는 방식을 설명한다.

예제 14.9 그림 14.68은 돌기사이능선 나사못(intertrochanteric nail)에 대해 벤치 시험을 수행하는 그림이다. 못을 벤치에 단단히 고정하고, 아래 방향으로 크기가 $F = 1000$ N인 힘을 가한다.

못에 힘을 가한 지점으로부터 수평으로 $d = 6$ cm 떨어진 단면 bb에서 발생하는 응력을 구하라. 단, 단면 bb의 못 형상은 한 변이 $a = 15$ mm인 정사각형이다.

풀이: 못은 단면 bb를 통과하는 평면에 의해 가상으로 두 부분으로 절단된다. 못의 근위부에 대한 자유물체 선도는 그림 14.69에서 보여주고 있다. 수직 방향으로 못의 병진 평형에 의해서 못에 가해진 외력의 크기 $F = 1000$ N과 동일한 크기의 압축력이 단면 bb에 존재하게 된다. 회전 평형조건에서는 단면 bb에서 시계 방향의 내부 굽힘 모멘트가 아래와 같은 크기로 존재해야 한다.

$$M = dF = (0.06)(1000) = 60\,\text{Nm}$$

단면 bb에서 압축력은 축방향 응력 σ_a를 일으키게 된다. 못은 단면 bb에서 정사각형 구조이고, 단면적은 다음과 같다.

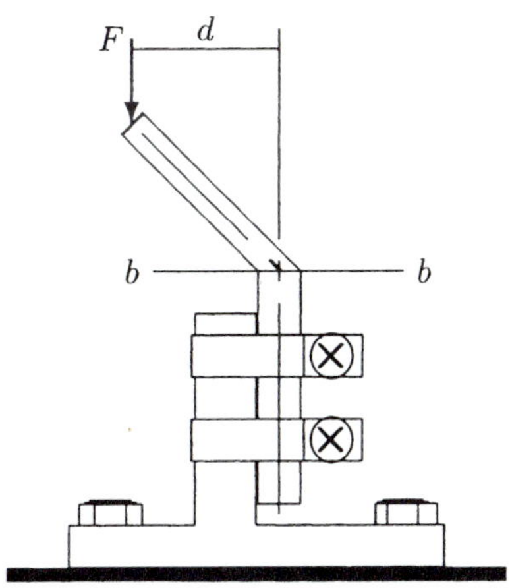

그림 14.68 • 벤치 시험

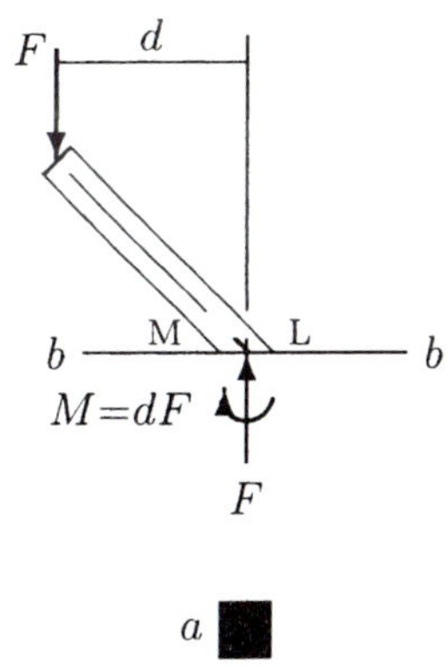

그림 14.69 • 자유물체도

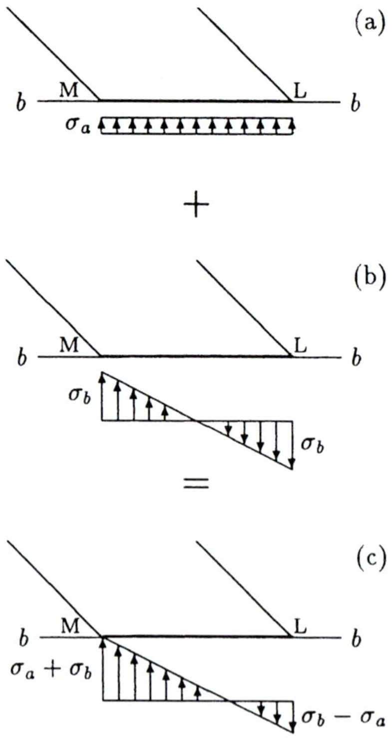

그림 14.70 • 복합 응력

$$A = a^2 = (0.015)^2 = 2.25 \times 10^{-4}\ \mathrm{m}^2$$

따라서 압축력으로 인한 단면 *bb*의 축방향 응력의 크기는 아래와 같다.

$$\sigma_a = \frac{F}{A} = \frac{1000}{2.25 \times 10^{-4}} = 4.4 \times\ 10^6\,\mathrm{Pa} = 4.4\,\mathrm{MPa}$$

단면 *bb*에서 못의 면적 관성모멘트 *I*는 아래와 같이 계산된다.

$$I = \frac{a^4}{12} = \frac{(0.015)^4}{12} = 4.2 \times 10^{-9}\,\mathrm{m}^4$$

단면 *bb*에서 굽힘 모멘트 *M*은 굽힘응력 σ_b를 일으킨다. 굽힘응력은 그림 14.69에서 *M*과 *L*로 표시된 못의 중앙 및 바깥에서 최댓값을 갖는다. 최대 굽힘응력은 아래와 같이 계산할 수 있다.

$$\sigma_{b_{max}} = \frac{Ma}{2I} = \frac{(60)(0.015)}{2(4.2 \times 10^9)} = 107.1 \times 10^6\,\mathrm{Pa} = 107.1\,\mathrm{MPa}$$

굽힘응력 σ_b는 단면 *bb*를 따라 선형적으로 변한다. 못의 안쪽 절반은 압축, 중앙은 영(0), 바깥쪽 절반은 인장을 받고 있다. 단면 *bb*에서의 압축력 *F*와 굽힘 모멘트 *M*에 의한 수직응력 σ_a와 σ_b의 분포를 그림 14.70a와 14.70b에 각각 도시하였다. 이 응력들의 혼합 효과는 그림 14.70c에서 보여준다.

그림 14.70c에서 주목할 점은 단면 *bb*에 생성된 최종 수직응력이 못의 안쪽(M)에서 최대가 된다는 것이다. 최대 응력은 압축이며, 그 크기는 다음과 같다.

$$\sigma_{\max} = \sigma_a + \sigma_{b_{\max}} = 111.5\,\text{MPa}$$

$\sigma_{b,max}$(인장)은 σ_a(압축)보다 더 크므로, 단면 *bb*의 바깥쪽 끝에 작용하는 최종응력 σL은 인장이고, 그 크기는 다음과 같다.

$$\sigma_L = \sigma_{b_{\max}} - \sigma_a = 102.7\,\text{MPa}$$

14.14 연습문제

문제에 대한 정답은 이 절의 마지막에 있다.

문제 14.1 다음의 정의를 적절한 표현으로 완성하라.

(a) 주어진 재료와 비례한계 내의 응력에 대하여 축 방향과 측면 방향으로 발생하는 변형의 비율은 일정하며, 이 상수를 (　　　)(이)라고 한다.

(b) 힘은 벡터양인 반면, 응력과 변형률은 (　　　)이다.

(c) 하나의 재료 점에서 최대 및 최소 수직응력을 (　　　)(이)라고 한다.

(d) 최대 및 최소 수직응력의 방향과 일치하는 직선에 수직인 평면을 (　　　)(이)라고 한다.

(e) (　　　)은(는) 수직응력들이 동일한 하나의 재료 요소에서 발생한다.

(f) (　　　)은(는) 하나의 재료 점에서 응력 상태를 분석할 때 효과적인 도식법이다.

(g) 재료의 (　　　)은(는) 재료가 파열되거나 과도하게 영구변형을 겪는 것을 의미한다.

(h) 하중부과와 하중제거의 반복에 의해 발생되는 파손을 (　　　)(이)라고 한다.

(i) 피로곡선이 수평을 이루는 응력을 (　　　)(이)라고 한다.

(j) (　　　) 파단은 상당한 소성 변형 없이 갑자기 발생한다.

(k) (　　　) 파단은 상당한 탄성 및 소성 변형을 보이면서 파단에 이르는 것이 특징이다.

(l) 구조물에 구멍, 금, 흠, 긁힘 또는 홈이 있으면 예상치 못한 구조적 파괴를 야기하는 (　　　)(이)가 발생할 수 있다.

(m) 원기둥형 축에 있어서, (　　　) 공식은 전단응력을 작용 토크, 극관성모멘트, 그리고 축 중심선으로부터의 반지름과 연관시킨다.

(n) 단순 비틀림을 받는 원형 축의 중심에서 전단응력은 0이다. 원형 축에서 응력이 없는 중심선을 (　　　)(이)라고 한다.

(o) 단순 비틀림을 받는 구조물에서, 재료의 파단은 중심선과 (　　　)°를 이루는 주

평면들 중 하나를 따라 발생한다.

(p) 굽힘을 받는 구조물들의 응력해석은 외부 반응 및 내부 저항을 모두 결정하는 데 사용할 수 있는 (　　　) 해석으로부터 시작한다.

(q) 외부에서 가해진 힘에 대한 구조물의 내부 저항은 (　　　)을(를) 적용하여 결정할 수 있다.

(r) 굽힘을 받고 있는 구조물의 경우, (　　　) 공식은 수직응력과 굽힘모멘트, 그리고 구조물의 기하학적 매개변수들과 관계된다.

문제 14.2 그림 14.71과 같이 원래 (변형되지 않은) 치수가 $a = b = 3$ cm, $c = 20$ cm인 직사각형 막대를 생각해보자. 막대 재료의 탄성계수는 $E = 100$ GPa이고, 포아송 비는 $\nu = 0.30$이다. 막대에는 x 및 y 방향으로 인장력 $F_x = 4 \times 10^6$ N과 압축력 $F_y = 4 \times 10^6$ N인 2축 하중이 작용하고 있다. 막대 재료가 선형 탄성이라고 가정할 때, 다음을 구하라.

(a) 막대에서 발생된 평균 수직응력 $\sigma_x, \sigma_y, \sigma_z$

(b) 평균 수직변형률 $\epsilon_x, \epsilon_y, \epsilon_z$

(c) 변형 후 x 방향 막대의 크기 c'

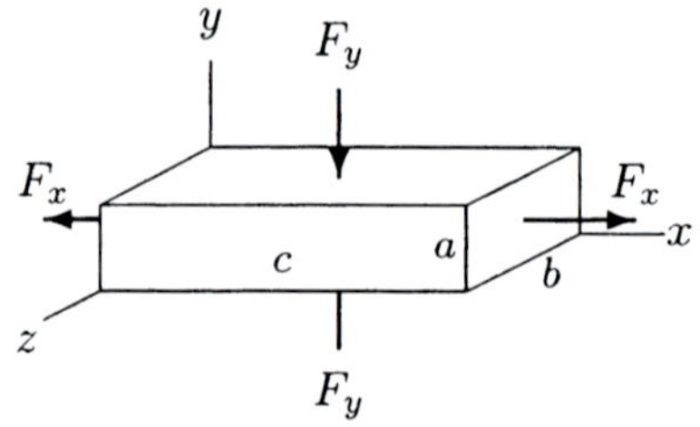

그림 14.71 • 문제 14.2(막대의 치수는 척도에 맞지 않음)

문제 14.3 그림 14.72에 제시된 바와 같이, 각 모서리의 길이가 $a = 10$ cm, $b = 15$ cm, $c = 15$ cm인 직사각형 블록을 생각해보자. 블록에는 $F_x = F_y = 2.5 \times 10^6$ N인 2축 인장력이 x 및 y 방향으로 가해지고 있다. 블록 재료의 탄성계수와 포아송 비는 $E = 2 \times 10^{11}$ Pa 및 $\nu = 0.35$이다. 블록 재료가 선형 탄성이라고 가정할 때, 다음을 계산하라.

(a) x, y, z 방향의 수직응력 $\sigma_x, \sigma_y, \sigma_z$

(b) x, y, z 방향의 변형률 $\epsilon_x, \epsilon_y, \epsilon_z$

(c) 가해진 힘의 결과로 인한 블록의 변형된 모서리의 길이 a_x, a_y, a_z

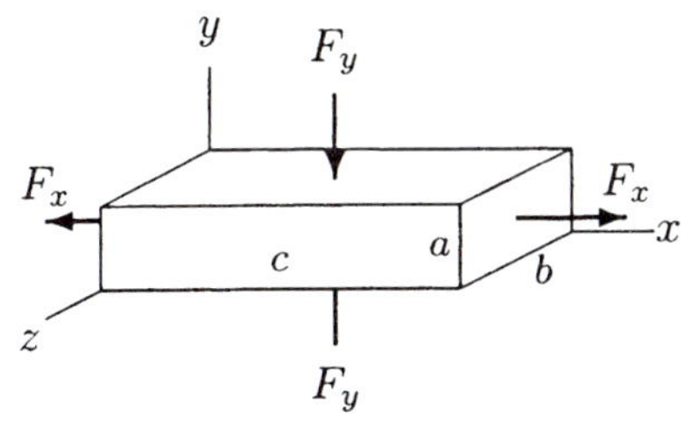

그림 14.72 • 문제 14.3

문제 14.4 그림 14.73에서 보는 바와 같이, 지름 $d = 5$ mm인 원형 구멍이 있는 평판이 있다. 평판은 $F = 700$ N인 인장 하중을 받고 있다. 평판의 폭은 $a = 13$ mm이고, 두께는 $b = 3$ mm이다. 구멍으로 인한 응력집중인자가 $k = 2.25$인 경우, 다음을 계산하라.

(a) 구멍으로부터 떨어져 있는 단면 *cc*에서의 응력 σ

(b) 구멍의 중심을 통과하는 단면 *ee* 에서의 응력 σ_h

(c) 단면 *ee*에서 생성된 최대 응력 σ_{max}

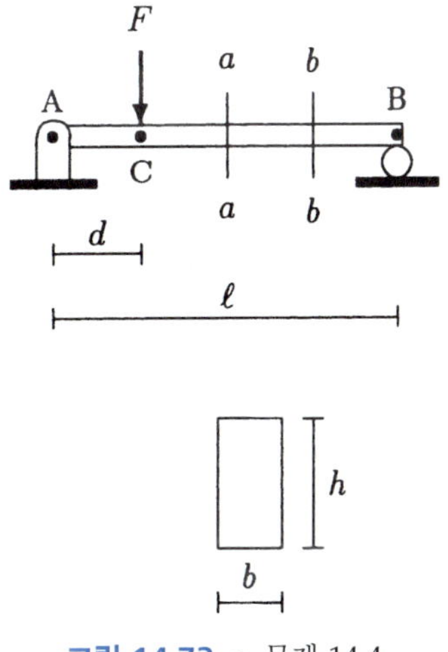

그림 14.73 • 문제 14.4

문제 14.5 그림 14.74의 속이 채워진 원기둥을 생각해보자. 원기둥의 길이는 $l = 10$ cm이고 반지름은 $r_o = 2$ cm이다. 원기둥은 전단계수가 $G = 10$ GPa인 선형 탄성재료로 제조되었다. 원기둥이 비틀림 토크의 크기 $M = 3000$ Nm를 받고 있을 때, 다음을 계산하라.

(a) 원기둥 단면의 극관성모멘트 J

(b) 최대 비틀림 각도(°) θ

(c) 가로면의 최대 전단응력 τ

(d) 가로면의 최대 전단변형률 γ

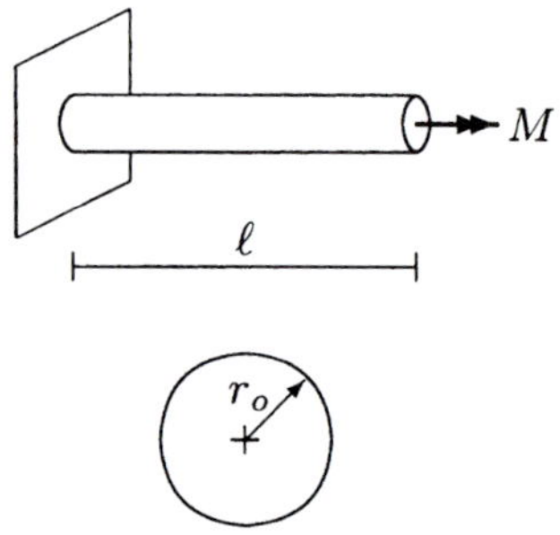

그림 14.74 • 문제 14.5

문제 14.6 그림 14.75와 같은 단면을 갖는 균일한 수평 보를 생각해보자. 보의 치수는 길이 l = 4 cm, 폭 b = 10 cm, 그리고 높이 h = 20 cm이다. 보는 A 지점에서 지면과 경첩으로 연결되어 있고, B 지점에서 롤러로 지지되어 있으며, A 지점으로부터 거리가 d = 1 m 위치인 C 지점에 크기 F = 400 N인 하중을 아래 방향으로 받고 있다. 보의 무게는 무시할 수 있다고 가정할 때, 다음을 구하라.

(a) A 지점과 B 지점에서 보에 작용하는 반력

(b) A 지점으로부터 2 m의 위치에 있는 단면 *aa*에서 내부 전단력 V_{aa}와 굽힘모멘트 M_{aa}

(c) A 지점으로부터 3 m의 위치에 있는 단면 *bb*에서 내부 전단력 V_{bb}와 굽힘모멘트 M_{bb}

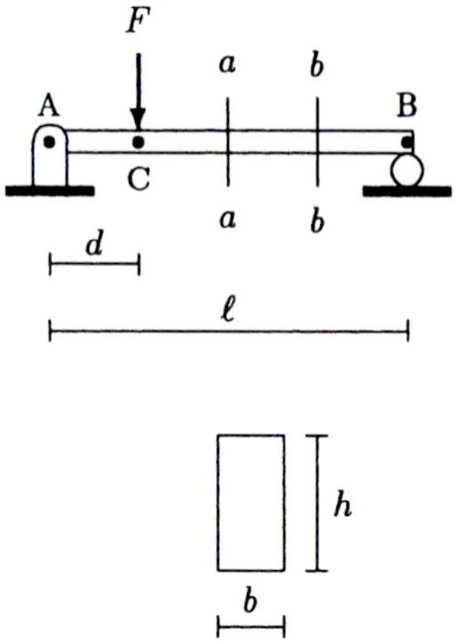

그림 14.75 • 문제 14.6

(d) 보 단면적의 1차 모멘트 Q

(e) 단면 *aa*에서 빔에 생성된 최대 전단응력 τ_{aa}

문제 14.7 그림 14.76과 같이, 한 재료 점에서의 응력 상태를 갖는 평면응력 요소를 생각해보자. 응력들의 크기가 $\sigma_x = 200$ Pa, $\sigma_y = 100$ Pa, $\tau_{xy} = 50$ Pa일 때, 이 재료 위치에서 발생되는 주응력 σ_1과 σ_2, 그리고 최대 전단응력 τ_{max}의 크기를 구하라.

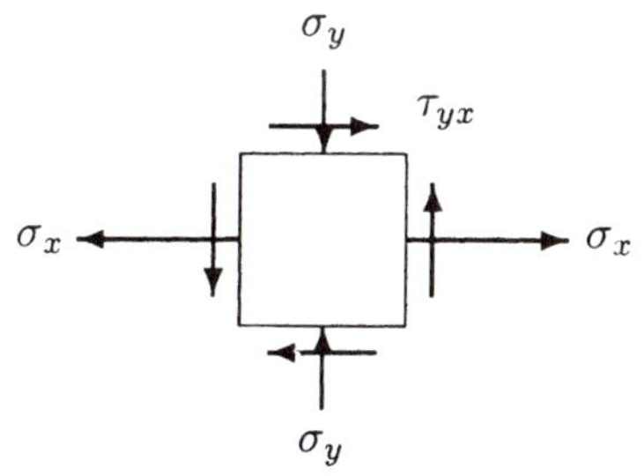

그림 14.76 • 문제 14.7

문제 14.8 P 지점에서 넙다리뼈의 머리에 가해지는 수평방향 힘 F에 의해 벤치 시험 동안 휨을 받고 있는 사람의 넙다리뼈를 생각해보자(그림 14.66). 뼈의 P 지점으로부터 수직 거리 $h = 17.5$ cm에 위치한 단면 *aa*에서 생성된 굽힘 모멘트는 $M = 91$ Nm이었다. 단면 *aa*에서 뼈는 내부 반지름 $r_i = 5.5$ mm, 외부 반지름 $r_o = 12.5$ mm인 원형 구조라고 가정할 때, 다음을 구하라.

(a) 단면 *aa*에서 전단력의 크기 V

(b) 단면 *aa*에서 최대 수직응력 σ_{max}

(c) 단면 *aa*에서 최대 전단응력 τ_{max}

문제 14.1의 정답:

(a) 포아송 비	(j) 취성
(b) 2차 텐서	(k) 연성
(c) 주응력	(l) 응력 집중 효과
(d) 주평면	(m) 비틀림
(e) 최대 전단응력	(n) 중립축
(f) 모어원	(o) 45
(g) 파괴(파단)	(p) 정적
(h) 피로	(q) 단면 법
(i) 내구 한계	(r) 굽힘

문제 14.2의 정답:

(a) $\sigma_x = 10$ GPa, $\sigma_y = 1$ GPa, $\sigma_z = 0$
(b) $\epsilon_x = 0.1030$, $\epsilon_y = -0.0400$, $\epsilon_z = -0.0027$
(c) $c' = 22.06$ cm

문제 14.3의 정답:

(a) $\sigma_x = 1.7 \times 10^8$ Pa, $\sigma_y = 1.1 \times 10^8$ Pa, $\sigma_z = 0$
(b) $E_x = 0.66 \times 10^{-3}$, $E_y = 0.2666 \times 10^{-3}$, $E_z = -0.16 \times 10^{-3}$
(c) $a_x = 10.0066$ cm, $a_y = 15.0039$ cm, $a_z = 14.998$ cm

문제 14.4의 정답:

(a) $\sigma = 17.9$ MPa; (b) $\sigma_h = 29.2$ MPa; (c) $\sigma_{max} = 65.7$ MPa

문제 14.5의 정답:

(a) $J = 25.13 \times 10^{-8}$ m^4
(b) $\theta = 6.84°$
(c) $\tau = 0.23876$ GPa
(d) $\gamma = 0.02388$

문제 14.6의 정답:

(a) $R_A = 300$ N(↑), $R_B = 100$ N(↑)
(b) $V_{aa} = 100$ N, $M_{aa} = 200$ Nm
(c) $V_{bb} = 100$ N, $M_{bb} = 100$ Nm
(d) $Q = 0.0005$ m^3
(e) $\tau_{aa} = 7500$ Pa

문제 14.7의 정답:

$\sigma_1 = 208$ Pa(인장), $\sigma_2 = 108$ Pa(압축), $\tau_{max} = 158$ Pa

문제 14.8의 정답:

(a) $V = 520$ N; (b) $\sigma_{max} = 61.8$ MPa; (c) $\tau_{max} = 3.6$ MPa

CHAPTER

15

생체조직의 역학적 성질

Mechanical Properties of Biological Tissues

15.1 점탄성

이전 장들에서는 탄성재료, 특히 선형 탄성재료의 반응으로 한정하여 다루었다. 예를 들어 대부분의 금속은 상온에서 비교적 낮은 응력을 받을 때 선형 탄성 거동을 하며, 높은 응력수준에서는 소성 변형을 겪는다. 탄성재료의 경우, 응력과 변형률의 관계는 다음과 같은 일반적인 형식으로 표현할 수 있다.

$$\sigma = \sigma(\epsilon) \tag{15.1}$$

식 (15.1)에서는 수직응력 σ가 오직 수직변형률 ϵ의 함수임을 나타내고 있다. 전단응력 τ와 전단변형률 γ 사이의 관계도 유사한 방식으로 표현할 수 있다. 선형 탄성재료의 응력은 변형률에 대해 선형적으로 비례한다. 수직응력과 변형률의 경우, 비례상수는 재료의 탄성계수 E이다(그림 15.1).

$$\sigma = E\epsilon \tag{15.2}$$

탄성재료의 반응을 살펴보는 동안, 시간 개념은 논의에서 배제하기로 한다. 탄성재료는 시간과 무관한 재료 거동을 보인다. 탄성재료는 외부하중을 받으면 순간적으로 변형된다. 그러나 가해진 하중이 제거되면, 거의 순간적으로 응력을 받지 않은 본래의 모양으로 되돌아간다.

고분자 플라스틱, 거의 모든 생체 재료, 그리고 고온의 금속류에서는 하중이 부가되고 제거될 때 점진적인 변형과 회복을 보인다. 이러한 재료의 반응은 하중이 얼마나 빨리 부가되고 제거되는지에 따라 영향을 받으며, 변형의 정도는 변형을 일으키는 하중이 가해지는 속도에 의존한다. 이러한 시간 의존성 재료의 특성을 **점탄성**(viscoelasticity)이라고 한다. 점탄성은 점성과 탄성의 두 단어로 이루어져 있다. **점성**(viscosity)은 유체의 성질이며, 흐름에 대한 저항의 척도이다. 반면에, **탄성**(elasticity)은 고체 재료의 성질이다. 따라서 점탄성재료는 유체와 고체의 성질을 함께 지니고 있다.

점탄성재료에 있어서, 응력과 변형률 관계식은 다음과 같이 표현된다.

$$\sigma = \sigma(\epsilon, \dot{\epsilon}) \tag{15.3}$$

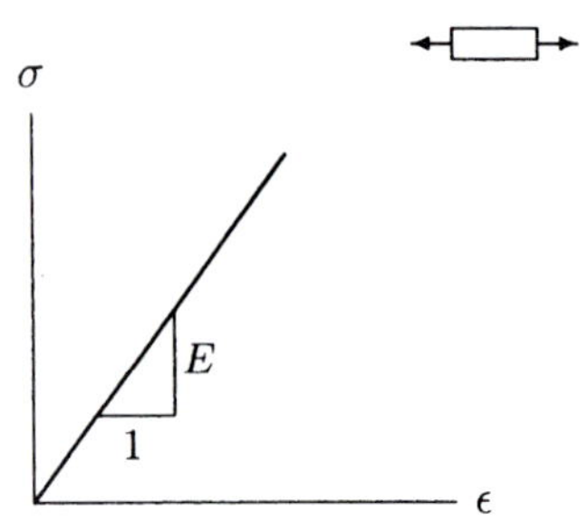

그림 15.1 • 선형탄성재료 거동

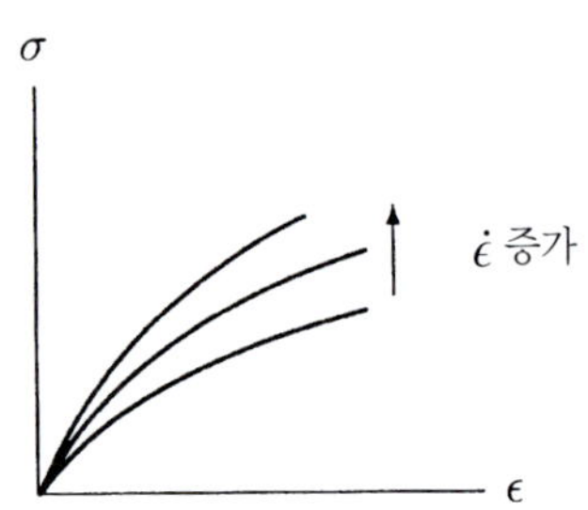

그림 15.2 • 변형률($\dot{\epsilon}$)에 따른 점탄성재료의 거동

식 (15.3)은 응력 σ가 단지 변형률 ϵ의 함수일 뿐만 아니라, **변형률 속도**(strain rate) $\dot{\epsilon} = d\epsilon/dt$(여기서 t는 시간)의 함수이기도 함을 의미한다. 식 (15.3)의 보다 일반적인 형태는 변형률의 고차 시간 미분을 통해서 얻을 수 있다. 식 (15.3)으로부터 점탄성재료의 응력-변형률 선도는 일정하지 않고, 재료에 변형이 발생하는 속도에 따라 영향을 받는다는 것을 알 수 있다(그림 15.2).

15.2 스프링과 완충기

13.8절에서 후크의 법칙을 다루면서, 선형 탄성재료와 선형 스프링 사이의 유사성을 설명하였다. 탄성재료는 스프링과 유사한 방식으로 변형되고, 위치에너지를 저장하고, 변형을 회복한다. 선형 탄성재료에서 탄성계수 E는 응력과 변형률을 연관시키는 반면, 선형 스프링에서 상수 k는 가해진 힘과 그에 따른 변형을 연관시킨다(그림 15.3). E와 k는 모두 강성(stiffness)의 척도이다. 탄성재료와 스프링의 유사성은 스프링이 탄성재료의 거동을 설명하는 데에 사용될 수 있음을 시사한다. 이러한 유사성은 로버트 후크(Robert Hooke)가 처음 공표하였기 때문에, 탄성재료를 **후크 고체**(Hookean solids)라고도 한다.

유체도 외력을 받으면 역시 변형된다. 유체는 지속적으로 변형한다, 즉 흐른다. 유체에 있어서 응력은 변형률에 의해 영향을 받지 않고, **변형률 속도**(strain rate)에 의해서 좌우된다. 유체의 응력과 변형률 속도가 정비례한다면, 그러한 유체를 **선형 점성유체**(linearly viscous fluid) 또는 **뉴턴 유체**(Newtonian fluid)라고 한다. 선형 점성유체의 예로는 물과 혈장(blood plasma)이 있다. 선형 점성유체는 아래와 같은 식으로 표현할 수 있다.

$$\sigma = \eta(\dot{\epsilon}) \qquad (15.4)$$

식 (15.4)에서, η(에타, eta)는 응력 σ와 변형률 속도 $\dot{\epsilon}$ 사이의 비례상수이며, 유체의

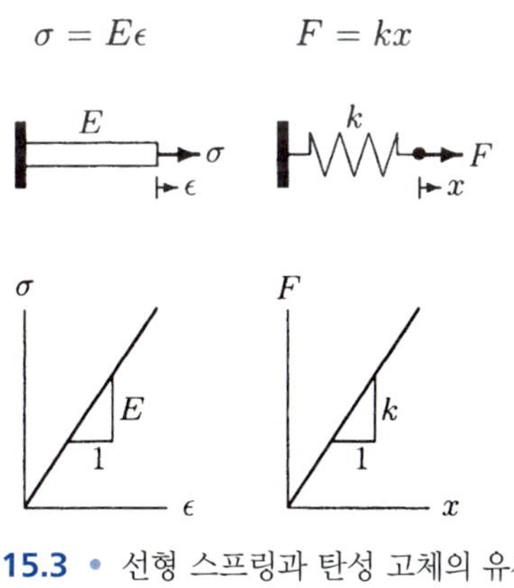

그림 15.3 • 선형 스프링과 탄성 고체의 유사점

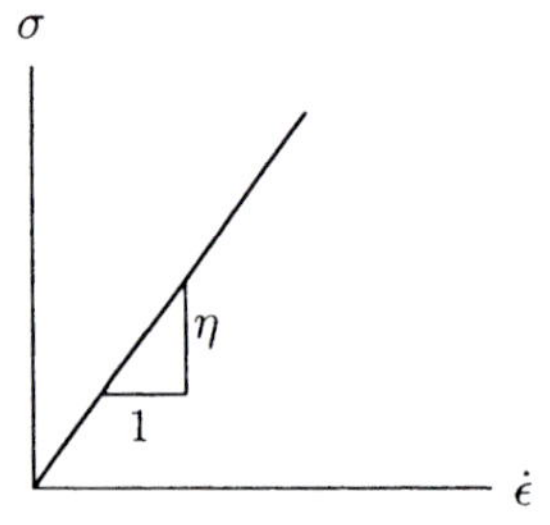

그림 15.4 • 선형 점성유체의 응력-변형률 선도

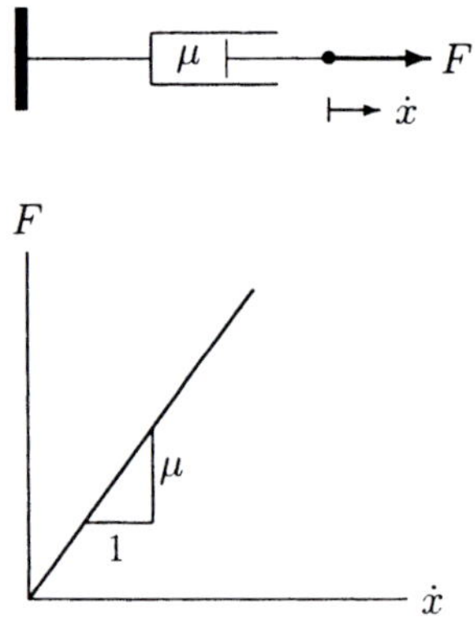

그림 15.5 • 선형 완충기의 힘-변위율 선도

점성계수(coefficient of viscosity)라고 한다. 그림 15.4에서 보는 바와 같이, 점성계수는 뉴턴 유체의 $\sigma - \dot{\epsilon}$ 그래프에서 기울기이다. 이 계수의 물리적 중요성은 강체들의 접촉면 사이의 마찰계수와 유사하다. 유체는 점성계수가 클수록 '걸쭉(thicker)'해지고 변형시키기 어려워진다. 물의 점성계수는 실온에서 약 1 센티포아즈(centipoise)이고 혈장은 1.2 센티포아즈이다.

스프링은 재료의 역학적 거동을 모사하는 데 사용되는 두 가지 기본적인 역학적 요소 중 하나이다. 두 번째의 기본적 역학적 요소는 **완충기**(dashpot)라고 하며, 이는 유체의 거동을 모사하는 데 사용된다. 그림 15.5에서 보는 바와 같이, 완충기는 간단한 피스톤-실린더 형태의 배열이다. 피스톤에 가해진 힘은 가해진 힘의 방향으로 피스톤을 진행하게 한다. 피스톤의 속력은 가해진 힘의 크기와 피스톤과 실린더의 접촉면 사이에서 발생하는 마찰에 따라 달라진다. 선형 완충기의 경우, 가해진 힘과 속력(변위비율)은 선형 비례하고, 이때 **마찰계수**(coefficient of friction) μ는 비례상수이다. 만약 가해진 힘과 변위가 모두 x 방향이라면, 아래와 같이 쓸 수 있다.

$$F = \mu \dot{x} \tag{15.5}$$

식 (15.5)에서 $\dot{x} = dx/dt$는 변위의 시간 비율, 즉 속력이다.

식 (15.4)와 (15.5)를 비교해 보면, 선형 점성유체와 선형 완충기 사이에 유사성이 있음을 알 수 있다. 선형 점성유체에서의 응력과 변형률 속도는 각각 완충기에서의 힘과 변위 비율과 유사하고, 점성계수는 완충기의 점성 마찰계수와 유사하다. 이러한 유사성들을 통해서 완충기가 유체 거동을 나타내는 데 사용됨을 알 수 있다.

15.3 점탄성의 경험적 모델

스프링과 완충기는 점탄성 모델 분석의 기본 도구이다. 스프링과 완충기는 다양한 형

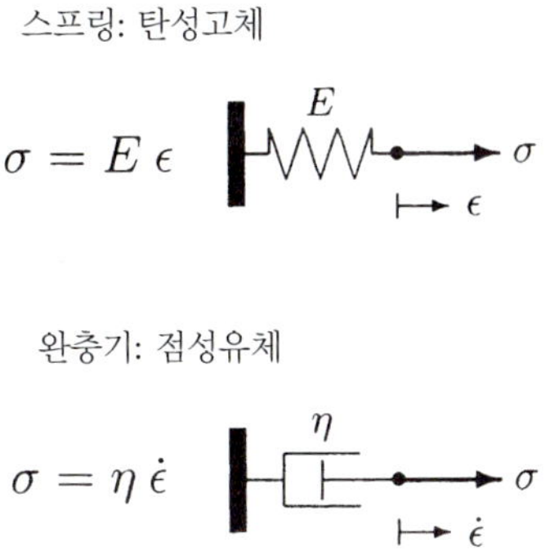

그림 15.6 • 스프링은 탄성재료의 거동을 나타내며, 완충기는 점성재료의 거동을 나타낸다.

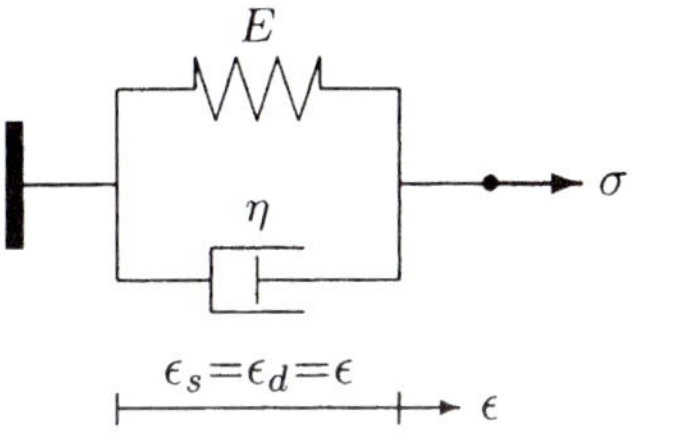

그림 15.7 • 켈빈–보이트 모델

태로 서로 연결되어 경험적 점탄성 모델을 구성하는 데 사용된다. 스프링은 탄성고체의 거동을 나타내는 데 사용되며, 완충기는 점성유체의 거동을 모사하는 데 사용된다(그림 15.6). 이는 일정하게 가해진 힘(응력)은 스프링에 일정한 변형(변형률)을 일으키고, 완충기에 대해서는 일정한 변형의 비율(변형률 속도)을 일으킴을 가정한 것이다. 스프링에서 외력이 사라지면 변형이 완전히 회복되는 반면에, 완충기에서의 변형은 영구적이다.

15.3.1 켈빈–보이트 모델

경험적 모델 중 가장 간단한 형태는 스프링과 완충기가 병렬 및 직렬로 함께 연결된 것이다. 그림 15.7과 같이, 켈빈–보이트 모델(Kelvin-Voight model)은 하나의 스프링과 하나의 완충기가 병렬구조로 연결된 시스템이다. 스프링과 완충기를 각각 아래첨자 's'와 'd'로 표시한다면, 전체 시스템에 작용하는 응력 σ는 스프링과 완충기에 각각 σ_s와 σ_d를 발생시킨다. 시스템에 작용하는 전체 응력은 다음과 같이 스프링과 완충기가 분담하게 된다.

$$\sigma = \sigma_s + \sigma_d \tag{15.6}$$

응력 σ가 가해지면, 스프링과 완충기는 병렬구조로 되어 있으므로 동일한 양만큼 변형된다. 따라서 시스템의 변형률 ϵ은 스프링과 완충기에서의 변형률 ϵ_s 및 ϵ_d와 동일하다.

$$\epsilon = \epsilon_s = \epsilon_d \tag{15.7}$$

스프링에 대한 응력–변형률 관계와 완충기에 대한 응력–변형률 속도의 관계는 다음과 같다.

$$\sigma_s = E\dot{\epsilon}_s \tag{15.8}$$

$$\sigma_d = \eta\dot{\epsilon}_d \tag{15.9}$$

식 (15.8)과 (15.9)를 식 (15.6)에 대입하면 다음과 같다.

$$\sigma = E\epsilon_{\mathrm{s}} + \eta\dot{\epsilon}_{\mathrm{d}} \tag{15.10}$$

식 (15.7)로부터, $\epsilon_{\mathrm{s}} = \epsilon_{\mathrm{d}} = \epsilon$이다. 따라서 아래와 같이 나타낼 수 있다.

$$\sigma = E\epsilon + \eta\dot{\epsilon} \tag{15.11}$$

변형률 속도 $\dot{\epsilon}$은 $\mathrm{d}\epsilon/\mathrm{d}t$의 형태로 표현할 수도 있으므로, 아래와 같이 쓸 수 있다.

$$\sigma = E\epsilon + \eta\frac{\mathrm{d}\epsilon}{\mathrm{d}t} \tag{15.12}$$

2 매개변수(E와 η) 점탄성 모델인 켈빈-보이트 모델에서 얻은 식 (15.12)로부터, 응력은 변형률 및 변형률 속도와 연관됨을 알 수 있다. 식 (15.12)는 **상미분방정식**(ordinary differential equation)이다. 보다 정확하게 말하면, 1차 선형 상미분방정식이다. 응력 σ가 주어지면, 상응하는 변형률 ϵ에 대해 식 (15.12)를 풀 수 있다. 변형률 ϵ이 정해지면, 응력 σ를 결정할 수 있다.

상미분방정식을 다루는 방법에 대한 설명은 이 교재의 범위를 넘어선다. 관심이 있으면, '미분방정식'이 포함된 교재로 학습하기를 바란다.

15.3.2 맥스웰 모델

그림 15.8에서 보는 바와 같이, 맥스웰 모델(Maxwell model)은 하나의 스프링과 하나의 완충기가 직렬로 연결되어 구성된다. 이 경우, 전체 시스템에 작용되는 응력 σ는 스프링과 완충기에 동일하게 작용하며($\sigma = \sigma_{\mathrm{s}} = \sigma_{\mathrm{d}}$), 최종 변형률 ϵ은 스프링과 완충기에서의 변형률들의 합이 된다($\epsilon = \epsilon_{\mathrm{s}} + \epsilon_{\mathrm{d}}$). 켈빈-보이트 모델에 대해 수행한 것과 유사한 응력-변형률 해석을 통해서, 맥스웰 모델에 대한 응력과 변형률이 연관된 미분방정식을 다음과 같이 유도할 수 있다.

$$\eta\dot{\sigma} + E\sigma = E\eta\dot{\epsilon} \tag{15.13}$$

마찬가지로 이 식은 1차 선형 상미분방정식으로, 2 매개변수(E와 η) 점탄성 거동을 나타낸다. 응력(또는 변형률)이 주어지면, 식 (15.13)을 변형률(또는 응력)에 대하여 풀 수 있다.

스프링은 탄성고체 거동을 나타내는 데 사용되며, 스프링이 변형할 수 있는 정도에는 한계가 있다. 반면에, 완충기는 유체 거동을 나타내는 데 사용되고, 완충기를 변형

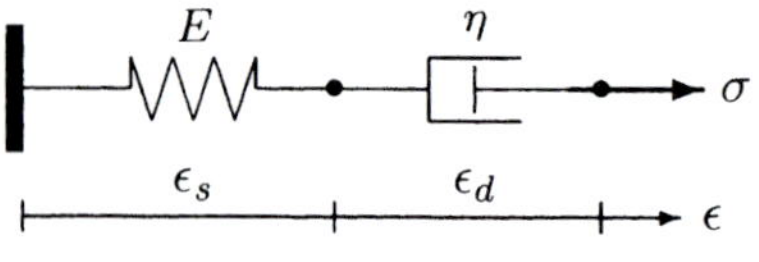

그림 15.8 • 맥스웰 모델

시키는 힘이 존재하는 동안 계속 변형(흐름)된다고 가정한다. 예를 들어 맥스웰 모델의 경우, 가해진 힘은 스프링과 완충기 모두를 변형시킨다. 스프링의 변형은 유한하다. 반면에, 완충기는 힘이 유지되는 한 계속 변형한다. 따라서 맥스웰 모델의 전체적인 거동은 고체라기보다는 유체에 더 가깝다. 따라서 **점탄성 유체모델**(viscoelastic fluid model)이라고 불린다. 켈빈–보이트 모델에서와 같이, 스프링에 병렬로 연결된 완충기의 변형은 가해진 하중에 대한 스프링의 반응으로 제한된다. 켈빈–보이트 모델에서 완충기는 지속적인 변형을 겪을 수 없다. 따라서 켈빈–보이트 모델은 점탄성 고체 거동을 나타낸다.

15.3.3 표준고체모델

켈빈–보이트 고체 및 맥스웰 유체는 하나의 스프링과 하나의 완충기를 함께 연결하여 구성하는 기본 점탄성 모델이다. 이 모델들은 실제 재료를 설명하지 못한다. 하지만 이 모델들에 스프링과 완충기들을 부가함으로써 표준고체모델과 같이 더 복잡한 점탄성 모델을 구성할 수 있다. 그림 15.9에서 보는 바와 같이, 표준고체모델은 하나의 스프링과 하나의 켈빈–보이트 고체를 직렬로 연결하여 이루어진다. 표준고체모델은 3 매개변수(E_1, E_2, η) 모델이고, 연골과 백혈구 막과 같은 여러 생체 재료의 점탄성 거동을 설명하는 데 사용된다. 이 모델에서 응력, 변형률 및 변형률 속도와 관련된 재료 함수는 다음과 같다.

$$(E_1 + E_2)\sigma + \eta\dot{\sigma} = E_1E_2\epsilon + E_1\eta\dot{\epsilon} \tag{15.14}$$

식 (15.14)에서 $\dot{\sigma} = \mathrm{d}\sigma/\mathrm{d}t$는 응력률이고, $\dot{\epsilon} = \mathrm{d}\epsilon/\mathrm{d}t$는 변형률 속도이다. 이 식은 다음과 같이 유도할 수 있다. 그림 15.10에서 보는 바와 같이, 이 모델은 탄성고체인 단위 A와 켈빈–보이트 고체인 단위 B가 직렬로 연결되어 있다. σ_A와 ϵ_A는 단위 A에서의 응력과 변형률을 나타내고, σ_B와 ϵ_B는 단위 B에서의 응력과 변형률을 나타낸다고 하면, 아래와 같이 정리할 수 있다.

$$\sigma_A = E_1\epsilon_A \tag{i}$$

$$\sigma_B = E_2\epsilon_B + \eta\frac{\mathrm{d}\epsilon_B}{\mathrm{d}t} = \left(E_2 + \eta\frac{\mathrm{d}}{\mathrm{d}t}\right)\epsilon_B \tag{ii}$$

단위 A와 B는 직렬로 연결되어 있으므로, 다음과 같이 쓸 수 있다.

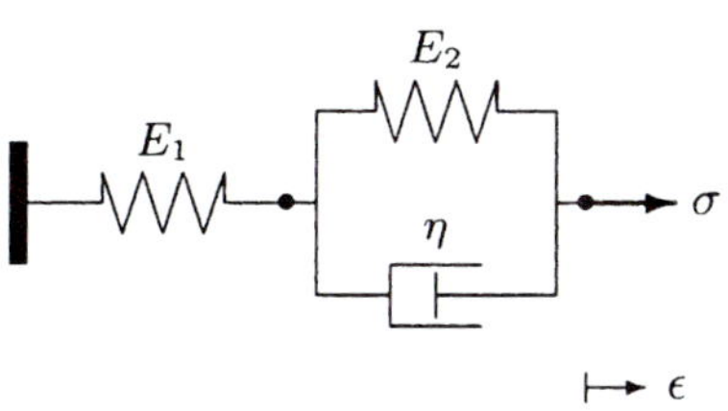

그림 15.9 • 표준 고체 모델

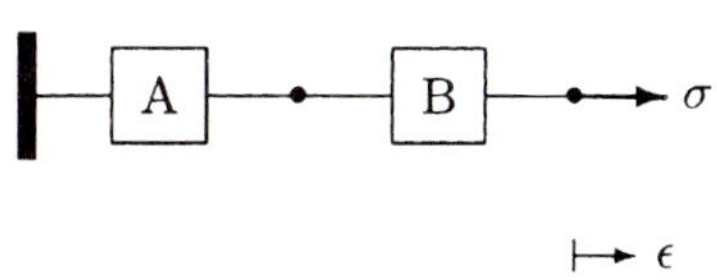

그림 15.10 • 단위 A와 B로 표현된 표준 고체 모델

$$\epsilon_A + \epsilon_B = \epsilon \tag{iii}$$

$$\sigma_A = \sigma_B = \sigma \tag{iv}$$

식 (i)과 (ii)에 식 (iv)을 대입하여, 변형률 ϵ_A와 ϵ_B에 관해 표현하면 아래와 같다.

$$\epsilon_A = \frac{\sigma}{E_1} \tag{v}$$

$$\epsilon_B = \frac{\sigma}{E_2 + \eta \frac{d}{dt}} \tag{vi}$$

식 (iii)에 식 (v)과 (vi)을 대입하면 아래와 같다.

$$\frac{\sigma}{E_1} + \frac{\sigma}{E_2 + \eta \frac{d}{dt}} = \epsilon$$

식을 재정리하면, 아래와 같이 얻을 수 있다.

$$(E_1 + E_2)\sigma + \eta \frac{d\sigma}{dt} = E_1 E_2 \epsilon + E_1 \eta \frac{d\epsilon}{dt}$$

15.4 시간에 따른 재료의 반응

주어진 점탄성재료에 대한 경험적 모델은 일련의 실험을 통해서 확립된다. 재료 거동의 시간 의존적인 양상을 해석하기 위해 설계된 몇 가지 실험 기술이 있다. 그림 15.11a에서와 같이, **크리프 및 회복(반동)**[creep and recovery (recoil)] 시험은 시간 t_0에 재료에 하중(응력 σ_0)을 가하여, 일정한 수준으로 하중을 유지하다가, 시간 t_1에 갑자기 하중을 제거하면서 재료의 반응을 관찰하는 것이다. 그림 15.11b에 나타난 바와 같이, **응력완화**(stress relaxation) 시험은 재료에 ϵ_0의 변형률을 부가하여 일정한 변형률을 유지하면서 재료의 응력 반응을 관찰하는 것이다. **진동반응**(oscillatory response) 시험은 정현파 형태의 응력을 적용하여, 재료의 변형률 반응을 측정하는 것이다(그림 15.11c).

점탄성재료의 크리프 시험에 대해 생각해보자. 크리프 시험 결과는 측정된 변형률을 시간에 대한 함수로 도식화하여 나타낼 수 있다. 재료 거동에 대한 경험적 점탄성 모델은 일련의 실험들을 통해 결정할 수 있다. 이를 위해, 여러 개의 스프링과 완충기를

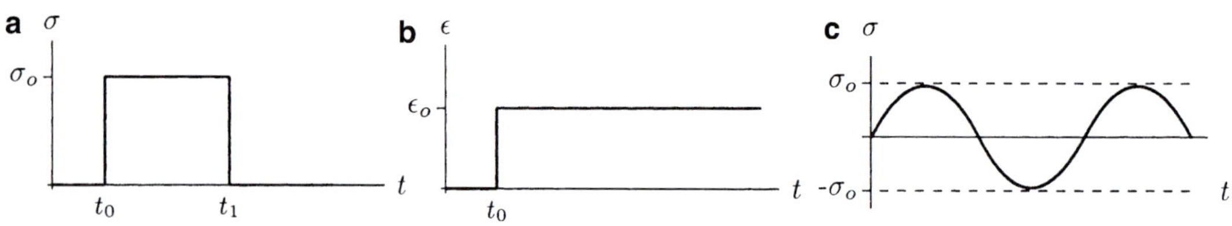

그림 15.11 • (a) 크리프 및 회복 시험, (b) 응력완화 시험, (c) 진동반응 시험

함께 연결하여 경험적 모델을 구성한다. 켈빈–보이트 모델에 대하여 15.3절에 요약된 절차를 통해서 응력, 변형률, 그리고 변형률 속도와 관련된 미분방정식을 유도할 수 있다. 크리프 시험에서 부과된 조건은 $\sigma = \sigma_0$이다. 이 일정한 응력 조건을 미분방정식에 대입하면, 변형률 ϵ에 대하여 적분을 통해 풀이를 구할 수 있다. 얻어진 결과는 변형률을 응력상수 σ_0, 경험적 모델의 탄성계수 및 점성계수, 그리고 시간으로 나타낸 또 다른 방정식이 된다. 주어진 σ_0, 탄성계수, 점성계수들이 정해지면, 이 식은 변형률을 시간으로 나타낸 함수가 된다. 이 함수는 시간에 대한 변형률 그래프로 나타내고, 실험으로 얻은 그래프와 비교하기 위해 사용된다. 두 그래프(실험 결과와 해석 결과)의 곡선들에서 일반적인 특성이 일치한다면, 재료의 탄성계수와 점성계수를 결정하기 위하여 추가적인 해석을 수행하게 된다. 이는 해석을 통해 얻은 곡선이 실험으로 얻은 곡선에 가능한 한 가까이 일치할 때까지 경험적 모델의 탄성계수와 점성계수의 값들을 변화시킴으로써 얻을 수 있다. 일반적으로 이 과정을 **곡선 맞춤**(curve fitting)이라 한다. 두 곡선이 전체적으로 일치하지 않으면, 그 모델을 포기하고, 새로운 모델을 만들어 확인한다.

이와 같은 수학적 모델 해석의 결과는 응력 및 변형률과 관련된 경험적 모델과 미분방정식이다. 다른 하중조건에 대한 재료의 반응을 해석하기 위하여 재료에 대한 응력–변형률 관계를 역학의 기본법칙과 연계하여 사용할 수 있다.

점탄성재료에서 나타나는 변형 과정은 매우 복잡하므로, 다양한 하중조건에 대한 점탄성재료의 반응을 표현하는 일련의 경험적 모델들을 함께 사용해야 할 경우도 있다. 예를 들면, 점탄성재료의 전단 반응은 하나의 모델로 설명될 수도 있고, 수직하중에 대한 반응을 설명하기 위해 다른 모델이 필요할 수도 있다. 낮거나 높은 변형률 속도에서 점탄성재료의 반응을 표현하기 위해서 다른 모델이 필요할 수도 있다.

15.5 탄성과 점탄성의 비교

재료의 탄성 및 점탄성 거동을 비교할 수 있는 다양한 기준들이 있다. 이 절에서는 이러한 기준들 중에서 일부를 설명하고자 한다.

탄성재료는 시간이나 변형률 속도와 무관한 고유한 응력–변형률 관계를 갖는다. 탄성재료들에 있어서, 수직응력과 전단응력은 각각 수직변형률과 전단변형률의 함수로 표현할 수 있다.

$$\sigma = \sigma(\epsilon) \quad \text{and} \quad \tau = \tau(\gamma)$$

예를 들면, 선형 탄성 고체에 대한 응력–변형률 관계는 $\sigma = E\epsilon$와 $\tau = G\gamma$이고, 여기에서 E와 G는 재료의 탄성계수와 강성계수이다. 그림 15.12에서 보는 바와 같이, 선형 탄성재료는 고유한 수직응력–변형률 선도와 고유한 전단응력–변형률 선도를 가

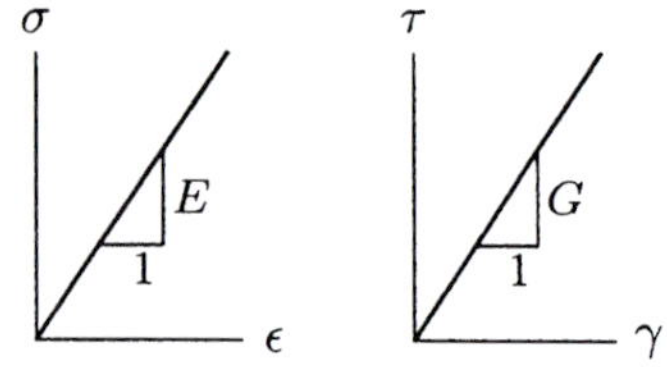

그림 15.12 • 탄성재료는 일정한 수직응력과 전단응력 선도를 보인다.

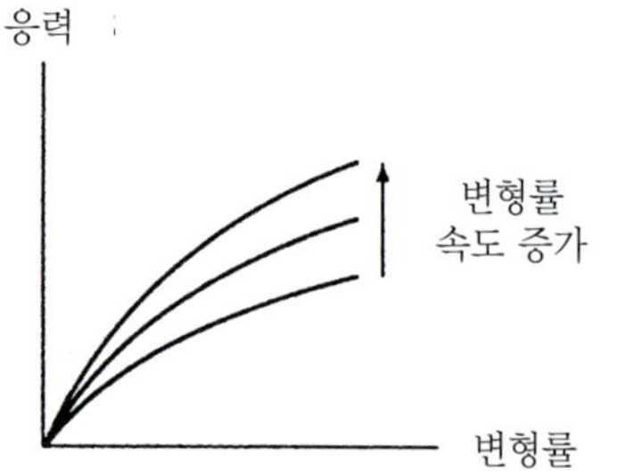

그림 15.13 • 점탄성재료의 응력-변형률 선도는 일정하지 않다.

지고 있다.

점탄성재료는 시간 의존적인 재료 거동을 보인다. 가해진 응력에 대한 점탄성재료의 반응은 응력의 크기뿐만 아니라, 재료에 응력이 부가되고 제거되는 속도에 따라 영향을 받는다. 따라서 점탄성재료의 응력-변형률 관계는 일정하지 않고, 아래와 같이 재료에 응력과 변형률이 발생하는 시간이나 속도의 함수이다.

$$\sigma = \sigma(\epsilon, \dot{\epsilon}, \ldots, t) \quad \text{and} \quad \tau = \tau(\gamma, \dot{\gamma}, \ldots, t)$$

결과적으로, 그림 15.13에서와 같이, 점탄성재료의 응력-변형률 선도는 일정하지 않다.

탄성체에 있어서, 물체를 변형시키기 위해 공급된 에너지(변형률 에너지)는 위치에너지로 물체 내에 저장된다. 일단 작용된 응력이 제거되면, 이 에너지는 물체를 원래의 크기와 모양으로 회복시키는 데 쓰인다. 그림 15.14에서 보는 바와 같이, 탄성재료에서의 하중 부가 및 제거 경로는 일치한다. 이는 하중 부가 및 제거 과정 동안 에너지 손실이 없음을 의미한다.

점탄성 물체의 경우, 변형에너지의 일부는 위치에너지로 물체에 저장되고, 일부는 열로 소실된다. 예를 들어, 맥스웰 모델을 생각해보자. 스프링을 늘리는 데 제공된 에너지는 스프링에 저장되는 반면, 완충기를 변형시키기 위해 공급된 에너지는 완충기의 이동부 사이의 마찰로 인하여 열로 소실된다. 가해진 하중이 제거되면, 스프링에 저장

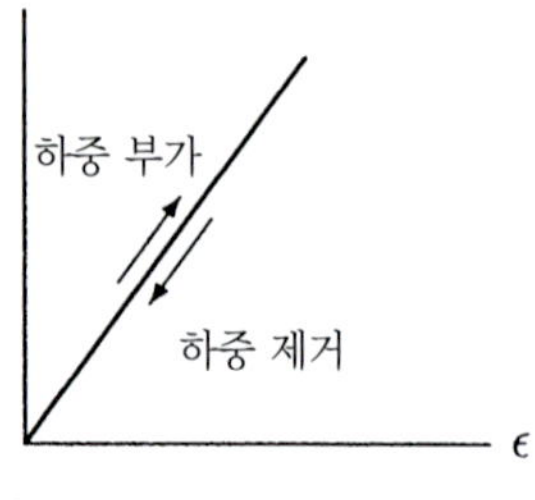

그림 15.14 • 탄성재료에서 하중 부가와 하중 제거 경로 일치

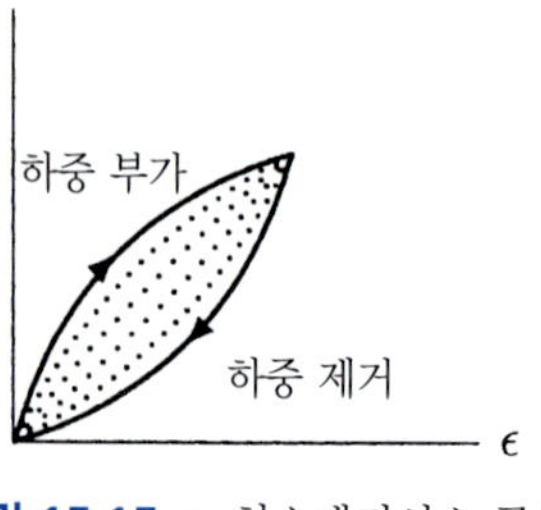

그림 15.15 • 히스테리시스 곡선

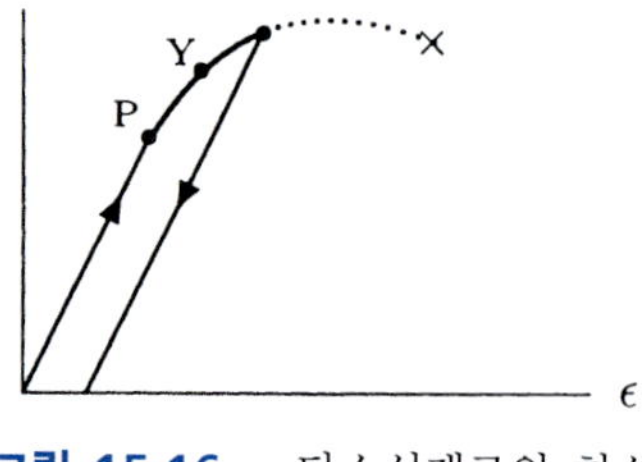

그림 15.16 • 탄소성재료의 히스테리시스 곡선

된 위치에너지는 스프링의 변형을 회복시키는 데 쓰이지만, 완충기에는 원래의 형태를 회복하는 데 사용할 에너지가 없다.

그림 15.9에 제시된 3-매개변수 표준고체모델을 생각해보자. 이 모델에 대한 전형적인 하중 부가-제거 선도가 그림 15.15에 나타나 있다. 하중 부가와 하중 제거 경로로 둘러싸인 면적을 **히스테리시스 곡선**(hysteresis loop)이라고 하는데, 이는 변형 및 회복 과정에서 열로 소실되는 에너지를 나타낸다. 이 영역과 결과적으로 열로 소실되는 에너지의 양은 물체를 변형시키는 데 사용된 변형률의 속도에 따라 달라진다. 점탄성재료에 대한 응력-변형률 선도에서 히스테리시스 곡선이 존재한다는 것은 하중 부가 및 제거를 지속적으로 진행하면 재료의 온도가 상승한다는 것을 의미한다.

대부분의 탄성재료는 항복점을 넘어선 응력 수준에서 소성 거동을 보인다. 탄소성 재료의 경우, 변형에너지의 일부는 소성 변형을 하는 동안 열로 소실된다. 이는 하중 부가-제거 선도에 히스테리시스 곡선이 존재한다는 것으로 알 수 있다(그림 15.16). 이와 같은 재료에 있어서, 에너지는 소성영역에서만 열로 소실된다. 점탄성재료는 변형률이나 응력의 크기에 상관없이 에너지가 소실된다.

점탄성재료는 시간 의존적 재료 거동을 보이므로, 크리프 및 응력 완화 시험에서와 같이 시간 의존적 하중조건에서 탄성재료와 점탄성재료의 반응은 확실히 다르다.

앞서 설명한 바와 같이, 크리프 및 회복 시험은 시간 t_0에 일정한 응력σ_0을 가하고, 그 후 시간 t_1에 하중을 제거하는 동안 재료의 거동을 관찰함으로써 수행된다(그림 15.17a). 그림 15.17b에서 보는 바와 같이, 이 하중은 시간 t_0에 순간적으로 선형 탄성

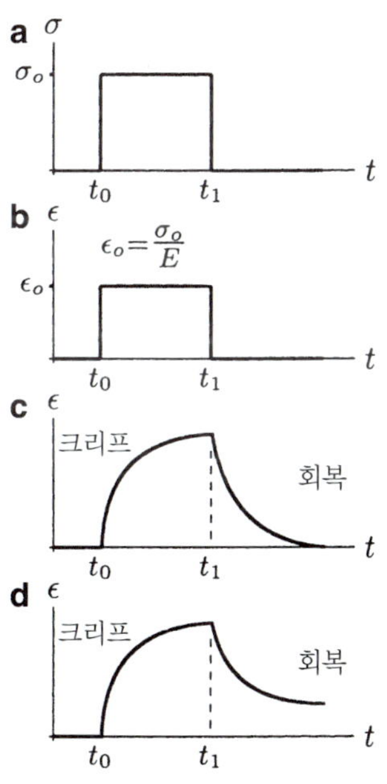

그림 15.17 • 크리프와 회복

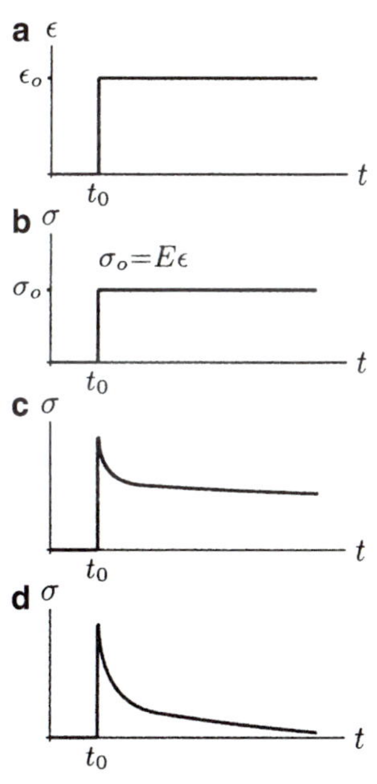

그림 15.18 • 응력완화

재료에 변형률 $\epsilon_0 = \sigma_0/E$를 일으킨다. 이 일정한 변형률은 시간 t_1까지 재료에 남아 있다. 시간 t_1에서 재료는 즉각적이고 완전하게 변형을 회복한다. 동일한 일정하중 조건에서, 점탄성재료는 시간 t_0와 t_1 사이에 변형이 점진적으로 증가하는 반응을 보인다. 시간 t_1이 되면 점진적 회복이 시작된다. 점탄성 고체 재료에서는 궁극적으로 완벽한 회복이 이루어진다(그림 15.17c). 그러나 점탄성 유체에서는 완전한 회복이 이루어지지 않으며, 재료에 잔여 변형이 남아 있게 된다(그림 15.17d).

그림 15.18a와 같이, 응력완화 시험은 순간적으로 재료에 변형을 주고, 재료에 일정한 변형률 수준 ϵ_0을 유지하면서, 재료의 반응을 관찰함으로써 이루어진다. 선형 탄성재료의 반응을 그림 15.18b에서 볼 수 있다. 변형률 ϵ_0이 유지되는 한, 재료에 일정한 응력 $\sigma_0 = E\epsilon_0$이 남아 있다. 다시 말해서, 탄성재료는 응력완화 거동을 보이지 않는다. 반면에, 점탄성재료에서는 초기에 높은 응력을 보이지만 시간이 지남에 따라 응력이 감소한다. 재료가 점탄성 고체인 경우, 응력 수준은 0으로 감소하지 않는다(그림 15.18c). 그러나 그림 15.18d에서와 같이, 점탄성 유체에서는 응력이 궁극적으로 0으로 감소한다.

점탄성재료는 시간 의존성 재료 거동으로 인해 '기억'을 가지고 있다고 일컬어진다. 다시 말하면, 점탄성재료는 변형의 이력을 기억하고 그에 따라 반응한다.

거의 모든 생체재료는 점탄성 특성을 보이므로, 이 장의 나머지 부분에서는 뼈, 힘줄, 인대, 근육, 그리고 관절연골을 포함한 생체조직의 역학적 성질에 관하여 살펴보고자 한다.

15.6 생체조직의 일반적 특성

생체역학 분야의 연구 목적 중 하나는 생체조직의 역학적 성질을 확립하여 다양한 하중조건에서 조직의 거동을 설명하고 나아가 연구할 수 있도록 수학적 모델을 개발함에 있다. 생체역학 연구를 수행하는 동안, 공학적 방법과 원리를 활용하고, 동시에 생체조직을 공학적 재료처럼 취급하는 것이 일반적인 방식이었다. 하지만 살아 있는 조직은 공학적 재료와는 매우 다른 특성을 지닌다. 예를 들면, 살아 있는 조직은 자가 적응 및 자가 치료가 가능하다. 즉, 살아 있는 조직은 그들의 역학적 성질을 변화시켜 역학적 요구의 변화에 적응하며 스스로 치료할 수 있다. 생체조직의 역학적 성질은 나이에 따라 변하는 경향이 있다. 대부분의 생체조직은 서로 다른 성질을 지닌 재료들로 구성된 비동질 이방성 복합체이다. 다시 말하면, 생체조직의 역학적 성질은 조직 내의 위치마다 다를 수 있고, 가해지는 하중의 방향에 따라 다르게 반응할 수 있다. 예를 들면, 뼈의 강도 및 강성이 뼈마다 다를 수 있고, 동일한 뼈에서도 위치에 따라 다를 수 있다. 더욱이, 거의 모든 생체조직은 본질적으로 점탄성을 지닌다. 따라서 강도 측정 결과를 작성할 때, 해당 시험이 수행되는 변형률 속도나 하중 속도도 제공하여야 한다. 살아

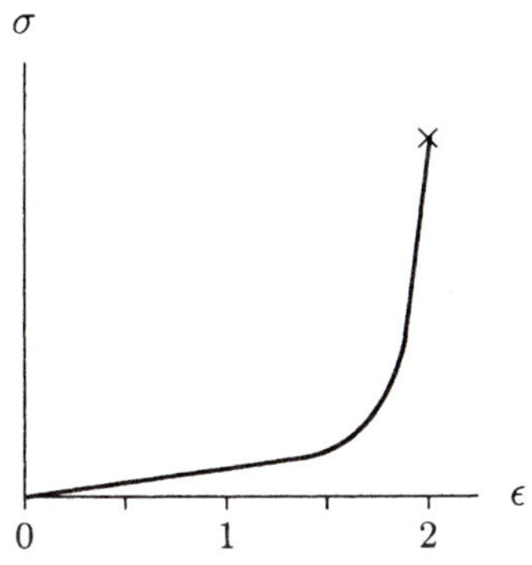

그림 15.19 • 엘라스틴의 응력-변형률 선도

있는 조직에 대해 보고된 대부분의 역학적 성질들은 근사값일 뿐이며, 살아 있는 조직의 거동을 설명하기 위한 수학적 모델도 특정한 하중 구성에 대한 반응을 설명하는 데에만 국한된다는 것을 전제로 한다는 점에서 이러한 고려 사항들이 요구된다.

역학적 관점에서 보면, 모든 조직은 복합 재료이다. 생체조직의 일반적인 구성요소들 중에서 콜라겐 섬유와 엘라스틴 섬유는 이들 조직이 보이는 전체적인 역학적 거동에 영향을 주는 가장 중요한 역학적 성질을 지니고 있다. **콜라겐**(collagen)은 섬유들로 응집되는 주름진 원섬유들(fibrils)로 구성된 하나의 단백질이다. 콜라겐 원섬유들의 역학적 성질은 각 원섬유는 하나의 역학적 스프링과 같으며, 각 섬유는 여러 스프링의 집합체와 같다고 생각할 수 있다. 콜라겐 섬유의 주요 역학적 기능은 축 방향 장력을 견디는 것이다. 콜라겐 섬유는 길이 대 지름의 비율(종횡비)가 크기 때문에, 압축 하중에 효과적이지 못하다. 섬유가 당겨질 때마다 주름이 펴져서 길이가 늘어난다. 기계적 스프링과 같이 섬유를 당기는 데 사용된 에너지는 저장되고, 가해진 하중이 제거되면, 이 에너지를 방출하여 당겨지지 않은 원래 모양의 섬유로 회복한다. 콜라겐 섬유의 내에서 개개의 원섬유는 물이 많이 함유된 젤 형태의 **바탕질**(ground substance, 기저물질)로 둘러싸여 있다. 콜라겐 섬유는 비교적 인장강도가 높고 압축에 대한 저항이 작은 이상(two-phase)의 고체-유체, 또는 점탄성재료 거동을 보인다.

콜라겐 섬유의 기하학적 구조와 비콜라겐 조직 성분들과의 상호작용은 생체조직의 역학적 성질에 대한 기초가 된다. 비콜라겐 조직 성분들 중에서 **엘라스틴**(elastin)은 고무의 성질과 유사한 물성의 또 다른 섬유 단백질이다. 엘라스틴과 미세원섬유는 신축성이 뛰어난 탄성섬유를 형성하며, 이러한 엘라스틴과 미세원섬유의 늘임은 높은 변형률에서도 가역적이다. 엘라스틴 섬유는 약 200% 연신까지 낮은 강성의 탄성 거동을 보이다가 파단이 일어날 때까지 강성이 급속히 증가하는 짧은 구간이 뒤따른다(그림 15.19). 엘라스틴 섬유는 파단 전에 고려할 만한 정도의 소성변형을 하지 않고, 하중 부가 및 제거 경로에서 심각한 히스테리시스를 보이지도 않는다. 요약하면, 엘라스틴 섬유는 낮은 탄성계수의 탄성재료 성질을 지닌 반면, 콜라겐 섬유는 높은 탄성계수의 점탄성재료 거동을 보인다.

15.7 뼈 생체역학

뼈(bone, 골)는 인체의 주요 구조적 요소이다. 뼈는 내부 장기들을 보호하고, 운동학적 연결과 근육 부착 부위를 제공하며, 근육 활동과 신체의 움직임을 도와주는 등 골격계의 기초적 역할을 담당한다. 뼈는 이러한 기능들을 수행할 수 있도록 고유한 구조와 역학적 성질을 지니고 있다. 뼈는 다른 구조물 재료들과 달리, 자체 회복이 가능하다는 점에서도 독특하다. 뼈는 역학적 요구의 변화에 적응하기 위해 형상, 역학적 거동, 그리고 역학적 특성을 변화시킬 수도 있다. 뼈의 역학적 거동에 영향을 미치는 주요 인자로는 뼈의 성분, 뼈를 구성하는 조직의 역학적 성질, 뼈의 크기와 기하학적 구조, 그리고 가해진 하중의 방향, 크기 및 속도 등이 있다.

15.7.1 뼈의 성분

생물학적 용어로 뼈는 몸의 여러 구조 요소들을 함께 묶는 **연결조직**(connective tissue)이다. 역학적 용어로 뼈는 다양한 고체와 액체 상태의 **복합재료**(composite material)이다. 뼈는 여러 세포, 섬유들의 유기 광물 매트릭스, 콜라겐 섬유들을 둘러싸는 바탕질(ground substance, 기저물질)로 구성되어 있다. 또한 뼈는 무기물을 광염(mineral salts)의 형태로 포함하고 있다. 뼈의 무기물 성분은 뼈를 강하고 단단하게 하고, 유기물 성분은 유연성과 탄성을 제공한다. 뼈의 성분은 인종, 나이, 성별, 뼈의 종류, 뼈조직의 종류, 뼈질환의 유무에 따라 다양하다.

거시적 관점에서, 모든 뼈는 두 가지 유형의 조직으로 구성된다(그림 15.20). **겉질뼈**(cortical bone, 피질골) 또는 **치밀뼈**(compact bone, 치밀골) 조직은 뼈의 바깥 껍질(겉질)과 긴뼈(long bone, 장골)의 뼈몸통(diaphyseal, 골간) 부분을 형성하는 조밀한 재료이다. **갯솜뼈**(cancellous, trabeculae or sponge bone, 해면골)조직은 겉질뼈에 의해서 둘러싸인 느슨한 망사구조의 얇은 판[잔기둥(trabeculae, 소주)]들로

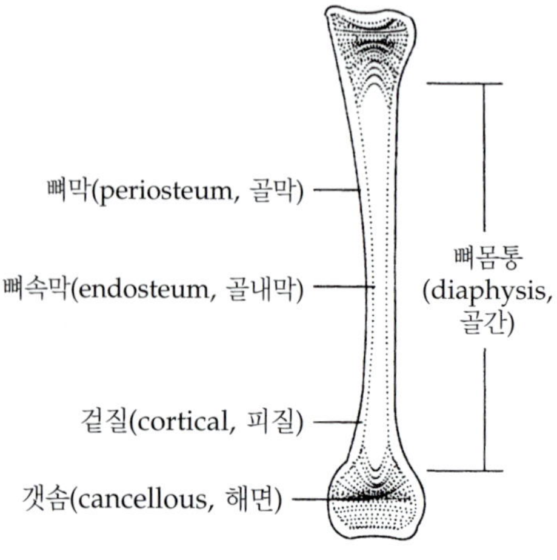

그림 15.20 • 겉질뼈와 갯솜뼈를 보여주는 전체 뼈의 단면도

구성되어 있다. 뼈는 **뼈막**(periosteum, 골막)이라고 불리는 조밀한 섬유막으로 둘러 싸여 있다. 뼈막은 관절 연골로 덮인 관절 표면을 제외한 뼈 전체를 덮고 있다.

15.7.2 뼈의 역학적 성질

뼈는 다양한 세포와 서로 다른 물성을 지닌 유기질 및 무기질로 구성되어 있으므로, 불균일한 재료이다. 뼈는 역학적 성질이 방향에 따라 다르기 때문에 이방성 재료이다. 즉, 뼈의 역학적 반응은 가해지는 하중의 크기 및 방향에 의해 결정된다. 예를 들면, 뼈의 압축강도는 인장강도보다 크다. 뼈는 점탄성(시간 의존성) 재료의 성질을 가지고 있다. 뼈의 역학적 반응은 하중이 가해지는 속도에 따라 달라진다. 뼈는 서서히 가해지는 하중보다 급속히 가해지는 하중에 더 잘 견딜 수 있다. 다시 말하면, 뼈는 높은 변형률 속도에서 더 단단하고 더 강하다.

뼈는 복잡한 구조 재료이다. 뼈에 인장, 압축, 굽힘, 비틀림을 가함으로써 뼈의 역학적 반응을 관찰할 수 있다. 이들 조건을 구현하기 위한 다양한 시험에 대해 앞 장에서 설명하였다. 이들 시험은 균일한 뼈 시편이나 전체 뼈를 사용하여 수행할 수 있다. 특정한 뼈조직(겉질뼈 또는 갯솜뼈)의 역학적 반응을 조사하고자 하는 경우에는 시편을 사용하여 시험을 수행한다. 반면에, 뼈의 '전체적(bulk)' 성질을 결정하려면 전체 뼈를 사용하여 시험을 수행한다.

겉질뼈의 인장 응력–변형률 선도가 그림 15.21에 나타나 있다. 이러한 응력–변형률 곡선은 중간 정도의 변형률 속도($\dot{\epsilon} = 0.05\ s^{-1}$)에서 인간 넙다리겉질뼈의 길이 방향으로 인가된 인장 및 압축 하중 하에서 얻어진 탄성계수(elastic modulus), 변형경화계수(strain hardening modulus), 극한응력(ultimate stress)과 극한변형률(ultimate strain) 값의 평균을 이용하여 작성된다. 그림 15.21의 응력–변형률 곡선은 세 영역으로 뚜렷하게 나뉜다. 초기 선형 탄성 영역에서 응력–변형률 곡선은 거의 직선이며, 이 직선의 기울기는 뼈의 탄성계수(E)로, 약 17 GPa이다. 중간 영역에서 뼈는 비선형 탄소성(elasto-plastic) 재료 거동을 보인다. 이 영역에서 재료의 항복(yielding)도 발생한다. 제7장에서 설명한 오프셋 방법을 이용하여 그림 15.21에 도

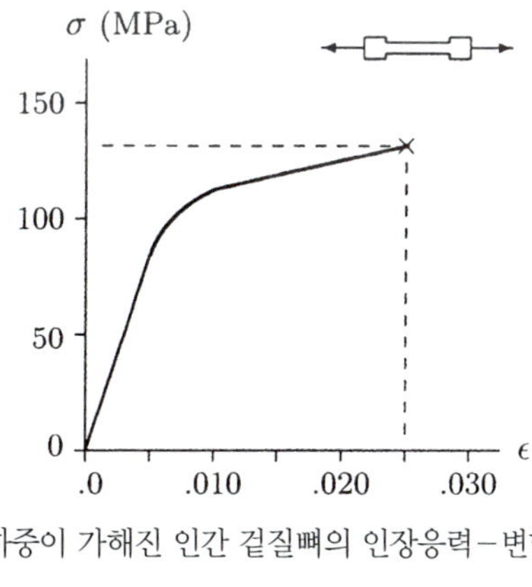

그림 15.21 • 종방향으로 하중이 가해진 인간 겉질뼈의 인장응력–변형률 선도(변형률 $\dot{\epsilon}$=0.05 s^{-1})

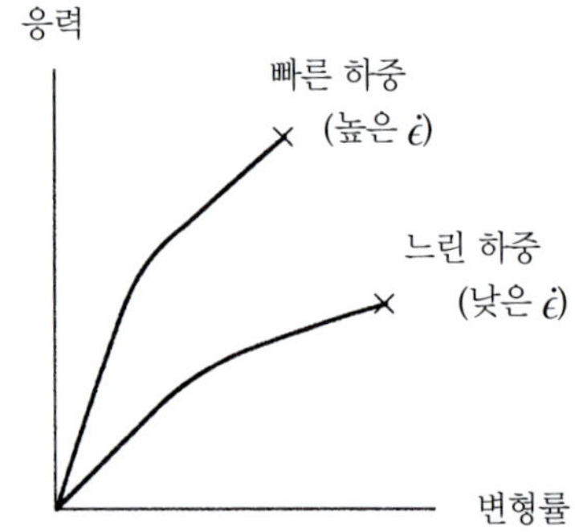

그림 15.22 • 겉질뼈조직의 변형률에 대한 응력–변형률 곡선

시된 응력–변형률 선도에서 겉질뼈의 항복강도를 계산하면 약 110 MPa이다. 마지막 영역에서 뼈는 선형 소성재료 거동을 보이며, 응력–변형률 선도는 또 다른 직선이다. 이 직선의 기울기는 뼈조직의 변형경화계수(E')로, 약 0.9 GPa이다. 인장응력이 약 128 MPa일 때 뼈는 골절되며, 이때의 인장 변형률은 약 0.026이다.

뼈의 탄성계수와 강도 값들은 하중이 가해지는 속도와 같은 시험조건을 포함한 여러 가지 요인에 따라 달라진다. 그림 15.22에서는 이러한 뼈조직의 점탄성 특성에 대해 설명하고 있다. 그림 15.22의 다양한 변형률 속도에 대한 응력–변형률 선도에서, 느린 하중(낮은 $\dot{\epsilon}$)을 받는 경우에 비해 빠른 하중(높은 $\dot{\epsilon}$)을 받는 뼈조직 시편의 탄성계수와 극한강도가 더 크다는 것을 알 수 있다. 또한 그림 15.22에서는 뼈조직이 흡수하는 에너지($\sigma - \epsilon$ 곡선 아래의 면적에 비례함)는 변형률 속도가 증가함에 따라 함께 증가한다는 것을 보여준다. 정상적 일상생활에서 뼈조직은 약 0.01 s^{-1}의 변형률 속도를 받고 있다.

또한 뼈의 응력–변형률 거동은 하중의 방향에 대한 뼈의 방향에 따라 달라진다. 이러한 뼈의 이방성 재료 거동은 그림 15.23에 나와 있다. 겉질뼈는 가로 방향에 비하여 세로 방향으로 더 큰 극한강도와 탄성계수를 가지므로, 세로 방향으로 더 강하고 단단하다. 더욱이, 가로 방향으로 하중을 받는 뼈 시편이 세로 방향으로 하중을 받는 뼈 시편에 비해 (상당한 항복 없이) 더 잘 부서져서 파단에 이른다. 다양한 하중 형태에 대한 성인 넙다리겉질뼈의 극한강도, 탄성계수, 강성계수가 표 15.1에 나타나 있다. 표

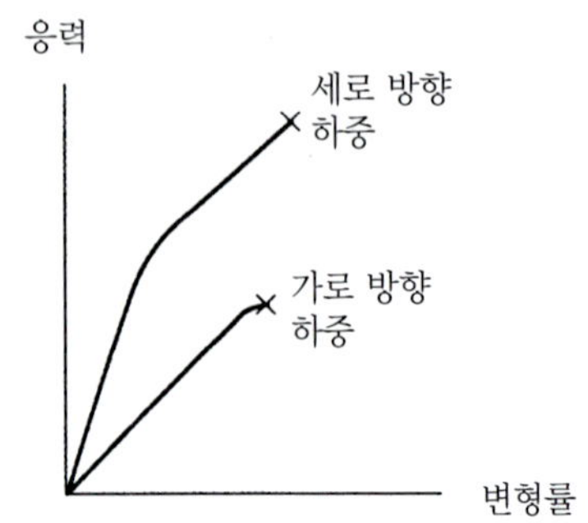

그림 15.23 • 방향에 따른 뼈조직의 응력–변형률 곡선

표 15.1 • 인간 대퇴 겉질뼈의 극한강도와 탄성계수 및 강성계수

하중 형태	극한강도
세로 방향	
인장	133 MPa
압축	93 MPa
전단	68 MPa
가로 방향	
인장	51 MPa
압축	122 MPa
탄성계수(E)	
세로 방향	17.0 GPa
가로 방향	11.5 GPa
전단계수(G)	3.3 GPa

15.1의 극한강도 값들은 세로 방향[뼈단위(osteon, 골원) 방향]의 압축 하중에서 가장 높고, 가로 방향(세로 방향에 수직인 방향)의 인장 하중에 대하여 가장 낮다는 것을 보여준다. 세로 방향의 겉질뼈 탄성계수는 가로 방향의 탄성계수보다 높다. 따라서 겉질뼈가 가로 방향보다 세로 방향으로 더 단단하다는 것을 알 수 있다.

뼈의 역학적 성질로 알려진 값들에는 많은 차이가 있음을 유의해야 한다. 뼈의 인장강도는 스테인리스강의 10% 미만이라는 것을 알고 있으면 편리하다. 또한, 뼈의 강성은 강철의 약 5%이다. 다시 말해, 동일한 치수의 시편 및 동일한 인장 하중하에서 뼈 시편은 강철의 20배만큼 변형된다.

갯솜뼈 및 겉질뼈 조직의 화학적 성분은 유사하다. 갯솜뼈의 구별되는 특징은 다공성(porosity)이다. 두 뼈조직의 물리적 차이는 뼈의 **겉보기 밀도**(apparent density)로 정량화되는데, 이는 뼈의 단위 부피 내에 존재하는 뼈조직의 질량으로 정의된다. 어느 정도까지는 겉질뼈 및 갯솜뼈 조직 모두 가변 밀도의 단일 물질이라고 할 수 있다. 갯솜뼈의 강도 및 강성과 같은 재료의 성질, 그리고 응력-변형률 특성은 뼈의 종류마다 다르고, 같은 뼈에서도 부위마다 다를 수 있는 겉보기 밀도뿐만 아니라 부하의 형태에 따라 달라진다. 갯솜뼈의 압축 응력-변형률 곡선(그림 15.24)에는 변형률이 약

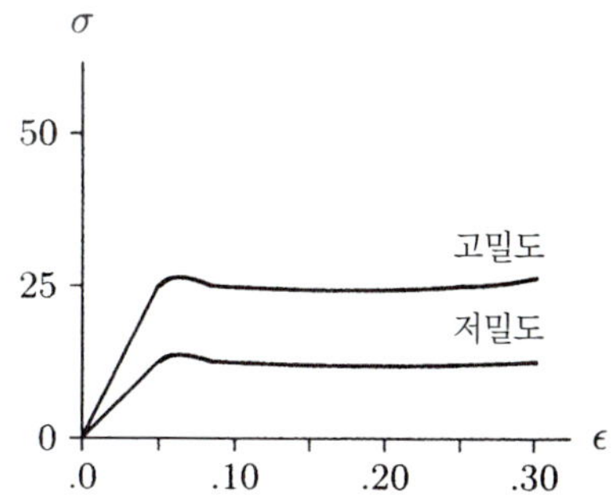

그림 15.24 • 갯솜뼈조직의 겉보기 밀도에 따른 압축응력-변형률 곡선

0.05인 지점까지의 초기 선형 탄성영역이 있다. 재료의 항복은 갯솜뼈의 골절이 시작될 때 발생한다. 이 초기 탄성영역 다음에는 파단에 이를 때까지 거의 일정한 응력의 평평한 영역을 보이는 연성 재료 거동을 한다. 겉질뼈와는 달리, 갯솜뼈는 인장력에 의하여 갑자기 골절되는 취성 재료 거동을 보인다. 갯솜뼈는 겉질뼈에 비해 밀도는 약 25~30%, 강도는 5~10%, 연성은 5배 정도이다. 갯솜뼈의 에너지 흡수 능력은 인장 하중보다 압축 하중을 받을 때 훨씬 더 높다.

15.7.3 뼈의 구조적 완전성

뼈의 구조적 완전성에 영향을 미치는 여러 인자들이 있다. 예를 들면, 뼈의 크기와 기하학적 구조로부터 뼈 전체에 걸쳐 내부 힘의 분포를 알 수 있다. 내부 힘의 분포는 외부에서 가해진 하중에 대한 반응에 영향을 미친다. 뼈가 클수록 내부 힘이 분산되는 면적이 커지고, 이들 힘의 강도(응력)는 작아진다. 결과적으로, 뼈가 클수록 가해진 하중에 대하여 높은 저항성을 갖는다.

긴뼈(long bone, 장골)의 공통적인 특성은 뼈몸통(diaphyseal, 골간) 영역의 속이 비어 있는 관형(tubular) 구조로서, 이는 동일한 질량의 속이 채워져 있는 원기둥 구조에 비해서 상당한 역학적 장점이 있다. 앞 장에서도 살펴보았듯이, 비틀림을 받는 구조물에서의 전단응력은 구조물 단면적의 극관성모멘트(J)에 반비례하고, 굽힘을 받는 구조물에서의 수직응력은 구조물 단면적의 면적 관성모멘트(I)에 반비례한다. 구조물의 극관성모멘트와 면적 관성모멘트가 클수록, 비틀림과 굽힘에 의한 최대 수직응력은 감소한다. 관형구조는 같은 부피의 원기둥 구조에 비하여 극관성모멘트와 면적 관성모멘트가 더 크기 때문에, 관형 구조는 원기둥 구조에 비해서 비틀림 및 굽힘 하중에 더 잘 견딘다. 더욱이, 동일한 단면적을 가진 원기둥 구조에 비해, 관형 구조가 내부 힘을 단면에 더욱 고르게 분배할 수 있다.

골다공증(osteoporosis) 같은 특정한 골격 상태는 뼈의 겉보기 밀도를 감소시켜 본래의 구조적 성질을 저하시킬 수 있다. 골밀도가 약간 감소하더라도 뼈의 강도(strength) 및 강성(stiffness)은 크게 감소할 수 있다. 골다공증이 있는 뼈는 동일한 기하학적 구조의 정상적인 뼈에 비하여 더 쉽게 변형되고 더 낮은 하중에서 골절된다. 골밀도는 노화, 또는 장기간 사용하지 않거나 지나치게 사용한 이후에 변화하여 전체적인 강도가 변화시킬 수도 있다. 정상적인 뼈 구조를 변화시키는 일부 외과적 시술 역시 뼈의 강도를 변화시킨다. 나사 구멍과 같은 뼈 결함은 결함 주위에 응력집중을 유발하여 뼈의 하중지지 능력을 저하시킨다.

나이가 들수록 뼈가 더 단단해지고 유연성이 떨어진다. 또한 나이가 들면서 에너지 흡수 능력과 파단 시 최대변형률이 감소하고, 마치 마른 뼈와 같은 특성을 보이게 된다. 비록 마른 뼈의 특성이 정형외과적으로는 별 의미가 없을 수 있지만, 젖은 뼈와 마른 뼈에는 차이가 있음에 유의하는 것이 중요할 수도 있다. 마른 뼈는 젖은 뼈에 비해서 더 단단하고, 더 높은 극한강도를 가지며, 더 쉽게 부러진다(그림 15.25).

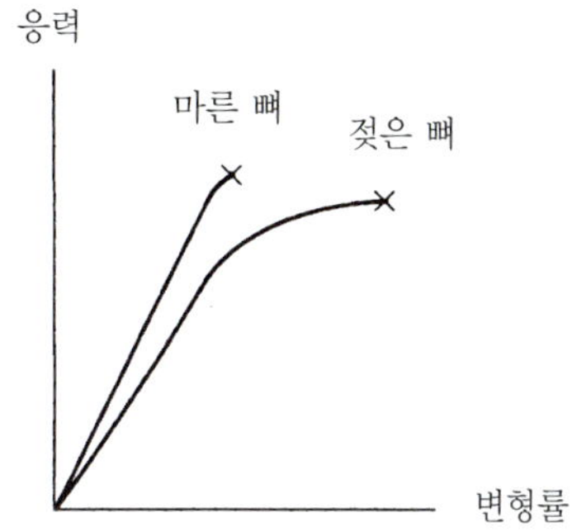

그림 15.25 • 마른 뼈와 젖은 뼈의 응력–변형률 곡선

15.7.4 골절

뼈가 적당한 하중조건을 받으면, 하중이 작용되는 동안에만 작은 변형이 발생한다. 하중이 제거되면, 뼈는 (하중이 없는) 원래의 모습과 위치로 되돌아가는 탄성 물질 거동을 보인다. 작용하중이 크면, 변형도 크다. 뼈의 어떤 부위에서라도 극한강도보다 큰 응력이 작용하면 골절이 일어난다.

순수한 인장력에 의한 골절은 갯솜뼈조직의 비율이 많은 뼈에서 관찰된다. 압축 하중으로 인한 골절은 노화로 인해 약해진 노인의 척추에서 흔히 발생한다. 압축 골절은 긴뼈 뼈몸통 영역에서 일어난다. 압축 골절은 뼈의 비스듬한 골절 형태로 확인된다. 긴뼈의 골절은 일반적으로 비틀림과 굽힘으로 인해 발생한다. 비틀림 골절은 나선형의 비스듬한 형태로 확인되는 반면에, 굽힘 골절은 '나비' 모양의 파편 형태로 나타난다. 뼈의 피로 골절은 반복된 역학적 응력으로 인한 손상이 골절을 방지하는 뼈의 복구 능력을 능가할 때 발생한다. 피로 골절은 프로 운동선수나 열성으로 달리는 사람들에게서 흔히 일어난다. 임상적으로 대부분의 골절은 단순한 하중 기전보다는 복잡한 복합하중 상황의 결과로 발생한다.

15.8 힘줄과 인대

힘줄(tendon)과 인대(ligament)는 섬유질의 연결 조직이다. 힘줄은 근육에서 뼈로 역학적 힘을 전달하여 관절 운동을 도와준다. 인대는 뼈를 연결하고 관절에 안정성을 제공한다. 역학적 힘을 생성하는 능동 조직인 근육과는 달리, 힘줄과 인대는 수동적인 조직으로서, 힘을 생성하기 위해 능동적으로 수축할 수 없다.

인체의 많은 관절 주위에는 둘 이상의 근육이 부착될 만한 공간이 부족하다. 이로 인해, 특정 작업을 수행하기 위해 한 개 또는 몇 개의 근육들이 근육의 단면적이 작은 뼈 접합부에 더 가까운 영역에서 심지어 더 큰 강도(응력)로 큰 하중을 생성하고 견디는 부담을 분담해야 한다. 근육에 비해 힘줄은 더 단단하고, 더 높은 인장강도를 가지며, 더 큰 응력에 견딜 수 있다. 따라서 공간이 제한된 관절 주위에서는 힘줄에 의해 뼈에 근육이 부착된다. 힘줄은 매우 작은 변형으로 매우 큰 하중을 지지할 수 있다. 힘줄의 이러한 속성 때문에, 근육이 힘줄을 늘리는 데 에너지를 낭비하지 않고 뼈에 힘을 전달할 수 있게 한다.

힘줄과 인대의 역학적 특성은 그 구성에 따라 매우 크게 달라질 수 있다. 힘줄과 인대의 역학적 반응을 평가하는 가장 일반적인 방법은 단축 인장 시험이다. 그림 15.26은 힘줄에 대한 전형적인 인장 응력–변형률 선도이다. 이 곡선의 모양은 탄성 엘라스틴 섬유와 점탄성 콜라겐 섬유 간의 상호작용으로 인한 결과이다. 낮은 변형률(약 0.05까지)에서는 덜 단단한 탄성섬유가 우세하고 콜라겐 섬유의 주름을 펴져 힘줄을 늘리는 데 거의 힘이 필요하지 않다. 힘줄은 주름이 곧게 펴지면 더 단단해진다. 동시에, 콜라겐 섬유 내에는 액체와 같은 기저물질이 흐르는 경향이 있다. 따라서 높은 변형률에서는 콜라겐 섬유의 단단하고 점탄성의 성질은 가해진 하중의 증가 부분을 담당하기 시작한다. 힘줄은 체내에서 최대 약 0.04까지의 변형률까지 기능하는 것으로 알려져 있으며, 이를 항복 변형률(ϵ_y)로 간주한다. 힘줄은 약 0.1의 변형률(극한변형률, ϵ_u) 또는 약 60 MPa의 응력(극한응력, σ_u)에서 파열된다.

그림 15.26에 나타나 있는 응력–변형률 곡선의 모양에서 곡선 아래의 면적이 매우 작음에 주목하라. 다시 말하면, 힘줄을 응력 수준까지 늘리기 위해 힘줄에 저장된 에너지는 같은 응력수준으로 (응력–변형률 선도가 직선인) 선형 탄성재료를 늘리기 위해 저장된 에너지에 비하여 훨씬 더 작다. 따라서 힘줄은 선형 탄성재료보다 더 높은 탄성을 가지고 있다.

그림 15.27과 15.28은 시간에 따른 힘줄의 점탄성 특성을 보여준다. 힘줄이 빠르게 늘어나면 기저물질이 흐를 수 있는 기회가 적으므로, 결국 힘줄은 더 단단해진다. 그림 15.28의 히스테리시스 곡선은 힘줄의 시간에 따른 하중 인가 및 제거 거동을 보여준다. 힘줄이 이완되도록 할 때 복구될 때보다 힘줄을 늘리는 데 더 많은 일이 수행되므로, 이 과정에서 일부 에너지는 소실된다.

인대의 역학적 역할은 하나의 뼈에서 다른 뼈로 힘을 이동시키는 것이다. 또한 인대는

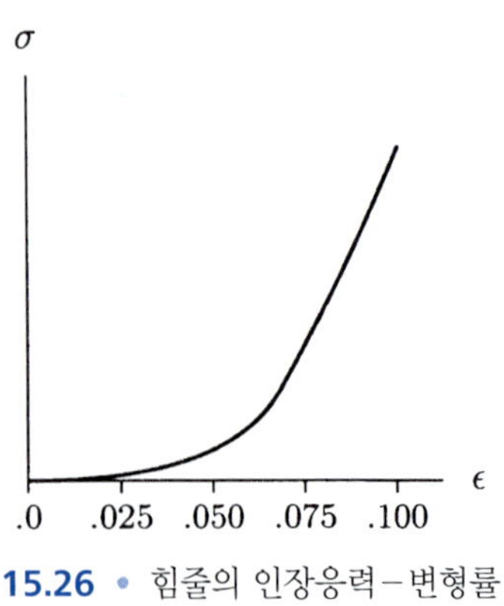

그림 15.26 • 힘줄의 인장응력–변형률 선도

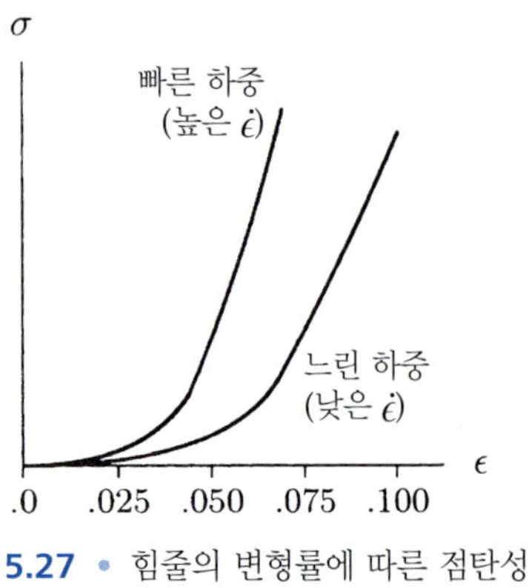

그림 15.27 • 힘줄의 변형률에 따른 점탄성 특성

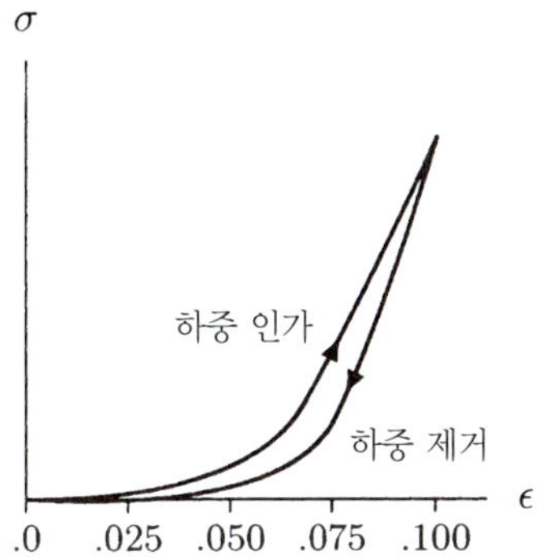

그림 15.28 • 힘줄의 긴장 및 완화에 따른 히스테리시스 곡선

골격의 관절을 안정화시키는 역할을 한다. 인대의 성분과 구조는 체내에서의 기능과 위치에 따라 다르다. 힘줄과 마찬가지로, 인대는 기저물질로 둘러싸인 주름진 콜라겐 섬유를 포함하는 복합 재료이다. 힘줄에 비하여 인대에는 탄성섬유가 더 많아서, 강도와 강성이 낮은 반면에 신장성이 우수하다. 인대의 역학적 성질은 힘줄과 질적으로 유사하다. 인대는 힘줄과 마찬가지로 점탄성이며 히스테리시스를 나타내지만, 약 $\epsilon_y = 0.25$(힘줄의 항복변형률의 약 5배)의 변형률과 약 $\sigma_y = 5$ MPa의 응력까지는 탄성 변형을 한다. 인대는 약 20 MPa의 응력에서 파열된다.

힘줄과 인대는 점탄성이므로, 이들을 늘리는 데 공급되는 에너지는 기저물질 내 유체의 흐름을 일으켜 소실되고 나머지 에너지는 늘어난 조직에 저장된다. 힘줄과 인대는 질긴 재료이므로 쉽게 파열되지 않는다. 힘줄과 인대의 가장 흔한 손상은 뼈와의 접합 지점에서 발생한다.

15.9 뼈대근

근육에는 뼈대근(skeletal muscle, 골격근), 민무늬근(smooth muscle, 평활근), 심장근(cardiac muscle, 심근)의 세 가지 유형이 있다. 민무늬근은 내부 장기들을 늘어세우고, 심장근은 심장을 형성한다. 이 교재에서는 뼈대근의 특성에 초점을 두고 있다. 뼈대근은 널힘줄(aponeurosis, 건막) 및/또는 힘줄을 통해서 둘 이상의 뼈에 부착되어, 뼈와 뼈 사이의 상대적인 움직임을 유발하거나 조절한다. 신경의 자극으로 뼈대근 섬유가 수축하면, 근육이 붙어 있는 뼈에 당김 효과를 발휘한다. **수축**(contraction)은 근조직의 고유한 능력으로, 근육 내 장력의 발생으로 정의된다. 근수축은 근육의 짧아짐(동심성 수축, concentric contraction)이나 길어짐(원심성 수축, eccentric contraction), 또는 길이의 변화 없이(등장성 수축, static or isometric contraction) 발생할 수도 있다.

뼈대근은 근섬유들(muscle fibers)과 근(육)원섬유들(myofibrils)로 구성된다. 근육

원섬유는 차례로 **액틴**(actin) 단백질 및 **미오신**(myosin) 단백질과 같은 수축성 요소들로 구성된다. 액틴과 미오신은 띠(band) 또는 미세섬유(filament) 형태로 나타난다. 여러 개의 상대적으로 두꺼운 굵은근육 미세섬유(myosin filament)는 상대적으로 얇은 가는근육 미세섬유(actin filament)와 함께 교차다리(cross-bridges)를 가로질러 상호작용하여 **근육원섬유마디**(sarcomere, 근절)이라고 불리는 근수축 요소의 기본 구조를 형성한다(그림 15.29). 많은 근절 요소들은 직렬로 연결되어 근수축 요소(운동단위, motor unit)를 형성한다. 근절 내에서 근력(장력)이 생성되며, 근육이 짧아지고 길어지게 한다. 근육의 능동적 수축 요소는 **근막**(fascia)이라고 불리는 수동적 섬유성 연결조직 내에 들어 있다. 근막은 근육을 에워싸서 층으로 분리하며, 근육이 힘줄에 연결되도록 한다.

근육에 의해 발생되는 힘과 토크는 근육 내 운동단위 수, 동원된 운동단위 수, 근육이 길이를 변화시키는 방법, 근수축 속도, 그리고 근력의 지렛대 팔 길이 등을 포함한 많은 요인들에 따라 달라진다. 근육에는 두 가지의 서로 다른 힘이 존재한다. **능동적 장력**(active tension)은 근수축 요소에 의해서 발생되는 힘으로, 자발적 근수축에 의한 결과이다. 반면에, **수동적 장력**(passive tension)은 근육이 휴식 상태의 길이를 초과할 때 연결 근육 조직 내에 발생되는 힘이다. 근육에서 알짜 인장력(net tensile force)은 근육의 수동적 및 능동적 성분 모두의 힘-길이 특성에 따라 달라진다. 그림 15.30은 장력과 근육 길이에 관한 전형적인 선도이다. 미세섬유 사이의 교차다리(cross-bridge)의 수가 최대이므로, 근육의 휴식상태(l_o)에서 능동적 장력(T_a)이 최대가 된다. 근육이 늘어남에 따라, 미세섬유들은 당겨져서 서로 떨어지고, 교차다리의 수가 감소되며, 능동적 장력은 감소된다. 근육의 최대 길이에서 교차다리는 없으며 능동적 장력은 0으로 감소된다. 근육이 짧아짐에 따라, 교차다리들이 서로 겹쳐져서 능동적 장력은 다시 감소한다. 근육의 길이가 휴식상태 이하가 되면, 근육의 수동적(연결) 성분들은 장력 없이 느슨한 상태가 된다. 근육이 늘어남에 따라 수동적 인장력(T_p)은 연결 조직 내에 축적된다. 수동적 성분의 힘-길이 특성은 비선형 스프링의

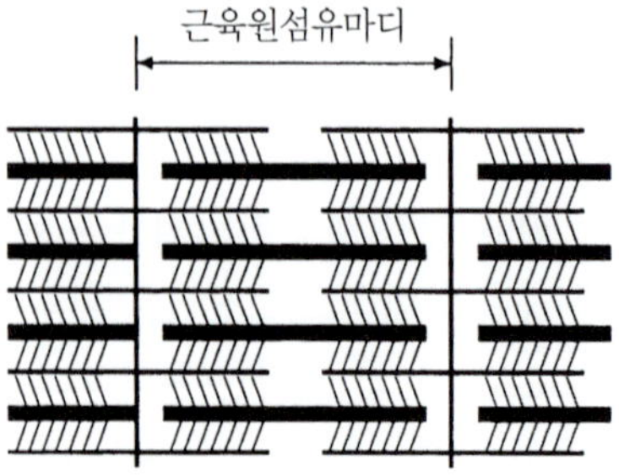

그림 15.29 • 근수축 요소의 기본 구조(굵은 선은 미오신 미세섬유, 얇은 수평선은 가는근육 미세섬유, 세로교차선은 교차결합)

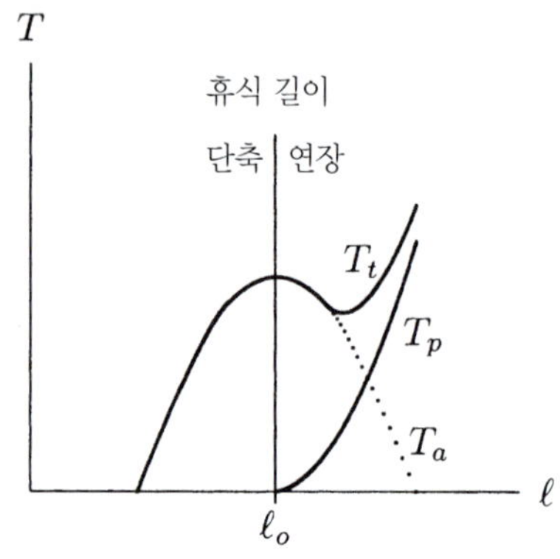

그림 15.30 • 근력(T)과 근육길이(l)

특성과 유사하다. 근육의 길이가 증가함에 따라 수동적 인장력이 더 큰 비율로 증가한다. 힘줄을 통해 전달되는 전체, 총 또는 알짜 근력(T_t)은 근육의 능동적 및 수동적 성분들의 힘의 합이다. 주어진 근육에 대해 장력–길이 선도는 고유하지 않고, 동원된 운동단위 수에 따라 달라진다는 점에 유의하자. 근력의 능동적 성분의 크기는 근육이 자극받는 방식에 따라 달라질 수 있으며, 일반적으로 최대 자발적 수축(maximum voluntary contraction)의 백분율로 표현한다.

수축하는 근육에 의해 생성되는 힘은 일반적으로 힘줄을 통해서 뼈에 전달된다. 힘줄이 근육으로부터 뼈로 힘을 전달하도록 하는 데에는 기능적인 이유가 있다. 힘줄에 비해 근육의 인장강도는 더 낮다. 근육은 상대적으로 극한강도가 낮기 때문에 파열되지 않고 충분히 큰 힘을 전달하기 위해서는 단면적이 커야 한다. 힘줄은 이 기능을 수행하기에 더 적합하게 설계되었다.

15.10 관절연골

연골은 가동(윤활) 관절에서 뼈의 관절 표면을 덮고 있다. 연골의 주요 기능은 관절뼈의 상대적인 움직임을 촉진하는 것이다. 연골은 관절 표면 사이의 접촉 면적을 증가시켜 뼈에 가해지는 응력을 줄이고, 마찰의 영향을 감소시켜 뼈의 마모를 줄여준다.

연골은 약 75%의 물과 25%의 유기성 고체로 이루어진 이상(two-phase) 재료이다. 연골에서 고체상의 대부분은 콜라겐 섬유로 이루어져 있다. 나머지 기저물질은 주로 친수성 분자인 프로테오글리칸(proteoglycan)이다. 콜라겐 섬유는 장력에 대해 상대적으로 강하고 단단한 반면, 프로테오글리칸은 압축에 강하다. 연골은 고체 및 유체의 혼합 구성으로 인해 점탄성을 갖는다.

다양한 하중조건에서 연골의 역학적 성질은 많은 다양한 기술을 이용하여 조사되어 왔다. 예를 들어, 압축 하중에 대한 사람 무릎뼈의 반응은 작은 원기둥형 또는 반구형의 압입기(indenter)로 관절 표면을 누르고 이때 나타나는 변형을 측정하는 압입시험을 이용하여 연구되고 있다(그림 15.31a). 그림 15.31b는 압입시험의 전형적인 결과를 보여주고 있다. 일정한 크기의 하중이 가해지면, 재료는 초기에 상대적으로 큰 탄성 변형으로 반응한다. 작용된 하중으로 인해 사이질액(interstitial fluid, 간질액)에 압력구배(pressure gradient)가 발생하고, 압력 변화로 인해 유체가 연골 매트릭스를 통해 밖으로 흐르도록 한다. 하중이 유지됨에 따라, 변형량은 감소하는 속도로 증가한다. 유체 내의 압력 변화가 사라짐에 따라, 변형은 평형 상태로 가려고 한다. 가해진 하중을 제거하면(하중 제거 단계), 즉각적인 탄성 회복(반동)이 일어나고, 그 후 보다 점진적인 회복을 통해서 완전한 회복에 이르게 된다. 연골의 이러한 크리프–회복 반응은 하나의 선형 스프링과 하나의 켈빈–보이트 단위가 직렬로 연결되어 이루어진 3 요소 점탄성 고체모델을 이용하여 정성적으로 표현할 수 있다(그림 15.32).

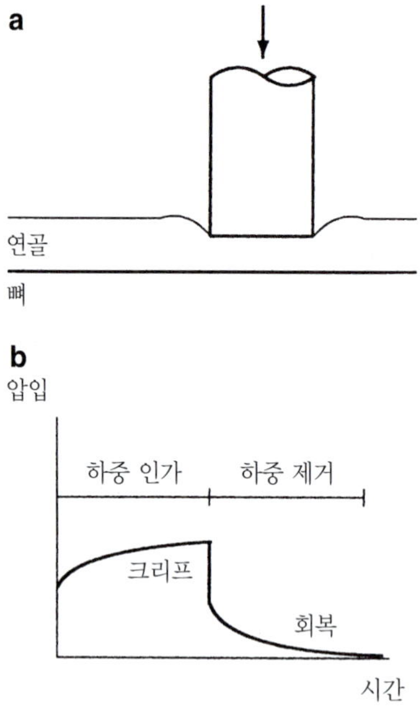

그림 15.31 • 압입시험

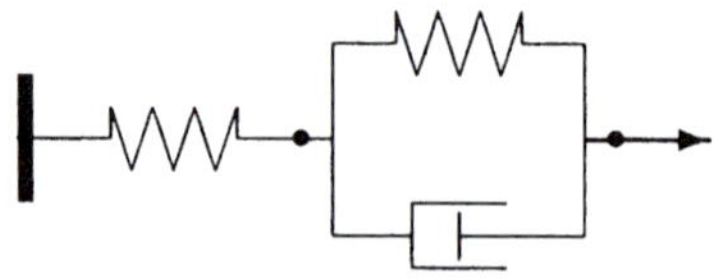

그림 15.32 • 연골의 크리프-회복 거동을 나타내기 위한 표준 고체 모델

압축 하중 조건에서 연골의 반응을 조사하기 위해 고안된 또 다른 실험은 그림 15.33에 나와 있는 제한 압축시험(confined compression test)이다. 이 시험에서는 시편을 단단한 원통형 틀에 넣고 투과성 블록으로 하중을 가한다. 압축 하중에 의하여, 사이질액의 압력이 변화하고, 그 결과로 유체가 삼출된다. 결국에는 압력변화가 사라지고 평형상태에 도달하게 된다. 평형에 도달한 상태는 연골의 압축 강성을 나타낸다. 연골의 압축 강성과 저항은 조직의 물과 프로테오글리칸의 양에 의해 좌우된다. 프로테오글리칸의 함량이 높을수록 조직의 압축 저항이 높아진다.

일상 활동 중에 관절연골은 압축응력뿐만 아니라 인장 및 전단 응력을 받는다. 연골은

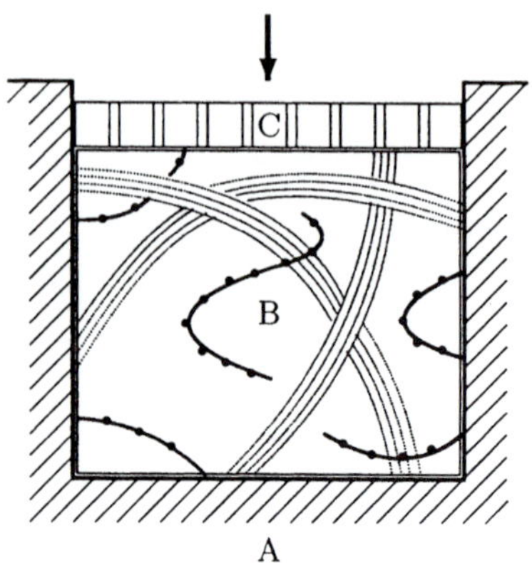

그림 15.33 • 제한 압축시험. A는 강성 거푸집, B는 시편, C는 투과성 블록

장력을 받으면, 조직에 가해지는 인장 하중을 전달하는 콜라겐 섬유를 재정렬하여 반응한다. 연골의 인장 강성 및 강도는 조직의 콜라겐 함량에 따라 달라진다. 콜라겐 함량이 많을수록, 연골의 인장강도가 높아진다. 관절연골에서의 전단응력은 관절 표면의 상대적인 움직임 사이에서 생기는 마찰력 때문에 발생한다. 그러나 윤활관절(synovial joints)에서의 마찰계수는 아주 낮아서(0.001~0.06 정도), 연골에 작용하는 응력 결과에 마찰이 큰 영향을 미치지 않는다.

구조적 이상(예: 관절내 골절) 및 해부학적 이상[예: 류머티스성 관절염 및 절구형성이상(acetabular dysplasia, 비구이형성증)]은 모두 연골 손상, 변성, 마모 및 파손 등을 유발할 수 있다. 이러한 이상들은 역학적 성질을 변화시켜 관절의 하중 지지 능력이 바뀔 수 있다. 정상 보행 동안 인간의 엉덩관절에 관여하는 힘의 크기가 체중의 약 5배임(달리거나 뛰는 동안은 더 커짐)을 고려하면, 연골의 하중 지지 능력과 역학적 완전성 유지의 중요성은 분명해진다. 이러한 힘들이 가해지는 엉덩이 접촉면적은 약 15 cm^2(0.0015 m^2)이다. 따라서 체중이 85 kg인 사람의 경우, 3 MPa 정도의 압축 응력(압력)이 작용한다.

15.11 토의

이 장에서는 일부 생체조직의 역학적 성질을 매우 간략하게 다루었다. 생체조직의 역학적 성질과 구조적 특성에 대한 지식은 신체의 생리학적 기능에 대한 실험적 또는 이론적 해석에 필수적인 전제 조건이다. 이러한 주제들 각각을 충분히 다루기 위해서는 적어도 한 장 전체가 소요된다. 이 장은 생물학적 현상을 앞서 소개된 역학적 개념의 관점으로 표현할 수 있는 방법을 개략적으로 소개하는 데 그 목적이 있다. 관심 있는 독자들은 관련 주제에 대한 지식을 향상시킬 수 있는 보다 완전한 문헌을 참고하기를 바란다.

15.12 연습문제

문제에 대한 정답은 이 절의 마지막에 있다.

문제 15.1 적절한 표현을 사용하여 아래의 정의를 완성하라.

(a) 탄성재료는 시간 비의존성 재료 거동을 보인다. 탄성재료는 외부로부터 하중을 받으면, (   ) 변형된다.

(b) 시간 의존성 재료 거동을 (   )(이)라고 한다.

(c) 탄성은 고체 재료의 특성인 반면, (   )은(는) 유체의 특성이고, 흐름에 대한 저항의 척도이다.

(d) 점탄성재료에 있어서, 응력은 변형률의 함수일 뿐만 아니라, ( )의 함수이다.
(e) ( )와(과) ( )은(는) 각각 탄성 고체 및 점성 유체의 거동을 모사하기 위해 사용되는 기초 역학 요소들이다.
(f) ( ) 모델은 스프링과 완충기가 병렬로 연결된 점탄성 모델이다.
(g) ( ) 모델은 스프링과 완충기가 직렬로 연결된 점탄성 모델이다.
(h) ( ) 모델은 스프링과 켈빈–보이트 고체가 직렬로 연결된 점탄성 모델이다.
(i) ( ) 시험은 재료에 하중을 가하고, 일정 시간 동안 일정한 수준의 하중을 유지하다가, 갑자기 하중을 제거하여, 재료의 반응을 관찰하는 시험이다.
(j) ( ) 시험은 재료에 일정 수준의 변형률을 가하고, 일정한 수준으로 변형률을 유지하면서, 재료의 응력 반응을 관찰하는 시험이다.
(k) ( ) 시험은 재료에 정현파 형태의 응력을 가하고, 재료의 변형률 반응을 측정하는 시험이다.
(l) 하중의 부가 및 제거의 경로로 둘러싸인 면적을 ( )(이)라고 부르는데, 이것은 변형 및 회복 과정에 열로 소실되는 에너지를 말한다.
(m) 점탄성재료는 시간 의존성 거동으로 인해 ( )을(를) 가지고 있다고 일컬어진다.
(n) 생체조직은 공학적 재료와 매우 다른 특성을 지닌다. 예를 들면, 생체조직은 ( ) 및 ( )이(가) 가능하다.
(o) 생체조직의 일반적 성분들 중에서 ( ) 및 ( ) 섬유는 이들 조직이 보이는 전체적인 역학적 거동에 영향을 주는 가장 중요한 역학적 성질을 지니고 있다.
(p) ( )은(는) 섬유들로 응집되는 주름진 원섬유로 구성된 단백질이다.
(q) ( )은(는) 고무의 성질과 유사한은 재료 특성을 지닌 섬유 단백질이다.
(r) 생물학적 용어로, 뼈는 몸의 다양한 구조 요소들을 함께 묶는 ( ) 조직이다. 역학적 용어로, 뼈는 다양한 고체와 액체 상태의 ( ) 재료이다.
(s) ( )뼈조직은 뼈의 바깥 껍질(겉질)과 긴뼈의 뼈몸통 부분을 형성하는 조밀한 재료이다.
(t) ( )조직은 겉질뼈로 둘러싸인 느슨한 망사구조의 얇은 판들로 구성되어 있다.
(u) 뼈는 ( ) 변형률 속도에서 더 단단하고 더 강하다.
(v) 겉질뼈의 강도는 ( ) 방향의 압축 하중에 대해서 가장 높고, ( ) 방향의 인장하중에 대해서는 가장 낮다.
(w) 뼈의 인장강도는 스테인리스강의 ( )퍼센트 미만이고, 뼈의 강성은 스테인리스강의 약 ( )퍼센트이다.
(x) 겉질뼈와 갯솜뼈 조직의 화학적 성분은 유사하다. 갯솜뼈의 구별되는 특징은 ( )이다.
(y) ( )은(는) 근 조직의 고유한 능력으로, 근육 내 장력의 발생으로 정의된다.
(z) ( ) 장력은 근수축 요소에 의해서 발생되는 힘으로, 자율적 근수축에 의한

결과이고, (   ) 장력은 근육이 휴식 상태의 길이를 초과할 때 연결 근육 조직 내에 발생되는 힘이다.

문제 15.2 적절한 표현으로 다음의 정의를 완성하라.

(a) 탄성재료의 경우, 응력−변형률 관계는 시간이나 변형률 속도에 (   )이다/하다.

(b) 점탄성재료의 경우, 응력−변형률 관계는 재료 내 응력과 변형률의 발생 속도에 (   )이다/한다.

(c) 탄성체의 경우, 물체를 변형시키기 위해 공급된 에너지는 (   )(으)로 물체 내에 저장된다. 이 에너지는 일단 작용된 응력이 제거되면, 물체를 원래의 크기와 모양으로 (   )시키는 데 쓰인다.

(d) 탄성재료에서의 하중 부가 및 제거 경로는 일치한다. 이는 하중 부가 및 제거 과정 동안 (   ) 손실이 없음을 의미한다.

(e) 점탄성 물체의 경우, 물체를 변형시키기 위해 공급되는 에너지의 일부는 (   )(으)로 물체 내에 저장되며, 일부는 (   )(으)로 소실된다. 에너지의 (   )은(는) 없다.

(f) 거의 모든 생체재료는 (   ) 특성을 나타낸다.

(g) 뼈의 역학적 거동에 영향을 미치는 인자는 뼈의 성분, 뼈를 구성하는 조직의 역학적 성질, 뼈의 크기와 기하학적 구조, 그리고 가해진 하중의 (   ), (   ) 및 (   )이다.

(h) 겉질뼈는 (   ) 방향보다 (   ) 방향으로 더 강하고 단단하다.

(i) 뼈의 겉보기 밀도는 뼈의 단위 부피에 존재하는 뼈조직의 (   )(으)로 정의된다.

(j) (   )(와)과 같은 특정 골격 상태에서는 뼈의 겉보기 밀도를 감소시켜, 뼈 골격의 완전성이 저하될 수 있다.

(k) 골밀도는 약간 감소하더라도 뼈의 (   )(와)과 (   )은(는) 크게 감소할 수 있다.

(l) 뼈의 임의의 부위에 (   )보다 큰 응력이 작용하면 골절이 일어난다.

(m) 순수한 인장력에 의한 골절은 (   )조직의 비율이 높은 뼈에서 관찰된다.

(n) (   )이(가) 들수록 뼈가 단단해지고 유연성이 떨어진다.

(o) 마른 뼈는 (   ) 뼈에 비해서 더 단단하고, 더 강하고, 더 부러지기 쉽다.

(p) 뼈가 클수록 가해지는 하중에 대하여 (   ) 저항성을 갖는다.

(q) 긴뼈의 골절은 일반적으로 (   )(와)과 (   )(으)로 인해 발생한다.

(r) 힘줄은 근육에서 뼈로 역학적 힘을 (   )하여 관절 운동을 도와준다.

(s) 인대는 뼈를 연결하고 관절에 (   )을(를) 제공한다.

(t) 힘줄과 인대는 (　　　) 조직으로서, 힘을 생성하기 위해 능동적으로 수축할 수 없다.
(u) 힘줄은 (　　　)에 비해 더 단단하고, 더 높은 인장강도를 가지며, 더 큰 응력을 견딜 수 있다.
(v) 힘줄은 매우 작은 (　　　)(으)로 매우 큰 하중을 지지할 수 있다.
(w) 인대의 역학적 역할은 뼈에서 뼈로 힘을 (　　　)시키는 것이다.
(x) 인대는 골격의 관절을 (　　　)시키는 역할을 한다.
(y) 힘줄과 인대 가장 흔한 손상은 뼈와의 (　　　)에서 발생한다.
(z) 근육에는 (　　　), (　　　), (　　　)의 세 가지 유형이 있다.

문제 15.3 적절한 표현으로 다음의 정의를 완성하라.

(a) 뼈대근은 널힘줄 및/또는 힘줄을 통해 둘 이상의 부착되어, 뼈와 뼈 사이의 (　　　)을(를) 유발 및/또는 조절한다.
(b) 신경의 자극으로 뼈대근 섬유가 수축하면, 근육은 붙어있는 뼈에 (　　　) 효과를 발생시킨다.
(c) 근육은 (　　　)에 비해 인장강도가 낮다.
(d) 연골의 주요 기능은 관절뼈의 (　　　)을(를) 촉진하는 것이다.
(e) 연골은 관절 표면 사이의 접촉 (　　　)을(를) 증가시켜 뼈에 가해지는 (　　　)을(를) 감소시킨다.
(f) 연골은 관절 표면 사이의 (　　　)의 영향을 감소시켜 뼈의 마모를 감소시킨다.
(g) 일상 활동 중에 관절연골은 (　　　) 응력뿐만 아니라, 인장 및 전단 응력을 받는다.

문제 15.1에 대한 정답:

(a) 순간적으로/즉시
(b) 점탄성
(c) 점성
(d) 변형률 속도 또는 시간
(e) 스프링, 완충기
(f) 켈빈－보이트
(g) 맥스웰
(h) 표준고체
(i) 크리프 및 회복
(j) 응력완화
(n) 자가 적응, 자가 치료
(o) 콜라겐, 탄성
(p) 콜라겐
(q) 엘라스틴
(r) 연결, 복합
(s) 겉질/치밀
(t) 갯솜뼈
(u) 높은
(v) 세로, 가로
(w) 10, 5

(k) 진동반응
(l) 히스테리시스 곡선
(m) 기억
(x) 다공성
(y) 수축
(z) 능동적, 수동적

문제 15.2에 대한 정답:

(a) 독립적/무관
(b) 종속적/의존
(c) 위치에너지, 회복
(d) 에너지
(e) 위치에너지, 열, 손실
(f) 점탄성
(g) 방향, 크기, 속도
(h) 가로, 세로
(i) 질량
(j) 골다공증
(k) 강도, 강성
(l) 극한강도
(m) 갯솜뼈
(n) 나이
(o) 젊은
(p) 높은
(q) 비틀림, 굽힘
(r) 전달
(s) 안정성
(t) 수동(적인)
(u) 근육
(v) 변형
(w) 이동
(x) 안정화
(y) 접합지점
(z) 뼈대근, 민무늬근, 심장근

문제 15.3에 대한 정답:

(a) 상대적인 움직임
(b) 당김
(c) 힘줄
(d) 상대적인 움직임
(e) 면적, 응력
(f) 마찰
(g) 압축

APPENDIX

A

평면 기하학

Plane Geometry

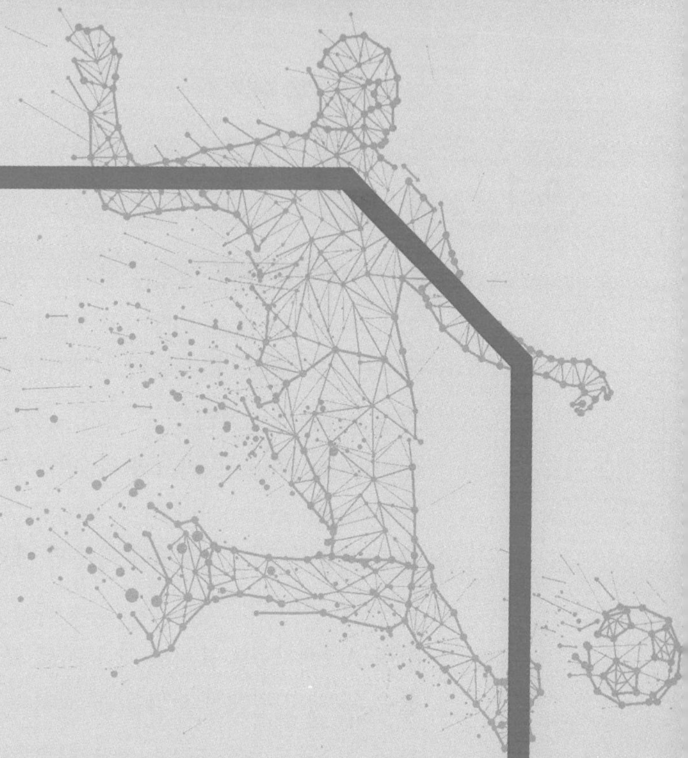

A.1 각도

기하학의 기본 건축 요소는 선이다. 일반적으로 선이라고 하면, 직선이며 길이가 무한하다고 가정한다. 선 위에서 서로 일정 거리 떨어져 있는 두 점은 선분을 이루며, 선분의 길이는 유한하다. 선들이 교차하면 각을 이룬다.

그림 A.1에서 교차하는 두 직선 *aa*와 *bb*에 의해 형성된 각 θ는 서로 같으며 **맞꼭지각**(opposite angle)이라고 한다. 만약 두 직선이 서로 수직을 이룬다면, 그 형성된 각을 **직각**(right angle)이라 한다. 직각은 90°이다. 대체로 직각은 그림으로 작은 사각형으로 표시한다. 각이 90°보다 작으면 **예각**(acute angle)이라 하고, 90°보다 크면 **둔각**(obtuse angle)이라 한다.

그림 A.2에서 θ로 표시된 각은 서로 같으며 **엇각**(alternate angle)이라고 한다. 이 각들은 두 개의 평행선 *aa*와 *bb*를 교차하는 직선 *cc*에 의해 형성된다.

그림 A.3에서 θ로 표시된 각은 서로 같다. 이 경우, 직선 *cc*는 직선 *bb*와 수직이고, 직선 *dd*는 직선 *aa*와 수직이다. 그림 A.3에 나타난 기하학적 구조는 물리학과 역학에서 광범위하게 활용되고 있는데, 예를 들어서 경사면의 운동을 해석할 때에 사용된다. 이러한 해석에서 직선 *aa*는 수평선을 의미하고, 직선 *bb*는 수평선과 각도 θ를 이루는 경사면을 의미하며, 직선 *cc*는 경사면에 수직이고, 직선 *dd*는 수직선을 의미한다.

A.2 삼각형

삼각형(triangle)은 세 변과 세 내각을 가진 기하학적 모양이다. 정삼각형, 이등변 삼각형, 불규칙 삼각형, 직각 삼각형을 포함하여 다양한 종류의 삼각형이 있다. **정삼각형**(equilateral triangle)은 모든 변의 길이가 같은 삼각형이다(그림 A.4). 정삼각형의 세 내각은 서로 같다. 적어도 두 변의 길이가 같은 삼각형을 **이등변 삼각형**(isosceles triangle)이라고 한다(그림 A.5). 이등변 삼각형에서 두 등변이 마주 보는 각은 서로 같다. 세 변의 길이가 다른 삼각형을 **불규칙 삼각형**(irregular triangle)이라고 한다(그림 A.6). 삼각형의 세 내각의 합은 180°이다. 불규칙 삼각형은 다음과 같이 나타

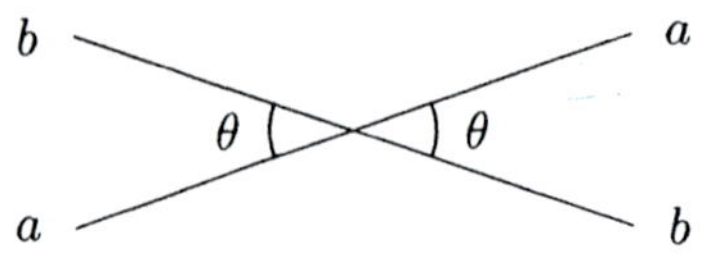

그림 A.1 • 맞꼭지각

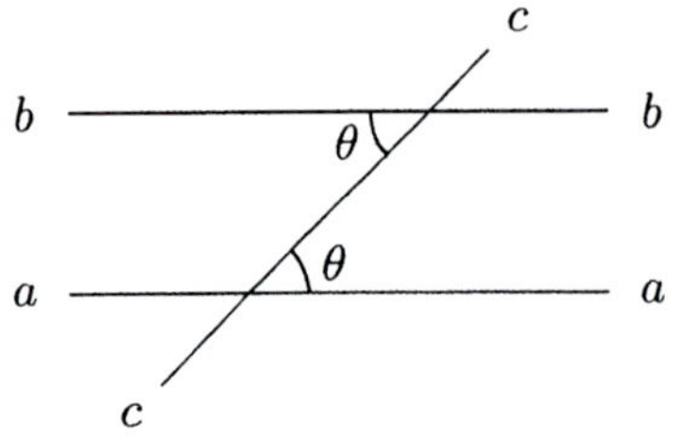

그림 A.2 • 엇각

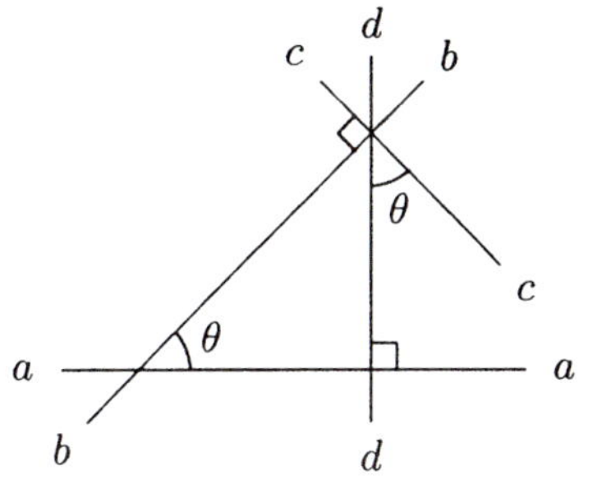

그림 A.3 • 직선 *aa*는 *dd*와 수직이고, 직선 *cc*는 직선 *bb*와 수직이다.

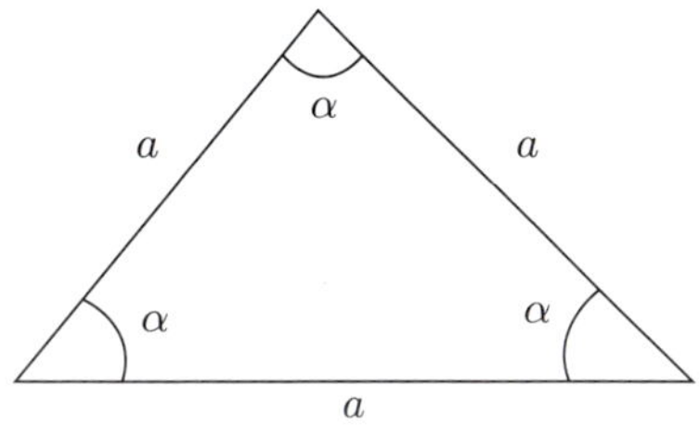

그림 A.4 • 정삼각형

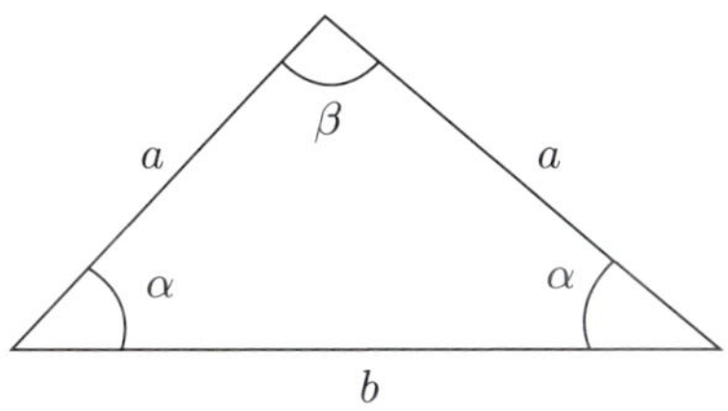

그림 A.5 • 이등변 삼각형

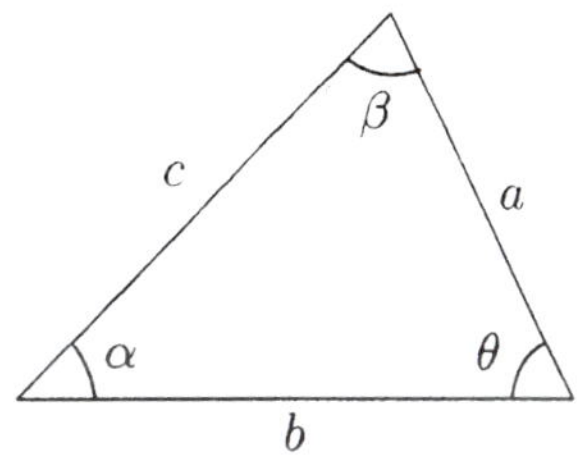

그림 A.6 • 불규칙 삼각형

낼 수 있다.

$$\alpha + \beta + \theta = 180^\circ$$

A.3 사인 법칙

그림 A.6과 같은 임의의 삼각형에 대하여, 각과 변은 **사인 법칙**(law of sine)의 관계에 있다.

$$\frac{\sin \alpha}{a} = \frac{\sin \beta}{b} = \frac{\sin \theta}{c} \qquad \text{(A.1)}$$

사인(약칭: sin)의 정의는 A.7절에 나와 있다.

A.4 코사인 법칙

그림 A.6과 같은 임의의 삼각형에 대하여, 삼각형의 두 변(예: *a*와 *b*)과 그 사이의 각도(θ)를 알면, 알려지지 않은 제3 변(c)은 다음과 같이 **코사인 법칙**(law of cosine)을 적용하여 결정할 수 있다.

$$c^2 = a^2 + b^2 - 2ab\cos\theta \tag{A.2}$$

코사인(약칭: cos)의 정의는 A.7절에 제시되어 있다.

A.5 직각 삼각형

삼각형의 한 각이 90°인 삼각형을 **직각 삼각형**(right triangle)이라 한다. 그림 A.7의 직각 삼각형에서, 각 θ는 90°이고, 나머지 두 각의 합도 90°이다.

$$\theta = \alpha + \beta = 90^\circ$$

그림 A.7의 직각 삼각형에서, 직각(각도 θ)과 마주하는 c 변을 직각 삼각형의 **빗변**(hypotenuse)이라 하며, 직각 삼각형의 가장 긴 변이다. 각 α에 대하여 b는 **인접하는 변**(adjacent side)의 길이이고, a는 **마주하는 변**(opposite side)의 길이이다. 직각을 이루는 두 변을 직각 삼각형의 다리라고 한다.

직각 삼각형에서 30°와 마주하는 변의 길이는 직각 삼각형의 빗변의 길이의 반이다(그림 A.7에서, $\alpha = 30^\circ$이면 $a = 0.5c$이다).

A.6 피타고라스 정리

피타고라스 정리(Pythagorean theorem)는 직각 삼각형에서 빗변 길이의 제곱은 직각 삼각형의 다른 변 길이의 제곱의 합과 같다고 정한다.

$$c^2 = a^2 + b^2 \tag{A.3}$$

양변에 제곱근을 취하면 아래와 같다.

$$c = \sqrt{a^2 + b^2} \tag{A.4}$$

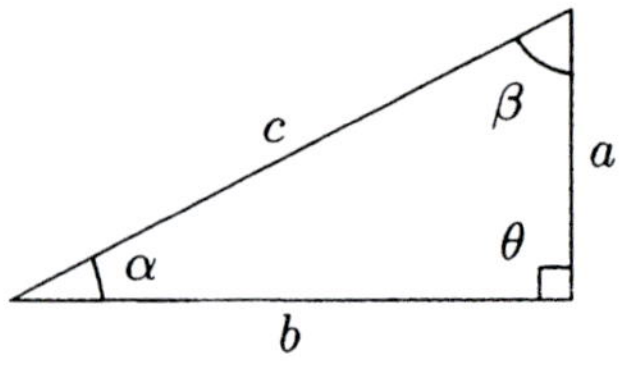

그림 A.7 • 직각 삼각형

A.7 사인, 코사인 및 탄젠트

직각 삼각형에서 예각(직각보다 예각)의 **사인**(sine)은 마주하는 변과 직각 삼각형의 빗변 길이의 비율과 같다. 그림 A.7의 직각 삼각형의 경우, 아래와 같이 표현된다.

$$\sin\alpha = \frac{a}{c} \qquad \sin\beta = \frac{b}{c} \tag{A.5}$$

직각 삼각형에서 예각의 코사인은 인접하는 변과 빗변 길이의 비율이다.

$$\cos\alpha = \frac{b}{c} \qquad \cos\beta = \frac{a}{c} \tag{A.6}$$

그림 A.7에서 각 α의 사인은 각 β의 코사인(cosine)과 같고, 각 α의 코사인은 각 β의 사인과 같다. 또한, 각 α에 대한 식 (A.5)와 (A.6)는 다음과 같이 달리 표현할 수 있다.

$$\begin{aligned} a &= c\sin\alpha \\ b &= c\cos\alpha \end{aligned} \tag{A.7}$$

또한, 식 (A.7)에서 a와 b를 각각 제곱해서 식 (A.2)에 대입하면, 다음과 같은 관계식 얻을 수 있다.

$$\begin{aligned} c^2 &= a^2 + b^2 \\ c^2 &= (c\cos\alpha)^2 + (c\sin\alpha)^2 \\ c^2 &= c^2\left(\cos^2\alpha + \sin^2\alpha\right) \end{aligned}$$

위 방정식의 양변을 c^2으로 나누면, 중요한 삼각함수의 항등식을 얻게 된다.

$$\cos^2\alpha + \sin^2\alpha = 1 \tag{A.8}$$

직각 삼각형에서 예각의 **탄젠트**(tangent)는 마주하는 변과 인접하는 변의 길이의 비율이다.

$$\tan\alpha = \frac{a}{b} \qquad \tan\beta = \frac{b}{a} \tag{A.9}$$

일부 주요 각들에 대한 사인, 코사인 및 탄젠트가 표 A.1에 나열되어 있다. 또한, 하나의 각의 탄젠트는 그 각의 사인과 코사인의 비율과도 같다.

$$\tan\alpha = \frac{\sin\alpha}{\cos\alpha} \qquad \tan\beta = \frac{\sin\beta}{\cos\beta} \tag{A.10}$$

삼각형의 두 변의 길이를 알거나 삼각형의 한 변의 길이와 하나의 예각을 알면, 직각 삼각형을 정확히 규정할 수 있다. 나머지 변과 각은 삼각함수의 항등식을 사용하여 결정할 수 있다.

표 A.1 • 주요 각도에 대한 사인, 코사인, 탄젠트

각도	sin	cos	tan
0°	0.000	1.000	0.000
30°	0.500	0.866	0.577
45°	0.707	0.707	1.000
60°	0.866	0.500	1.732
90°	1.000	0.000	

A.8 역사인, 역코사인 및 역탄젠트

때로는 하나의 각에 대한 사인, 코사인 또는 탄젠트가 주어지고, 각도 자체를 구해야 하는 경우가 있다. 이를 위해서 **역사인**(inverse sine), **역코사인**(inverse cosine), 그리고 **역탄젠트**(inverse tangent)는 다음과 같이 정의된다.

$$\sin\alpha = A \text{ then } \alpha = \sin^{-1}(A)$$
$$\cos\alpha = B \text{ then } \alpha = \cos^{-1}(B)$$
$$\tan\alpha = C \text{ then } \alpha = \tan^{-1}(C)$$

역사인, 역코사인, 그리고 역탄젠트는 아크사인(arcsine), 아크코사인(arccosine), 그리고 아크탄젠트(arctangent)라고도 하며, 약칭으로는 각각 arcsin, arccos, 그리고 arctan으로 표기한다.

예제 A.1 그림 A.8의 직각 삼각형에서, 만약 $a = 4$이고 $b = 3$이라면, 각도 α와 β, 그리고 직각사각형의 빗변인 c의 길이를 구하라.

풀이: 식 (A.4)로부터

$$c = \sqrt{a^2 + b^2}$$

a와 b의 값을 대입하여 계산하면, 아래와 같다.

$$c = \sqrt{4^2 + 3^2} = \sqrt{16 + 9} = \sqrt{25} = 5$$

각도 α의 코사인은 아래와 같다.

$$\cos\alpha = \frac{b}{c} = \frac{3}{5} = 0.6$$

양변에 역코사인을 취하면 다음과 같다.

$$\alpha = \cos^{-1}(0.6) = 53.13°$$

각 β의 코사인은 아래와 같다.

$$\cos\beta = \frac{a}{c} = \frac{4}{5} = 0.8$$

양변에 역코사인을 취하면 아래와 같다.

$$\beta = \cos^{-1}(0.8) = 36.87°$$

아래와 같이, 결과가 올바른지 확인한다.

$$\alpha + \beta \stackrel{?}{=} 53.13° + 36.87° \stackrel{\checkmark}{=} 90°$$

예제 A.2 그림 A.8의 직각 삼각형에서, $b = 2$이고 $\alpha = 30°$라면, 각도 β와 변 a, c를 구하라.

풀이: 직각 삼각형의 예각들의 합은 항상 90°이다. 따라서 아래와 같이 계산할 수 있다.

$$\beta = 90° - \alpha = 90° - 30° = 60°$$

각도 α의 코사인은 아래와 같다.

$$\cos\alpha = \frac{b}{c}$$

양변에 c를 곱한 후 $\cos\alpha$로 나누면 다음과 같다.

$$c = \frac{b}{\cos\alpha}$$

b와 α의 값을 대입하면 다음과 같다.

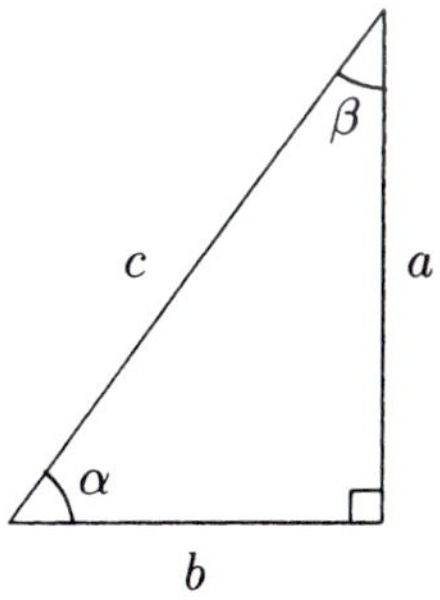

그림 A.8 • 예제 *A*.1 및 *A*.2

$$c = \frac{2}{\cos 30°} = \frac{2}{0.866} = 2.31$$

각도 α의 탄젠트는 아래와 같다.

$$\tan \alpha = \frac{a}{b}$$

양변에 b를 곱하면 다음과 같다.

$$a = b \tan \alpha$$

b와 α의 값을 대입하면 아래와 같다.

$$a = (2)(\tan 30°) = (2)(0.577) = 1.15$$

아래와 같이, 결과가 올바른지 확인한다.

$$a^2 + b^2 = c^2$$
$$(1.15)^2 + (2)^2 \stackrel{?}{=} (2.31)^2$$
$$5.3 \stackrel{\checkmark}{=} 5.3$$

예제 A.3 직각 삼각형에서 두 변의 길이가 서로 같다면($a = b = 5$), 빗변의 길이 c와 빗변과 이루는 두 변의 각도 α와 β을 구하라.

풀이: 직각 삼각형의 경우, 예각의 합은 90°이어야 한다. 또한 a와 b가 서로 같다면, α와 β는 a와 b를 마주 보고 있으므로 서로 같다. 따라서 아래와 같이 쓸 수 있다.

$$\alpha = \beta = ½\, 90° = 45°$$

식 (A.4)로부터,

$$c = \sqrt{\left(a^2 + b^2\right)}$$

a와 b의 수치를 대입하면 다음과 같다.

$$c = \sqrt{\left(5^2 + 5^2\right)} = \sqrt{50} = 7.07$$

예제 A.4 그림 A.6의 불규칙 삼각형에 있어서, $a = 3.5$, $b = 5.0$, $\alpha = 43°$일 경우, 각도 β 및 θ, 그리고 변의 길이 c를 구하라.

풀이: 식 (A.1)부터

$$\frac{\sin\alpha}{a}=\frac{\sin\beta}{b}$$

따라서 아래와 같이 쓸 수 있다.

$$b\sin\alpha=a\sin\beta$$

및

$$\sin\beta=\frac{b\sin\alpha}{a}$$

a, b 및 각도 α의 값을 대입하면 아래와 같이 계산된다.

$$\sin\beta=\frac{5.0\ \sin 43^\circ}{3.5}=0.97$$

따라서 아래와 같이 구할 수 있다.

$$\beta=〚\sin〛^{(-1)}(0.97)=75.9^\circ$$

여기서 삼각형의 내각의 합은 180°이므로, 아래와 같이 계산할 수 있다.

$$\theta=180^\circ-(\alpha\ +\ \beta)=180^\circ-(43^\circ\ +\ 75.9^\circ)=180^\circ-118.9^\circ=61.1^\circ$$

식 (A.1)로부터

$$\frac{\sin\alpha}{a}=\frac{\sin\theta}{c}$$

따라서 아래와 같이 쓸 수 있다.

$$c\sin\alpha=\ a\sin\theta$$

및

$$c=\frac{a\sin\theta}{\sin\alpha}$$

변의 길이 a와 각도 α 및 β의 값을 대입하면 아래와 같다.

$$c=\frac{3.5\ \ \sin 61.1^\circ}{(\sin 43^\circ)}=4.5$$

결과가 올바른지 확인한다.

$$\frac{\sin\beta}{b}=\frac{\sin\theta}{c}$$
$$c\sin\beta=b\sin\theta$$

$$c = \frac{b \sin\theta}{\sin\beta} = \frac{5.0 \sin 61.1^\circ}{\sin 75.9^\circ} = 4.5$$

예제 A.5 그림 A.6의 불규칙 삼각형에 있어서, $a = 4.5$, $b = 4.0$, $c = 5.5$인 경우, 각도 θ를 구하라.

풀이: 식 (A.2)로부터,

$$c^2 = a^2 + b^2 - 2ab\cos\theta$$

따라서 아래와 같이 쓸 수 있다.

$$2ab\cos\theta = a^2 + b^2 - c^2$$

이를 다시 정리하면 아래와 같다.

$$\cos\theta = \frac{a^2 + b^2 - c^2}{2ab}$$

a, b, c에 수치를 대입하여 계산하면 다음과 같다.

$$\cos\theta = \frac{([\![4.5]\!]^2 + [\![4.0]\!]^2 - [\![5.5]\!]^2)}{(2 \cdot 4.5 \cdot 4.0)} = 0.17$$

양변에 역코사인을 취하면 다음과 같다.

$$\theta = [\![\cos]\!]^{(-1)}(0.17) = 80.2^\circ$$

A.9 연습문제

문제 A.1 그림 A.9의 불규칙 삼각형에 있어서, $a = 3.5$, $b = 2.0$, $\gamma = 130°$일 경우, 변 c와 각 α 및 β를 구하라.

정답: $c = 5.02$, $\alpha = 32.3^\circ$, $\beta = 17.7^\circ$

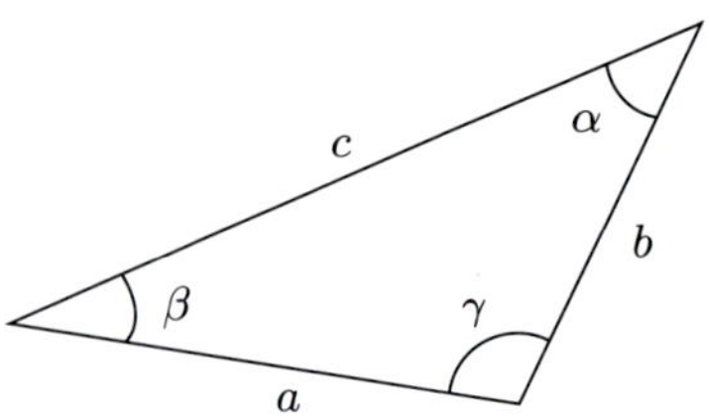

그림 A.9 • 문제 A.1, A.2 및 A.3

문제 A.2 그림 A.9의 불규칙 삼각형에 있어서, 변 $a = 9$, $b = 6$, $c = 13.4$일 경우, 삼각형의 내각 α, β, γ를 구하라.

정답: $\alpha = 33.2°$, $\beta = 21.4°$, $\gamma = 125.4°$

문제 A.3 그림 A.9의 불규칙 삼각형에 있어서, 변 $a = 15$이고, 각 $\alpha = 36°$, 각 $\beta = 27°$일 때, 삼각형의 변 b, c와 각 γ를 구하라.

정답: $b = 11.6$, $c = 22.7$, $\gamma = 117°$

문제 A.4 그림 A.10의 직각 삼각형에 있어서, 빗변 $c = 16.3$이고 각 $\alpha = 38°$일 때, 직각 삼각형의 나머지 두 변의 길이를 구하라.

정답: $a = 10.04$, $b = 12.8$

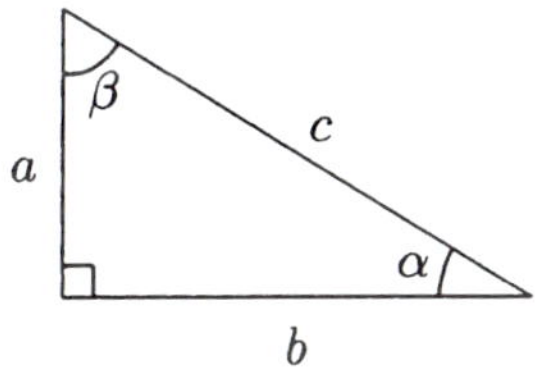

그림 A.10 • 문제 A.4, A.5 및 A.6

문제 A.5 그림 A.10의 직각 삼각형에 있어서, $a = 3.2$ 및 $b = 5.6$일 때, 빗변 c와 각 α, β를 구하라.

정답: $c = 6.5$, $\alpha = 29.7°$, $\beta = 60.3°$

문제 A.6 그림 A.10의 직각 삼각형에 있어서, $c = 12$이고 각 α 및 β가 서로 같을 때, a와 b, 각 α 및 β를 구하라.

정답: $a = b = 8.5$, $\alpha = \beta = 45°$

문제 A.7 그림 A.6의 불규칙 삼각형에 있어서, 변 $b = 6.5$이고 각 $\alpha = 53°$ 및 각 $\theta = 65°$일 때, 변 a, c 및 그 사이의 각 β를 구하라.

정답: $a = 5.88$, $c = 6.67$, $\beta = 62°$

문제 A.8 그림 A.7의 직각 삼각형에 있어서, 빗변 $c = 6.0$이고 $\tan\alpha = 0.577$인 경우 변 a, b와 각 β를 구하라.

정답: $a = 3.0$, $b = 5.2$, $\beta = 60°$

문제 A.9 그림 A.5의 이등변 삼각형에 있어서, 변 $b = 12.0$이고 대각 $\beta = 120°$일 경우, 삼각형의 다른 두 변과 내각을 구하라.

정답: $a = 6.93$, $\alpha = 30°$

문제 A.10 그림 A.5의 이등변 삼각형에 있어서, 변 $a = 4.5$이고 각 $\beta = 55°$일 때, 변 b와 각 α를 구하라.

정답: $b = 3.9$, $\alpha = 70°$

문제 A.11 그림 A.6의 불규칙 삼각형에 있어서, 변 $b = 4.6$, 각 $\alpha = 36°$ 및 각 $\theta = 78°$일 때, 변 a, c 및 각 β를 구하라.

정답: $a = 2.96$, $c = 3.17$, $\beta = 66°$

APPENDIX

B

벡터 연산

Vector Algebra

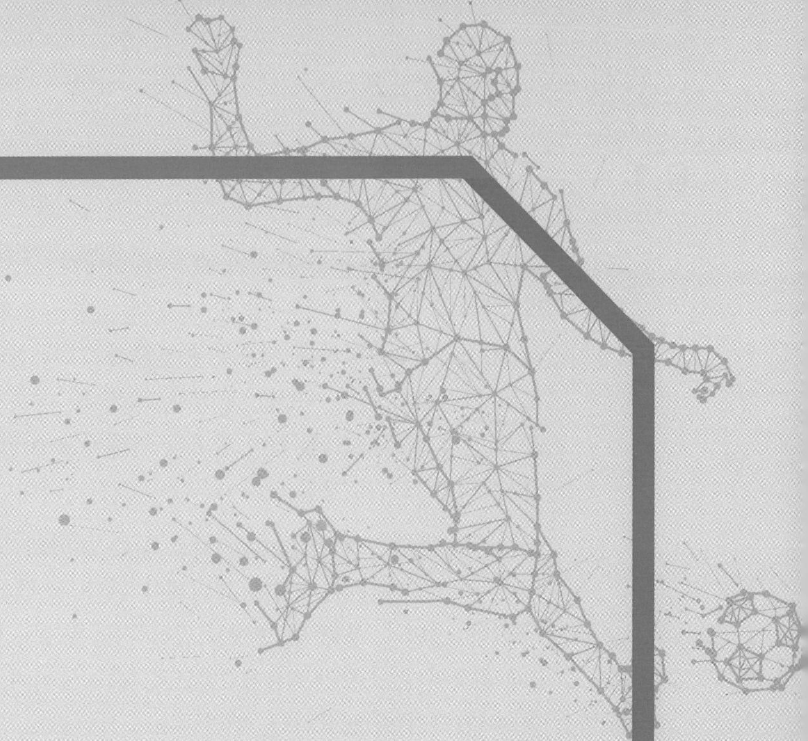

B.1 정의

역학 개념의 대부분은 스칼라 또는 벡터이다. **스칼라**(scalar)양은 크기만 가진다. 질량, 에너지, 일률, 역학적 일 및 온도의 개념은 스칼라양이다. 예를 들어, 물체의 질량은 80 kg이라고 말하는 것으로 충분하다. 그에 반해 **벡터**(vector)양은 크기와 방향이 모두 연관되어 있다. 즉 힘, 모멘트, 속도 및 가속도는 벡터양의 대표적인 예이다. 힘을 완전히 설명하려면, 힘이 얼마나 가해지고 어떤 방향으로 가해지는지 명시해야 한다. 벡터의 크기는 항상 양(+)의 값인 스칼라양이다.

스칼라와 벡터는 **텐서**(tensor)라고 하는 역학의 모든 수량에 대한 보다 일반적인 범주의 특수한 형태라는 점에 유의해야 한다. 스칼라는 '0차 텐서'이며, 벡터는 '1차 텐서'이다. 반면에, 응력 및 변형률 같은 개념은 '2차 텐서'이다. 이 정의에서 차수는 3^n의 n에 해당한다. 스칼라는 n이 0이므로, $3^0 = 1$이며, 스칼라양을 정의하는 데 있어 하나의 수량(크기)만 필요하다. 벡터는 $n = 1$이므로, $3^1 = 3$이다. 즉, 벡터는 세 개의 수량(세 가지 방향 요소)이 필요하다. 반면에, n이 2일 때 $3^2 = 9$이므로, 응력 및 변형률 같은 개념을 정의하려면 아홉 개의 수량(세 개의 평면에서 세 개의 요소)이 필요하다.

B.2 표기법

벡터양을 표기하는데 사용되는 다양한 표기법이 있다. 이 교재에서는 벡터에 대해서 밑줄을 사용할 것이다. 예를 들어, $\underline{A}$는 벡터양을 표현한다. 반면에, 밑줄이 없는 A는 스칼라양으로 사용할 것이다. 도식법에서 벡터는 일반적으로 그림 B.1과 같이 화살표로 표시된다. 화살표의 방향은 벡터의 **작용선**(line of action)을 나타낸다. 화살촉은 벡터의 작용선을 따르는 감각을 한정하여 벡터의 방향을 나타낸다. 예를 들어, 벡터가 가해진 힘을 나타내는 경우, 화살표의 꼬리 지점은 힘 벡터의 **작용점**(point of application)을 나타낸다. 만약, 단일 도면에서 둘 이상의 벡터를 나타내야 할 경우에는 각 화살표의 길이는 해당 화살표가 나타내는 벡터양의 크기에 비례해야 한다. 벡터양의 **크기**(magnitude)는 항상 해당 수량의 수치 척도에 해당하는 양(+)의 값을 가진다.

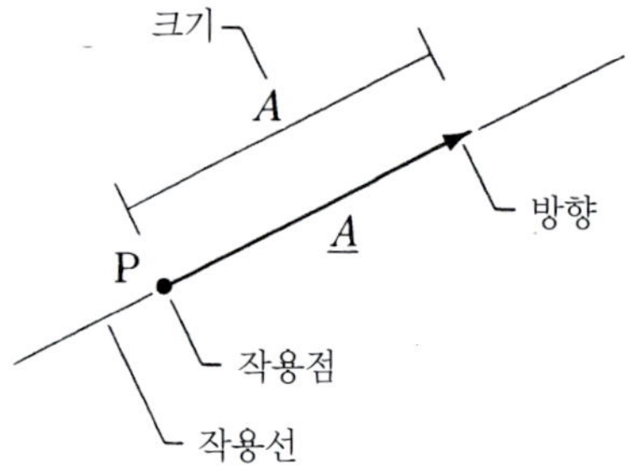

그림 B.1 • 벡터 $\underline{A}$에 대한 도식적 표현

벡터양의 크기를 표현하는 방법에는 두 가지가 있다. 즉, 밑줄을 제거한 (A) 또는 절댓값 표시인 한 쌍의 수직선($|\underline{A}|$)을 표시함으로써 벡터의 크기로 표현할 수 있다.

B.3 벡터의 스칼라 곱셈

$\underline{A}$를 크기가 A인 벡터양이고, m은 스칼라양이라고 하자. $m\underline{A}$의 곱은 새로운 벡터 $\underline{B}$ $= m\underline{A}$)와 같으므로, 벡터 $\underline{A}$와 방향은 같지만 크기는 m x A이다. 예를 들어, $m = 2$라면 곱 벡터 $\underline{B}$의 크기는 벡터 $\underline{A}$ 크기의 2배이다.

B.4 음의 벡터

$\underline{A}$의 크기를 가지는 벡터를 A라고 하자. $-\underline{A}$를 **음(−)의 벡터**(negative vector)라고 표현하며, $-\underline{A}$는 벡터 $\underline{A}$의 방향과 반대 방향을 갖는다는 점이 벡터 $\underline{A}$와 다르다(그림 B.2). 벡터양의 크기는 항상 양(+)의 스칼라양이므로, $-\underline{A}$와 $\underline{A}$ 벡터는 모두 A와 같은 크기를 가진다. 따라서 벡터양의 경우, 음의 기호는 방향의 변경을 의미할 뿐, 벡터의 크기와는 관련이 없다.

B.5 벡터의 덧셈: 도식법

도식으로 둘 이상의 벡터를 더하는 방법은 크게 평형사변형법과 삼각형법이 있다. 그림 B.3에 표시된 두 벡터 $\underline{A}$와 $\underline{B}$를 생각해보자. 벡터 $\underline{A}$는 점 Q를 가리키고, 벡터 $\underline{B}$는 점 R을 가리키고 있다. **평형사변형법**(parallelogram method)은 두 벡터 중에서 하나의 끝에서 다른 벡터와 평형하게 선을 그리고, 두 번째 벡터에 동일한 작업을 반복하여 평행사변형을 만든다. 평행하게 그린 그림의 교차점을 S라 하면, 점 P에서 점 S를 향해 그려진 화살표는 벡터 $\underline{A}$와 $\underline{B}$의 합을 나타내는 벡터이다(그림 B.4). 이렇게 얻은 세 번째 벡터를 **합성벡터**(resultant vector) 또는 **알짜벡터**(net vector)라고 한다. 그림 B.4에서와 같이 합성 벡터 $\underline{C}$는 다음과 같이 수식으로 표현할 수 있다.

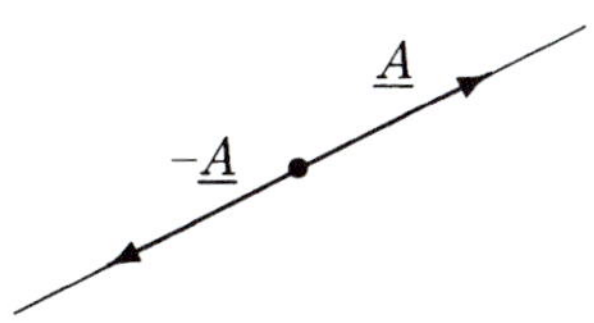

그림 B.2 • 음(−) 벡터

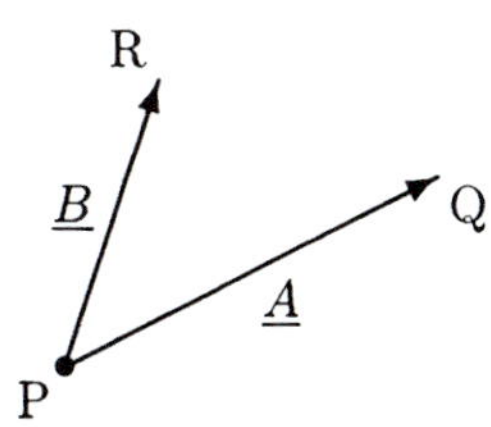

그림 B.3 • 벡터 $\underline{A}$와 $\underline{B}$

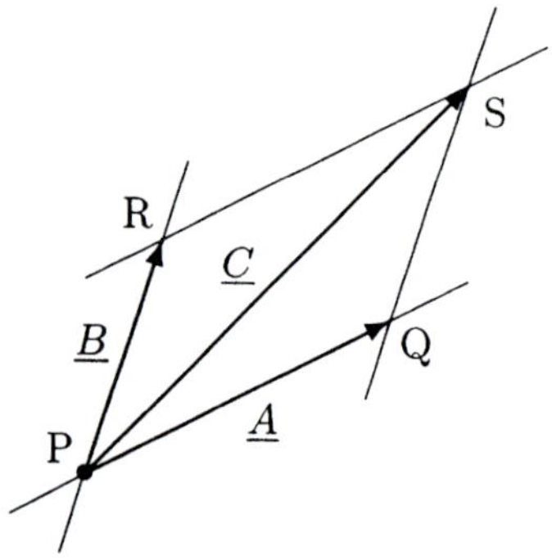

그림 B.4 • 평행사변형

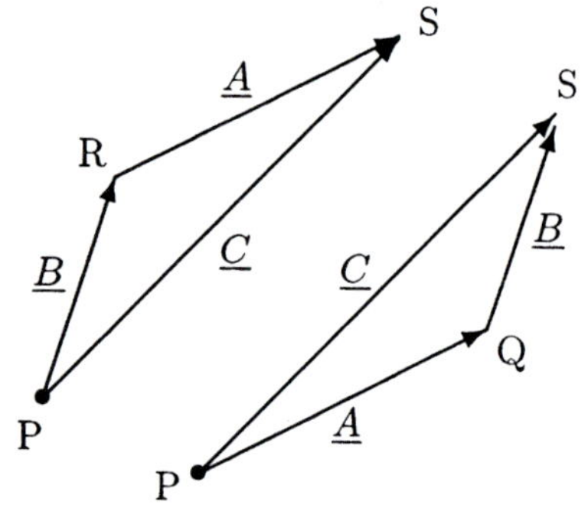

그림 B.5 • 삼각형법

$$\underline{A} + \underline{B} = \underline{C} \tag{B.1}$$

삼각형법(triangle 또는 tail-to-tip methods)은 두 벡터의 합을 그림 B.5에서와 같이 도식적으로 표현할 수 있다. 이 경우, 방향을 변경하지 않고 하나의 벡터의 머리를 다른 하나의 벡터의 꼬리와 일치시키는 방식으로 다른 벡터의 머리로 변환된다. 첫 번째 벡터의 꼬리로부터 두 번째 백터의 머리를 향해 그려진 화살표는 합성 벡터를 나타낸다.

벡터의 합을 수행하는 동안, 벡터의 정렬 순서는 임의대로 할 수 있다. 즉, 벡터 합은 교환법칙이 성립한다. $\underline{A}$와 $\underline{B}$ 합과 $\underline{B}$와 $\underline{A}$의 합은 동인한 벡터 $\underline{C}$이다.

$$\underline{A} + \underline{B} = \underline{B} + \underline{A} = \underline{C} \tag{B.2}$$

B.6 벡터의 뺄셈

하나의 벡터에서 다른 벡터를 빼는 것은 벡터의 음수는 반대 방향을 가리키는 동일한 크기의 벡터라는 점을 유의하면 쉽게 수행할 수 있다. 예를 들어, 그림 B.6과 같이 벡터 $\underline{A}$에서 벡터 $\underline{B}$를 빼는 것은 $\underline{A}$에 벡터 $-\underline{B}$를 더한 합성 벡터이다.

벡터 $\underline{B}$에서 $\underline{A}$를 빼는 방법은 비슷하다. 만약 벡터 $\underline{D}$와 $\underline{E}$가 다음과 같이 정의된다고 하자.

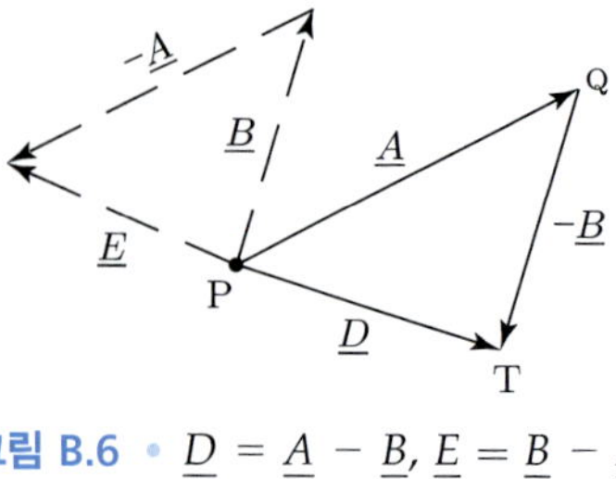

그림 B.6 • $\underline{D} = \underline{A} - \underline{B}$, $\underline{E} = \underline{B} - \underline{A}$

$$\underline{A} - \underline{B} = \underline{D}$$
$$\underline{B} - \underline{A} = \underline{E}$$

그러면 $\underline{A} - \underline{B} = -(\underline{B} - \underline{A})$이고, 벡터 $\underline{D}$와 $\underline{E}$는 같은 크기($D = E$)를 갖지만, 방향은 반대($\underline{D} = -\underline{E}$)이다.

B.7 셋 이상의 벡터의 덧셈

그림 B.7에 기재된 바와 같이 $\underline{A}$, $\underline{B}$, $\underline{C}$를 모두 2차원 평면[벡터의 **동일평면**(coplanar) 시스템]상에 있는 세 벡터라고 하자. 세 벡터들을 서로 합하는 방법에는 여러 가지가 있다. 벡터의 합은 교환법칙에 따르므로, 벡터가 합해지는 순서는 합성 벡터에 영향을 미치지 않는다.

그림 B.7에서 제시한 세 벡터는 삼각형법을 사용하여 그림 B.8에서 서로 도식적으로 더해진다. 그림에서 예시된 경우에 있어서, 벡터 $\underline{C}$를 벡터 $\underline{B}$에 더하고, 이를 벡터 $\underline{A}$에 더해서 합성 벡터 $\underline{D}$를 얻는다. 이는 아래의 식으로 쓸 수 있다.

$$\underline{A} + \underline{B} + \underline{C} = \underline{D}$$

삼각형법을 사용하여 벡터 $\underline{A}$, $\underline{B}$, $\underline{C}$를 도식적으로 추가하는 다른 방법이 있다. 이 중 일부는 그림 B.9, B.10 및 B.11에서 볼 수 있다.

그림 B.9의 경우, 벡터 $\underline{B}$에 벡터 $\underline{C}$를 더하고, 여기에 벡터 $\underline{A}$를 더하여, 합성 벡터 $\underline{D}$를 얻는다. 이는 아래의 식으로 쓸 수 있다.

$$\underline{B} + \underline{C} + \underline{A} = \underline{D}$$

그림 B.10에서 보는 바와 같이, 벡터 $\underline{C}$에 벡터 $\underline{A}$를 더하고, 여기에 벡터 $\underline{B}$를 더하면 합성 벡터 $\underline{D}$를 얻을 수 있다. 이 식은 아래와 같다.

$$\underline{C} + \underline{A} + \underline{B} = \underline{D}$$

벡터 $\underline{A}$, $\underline{B}$, $\underline{C}$가 더해지는 순서에 상관없이 합성 벡터 $\underline{D}$는 크기와 방향이 모두 같다는 점에 주의하자.

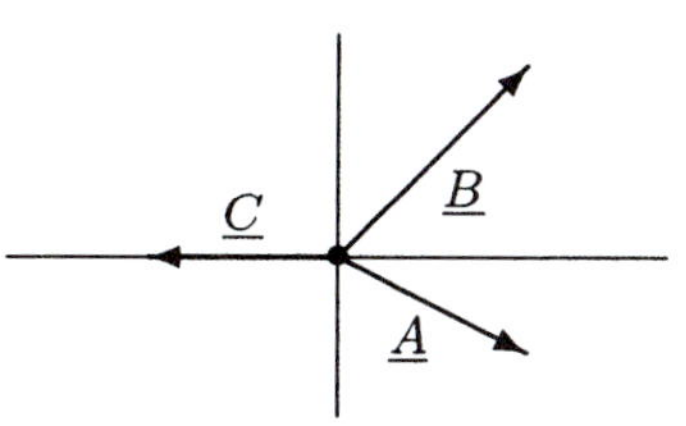

그림 B.7 • 세 벡터

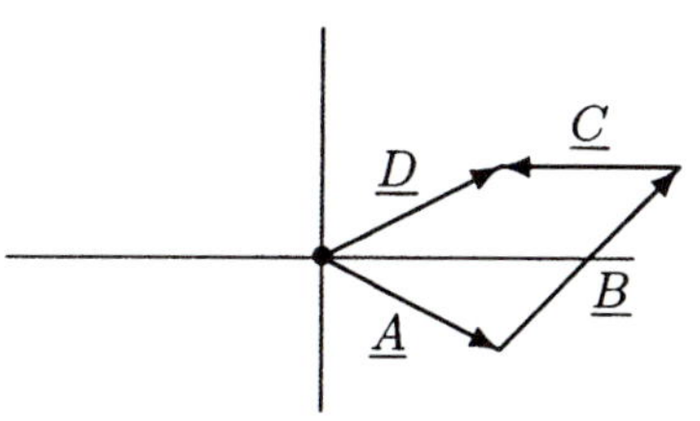

그림 B.8 • $\underline{A}$, $\underline{B}$ 및 $\underline{C}$의 벡터 합

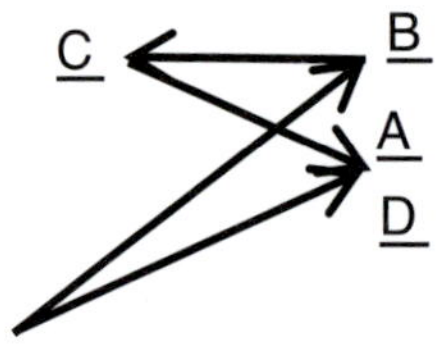

그림 B.9 • $\underline{B}$, $\underline{C}$ 및 $\underline{A}$의 벡터 합

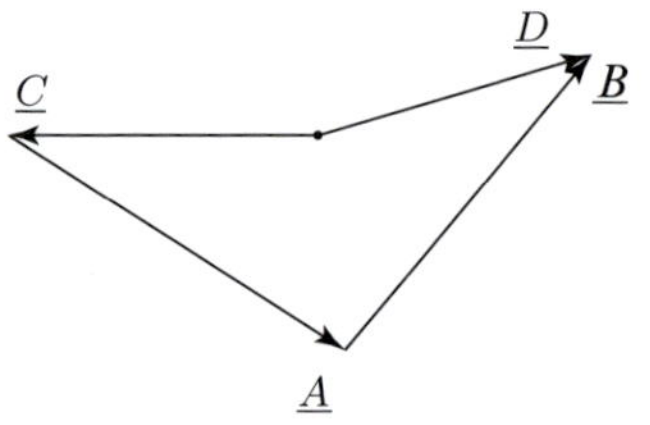

그림 B.10 • $\underline{C}$, $\underline{A}$ 및 $\underline{B}$의 벡터 합

$$\underline{A} + (\underline{B} + \underline{C}) = \underline{A} + \underline{E} = \underline{D}$$

동일한 벡터를 평행사변형법을 이용하여 합하는 방법은 그림 B.11에 나타나 있다. 이 경우, 세 벡터 중 두 벡터($\underline{B}$와 $\underline{C}$)를 먼저 합한다. 그런 다음, 이 연산 결과(벡터 $\underline{E}$)를 벡터 $\underline{A}$에 합하면 전체 합성 벡터(벡터 $\underline{D}$)를 구할 수 있다. 그림 B.9에 나타난 합산의 순서는 다음과 같이 수학적으로 나타낼 수 있다.

벡터 $\underline{A}$, $\underline{B}$, $\underline{C}$를 더하는 데 사용되는 삼각형법과 마찬가지로, 평행사변형법을 사용하고 더하는 순서를 고려하여 이들 벡터를 더하는 다른 방법들도 있다. 하지만 선택의 순서와 상관없이, 합성 벡터 $\underline{D}$의 크기와 방향은 동일하다.

B.8 벡터의 투영

그림 B.12에서 나타낸 바와 같이, s는 어떤 선을 나타내고, $\underline{A}$는 s와 각도 θ를 이루는 벡터라고 하자. 선 s와 벡터 $\underline{A}$가 평면에 있다고 가정한다. s에 대한 벡터 $\underline{A}$의 성분이나 투영을 결정하려면, s로 정의된 선을 직각으로 자르는 벡터의 화살표 끝(점 Q)에서 직선을 내린다. 만약 R이 이 두 선의 교점을 나타내고, A_s가 점 P와 R 사이의 선분이 길이라면, A_s는 s에 대한 벡터 $\underline{A}$의 **투영**(projection) 또는 벡터 $\underline{A}$의 **스칼라 성분**(scalar component)이다. 점 P, Q 및 R은 직각 삼각형을 이루므로, 다음과 같은 식이 성립한다.

$$A_s = A\cos\theta \tag{B.3}$$

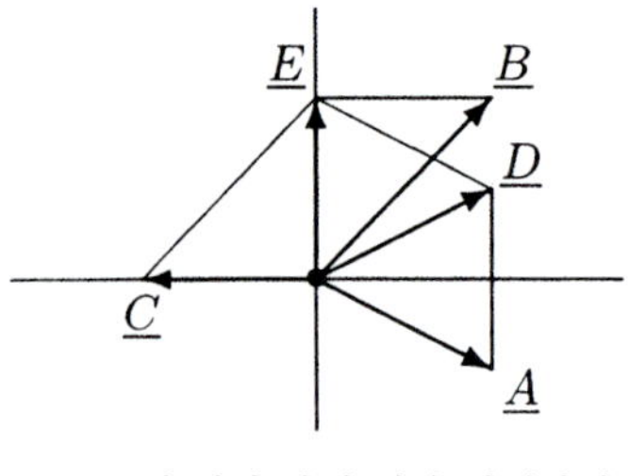

그림 B.11 • 세 벡터 합에 대한 평행사변형 방법

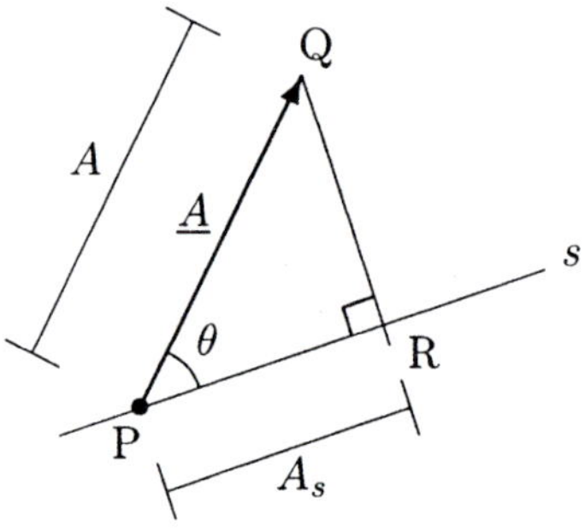

그림 B.12 • 주어진 방향에 벡터의 투영

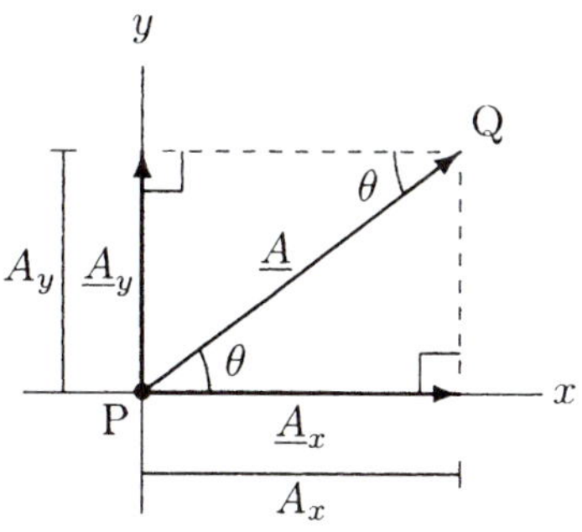

그림 B.13 • 하나의 벡터에 대한 서로 수직인 두 방향을 따라 존재하는 성분들

B.9 벡터의 분해

벡터를 성분들로 분해하는 과정은 두 벡터의 합을 구하는 과정의 반대이다. 그림 B.13에서, x와 y는 각각 가로축과 세로축을 나타낸다. $\underline{A}$는 x 평면에 작용하는 벡터이다. $\underline{A}$의 x 방향 성분을 결정하기 위해서는 x로 정의된 수평선을 직각으로 자르는 벡터의 머리에서 수직선을 내린다. 마찬가지로, $\underline{A}$의 y 방향 성분을 결정하기 위해서는 y로 정의된 수직선을 직각으로 자르는 벡터의 머리를 지나는 수평선을 그린다. 이러한 작업을 수행하면 직사각형(평행사변형)을 형성하는 두 개의 동일한 직각 삼각형을 만든다. 이 직사각형의 변의 길이는 x 및 y 방향을 따라 벡터 $\underline{A}$의 스칼라 성분들을 나타내고, 이는 직각 삼각형의 속성을 이용하여 결정할 수 있다.

$$\begin{aligned} A_x &= A\cos\theta \\ A_y &= A\sin\theta \end{aligned} \tag{B.4}$$

식 (B.4)에서 θ는 벡터 $\underline{A}$와 수평선이 이루는 각도이다. 벡터 $\underline{A}$는 각각 x와 y 방향을 따라 벡터 성분 $\underline{A}_x$와 $\underline{A}_y$의 합으로 나타낼 수도 있다.

$$\underline{A} = \underline{A}_x + \underline{A}_y \tag{B.5}$$

B.10 단위 벡터

일반적으로 벡터 $\underline{A}$를 크기 A와 벡터 $\underline{A}$와 같은 방향을 갖는 단위 크기의 벡터 $\underline{a}$의 곱으로 표현하는 것이 편리하다(그림 B.14). $\underline{a}$는 **단위 벡터**(unit vector)라고 부른다. 주어진 벡터에 있어서, 해당 벡터를 크기로 나누어 단위 벡터를 얻을 수 있다.

$$\underline{a} = \frac{\underline{A}}{A} \tag{B.6}$$

본래의 벡터 $\underline{A}$는 다음과 같이 표현할 수 있다.

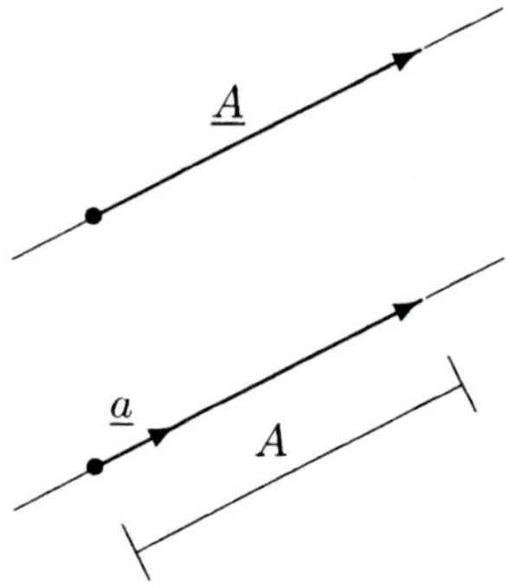

그림 B.14 • $\underline{A} = A\underline{a}$

$$\underline{A} = A\underline{a} \tag{B.7}$$

$\underline{a}$의 크기는 $\underline{A}$의 크기(즉, A)를 A로 나눈 값과 같으므로, 벡터 $\underline{a}$의 크기는 항상 1이다. 단위 벡터는 방향을 설명하는 편리한 방법으로 이용된다.

B.11 직각좌표계

공간에서 물체의 위치를 정의하고, 시간의 흐름에 따른 위치 변화를 분석하기 위해서는 기준 틀 또는 좌표계를 기준으로 측정이 이루어져야 한다. 널이 사용되는 여러 좌표계들이 있다. 이들 좌표계 중에서 **데카르트좌표계** 또는 **직각좌표계**(Cartesian or rectangular coordinate system)가 가장 일반적으로 이용된다.

그림 B.15에서 보는 바와 같이, 2차원 데카르트좌표계는 평면을 넷으로 나누는, 이른바 4분면으로 나누는 두 수직 축 x와 y로 구성된다. x축과 y축의 교차점을 좌표계의 원점이라고 하며, 일반적으로 O로 표시한다.

제1사분면에서는 x 좌표와 y 좌표 모두 양수이다. 제2사분면에서 y 좌표는 양수이고 x 좌표는 음수이다. 제3사분면에서는 x 좌표와 y 좌표 모두 음수이고, 제4사분면에서는 x 좌표는 양수이고 y 좌표는 음수이다. 일반적으로 2차원상에서 점의 위치를 특정

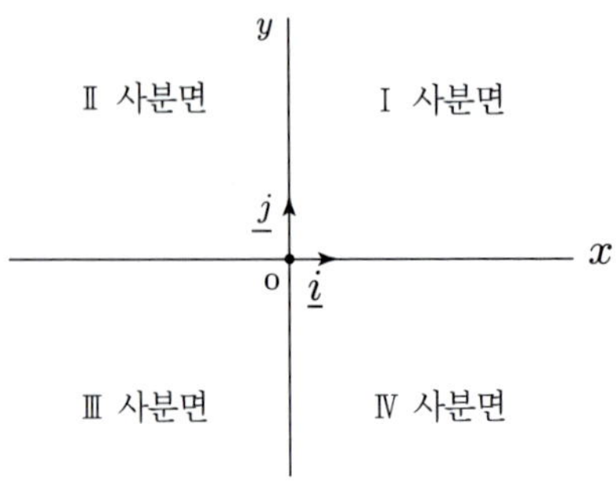

그림 B.15 • 이차원 직각좌표계

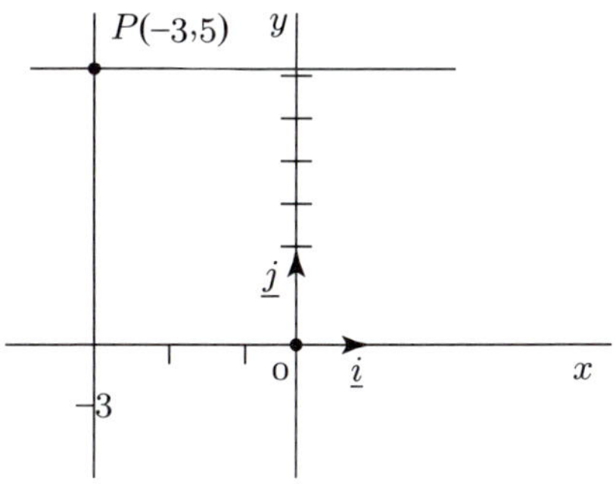

그림 B.16 • 이차원 좌표계에 있어서 점 P의 위치

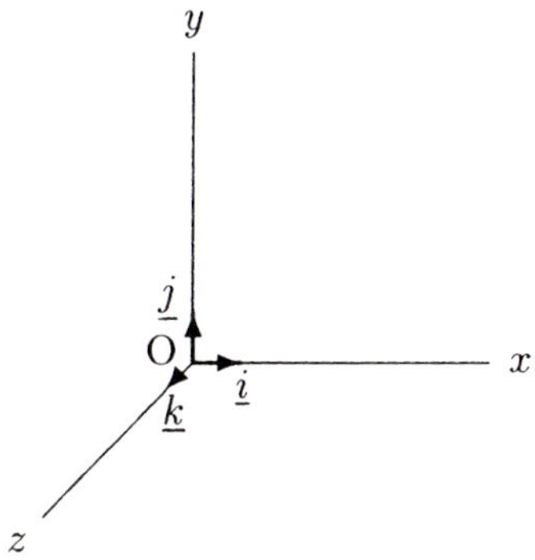

그림 B.17 • 삼차원 직각좌표계

하거나 규정 지으려면 두 개의 좌표(x와 y)가 필요하다. 예를 들어, 두 좌표 $x = 3$ 및 $y = 5$는 2차원 좌표계의 제2사분면에서 점 P의 위치로 규정된다. 그림 B.16에서 보는 바와 같이, P 지점의 위치를 결정하기 위해 가로 x축의 점 (–3)을 지나는 수직선을 긋고, 수직인 y축의 점 (5)를 지나는 수평선을 긋는다. 이 두 선의 교차점은 점 P로 규정된다.

그림 B.17에서와 같이, 3차원 데카르트좌표계는 서로 수직인 세 개의 축 x, y, z로 구성된다.

일반적으로 3차원 공간에서 점의 위치를 고유하게 규정하려면 좌표 세 개(x, y, z)가 필요하다. 그림 B.18에서와 같이, 점 P의 위치는 세 개의 좌표 $x = 3$, $y = 4$, $z = 6$으로 규정된다.

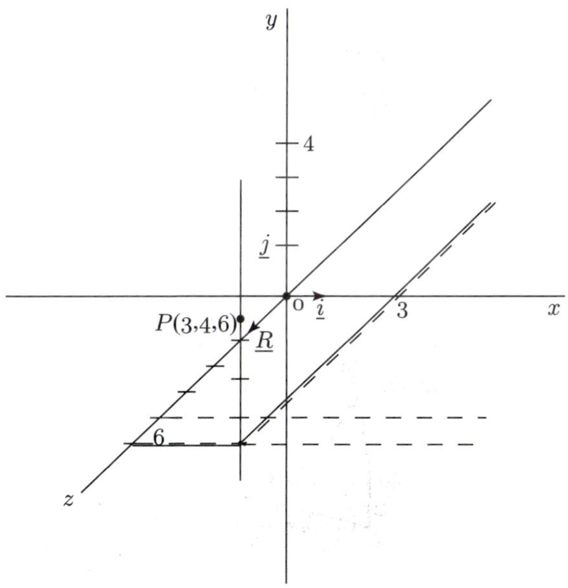

그림 B.18 • 삼차원 좌표계에 있어서 점 P의 위치

3차원 공간에서 점 P의 위치를 결정하기 위해서는, 우선 x축과 z축에 각각 평행한 좌표 $x = 3$ 및 $z = 6$을 갖는 점들을 지나는 두 개의 직선을 그린다. 그런 다음, 이 두 직선의 교차점을 지나는 세 번째 직선을 양(+)의 y 방향으로 그린다. 점 P는 교차점에서 4 단위 위에 위치한다.

좌표계의 작도에 있어서 단위 벡터의 개념은 중요하다. 데카르트좌표계의 축을 따라 있는 단위 벡터는 자주 이용되기 때문에 널리 받아들여지는 기호가 있다. 기호 $\underline{i}$, $\underline{j}$, $\underline{k}$ 기호는 각각 양의 x, y, z 방향을 나타내는 **단위 좌표 벡터**(unit coordinate vector)를 나타내기 위해 흔히 사용된다.

B.12 벡터의 덧셈: 삼각법

우리는 도식법으로 벡터의 덧셈과 뺄셈, 그리고 벡터의 성분을 분해하는 것은 시간이 오래 걸리며 정확하지 않을 수도 있다는 점을 보았다. 삼각법을 이용하면 더 빠르고 정확한 결과를 얻을 수 있다.

벡터의 덧셈과 뺄셈에 **삼각법**(trigonometric method)을 적용하려면, 우선 벡터를 각 요소로 분해해야 한다. 예를 들어, 그림 B.19에서와 같이 두 개의 벡터를 생각해보자. 벡터 $\underline{A}$와 $\underline{B}$는 같은 크기를 가지며, 수평축(x축)에 대해 각도 α 및 β를 이룬다. x, y 방향을 따라 $\underline{A}$와 $\underline{B}$의 스칼라 성분은 직각 삼각형의 특성을 활용하여 결정할 수 있다.

벡터 $\underline{A}$에 관해서 각 성분은 아래와 같은 식으로 표현할 수 있다.

$$\begin{aligned} A_x &= A\cos\alpha \\ A_y &= A\sin\alpha \end{aligned} \tag{B.8}$$

A_x와 A_y는 각각 x, y 방향을 따라 $\underline{A}$의 스칼라 성분이다. 양의 x, y 방향을 의미하는 단위 벡터 $\underline{i}$, $\underline{j}$를 이용하면, 직각좌표계에서 $\underline{A}$의 벡터 성분은 스칼라 성분으로부터 쉽게 결정될 수 있다.

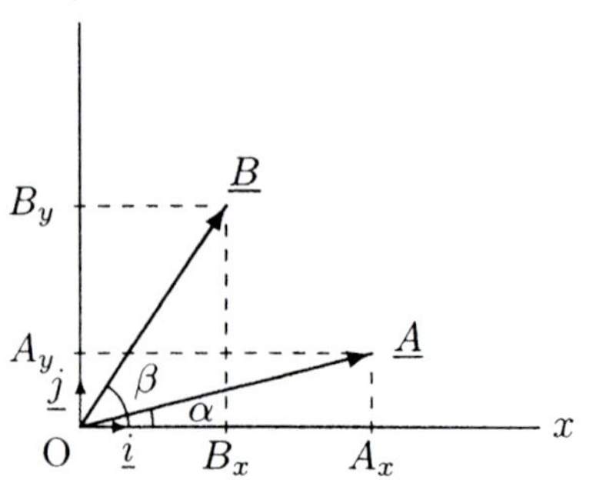

그림 B.19 • 벡터 $\underline{A}$, $\underline{B}$

$$\underline{A}_x = A_x\underline{i}$$
$$\underline{A}_y = A_y\underline{j} \tag{B.9}$$

여기서 벡터 $\underline{A}$는 다음과 같이 표현할 수 있다.

$$\begin{aligned}\underline{A} &= \underline{A}_x + \underline{A}_y \\ &= A_x\underline{i} + A_y\underline{j} \\ &= A\cos\alpha\underline{i} + A\sin\alpha\underline{j}\end{aligned} \tag{B.10}$$

A_x, A_y 및 A는 빗변이 A인 직각 삼각형의 변에 해당한다. 따라서 다음과 같이 쓸 수 있다.

$$A = \sqrt{(A_x)^2 + (A_y)^2} \tag{B.11}$$

비슷한 방법으로, 벡터 $\underline{B}$도 다음과 같이 표현될 수 있다.

$$\begin{aligned}\underline{B} &= \underline{B}_x + \underline{B}_y \\ &= B_x\underline{i} + B_y\underline{j} \\ &= B\cos\beta\underline{i} + B\sin\beta\underline{j}\end{aligned} \tag{B.12}$$

일단 벡터가 성분으로 표현되면, 다음 단계는 모든 벡터의 x 성분을 더하거나 빼는 것이다. 이렇게 하면 합성 벡터의 x 성분을 얻을 수 있다. 마찬가지로, 모든 벡터의 y 성분을 더하면 합성 벡터의 y 성분을 구할 수 있다. 예를 들어, 벡터 $\underline{A}$와 $\underline{B}$의 덧셈은 다음과 같이 계산된다.

$$\begin{aligned}\underline{A} + \underline{B} &= \left(A_x\underline{i} + A_y\underline{j}\right) + \left(B_x\underline{i} + B_y\underline{j}\right) \\ &= (A_x + B_x)\underline{i} + (A_y + B_y)\underline{j} \\ &= (A\cos\alpha + B\cos\beta)\underline{i} + (A\sin\alpha + B\sin\beta)\underline{j}\end{aligned} \tag{B.13}$$

만약 $\underline{C}$가 $\underline{A}$와 $\underline{B}$의 벡터 합일 경우에는 다음과 같이 쓸 수 있다.

$$\begin{aligned}\underline{C} &= \underline{A} + \underline{B} \\ &= \underline{C}_x + \underline{C}_y \\ &= C_x\underline{i} + C_y\underline{j}\end{aligned} \tag{B.14}$$

식 (B.13)과 (B.14)를 비교하여 다음과 같은 결과를 얻을 수 있다.

$$\begin{aligned}C_x &= A_x + B_x = A\cos\alpha + B\cos\beta \\ C_y &= A_y + B_y = A\sin\alpha + B\sin\beta\end{aligned} \tag{B.15}$$

만약 $\underline{A}$, $\underline{B}$, α, β를 알고 있다면, C_x, C_y는 식 (B.15)로부터 결정될 수 있다. C_x, C_y, C는 C가 빗변인 직각 삼각형이 된다(그림 B.20). 따라서 다음과 같이 쓸 수 있다.

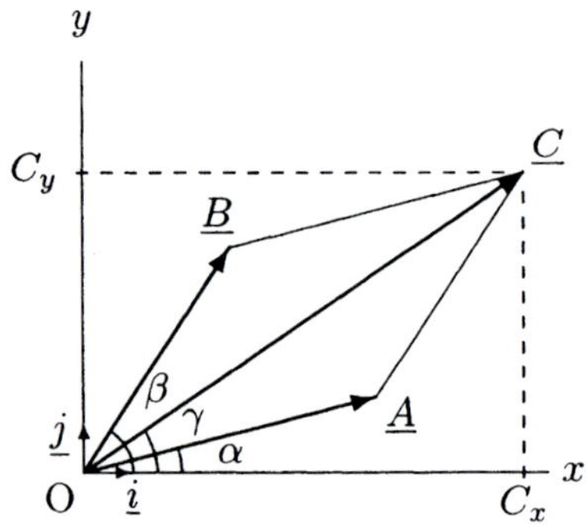

그림 B.20 • $\underline{A}$와 $\underline{B}$의 벡터 합은 $\underline{C}$와 같다

$$C = \sqrt{(C_x)^2 + (C_y)^2} \tag{B.16}$$

만약 벡터 $\underline{C}$가 x축과 이루는 각이 γ라면, 아래와 같은 식이 성립한다.

$$\gamma = \tan^{-1}\left(\frac{C_y}{C_x}\right) \tag{B.17}$$

$\tan^{-1}$은 **역탄젠트**(inverse tangent) 또는 **아크탄젠트**(arctangent)라고 부르며, 약칭은 arctan으로 표기한다.

두 벡터의 뺄셈은 두 벡터를 더하는 것만큼 간단하다. 예를 들면 아래와 같다.

$$\begin{aligned}\underline{A} - \underline{B} &= \left(A_x\underline{i} + A_y\underline{j}\right) - \left(B_x\underline{i} + B_y\underline{j}\right) \\ &= (A_x - B_x)\underline{i} + (A_y - B_y)\underline{j} \\ &= (A\cos\alpha - B\cos\beta)\underline{i} + (A\sin\alpha - B\sin\beta)\underline{j}\end{aligned} \tag{B.18}$$

예제 B.1 그림 B.21의 벡터 $\underline{A}$는 수평으로부터 $\alpha = 36.87°$의 각을 이루며, 크기 $A = 5$ 단위이다.

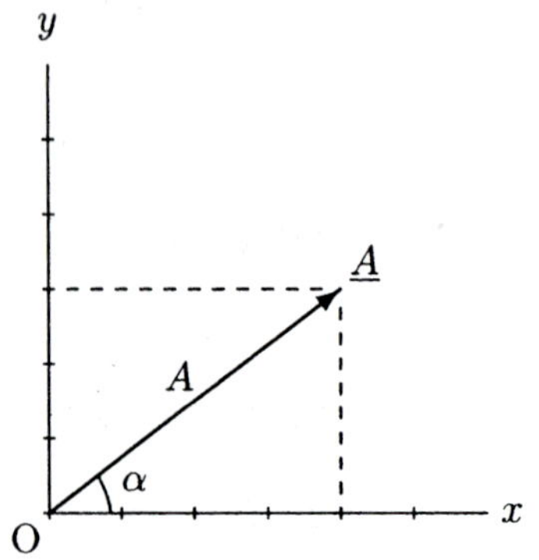

그림 B.21 • 예제 B.1

(a) 벡터 $\underline{A}$의 수평 및 수직 스칼라 성분을 구하라.

(b) 벡터 $\underline{A}$를 각각의 성분으로 표현하라.

풀이: (a) 식 (B.8)로부터 아래와 같이 각각의 스칼라 성분을 구할 수 있다.

$$A_x = A \cdot \cos\alpha = 5\cos(36.87°) = 4$$
$$A_y = A \cdot \sin\alpha = 5\sin(36.87°) = 3$$

(b) 식 (B.10)으로부터 아래와 같이 표현할 수 있다.

$$\underline{A} = A_x\underline{i} + A_y\underline{j} = 4\underline{i} + 3\underline{j}$$

예제 B.2 그림 B.22의 벡터 $\underline{B}$는 x축의 양의 방향으로 크기 8 단위를 가지며, y축의 방향으로 음의 방향으로 크기 12 단위를 가지고 있다.

(a) 벡터 $\underline{B}$를 각각의 구성 성분으로 표현하라.

(b) 벡터 $\underline{B}$의 크기를 구하고, 양의 x 방향과 이루고 있는 각의 크기 β를 구하라.

풀이: (a) 벡터 $\underline{B}$는 다음과 같이 표현될 수 있다.

$$\underline{B} = 8\underline{i} - 12\underline{j}$$

(b) $B_x = 8$, $B_y = 12$이므로, 아래와 같이 계산할 수 있다.

$$B = \sqrt{(B_x)^2 + (B_y)^2} = \sqrt{(8)^2 + (12)^2} = \sqrt{208} = 14.42$$
$$\beta = \tan^{-1}\left(\frac{B_y}{B_x}\right) = \tan^{-1}\left(\frac{12}{8}\right) = 56.31°$$

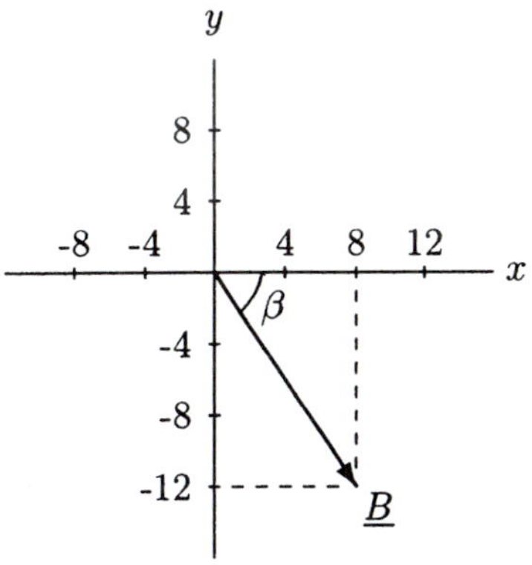

그림 B.22 • 예제 B.2

예제 B.3 그림 B.23의 벡터 $\underline{A}$를 생각해보자. 벡터의 크기는 $\underline{A} = 7.2$이며, 수평과 $\alpha = 45°$를 이루고 있다.

(a) 수평 및 수직 방향에 대하여 벡터 $\underline{A}$의 스칼라 성분을 구하라.

(b) 벡터 $\underline{A}$를 각 성분에 대하여 표현하라.

풀이: (a) 식 (B.8)로부터, 아래와 같이 얻을 수 있다.

$$A_x = A \cdot \cos\alpha = A \cdot \cos 45° = 7.2 \cdot 0.707 = 5.09$$
$$A_y = A \cdot \sin\alpha = A \cdot \sin 45° = 7.2 \cdot 0.707 = 5.09$$

(b) 식 (B.10)으로부터, 아래와 같이 표현할 수 있다.

$$\underline{A} = A\sin\alpha\underline{i} + \underline{A}\cos\alpha\underline{j} = -5.09\underline{i} - 5.09\underline{j}$$

참고: $\alpha = 45°$일 경우, 수평 방향과 수직 방향을 따라 벡터의 스칼라 성분은 서로 같다 ($A_x = A_y = 5.09$).

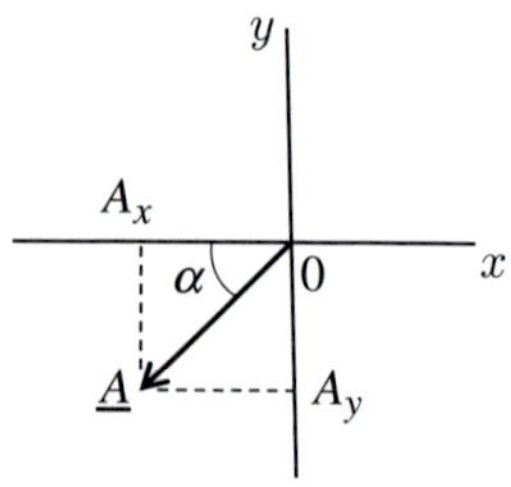

그림 B.23 • 예제 B.3

예제 B.4 그림 B.24에서 벡터 $\underline{A}$에 대한 수평 및 수직 방향의 스칼라 성분은 각각 $A_x = 2$, $A_y = 3$ 단위와 같다. 또한 벡터 $\underline{A}$는 수평과 각도 α를 이룬다.

(a) 벡터 $\underline{A}$를 각각의 성분들로 표현하라.

(b) 벡터 $\underline{A}$가 수평과 이루는 각도 α를 구하라.

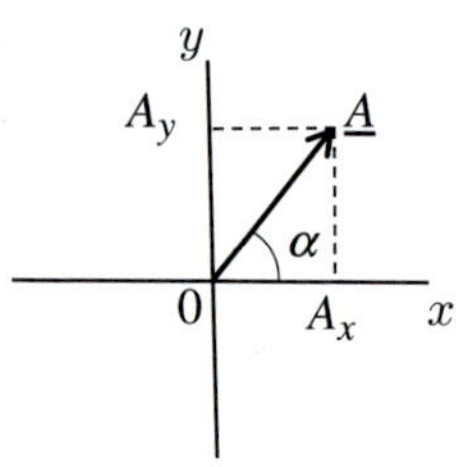

그림 B.24 • 예제 B.4

풀이: (a) $\underline{A} = A_x\underline{i} + A_y\underline{j}$, $\underline{A} = 2\underline{i} + 3\underline{j}$

(b) 각도 α에 대하여, 아래와 같은 식이 성립한다.

$$\tan\alpha = \frac{A_y}{A_x}$$

만약 $A_y = 3$ 및 $A_x = 2$이면, 아래와 같이 계산된다.

$$\tan\alpha = \frac{3}{2} = 1.5$$

그러므로 각도 α는 아래와 같다.

$$\alpha = \tan^{-1}(1.5) = 56.3°$$

예제 B.5 그림 B.25에서 양의 y 방향을 따라 벡터 $\underline{A}$의 성분이 $A_y = 3$ 단위이며 벡터와 양의 x 방향 사이의 각도는 $\alpha = 30°$이다.

(a) 벡터 $\underline{A}$의 크기를 구하라.

(b) 양의 x 방향에 대하여 벡터 $\underline{A}$의 스칼라 성분을 구하라.

(c) 벡터 $\underline{A}$를 성분으로 표현하라.

풀이: (a) $A_y = 3$이면, $\underline{A} = 2A_y = 2 \cdot 3 = 6$

(b) 식 (B.8)로부터 아래와 같이 쓸 수 있다.

$$A_x = A \cdot \cos\alpha = A \cdot \cos 30° = 5.2$$

(c) 식 (B.10)으로부터 아래와 같이 표현할 수 있다.

$$\underline{A} = A_x\underline{i} + A_y\underline{j} = 5.2\underline{i} + 3.0\underline{j}$$

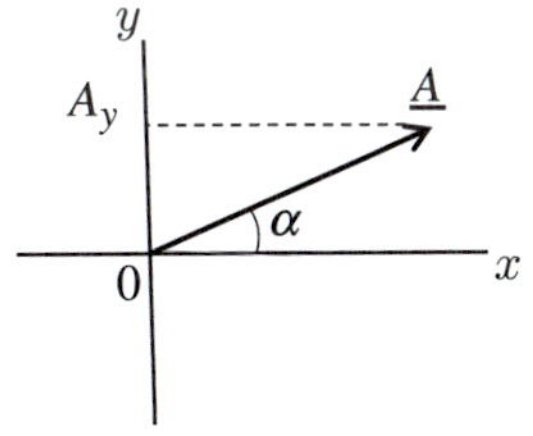

그림 B.25 • 예제 B.5

예제 B.6 그림 B.26에서 벡터 $\underline{A}$와 벡터 $\underline{B}$가 있다. 이 벡터들의 스칼라 성분은 다음과 같다.

$$A_x = 15 \quad B_x = 5$$
$$A_y = 10 \quad B_y = 10$$

(a) 벡터 $\underline{A}$와 $\underline{B}$를 각각의 성분들로 표현하라.

(b) 벡터 $\underline{A}$와 $\underline{B}$의 크기 및 각도 α와 β를 구하라.

(c) $\underline{A} + \underline{B}$의 값을 구하라.

(d) $\underline{A} - \underline{B}$의 값을 구하라.

(e) $\underline{B} - \underline{A}$의 값을 구하라.

(f) $-\underline{A} - \underline{B}$의 값을 구하라.

풀이: (a)

$$\underline{A} = 15\underline{i} + 10\underline{j}$$
$$\underline{B} = -5\underline{j} + 10\underline{j}$$

(b) 벡터 $\underline{A}$와 $\underline{B}$의 크기는 다음과 같다.

$$A = \sqrt{(A_x)^2 + (A_y)^2} = \sqrt{15^2 + 10^2} = 18.03$$
$$B = \sqrt{(B_x)^2 + (B_y)^2} = \sqrt{5^2 + 10^2} = 11.18$$

각도 α와 β는 다음과 같다.

$$\alpha = \tan^{-1}\left(\frac{10}{15}\right) = 33.69^\circ$$

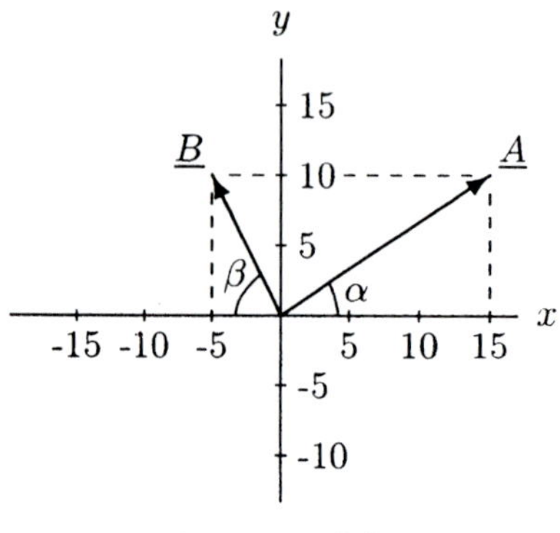

그림 B.26 • 예제 B.6

$$\beta = \tan^{-1}\left(\frac{10}{5}\right) = 63.43°$$

(c) $\underline{C} = \underline{A} + \underline{B}$라고 하면, 아래와 같이 계산된다.

$$\begin{aligned}\underline{C} &= \left(15\underline{i} + 10\underline{j}\right) + \left(-5\underline{i} + 10\underline{j}\right) \\ &= (15 - 5)\underline{i} + (10 + 10)\underline{j} \\ &= 10\underline{i} + 20\underline{j}\end{aligned}$$

(d) $\underline{D} = \underline{A} - \underline{B}$라고 하면, 아래와 같이 계산된다.

$$\begin{aligned}\underline{D} &= \left(15\underline{i} + 10\underline{j}\right) - \left(-5\underline{i} + 10\underline{j}\right) \\ &= (15 - 5)\underline{i} + (10 - 10)\underline{j} \\ &= 20\underline{i}\end{aligned}$$

(e) $\underline{E} = \underline{B} - \underline{A}$라고 하면, 아래와 같이 계산된다.

$$\begin{aligned}\underline{E} &= \left(-5\underline{i} + 10\underline{j}\right) - \left(-15\underline{i} + 10\underline{j}\right) \\ &= (-5 - 15)\underline{i} + (10 - 10)\underline{j} \\ &= -20\underline{i}\end{aligned}$$

(f) $\underline{F} = -\underline{A} - \underline{B}$라고 하면, 아래와 같이 계산된다.

$$\begin{aligned}\underline{F} &= \left(-15\underline{i} + 10\underline{j}\right) - \left(-5 + 10\underline{j}\right) \\ &= (-15 + 5)\underline{i} + (-10 - 10)\underline{j} \\ &= -10\underline{i} - 20\underline{j}\end{aligned}$$

합성 벡터 $\underline{C}$, $\underline{D}$, $\underline{E}$와 $\underline{F}$를 그림 B.27에 나타내었다. 이 결과들을 주의 깊게 살펴보면,

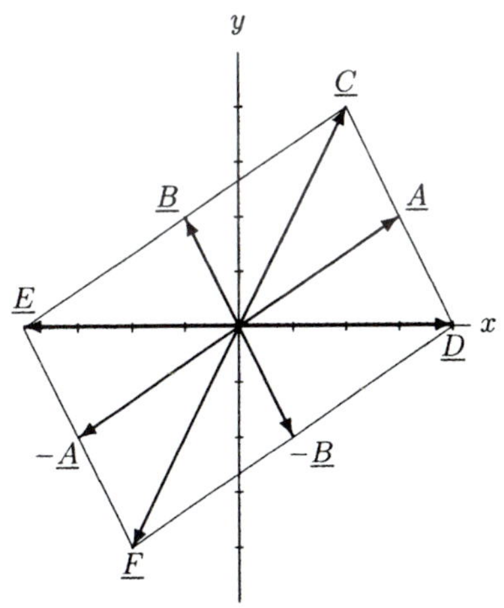

그림 B.27 • 벡터의 덧셈과 뺄셈

벡터 $\underline{C}$와 $\underline{F}$는 크기가 같고 방향이 반대인 한 쌍을 형성하고, 벡터 $\underline{D}$와 $\underline{E}$도 마찬가지임을 알 수 있다. 또한 벡터 $\underline{D}$와 $\underline{E}$는 y축 방향을 따라 아무런 성분이 없다.

B.13 벡터의 3차원 성분

x, y, z 방향의 성분이 있는 벡터의 덧셈 및 뺄셈 삼각법은 2차원 시스템에 도입된 원리를 확장한 것이다. 데카르트좌표계와 관련하여 $\underline{A}$와 같은 벡터양을 명확히 규정짓기 위해서는, 벡터 $\underline{A}$의 모든 세 가지 성분 A_x, A_y, A_z 또는 벡터가 x, y, z 방향과 이루는 각도와 함께 벡터의 크기 A가 제공되어야 한다(그림 B.28). $\underline{A}$는 다음과 같이 달리 표현할 수도 있다.

$$\begin{aligned}\underline{A} &= \underline{A}_x + \underline{A}_y + \underline{A}_z \\ &= A_x\underline{i} + A_y\underline{j} + A_z\underline{k}\end{aligned} \tag{B.19}$$

벡터 $\underline{A}$가 x, y, z 방향과 이루는 각도가 각각 α, β, γ라면, 아래와 같이 표현할 수 있다.

$$\begin{aligned}A_x &= A\cos\alpha \\ A_y &= A\cos\beta \\ A_z &= A\cos\gamma\end{aligned} \tag{B.20}$$

벡터 $\underline{A}$에 더해지는 두 번째 벡터 $\underline{B}$가 있다고 하자. $\underline{C}$를 합성 벡터라 하면, 다음과 같이 표현된다.

$$\begin{aligned}\underline{C} &= \underline{A} + \underline{B} \\ &= \left(A_x\underline{i} + A_y\underline{j} + A_z\underline{k}\right) + \left(B_x\underline{i} + B_y\underline{j} + B_z\underline{k}\right) \\ &= (A_x + B_x)\underline{i} + (A_y + B_y)\underline{j} + (A_z + B_z)\underline{k}\end{aligned} \tag{B.21}$$

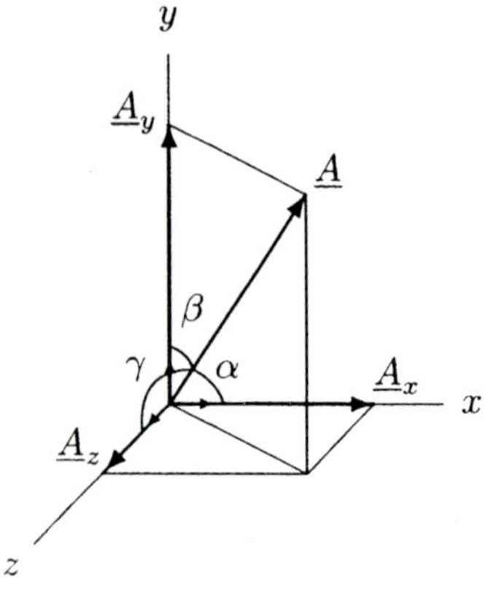

그림 B.28 • 벡터의 세 방향 성분

x, y, z 방향의 합성 벡터 $\underline{C}$의 성분은 다음과 같이 표현된다.

$$\begin{aligned} C_x &= A_x + B_x \\ C_y &= A_y + B_y \\ C_z &= A_z + B_z \end{aligned} \tag{B.22}$$

동일 평면 시스템과 마찬가지로, 세 방향 모두의 성분을 갖는 둘 이상의 벡터양의 덧셈은 모든 벡터의 x 성분을 먼저 더한다. 이와 같은 과정은 y 및 z 성분에 대해서도 동일하다. 둘 이상의 벡터의 뺄셈에서도 이와 같은 방식을 따른다.

B.14 벡터의 내적

역학에서 가장 흔하게 접하는 벡터양 중 두 가지는 힘과 변위 벡터이다. 힘에 의해 **수행된 일**(work done)은 변위 방향의 힘 성분과 변위 크기의 곱으로 정의된다. 힘과 변위는 벡터양이지만, 이들의 곱인 일은 스칼라양이다. 이를 간결하게 표현하는 연산을 벡터의 내적(dot 또는 scalar product)이라 한다.

두 벡터의 내적은 스칼라양으로 정의되며, 두 벡터 크기의 곱에 두 벡터 사이의 예각에 대한 코사인 값을 곱한 것과 같다. 예를 들어, 그림 B.29의 벡터 $\underline{A}$와 $\underline{B}$를 생각해보자. 이들 벡터의 내적은 다음과 같다.

$$\underline{A} \cdot \underline{B} = AB\cos\theta \tag{B.23}$$

식 (B.23)에서 A와 B는 두 벡터의 크기이고, θ는 두 벡터 사이의 예각이다. 식 (B.23)의 연산은 벡터 $\underline{A}$를 벡터 $\underline{B}$의 작용선에 투영한 다음(또는 그 반대로), 투영된 성분과 다른 벡터 벡터의 크기를 곱한 것을 나타낸다.

내적은 두 벡터 사이의 예각이 90°보다 작거나 큰지에 따라 양(+) 또는 음(−)이 결정된다. $\cos 90° = 0$이므로, 두 벡터가 서로 수직이면 두 벡터의 내적은 0이다. 각각 양의 x, y 방향을 나타내는 단위 벡터 $\underline{i}$ 및 $\underline{j}$는 크기가 1인 벡터양이다. 내적의 개념은 다음과 같이 단위 벡터에 적용된다.

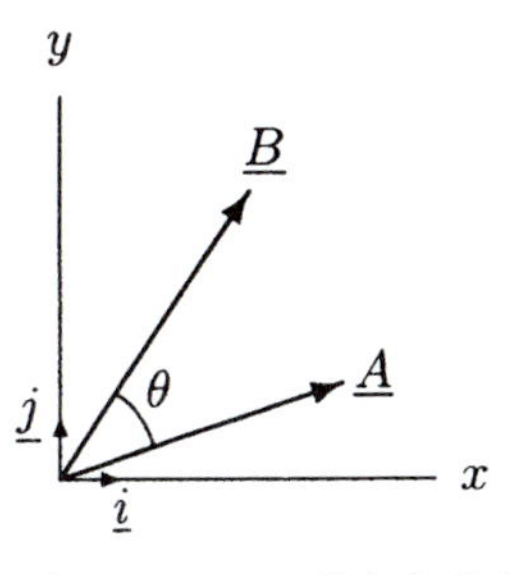

그림 B.29 • 두 벡터의 내적

$$\underline{i} \cdot \underline{i} = \underline{j} \cdot \underline{j} = \underline{k} \cdot \underline{k} = 1 \cdot 1 \cdot \cos 0^\circ = 1$$
$$\underline{i} \cdot \underline{j} = \underline{j} \cdot \underline{k} = \underline{k} \cdot \underline{i} = 1 \cdot 1 \cdot \cos 90^\circ = 0 \tag{B.24}$$

그림 B.29에서 벡터의 내적을 계산하려면, 아래와 같이 먼저 각 벡터를 x, y 방향에 따라 각각의 성분으로 나타낸 다음, 단위 벡터에 내적을 적용한다.

$$\begin{aligned}\underline{A} \cdot \underline{B} &= \left(A_x\underline{i} + A_y\underline{j}\right) \cdot \left(B_x\underline{i} + B_y\underline{j}\right) \\ &= A_xB_x(\underline{i} \cdot \underline{i}) + A_yB_y\left(\underline{i} \cdot \underline{j}\right) \\ &\quad + A_yB_x\left(\underline{j} \cdot \underline{i}\right) + A_yB_y\left(\underline{j} \cdot \underline{j}\right) \\ &= A_xB_x + A_yB_y\end{aligned} \tag{B.25}$$

다음은 내적의 몇 가지 속성이다.

- 두 벡터의 내적은 교환연산이 가능하다.

$$\underline{A} \cdot \underline{B} = \underline{B} \cdot \underline{A}$$

- 내적은 분배연산이 가능하다.

$$\underline{A} \cdot (\underline{B} + \underline{C}) = \underline{A} \cdot \underline{B} + \underline{A} \cdot \underline{C}$$

- 동일한 두 벡터의 내적은 벡터 크기의 제곱과 같다.

$$\underline{A} \cdot \underline{A} = A^2$$

- 두 3차원 벡터양 A와 B의 내적은 그들의 직교 성분들로 표현된다.

$$\underline{A} \cdot \underline{B} = A_xB_x + A_yB_y + A_zB_z$$

- 주어진 방향을 따라 벡터의 스칼라 성분은 벡터의 내적에 그 방향을 따라 단위 벡터를 곱한 것과 같다. 예를 들어, 벡터 $\underline{A}$의 x, y 성분은 다음과 같다.

$$A_x = \underline{A} \cdot \underline{i} \quad A_y = \underline{A} \cdot \underline{j}$$

B.15 벡터의 외적

벡터양들 사이에는 다른 벡터양으로 나타나는 또 다른 상호작용이 있다. 이러한 상호작용의 예로는, 가해진 힘에 의해 발생하는 모멘트나 토크가 있다. 이러한 상호 작용을 정의하기 위해 개발된 수학 공식을 **외적**(cross 또는 vector product)이라 한다.

그림 B.30의 벡터 $\underline{A}$와 $\underline{B}$를 생각해보자. 이 벡터의 외적은 $\underline{C}$라 불리는 세 번째 벡터와 같다. 외적에 대해 일반적으로 사용되는 수학적 표현법은 다음과 같다.

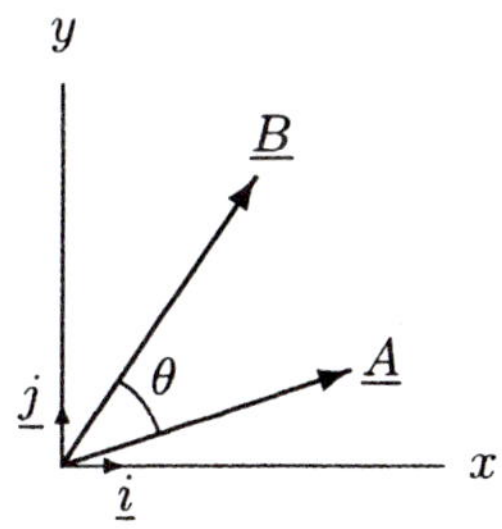

그림 B.30 • 두 벡터 $\underline{A}$ 및 $\underline{B}$

$$\underline{A} \times \underline{B} = \underline{C} \tag{B.26}$$

벡터 $\underline{C}$는 벡터 $\underline{A}$와 $\underline{B}$의 크기의 곱에 둘 사이의 예각(그림 B.30의 각도 θ)의 사인을 곱한 것과 같다.

$$C = AB \sin\theta \tag{B.27}$$

벡터 $\underline{C}$는 벡터 $\underline{A}$와 $\underline{B}$에 의해 정의된 평면에 수직 방향을 가진다. 예를 들어 두 벡터 $\underline{A}$와 $\underline{B}$가 xy 평면에 있으면, $\underline{C}$는 z 방향으로 작용한다.

벡터 $\underline{C}$의 방향은 **오른손 법칙**(right-hand-rule)에 의해 결정될 수 있다. 이 법칙을 적용하려면 오른손의 첫 번째 손가락은 벡터 $\underline{A}$(첫 번째 벡터)의 방향을 가리킨 다음, $\underline{A}$와 $\underline{B}$ 사이에 예각을 덮는 것과 같은 방식으로 벡터 $\underline{B}$(두 번째 벡터)를 향해 둥글게 만다. 그러면 엄지손가락은 벡터 $\underline{C}$의 방향을 가리킨다.

외적의 개념은 서로 수직인 데카르트 단위 벡터 $\underline{i}$, $\underline{j}$ 그리고 $\underline{k}$에 적용할 수 있다. $\sin 0° = 0$이고, $\sin 90° = 1$이기 때문에 다음과 같이 쓸 수 있다.

$$\begin{aligned}
&\underline{i} \times \underline{i} = \underline{j} \times \underline{j} = \underline{k} \times \underline{k} = 0 \\
&\underline{i} \times \underline{j} = \underline{k} \quad \underline{j} \times \underline{i} = -\underline{k} \\
&\underline{j} \times \underline{k} = \underline{i} \quad \underline{k} \times \underline{j} = -\underline{i} \\
&\underline{k} \times \underline{i} = \underline{j} \quad \underline{i} \times \underline{k} = -\underline{j}
\end{aligned} \tag{B.28}$$

위와 같은 단위 벡터 사이의 관계를 활용하면, 크기와 방향을 포함하는 벡터의 외적을 계산하기 위한 수학적 관계를 결정할 수 있다. 예를 들어 $\underline{A}$와 $\underline{B}$가 xy 평면(그림 B.31)의 두 벡터라면, 다음과 같이 쓸 수 있다.

$$\begin{aligned}
\underline{C} &= \underline{A} \times \underline{B} \\
&= \left(A_x\underline{i} + A_y\underline{j}\right) \times \left(B_x\underline{i} + B_y\underline{j}\right) \\
&= A_xB_x\left(\underline{i} \times \underline{i}\right) + A_xB_y\left(\underline{i} \times \underline{j}\right) + A_yB_x\left(\underline{j} \times \underline{i}\right) + A_yB_y\left(\underline{j} \times \underline{j}\right) \\
&= A_xB_x(0) + A_xB_y(\underline{k}) + A_yB_x(-\underline{k}) + A_yB_y(0) \\
&= (A_xB_y - A_yB_x)\underline{k}
\end{aligned} \tag{B.29}$$

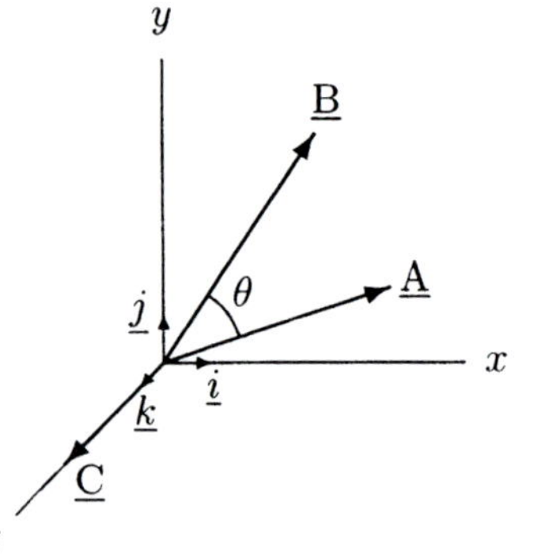

그림 B.31 • $\underline{C} = \underline{A} \times \underline{B}$

다음은 외적의 몇 가지 속성이다.

• 외적은 교환 연산이 불가능하다.

$$\underline{A} \times \underline{B} \neq \underline{B} \times \underline{A}$$

대신에, 다음과 같은 관계식이 성립된다.

$$\underline{A} \times \underline{B} = -\underline{B} \times \underline{A}$$

• 외적은 분배 연산이 가능하다.

$$\underline{A} \times (\underline{B} + \underline{C}) = \underline{A} \times \underline{B} + \underline{A} \times \underline{C}$$

• 두 3차원 벡터양 $\underline{A}$와 $\underline{B}$의 외적은 아래와 같이 데카르트 성분으로 나타낼 수 있다.

$$\underline{A} \times \underline{B} = (A_yB_z - A_zB_y)\underline{i} + (A_zB_x - A_xB_z)\underline{j} + (A_xB_y - A_yB_x)\underline{k}$$

예제 B.7 그림 B.32의 벡터 $\underline{A}$와 $\underline{B}$는 다음과 같은 직교 성분의 관계에 있다.

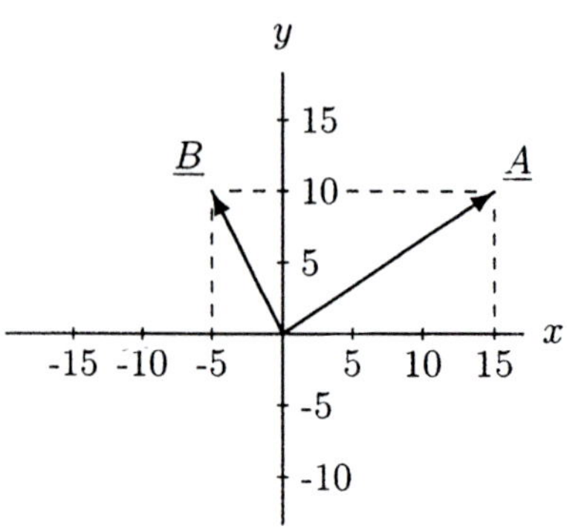

그림 B.32 • 예제 B.7

$$\underline{A} = 15\underline{i} + 10\underline{j}$$
$$\underline{B} = -5\underline{i} + 10\underline{j}$$

(a) 내적 $c = \underline{A} \cdot \underline{B}$를 계산하라.

(b) 외적 $\underline{D} = \underline{A} \times \underline{B}$를 계산하라.

(c) 외적 $\underline{E} = \underline{B} \times \underline{A}$를 계산하라.

풀이: (a) $c = \underline{A} \cdot \underline{B}$
$$= A_x B_x + A_y B_y$$
$$= (15)(-5) + (10)(10)$$
$$= 25$$

(b) $\underline{D} = \underline{A} \times \underline{B}$
$$= (A_x B_y - A_y B_x)\underline{k}$$
$$= [(15)(10) - (10)(-5)]\underline{k}$$
$$= 200\underline{k}$$

(c) $\underline{E} = \underline{B} \times \underline{A} = -D$
$$= (B_x A_y - B_y A_x)\underline{k}$$
$$= [(-5)(10) - (10)(15)]\underline{k}$$
$$= -200\underline{k}$$

벡터 $\underline{D}$와 $\underline{E}$의 외적의 크기는 200 단위이다. 벡터 $\underline{D}$는 반시계 방향인 반면, 벡터 $\underline{E}$는 시계 방향이다. 두 벡터는 이 교재의 면에 수직인 방향으로 작용하되, $\underline{D}$는 면의 바깥쪽으로 작용하고, $\underline{E}$는 면의 안쪽으로 작용한다.

B.16 연습문제

문제 B.1 그림 B.33에 제시된 2차원 좌표계에 점 A, B, C, D가 있다. 이 점들의 좌표가 A(2.5, 3.0), B(−3.5, −1.0), C(1.5, −5.0) 및 D(−4.0, 3.5)일 때, 이 점들의 위치를 좌표계에 표시하라.

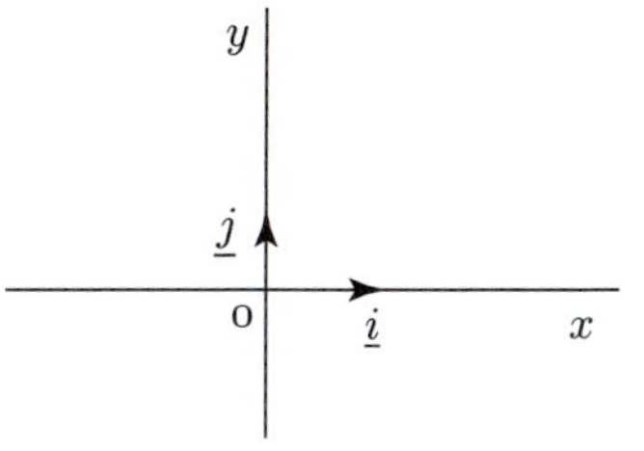

그림 B.33 • 이차원 직각좌표계

문제 B.2 그림 B.34에는 3차원 좌표계에 세 점 A, B, C가 있다. 이 점들의 좌표가 A(2.0, 2.5, −3.0), B(−1.5, 2.0, 3.5) 및 C(−3.0, −2.0, −3.0)일 때, 좌표계에 이 점들의 위치를 표시하라.

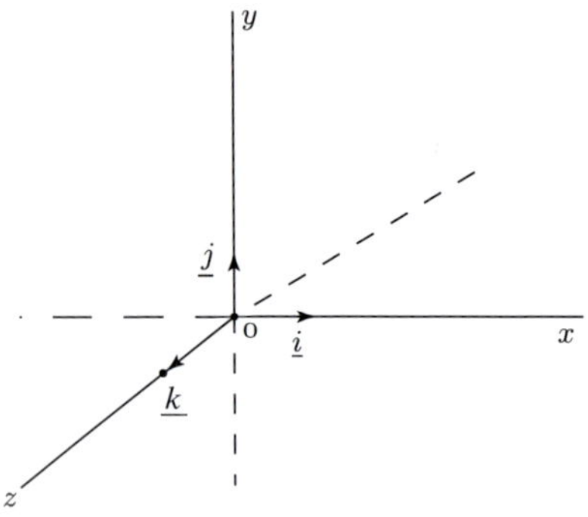

그림 B.34 • 3차원 직각좌표계

문제 B.3 그림 B.35에서 보는 바와 같이, 크기가 $A = 9$ 및 $B = 6.5$인 두 벡터가 있다. 벡터 $\underline{A}$는 수평에 대해 $\alpha = 66°$, 벡터 $\underline{B}$는 수평에 대해 각도 $\beta = 52°$를 이룬다.

(a) 수평 및 수직 방향에 대한 벡터 $\underline{A}$와 $\underline{B}$의 성분을 구하라.

(b) 벡터 $\underline{A}$와 $\underline{B}$를 성분들로 표현하라.

정답:

(a) $A_x = 3.66$, $A_y = 8.22$; $B_x = 4.0$, $B_y = 5.12$

(b) $\underline{A} = 3.66\underline{i} + 8.22\underline{j}$; $\underline{B} = 4\underline{i} - 5.12\underline{j}$

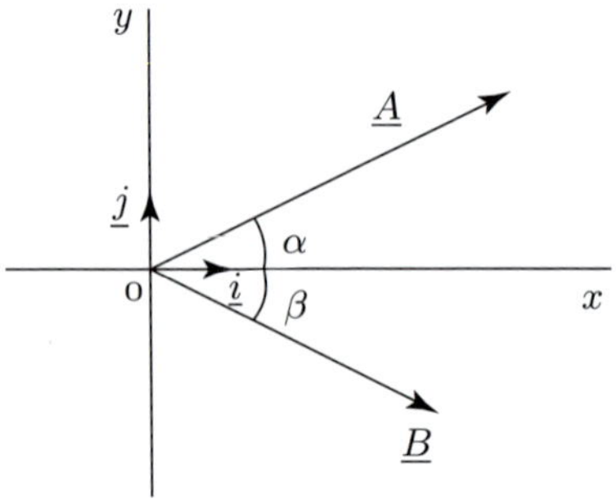

그림 B.35 • 문제 B.3

문제 B.4 벡터 $\underline{A}$의 수평 및 수직 성분이 각각 2와 3 단위인 경우, 벡터 $\underline{A}$가 수평과 이루는 각도 α를 구하라.

정답: $\alpha = 56.3°$

문제 B.5 그림 B.36에서 보는 바와 같이, 벡터 $\underline{A}$는 수평과 각도 α를 이루고, $\tan \alpha = 0.7$이다. 또한, 벡터 $\underline{A}$의 수평 방향 성분의 크기는 $A_y = 4.75$이다.

(a) 벡터 $\underline{A}$의 수평 방향 성분을 구하라.

(b) 벡터 $\underline{A}$의 크기를 구하라.

(c) 벡터 $\underline{A}$를 각각의 성분으로 나타내라.

(d) 각도 α를 구하라.

정답:

(a) $A_x = 6.8$; (b) $A = 8.3$; (c) $\underline{A} = 6.8\underline{i} + 4.8\underline{j}$; (d) $\alpha = 35°$

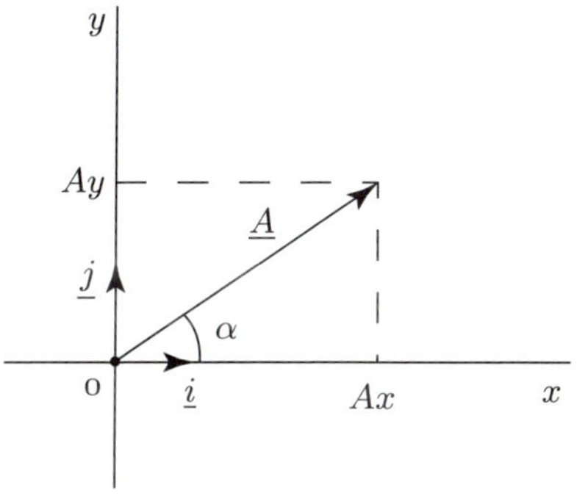

그림 B.36 • 문제 B.5

문제 B.6 그림 B.37에서 보는 바와 같이, 두 벡터 $\underline{A}$와 $\underline{B}$를 생각해보자. 이들 벡터의 수평 및 수직 방향 성분은 다음과 같다.

$$A_x = 5.4 \quad A_y = 3.3$$
$$B_x = 3.6 \quad B_y = 6.0$$

(a) 벡터 $\underline{A}$와 $\underline{B}$를 각각의 성분들로 표현하라.

(b) 벡터 $\underline{A}$와 $\underline{B}$가 수평과 이루는 각도 α와 β를 구하라.

(c) 벡터 $\underline{C} = \underline{A} + \underline{B}$의 크기를 구하라.

(d) 벡터 $\underline{C}$가 수평과 이루는 각도 γ를 구하라.

(e) 벡터 $\underline{D} = \underline{A} - \underline{B}$의 크기를 구하라.

(f) 벡터 $\underline{D}$가 수평 및 수직 방향과 이루는 각도 θ와 ϕ를 구하라.

정답:

(a) $\underline{A} = 5.4\underline{i} + 3.3\underline{j}$; $\underline{B} = 3.6\underline{i} - 6\underline{j}$

(b) $\alpha = 31.4°$; $\beta = 59°$

(c) $C = 9.4$

(d) $\gamma = 16.7°$

(e) $D = 9.47$

(f) $\theta = 79°$, $\varphi = 11°$

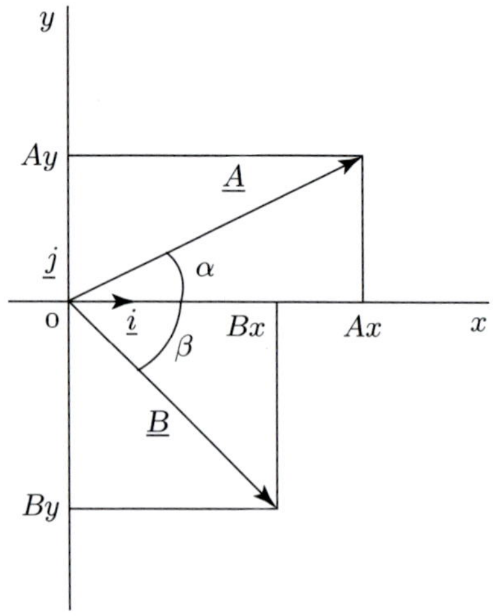

그림 B.37 • 문제 B.6

문제 B.7 그림 B.38에서와 같이, 두 벡터 $\underline{A}$와 $\underline{B}$를 고려하자. 이들 벡터의 크기가 각각 $A = 3.5$, $B = 6.3$ 단위이고, 수평에 대해 $\alpha = 45°$ 및 $\beta = 32°$일 때, 다음을 풀어라.

(a) 벡터 $\underline{A}$와 $\underline{B}$의 수평 및 수직 방향에 대한 성분을 구하라.

(b) 벡터 $\underline{A}$와 $\underline{B}$를 성분들로 표현하라.

(c) 벡터 $\underline{D} = \underline{A} + \underline{B}$의 크기를 결정하고, 벡터 $\underline{D}$를 성분으로 표현하라.

(d) 벡터 $\underline{E} = \underline{A} - \underline{B}$의 크기를 결정하고, 벡터 $\underline{E}$를 성분으로 표현하라.

(e) 벡터 $\underline{F} = \underline{B} - \underline{A}$의 크기를 결정하고, 벡터 $\underline{F}$를 성분으로 표현하라.

(f) 벡터 $\underline{G} = -\underline{A} - \underline{B}$의 크기를 결정하고, 벡터 $\underline{G}$를 성분으로 표현하라.

정답:

(a) $A_x = 2.47$, $A_y = 2.47$; $B_x = 5.34$, $B_y = 3.34$

(b) $\underline{A} = 2.47\underline{i} + 2.47\underline{j}$

(c) $D = 9.73$, $\underline{D} = 7.81\underline{i} + 5.81\underline{j}$

(d) $E = 2.99$, $\underline{E} = -2.87\underline{i} - 0.87\underline{j}$

(e) $F = 2.99$, $\underline{F} = 2.87\underline{i} + 0.87\underline{j}$

(f) $G = 9.73$, $\underline{G} = -7.81\underline{i} - 5.81\underline{j}$

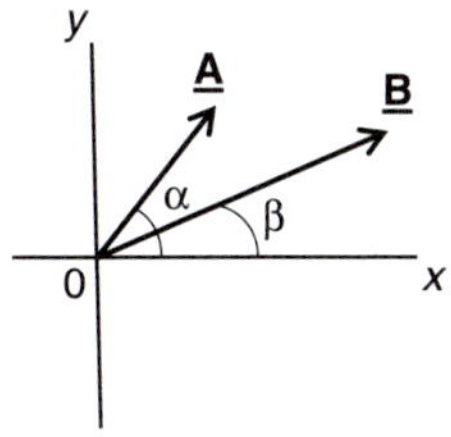

그림 B.38 • 문제 B.7

문제 B.8 그림 B.39와 같이, 세 가지 벡터 $\underline{A}$, $\underline{B}$, $\underline{C}$를 생각해보자. 이 벡터들의 크기가 각각 $A = 4.5$, $B = 7.0$, $C = 5$ 단위이고, 각도 $\alpha = 35°$, $\beta = 65°$, $\gamma = 27°$일 때, 다음을 풀어라.

(a) 벡터 $\underline{A}$, $\underline{B}$, $\underline{C}$의 수평 및 수직 방향의 성분을 구하라.

(b) 벡터 $\underline{A}$, $\underline{B}$, $\underline{C}$를 성분들로 표현하라.

(c) 벡터 $\underline{D} = \underline{A} + \underline{B} + \underline{C}$를 구하라.

(d) 벡터 $\underline{D}$의 크기와 수평과 이루는 각도 θ를 구하라.

(e) 벡터 $\underline{E} = \underline{A} + \underline{B} - \underline{C}$를 구하라.

(f) 벡터 $\underline{E}$의 크기와 수평과 이루는 각도 λ를 구하라.

(g) 벡터 $\underline{F} = \underline{A} - \underline{B} - \underline{C}$를 구하라.

(h) 벡터 $\underline{F}$의 크기와 수직과 이루는 각도 φ를 구하라.

(i) 벡터 $\underline{G} = -\underline{A} - \underline{B} - \underline{C}$를 구하라.

(j) 벡터 $\underline{G}$의 크기 및 벡터 $\underline{G}$가 수직과 이루는 각도 ϕ를 구하라.

정답:

(a) $A_x = 3.69$, $A_y = 2.57$; $B_x = 2.96$, $B_y = 6.34$; $C_x = 4.46$, $C_y = 2.27$

(b) $\underline{A} = 3.69\underline{i} + 2.57\underline{j}$; $\underline{B} = 2.96\underline{i} + 6.34\underline{j}$; $\underline{C} = -4.46\underline{i} + 2.27\underline{j}$

(c) $\underline{D} = 2.19\underline{i} + 1.18\underline{j}$

(d) $\underline{D} = 11.4$; $\theta = 78.9°$

(e) $\underline{E} = 11.11\underline{i} + 6.64\underline{j}$

(f) $\underline{E} = 12.9$; $\lambda = 30.9°$

(g) $\underline{F} = 5.19\underline{i} - 6.04\underline{j}$

(h) $\underline{F} = 7.96$; $\varphi = 40.7°$

(i) $\underline{G} = -2.19\underline{i} - 11.18\underline{j}$

(j) $\underline{G} = 11.4;\ \phi = 11.1°$

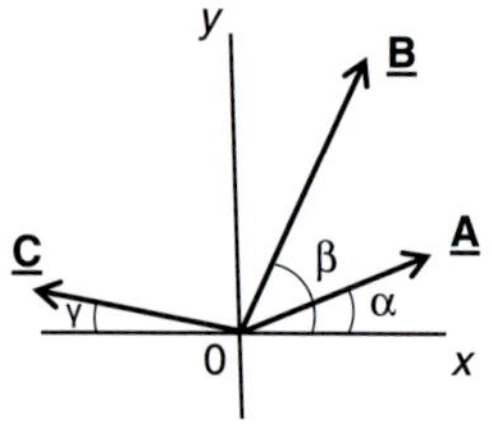

그림 B.39 • 문제 B.8

문제 B.9 그림 B.40에 도시된 네 개의 동일평면상의 벡터 $\underline{A}, \underline{B}, \underline{C}, \underline{D}$ 시스템을 생각해보자. 이 벡터의 크기는 $A = 4$, $B = 7$, $C = 3$ 그리고 $D = 5$이다. 벡터 $\underline{A}$는 양의 x 방향으로, 벡터 $\underline{B}$는 양의 x축에 대해 30°의 각을 이루고, 벡터 $\underline{C}$는 양의 y 방향으로, 벡터 $\underline{D}$는 음의 x축에 대해 45°의 각을 이루어 작용한다.

(a) x와 y 방향에 따른 벡터 $\underline{A}, \underline{B}, \underline{C}, \underline{D}$의 스칼라 성분을 구하라.

(b) x와 y 방향에 따른 성분의 관계를 벡터 $\underline{A}, \underline{B}, \underline{C}, \underline{D}$로 표현하라.

(c) 벡터 $\underline{E} = \underline{A} + \underline{D}$를 구하라.

(d) 벡터 $\underline{F} = \underline{C} + \underline{B}$를 구하라.

(e) 벡터 $\underline{G} = \underline{A} + \underline{C} - \underline{B}$를 구하라.

(f) 벡터 $\underline{H} = \underline{A} + \underline{B} + \underline{C} + \underline{D}$를 구하라.

(g) $\underline{E}, \underline{F}, \underline{G}, \underline{H}$의 크기를 계산하라.

정답:

(a) $A_x = 4,\ A_y = 0;\ B_x = 6.06,\ B_y = 3.50;\ C_x = 0,\ C_y = 3;\ D_x = 3.54,\ D_y = 3.54$

(b) $\underline{A} = 4\underline{i};\ \underline{B} = 6.06\underline{i} + 3.50\underline{j};\ \underline{C} = 3\underline{j};\ \underline{D} = -3.54\underline{i} - 3.54\underline{j}$

(c) $\underline{E} = 0.46\underline{i} - 3.54\underline{j}$

(d) $\underline{F} = 6.06\underline{i} + 6.50\underline{j}$

(e) $\underline{G} = -2.06\underline{i} - 0.50\underline{j}$

(f) $\underline{H} = 6.52\underline{i} + 2.96\underline{j}$

(g) $\underline{E} = 3.57;\ \underline{F} = 8.89;\ \underline{G} = 2.12;\ \underline{H} = 7.16$

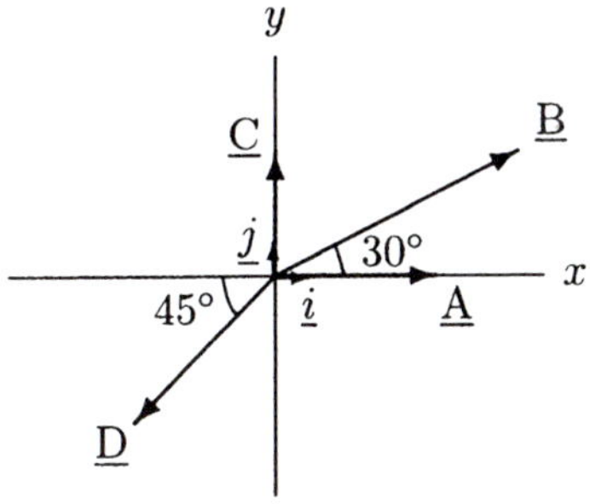

그림 B.40 • 문제 B.9

문제 B.10 그림 B.41에 도시된 벡터 $\underline{A}$와 $\underline{B}$를 생각해보자. 이 벡터는 xy 평면에 작용하고, $A = 10$ 그리고 $B = 74$ 단위의 크기를 가진다. 벡터 $\underline{A}$는 양의 x축에 $\alpha = 15°$의 각을 이루고, 벡터 $\underline{B}$는 양의 y 방향으로 작용한다.

(a) $\underline{A}$와 $\underline{B}$를 각각의 성분으로 표현하라.

(b) 내적 $m = \underline{A} \cdot \underline{B}$로 계산하라.

(c) 외적 $\underline{C} = \underline{A} \times \underline{B}$로 계산하라.

정답:

(a) $\underline{A} = 9.66\underline{i} + 2.59\underline{j}$; $\underline{B} = 7\underline{j}$

(b) $m = 18.12$

(c) $\underline{C} = 67.61\underline{k}$

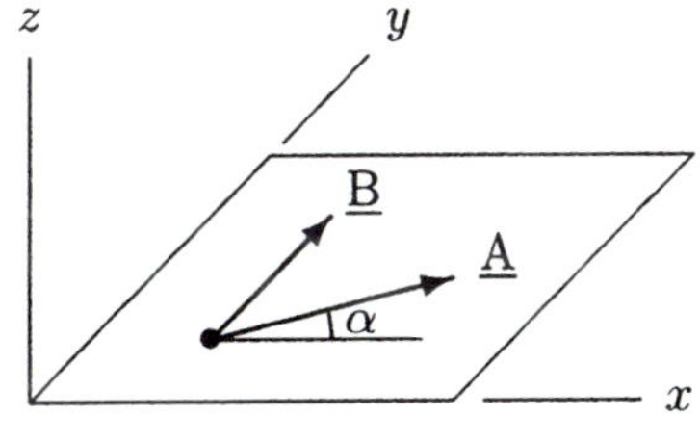

그림 B.41 • 문제 B.10

APPENDIX

C

미적분법

Calculus

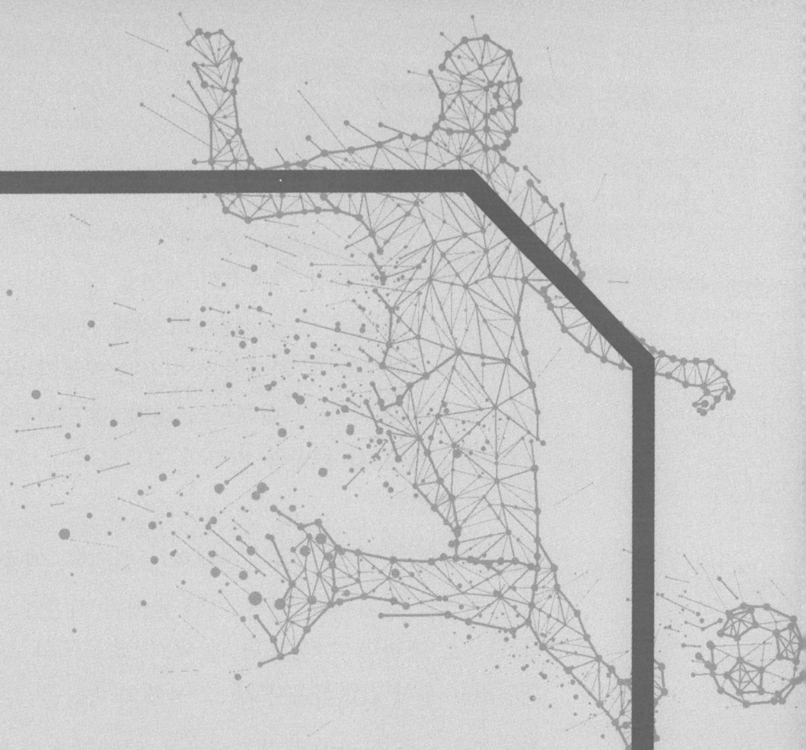

C.1 함수

함수는 수학에서 가장 기본적인 개념들 중 하나이다. '함수'라는 용어는 하나의 양의 다른 양에 대한 의존성을 나타내기 위해 사용된다. 일반적으로 일련의 실험 결과로서 두 가지 물리량 사이의 관계가 밝혀지는 경우가 있다. 이 관계는 표, 그래프 또는 **함수**(function)라는 수식의 형태로 표현될 수 있다. 일단 두 가지 물리량 사이의 함수가 정해지면, 한 가지 물리량 변화의 결과로부터 다른 물리량의 변화를 추가 실험 없이 예측할 수 있다.

대부분의 물리 법칙은 수식 형태로 표현된다. 예를 들어, 속도는 시간에 따른 위치 변화의 비율로 정의된다. 만약 어떤 물체의 시간에 따른 위치 변화를 측정하고 그 변화를 함수로 표현할 수 있으면, 실제로 그 물체의 속도를 측정하지 않고 단순히 함수에 해당하는 수학적 연산을 통해 그 물체의 속도를 결정할 수 있다.

X와 Y라는 두 물리량을 생각해보자. 물리량 X의 변화가 물리량 Y의 변화를 일으키는 두 물리량이 연관되어 있다고 가정하자. X의 값을 변화시키면서 이에 대응하는 Y 값을 측정하는 실험을 10회 실시했다고 가정하자. X의 변화에 따른 Y의 변화는 다양한 방식으로 표현될 수 있다. 예를 들어, 수집한 데이터는 표 형태로 표현될 수 있다(표 C.1). 그러나 숫자의 집합에서보다 선도(diagram)에서 더 쉽게 정보를 얻을 수 있다. 선도는 수평 좌표(가로 좌표)에 입력값 X를, 수직 좌표(세로 좌표)에 출력값 Y를 부여하는 방식으로 그린다(그림 C.1). 표 C.1에 기록된 각각의 순서쌍 X, Y는 이 선도의

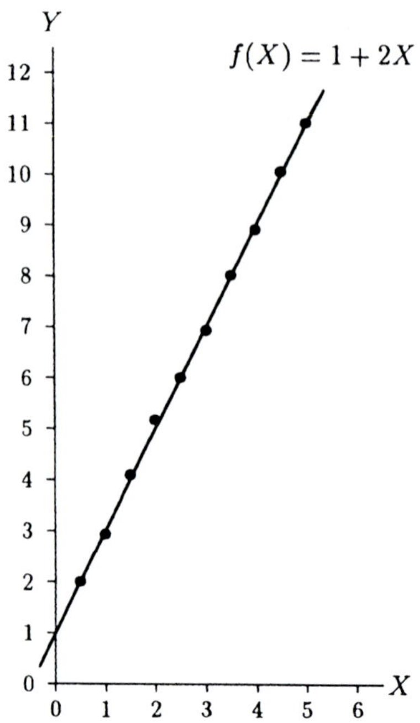

그림 C.1 • Y는 $Y=f(X)=1+2X$로 표현되는 X의 함수이다.

표 C.1 • 실험 데이터

실험	X	Y
1	0.5	2.0
2	1.0	2.9
3	1.5	4.1
4	2.0	5.2
5	2.5	6.0
6	3.0	6.9
7	3.5	8.0
8	4.0	8.9
9	4.5	10.0
10	5.0	11.0

각 점에 대응된다. 이 점들을 연결해서 곡선을 얻을 수 있으며, 이는 얻은 데이터의 그래프를 나타낸다.

X와 Y 사이의 관계를 표현하는 또 다른 방법은 함수를 사용하는 것이다. 함수는 일반적으로 f나 g와 같이 하나의 문자로 표시된다. 예를 들어, $Y = f(X)$는 Y가 X의 함수라는 것을 뜻한다. $Y = f(X)$에서 X는 연산 또는 과정의 '입력' 또는 '원인'을 나타내고, Y는 '출력' 또는 '효과'를 나타낸다. 일반적으로 함수의 입력은 **독립변수**(independent variable)이고, 출력은 **종속변수**(dependent variable)이다. 둘 이상의 물리량과 관련된 함수를 결정하는 방법은 여러 가지가 있다. 한 가지 방법은 실험이나 관찰 결과로 얻은 그래프(예를 들어 그림 C.1)를 알려진 함수의 그래프와 비교하는 것이다. 예를 들어, 그림 C.1에서 직선은 Y가 X의 1차 함수이며, X와 Y 사이의 관계가 $Y = 1 + 2X$와 같은 수식으로 표현될 수 있음을 의미한다. 따라서 X와 Y 사이의 함수는 $f(X) = 1 + 2X$이다. 이러한 사실에서 가장 적합한 함수를 정하기 위해서는, 우선 일반적으로 사용되는 함수의 특성을 잘 파악해야 한다.

수많은 물리 현상을 표현하기에 충분한 미적분학의 기본적인 함수가 몇 가지 있다. 이러한 기본 함수에는 상수, 거듭제곱, 삼각, 로그, 지수 함수 등이 있다. 또한 보다 복잡한 함수를 만들기 위해 기본 함수들을 결합하는 방법도 있다.

C.1.1 상수 함수

상수 함수(constant function)는 다음과 같은 일반적인 형식으로 표현된다.

$$f(X) = c \tag{C.1}$$

여기서 c는 일정한 숫자를 나타내는 기호이다. 예를 들어, $Y = 2$와 $Y = 4.5$는 상수 함수이다. 상수 함수의 그래프는 그림 C.2에서 그려진 것처럼 수평선이다.

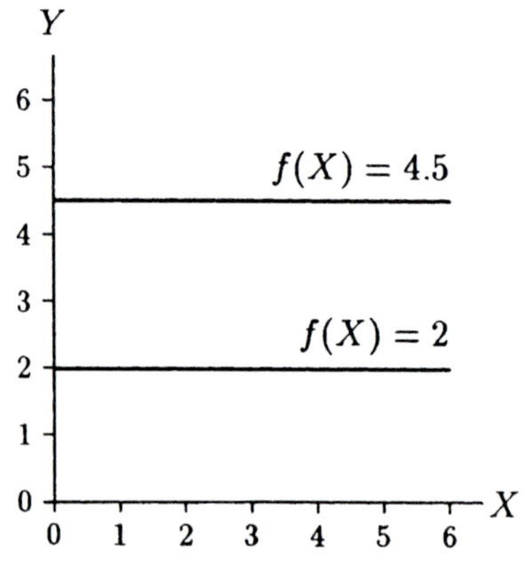

그림 C.2 • 상수 함수

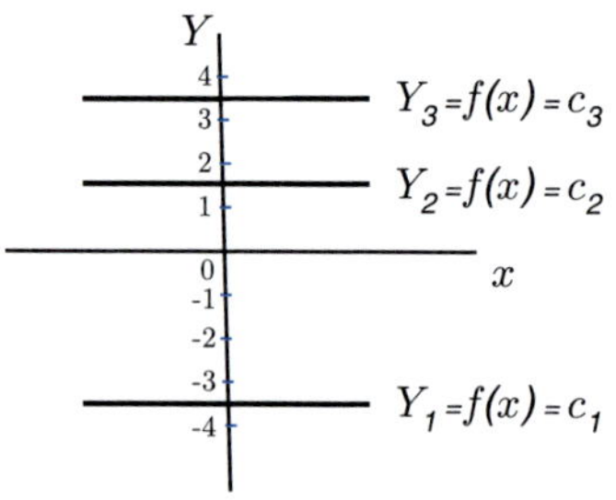

그림 C.3 • 예제 C.1

예제 C.1 다음과 같은 상수 함수의 그래프를 그려라.

$$y_1 = f(x) = -3.5 \quad y_2 = f(x) = 1.5 \quad y_3 = f(x) = 3.5$$

풀이: 식 (C.1)로부터 $c_1 = -3.5$; $c_2 = 1.5$; $c_3 = 3.5$이다.

그림 C.3에 나타낸 바와 같이, 이들 상수 함수의 그래프는 수평선이다.

C.1.2 멱함수

멱함수(power function)는 다음과 같은 일반적인 형식으로 나타낼 수 있다.

$$f(X) = X^r \tag{C.2}$$

식 (C.2)에서 r은 0과 분수를 포함하는 임의의 실수 또는 정수이다. $X^0 = 1$이므로 상수 함수는 $r = 0$인 멱함수라고 할 수 있다. 다음은 멱함수의 예이다.

$$f(X) = X^1 = X$$
$$f(X) = X^3 = X \cdot X \cdot X$$
$$f(X) = X^{-1} = \frac{1}{X}$$
$$f(X) = X^{-2} = \frac{1}{X^2}$$
$$f(X) = X^{0.5} = X^{\frac{1}{2}} = \sqrt{X}$$

몇 가지 멱함수의 그래프가 그림 C.4에 나타나 있다. 주어진 함수에 대하여, X에 임의의 값을 할당하고, 그 값을 함수에 대입하고, 대응되는 Y 값에 대하여 함수를 풀고, 이 과정을 여러 X 값에 대해 반복하고, 얻어진 X, Y의 순서쌍을 그래프 용지에 표시하고, 그 값들을 곡선으로 연결해서 주어진 함수의 그래프를 그린다.

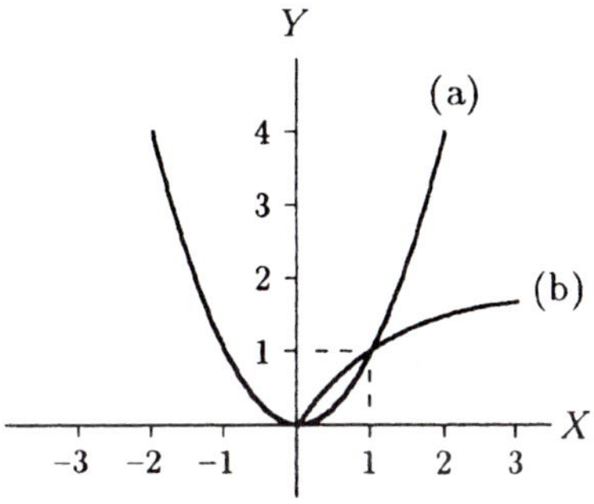

그림 C.4 • 멱함수 (a) $f(X) = X^2$, (b) $f(X) = \sqrt{X}$

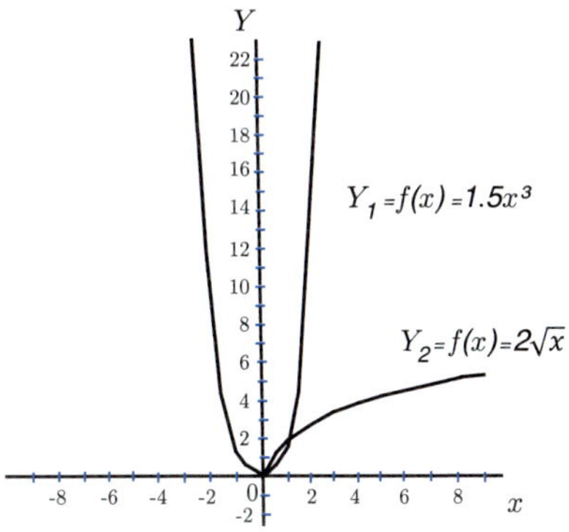

그림 C.5 • 예제 C.2

예제 C.2 다음과 같은 멱함수의 그래프를 작성하라.

$$y_1 = f(x) = 1.5^3 \quad y_2 = f(x) = 2x^2 = 2\sqrt{x}$$

풀이: 주어진 함수에 대해 식 (C.2)를 적용하면, x에 순차적으로 다른 값들을 할당하고, 할당된 값들을 함수에 대입하여 y 값들을 구하고, 그래프 용지에 x, y의 순서쌍을 표시하고, 그림 C.5에서 설명한 대로 해당 점들을 연결하는 곡선을 그리면 그래프를 작성할 수 있다.

$Y_1 = f(x) = 1.5^3$ 함수의 경우에는 x에 양수와 음수 모두를 대입할 수 있는 반면, 함수 $y_2 = f(x) = 2\sqrt{x}$의 경우에는 양수 x에 대해서만 가능하다. 따라서 그림 C.5에서 보는 바와 같이, 첫 번째 함수의 그래프는 좌표계의 제1 및 제2 사분면에 위치하고, 두 번째 함수의 그래프는 좌표계의 제1 사분면에만 위치한다. 주어진 멱함수의 그래프를 작성하기 위한 x, y 값은 표 C.2에 제시되어 있다.

표 C.2 • 멱함수 작성을 위한 데이터

$y_1 = f(x) = 1.5^3$	$y_2 = f(x) = 2\sqrt{x}$
$x = 0 \quad y = 0$	$x = 0 \quad y = 0$
$x = 1 \quad y = 1.5$	$x = 1 \quad y = 2$
$x = 1.5 \quad y = 5.06$	$x = 2 \quad y = 2.83$
$x = 2 \quad y = 12$	$x = 3 \quad y = 3.46$
$x = 2.5 \quad y = 23.4$	$x = 4 \quad y = 4$
$x = -1 \quad y = -1.5$	$x = 5 \quad y = 4.47$
$x = -2 \quad y = -12$	$x = 8 \quad y = 5.66$
$x = -2.5 \quad y = -23.4$	$x = 9 \quad y = 6$

C.1.3 선형 함수

선형 함수(linear function, 1차 함수)는 다음과 같은 일반적인 형태로 표현된다.

$$f(X) = a + bX \tag{C.3}$$

식 (C.3)에서 a와 b는 임의의 상수 계수이다. 선형 함수의 그래프는 직선이 Y축과 만나는 점을 나타내는 계수 a와 직선의 기울기를 나타내는 계수 b를 가진 직선이다. 선형 함수의 예로는 다음과 같은 식들이 있다.

$$f(X) = 1 + 2X$$
$$f(X) = 0.5 - 5X$$
$$f(X) = X$$

그림 C.6에서는 선형 함수 그래프의 예를 보여준다. 선형 함수의 그래프를 작성하기 위해서는 두 점만 필요하다는 사실에 주목하자.

예제 C.3 다음과 같은 선형 함수의 그래프를 작성하라.

$$y_1 = f(x) = 2 - 1.5x \quad y_2 = f(x) = 3.5 + x$$

풀이: 예제 C.2에서는 x에 수치들을 대입하여 y의 값을 구하고, 그래프 용지에 이들 수치 각각의 쌍을 표시한 후, 해당 점들을 연결하는 직선을 그린다. 이 예제를 풀기 위해서는 예제 C.2에서 설명한 동일한 절차를 거쳐 주어진 선형 함수의 그래프를 작성할 수 있다. 선형 함수의 그래프는 직선이기 때문에, 각 함수에 대해 최소한 두 개의 점만으로도 그림 C.7에서와 같이 그래프를 그리기에 충분하다.

첫 번째 함수의 경우: $x = 0$일 때 $y = 2$이고, $x = 3$일 때 $y = -2.5$이다.

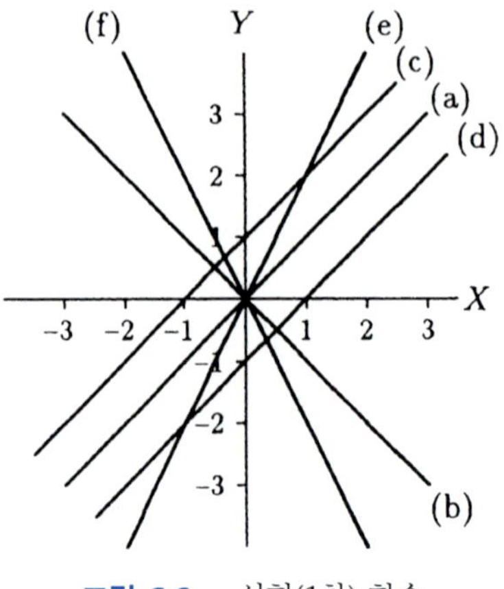

그림 C.6 • 선형(1차) 함수

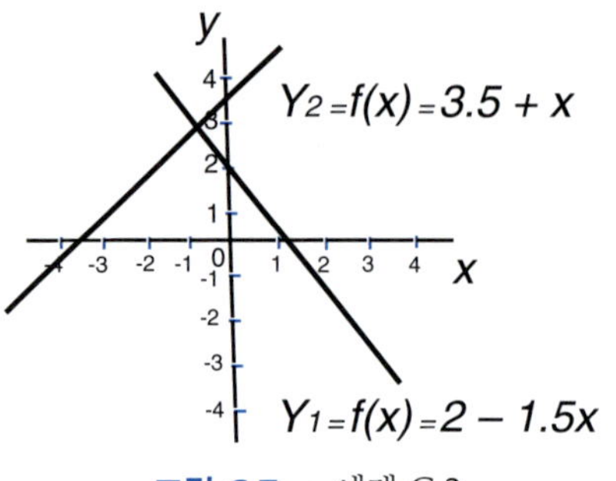

그림 C.7 • 예제 C.3

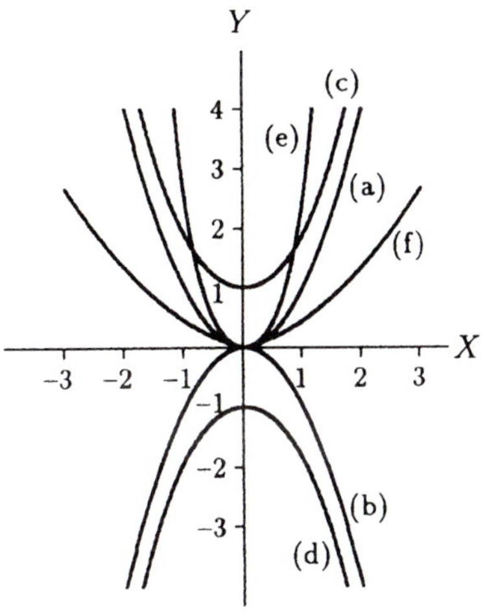

그림 C.8 • 2차 함수 (a) $Y = X^2$, (b) $Y = -X^2$, (c) $Y = 1 + X^2$, (d) $Y = -1 - X^2$, (e) $Y = 3X^2$, (f) $Y = X^2/3$

두 번째 함수의 경우: $x = 0$일 때 $y = 3.5$이고, $x = -3.5$일 때, $y = 0$이다.

C.1.4 2차 함수

2차 함수(quadratic function)는 다음과 같은 일반적인 형식으로 표현된다.

$$f(X) = a + bX + cX^2 \tag{C.4}$$

식 (C.4)에서 계수 a, b 및 c는 양 또는 음의 실수 또는 정수이다. 계수 a와 b는 0일 수도 있다. 2차 함수의 예는 다음과 같다.

$$f(X) = 2 + X - 0.5X^2$$
$$f(X) = 5 + X^2$$
$$f(X) = -3X + 4X^2$$
$$f(X) = X^2$$

이 함수의 특징은 이 수식에서 X의 최고 차수가 2라는 것이다. 그러나 $f(X) = 1 + X^{0.5} - 3X^2$는 $X^{0.5}$ 항 때문에 2차 함수가 아니다. $X^0 = 1$이고 $X^1 = X$이므로, 2차 함수는 다음과 같이 나타낼 수도 있다.

$$f(X) = aX^0 + bX^1 + cX^2$$

2차 함수의 그래프는 포물선이다. 몇 가지 2차 함수의 그래프가 그림 C.8에 나와 있다.

C.1.5 다항 함수

다항 함수(polynomial function)는 다음과 같은 형식의 함수이다.

$$f(X) = A_0 + A_1X + A_2X^2 + A_3X^3 + \cdots + A_nX^n \tag{C.5}$$

식 (C.5)에서 계수 $A_0, A_1, \cdots, A_n$은 양, 음 또는 0인 실수나 정수이며 n은 X의 최고 차수에 해당하는 양의 정수이다. 거듭제곱수 n은 다항식의 '차수'라고 정의된다. 예를 들면, 아래와 같은 함수가 있다고 하자.

$$f(X) = 1 - X - 2X^2 + 5X^3$$

여기서 $A_0 = 1, A_1 = -1, A_2 = -2, A_3 = 5$를 계수로 갖는 3차 다항 함수이다. 또 다른 예로 아래와 같은 함수가 있다고 하자.

$$f(X) = 2 + 3X^2$$

이 함수는 $A_0 = 2, A_1 = 0, A_2 = 3$을 계수로 갖는 2차 다항 함수이다. 이것은 또한 $a = 2, b = 0, c = 3$을 계수로 갖는 2차 함수이기도 하다.

상수, 선형, 2차 함수는 다항 함수의 특별한 형태임을 기억하라. 상수 함수는 0차 다항 함수, 선형 함수는 1차 다항 함수, 2차 함수는 2차 다항 함수이다.

C.1.6 삼각 함수

수량 Y가 수량 X에 대해 $Y = \sin(X)$ 또는 $Y = \cos(X)$와 같이 삼각법에 의한 관계로 나타나면, Y를 X의 **삼각 함수**(trigonometric function)라고 한다. $f(X) = \sin(X)$와 $f(X) = \cos(X)$는 각각 **사인 함수**(sine function), **코사인 함수**(cosine function)라고 한다. 이 함수들의 그래프는 그림 C.9과 C.10에 나와 있다.

$Y = \sin(X)$와 $Y = \cos(X)$에서 X는 **도**(degree) 또는 **라디안**(radian) 단위로 표현된다. 180°는 π라디안이다(π = 3.1416). 도(°)는 다음 식을 이용해서 라디안으로 변환된다.

$$\text{라디안} = \frac{\pi}{180} \times \text{도}$$

예를 들어, 0° = 0 라디안, 45° = π/4 라디안, 90° = π/2 라디안, 180° = π 라디안, 270° = 3π/2 라디안, 360° = 2π 라디안, 720° = 4π 라디안이다.

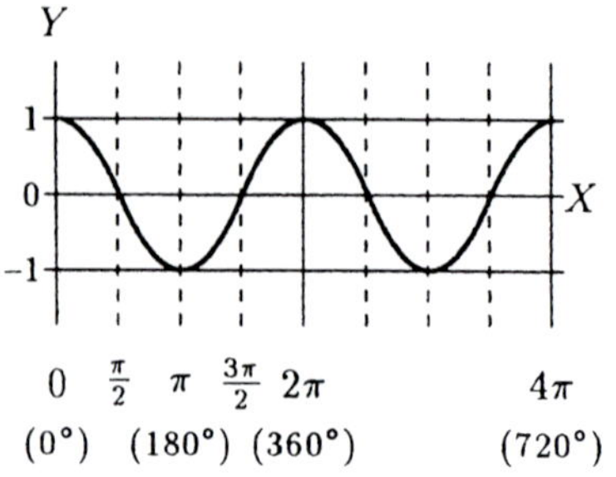

그림 C.9 • $Y = f(X) = \cos(X)$

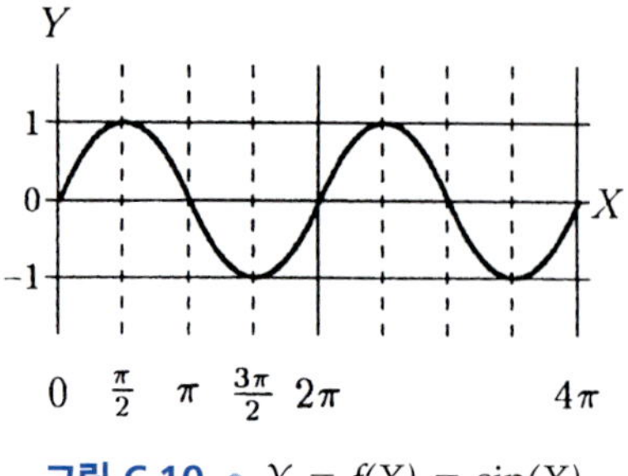

그림 C.10 • $Y = f(X) = \sin(X)$

표 C.3 • 삼각함수 작성을 위한 데이터

y = cos(x)	y = sin(x)
$x = 0 \quad y = 1$	$x = 0 \quad y = 0$
$x = 90° \quad y = 0$	$x = 90° \quad y = 1$
$x = 180° \quad y = -1$	$x = 180° \quad y = 0$
$x = 270° \quad y = 0$	$x = 270° \quad y = -1$
$x = 360° \quad y = 1$	$x = 360° \quad y = 0$

삼각함수의 그래프는 멱함수와 선형 함수의 그래프를 작성할 때와 동일한 절차를 거쳐 작성할 수 있다. 이러한 함수를 작성하는 데 사용되는 데이터가 표 C.3에 제시되어 있다.

삼각함수는 그래프가 일정한 형태를 반복한다는 점에서 주기적이다. 그림 C.9와 C.10에서 $Y = \sin(X)$와 $Y = \cos(X)$는 2π 라디안 또는 360°마다 반복된다. 이것은 $Y = \sin(X)$와 $Y = \cos(X)$의 **주기**(period)가 2π 라디안임을 의미한다. 또한 $Y = \sin(X)$와 $Y = \cos(X)$에서 Y는 -1과 $+1$ 사이의 값을 갖는다. 따라서 $Y = \sin(X)$와 $Y = \cos(X)$의 **진폭**(amplitude)은 1이다.

$Y = \sin(X)$와 $Y = \cos(X)$는 삼각 함수의 가장 간단한 형태이다. 사인 함수는 다음과 같이 보다 일반적인 형태로 표현할 수 있다.

$$f(X) = a \sin(bX) \tag{C.6}$$

여기서 a, b는 상수이다. 식 (C.6)에서 정의된 사인 함수는 진폭 a와 주기 $2\pi/b$를 갖는다. 예를 들어, 그림 C.11에 주어진 그래프에서 $f(X) = 3\sin\left(\frac{x}{2}\right)$는 진폭과 주기가 각각 3, 4π이다. (C.6)에 주어진 사인 함수는 다음과 같이 더욱 일반화할 수 있다.

$$f(X) = a \sin(bX + c) \tag{C.7}$$

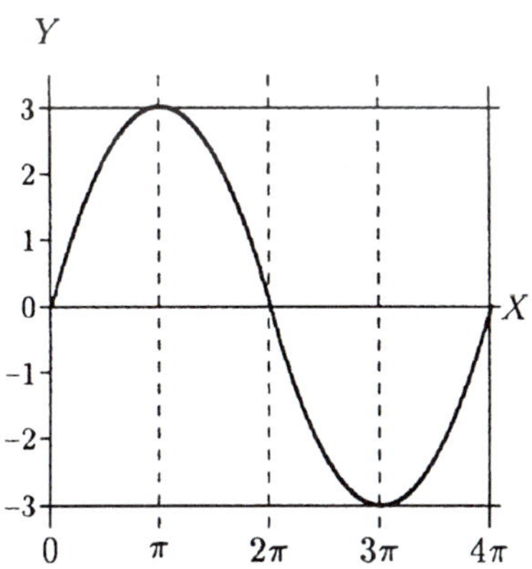

그림 C.11 • $Y=3\sin(x/2)$

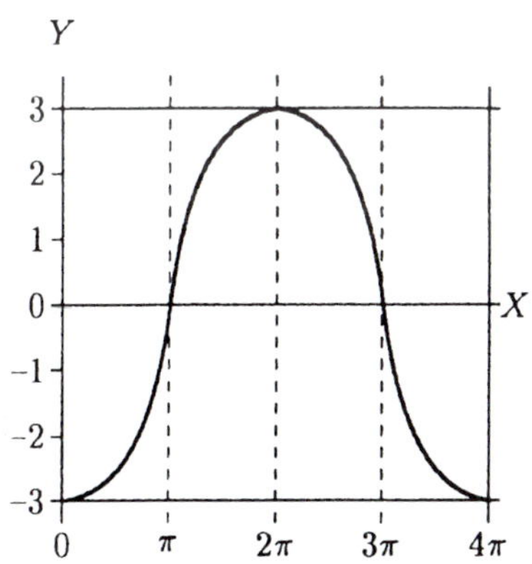

그림 C.12 • $Y=3\sin(x/2 - \pi/2)$

여기서 a는 진폭, $2\pi/b$는 주기이고, 이 함수의 그래프는 함수 $f(X) = a\sin(bX)$의 그래프와 비교할 때, 오른쪽 또는 왼쪽으로 c/b만큼 수평 이동되어 있다. 예를 들어, $f(X) = 3\sin\left(\frac{x}{2} - \frac{\pi}{2}\right)$의 그래프는 그림 C.12에 나와 있다.

사인 함수의 그래프를 $\pi/2$만큼 수평 이동한 그래프는 음의 코사인 함수의 그래프와 같다는 점을 주목하라. 즉, $\sin\left(\frac{x}{2} - \frac{\pi}{2}\right) = -\cos\left(\frac{X}{2}\right)$이다. 삼각 함수를 다루는 데 유용한 많은 삼각 함수의 항등식과 공식이 있다. C.4절에서 이러한 공식들을 다룰 것이다.

C.1.7 지수 함수와 로그 함수

3^X와 $\left(\frac{1}{2}\right)^X$와 같은 함수를 **지수 함수**(exponential function)라고 한다. 지수 함수의 일반적인 형태는 b^X이며, 여기서 b는 **밑**(base)이라고 한다. 미적분학에서 가장 많이 사용되는 밑은 2.71과 2.72 사이의 무리수인 e이며, 종종 함수 e^X 또는 $\exp X$를 지수 함수라고 부른다.

지수 함수 $\exp X$는 $\ln X$로 표시되는 **자연로그 함수**(natural logarithmic function)라고 하는 역(inverse)을 갖는다. 이것은 또한 $\log_e X$로 표시되기도 하며, 밑이 e인 로그라고 부르기도 한다. $\exp X$와 $\ln X$의 속성은 다음과 같다.

$$\begin{aligned}&\text{만약}\ \ \ln X = Y \text{ 이고 } \ \exp Y = X\\&\ln(\exp X) = X \ \text{ 그리고 } \ \exp(\ln X) = X\\&\ln 1 = 0 \ \text{ 그리고 } \ \exp 0 = 1\end{aligned}$$

$\exp X$와 $\ln X$의 그래프는 그림 C.13에 나와 있다. 지수와 로그 함수의 또 다른 속성에는 다음과 같은 것들이 있다.

$$\begin{aligned}&(\exp X)(\exp Y) = \exp(X+Y)\\&\frac{\exp X}{\exp Y} = \exp(X-Y)\\&\exp(-X) = \frac{1}{\exp X}\\&(\exp X)^Y = \exp(XY)\\&\ln(XY) = \ln X + \ln Y\\&\ln\left(\frac{X}{Y}\right) = \ln X - \ln Y\\&\ln\left(\frac{1}{X}\right) = -\ln X\\&\ln X^Y = Y\ln X\end{aligned}$$

음수의 'ln'은 허용되지는 않지만, $\ln X$는 음수가 될 수 있다. 다시 말해서, $\ln X$는 X가 0보다 클 때만 가능하다. 반대로 $\exp X$는 모든 X에 대해서 가능하다. 그러나 $\exp X$는 항상 양수이다.

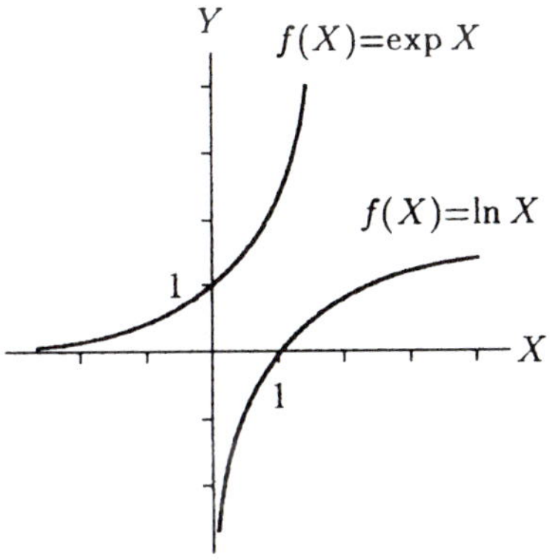

그림 C.13 • 지수 함수와 로그 함수

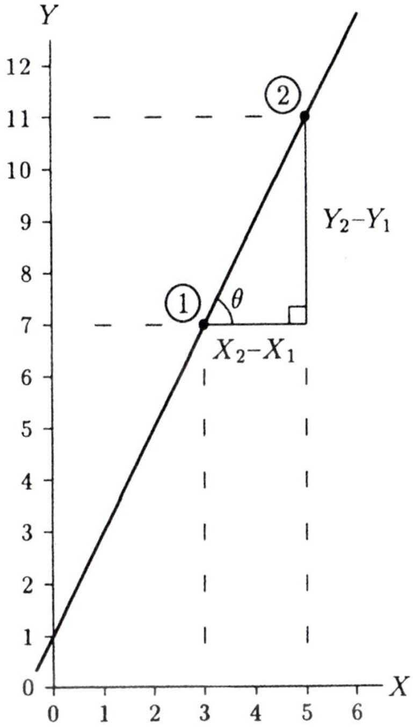

그림 C.14 • 도함수는 기울기를 나타낸다.

C.2 미분

도함수(또는 미분)는 곡선의 기울기, 최댓값 및 최솟값을 결정하는 데 널리 이용되는 기초적인 수학적 연산의 하나이며, 그 밖의 많은 응용이 가능하다. 함수의 도함수를 찾는 과정을 **미분법**(differentiation)이라고 한다. 도함수를 다루는 미적분학의 한 분야를 **미분학**(differential calculus)이라고 한다.

함수의 도함수는 함수의 그래프의 기울기를 나타낸다. 예를 들어, 그림 C.14에 제시된 그래프의 1차 함수 $Y = 1 + 2X$를 생각해보자. $Y = 1 + 2X$를 나타내는 직선의 기울기는 $X_1 = 3$, $Y_1 = 7$ 및 $X_2 = 5$, $Y_2 = 11$의 좌표를 갖는 직선 위의 두 점 1과 2를 이용하여 결정할 수 있다. 직선의 기울기는 그 직선과 수평선이 이루는 각의 탄젠트 값으로 정의된다. 그림 C.14에 주어진 직선에 대해서 기울기는 아래와 같다.

$$\text{slope} = \tan\theta = \frac{Y_2 - Y_1}{X_2 - X_1} = \frac{11 - 7}{5 - 3} = 2$$

따라서 함수 $Y = 1 + 2X$의 도함수는 2이다. 우리는 이것이 $Y = 1 + 2X$에서 X 앞의 2와 같다는 것을 증명할 것이다.

직선의 기울기는 상수이다. 직선이 아닌 곡선은 많은 기울기를 가지며, 대체로 곡선의 기울기 변화를 예측하는 것은 어렵다.

일반적으로 어떤 함수의 도함수는 또 다른 함수이다. 함수 $Y = f(X)$에 대해서 도함수를 나타내는 많은 기호가 있다. 예를 들면 아래와 같다.

$$f' \quad f'(X) \quad \frac{df}{dX} \quad Y' \quad \frac{dY}{dX}$$

C.2.1 기본 함수의 도함수

상수 함수 $f(X) = c$의 그래프는 기울기가 0인 수평선이다. 따라서 상수 함수의 도함수는 항상 0이다.

$$\frac{\mathrm{d}}{\mathrm{d}X}(c) = 0 \tag{C.8}$$

1차 함수 $f(X)$의 그래프는 기울기가 1인 직선이다. 따라서 아래와 같이 쓸 수 있다.

$$\frac{\mathrm{d}}{\mathrm{d}X}(X) = 1 \tag{C.9}$$

기울기를 이용해서 $f(X) = c$ 및 $f(X) = X$와 같은 함수의 도함수를 찾는 것은 쉽다. 그러나 X^3, $\sqrt{X}$, X^{-2}와 같은 멱함수의 그래프는 기울기가 변하고, 그 도함수를 구하는 것이 쉽지 않다. 멱함수 X^r를 미분하려면 아래와 같이 함수에 차수를 곱하고, 차수에서는 1만큼 뺀다.

$$\frac{\mathrm{d}}{\mathrm{d}X}(X^r) = rX^{r-1} \tag{C.10}$$

식 (C.10)을 지수 법칙이라 한다. 다음 예제들은 지수 법칙의 사용 예를 보여준다.

함수, $f(X)$	도함수, f'
X^4	$4X^3$
X^{-2}	$-2X^{-3}$
$X^{2.3}$	$2.3X^{1.3}$
$\sqrt{X} = X^{\frac{1}{2}}$	$\frac{1}{2}X^{-\frac{1}{2}} = \frac{1}{2\sqrt{X}}$

만약 차수 r이 0이라면, X에 상관없이 $X^0 = 1$이다. 따라서 1은 X^0 또는 $r = 0$인 멱함수이고, 이를 미분하기 위해 식 (C.10)의 지수 법칙(power rule)을 적용한다.

$$\frac{\mathrm{d}}{\mathrm{d}X}(1) = \frac{\mathrm{d}}{\mathrm{d}X}(X^0) = 0X^{-1} = 0$$

무엇이든 0이 곱해진 것은 0이 된다. 함수 $f(X) = X$는 $r = 1$인 멱함수이다. 따라서 다음과 같이 쓸 수 있다.

$$\frac{d}{dX}(X) = \frac{d}{dX}(X^1) = 1X^0 = 1$$

도함수의 정의는 다른 기본 함수의 미분법에도 이용될 수 있다. 우리는 증명 없이 다음의 정의들을 채택할 것이다.

$$\frac{d}{dX}(\sin X) = \cos X \tag{C.11}$$

$$\frac{d}{dX}(\cos X) = -\sin X \tag{C.12}$$

$$\frac{d}{dX}(\exp X) = \exp X \tag{C.13}$$

$$\frac{d}{dX}(\ln X) = \frac{1}{X} \tag{C.14}$$

C.2.2 상수 곱의 법칙

상수 c와 다른 함수 $f(X)$의 곱으로 표현된 함수를 미분하려면, 함수의 도함수를 구하고 여기에 상수 c를 곱한다.

$$\frac{d}{dX}[cf(X)] = c\frac{df}{dX} = cf' \tag{C.15}$$

다음 예제들은 식 (C.15)를 이용한 사례들이다.

함수, $f(X)$	도함수, f'
$2X^2$	$4X$
$-1.25X^{-3}$	$3.75X^{-4}$
$0.5 \cos X$	$-0.5 \sin X$
$-3 \exp X$	$-3 \exp X$

C.2.3 합의 법칙

두 함수의 합의 형태인 함수의 도함수는 각 함수의 도함수의 합과 같다. $f_1(X)$와 $f_2(X)$가 두 함수를 나타낼 때, 함수 $f(X) = f_1(X) + f_2(X)$의 도함수는 아래와 같이 표현된다.

$$\frac{d}{dX}[f_1(X) + f_2(X)] = f_1' + f_2' \tag{C.16}$$

예를 들면, 아래와 같이 계산할 수 있다.

$$\frac{d}{dX}(3X - 2\sin X) = \frac{d}{dX}(3X) + \frac{d}{dX}(-2\sin X) = 3 - 2\cos X$$

합의 법칙은 1차 및 2차 함수의 도함수를 구하는 데 적용될 수 있다. a, b, c가 상수일 때, 다음과 같이 계산할 수 있다.

$$\frac{d}{dX}(a+bX)=b \tag{C.17}$$

$$\frac{d}{dX}(a+bX+cX^2)=b+2cX \tag{C.18}$$

1차 및 2차 함수는 다항 함수의 특별한 형태임을 기억하자. A_0, A_1, ⋯, A_n이 상수일 때, 다항식의 도함수는 다음과 같이 표현된다.

$$\begin{aligned}&\frac{d}{dX}(A_0+A_1X+A_2X^2+\cdots+A_nX^n)\\&\quad=A_1+2A_2X+\cdots+nA_nX^{n-1}\end{aligned} \tag{C.19}$$

미분법은 다항 함수의 차수를 1만큼 감소시킴을 주목하라. 예를 들어, 2차 함수(2차 다항 함수)의 도함수는 1차 함수(1차 다항 함수)이다. 유사하게, 3차 다항식의 도함수는 2차 함수이다. 예를 들어, 다음과 같이 계산된다.

$$\frac{d}{dX}(3-2X+5X^2-X^3)=-2+10X-3X^2$$

C.2.4 곱의 법칙

두 함수의 곱의 형태인 함수의 도함수는 첫 번째 함수에 두 번째 함수의 도함수를 곱한 것과 두 번째 함수에 첫 번째 함수의 도함수를 곱한 것을 더한 것과 같다. $f_1(X)$와 $f_2(X)$가 두 함수를 나타낼 때, 함수 $f(X)=f_1(X)f_2(X)$의 도함수는 아래과 같다.

$$\frac{d}{dX}[f_1(X)f_2(X)]=f_1f_2'+f_1'f_2 \tag{C.20}$$

예를 들면, 다음과 같이 계산할 수 있다.

$$\begin{aligned}\frac{d}{dX}(X^2\cos X)&=(X^2)\frac{d}{dX}(\cos X)+(\cos X)\frac{d}{dX}(X^2)\\&=(X^2)(-\sin X)+(\cos X)(2X)\\&=2X\cos X-X^2\sin X\end{aligned}$$

곱의 법칙은 세 개 이상의 함수의 곱의 형태인 함수로 확장될 수 있다. 예를 들면, 아래와 같다.

$$\frac{d}{dX}[f_1(X)f_2(X)f_3(X)]=f_1f_2f_3'+f_1f_2'f_3+f_1'f_2f_3$$

C.2.5 몫의 법칙

두 함수의 비율 형태인 함수의 도함수는 분자의 함수의 도함수에 분모의 함수를 곱한 것과 분자의 함수에 분모의 함수의 도함수를 곱한 것의 차를 분모의 함수의 제곱으로 나눈 것과 같다.

$f_1(X)$와 $f_2(X)$가 두 함수를 나타낼 때, 함수 $f(X) = f_1(X)/f_2(X)$의 도함수는 다음과 같이 표현된다.

$$\frac{\mathrm{d}}{\mathrm{d}X}\left[\frac{f_1(X)}{f_2(X)}\right] = \frac{f_1' f_2 - f_1 f_2'}{f_2^2} \tag{C.21}$$

예를 들면, 아래와 같이 계산된다.

$$\begin{aligned}\frac{\mathrm{d}}{\mathrm{d}X}\left(\frac{2+3X^2}{X^2}\right) &= \frac{(X^2)\frac{\mathrm{d}}{\mathrm{d}X}(2+3X^2) - (2+3X^2)\frac{\mathrm{d}}{\mathrm{d}X}(X^2)}{(X^2)^2} \\ &= \frac{(X^2)(6X) - (2+3X^2)(2X)}{X^4} \\ &= \frac{6X^3 - 4X - 6X^3}{X^4} \\ &= -\frac{4}{X^3}\end{aligned}$$

다른 방식으로 계산하면 아래와 같다.

$$\begin{aligned}\frac{\mathrm{d}}{\mathrm{d}X}\left(\frac{2+3X^2}{X^2}\right) &= \frac{\mathrm{d}}{\mathrm{d}X}\left(\frac{2}{X^2}+3\right) \\ &= \frac{(X^2)\frac{\mathrm{d}}{\mathrm{d}X}(2) - (2)\frac{\mathrm{d}}{\mathrm{d}X}(X^2)}{(X^2)^2} + \frac{\mathrm{d}}{\mathrm{d}X}(3) \\ &= \frac{(X^2)(0) - (2)(2X)}{X^4} + 0 \\ &= -\frac{4}{X^3}\end{aligned}$$

삼각 함수 $\tan X$, $\cot X$, $\sec X$, $\csc X$는 $\sin X$와 $\cos X$의 다양한 비율이다. 따라서 이들의 도함수를 결정하는 데 몫의 법칙을 이용할 수 있다. 예를 들면, 아래와 같다.

$$\begin{aligned}\frac{\mathrm{d}}{\mathrm{d}X}(\tan X) &= \frac{\mathrm{d}}{\mathrm{d}X}\left(\frac{\sin X}{\cos X}\right) \\ &= \frac{(\cos X)\frac{\mathrm{d}}{\mathrm{d}X}(\sin X) - (\sin X)\frac{\mathrm{d}}{\mathrm{d}X}(\cos X)}{(\cos X)^2} \\ &= \frac{(\cos X)(\cos X) - (\sin X)(-\sin X)}{\cos^2 X} \\ &= \frac{\cos^2 X + \sin^2 X}{\cos^2 X}\end{aligned}$$

$\cos^2 X + \sin^2 X = 1$이므로, 다음과 같이 정리된다.

$$\frac{d}{dX}(\tan X) = \frac{1}{\cos^2 X} = \sec^2 X \tag{C.22}$$

이와 유사하게 아래와 같이 계산할 수 있다.

$$\frac{d}{dX}(\cot X) = -\frac{1}{\sin^2 X} = -\csc^2 X \tag{C.23}$$

$$\frac{d}{dX}(\sec X) = \frac{\sin X}{\cos^2 X} = \sec X \tan X \tag{C.24}$$

$$\frac{d}{dX}(\csc X) = -\frac{\cos X}{\sin^2 X} = -\csc X \cot X \tag{C.25}$$

C.2.6 연쇄 법칙

이전 절에서 다룬 함수들과 다른 형태의 함수가 종종 등장한다. 지금까지 설명한 법칙들은 $\cos(X^3)$, $\exp(2-5X)$, $\ln(4X)$와 같은 함수를 미분하는 데는 적용할 수 없다. 예를 들어, 함수 $f(X) = \exp(2-5X)$를 생각해보자. $\exp X$와 $2-5X$의 도함수는 이미 살펴봤지만, $\exp(2-5X)$의 도함수는 다른 법칙을 따른다. 함수 $f(X) = \exp(2-5X)$의 도함수를 구하기 위해 괄호 안의 항을 $Z = 2-5X$로 정의하면, 원래 함수는 $f(Z) = \exp Z$와 같이 표현할 수 있다. **연쇄 법칙**(chain rule)은 아래와 같다.

$$\frac{df}{dX} = \frac{df}{dZ}\frac{dZ}{dX} \tag{C.26}$$

이제 아래와 같이 $f(X) = \exp(2-5X)$의 도함수를 구할 수 있다.

$$\begin{aligned}\frac{d}{dX}[\exp(2-5X)] &= \frac{d}{dX}(\exp Z)\frac{d}{dX}(Z) = \frac{d}{dX}(\exp Z)\frac{d}{dX}(2-5X)\\ &= (\exp Z)(-5)\\ &= -5\exp(2-5X)\end{aligned}$$

연쇄 법칙은 다양한 응용이 가능하다. 예를 들어, $Y = \sin(X^2)$의 도함수를 구하기 위해서 $Z = X^2$, $Y = \sin Z$라고 하자. Y의 Z에 대한 도함수는 $\cos Z$이고, Z의 X에 대한 도함수는 $2X$이다. 따라서 아래와 같이 계산할 수 있다.

$$\begin{aligned}\frac{d}{dX}[\sin(X^2)] &= \frac{d}{dZ}(\sin Z)\frac{d}{dX}(Z)\\ &= (\cos Z)(2X)\\ &= 2X\cos(X^2)\end{aligned}$$

함수 $Y = (3+X^2)^2$를 생각해보자. 이 함수의 도함수를 구하는 방법에는 두 가지가 있다. 첫 번째 방법은 괄호 안을 전개해서, 함수를 $Y = 9 + 6X^2 + X^4$로 쓰고 도함수를 구하는 방법이다.

$$\frac{\mathrm{d}}{\mathrm{d}X}\left[(3+X^2)^2\right] = \frac{\mathrm{d}}{\mathrm{d}X}(9+6X^2+X^4)$$
$$= 0 + 12X + 4X^3$$
$$= 12X + 4X^3$$

두 번째 방법은 $Z = 3 + X^2$라고 하면 $Y = Z^2$이 되므로, 각각의 도함수를 구하고, 연쇄 법칙을 적용하여 아래와 같이 계산하는 방법이다.

$$\frac{\mathrm{d}}{\mathrm{d}X}\left[(3+X^2)^2\right] = \frac{\mathrm{d}}{\mathrm{d}Z}(Z^2)\frac{\mathrm{d}}{\mathrm{d}X}(3+X^2)$$
$$= (2Z)(2X) = 2(3+X^2)(2X)$$
$$= 12X + 4X^3$$

X의 함수인 임의의 Z에 대해서 연쇄 법칙을 적용하면 다음과 같은 형식으로 정리된다.

$$\frac{\mathrm{d}}{\mathrm{d}X}(Z^n) = nZ^{n-1}\frac{\mathrm{d}Z}{\mathrm{d}X} \tag{C.27}$$

$$\frac{\mathrm{d}}{\mathrm{d}X}(\sin Z) = \cos Z\frac{\mathrm{d}Z}{\mathrm{d}X} \tag{C.28}$$

$$\frac{\mathrm{d}}{\mathrm{d}X}(\cos Z) = -\sin Z\frac{\mathrm{d}Z}{\mathrm{d}X} \tag{C.29}$$

$$\frac{\mathrm{d}}{\mathrm{d}X}(\exp Z) = \exp Z\frac{\mathrm{d}Z}{\mathrm{d}X} \tag{C.30}$$

$$\frac{\mathrm{d}}{\mathrm{d}X}(\ln Z) = \frac{1}{Z}\frac{\mathrm{d}Z}{\mathrm{d}X} \tag{C.31}$$

C.2.7 음함수의 미분

임의의 물리량이 다른 물리량의 **음함수**(implicit function)일 때가 있다. 아래와 같은 예를 생각해보자.

$$Y^2 - X^2 = 4$$

여기서 Y는 X의 음함수이다. 같은 수식은 다음과 같은 양함수(explicit function) 형태로 다시 쓸 수 있다.

$$Y = (4+X^2)^{\frac{1}{2}}$$

X에 대한 Y의 도함수는 다음과 같이 연쇄 법칙을 적용하여 구할 수 있다.

$$\frac{\mathrm{d}Y}{\mathrm{d}X} = \frac{1}{2}(4+X^2)^{-\frac{1}{2}}(2X) = \frac{X}{(4+X^2)^{\frac{1}{2}}}$$

X에 대한 Y의 도함수는 음함수 표현법으로부터 다음과 같이 수식의 양변의 X에 대한 도함수를 구하여 직접 찾을 수도 있음을 주목하자.

$$2Y\frac{dY}{dX} - 2X = 0$$
$$\frac{dY}{dX} = \frac{X}{Y} = \frac{X}{(4+X^2)^{\frac{1}{2}}}$$

C.2.8 고차 도함수

함수 $f(X)$의 도함수 $f'(X)$의 도함수도 또한 함수이다. $f'(X)$의 도함수는 **2차 도함수**(second derivation)라 하고, $f''(X)$로 표기한다. 2차 도함수로 사용되는 기호에는

$$f'' \quad f''(X) \quad \frac{d^2f}{dX^2} \quad Y'' \quad \frac{d^2Y}{dX^2}$$

가 있다.

유사하게, $f'''(X)$는 $f''(X)$의 1차 도함수이자, $f'(X)$의 2차 도함수이고, $f(X)$의 3차 도함수이다.

다음 예제를 생각해보자.

$$\begin{aligned}
Y &= 1 + 3X - X^2 + 2X^3 \\
Y' &= 3 - 2X + 6X^2 \\
Y'' &= -2 + 12X \\
Y''' &= 12 \\
Y &= X\sin(2X) \\
Y' &= \sin(2X) + 2X\cos(2X) \\
Y'' &= 2\cos(2X) + 2\cos(2X) - 4X\sin(2X) \\
&= 4\cos(2X) - 4X\sin(2X) \\
Y''' &= -8\sin(2X) - 4\sin(2X) - 8X\cos(2X) \\
&= -12\sin(2X) - 8X\cos(2X)
\end{aligned}$$

C.3 적분

C.2절에서는 함수 $f(X)$의 도함수 $f'(X)$를 찾는 것을 다루었다. 기본 함수의 미분은 비교적 간단하고 직접적이며, 상대적으로 복잡한 함수의 미분은 함수의 조합(합, 곱, 몫)에 대한 도함수 법칙과 함께 기본함수의 도함수를 이용하여 계산이 가능함을 살펴보았다.

다음으로, 임의의 함수에 대한 도함수를 알고 있을 때 함수를 구하는 방법에 대해 살펴보자. 미분의 반대 방향 연산을 **적분**(integration)이라고 한다. 미분과 비교할 때, 적분이 더 어렵다. 적분에 대해서는 일반적인 곱, 몫, 연쇄 법칙이 없다. 함수의 조합을 적분하기 위한 충분한 법칙이 없는 경우, 적분표를 사용하는 것이 일반적인 방법이다.

적분법은 넓이와 부피 계산, 일과 에너지 계산과 같이 다양하게 적용된다.

함수 $Y = f(X)$의 X에 대한 적분은 두 가지 방법으로 표현할 수 있다.

$$\int f(X)\mathrm{d}X \tag{C.32}$$

$$\int_a^b f(X)\mathrm{d}X \tag{C.33}$$

식 (C.32)는 **부정적분**(indefinite integral)이라 하고, 식 (C.33)은 **정적분**(definite integral)이라고 한다. 적분 기호 $\int$은 합계(summation)를 뜻하는 길쭉한 'S'이고, 적분할 함수 $f(X)$는 **피적분함수**(integrand), dX는 X의 증분, 그리고 식 (C.33)의 a, b는 각각 적분 구간의 하한(lower limit)와 상한(upper limit)을 나타낸다.

그림 C.15에 주어진 그래프의 함수 $Y = f(X) = 2X$를 생각해보자. 또한 $F_1(X) = X^2$를 생각해보자. F_1의 도함수가 $f(X)$와 완전하게 일치하므로, $F_1(X)$은 $f(X) = 2X$의 적분이다. 이제 c_0이 상수인 또 다른 함수 $F_2(X) = X^2 + c_0$을 생각해보자. 상수의 도함수는 0이므로, $F_2(X)$의 도함수도 역시 $f(X) = 2X$와 같다. F_1은 사실상 $c_0 = 0$인 F_2의 특별한 형태라는 것을 상기하자. 따라서 $f(X) = 2X$의 부정적분은 다음과 같다.

$$\int(2X)\mathrm{d}X = X^2 + c_0$$

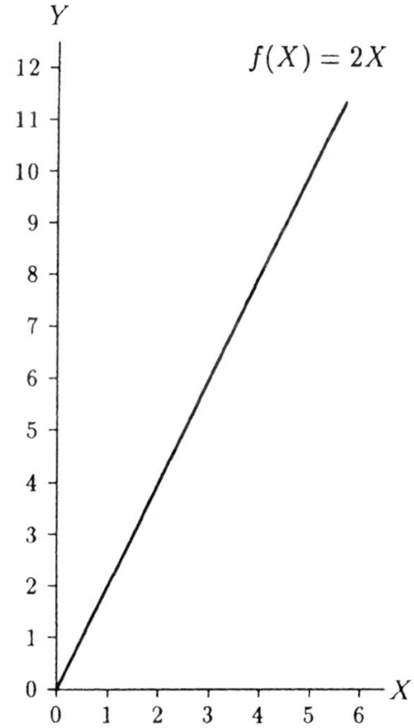

그림 C.15 • 함수 $Y = 2X$

여기서 c_0은 **적분상수**(constant of integration)라고 한다. 어떤 함수의 부정적분은 유일하지 않은 또 다른 함수이다. c_0값에 따라서 다른 답이 존재한다. 이러한 서로 다른 답들은 평행한 그래프(그림 C.16)를 가지며, 함수 $2X$로 표현되는 기울기를 갖는다.

어떤 함수의 정적분은 유일하다. 함수 $f(X)$의 a와 b 사이에서의 정적분을 구하기 위해, 먼저 주어진 함수의 부정적분을 구하자. 정적분의 경우, 적분 과정에서 적분 상수는 상쇄된다. 따라서 적분 상수는 0이라고 가정할 수 있다. $F(X)$가 $f(X)$의 적분을 나타낼 때, $F(X)$의 X에 해당하는 곳에 숫자 a와 b를 대입하여 $X = a$와 $X = b$에서 $F(X)$ 값을 구하자. 다시 말해서, $F(a)$와 $F(b)$를 구하자. $f(X)$의 a와 b 사이에서의 정적분은 $F(b) - F(a)$이며, 아래와 같이 표현할 수 있다.

$$\int_a^b f(X)dX = F(b) - F(a)$$

예를 들어, $Y = f(X) = 2X$를 생각해보자. $X = 0$과 $X = 3$ 사이에서 $f(X)$의 적분을 구하기로 하자. 즉, $a = 0$, $b = 3$이다. $f(X) = 2X$의 적분이 $F(X) = X^2$ $(c_0 = 0)$임을 이용하자. 정적분을 계산하는 단계는 다음과 같다.

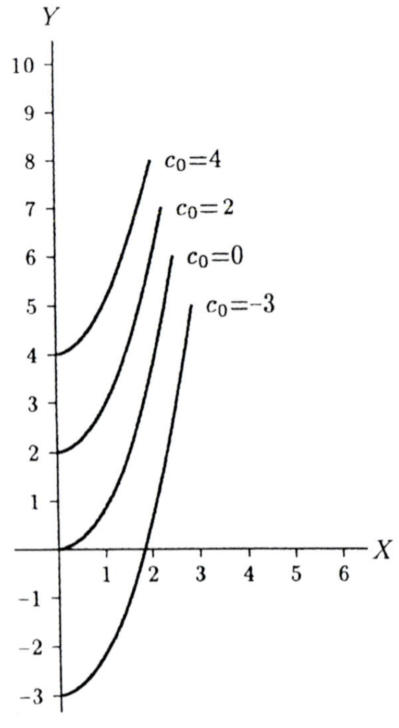

그림 C.16 • 서로 다른 c_0값에 따른 함수 $Y = X^2 + c_0$의 기울기는 $2X$이다.

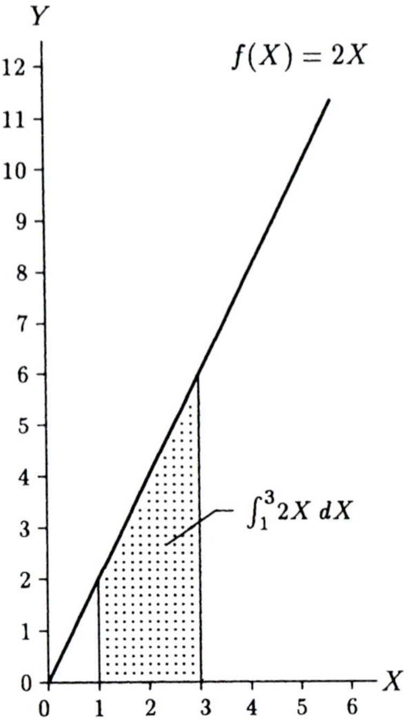

그림 C.17 • 적분은 면적을 나타낸다.

$$\text{단계 1:} \quad \int_0^3 (2X)\mathrm{d}X = \left[X^2\right]_0^3$$

$$\text{단계 2:} \quad = \left[(3^2) - (0^2)\right]$$

$$\text{단계 3:} \quad = (9 - 0) = 9$$

즉, 주어진 함수의 적분을 구하고(단계 1), 적분의 상한과 하한을 대입해서 $F(b)$와 $F(a)$를 계산하고(단계 2), $F(b) - F(a)$를 계산한다(단계 3).

정적분 $\int_a^b f(X)\mathrm{d}X$의 물리적 의미는 주어진 함수 $f(X)$, X축, $X = a$와 $X = b$를 지나는 수직선으로 둘러싸인 부분의 넓이를 뜻한다. 예를 들어, $X = 1$과 $X = 3$ 사이에서 $f(X) = 2X$의 적분은 그림 C.17의 그림자 부분의 넓이인 8이다.

C.3.1 부정적분의 속성

기본 함수의 적분은 아래와 같다.

$$\int \mathrm{d}X = X + c_0$$

$$\int c\mathrm{d}X = cX + c_0 \quad (\text{constant } c) \tag{C.34}$$

$$\int X\mathrm{d}X = \frac{X^2}{2} + c_0$$

$$\int X^2\mathrm{d}X = \frac{X^3}{3} + c_0$$

$$\int X^r\mathrm{d}X = \frac{X^{r+1}}{r+1} + c_0 \quad (r \neq -1) \tag{C.35}$$

$$\int \sin X\mathrm{d}X = -\cos X + c_0 \tag{C.36}$$

$$\int \cos X\mathrm{d}X = \sin X + c_0 \tag{C.37}$$

$$\int \exp X\mathrm{d}X = \exp X + c_0 \tag{C.38}$$

$$\int \frac{1}{X}\mathrm{d}X = \ln X + c_0 \quad (X > 0) \tag{C.39}$$

상수 곱의 법칙과 합의 법칙은 다음과 같다.

$$\int [cf(X)]\mathrm{d}X = c\int f(X)\mathrm{d}X \tag{C.40}$$

$$\int [f_1(X) + f_2(X)]\mathrm{d}X = \int f_1(X)\mathrm{d}X + \int f_2(X)\mathrm{d}X \tag{C.41}$$

예를 들면, 아래와 같이 값을 구할 수 있다.

$$\int 2\cos X\mathrm{d}X = 2\int \cos X\mathrm{d}X = 2\sin X + c_0$$

$$\begin{aligned}\int\left(5 - \frac{1}{2}X^3\right)\mathrm{d}X &= 5\int \mathrm{d}X - \frac{1}{2}\int X^3\mathrm{d}X \\ &= 5(X) - \frac{1}{2}\left(\frac{X^4}{4}\right) + c_0 \\ &= 5X - \frac{1}{8}X^4 + c_0\end{aligned}$$

$$\begin{aligned}\int\left(\frac{1}{X^2} + \sin X\right)\mathrm{d}X &= \int X^{-2}\mathrm{d}X + \int \sin X\,\mathrm{d}X \\ &= \left(\frac{X^{-1}}{-1}\right) + (-\cos X) + c_0 \\ &= -\frac{1}{X} - \cos X + c_0\end{aligned}$$

C.3.2 정적분의 속성

$F(X)$가 함수 $f(X)$의 X에 대한 적분이라고 하면, 아래와 같이 쓸 수 있다.

$$F(X) = \int f(X)\mathrm{d}X$$

또한 $f_1(X)$와 $f_2(X)$를 두 함수라고 하면, 아래와 같이 쓸 수 있다.

$$\int_a^b f(X)\mathrm{d}X = F(b) - F(a) \tag{C.42}$$

$$\int_a^b [cf(X)]\mathrm{d}X = c\int_a^b f(X)\mathrm{d}X = c[F(b) - F(a)] \tag{C.43}$$

$$\int_a^b [f_1(X) + f_2(X)]\mathrm{d}X = \int_a^b f_1(X)\mathrm{d}X + \int_a^b f_2(X)\mathrm{d}X \tag{C.44}$$

$$\int_a^b f(X)\mathrm{d}X + \int_b^c f(X)\mathrm{d}X = \int_a^c f(X)\mathrm{d}X \tag{C.45}$$

$$\int_a^b f(X)\mathrm{d}X = -\int_b^a f(X)\mathrm{d}X \tag{C.46}$$

기본 함수의 정적분을 계산하면 다음과 같다.

$$\int_a^b dX = [X]_a^b = b - a$$

$$\int_a^b X dX = \left[\frac{X^2}{2}\right]_a^b = \left[\frac{b^2}{2} - \frac{a^2}{2}\right] = \frac{1}{2}\left(b^2 - a^2\right)$$

$$\int_a^b X^2 dX = \left[\frac{X^3}{3}\right]_a^b = \left[\frac{b^3}{3} - \frac{a^3}{3}\right] = \frac{1}{3}\left(b^3 - a^3\right)$$

$$\int_a^b \sin X dX = [-\cos X]_a^b = -\cos b + \cos a$$

$$\int_a^b \cos X dX = [\sin X]_a^b = \sin b - \sin a$$

$$\int_a^b \exp X dX = [\exp X]_a^b = \exp b - \exp a$$

$$\int_a^b \frac{1}{X} X dX = [\ln X]_a^b = \ln b - \ln a$$

예를 들면, 아래와 같이 값을 구할 수 있다.

$$\int_{45^\circ}^{90^\circ} \cos X dX = [\sin X]_{45^\circ}^{90^\circ} = \sin 90^\circ - \sin 45^\circ = 0.3$$

$$\begin{aligned}\int_1^2 (4X + 9X^2) dX &= \int_1^2 (4X) dX + \int_1^2 (9X^2) dX \\ &= 4\left[\frac{X^2}{2}\right]_1^2 + 9\left[\frac{X^3}{3}\right]_1^2 \\ &= 2\left[X^2\right]_1^2 + 3\left[X^3\right]_1^2 \\ &= 2\left(2^2 - 1^2\right) + 3\left(2^3 + 1^3\right) \\ &= 2(4-1) + 3(8-1) \\ &= 2(3) + 3(7) = 27\end{aligned}$$

주의. 1차 함수 $f(X) = X$를 생각해보자. 이 함수의 그래프는 그림 C.18과 같다. 이 함수의 $X = -2$에서 $X = 2$ 사이의 정적분을 계산해보자. 정적분은 함수, X축, 하한과 상한을 지나는 수직선으로 둘러싸인 부분의 면적을 뜻하므로, $f(X) = X$의 $X = -2$에

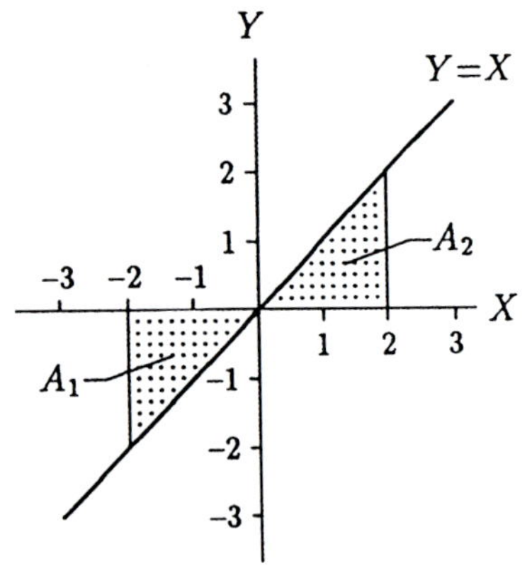

그림 C.18 • 정적분 계산 시 주의사항

서 X = 2 사이의 적분은 그림 C.18에서 그림자 부분인 $(A_1 + A_2)$이다. 기하학으로부터 $(A_1 = A_2) = 2$이므로, 그림자 부분의 넓이는 4이다. 이제 적분을 하면 아래와 같은 결과를 얻는다.

$$\int_{-2}^{2} \mathrm{X}d\mathrm{X} = \left[\frac{\mathrm{X}^2}{2}\right]_{-2}^{2} = \frac{1}{2}\left[(2)^2 - (-2)^2\right] = \frac{1}{2}[4-4] = 0$$

이 예상하지 못한 결과는 적분의 하한과 상한 사이의 구간에서 함수가 X축을 지나며, 그림 C.18에서 A_1으로 표시된 부분이 음의 값을 갖기 때문이다. 이러한 실수를 피하기 위해 정적분을 정확하게 계산하려면 다음과 같은 과정을 따라야 한다.

$$\int_{-2}^{2} \mathrm{X}d\mathrm{X} = \left|\int_{-2}^{0} \mathrm{X}d\mathrm{X}\right| + \left|\int_{0}^{2} \mathrm{X}d\mathrm{X}\right|, \left|\left[\frac{\mathrm{X}^2}{2}\right]_{-2}^{0}\right| + \left|\left[\frac{\mathrm{X}^2}{2}\right]_{0}^{2}\right|$$
$$\frac{1}{2}\left|(0)^2 - (-2)^2\right| + \frac{1}{2}\left|(2)^2 - (0)^2\right|$$
$$\frac{1}{2}|-4| + \frac{1}{2}|4| = \frac{4}{2} + \frac{4}{2} = 2 + 2 = 4$$

따라서 함수 $f(X)$의 X에 대한 정적분을 계산하기 전에, 먼저 적분의 하한 및 상한 구간에서 함수의 그래프가 X축을 지나는지 확인하기 위해서 적분하려는 함수의 간단한 그래프를 그려볼 필요가 있다. 예를 들어, 함수 $f(X)$를 a와 b 사이에서 X에 대해서 적분하려고 할 때, 함수의 곡선이 c와 d(여기서 $a < c < d < b$)에서 X축을 지난다면 적분은 먼저 다음과 같이 표현되어야 한다.

$$\int_{a}^{b} f(\mathrm{X})d\mathrm{X} = \left|\int_{a}^{c} f(\mathrm{X})d\mathrm{X}\right| + \left|\int_{c}^{d} f(\mathrm{X})d\mathrm{X}\right| + \left|\int_{d}^{b} f(\mathrm{X})d\mathrm{X}\right|$$

C.3.3 적분 방법

적분이 알려진 함수의 곱 또는 몫의 형태로 주어진 함수를 적분하기 위한 표준 법칙은 없다. 이러한 함수의 경우, 적분표와 아래와 같은 여러 가지 적분 방법들이 있다.

- 치환 적분
- 부분 적분
- 삼각치환 적분
- 부분분수분할 적분
- 수치해석 적분

예를 들어, 아래의 적분을 계산해보자.

$$\int 2X \sin\left(X^2\right) \mathrm{d}X$$

함수 $2X\ \sin(X^2)$는 $2X$가 X^2의 도함수임을 이용해서 적분할 수 있다.

$Z = X^2$이라 하면, $\mathrm{d}Z = 2X\mathrm{d}X$이다. Z와 $\mathrm{d}Z$를 주어진 적분에 대입하면, 다음과 같이 쓸 수 있다.

$$\begin{aligned}
\text{치환:}\quad & \int 2X \sin\left(X^2\right) \mathrm{d}X = \int \sin Z \mathrm{d}Z \\
\text{적분:}\quad & = -\cos Z + c_0 \\
\text{역치환:}\quad & = -\cos\left(X^2\right) + c_0
\end{aligned}$$

여기에서 사용된 방법을 '치환 적분법'이라고 한다. 이러한 방법들에 대한 자세한 설명은 이 교재의 범위를 벗어난다. 보다 자세한 내용은 미적분 교과서를 참고하기 바란다.

C.4 삼각함수 항등식

음각 공식:

$$\begin{aligned}
\sin(-X) &= -\sin(X) \\
\cos(-X) &= \cos(X)
\end{aligned}$$

덧셈 공식:

$$\begin{aligned}
\sin(X+Y) &= \sin(X)\cos(Y) + \cos(X)\sin(Y) \\
\sin(X-Y) &= \sin(X)\cos(Y) - \cos(X)\sin(Y) \\
\cos(X+Y) &= \cos(X)\cos(Y) - \sin(X)\sin(Y) \\
\cos(X-Y) &= \cos(X)\cos(Y) + \sin(X)\sin(Y)
\end{aligned}$$

곱셈 공식:

$$
\begin{aligned}
2\sin(X)\cos(Y) &= \sin(X+Y) + \sin(X-Y) \\
2\cos(X)\sin(Y) &= \sin(X+Y) - \sin(X-Y) \\
2\cos(X)\cos(Y) &= \cos(X+Y) + \cos(X-Y) \\
2\sin(X)\sin(Y) &= \cos(X-Y) - \cos(X+Y)
\end{aligned}
$$

분해 공식:

$$
\begin{aligned}
\sin(X) + \sin(Y) &= 2\cos\left(\frac{X-Y}{2}\right)\sin\left(\frac{X+Y}{2}\right) \\
\sin(X) - \sin(Y) &= 2\cos\left(\frac{X+Y}{2}\right)\sin\left(\frac{X-Y}{2}\right) \\
\cos(X) + \cos(Y) &= 2\cos\left(\frac{X+Y}{2}\right)\cos\left(\frac{X-Y}{2}\right) \\
\cos(X) - \cos(Y) &= 2\cos\left(\frac{X+Y}{2}\right)\sin\left(\frac{X-Y}{2}\right)
\end{aligned}
$$

2배각 공식:

$$
\begin{aligned}
\sin(2X) &= 2\sin(X)\cos(X) \\
\cos(2X) &= \cos^2(X) - \sin^2(X)
\end{aligned}
$$

반각 공식:

$$
\begin{aligned}
2\sin^2\left(\frac{X}{2}\right) &= 1 - \cos(X) \\
2\cos^2\left(\frac{X}{2}\right) &= 1 + \cos(X)
\end{aligned}
$$

피타고라스 항등식:

$$\sin^2(X) + \cos^2(X) = 1$$

환산 공식:

$$
\begin{aligned}
\cos\left(\frac{\pi}{2} - X\right) &= \sin(X) \quad \cos(\pi - X) = -\cos(X) \\
\sin\left(\frac{\pi}{2} - X\right) &= \cos(X) \quad \sin(\pi - X) = \sin(X)
\end{aligned}
$$

사인과 코사인은 기본 삼각함수이다. 탄젠트(tan), 코탄젠트(cot), 시컨트(sec), 코시컨트(csc)와 같은 다른 삼각함수들은 다음 정의를 이용하여 사인과 코사인으로부터 얻어진다.

$$\tan(X) = \frac{\sin(X)}{\cos(X)} \quad \cot(X) = \frac{\cos(X)}{\sin(X)} = \frac{1}{\tan(X)}$$
$$\sec(X) = \frac{1}{\cos(X)} \quad \csc(X) = \frac{1}{\sin(X)}$$

C.5 근의 공식

$3x = 7$과 같은 대수방정식은 미지수 x의 1제곱이 나타나므로, **선형** 또는 **1차 방정식**(linear equation)이다. 이 방정식을 풀면 $x = 7/3$이 된다. 반면에, $x^2 + 3x = 5$와 같은 방정식은 **2차 방정식**(quadratic equation)이다. 이 경우, x의 최고차항은 2이다. $x^2 + 3x^{0.5} = 5$는 $x^{0.5}$ 항으로 인해 2차 방정식에 해당되지 않는다. 2차 방정식은 다음과 같은 일반적인 형태로 표현된다.

$$ax^2 + bx + c = 0 \tag{C.47}$$

식 (C.47)에서 a, b, c는 알려진 수이고, x는 미지수이다. 식 (C.47)의 x에 대한 일반해는 아래와 같다.

$$x = \frac{-b \pm \sqrt{b^2 - 4ac}}{2a} \tag{C.48}$$

± 표시는 x에 대해 두 가지 해가 있음을 나타낸다.

주의. 식 (C.48)에서 b^2은 $4ac$보다 크거나 같아야 $(b^2 - 4ac)$가 양의 값을 갖는다. 그렇지 않으면, $(b^2 - 4ac)$ 음의 값을 갖는다. 음수의 제곱근은 '실수'와 반대되는 '허수'이다.

예를 들어, 다음 2차 방정식을 x에 대해서 풀어보자.

$$x^2 + 2x = 8$$

먼저 이 방정식의 양변에서 8을 빼서 식 (C.47)의 형태로 바꾸자.

$$x^2 + 2x - 8 = 0$$

이것을 식 (C.47)과 비교하면 $a = 1$, $b = 2$, $c = -8$이다.

a, b, c를 식 (C.48)에 대입하면 아래와 같은 값을 얻을 수 있다.

$$x = \frac{-(2) \pm \sqrt{(2^2) - 4(1)(-8)}}{2(1)} = \frac{-2 \pm \sqrt{36}}{2} = \frac{-2 \pm 6}{2}$$

위 식에서 덧셈 기호를 선택하면 다음과 같은 값을 얻을 수 있다.

$$x = \frac{-2+6}{2} = \frac{4}{2} = 2$$

위 식에서 뺄셈 기호를 선택하면 아래와 같은 값을 얻을 수 있다.

$$x = \frac{-2-6}{2} = \frac{-8}{2} = -4$$

$x = 2$와 $x = -4$가 주어진 2차 방정식의 '근(roots)'이다. 이제 원래 방정식은 다음과 같이 표현할 수 있다.

$$(x-2)(x+4) = 0$$

C.6 연습문제

문제 C.1 함수 $Y = 1 - X^2$에 있어서, $X = -2$, $X = 0$, $X = 2$에서 그래프의 기울기는 각각 4, 0, −4임을 보여라.

문제 C.2 다음 함수의 X에 대한 도함수를 구하라.

함수	답
$Y = 5x^2$	$10x$
$Y = -4.5x^{-2}$	$\frac{9}{x^3}$
$Y = 3\sin x$	$3\cos x$
$Y = (2 + 8\sin x)$	$8\cos x$
$Y = X^2 \sin x$	$2X\sin X + X^2 \sin x$
$Y = \frac{X}{\cos X}$	$\frac{\cos X + X\sin X}{\cos^2 X}$
$Y = \frac{\cos X}{X}$	$\frac{-X\sin X - \cos X}{X^2}$
$Y = \sqrt{X - X^3}$	$\frac{1 - 3X^2}{2\sqrt{X - X^3}}$
$Y = \sqrt{2x - 5x^2}$	$\frac{2 - 10x}{2\sqrt{2x - 5x^2}}$

문제 C.3 $Y = \cos X$에 있어서, $X = 0°$와 $X = 180°$ 사이에서 X에 대한 적분 값이 2임을 보여라. (적분 계산 전에 함수의 그래프를 확인하라.)

문제 C.4 다음의 적분을 계산하라.

함수	답
$\int 5\mathrm{d}x$	$5x + C_0$
$\int 8x\mathrm{d}x$	$4x^2 + C_0$
$\int 6\sin x\mathrm{d}x$	$-6\cos x + C_0$
$\int (X - \sin X)\mathrm{d}X$	$\frac{X^2}{2} + \cos X + c_0$
$\int \left(1 - \frac{1}{X^2}\right)\mathrm{d}X$	$X + \frac{1}{X} + c_0$
$\int_1^2 \left(1 - \frac{1}{X^2}\right)\mathrm{d}X$	0.5
$\int_{0°}^{45°} (\cos X + \sin X)\mathrm{d}X$	1
$\int_2^4 6x^2\mathrm{d}x$	112
$\int_0^2 2x^2\mathrm{d}x + \int_2^6 2x^2\mathrm{d}x$	114

문제 C.5 2차 방정식 $x^2 - 7.5x = 4$의 근이 $x = 8$, $x = -0.5$임을 보여라.

찾아보기

ㄱ

ㄴ

ㄷ

ㅁ

ㅂ

ㅅ

ㅇ

ㅈ

ㅊ

ㅋ

ㅌ

ㅍ

ㅎ

기타